U1017595

荊楚文庫

〔光緒〕蘄州志

〔清〕封蔚礽　修

〔清〕陳廷揚　纂

荊楚文庫編纂出版委員會

武漢大學出版社

荊楚文庫

〔光緒〕蘄州志

GUANGXU QIZHOU ZHI

圖書在版編目(CIP)數據

〔光緒〕蘄州志/〔清〕封蔚礽修;〔清〕陳廷揚纂.
—武漢:武漢大學出版社,2021.2
ISBN 978-7-307-21840-6
Ⅰ.光…
Ⅱ.①封… ②陳…
Ⅲ.蘄春縣—地方志—清代
Ⅳ.K296.34
中國版本圖書館 CIP 數據核字(2020)第 194769 號

責任編輯:李 程 黃河清
整體設計:范漢成 曾顯惠 思 蒙
責任校對:李孟瀟
出版發行:武漢大學出版社(中國・武漢)
地址:武昌珞珈山
電話:(027)87215822 郵政編碼:430072
録排:武漢恒清圖文菲林輸出工作室
印刷:湖北新華印務有限公司
開本:787mm×1092mm 1/16
印張:48 插頁:6
版次:2021 年 2 月第 1 版 2021 年 2 月第 1 次印刷
定價:218.00 元

ISBN 978-7-307-21840-6

《荊楚文庫》工作委員會

主　　任：王瑞連

副 主 任：王艷玲　許正中　梁偉年　肖菊華　尹漢寧

　　　　郭生練

成　　員：韓　進　陳　亮　盧　軍　陳樹林　龍正才

　　　　雷文潔　趙淩雲　謝紅星　陳義國

辦公室

主　　任：陳樹林

副 主 任：張良成　陳　明　李開壽　周百義

《荊楚文庫》編纂出版委員會

顧　　問：羅清泉

主　　任：王瑞連

副 主 任：王艷玲　許正中　梁偉年　肖菊華　尹漢寧

　　　　郭生練

總 編 輯：章開沅　馮天瑜

副總編輯：熊召政　陳樹林

編委（以姓氏筆畫爲序）：朱　英　邱久欽　何曉明

　　　　周百義　周國林　周積明　宗福邦　郭齊勇

　　　　陳　偉　陳　鋒　張良成　張建民　陽海清

　　　　彭南生　湯旭巖　趙德馨　劉玉堂

《荊楚文庫》編輯部

主　　任：周百義

副 主 任：周鳳榮　周國林　胡　磊

成　　員：李爾鋼　鄒華清　蔡夏初　王建懷　鄒典佐

　　　　梁瑩雪　黃曉燕　朱金波

美術總監：王開元

《荆楚文庫·方志編》編纂組

組　　長：賀定安　陽海清（執行）

副 組 長：劉傑民（執行）　王　濤　謝春枝　范志毅（執行）

參編人員（以姓氏筆畫爲序）：

王　濤　李云超　宋澤宇　范志毅　柳　巍　馬盛南　陳建勛

梅　琳　張文静　張雅俐　陽海清　彭余焕　彭筱瀓　賀定安

楊　萍　雷　静　劉傑民　謝春枝

編　　審：周　榮

顧　　問：沈乃文　李國慶　吴　格

出版説明

湖北乃九省通衢，北學南學交會融通之地，文明昌盛，歷代文獻豐厚。守望傳統，編纂荆楚文獻，湖北淵源有自。清同治年間設立官書局，以整理鄉邦文獻爲旨趣。光緒年間張之洞督鄂後，以崇文書局推進典籍集成，湖北鄉賢身體力行之，編纂《湖北文徵》，集元明清三代湖北先哲遺作，收兩千七百餘作者文八千餘篇，洋洋六百萬言。盧氏兄弟輯録湖北先賢之作而成《湖北先正遺書》。至當代，武漢多所大學、圖書館在鄉邦典籍整理方面亦多所用力。爲傳承和弘揚優秀傳統文化，湖北省委、省政府決定編纂大型歷史文獻叢書《荆楚文庫》。

《荆楚文庫》以『搶救、保護、整理、出版』湖北文獻爲宗旨，分三編集藏。

甲、文獻編。收録歷代鄂籍人士著述，長期寓居湖北人士著述，省外人士探究湖北著述。包括傳世文獻、出土文獻和民間文獻。

乙、方志編。收録歷代省志、府縣志等。

丙、研究編。收録今人研究評述荆楚人物、史地、風物的學術著作和工具書及圖册。

文獻編、方志編録籍以一九四九年爲下限。

研究編簡體横排，文獻編繁體横排，方志編影印或點校出版。

《荆楚文庫》編纂出版委員會

二〇一五年十一月

前言

《〔光緒〕蘄州志》三十卷，清封蔚礽修，清陳廷揚纂，清光緒八年（一八八二）麟山書院刻、十年（一八八四）重校印本。

封蔚礽，字少霞，廣西容縣人，清咸豐三年（一八五三）進士，官蘄州知州。宋熙曾，號菊坻，江蘇吴縣人，附貢，早於封蔚礽任蘄州知州，曾於保康代理縣事，參修《〔同治〕保康縣志》。陳廷揚，蘄州人，道光十五年（一八三五）進士，曾任四川鹽源縣知縣。

蘄州志前有康熙、乾隆、咸豐三次修纂。此志光緒八年春由宋熙曾開局倡修，然熙曾不久即離任，至五月封蔚礽就任時志稿已完十之六七，乃延請陳廷揚主纂事，於當年冬由麟山書院刊印。十年封蔚礽又延張夢玉等重加校訂，僞者正之，闕者補之。

是志體例大體延用潘克溥《〔咸豐〕蘄州志》，稍有增加。内容大致爲地理志（沿革、分野、疆域、形勢、廂坊、鄉鎮、山川、水利、風俗、土産、古蹟、陵墓、金石）、建置志（藩封、城池、公署、祠廟、營汛、驛遞、坊表、關卡）、賦役志（户口、田賦、徭役、積儲、蠲恤）、學校志（廟學、書院、考棚、賓興、義學、會館、典禮）、職官志（文秩表、武秩表、名宦）、選舉志（選舉表、武選表、辟薦、封贈、恩廕、世襲）、著述志、人物志、列女志、藝文志、雜志（祥異、兵事）、外志（仙釋、寺觀、鬼神、摭聞）。首附前志之序，及以往各志纂修姓名。咸豐二年以前所遺漏之事，照通志、府志或有衆著者補入。

此志距咸豐志僅三十年，體例内容承襲頗多，但仍可於一些細節見其矯正改良之處。如：沿革、選舉、職官等綱目採錢鋆《〔乾隆〕蘄州志》例，皆用表。兵事編年紀月據《平定粤匪紀略》《平定捻匪紀略》《從征圖記》諸書并故老傳聞詳慎採録。義塚諸山舊志未載，此志採入附陵墓之後。名宦鄉賢舊志附於祠廟，此志改入學校。壽民舊志入孝友，此志將壽民與壽婦各立一門，壽民附人物志後，壽婦附列女志後。

此志湖北省圖書館藏有一套光緒八年刻本，兩套光緒十年重校印本（以下簡稱甲、乙藏本）。比對發現，重校本比八年刻本多前志序跋各一，總體改動不多，所改多是字句、頁碼之更正；增添亦不多，多爲原板增刻。編纂姓名排列順序稍異，以湖北省館藏本原貌付印。注：乙藏本另有少量書葉换木活字重刻之情況，然核内容并無大改。

《中國地方志集成》曾據重校本影印。加之《中國地方志集成》影印本，比對三重校本可顯見多次刷印之脈絡。甲藏本爲最早印刷，《中國地方志集成》影印本較其多二葉，乙藏本又多五葉，另有一葉原板增刻。因甲藏本品相較好，乙藏本紙薄透字，兹乃選用甲藏本作爲影印底本。乙藏本不同之八葉皆按乙藏本順序附於甲藏本之中。以乙藏本增補卷三葉又二十七、卷四葉又二十七、卷十葉又二十一、卷二十四葉四五、卷三十葉五八A。另乙藏本卷二十九葉六十七B原板增刻，故以乙藏本替换卷二十九葉六十七B，並增補該卷葉六八、六九。（宋澤宇）

目録

卷之一

卷之二　地理志

外志

蕲州志

光緒八年季冬
麟山書院重刊

序

蕲州志何以再秩乎

國朝州人盧參議浚暨姪翃

修曰盧志同時顧徵君赤

方亦有顧氏蕲州志藁

載白茅堂集中乾隆而

後錢君居錢君夏津潘君

一再修之乃以遞增而文益

大備同治初髮捻蕩平

大府檄取郡邑志善化黃

君擬續修而未果今年春

吳下宋君攝蕲篆時以通

志局志之移詔州志宜先

集州人而謀之籌經費遴

修纂發凡起例提綱挈

領凡天時地利人文物產之

屬俾各分司之乃方求載

而余適至蕲州志已定矣

爰勗諸君猶集厥成去

取稽州雜傳州書備之

聊略加點竄蒐稽寔稿閱經刪易其半載而志以竣諸君以序請余曰余何有哉經理志者宋君也集其成諸君子也擬例一仍

舊書于志已而未備者續之于志所未及而應入者增之強因時制宜以加釐已蓋猶是守于人之疑議而攘而充焉者也余何以

哉惟是夙夜編纂窮年兀兀毋遂毋濫克底於成後有作者將於斯致信焉是為余之志而亦諸君之志也欲謹序

光緒八年壬午冬十二月既望

賜進士出身

誥授通奉大夫湖北黃州府蘄州知州加六級在任候補直隸州知州前內閣中書協辦侍讀封蔚礽書

重校蘄州志叙

事不經詳審而出者未有無遺誤者也鄭康成箋註禮經虞翻駁正九十餘事陳壽作三國志習鑿齒爲漢晉春秋辨正之前人紕繆猶賴後人匡救糾躬逢其事顧可因陋就簡耶蘄

志既成之明年余重加披閱魯魚亥豕伏獵書麞指不勝屈而窮簷苦節採錄多遺余心愀然欲正之未遑也越八月田生子益王生明選等以重訂請余題之而靳於費今年夏五查實甫縣倅等慨然倡捐於是集好義之士若而人得緡錢若干乃集諸君子重加校訂譌者正之闕者補之而節孝之遺佚悉備經始於仲秋告成於仲冬而事以蕆是役也非田生王生之請不能開其端非查倅及諸好義之士不能集其事非校對諸君子

不能善其終而總其成者則張君香吾之力尤多雖未敢云下筆精嚴一字莫易然實事求是克殫乃心其勞胥不可泯也

光緒十年甲申冬十一月

粤容封蔚礽少霞甫再識

原序

潘克溥澤農

志者何記其實也州縣有志猶國之有史損益勸懲於是焉資其義顧不重與第時易事殊沿革遞異不有述作孰備採風爰考蘄志始見於宋史藝文係陸氏丁氏著越前明而有甘氏志翁氏郝氏志及至

國朝散軼無復存幸盧公濬巖得舊志於故家毛氏而古事始有傳者嗣後有錢氏志迄今已九十餘年斯志之重修固不可緩也前牧勞公曾有志焉草創而未就迨予涖蘄張生海門以此事相商予曰志之時義大矣哉所以昭制作徵文獻詳物產廣見聞而勵風化固司牧者之責也何敢辭因萃諸士夫取舊志而切究焉闕者補之略者詳之舛者正之冗者刪之他若山川道里重見而互異者今則考其實而一之婦女節孝彙集而無序者今則按其年而第之酌古準今條分縷析自夏徂秋迄冬而蕆厥事

庶制作於斯昭焉文獻於斯徵焉物產於斯詳焉見聞於斯廣風化於斯勵焉則志之有益於蘄也大矣雖然猶不敢以為完書也考訂未必盡確採訪未必無遺其有望於後之君子者不更多乎是為序

蘄之有志由來舊矣前牧勞倡重修議已略具規模旋移官而其事未竟歲壬子潘公涖茲土爲之參考兢緒梓方竣未及成帙而髮逆擾境都人士藏板黌宮罹賊火罕有存者癸亥秋余來是邑采風問俗欲索志覽之不獲懼其散軼久而遂湮沈也於是旁搜博訪獲殘板於梁生鵬家而全豹未窺終以爲恨梁生更力爲蒐求得一帙詢厥由乃前續修告成時匠人竊刷以售諸鄰民者夫物之存亡有數是書也不能避兵燹於聖人之宮而轉得於匠氏之手其亦有幸有不幸乎因將殘缺者補之失次者序之捐分廉俸重加剞劂書既成特綴數語備誌顛末用著梁生之勤並爲後之君子告時同治二年癸亥歲十二月朔同知銜署蘄州事巴東縣知縣己酉科舉人善化黃式度蘭丞氏謹跋

纂輯姓氏

鑒定

特授湖北黃州府蘄州知州在任候補直隸州　封蔚礽

監修

舉人蘄州學正　陳國正

歲貢生蘄州訓導　胡振緒

纂修

進士原任四川鹽源縣知縣　陳廷揚

分修

歲貢生候選訓導　張子銘

舉人黃陂縣教諭　袁秀升

舉人挑選教諭　張瑞霖

舉人挑選教諭　洪安瀾

舉人　黃奉榮

舉人　陳台

舉人　陳子蓉

舉人　王祖植

廩生　孟春華

歲貢生孝廉方正　許來猷
附生江西補用縣丞　張夢玉
歲貢生　朱鼎元
歲貢生兼襲雲騎尉　龔宗遂

經理
廩生　陳來淮
廩生　陳麟

校閱
附生　張森元

附生候選訓導　陳錫智
貢生　貢楚材
增貢生　胡兆元
附生孝廉方正　周春江
附生　吳鼎森
附生　胡壬濟
附生　鄧朱豹
附生　孫雲鴻

分理
監生　駱攸叙

縣丞銜　江樹芳
監生　王壽彭
縣丞銜　陳奉三
監生　張以成
武生　張純冕
縣丞銜　詹允執
衞守府　何淋
監生　陳席登
貢生　田瓊林

監生　詹桂林
監生　龔高舉
武生選用花翎遊擊署黃州都司　鄧聚發
孝廉方正　夏松
縣丞　王方秀
監生　張元棟

採訪
副榜通山教諭　吳朗
恩貢生　張新藻

附生　何聰
附生　范星乙
郡增生　胡知勉
歲貢生　高漸逵
恩貢生　田聯昇
恩賜副榜　王國治
廩生　陳策
廩生　洪錫疇
廩生　龔濤

廩生　陳祚芳
廩生　鄧用霖
廩生　田樹芳
郡廩生　郝致
廩生　管翔鸞
廩生　張鸞
廩生　張東旭
廩生　岳烜
廩生　王煥離

廩生　胡掄魁
郡廩生　童樹嘉
廩生　田祖祐
附生　沈兆雄
附生　李識荆
附生　方華
附生　王烈
附生　張壽齡
附生　余之傑

附生　徐鵬翼
附生　熊寶光
附生　駱逢庚
附生　蔡丹九
附生　張士彬
附生　蔡紹傑
廩生　詹元修
廩生　黃居敬
廩生　吳森

增生 方諤昌
增生 陳驥
附生 汪能燮
附生 查曉林
附生 陳芸
附生 葉慶華
附生 何楚楠
附生 李焱龍
附生 孫弼

附生 楊培興
附生 袁森
附生 劉維新
承梓
監生 黃慶蕃
監生 張必熜
從九銜 王清晏
從九銜 胡楚江
白飾春

光緒十年校訂州志名目列後

督校
特授湖北黃州府蘄州知州在任候補直隸州 封蔚礽

同校
縣丞 張夢玉
生員 詹兆九
增生 鄧守儀
生員 熊寶光
生員 王明選

中書 蔡兆熊
增生 繆蔭森
舉人 張瑞霖
廪生 田祖祐
貢生 朱鼎元
生員 吳鴻漸
廪生 李爲章

經理
主簿 李正春

監生　張本源

襄校

廩生　田子益

生員　翁庶熙

生員　張光炳

生員　李焱龍

生員　蔡兆熊

生員　夏同仁

文童　李魯濱

例貢　張元錦

守備　汪偉臣

樂輸

縣丞　查寶信

從九　張本賢

縣丞　李燮

典籍　李兆璜

候補府　夏德超

例貢　貢楚材

例貢　李鵬（原名大順）

監生　黃錦華

典籍　羅宗益

監生　張均楷

監生　董繼先

生員　田祖祜

監生　李國鎮

監生　張奇峯

從九　劉叔璠

從九　章炳榮

縣丞　夏瑞祥

例貢　吳必敏

文童　高錦雲

文童　劉彩棪

郝志修校姓氏
江防道翁學淵　知州崔一濂　州同梁　膺　學正楊　演
訓導羅天爵　王　猷　吏目李　煜
鄉官知府王　儼　郝守正　舉貢陳吉言　高　暘
楊　芳　廩生田于藍　鍾　沂
盧志修校姓氏
知州王宗堯　學正尚登岸　州判王奪標
吏目沈毓林
鄉官郎中謝　觀　布政李本晟　參政盧　紘　僉事熊光裕

知府高　培　同知張效葵　知州陳王道　知縣李炳然
方　舟　汪　蘅　張承瑞　王　協
縣丞張效鍊　教諭董艮宣　董艮因　陳言先
葉俊士　馮　琮　封　岳　舉人顧咸泰
張承位　李必泰　劉退祚　貢生晏　昇
張士淑　張　泮　孫天衢　貢監李　楨
原授推官顧景星　官監盧昭初
錢志修校姓氏
知州錢　鋆　學正程大中　訓導黃册元　州判魏　根

黃岡舉人周茂建　廣濟舉人張　璧　興國廩生胡興退　鄉紳舉人張兆講
廩生陳于座　李叢生　何錦坊　陳守約
李　岱　增生李必然　張學址　生員王世求
李永年　張源嶓
乙巳倡修姓氏
知州勞光泰　學正張廷華　漢陽舉人何景蓮　德安舉人何兆蓮
鄉官知縣陳廷揚　舉人陳本中　陳甲三　張聯璧
陳耀辰　黃體仁　蔡景星　訓導方梁材
採訪拔貢方應珪　優貢吳之驥　廩生伍錫淞　陳孔皆

張鳳翙　張于銘　何　選　高翔藻
胡之準　童家鵠　增生蕭　蘭　張鳳翽
陳信濂　陳之原　生員張如照　胡　奎
駱之錯　方淩雲　楊培典　田相緯
王學仁　柴　森　胡方士　李元度
劉繩武　管喬林　張　謂　杜赤棠
經理增生張　瀚　例貢劉芹堂　附貢楊大彭　生員查文瀚
壬子纂修姓氏
知州潘克溥　學正劉德鈐　訓導郭亦棠　州判魏作霖

分修
教諭胡　敏　歲貢李瑞玉　舉人黃體仁　舉人何　明
附生駱之鍇
分校
增生張　瀚　廩生張意遠　增生梁　鵬　附生楊希震
監生曾晴江　監生楊焌烈
監梓
吏目王廷幹

例言

一潘志成於咸豐壬子迄今三十餘年比歲以來迭奉上憲札飭續修邑乘壬午春前州宋倡議設局聘州中士夫入局編輯旋奉調去夏五月余復涖蘄見其稿已具大畧急加釐訂閱一載而書成

一此次續修壬子以前事實或有遺漏除照通志府志補入外必事蹟眾著者方能收錄

一舊志分綱十二目凡六十今綱仍其舊目則稍有增加

一潘志凡所引述旁注書名今不重注惟舊志新稿新增分別注之

一國史首天文後地理邑志以地理爲主天文次之仍從舊志

一沿革選舉職官錢志俱用表潘志更之今從錢志

一物產自唐宋以來所貢者悉照舊志備載

一義塚諸山係州人善舉舊志未載今採入附陵墓後以昭激勸

一藩封爲分封藩國明代荆藩是已舊志所載隋有蘄

春公達奚長孺唐有蘄王緝後周有蘄王熙誨宋有
蘄王韓世忠明有蘄國公康茂才皆非藩國以封典
附闕者分別觀之
一城池公署祠廟營汛驛遞坊表與舊志稍有增改惟
關卡係咸豐間唐中丞駐師於蘄新建有關防禦例
得備書
一戶口田賦徭役積儲蠲恤諸欵多倣舊志其有增減
更易者悉據州衙册卷錄入
一學校乃一州根本最爲鄭重學田一欵尤宜縷析書

之闕者不得議爲煩瑣至書院賓興義學咸豐以後
俱有樂輸補助槪爲錄入
一名宦鄉賢舊志均附祠廟今改入學校
一禮樂爲我
朝令典舊志僅於廟學內載祭
文聖禮儀其餘槪行從略今據
大淸會典增典禮一目詳載學校後昭愼重也
一職官內茅山大同兩鎮巡檢舊志未載今增入
一仕職爲途甚多有應例有保舉無論官職大小分發

蒞任者一槪登載
一儒林隱逸不能多得姑缺毋濫
一忠節自明季而後惟髮逆之變死於戕者爲多屢蒙
天語褒嘉給予世襲據事直書紀實也至殉難之人不下千
計例書姓字以附之
一文苑武勳仕蹟篤學孝友正直尙義高潔各類悉從
舊例錄之非濫也亦是善善從長之意
一方技流寓已登舊志者今備收入
一列女舊志所載貞烈節孝不免混淆今則首登節婦

貞女孝女烈女次之孝婦賢媛烈婦又次之若咸同
間殉難諸婦女倣史官編年之例大書特書以附其
後俾人知巾幗中有丈夫焉
一著述藝文生存者不錄若建置碑記有關地方風敎
者不在此例
一兵事舊志本歷代史傳記載頗無遺漏今自髮逆披
猖屢蹂州境編年紀月悉據胡文忠公集平定粵匪
紀略平定捻匪紀略唐義渠從征圖記諸書並故老
傳聞詳愼採錄

一州境控江皖上游爲荆楚門戶咸同間團練以來屢
隨大軍防堵卓著戰功用書大要所有襄辦團練人
名有總有佐不能備錄一概從畧
一仙釋鬼神寺觀譌漏殊多今爲增改
一壽民舊志入孝友傳內未免失次今與壽婦各立一
門壽民附人物志後壽婦附列女志後
一廟諱
御名宜敬避也舊志積□今改積儲舊志□退今改高潔

一斯志之修舉事屬辭容有未當是所望於後君子匡
共不逮焉

蘄州志目錄

學校志
廟學附學田　書院　賓興　義學　會館
典禮祭典　祭器　祭品　樂器　樂章　樂舞　祝文　迎春　慶賀　釋菜　鄉飲
卷之七
職官志
文秩　武秩
卷之八
職官志
名宦

卷之九
選舉志
進士　舉人　貢生　仕職　武選　辟薦
封贈　恩廕　世襲
卷之十
著述志
經部　史部　子部　集部　雜著
卷之十一
人物志

儒林　文苑　忠節殉難附
卷之十二
人物志
仕蹟　武勳
卷之十三
人物志
篤學
卷之十四
人物志

孝友
卷之十五
人物志
正直　高潔
卷之十六
人物志
尚義　隱逸　方技　流寓　壽民
卷之十七
列女志

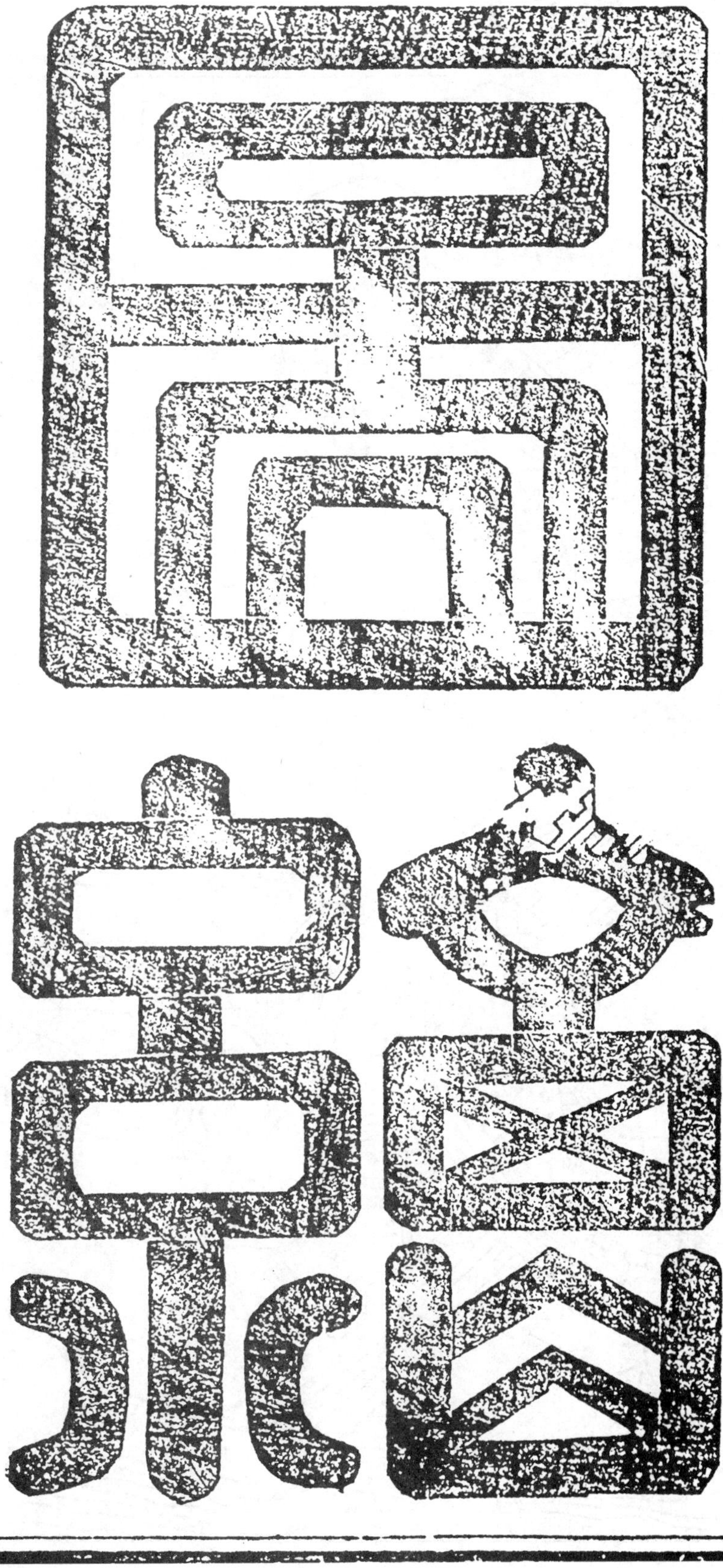

蘄州

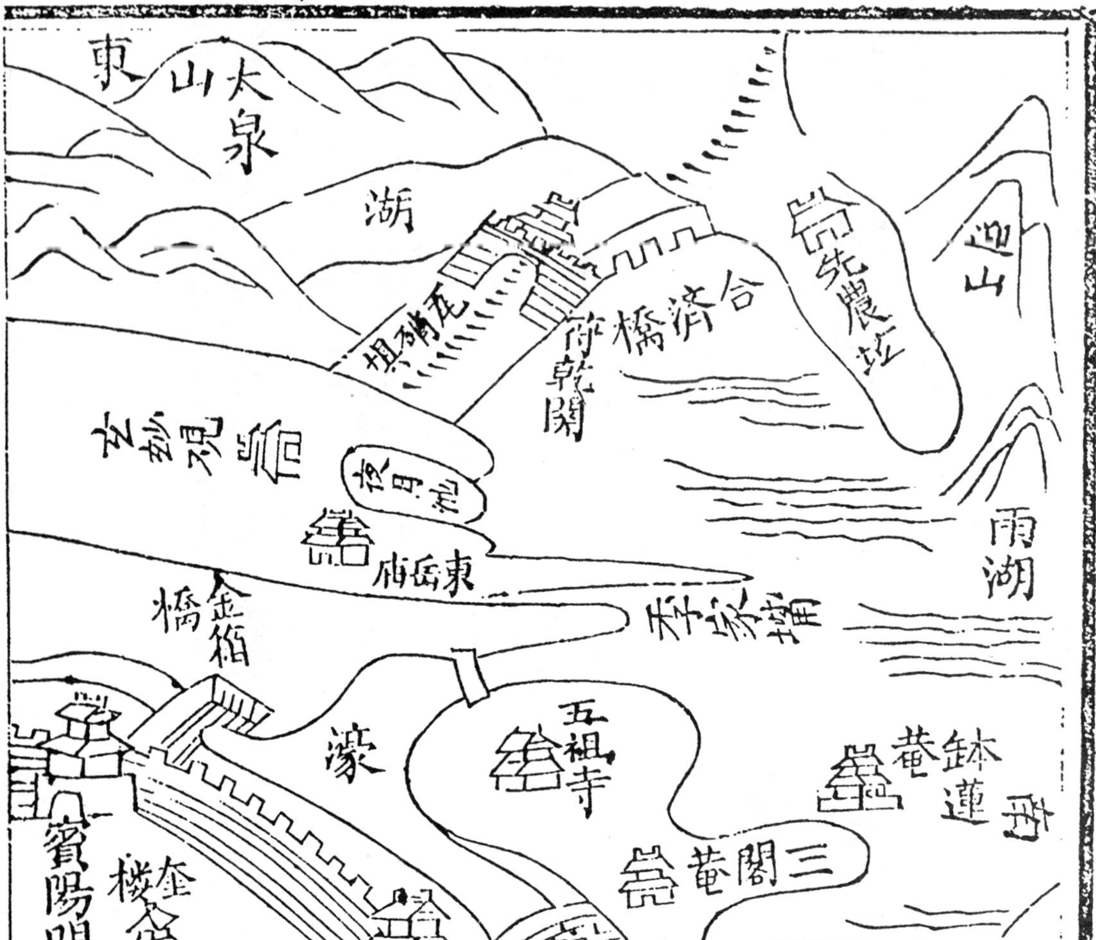
東
山
太泉
湖
合濟橋
先農坛
玄妙觀
東岳廟
金箔橋
雨湖
濠
五祖寺
鉢蓮菴
三閣菴
賓陽門
奎樓
文明門
山川坛
濠
襟江門
聚奎門
文昌閣
大江

城圖

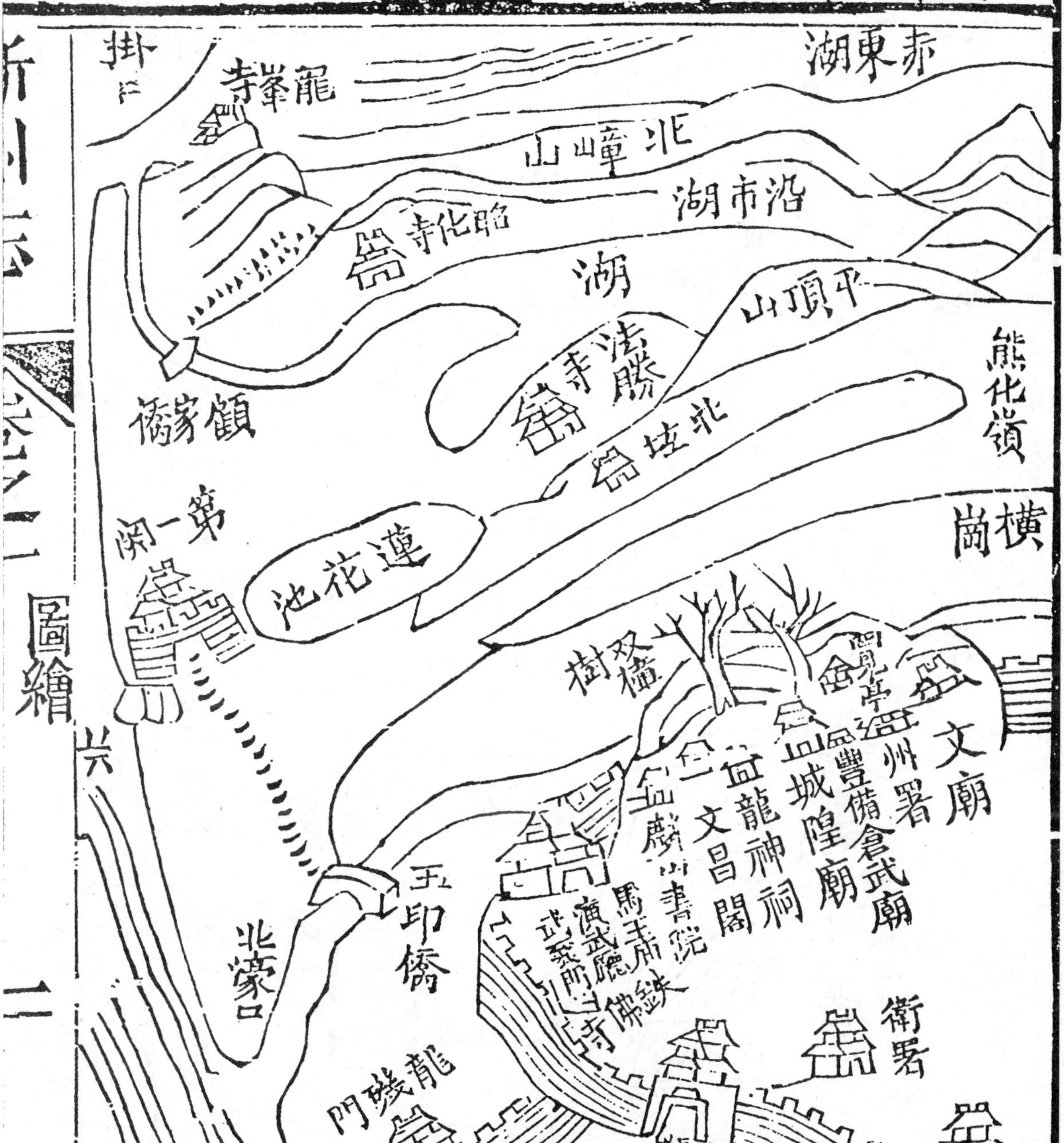
赤東湖
龍峯寺
北嶂山
沿市湖
昭化寺
湖
平頂山
勝法寺
熊化嶺
北垴
橫崗
第一関
蓮花池
雙樹
文廟
州署
豐備倉
武廟
城隍廟
龍神祠
文昌閣
麟山書院
馬王廟
演武廳
鐵佛寺
玉印橋
衛署
龍璣門
觀瀾門
烈士廟
龍磯寺
封磯洲

蘄州

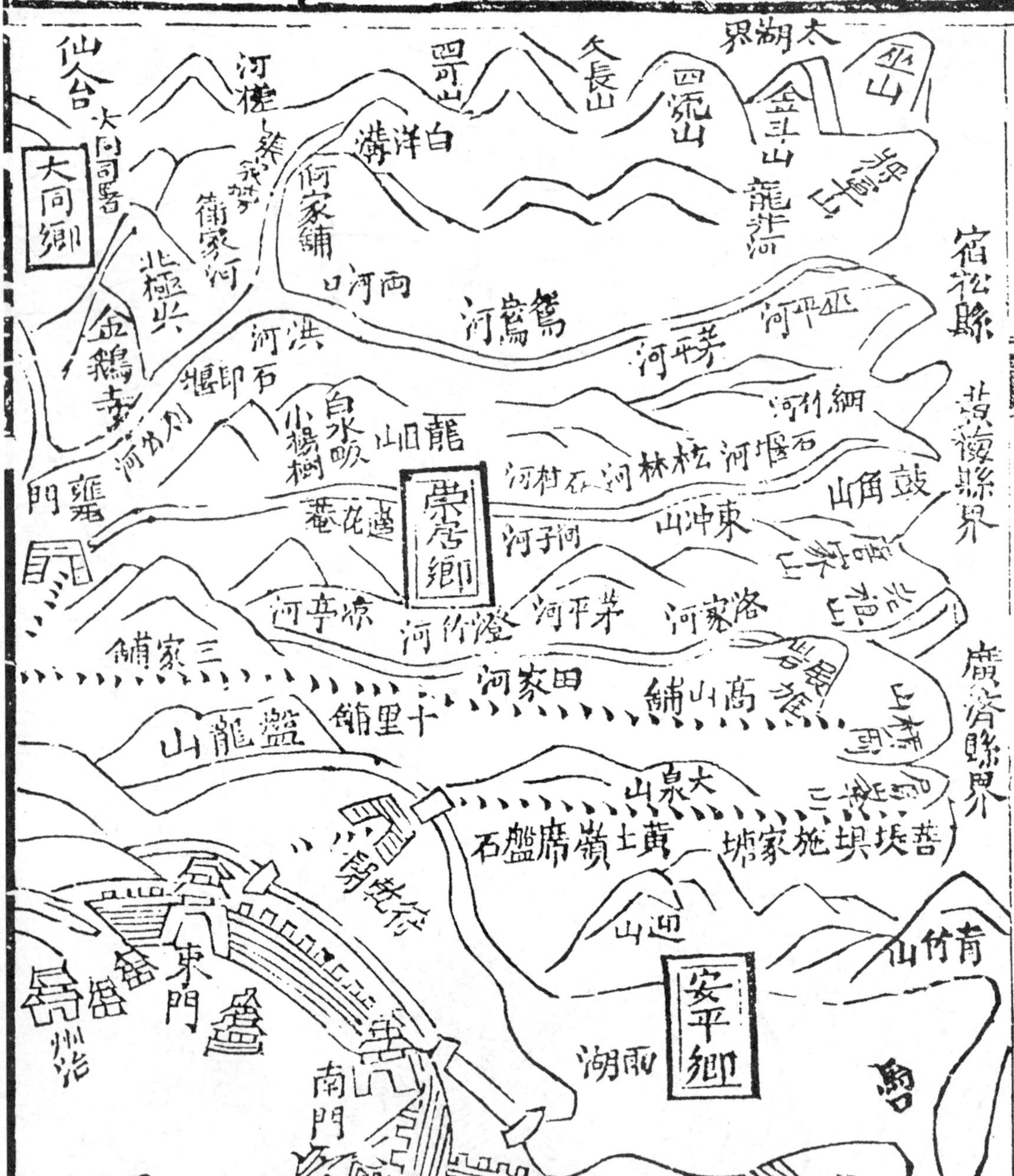
太湖界
宿松縣
黃梅縣界
廣濟縣界
興國州界
大同鄉
崇居鄉
安平鄉
州治
東門
南門
鳳山門
西門
盤龍山
十里舖
田家河
高山舖
三家舖
鼓角山
東冲山
青竹山
雨湖
龍口山
鴛鴦河
兩河口
何家舖
白洋港
大泉山
迎山
黃土嶺
松林河
洪河
衛家河

輿圖

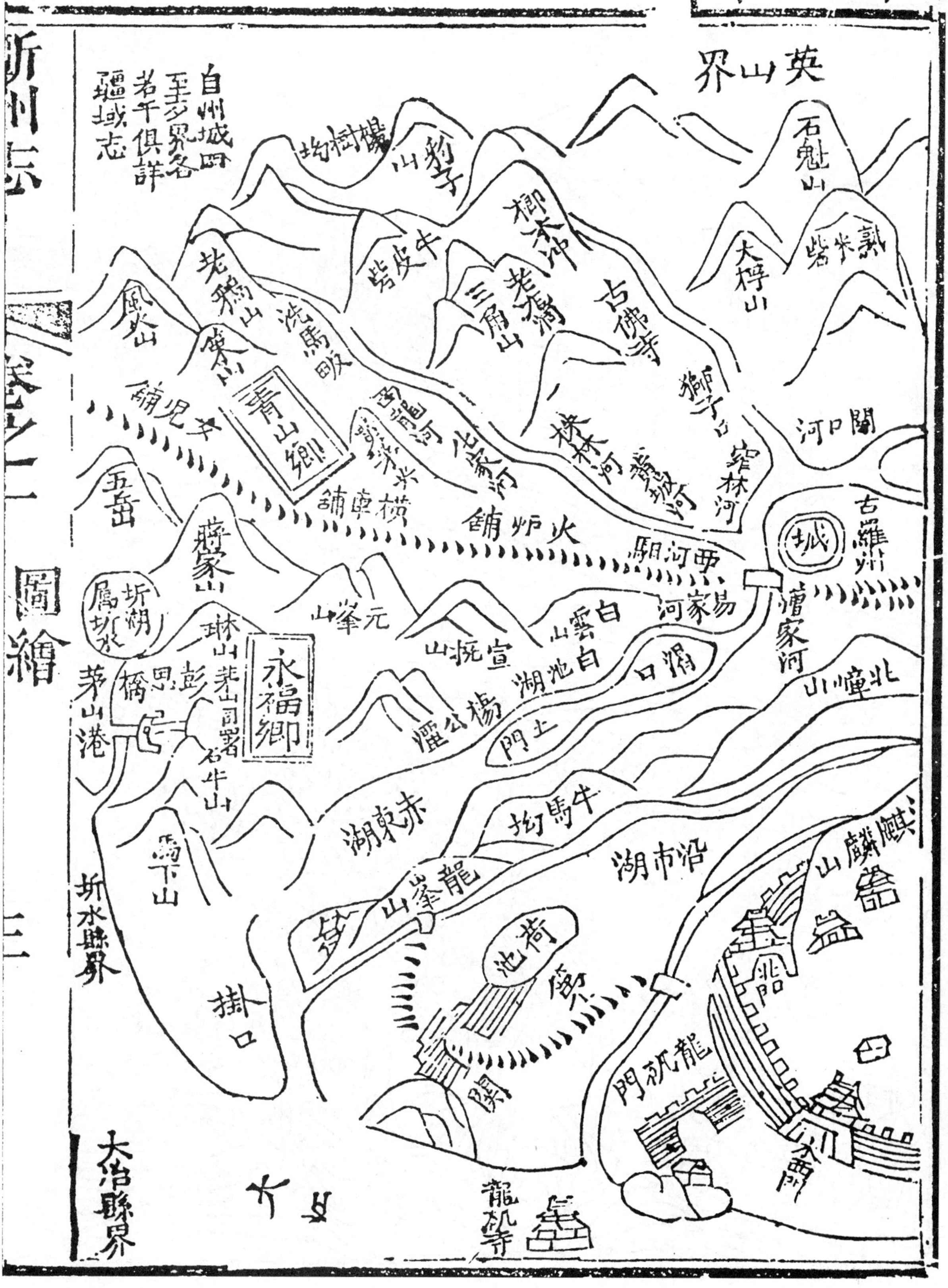

自州城四至多界各若干俱詳疆域志
英山界
石魁山
大梓山
獅子山
柳木沖
老鴉山
三角山
古佛寺
洗馬畈
青山鄉
株林河
河口閘
古羅州
城
西河驛
易家河
火炉舖
五岳
蔡家山
元峯山
白雲山
北幢山
永福鄉
彭思橋
茅山港
石牛山
牛馬坳
麒麟山
荷池
掛口
蘄水縣界
大冶縣界

蘄州志　卷一之　二

蘄州志　卷之一　圖繪

太清

汀州志　卷之一

圖繪　五

鳳寺
鳳山禪林

晨鐘

龍磯

夕照
圖繪

蘄州志　卷之一　十

荷池

金沙

夜泛
圖繪

鴻洲

蘄州志　卷之一

煙雨

龜鶴
鶴山

沂川志　卷之一　圖繪　十一

雨湖

漁舫
五祖寺
蕲州志
卷之一
圖繪
十二

浮玉
文昌閣
浮玉亭

新磯

蘄州志

卷一之一

一三

蘄州志卷之二

知蘄州事嶺西封蔚礽纂修

地理志

沿革

蘄地周以前無攷十道志謂春秋戰國屬楚秦置三十六郡屬九江此沿革之始也厥後爲國爲郡爲路爲府爲縣爲州析合不常今據各史地理志曉悉可稽者備著之表

沿革表

紀代	年	國	郡	路	府	州	縣
唐							
虞							
夏		蘄在禹貢爲荆州之域					
商							
周		弦子國地					
春秋		屬楚					
戰國		屬楚					

紀代	年	國	郡	路	府	州	縣
秦		秦置三十六郡蘄屬九江郡					
漢							蘄春縣屬江夏郡
東漢	建武二十三年	蘄春國封陳浮爲蘄春國侯領縣三曰西陽曰邾曰軑					草
蜀漢		草					
魏			蘄春郡				
吳			沿				
晉	太康元年		苙				蘄春縣屬西陽郡隸豫州
東晉	太元三年						蘄陽縣舊志簡文后諱

春因避爲陽

宋
大明八年
沿
屬豫州西陽郡

附魏
沿
徙縣治於石穴洲

齊
永明四年
齊昌郡
齊昌縣
改蘄陽爲齊昌析置永興縣隸焉屬豫州

梁
革
北江州 析齊昌置羅田縣隸焉
革

北齊
羅州 廢南新蔡郡改

北江州爲羅州

陳
大建五年
齊昌郡 復齊昌郡
沿

後周
沿
蘄州 改蘄州始此復置永興縣隸焉

隋
開皇三年
革
蘄州府 改州爲府析郡
革

開皇九年
復爲蘄春縣
革
蘄州 復改府爲蘄州

大業三年
蘄春郡 復立蘄春郡
沿

唐
革
沿

武德元年
蘄州 復改郡爲州

天寶五年
蘄春郡
革

乾元元年

復革州爲郡

革

蘄州

郡廢復蘄州隸淮南西道

梁

沿

屬吳

唐

沿

屬吳

晉

沿

屬南唐

漢

沿

屬南唐

周

沿

宋

景定三年

沿

置防禦安撫使安撫使王益始

元

蘄州路

屬河南行省淮西江北道

革

遷今治

明

洪武元年

革

蘄州府

改路爲府領縣五附郭爲蘄春縣外黃梅廣濟蘄水羅

田屬焉

洪武九年

革

蘄州

改府罷蘄春縣復爲蘄州外領縣如故

洪武十二年

偕所領縣同隸黃州府

國朝 沿

南郡

通考蘄屬九江郡隸揚州圖內復因漢江夏郡有蘄春又隸荆州圖內晉書地理志曰六國時其地爲楚秦取鄢郢爲南郡漢分南郡爲江夏郡蘄屬之及置十二州因舊名爲荆州統南郡舊說謬據此蓋秦之南郡地大北抵襄陽南抵江夏西北舉唐鄧而蘄屬九江不與焉漢乃割南郡北境並九江南境爲江夏郡蘄始隸焉南郡別自有十八縣蘄在秦屬九江在漢屬江夏謂蘄爲南

郡誤 顧氏志論

漢初分南郡爲江夏郡仍隸荆州蘄春屬江夏建安十三年曹操盡得荆州何夔傳曰建安中袁術與橋蕤攻蘄陽蘄陽爲魏固守則蘄已爲魏有赤壁之敗南郡以南屬吳吳後遂與蜀分荆州於是南郡零陵武陵以西爲蜀江夏桂陽長沙三郡爲吳而荆州之名南北雙立是此時蘄屬吳建安二十五年孫權自公安都鄂分江夏郡爲武昌郡屬以武昌下雉尋陽新陽柴桑沙羨六縣皆江南地而蘄改蘄春郡又省郡爲縣屬弋陽郡魏又改弋陽爲西陽今之光黃州地也黃初三年以江北諸郡爲郢州四年吳擄叛將晉宗於蘄春復置蘄春郡先是宗爲浠口守將叛入魏至是擄宗還齊王芳本紀云自帝即位至嘉平五年郡國縣道多所罯省俄或還復不可勝紀大抵蘄初屬魏赤壁敗復屬吳文帝時又屬魏繼又歸吳三國無地理志詳傳記如此 顧氏志論

潯水

潯本作尋漢屬廬江郡在江北蘄地也所謂以蘄陽之尋水並豫章之柴桑而立郡是也晉志惠帝永興元年分廬江之尋陽武昌之柴桑乃立尋陽郡始治江南尋

陽記云古蘭城地 顧氏志論

南北隸郡

宋書州郡志晉惠帝分弋陽爲西陽國屬豫州蘄陽縣居西陽之第三及宋武盡得河南地蘄早爲宋有至明帝後魏南侵淮北及豫州西境悉遭陷沒則宋亦早失之史稱得失靡常考據難定加以載籍多燬不可得而詳宋文帝紀元嘉七年罷南豫並豫州八年割豫州秦郡屬南兗州十二月罷湘州還並郢州十六年正月復

分郢州置湘州二月分長沙江夏郡爲巴陵屬湘州閏
八月復分豫州之淮南爲南豫州二十九年罷湘州還
並荆州孝武帝紀孝建元年分揚州立東揚州分荆湘
豫州立郢州於郢州立安陸郡大明二年復西陽郡三
年割豫州梁郡屬徐州七月分淮南北復置二豫州四
年以徐州之梁郡還屬豫州五年移南豫州治淮南於
湖縣六年改豫州南梁郡爲淮南郡舊淮南郡並宣城
八年六月以豫州之淮南郡復爲南梁郡復分宣城還置淮南十二
月以王畿諸郡爲揚州以揚州爲東揚州前廢帝永光

元年割荆州隨郡明帝泰始二年分豫州立南豫州三
年罷南豫州五年二月分豫州揚州立南豫州四月割
雍州隨郡屬郢州割豫州義陽屬郢州以郢州西陽郡
屬豫州六月罷南豫州後廢帝泰豫元年閏七月割南
豫州南汝陰郡屬西豫州以西豫州廬江郡屬豫州元
徽元年割南兖州之鍾離豫州之馬頭又分秦郡梁郡
歷陽置新昌州立徐州四年割郢州之隨郡置司州以
上或與蘄同郡或爲蘄所屬或隸蘄廢置紛紜殊無一
定考蘄地當宋武初因晉制屬豫之西陽郡文帝元嘉

元魏南侵豫及淮西皆不守歷三十年至孝建元年又
分荆湘豫立郢州所謂度郢州是也於時西陽屬郢矣
又五年爲大明二年復西陽郡不審所謂復者復自魏
也耶抑省而復置耶明年分淮南北復置二豫州後魏
南侵淮北至於瓜步豫州西境悉被陷害長淮遂爲北
境則蘄入魏矣魏地形志曰以齊昌縣屬北江州恐卽
此時也泰始二年割郢州西陽郡屬豫州其時蘄又屬
豫或者旋爲宋復耶泰始五年又度豫大抵終宋八帝
六十年反覆如此蘄舊志但云屬豫州之西陽郡欠考
顧氏志論

羅州

梁天監初柳慶遠帶淮陵齊昌二郡守而王僧辯傳又
有羅州刺史則梁初已改宋齊之制升縣爲郡不屬西
陽而羅州不審何帝置或在簡文前耶至敬帝分齊昌
五郡置西江州此時羅州又當廢魏地形志曰北江州
領郡六蕭衍置魏因之齊昌郡居第二則梁初又當屬
北江州矣大抵自縣升郡自郡升州州有刺史郡有太
守其置齊昌郡卽郡置羅州如今府治之附郭耳顧氏志論

南齊昌

陳初北失淮淝以長江爲界齊亦在所失天康元年周炅復之炅入朝田龍升復叛入齊炅又復之至宣帝盡復淮南經紀淮北則齊昌以北全復於陳陳書大建五年五月齊改縣爲郡者並復之七月戊申罷南齊昌郡南齊昌者因失齊昌故僑立也至是復齊昌罷僑郡 顧氏志論

五蠻

北齊書大象中司馬消難舉兵反於時北距商雒南距江淮東西二千餘里巴蠻多叛推渠帥蘭雒州爲主號河南王以附消難按蘄在漢屬江夏自光武建武二十三年徙南郡蠻七千餘口於江夏界中此江淮有巴蠻之始水經巴水五蠻居之今蘄地也宋元嘉末又於西陽立十八縣以處豫部蠻民至是作亂 顧氏志論

石穴洲

魏自太平眞君七年有河南淮北地以大江爲界都雒陽水經注曰蘄口洲上有蘄陽縣治徙石穴洲按即今掛口南對之洲宋時鴻宿洲也不審魏何時而徙厥後

延興末部州郡十丁取一以充行戶太和末選募武勇十五萬人號羽林虎賁旋復擯抑兵民流宂江北大亂或者徙治此時耶不則在太平眞君末或太和中也 顧氏志論

景定新城

舊志景定四年元復攻蘄守臣王彥明死之安撫使王益因遷今治按理宗本紀景定三年八月丁酉築蘄州城知州王益落官階正任高州刺史制置使汪立信上蘄州新城圖然則前此已遷治矣益以知州帶安撫使而彥明是蘄春縣令非守也蘄自嘉定十四年陷於金宋復之至端平三年爲元太宗八年復爲札刺溫火兒所攻孟珙解其圍嘉熙元年又攻三年又犯境史皆未言蘄陷惟元史張晉亨傳云中統元年晉亨之子好古移戍蘄州宋人攻蘄好古力不敵死之嚴實傳亦云宋入攻蘄勢張甚中統元年即宋景定元年也又宋史地理志云嘉熙元年蘄春治宿松景定元年移治龍磯然則蘄之舊城自嘉熙已失凡二十餘年或僑治宿松境或攻或復其保民江上實則景定元年也至三年今城

成乃圖上耳蘄志謂四年元人設砲白雲山舊城陷始築今城者非嗣是相持十四年至德祐元年元人以舟師造城下管景模始以城降元因廢舊城即新城治之

顧氏志論

分野

蘄之爲翼軫分也本荆州言之也晉唐以來史志昭然度次皆得而考而論者往往引揚豫二州之宿牽連及之異同之故未易以一言概也要其大較可覩焉志分野

星攷

翼二十二星十八度七十七分軫四星十七度又翼宿中有東甌五星軫宿中有軍門二星土司空四星青邱七星器府三十二星據明史東甌五星今無青邱七星今三其軍門二星土司空四星器府三十二星今俱無

舊按翼軫乃楚之總分舊志詳載星圖並附占驗楚中郡邑志皆可移易且如東甌器府等星已非古測則圖不足據翼主三公軫主宰輔其應甚大非一郡一邑之占今俱從畧

分野攷

封域皆有分星其說雖已見於周官然可攷者十二辰所屬而已天官書曰翼軫荆州漢書十二次之分因之蓋通全楚而言固無所據而斷其爲蘄州分也晉天文志曰汝南入房二度黄州志曰魏文帝分汝南立弋陽郡治西陽軑蘄春邾西陵期思弋陽皆其屬縣斷以蘄黄分入之星爲房二度按房主豫州汝南本豫州地故當入房西陽雖嘗屬豫而邾軑蘄春等邑地本在楚分野安得與時移易且分汝南在三國時晉時西陽則分

弋陽郡爲國屬豫州不云汝南故知入房之文就汝南故域言之非通指文帝時分立之汝南言也唐書古陳蔡許息江黄道栢沈頓蓼須頓胡防弦厲諸國皆壽星黄州志謂蘄爲弦子國地顧氏志論謂蘄在春秋爲蓼地故又以蘄爲角亢分攷弦國在今河南汝寍府光州春秋蓼凡三見據杜注一在今河南南陽府唐縣一在今河南汝寍府固始縣一在今江南廬州府廬江縣在廬江者爲舒蓼唐書壽星分之蓼當不指此餘二蓼弦國距蘄各數百里何所據而斷以爲蘄故地地在楚而

以鄭分野當之可乎且南陽府之蓼別爲張分謂蘄入張可乎一隅之地而數州之星互見不應分歧若此唐書天文志曰翼軫鶉尾也自房陵白帝而東盡漢之南郡江夏東達廬江南部濱彭蠡之西得長沙武陵又逾南紀盡鬱林合浦之地自沅江上流西達黔安之左皆全楚之分按蘄州在漢爲蘄春縣屬江夏郡是蘄爲翼軫分也唐地理志淮南道古揚州之域安黄申光蘄爲鶉尾分或疑旣稱揚州之域不當復分鶉尾不知蘄黄等處乃提出言之以别於揚州蓋謂淮南道固揚州之

域安黄申光蘄則鶉尾分也與前志自合明史天文志張十六度至軫九度鶉尾之次也湖廣之武昌府興國州荆州府歸州夷陵荆門三州黄州府蘄州襄陽德安二府安陸沔陽二州皆翼軫分晉天文志江夏入翼十二度湖廣通志由孝感西南抵漢川漢陽逾武昌泛樊口入黄州括二郡全境以至德安之安陸雲夢應城其地爲江夏郡入翼十二度或謂江夏入翼據晉郡而言晉江夏無黄州通志殆未深攷據明史武昌德安黄州同分翼軫蓋通漢江夏郡皆在一統志亦曰黄州入翼十二度固不獨通志云然而唐書所謂中翼十二度終軫九度則明指漢之江夏可謂無黄州乎是又不待辨析而明也通攷楚北郡邑惟德安府之隨州襄陽府之均州光化縣爲張分餘皆分翼軫隋書地理志叙揚州分野蘄春郡屬焉其曰自斗十二度至須女七度則指言淮海之地故知非蘄州分通志亦以蘄在吳楚之境爲翼十二度終而斗之十度入歷攷星野雖壤地相錯皆不紀餘分謂逾蘄卽斗之分野可也謂吳楚之境爲翼與斗會不可也斗固不得與翼並載而房與角亢之

不應入蘄益審矣夫星度遠而難知輿地近而可攷有定野然後有定星有定星然後有定度星度定然後徵應得稽焉蘄之爲楚野也其星翼軫也而度則翼也合史志觀之明白曉悉無可疑者論者往往泥析合不常之郡邑附會舊文而訖無定說故詳攷之如此補乙存

疆域

州境界吳楚之間輪廣數百里壤地交錯於黄郡稱衝要司牧者申畫郊圻愼固封守按圖而宣理之其爲責綦重云志疆域

州治在黃州府東一百八十里廣一百三十里袤二百五十里

東由安平鄉至廣濟縣楊林舖界四十里縣前舖七十里

西由州城經永福鄉至蘄水縣陸家舖界六十里縣前舖一百二十里

南自州城至興國州黃顙口江心界一十里州前舖七十里

北由州前舖至羅田縣鷄皃河界二百里

東南自州城至廣濟縣界十里

西南由州城至漳源口大冶縣界三十里

西北由州城經永福鄉至蘄水縣界一百里

正北由州城經大同鄉至英山縣界二百一十里

東北由州城經崇居鄉至黃梅縣界一百五十里

東北由州城經大同鄉至宿松縣界一百七十里至太湖縣界二百里

至省水路三百六十里陸路四百一十里

至京水路四千八百十五里陸路三千二百九十五里

形勢

因地賦形因形成勢非獨勝概足憑而已察原隰之包阻習山川之險易然後可高下其宜而布之利其因以爲備者在是焉志形勢

湖廣總志曰蘄州白雲西蟠大杼東踞江水從茅山十三磯紆行而趨九江鈷鉧之水入蘄河編戶之里六十四水陸交衝達於吳會形勢之地也

黃州府志曰蘄州北接光蔡東峙灊皖爲江右之籓籬淮西之屏蔽古來言地利者蘄口之險與夏口湓城相

爲頡頏豈非大江上下防遏爲難而蘄州雄峙江濱備禦尤不可不預乎

按北接光蔡據黃州形勢而統言之非蘄接光蔡也

舊志曰蘄州昔人稱爲吳頭楚尾荆揚交會之區背麟岡面鳳嶺山勢自橫岡發來奔踞大江怪石林立鴻洲環其前諸湖繞其後左控匡廬右接洞庭佳山秀水環絡千里有鼓吹白雲之勝

劉誠意伯基曰蘄江爲諸省要會舟航往來必由之衝

盧綋曰蘄自宋元間移治以來建城濬隍麟阜翼左鳳

灊拱右大江襟前諸湖帶後黄郡之藩籬而全楚之阨
塞也
顧景星論曰蘄濱大江西南自荆襄順流千里而遥東
北至吳千里而遥其陸北接汴洛淮徐千里而遥舟交
馬錯數千里之衝自蘄左右前後千里内有關疆境者
皆宜諳悉不獨蘄而已 以上俱錢志

廂坊

廂坊爲附郭之區四民雜處其中亦州境之要地也
邑明季受禍最烈文獻無徵故里名不得而攷兹據

冊錄所存者書之俾後來有所本云志廂坊
蘄城内外曰廂坊轄三圖圖卽里也以每里冊籍首列
一圖故不曰里而曰圖 通志
廂坊轄里三其名不可考 編戸錄
嘉會平政二坊 在州治前
文明坊 在儒學前
清晏寅賓二坊 在城東
鳳山坊 在文明門内
懷德豐樂通義威振勇知武定六坊 在州治西
仁和坊 在分司前
金沙坊 在治西
拱辰坊 在城北
兌澤坊 在澄清門内
和樂坊 在武襄門外
淸江坊 在觀瀾門内
平沙坊 在澄清門内
全勝坊 在城東北
雄邊坊 在賓暘門

雄江坊 在法勝寺前
迎恩坊 在北門外十牌樓 以上俱見編戸錄

鄉鎭

古者畿内不過六鄉市不過二十肆入其境可稽而
數也
國家涵濡煦育民用蕃富蘄以一州之地而五鄉二鎭諸
市集皆屬焉民生愈厚則編查愈難非司牧之責與
志鄉鎭
蘄州舊十四鄉今五鄉 太平寰宇記

五鄉曰安平曰永福曰青山曰崇居曰大同按青山之名見趙與褣嘉定辛巳泣蘄錄大同之名見洪邁夷堅志疑五鄉之名自宋已然 編戶錄

蘄州五鄉編戶六十四里 明統志

國朝編戶二十八里 湖北通志

安平有清化永豐義城黎企高山青石文頔諸里名與本郡之廣濟接界 陳氏志存稿

兩路口市　在州東五里

施家塘市　在州東二十里

菩提壩市　在州東三十里 以上本錢志

三渡橋市　在州北三十里

清水河市　在州東北五十里

土門市　在州北二十里

烏龜港市 土人云今作吳桂港非 在州北二十五里

楊段市　在州北三十五里 以上潘志

渦口市　在州北四十五里 錢志

按渦或作谿昔為魯咸伊地

白池湖市　在州北四十里 潘志

漕河鎮　在州北五十里此一大市集也 錢志

易家河市　在州北四十五里 潘志

高山鋪市　在州東北六十里

十里鋪市　在州北六十里

三家店市　在州北五十五里

新鋪市　在州北六十五里 潘志

西河市　在州北六十里即驛遞所也 潘志

火爐鋪市　在州西北六十五里 潘志

永福有茱萸長石新安諸里與本郡之蘄水接界 陳氏志存稿

蘄口鎮　在州西五里今廢按蘄口即今掛口 潘志

彭思橋　在州西北六十里有巡檢司署 錢志

按署舊在茅山後移建於此

黃北城市　在州西北六十里 潘志

橫車橋市　在州西八十里

按名見宋史

女兒街　州西北九十里接蘄水界 以上潘志

青山有歲豐武昌禮下崧山神亭達城諸里與本郡蘄

水縣連界陳氏志存稿

黄塅河市　在州北七十五里潘志

分路街　在州北九十里

獅子口市　在州北一百一十里俱錢志

株林河市　在州北一百里潘志

崇居有合城安平東甘官田童子白水諸里與本郡廣濟黄梅並安徽之宿松接界陳氏志存稿

甕門市石門如甕　在州北七十五里

按其下即鈷鉧潭

劉公河市　在州北九十里

按名見辛巳泣蘄錄

聶家壋　在州東北一百里

胡家凉亭市　在州東一百五里

馬路口市　在州北一百里

蓮花菴市　在州東北一百里

青石嶺市　在州東北一百一十五里

望天畈市　在州東北一百二十里

芭茅街市　在州北一百三十里

桐梓河市或作童子　在州東北一百二十里

白水畈市　在州東北一百四十里以上俱潘志

大同有名義河東河西高砂長峪諸里與安徽宿松太湖英山接界陳氏志存稿

張家塝鎮　在州北一百六十里一大市集也錢志

汪家壋市　在州北一百三十五里潘志

大同市　在州北一百五十里巡檢署在焉錢志

兩河口市　在州北一百八十里潘志

檀林河市　在州北一百九十里錢志

所見諸里名永福僅得其三而四鄉各嬴其一既未悉其省併之由而一圖中里名雜出參差蓋文獻之不足徵湖北爲尤而蘄州又其最也編戶錄

山川

潛霍以南羣山蜿蜒數百里併赴於蘄川則大江東汪四流之支三十六種之委皆會焉志稱呑吐吳楚不其然與英傑代興民用富庶盖亦得高深之助云

志山川

山

麒麟山　在州治後山勢蹲伏以形似名明荆藩遺址山前中爲州署左爲學宮右爲書院後一面爲城 詩詳藝文

鳳凰山　在州治西南山勢軒舉以形似名上有洗墨池仙人臺千仞亭七葉寮今俱廢 詩詳藝文

鵾雞山　在治西南盧叅政綋構四照亭於其上今廢

卜羅山　在觀瀾門內卽衛署基址所在 潘志

打鼓臺山　在州東五里山勢迤邐

迎山　在州南八里山形與治城相迎故名又名寅山又名銀山山半有小菴相傳明高啟避跡於此居雨湖之東毗廣濟 詩詳藝文

龜鶴二山　在州東十里麓多梅花二山並峙形如龜鶴故名今梅無存 詩詳藝文

野狐山　在州東十二里

丫頭山　在州東十三里 詩詳藝文

蟠龍山　在州東十五里

百家冶山　在州東三十里一名白望山蘄竹所產處 通志

按白茅堂集謂宋鐵冶場也

麻寅山　在州東三十五里

大旺山　在州東四十里

紫玉山　在州東四十五里

羊蹊山　在州東北六十里

雲峯山　在州東北一百一十里

還元山　在州東北一百一十二里

四臨山　在州東北百四十里

小泉山　在州東北百五十六里

丹井山　在州東北百三十里井底有四竅

按四時出泉世傳王全眞煉丹於此 明統志

掘斷山　在州東北百六十里

大原山　在州東北二百二十里
茅平山　在州東北二百二十三里
龍元山　在州東北二百三十五里
寶蓋山　在州東北二百三十七里
大泉山　在州東十里泉水清洌山麓有大泉寺華頂菴有仙人洞 詩詳藝文
蘇家山　在州東南十五里
安陽山　在州東南二十里
夫妻山　在州東南二十五里兩山對峙故名

象鼻山　在州西十里俗名高家山與龍峯石獅對峙即蘄河水口在掛口西岸
圓峯山　在州西四十里有東西二菴二梵祖師西竺僧隋唐間住此山半有泉土人祈雨輙應 詩詳通志
城山　在州西三十五里
馬下山即馬驊山一名馬鞍山　在州西六十里錢志謂漢高祖征九江王英布下馬於此 非也漢蘄在沛郡之蘄縣元至元二年并入宿州今在江南徐州府 詩詳藝文
五岳山　在州西北六十里上有福勝寺仙人墓有井歲旱不竭祈雨即應
雨標山　在州西北八十里
白雲山　在州西五十里自旦至暮常有白雲繚繞其上隋時建塔寺焉又云沂湖得入定僧二人遣使送至蘄州白雲山再召之二僧遂入古井中隱沒 湖廣通志
按白雲山即廣教山舊志兩載之非是 詩詳藝文
茅山　在州西北六十里下有磯自鰥魚磯至嵐頭磯十三處古傳九里十三磯
磨盤山　在州西北六十里

盧師山　在州西北六十二里山巔平衍刻有三大字清勁蒼古未知昉於何時
壽眉山　在州西北六十五里
火爐山　在州西北七十里
靈虬山　在州西北七十五里 詩詳藝文
麻石山　在州西北八十里
琳山　在州西北八十里
蔣家山　在州西北九十里上平衍有田數頃抵蘄水縣界

六合山　在州西北百一十里有東洞龍王神井通志

北障山　在州北四里俗名鈌齒山一名呂王城相近又有磨盤山一在治北一在安平一在永福下鄉石灰墈舊傳金牛勝蹟

盤龍山　在州北五里上有石鼓院舊志載麻衣道者無藥禪師二眞身在焉

龍峯山　在州北六里山勢聳拔爲州城屏障綿亘里許至掛口東岸作蘄河水口下有石高丈餘形似狻猊有石洞白花蛇產此今無

按顧氏志一名空石山

土門山　在州北二十里

宣撫山　在州北三十里

米家山　在州北三十五里山形欝葱類小米畫意一名虎兒山俗名獨山

細石山　在州北四十里

玩鶴山　在州北四十二里

蘄山　在州北六十里

雲霧山　在州北七十里山麓一石齒刺上有虎足跡俗稱虎踏石相傳唐伏虎禪師伏虎於此

策山　在州北八十里石壁峻險上有石砦並策山寺國初土人張相率鄉人築砦避難於此幾爲賊破忽有人騎白馬擐甲冑持太阿賊見奔散寨得保全承平立廟祀之同治間髮逆犯境監生張玉軒集英國泮等協衆重修

豹子山　在州北百里有上中下三山峯巒聳秀

老鴉山　與豹子山相連如鴉展翅故名

西龍巖　在州北百一十里水口石鐫觀頤覗履四大字

黑石寨　明末土人避兵於此上有黃茅尖佛乳尖

荆竹山　在州北百一十五里山勢綿遠曲隈中有燕子巖元至正間汪不花聚鄉勇立寨禦紅巾賊

羊角山　在州北百二十里一名楊家寨即楊先春勦賊處

北辰山　在州北百二十里上有百神廟

風火山　在州西北百二十里蘄州蘄水分界處

伏虎山　在州北百二十里形如虎伏故名

金鷲山　在州北百二十里北極峯下高聳峭拔四山環拱三十六水逆繞其前滙鈷鉧潭山麓有金鷲寺

通志云嘗有金鵞出石間其上有籠鵞石
八卦峯相連有小八卦峯　在州東北百二十里山前
有畈名望天畈
北極尖　在州北百二十五里俗名白雞尖
獅子口山　在州北百一十里高十丈横亘數百丈礫
石盤屈
祖師記山　在州北百一十里五峯排立下有大石盤
旋窩廣數丈中有石牀磴相傳祖師修煉處
女人寨　在州北百二十里與牛皮寨並峙寨下有黄

眉尖
蒿塲山　在州北百四十二里
堆金山　在州北百三十里
三角山　在州北百四十里峻嶒聳拔三峯突起大峯
中有老龍洞子午水潮洞口懸石鐫惟天在上四字
極古勁自洞而南左東龍巖右西龍巖中有會龍池
又有捨身巖慈應祖師覺慧處記詩俱詳藝文
大王山　在州北百五十里與英山接界
鏡臺山　在州北百五十里

唐家山　在州北百六十五里抵黄梅界
河槎山　在州北百四十五里通志云一名査山其下
有河槎堡名勝志謂宋程谷隱居之所谷葢珦之後
珦乃明道伊川兩先生父也
葉家山　在州北百六十里
馬鞍山　在州北百七十里
兜鍪山　在州北百九十里石壁四匝形如軍盔北向
似壽翁首有石若列眉土人又呼壽眉山
大桴山　在州北二百里

旋螺山　在州北二百一十里一名魁山一名仙人臺
有九十九隘高若列屏横亘州北陟其巔可極目千
里西向石臺相傳劉五劉六修煉處山塢有寺明正
德間州人郝守正肄業於此手植杉二株蒼枝古幹
今無存詩詳藝文
久長山　在州北二百二十里
金斗山　在州北二百二十五里
玉屏山　在州東北里許俗名周公山明時州人周副
使禧施爲漏澤園

象馬山　在州東北二里舊傳邊徼貢象經此一云荆藩豢象馬處

羅漢山　在州東北五里

馮家山　在州東北三十里卽馮大司寇母墓有華表

展旗山　在州東北六十里上有砦

高山　在州東北六十五里明崇禎丙子設險高山廣濟尉魏時光以鄉兵守此被賊縶不屈死詩詳藝文

烏石山　在州西北七十里上有廟宇二所一爲胡仁二香火一爲劉先二香火

駱駝山　在州東北九十里坳口磡有石洞以便行人往來

小嶺山　在州東北六十五里

甕門山　在州東北七十五里俗稱洄龍奔江又五里有石門山俗稱石馬山

靖明山　在州東北九十里俗名太平砦上有寺清幽軒敞土人呼爲大山坪

按太平山古名靖明上有靖明寺唐建宏治中重建鐘鏞記詩詳藝文

層峯山　在州東北百有五里抵廣濟界

九龍山　在州東北百一十里有龍井九處一名九潭山上有高谿寺

橫岡山　在州東北百一十里山之陽屬廣濟山之陰屬蘄州上有天柱峯捨身巖諸蹟詩詳藝文志畧

石人寨　在州東北百五十里石笋一枝宛如人立詩詳藝文

道觀山　在州東北百五十里上有天帝觀

仰天窩　在州東北百五十里山峯圍繞如牆

蟠龍山　在州東北百六十里山自西北逆迴東南蟠屈二十餘里後臨石溪飛流瀑布千丈其下有龍津潭兩山石拱如門右挺一山當河衝封兩山之缺上有小洞名石觀音洞苔蘚重重形如佛龕人跡罕到昔傳一樵子緣藤而上見內有石觀音又名觀音窔對面有手巾菴石洞一名靈巖洞洞石上從五丈衡十丈內有張金祖師眞身志畧

獅子山　在州東北百六十里以象形名

烟波寨　在州東北百六十五里當水口突起如烟波

有峭壁不可上
羅漢尖　在州東北百八十里形似羅漢故名頂有石洞土人縋而入歷數十重境漸幽凋懼而還 志畧
鼓角山　在州東北百六十五里舊傳天欲雨即有聲如鼓角騰空谷中一名鼓吹山 見唐書 其北有古龍池兩山對峙如壁怪石齒齒中一澗僅丈餘內有潭深不可底潭側有石洞風出其中俗呼風洞 志畧
龍目山　在州東北百八十里其下有宗渡河
小隘嶺　在州東北百八十里抵宿松界

石牛山　在大同鄉其陰則高砂里其陽則長峪里山頂怪石屹立如牛故云有雲隱寺俗名朝東菴康熙間僧霜松棲錫於此里中陳愚谷陳半菴皆有題詠
詳藝文志叅新稿
蘆林寨　在州東北百八十六里峯頂下窩瀦水如湖每歲生巨荻異於常產其懸岩下有長樂園石刻二神面目遊人比之古石丈人
將山一名將軍山　在州北二百里 詩詳藝文
相山土人誤爲桐山　在州東北二百有五里抵太湖縣界
巫山　在州北二百二十里秀翠如蜀之十二峯
四流山　在州北二百四十里山與英山接界其水南注蘄春西注蘄水北注壽州霍山東注太湖 寰宇記
按此水北流入英山不注壽州霍山壽州去蘄甚遠
龍津巖　在手巾菴右州北百六十里兩山皆石中空丈餘爲河道水口千尺懸石上瀑布若白龍一名白龍巖又若噴雪一名噴雪巖下迴瀾爲龍津
牛皮砦　在州北百四十里四面皆險峻明崇禎間土人避亂於此今基址城墻尚存 志畧

流水巖　在青山上鄉懸巖千尺有瀑布若挂壁然
香爐巖　在仙人臺前
叫雨尖　在三角山歲旱叫雨輒應
黄茅尖　解公尖俱在青山鄉
晃石洞　在州北二百一十里大石盤礴山椒若巨靈贅砌頂有一石中分叩之聲若鐘鼓下有洞能容數十人峭壁如削
朱家洞　在青山鄉相傳祖師修煉處有浴盆今存

許家洞　在青山雞籠峯下相傳許氏先世值宋元兵亂見洞門自開因避居之承平始出後求其故處不可得乃建庵於峯東南曰慶雲志畧

紫雲洞　在黃茅尖之陽洞頂有大石可坐數十人陳友夏鐫留雲伴月四字

毛狗洞　在分路街左長亘七八里與麞麂坪通內伏有靈物每於春夏時雲氣一興立雨志畧

亥泉洞　在崇居白巖寺宋白巖和尚修眞處有石刻

蛇山古洞長亘十餘丈相傳土人避難於此志畧 以上舊志

蜘蛛山　在治北百二十五里崇居鄉內

螭堆山　在崇居鄉黃信甫高麗使者趙性敎題黃鶴部雲鵠始祖母談氏完貞伏虎圖有句云太湖渺何極螭山鬱蒼蒼

獅子巖　在大同鄉六溪冲陳工部詩鐫字於石曰臥雲巖

馬鞍山　在大同鄉有龍井水甘冽陳工部詩贈汪雲句老我尙懷龍井水故人相問馬鞍山

判官腦山　在州北九十里頂如磨盤前有藥王廟

求雨壇山　在州北七十五里山石崚峭居民禱雨處

尋磨砦山　在州北七十五里峯巒聳拔山北有盪雲石上有雲霧菴

鉢盂山　在州北七十五里以形似故名山腰有八蜡廟下有九曲溪第四橋浴月池沁脾井雙眼井諸勝

曰石山　在州北七十里

蒼雲巖　在尋磨砦山北

小桴山　在州北百八十里

黃蘗山　在檀林河上五里山有綠蘿菴陳愚谷有記詳藝文　以上新稿

水　江河湖池口磯洲港井潭泉附

江水自蘄水縣之迴風磯下十里逕唐家渡十里逕散花洲二十里逕茅山港二十里逕羅家埠又二十里逕掛口十里逕州治二十里逕烏林港十里逕馬口即州治雨湖諸水入江處下即廣濟界舊志　又考湖廣通志蘄州自蘄水縣入境至廣濟界堡子墩止共一百二十里散花洲水勢平順茅山鎮水勢平順漳源口江南岸地水勢洶湧報部險要對磯洲水勢平

順烏林港馬口今屬廣濟

蘄河發源於四流山之南過查家山爲龍井河田家橋牛頭冲諸水會之由青草坪至洪河尖何家舖白羊溝之水入焉又西入梓冲諸水會之又十里河南坂之水會之又東將軍山相山細竹河檀林河諸水會之爲兩河口又東三十里宿松界龍目冲之涼亭河入焉過張家塝西白葛塲山來之六溪河水注之又五里爲小楊樹馬墩山水合清河冲水會瓢舖水入焉至芭茅街下東來張德彬冲王裕冲姜家冲水逕

白水畈河會焉又四里西來之裴蔡二冲水逕水車河注之又數里至望天畈東來七里冲小水注之至孫家林紫雲山龍鬚冲桐梓河諸水入焉又十里逕鴨公嘴西來石鼓冲水由白茅洵注之又十里東南來諸水至蓮花菴入焉至劉公河西北之仙人臺康宗堡汪家壩獅子口澤霖河諸水會焉又數里自駱駝山東來金絲港水注之十里至甕門爲洗馬潭至闗溪河西來蘄陽坪柳木衝至株林河胡家洵諸水注之逕黄城河西來李逵衙烏石橋石流堰石壁巖諸水入焉又五六里西有支河名王家港分大河之派與高家新舖下流大河水會至白雲山前突起一洲左爲蘄河卽舊治所在右爲西河驛遞在焉蘄河東五里逕漕河黎企衙謝家河兩小水注之由漕河分爲二一逹渴口而西蘇家河水入焉歷二十里出葫蘆口一逹渴口而東由洄陽街至陳氏半畝園亦分爲二不里許復合又東二十里至三寶橋河下流東會於赤東湖其西河之水南入里逕易家河又西來橫車橋諸水注之又五里逕路口畈南城河之水會焉

又里許至白池湖又十餘里歷楊公潭與渴口而西水會至土門河下流與西俾阜河之水同入赤東湖至相見灣遂合流由掛口入江潘志參錢志

州西北之水源出蔣家山琳山有自峽河合流至兩河口者有自蘄水段家河歷鄭家港至兩河口者俱滙蘄水策湖由茅山口入江

州東北之水源出廣濟撛西鄉崇陽橋栗木橋至州乾沙河清水河下河橋萬壽橋滙蕪塘赤東諸湖由掛口入江

按蘄河發源四流山衍爲龍井河巫灘河鴛鴦河洪河石桯河凡六十里之水悉由英山分界由北而南者也其東北隅則自太湖分界爲石堰河駱家河細竹河蕭家河合流檀林河逕茅坪河與英界水會注宗渡河自是而西折十五里則由宿松分界之龍目衝諸水逕澄竹河涼亭河西五里爲六溪河又十里爲魏家河更十里至蔡家舖有自黃梅分界之白水坂諸水越十里則上由黃梅分界下由廣濟分界之三十六水及桐梓河逕鵓青河凡此皆水之由東而

西者也西十里爲石鼓河源爲差近復十里有南自廣濟分界之檮樹山水田家河水北流而入又西十里爲劉公河則西北隅由英山分界之鄧家河百丈河逕澤霖河注於東南十五里爲饗門潭又五里爲閼口河有自蘄水縣流入州境之水會西龍河逕華家河蔡家舖河株林河白石河胡家河注之閼口河踰五里爲黃城河則由蘄水之黃城街土陂山諸水流入州境此水之由西而東者也西南二十里逕舊治分爲二左蘄河逕漕河越土門山之陰右西河逕易家河踰土門山之陽並由濟西而東入州境諸水滙於湖合流掛口注之江其獨流惟彭司一河源浠界蔣家山歸注茅山前若左赴南直祇劉全冲曹家冲兩水未入蘄河耳餘皆曉晰可指約志原委於此至於細流涓注殊未易悉數俟知者詳之錢志

河名

龍井河　州北二百二十五里

巫灘河　州北二百二十里

鴛鴦河　州北二百里兩山鎖流如鳥比翼

石堰河　州北二百一十里

洪河　州北一百九十里

細竹河　州北一百八十五里

駱家河　州北一百八十五里

蕭家河　州北一百八十里

石桯河　州北一百八十里

檀林河　州北一百九十里有市集

茅坪河　州北一百七十五里

澄竹河　州北一百七十五里

宗渡河　州東北百八十里龍目山下舊志以爲宋高宗南渡經此非也今名兩河口

六溪河　州北一百五十里

鄧家河　州北一百六十里

涼亭河　州北一百五十五里

百丈河　州北一百五十里

魏家河　州北一百四十里

桐梓河　州北一百二十里有市集

鵝青河　州北一百二十里

西龍河　州西北一百二十里

石鼓河　州北一百一十五里

田家河　州北八十里

華家河　州北一百一十里

澤霖河又名窄林河　州北一百里

劉公河　州北九十里

胡家河　州西北九十里

株林河　州西北一百里有市集

達城河　州西北一百二十里

闞口河　州西北八十里

黃城河　州西北七十五里

西河　州西北六十里有市驛在焉

甘籛絲河　州西北五十五里

易家河　州北四十五里

漕河　州北五十里大市集

壁河　州北一百三十里

彭思河　州西北六十里有市集以上錢志

翻車河　按舊志在州東南八十里則非今所屬矣

渴口　州北四十五里

乾沙河　州東北十五里

清水河　州東北五十里以上潘志

湖

雨湖俗名諸家湖　在南門外考一統志蘄州雨湖東通廣濟縣馬口湖入江民多業漁於此曲折周迴凡二三十里春多桃李夏盛芙蕖爲州最勝處通志詩詳藝文故李嵩岑有下雨湖不下西湖之語志畧

赤東湖即八里湖　在州北十里上納蘄河水下由掛

口入江湖有九十九汊爲孔道所經州境湖之最大者曰赤東其東十里有湖曰沿市曰金沙曰西湖皆湖之支流 通志詩詳藝文

蓮市湖 俗名沿市湖

西角湖 俗名洗脚湖 在州東北水漲時由大徑橋入金沙湖

蕪塘湖 俗訛稱鴻塘湖 在州東北由沙徑入金沙湖

白池湖 在州西北四十五里有小市集 以上潘志

掛口口 即蘄 在州西五里蘄河諸水會以入江處春冬

水涸時灘上有泥極膩蘇窯戸取以釉瓦器謂之釉泥 志畧

柳嶼一名鏡口 在甬湖 詩詳藝文

池

蓮花池 在北門外十牌樓 詩詳藝文

夜月池 相傳以爲城東有池中沉古鏡夜常吐光爲十景之一今淹没無存矣 詩詳藝文 四照堂集

磯

龍眼磯 在江心因宋大觀四年立廟祀順濟王故名水涸則廟在洲上

乾明磯 在大士閣南相傳羅眞人飛昇處履跡猶存南對鴻宿洲 見通志

新生磯 在江心上有文昌閣浮玉亭俗呼釣魚臺道光二十九年大水閣廢

螃蟹磯 在第一關

南陽磯 在州西江濱接蘄水縣界今名月石磯 通志考水經注南陽山曰苟磯亦曰南陽磯仲雍謂之南陽圻一名洛圣圻一名石姥水勢迅急

洲

鴻宿洲 在州南二里一名金沙洲秋冬有鴻集於此宋景定四年元兵據白雲山設礟守者懼走保鴻宿洲 通志 鴻宿洲者即桑氏所云蘄陽洲酈氏所云石穴洲北朝魏時嘗徙治於此矣 顧氏志論 詩詳藝文

白田洲 在西江中北對月磯又名對磯洲

新興洲 在江心

琵琶洲 在江心 以上錢志

楊段洲 在州北三十里

散花洲　在州西七十里抵蘄水界相傳爲三國周瑜賞軍散花故名

艾家洲　在州西北八十里

潭源口　在江南岸抵大冶界以上滙志

井

官井　在大西門內街中錢志

硃砂井　在城內關聖行宮側水最清澈明荆府所鑿詩詳藝文

義井　在州西北十里

龍窩井　在永福鄉

冷水井　在城外鉄鹵山

六龍井　在白雲山下廣教寺

西河井　在白雲山下廣教寺

烏龍井　在青山土地河井上有宋嘉定六年題字志畧

東洞井　州東北二十里亦清澈湧沸不竭石壁環抱峙立通志

雙水井　在三角山

留月井　在五嶽山

丹井詳見丹井山內

三眼井在營衙右

烏龜井　在花橋水最清澈冬溫夏涼能止熱疾以上滙志

潭

鈷鉧潭一名洗馬潭在襲門山爲青崇大諸水所滙之處顧氏謂春漲每至洶湧奔迸澄澈時見大鯉魚長丈餘相傳龍也

葫蘆潭　在州東百二十里

鱖魚潭　在唐家山澗中橫巨石酷似鱖魚故名

師姑潭　在州北四十里今名黃土潭名見泣蘄錄

泉

蘄州第一泉　在大泉山又有仙人洞

卓錫泉　在州東一百一十里

大盈泉　在州東十里四時不涸

溫泉有三　在桐梓河土人呼爲梅家湯池水熱如湯隆冬可浴詩詳藝文

三十六水　在州東北源出黃梅縣界今名高溪河通志

水利津梁附

蘄南濱大江北挾羣山諸湖絡其腹下流之區漲淤時多陂塘之設皆利藪焉津梁所以利涉也王政重之詳建與修者使得藉是以不朽云志水利

蓮花池一名黄家塘在北門外周公山下水流四五里

永安壩在州西北十里赤東湖明萬歷二年修

瓦屑壩在州東明宏治年間知州陳霽築

東門壩與瓦屑壩近指揮李繼築

南門壩通河街羊子壋並迎山馬口諸處

菩提壩距州三十里安平以南水所洭之處

許家塘在敎場口北水流二三里

馬家塘在瓦屑壩水流一二里

施家塘在安平一圖二舖西水流二十里

周家塘在州治北鈌齒山下水流四五里

盧家塘在安平五圖走馬嶺下水流四五里

清水塘在州東楊家井下十五里

袁家塘在安平四圖高廟山下水流二三里

白陂塘在安平下鄉白陂山下水流三四里

破塘在安平下鄉廖家山下水流四五里

馬婆塘在州北五十里

余家塘在渦口上畈水流六七里

藕塘一在鎖口山水流八九里一在闞口河水流七八里

管恕庵古塘在寒婆嶺下水流里許

泉塘在黄土山下水流四五里

周家塘在長嶺山下水流三四里

五岳塘在西河驛水流七八里以上潘志

烈女塘在五岳山下髮逆之難有女遇賊投塘死焉土

人哀之故名　新增

董家塘在靈虬山下水流三四里

箭陂塘在火爐舖水流六七里

鴛鴦塘在永福馬驛山前水流七八里

楊家塘在永福烏石山下水流四五里

二聖塘在青山三圖花園背水流六七里

鮑家塘在青山下鄉俗名鮑家湖水流四五里

胡家塘在山口冲下水流三四里

陳興堰在安平五圖東高畈

白家堰在安平五圖蘇家畈
後河堰在高家畈水流三四里
蓮花陂堰在史河口畈
張輝堰在楊樹背畈
高家堰在永福下鄉
高秋堰在烏石山下
長港堰在青山黄城河畈
蕭落長堰與青山黄城河相近
石郎堰在大同三圖馬家畈 以上錢志

按舊志所載塘堰水利皆有裨益於民田者至所載灌注田畝今昔開墾淤塞以致有廣狹之異故不錄
白鶴堰在安平管家林山下水流七八里
童家堰在安平大王山西下水流可灌數百頃
六合堰在安平高德畈嘉慶三年高攀灝糾六戶衆買田開溝建閘引河水灌田
駱家堰在安平八斗坵州北六十餘里
游家堰在安平馬家沖
冷泉陂堰在安平長林岡下

孟家堰在青山鄉烏石橋河水流可灌東西二畈並華家園田數百頃 新增

津梁附

金箱橋在東門外乾隆丙寅年建
玉印橋在北門外訓導陳欲珍捐募建
合濟橋在符乾閼口訓導陳欲珍監生張燕捐建道光年間橋圮土人架木爲之
滑石橋在州治前宋景定五年安撫使王益建
新興橋在州北四里

高家橋在南門外 以上錢志
石鼓河橋在城北一百一十五里陳法璧建
馬口橋在城南二十五里州民梁均宇募建不足鬻房屋以竣功
西龍河橋在青山鄉州北一百二十里貢生陳欲瑛捐建
天賜橋在青山松山寺下山墜長石壓兩岸成橋故名天賜橋
掛口麟山書院渡在州北十里

乾明渡在州治城西

沙徑渡在州北十五里陳惟聰戸王廷震戸各捐渡船一隻並置渡田先後置田三石九斗五升五合有碑記

關口河一作關溪河在州北八十五里其河接洗馬潭下流水勢浩大分東西二流東流國初生員李鄧林捐橋船並田稞三十二石嘉慶間貢生駱鍾蘭捐建橋其子理問駱以載復置渡前後共捐田稞六十二石千總李泰續捐田稞十七石西流胡登一駱公浩捐募橋渡置有渡田後田渡廢李泰復

捐募置田稞二十六石花園港店屋一所

黄城河渡在州北七十五里陳惟聰戸捐竹筏二隻監生王乾胡便捐募橋渡並置田稞附近有衍慶橋李登兆募建

按黄城河橋名陽春所置渡田計種五石七斗屬王乾管理乾卒子德等續理又張淑宜續捐田計種二石零二升五合又增置田計種三石零二升七合一勺而衍慶渡則附近上流之支河也先是李登兆募置渡田七斗田少而低邇來頻被水害租納難以敷費德以其渡附於陽春橋而更分陽春橋渡田之餘以助近地橋渡費之不充者約數處誠善舉也

亞公河渡州同陳法壁捐田稞二十七石

白馬渡在州東關外

黄頰口渡在州南十里通興國州

易家河義渡在州西北四十里

顧家橋在一關外副憲顧闕建

吳公橋在大西門外

排垾橋在赤東湖西嘉靖丁酉年建

國朝乾隆間生員田之魁貢生江惟金捐募重修橋路置田道光丁亥生員余松齡監生杜相捐募續修橋路置田並建亭造船

大明橋在赤東湖口明嘉靖間建順治十五年李如嶽捐募重建孫湯嗣扶九承修並置義渡

芭茅橋在州南芭茅山之側官路

道人橋在州北漕河市前建以石整架爲寬橋道光七年被水冲圮邑人高姣晉募建復被水壞市公捐募改石整爲轉蓬五座

善慶橋在西河驛爲孔道要津先是康熙年間邑人劉楚相湯有光陳于座許志士劉玉光袁剛鄭重僧正心兩次募建石橋皆未成乾隆年間貢生袁士昌改石甃架木爲梁募金不給捐銀三百兩橋始成近時里人募修名仍舊又有小橋

轉蓬橋在州北四十五里渴口市一名三洞橋康熙二十四年陳惟執捐建

中心橋在鴻宿洲明嘉靖十五年壽官鍾惠建

歐家渡在青山鄉渡邊有石鐫雲路二大字

駱駝橋在崇居鄉明宏治元年衛舍人唐仁建

劉公河渡監生陳述古捐田一石四斗竹筏一隻

大王廟烏龜港俗呼吳桂港兩橋俱陳吳氏捐建以上錢志

長壽橋在州東三十里康熙間田瑞芝重修道光戊戌監生徐才華偕弟金榜補修

蓮花橋在州東三十五里元正統間趙容甫捐建嘉慶年間張梅山蓮橋二祖暨張石潭重修

大徑橋在州東北十五里有渡張石潭捐

烏龜石橋在州北三十里有渡張石潭捐

陸家橋渡在州北三十里

萬壽橋有二一在下河廟乾隆庚子監生張用軒督修嘉慶癸酉張石潭補修一在白泥湖置有田粿

三寶橋或作山渡在州北三十五里有渡田見該地古碑以上潘志

泥河埠渡

白家堰渡

聚樂橋在州北高家新舖嘉慶間監生高勝楚募建道光間監生高懷高斌捐募重建前後共置田粿一百八十餘石

青雲橋在州北王家港

戴口渡在渴口貢生陳天篤捐有渡田

易家河橋在州北五十里置有田粿店租

蔡家橋在州西北圓峰山下鄉飲介賓王秀文捐渡船一隻監生余青美募造渡船一隻置田粿一十五石附近下流新開鎮在管家窯生員管宗桓等捐募置渡並有田粿

茅山港渡余履中捐船一隻並田粿十一石零

喇叭湖渡在祝家橋余法周捐船一隻置有田粿二十

石零

普福橋廣福橋劉思謙捐募建置有田稞

管家湖渡管宜謙訓宜議誨捐募有田稞

燕詒橋在闞口河貢生駱馥軒捐建

萬緣橋在株林河萬緣菴右陳理範陳開緒募建

集慶橋在青山董家河口監生駱磊軒捐募建置有田稞二十餘石

仁壽橋在州北馬路口駱龔二姓捐募建並渡艕一隻田一石三斗同治年間因橋渡廢弛二姓合議橋歸駱姓募修渡艕歸龔姓添置

三多渡在州北獅子口嘉慶間募建置有田稞四十九石監生吳登甲經理

株林河渡乾隆癸酉陳洪緒捐置橋艕並置田一石一斗又陳正書女長姑復捐渡船一隻名濟陰渡置有渡田

夔門渡在州北七十五里鈷鉧潭口李方高建橋船並田稞二十石後眾募修

青崇橋在鈷鉧潭邊青崇二鄉交界處故名

萬歷橋在夔門明萬歷時建旁鐫有萬歷橋三字

花橋在州北百三十里庠生吳善玉建

善緣橋在州北百三十五里道光十九年里人朋建

六秀橋州北百三十五里三十六水之口傍有六秀橋石刻三大字有一聯云雲映松山秀橋闞澗水清里人梅希㭾募金重建

生孫渡在蓮花庵大河口乾隆丁酉陳虞廷建並置田

蜈蚣橋陳述古建

埒上橋陳莒湖建

六溪渡在大同張家塝丁街乾隆三十九年陳士金捐

艕橋並置田稞復於道光元年士金支下續置艕一隻有田稞

善緣橋一名巴家橋在州北二十里高溪畈交黃梅界

兩河口渡在州北百八十里道光丁亥監生吳澔捐並置田稞十石

小楊樹渡在州北百五十里里人程應魁捐有橫路舖田八斂近范方二姓捐橋置有田租范繼文捐渡艕一隻

趙家河渡在汪家墈下流道光二十二年汪忠霧捐田

稞五十二石以上舊志

閼子堰橋在城北三十里高玉書募修改木橋爲石橋

漁田寺渡在城北三十里

荆姑橋在永福鄉明荆定王交捐建

敦善渡在張家塝上街田姓戶捐有田稞十餘石

烏石橋在烏石山左三里李日蕃建

通濟橋在鋪兒嘴州北八十里

六門橋在州北八十里

貴公橋在五斗河李玉建

第四橋在鉢盂山下九曲溪增生李星坊捐建有碑

虎石橋在永福鄉張紹文妻童氏捐建

盤石橋在永福鄉舉人熊心璋捐建後被水頹王叶四募貲修復

金獅港石橋在劉公河下太學生胡二元與貢生郝定疆茂林等合修

玉京橋在西流衢口同治間例貢生陳斯廣捐建

西流巖橋咸豐間附貢生陳瑞龍捐建

三星橋在達城河咸豐間附貢生陳瑞龍捐建

楊家橋在長塘角同治間例貢生陳斯廣捐建

萬壽渡在華家河華仲德捐過手田一担佃稞九石七斗五升

盧家河橋同治間職銜陳慶勛捐建

株林河橋同治間職銜陳青慶捐建

善慶橋道光二十九年把營千總銜陳之瀚捐建更名

普濟橋置有田稞

萬善橋在張家塝下六溪河里人豐鎮商等募建

三家店石橋五鄉通衢被水衝壞同治七年秋營千總

龔灝兄弟等捐金五百餘續建轉蓮橋一座縣丞龔漢池兄弟亦助貲襄成

吳桂港石橋五鄉要衢被水衝折同治十一年春龔灝漢池兄弟等共捐金六百餘復建接年補修

蓮花庵大河綿綿橋係黃廣要路龔灝漢池兄弟等捐稞六十餘担又竹簰一隻係先年灝祖達所捐每年給工食穀二十担又錢二串四百文以爲整修竹簰之費龔攀桂捐田三斗竹簰一隻龔泰階與胡毓章共捐田三斗竹簰一隻又衆姓共捐田五斗餘竹簰

一隻
侍郎廟河橋渡在大同鄉衆姓捐建並捐有李家山田稞二十石響馬潭田稞二十石
聶家壩橋光緒三年胡宗卿以相與龔祖保祖德重修
八里湖渡在州北監生龔達捐渡船四隻置有田稞咸豐初燬於賊光緒六年達之曾孫等將架船費在相見灣造木橋二道湖水涸時行旅稱便光緒八年達之元孫營千總勳太學生之庚霖溥等復造平底大船二隻行人隨便給錢以作工食修整之費詳碑

劉公河橋張意敏胡澐倡修木石橋各一渡船二隻置田稞爲每歲修資胡甡亭捐渡船一隻子國勳得親續捐田稞十六石孫周翰復捐田課八石
張家橋在治東崇居鄉離城九十里
萬壽橋在治東三十五里
七里橋在治北四十五里
鄧信橋在州北三十里
衆善橋在崇居鄉白水畈生員吳延齡捐建並捐田稞十六石

黃土嶺渡筏在劉公河下貢生郝定疆捐有楊鬚塆田五斗楊家湖田四斗八合六勺以爲歲修之費
黃土坣渡　袁家湖渡屬方澤元　陶家磨渡俱在安平鄉

補遺

永成堤在南門外雨湖　同治壬申年鄉紳王俊傑王錦蘭范煥文伍祥雲王安仁王紹全王霖等創修
岐山橋在竹瓦店東岐山廟下
乾沙河橋在安平鄉蘄廣交界

盈占渡在呂家大河口蘇家河口兩處呂世顯戶公建並置有田課三百餘石
八里湖渡在州北貢生郝定疆捐船一隻咸豐初被賊燬光緒八年疆復造大船一隻其條欵與龔姓同
西河渡中横一洲河分爲二南大北小康熙乾隆間近河十四戶公置烏石橋敎家畈胡北山及河東西等處田課一百四十石（內沙壓十餘石）置南河大小渡舡各一每歲給工食谷三十二石又光緒甲申侍詔李玉績捐劉家灣田課十五石爲北河　之資

蘄州志卷之三

知蘄州事嶺西封蔚礽纂修

地理志下

風俗

化於上曰風習於下曰俗其奢儉純駁之較若性生者雖治世不能齊也今祇據州舊志及前輩所論列者紀於篇凡四禮之相沿時令之相尙民間徵逐從宜之故皆得而考焉志風俗

盧綋曰凡風俗大端無過奢儉儉所尙也而實與野有

辨奢所戒也而實與禮有辨綋生也晚猶及見吾蘄長老遺風賓賓然相先以孝讓周規折矩博帶褒衣所謂文學近於鄒魯者殆謂是歟至於敦尙節義閨門肅然別嫌明微尤稱善俗小民之家重本業勤貿遷知所止足不敢妄生邪心不好訟里巷有爭輒與解山野之氓有至老死未嘗游市井者風俗之純蓋以尙矣寖及末季好用多煩漸鄰誇鬭爰啟殲戮之禍論者謂數極滿盈天道所忌亶其然乎考舊志修於明嘉隆間猶余所謂先民懿軌也而作志者已緦緦然有江河日下之憂若見後此者其爲蒿目當何如耶邇乘喪亂之餘生理未復民間侈靡相耀甚者妨貴陵長加大破義之事亦多有焉夫

聖朝開創伊始嘉與海內返樸還純家禀奇衺之禁斯

國綱有道之長則主持風教者不無責也 四照堂集

蘄春人性躁勁風俗果决其舊風也自平陳後俗頗變尙純質尤好儉約喪紀婚姻率漸於禮 隋書地理志 以上舊志

蘄州風氣和平訟獄稀少 宋秦觀代蘄州守謝表 新稿

蘄州風氣和平士習文雅其俗舊號厖樸而近亦漸趨

侈靡有三吳風蓋緣地闊湖多生理頗易良民以國稅爲急以息訟勸農爲務固易地樂土也 湖廣總志

立春之日塑土牛芒神於東門外元妙觀州官率僚屬詣觀迎春回署鞭春禮畢食春餅官紳士庶戶貼宜春二字

正月元日五鼓後州人悉洒掃廳宇門貼春符簷插梅栢競陳蠟炬茶果等物焚楮爆開門長幼悉正衣冠以次拜賀尤敬禮城隍諸神三日內輟市肆各盛服陳饌爲禮三日後彼此宴會謂之春酒各攜具祭奠先墓又

迎儺賽民家有世沿爲例者

十五日迎紫姑神以卜將來蠶事並占衆事荆楚歲時記

江淮閒俗尚鬼正月必衣服箕帚爲子姑神或能數數畫字見東坡集

按子姑神俗謂之茅厠姑

自十日至十五日城鄉多爲龍燈之戲志畧

二月十五日俗謂之花朝節婦女相邀於是日踏青志畧

社日四鄰並結綜會社牲醪先祭神然後饗其胙

清明日士民於是日掃墓

四月八日諸寺各設香湯浴佛共作龍華會州民各食烏米飯謂之青精飯志畧

五月五日端午採艾以爲人懸門戶上以禳毒氣荆楚歲時記

州人是日插艾葉菖蒲於家廟巫祝例送硃砂黃楮符貼之門壁日正午闔家飲硃砂雄黃菖蒲酒小兒用塗眉耳諸處月內爇蒼朮凡男子未畢婚者競送節禮角黍豚鵞之類女家以紙筆女紅答之自端一日至端午日競渡龍舟內外皆往觀自元旦外惟此節爲最醫人多於是日採藥

按隋書地理志屈原以五月望日赴汨羅土人追至洞庭不見船小湖大莫得濟者乃歌曰何由得渡湖因爾鼓櫂爭歸競會亭上習以相傳爲競渡之戲

六月伏日並作湯餅名爲辟惡荆楚歲時記

六月六日諺曰城隍降誕蓋緣始築城之期也是日好事者迎神設燕鼓吹經朝相遞爲首名曰半年福

六月二十六日爲二郎神賽會之期州城漕河所費不可貲計

舊俗以六月某日賽二郎神一人前導山民呼行者舉行者名則元人小說所載孫悟空也是日蘄人無遠近皆來就觀輟市肆肅衣冠立於門出隻雞百錢爲壽必請命於行者以致於神一不與則行者機變畢動遁撓若生擊屋瓦器皿應手皆碎乾隆十九年知州錢鋆悉取像爇之二郎神如故甲乙存稿

七月七夕州內各士民設瓜果競巧率兒女羅拜於星月之下亦昉古乞巧之遺意也

十五日爲中元節士民家各爇楮薦祖

尼僧道俗悉營盆供諸佛 荆楚歲時記

蘄俗七月朔夜於景佑眞君廟伐鼓吹螺以小鉦廵於市名放兵望夜如之名收兵兵謂鬼也此十五日士庶家各祭亡者又自九夜至望日七日內斂錢作佛事所謂烏藍盆挐道書云中元考校也 白茅堂集

八月十五日舊俗取促織虫相鬥設高案以貼金大餅焚香秉燭祭月

九月九日四民並籍野飲宴 荆楚歲時記

十月朔日黍臛俗謂之秦歲首 荆楚歲時記

仲冬之月采擷霜燕菁葵等雜菜乾之並爲鹹葅 同上

十二月初八日多以進棗作粥謂之臘八粥

考荆楚歲時記十二月八日爲臘日諺語臘鼓鳴春草生村人並擊細腰鼓戴胡頭及作金剛力士以逐疫

楚俗尚鬼而儺尤甚蘄有七十二家邑人顧景星有鄉儺志與鄉儺作見白茅集茲不贅載

是日並以豚酒祭灶神 荆楚歲時記

二十四日爲小除是夕淨厨用神馬草豆香燭之類祀灶謂之送灶至除夕復祀之謂之接灶

三十日爲除日洒掃庭宇貼春聯福字戶上插柏葉夜間祀祖先家人相聚歡飲謂之團年飲畢幼小衣冠向長輩前拜謂之辭年長輩以錢分予謂之壓歲通夜不寐謂之守歲以松竹生柴焚之名曰爆竹醫家例以蒼朮和丸相饋曰吉祥丹樹雙炭於門以紅紙束之曰將軍炭

蘄俗婚嫁各因門第求配先通以媒妁卜吉擇日先具問名納采禮聘儀各從厚薄啟用金裝文本家禮女家具金銀庚牌書年月日答之告諸祖先將婚先期男家

再具茶禮釵鈿彩帛羊酒果餅之類送女家並具啟徧告女之親族謂之團書女家隨力備粧奩先日迎送夫家比日壻乘輿鼓吹親迎輿前列用家雁取和鳴義用杯酒取合巹義用提燈取花燭義壻親以帨覆女首登輿女至壻家或尊長或小姑先爲婦塡粧授食用白布今用紅毡鋪道引入房壻親揭帨行交飲相答拜禮入帷坐外人俱却避不得見至次黎明起盥沐畢男女先謁祖先及翁姑闔門長幼女家先具茶果送之拜見時各陳手帨茶䕺爲贄其尊長亦各以釵釧類爲新婦貽朝夕

凡三拜見婿三日男具酒筵往謝於女家曰拜門酒女家亦具酒送女曰三朝飯其謝媒妁亦如禮匝月女始歸母家後往來如常雖六禮之成未必盡遵古制然大端民家於婚嫁爲甚鄭重即臧獲之賤山野之僻男女必先以媒妁遺以聘貲無婚不以正者

親喪隨力先具衣棺沐浴掩殮畢殯於中堂列案於前及燈燭品供以父母遺衣陳尸於柩側男女披髮哭踊闔門先以白布裹頭衣用素三日用牲堂祭成服齊衰期功緦麻各以等差執喪之日家或不舉火親鄰相遺

以粥即以布幣及孝服徧告於親族家有不能及者又陳訃單於門里黨聞者咸赴弔相答拜至親代送客更相執事子若孫執杖守柩至七七日而滿寢坐用草薦薦取苦塊義每七日設齋薦亡多用楮錢竭貲不惜親友於弔後各隨厚薄陳祭奠或用祭章牲醴楮帛諸儀喪家答以胙又通里各具旌儀醵送喪家樹旌請親友冠裳尊顯者舉之拜奠畢款酌而辭退七七日滿子孫及服親徒步具素柬徧踵謝或拜諸門外

葬必卜吉地仍先期陳告親里其赴弔仍如新喪時或送以旛仗鼓吹發引日導前送及墓而止或陳路祭遣則或先辭歸相答拜於路貴介家必請官長題主並祀后土其款宴送胙亦如舉旌禮既葬墓封或用馬鬣或用覆釜封樹畢子捧主鼓樂導送至家堂安位祭拜如禮或歸三日後不時往省亦有廬墓數月而始歸者其他親疏服各以遞降要於古制不相悖也

祭各不同有家祭有祠堂之祭有塋墓之祭子孫衆多者或租出祀田或金出醵積用具牲醴祭畢燕飲分胙而退又家居有歲時伏臘之祭祀神以牲醴祀先以湯

飯楮錢凡遇親生忌日禮亦如之祀神則有祠廟之祭里社之祭儺賽之祭祈禳之祭村野則有春秋社壇之祭祭之日必誠必信習俗所尚有由來也

男子戴抓拉帽即查剌之轉音遼道宗名查剌燕居戴六瓣緊窄帽後因以名之崇禎中爭尙抓拉猶揪子撇兒也 顧氏志論

天啟末婦女梳粧尙浮渲易髻以髻盤旋甚緩名揪子輕幗名撒兒 同上

萬歷前士大夫高冠窄袖末年矮冠大袖婦女亦如之

同上

揖俗曰唱喏古人相揖作此聲唱喏者引氣之聲也唱者唱言也喏卽所唱之聲拱手至地大唱聲曰大喏禮之隆也拱手至膝細聲唱曰半喏禮之殺也女子揖必唱萬福今皆無推姆戲敎嬰兒引手曰喏民間婦女相見曰叫叫猶曰唱唱亦唐宋遺風也以上舊志

土產

物有專產有通產通產不勝書擇其裨益於民生日用者分別紀之其專產竹艾龜蛇亙於他處抑地氣使然歟志土產

淮南道蘄州土貢白紵簟鹿毛筆茶白花蛇烏蛇脯唐書地理志

淮南西路蘄州貢苎布簟宋史地理志

蘄州東北有百家冶山出蘄竹明史地理志

蘄州竹以色瑩者爲簟節疏者爲笛帶鬚者爲杖一統志

十二時竹產蘄州其竹繞節凸生子丑寅卯等字安福

周俊叔得此植之家庭筍而竹者十之三羣芳譜

白艾蘄州出一統志

艾葉本草不著土產但云生田野自成化以來以蘄州者爲勝用充方物天下重之謂之蘄艾本草綱目

相傳他處艾灸酒壜不能透蘄艾一灸則直透徹爲異也本草綱目

補蘄艾傳

李言聞蘄艾贊產於山陽采以端午治病灸疾功非小

茶之美者蘄州之團面（本草綱目）

宋榷茶之制擇要會之地爲榷貨務六一曰蘄州之蘄口鎮（宋史食貨志）

雲霧茶出仙人臺味最佳諸茶莫及

羅漢菜蘄州三角山出舊傳有異僧種之而去若雜以葷物即無味（一統志）又名花菜一名瓊枝即越中鹿角菜之類（彙苑）

按仙人臺多產此茁時萌盡東向其味較珍珠菜爲佳

蘄州有三洞一曰龍洞在三角山神龍居之禱雨皆應而光景變化未嘗表露二曰龜洞在廣教寺龜生其中品類不一而綠毛者爲多三曰蛇洞在蘄口鎮側蓋白花蛇所聚今不復有矣（夷堅志）

綠毛龜蘄州出置壁間數年不死能辟塵（一統志）

綠毛龜蘄州以充方物養鬻者取自溪澗畜水缸中飼以魚蝦冬則除水久久生毛長四五寸毛中有金線脊背有三稜底中如象牙色其大如五銖錢者爲眞他龜久養亦生毛但大而無金線底色黃黑爲異爾（本草綱目）

綠毛龜所在有之惟蘄州爲異大如五銖錢背三稜隆起如圭腹甲色如象牙頭足皆有金線一圍舊說毛中有金線非也雷動出蟄以淸水蓄淨盎中必日一再易久之毛可滿盎旋轉盎中一絲不亂日食去血牛肉四分碎剪飼之霜收聲入蟄綿裹藏筒中辟蚊辟蠅之說皆不然（黃公說字）

白花蛇蘄州出能愈大風（一統志）

蘄州有白花蛇一名褰鼻蛇諸蛇鼻向下此獨向上頂有方勝尾有指甲人劃破其腹則自赴水中以指甲洗

去其腸蟠屈而死可治風疾（山堂肆考）

花蛇湖蜀皆有今惟以蘄蛇擅名然蘄亦不多得市肆所貨官司所取者皆自興國州諸山中來其蛇龍頭虎口黑質白花脇有二十四方勝文腹有念珠斑口有四長牙尾上有一佛指甲長一二分腸形如連珠多在石南藤上食其花葉人以此尋獲先撒沙土一把則蟠而不動以叉取之用繩懸起劙刀破腹去其腸物則反尾洗滌其腹蓋護創爾以竹枝定之屈曲盤起紮縛烘乾出蘄地者雖乾枯而眼光不陷他處者則否矣（本草綱目）

蛇死目閉惟蘄蛇目開如生出蘄界者一開一閉 爾雅翼參潘志

謹按蘄地花蛇有黃白黑三種黃白二花可貨數十金黑花不過數金而已昔產龍峯山洞今無有惟三角山出一歲不能多得土人獲此物必食葷物方可否則其走如飛牙利而毒如人手足爲所嚙卽時必以刀斷去稍遲則不能救也今亦有方可治市肆所貨皆浙蛇非蘄蛇花與指甲皆同土人亦莫能辨但三角山二蘄交界之處相傳蛇一逾蘄水界則只存

一目浙蛇無是也 志畧

烏蛇蘄州山中有之乾甯記云此蛇不食生命亦不害人多在蘆叢中吸南風及其花氣最難採捕多在蘆枝上得之其身烏而光頭圓尾尖眼有赤光至枯死不陷如活者稱之重七錢至一兩者爲上 圖經本草

蘄州烏蛇頭上有逆毛二寸一路可長半分已來頭尾相對得此多留進供腹下有白帶子一條長一寸者雄也 雷公炮炙論

魶俗呼邵荷魚出江中 一統志

麝蘄州或亦時有其香絕小一子纔若彈丸往往是眞蓋彼人不作僞爾 圖經本草

地榆蘄州里人呼爲酸赭 本草綱目

五加蘄州呼爲木骨 圖經本草

蟹出茅山下者黃多而味甘較他處爲勝 志畧

鮒出諸家湖水經注云青林湖饒美鮒不及此遠甚

蘇鮋泥出桂口 志畧

菸葉出呂宋國番名淡巴菰萬歷間閩中人種之吸取其烟以禦瘴氣後內地種者漸廣獲利漸多頃年蘄州

青山崇居大同諸鄉種之益盛歲可得十餘萬緡山地沙土盡歸於河河身日高濱河之田累被潰決利之所在害亦隨之 陳氏志存稿

篁舊傳百冶山竹爲之今百冶山無竹業篁者取他境竹爲之仍名蘄篁 潘志

穀屬以下通產

秈七月熟惟江西早六月熟 稻八月熟佳者金沙魚子二種秈糯稍劣 大麥 小麥

蕎麥 苦蕎 豆有黃綠赤黑數種 藊豆白花者良 刀豆 豇豆陌上者多實架上者少實 蠶豆 豌豆 粱 秔 黍 脂麻

白黑褐色三種　稷　粟龍爪狗尾二種　罌子粟即御米　甘藷即薯

蔬屬

筍　芥　蕻　菘　芸臺　菠　芹　莧　馬齒莧

同蒿　蔞蒿　白花菜　花兒菜　恭菜　萵苣　薺

薑　韭　蔥　蒜　薤　胡荽　蘹大小二種　萊菔紅白二種

薯蕷藤有青紅白三種紅者劣　芋　百合　茭菰　菌　木耳

胡瓜　南瓜　冬瓜　越瓜　茄　絲瓜　甜瓜色黃

苦瓜　西瓜　壺盧　苜蓿　慈姑生水田中荒年食之可療饑

蕨根可救荒作粉佳　雨花菜亦名珍珠菜　鼠麴楚之人呼爲米麴北人呼爲茸母

草屬

萬年青　吉祥草　菖蒲　翠屏　洗手香　芭蕉

蒿　鳳尾　虎耳　蓼　苔　萍　蘋　藻　書帶草

藍　靛俗名不雅馴者未錄

木屬

松　栢　桑　梓　槐　樟　楓　椿香臭二種　榆　棠

梁　棗　杉　檀黃白二種　黃楊　栗　楢　榔　株　楊

柳　桐　泡桐　烏臼　柘　柞　櫟　皂角　茶

楝　楮　冬青　棕櫚　狗骨　漆近日大同鄉種之　椒

果屬

杏　銀杏　桃　櫻桃　核桃從俗　李　梅　枇杷

栗　柑　金橘　橙　石榴　梨　棠梨　羅漢果

海紅　葡萄　海棠果　山楂　藕　蓮子　芡實

薏苡　菱　烏芋　柚　木瓜　金瓜　柹　柹棗

花屬已入草木果之屬者不贅

蘭春夏二種　菊　蓮紅白二種有千葉重臺並頭　千日紅　十姊妹

牡丹　芍藥　繡毬　萱　葵　荼蘼　月季　玫瑰

山丹　玉簪　剪秋羅　虞美人　罌粟　六月雪

藏金　金鐘子　子午　石竹　迎春　茉莉籐本木本

滴滴金　射干　雞冠　鳳仙　鳳耳　荷苞牡丹

美人蕉　老更嬌一名老少年　桂紅黃白三種月桂另種　芙蓉　山茶

鶴頂寶珠二種　蠟梅磬口狗蠅檀香三種　海棠有垂絲西府貼梗三種　玉蘭

辛夷　木樨　夾竹桃　瑞香花　金銀花　紫荊

杜鵑　梔子　木槿　凌霄　伏牛　天竺　西番蓮

鐵線蓮　魚子蘭

藥屬

白朮出唐家山形如鷲頭者更勝行蘇杭價重朱提　香附　蒼朮　槐花

土茯苓以上四味徧行各處 桑皮 茺蔚 山查 忍冬花
葛根 烏藥 天花粉 王不留行 野菊 苦參
女貞子 絡石 葳蕤 蒼耳 何首烏 金櫻子
桔梗 紫蘇 茵陳 青蒿 石葦 貫仲 麥冬
威靈仙 石菖蒲 薏苡仁 白蘞 藁本 香薷
骨碎補 劉寄奴 常山 石耳 海金沙 蜀葵
石南藤 牽牛 夸楮子 淡竹葉 茜草 五葉藤
丹參 皃白即獨脚蓮也 馬鞭草 巨骨皮 瓜蔞 羊
躑躅 益母草 夏枯草 旱蓮草 紫花地丁一名箭頭草

血見愁 穀精草 芫花 蒲公英 蚤休出仙人臺即七葉一
枝花又名重臺金線 草三七 魚腥草 苦楝根 黃精 茯
苓 薄荷 藿香 良薑 石斛 白芨 天門冬
卷栢 覆盆子 淫羊藿 野大黃 藍花鏡名萬年青俗名九子
毒治瘇 以上十五味不盡產蘄即產蘄者不盡可用姑
登之以待參考 雲霧草出仙人臺治目疾孕婦忌用 鹿銜草出仙
人臺三角山等處治咳血 矮脚茶治咳血 以上三味本草未收然
現在所產因並登之

禽屬家禽不錄

鳬 鷺 鸕 鳩 麥啄 雉 雁 慈烏 鸂鶒
鴛鴦 燕 匽 鷓 鷹 鴉 鵲 鸜鵒 鴿 鶴
鵜鶘 鸛 鵓 白鷳 鷸翠也不多見 鷦鷯 秧雞 鵞
鵪鶉 鴿 鸇 伏翼 鵂鶹 雀 鳲鳩郭璞云即布穀也江東呼
獲穀 鵙

獸屬家畜不錄

鹿 兔 鯪鯉 貛 豺 狼 狐 狸 虎今無 麞
獺附 蝟 鼬

魚屬

鯚 鱣 鮹 鱖 魴 鱅 陽鱎 鮧 鯖 鰉
鰻魚 鯇 鱵 鱭 鰷 石首 鱨 鱒 鱶 鱌
鰌 鰻 鱓 鮃 鮈 鯽 鯿 鱝 鯢 鼈 鰕
銀魚

石屬

赭石出麟山者佳爲丹青家所珍 水精石出唐家山 沙石供髹漆用
無名異土出白水里供髹漆用俗名收由土訛名烏煤土 石灰有山灰河灰二種
蘇釉石出隱靜巷

貨屬

木棉（紫白二種）　布　紬　白蔴　苎蔴　大蔴　菜子碎
萆蔴　脂蔴碎　紙（出大桴衝）　香末（近日桐梓河出此松屑爲之）

古蹟

地豈不以人傳哉其人往其蹟留後此有望古之思焉過舊治者戀白雲瞻遺田者倚浮玉匪直美觀由之以勵俗可也志古蹟

故城在安平鄉大河之東有鼓吹白雲之勝杜氏通典謂蘄爲湖南北十州之舊郡也

翻車城在州東南八十里因與翻車河近故名舊志作英布城謂漢九江王英布築城於此以宗背楚歸漢之意不確

三鐵一爲治內戒石前三鐵缸一爲鐵佛寺鐵佛一爲鐵牯牛形家言蘄州地如簰形俗傳三鐵鎮蘄陽鐵缸明末癸未城破後爲江南人擊碎盜去鐵佛尚存至鐵牛相傳在南城濠邊土內有人浴濠中偶觸牛角城中遂犯火災

呂王城在州北四里缺齒山下相傳呂王築此

蘄口鎮在呂王城前今瀦水處卽其遺址舊傳金兵屯白雲山移避蘄陽鎮卽此地

。涵輝閣在舊治子城上蘇子瞻在黄客有道其霽容天

在水春態柳藏橋之句軾欣然以色字易態字葢賦
涵輝閣也自是涵輝之名益著方輿勝覽
豈弟忠恕安民思政貴簡雙桂雙蓮等堂俱在舊治皆
宋時建今俱廢府志
超然觀環翠亭俱在蘄春郡城輿地紀勝
煙霏樓見山樓俱在舊蘄春縣圃內今廢府志
溪堂在舊治南宋至和中吳瑛致仕時隱居處也名勝志
按司馬君實和吳仲庶送吳瑛歸隱詩云一朝投紱
眞高士萬卷藏書舊世家葢紀其實也

横車橋在州西六十里今驛路鋪遞所在也宋嘉定辛
巳李誠之與金人鏖戰處志畧
仙人石在清水塘女足跡尙存
烈女墩在蓮花池
按顧氏論云蓮市湖俗名沿市湖湖中有山曰彈子
山相傳元總管張某二女至正末寇亂義不受辱連
袂赴水死後生此石墩云
康茂才宅在青山上鄉
古教場其址有三一在城東濠岸一在城南一在掛口

江濱明吉安侯鍊軍處
鳳凰臺在乾明磯相傳羅眞人飛昇處
小山深處在州署內有樟樹三株明末獻逆陷蘄夜見
三人擐甲持戈護城意卽樹神也遂呼爲將軍樹咸
豐間髮逆蹂躪樹遂毀詩記詳藝文
江山一覽亭在鳳凰山兵備道劉光文建下有千仞亭
今廢
江山清趣亭在鳳凰山之南明宏治間錦衣衛指揮同
知孫璜建今廢有記同治癸酉知州封蔚礽重建顏曰拂雲

玩鶴樓在州東北山上有古松一株極蒼秀以上錢志
白雲深處亭在荆府內林木四匝翠峰環拱儼有清虛
之狀荆藩搆亭於此詩詳藝文今廢
沉香樓在麒麟山按遺址卽今內行宮地
梳粧臺在城內小教場遺址在今考棚右詩詳藝文
浮玉亭在新生磯文昌閣下明萬歷十七年知州徐希
明搆亭於上適梅川吳明仲給諫宴飮其上見水光
凝碧曰此浮玉也遂取以顏其亭今廢詩詳藝文
鴻亭在州西南隅乾明磯禹王閣左下臨鴻宿洲

國初知州張士駰建今廢
荎草亭在東關外東山寺
風雲奇觀石在州治右明成化六年掘地得之首鐫此
四字後有詩二律無作者名氏荆藩移置邸中兵火
無存
七葉寮在鳳凰山今廢 詩詳藝文
邁所在雨湖北岸邑人李瀕湖著本草綱目處其孫副
使樹初建芝鹿山房於其左今廢
白茅堂在北城外熊化嶺顧氏宅後

按顧景星得先世外家馮午山尚書藏書八十一廚
杜門著述顏其堂曰白茅
四照堂在城南鴿雞山盧參政綋建 詩詳藝文
雲路在青山下鄉歐家渡去渡數武有石鐫雲路二大
字古勁可愛
知足知不足二齋在大同鄉竹田沖工部虞衡司陳詩
著書處 潘志
四見亭舊在白雲山頂宋治平中范純仁建州人林敏
功為之記後遷今治署後有亭仍以四見名之明知

州李榮祖重建
國朝嘉慶間知州顧澍改為試鑑亭復廢同治十三年知
州封蔚礽重建名曰雨亭 記詳藝文
試劍石在策山砦頂明末之亂土人避於山寨賊至欲
攻之忽見有將軍乘白馬持太阿繞城三匝插劍於
石石即裂賊懼而逃至今劍痕尚在馬跡猶存
雙杉在仙人台台頂有寺高潔閒雅郡守正嘗讀書其
中植杉二株於側輪囷盤鬱古色蒼然州人黃翔雲
觀察嘗為序記其事謂可與寇公二柏並傳不朽云

中丞李本晟宅在東門外順治十八年
賜南天一柱額
十景
麟阜江山 在州城內堂署後
鳳麓晨鐘 在州城內西南隅
太清夜月 在城東東嶽廟門左
龍磯夕照 在龍磯門烈士廟前
城北荷池 在北門外周公山下
金沙夜泛 在州北十里亦名赤東湖

鴻洲烟雨　在州南一里

龜鶴梅花　在州東十五里二山並峙

浮玉晴沙　在江心文昌閣下

雨湖漁舫　在南門外

知州封蔚礽初涖蘄陽得王時敏爲盧澹巖所繪十景

圖册頁於王姓按時敏號烟客

國朝名畫所稱三王之首也陳工部跋誤以爲石谷

附陳愚谷十景圖跋

康熙初邑先輩盧澹巖參政官蘇松糧儲於本署修

蘄州志增改舊志八景爲十請王石谷先生爲圖裝

褫成册攜之旋里其後藏豁口本家佃仙四翁所余

嘗於用齋三兄處見之欣賞累日今又十餘年則已

歸殿珩王君矣感念疇昔爲之憮然王君其善保之

哉嘉慶二十有五年十月之望愚谷陳詩跋

陵墓

或貴或賢例得紀墓州自明諸王以下貴且賢者多

矣封樹碑誌皆不可考茲但紀其可考者志陵墓

明荆憲王朱瞻堈墓在永福下鄉復遷安平上鄉大泉

山

荆靖王朱祁鎬墓在安平上鄉大泉山

荆和王朱祐橺墓在永福下鄉白雲山後改葬諸家湖

韓家山與妃劉合窆

都昌惠靖王朱祁鑑墓在安平上鄉大泉山

惠靖王長子與父同墓

都梁悼惠王朱見溥墓在安平上鄉

都昌懷順王朱見潭墓在安平上鄉虎狼口

樊山莊和王朱祐構墓在安平上鄉袁家背

東都昌王東軒悼僖王墓在大泉山之陽

永定端穆王墓在州南迎山

樊山溫懿王第三子鎮國將軍墓在鈌齒山冷水井

都梁悼惠王第二子鎮國將軍墓在州東黃土嶺之陽

荆恭王朱翊鉅墓在安平上鄉翁家寢

荆敬王朱常涻墓在安平上鄉湯家寢
荆康王朱常㴠墓在安平上鄉熊家寢
都昌悼僖王朱佑榤墓在永福上鄉大王廟前
樊山温懿王朱見澋墓在永福鄉蔡家橋
荆　王墓因國除無謚亂後葬李公氣墓弁未封
荆端王墓在廣濟縣楊門張家寢
荆莊王墓在廣濟縣楊門武家寢
荆定王墓先葬廣濟縣朱老墳後遷無考
康蘄國公父子墓俱在江甯鍾山祖墓俱在大同上

鄉康家沖碑銘詳藝文
侍郎朱仕俊墓在黄土嶺
吉安侯柳艮正墓在打鼓臺
千戶陳福清墓在鳳凰山麓
御史馮思齊墓在江甯浦口香爐山祖墓在安平鄉大
泉山第一泉側
大司寇馮天馭墓在頭鋪祖墓在迎山老美橋母墓在
馮家林
方伯華仲賢墓編修華巒墓俱在馬口湖編修墓有李茶陵碑銘詳

參政虞綵墓並祖墓俱在迎山
中丞李本晟墓在廣濟金山府
翰林欽士佃祖墓在烏林港
知縣李炳然墓在施家塘雞公嶺與朱氏合葬
徵士顧景星墓父天錫姑劉貞節墓俱在時思圃
温處道高培墓在崇居鄉大林腦
知州李本蓁墓在杉木林旌節祠　墓在涼蓬湖
知州李坦墓在燕塘湖張山壋
進士張正志墓在安平鄉

明威將軍王紳墓在州大教場左
知府李櫛墓在父盛春墓左山母董夫人墓在黎企廟
兒嘴
忠烈王玠墓在青山鄉獅子地
指揮程曠墓在崇居鄉

金石

藝文

知府劉樽墓在迎山麓

解元陳吉言墓在下路港迎山祖墓亦在此

參政顧敦墓在甕門桃樹山

參政顧問副使顧闕墓俱在鈌齒山始祖士徵墓在鹿耳石

御史周禧墓在符乾關外席盤石

太醫院判李時珍父言聞墓在竹林湖

醫賢楚王府奉祠李時珍墓在州東竹林湖祖墓在大

教場

副使李樹初墓在州東東湖庵父同知建中墓在盤龍嘴母彭恭人墓在廣濟栗木橋仙姑山嗣父建木墓在竹林湖 墓誌銘詳藝文

知縣李雲慶墓在東湖庵

僉事李新墓在頭鋪地藏寺側 父于節贈文林郎墓亦在此母楊氏贈孺人墓在霹靂山

知縣田鵬墓在大金橋

進士田雨公墓在周公山

方伯張思齊墓在昔提壩黃土塘

方伯張邦翼墓在圓峯山下張銘畈祖墓在祭家店

都御使李儒墓并祖墓在竹林湖土名天葬塡

參將李同春參將李楝墓俱在安平方家橋 同春墓誌李維楨譔詳藝文

主事李孟春墓在廣濟關聖村土名芳山娘

侍郎李盛春墓在廣濟望夫山六府林之左

副使李際春墓在永福段家倉壽眉山

總兵李楷墓在野狐山

鹽運使提舉李樸墓在烏菱港

參政李標副使李梴墓在崇居金鷲寺

御史饒京墓在竹林湖側今名饒家閣

御史王珙墓在楊門龍泉寺之左祖墓在渴口畈柏樹林

副使晏擴忠墓在席盤石晏家壠山

知縣陳顯元祖墓在東山寺

指揮王啟墓在雨湖母墓在迎山王家林 墓誌詳藝文

都督同知程貞墓在安平彭祖平陽嘴

同知張效葵知縣張承位墓俱在廣濟張家寢

知府馮汝承墓在州東五里八角塘
知州陳仁近墓在青山槲木沖祖惟聰墓在義龍窩啟
常墓在老鴉山
參軍沈士望墓在永福清水塘
知縣王御龍與侯孺人合墓在州東二十五里百福山
知縣李本衍墓在荒草畈其父　李樌墓在廣濟劉玉
林繼母墓在徐家垇
知縣孫民則墓并祖墓在永福鄉孫家窪
知縣陳履中墓在崇居馬驛沖

知縣熊淇墓在迎山
宋閬清令蒲遠猶墓在安平獨山麓碑誌詳金石
明副使袁世振墓在洗脚湖
知府郝守正墓在南關外
知府蕭震墓與陳恭人墓在永福彭思橋大柳樹
知府蔡相墓在木寨山城煥塘楊向二恭人墓在五百寺
下
都司沈槐山墓在北門外蓮花池沈家墩
知州易龍見墓在廣濟楊林鋪郭陽沖

知州易可訓墓在城南迎山均
知州易之豫墓在永福黃泥塘答子地
知縣顧咸泰墓在迎山八方林
進士汪蘅墓在郝家壋
知州陳良翼墓在崇居石鼓沖口
知府周祈墓在永福鄉西湖嵛
進士劉之棠墓在迎山麓
游擊何永清墓在大同栗木嶺
參政盧紘墓並祖墓俱在迎山

中丞李本晟墓在廣濟金山府
翰林欽士佃祖墓在烏菱港
知縣李炳然墓在施家塘雞公嶺與朱氏合葬
徵士顧景星墓父天錫姑劉貞節墓俱在時思圃
溫處道高培墓在崇居鄉大林腦
知州李本蓁墓在杉木林旌節何宜人墓在涼蓬湖
知州李坦墓在蕪塘湖張山嵛
進士張正志墓在安平鄉
明威　將軍王紳墓在州大教場左

知府李榔墓在艾盛春墓左山母董夫人墓在黎企廟
兒嘴
忠烈王玠墓在青山鄉獅子地
指揮程曠墓在崇居鄉以上潘志
新增
都梁悼惠王第三子鎮國將軍朱祐槶墓在西鄉大王
廟山與妃樊合窆
富順王朱厚焜墓在白龍潭
永新安莊王朱厚熿墓在廣濟四望山幽居寺側與妃

周合窆
富順王朱載烘墓在白龍潭左竹林嘴
鎮國將軍朱載埈墓在白龍潭侍郎嘴金星與妃劉合
窆
鎮國將軍朱載垣墓在白龍潭竹林嘴
輔國將軍朱翊銑墓在安平鄉上石潭赤湖嘴
明誥封奉國將軍朱常埶墓在大同鄉大桴衝金星
知府吳鳳瑞同子江西義甯州知州之問墓在崇居鄉
武負墩

知州吳之翰墓在青山上鄉大夫第
進士管遵王墓在管家樓富家墩
陳節母袁太宜人墓在大同鄉朱家衝主事陳詩之母
工部主事陳詩墓在大同鄉朱家衝
知縣陳準墓在青山榔木衝袁家潭
知縣陳選墓在崇居七里衝張家壠
知縣陳三辰墓在崇居慶甫墩前月形
知縣朱燮元墓在大同鄉大桴衝石雞坪
臺灣道兼提督學政陳樹烈墓在蘄水縣下鄉鄧家河

坪
知州李朴墓在檀樹棠
舉人劉廷策墓在五岳山葉皮坳係知州劉鈗父
知縣李鍾濂墓在李達衝

義塚山附

東關外官山一區名冬瓜山又官山一區毗連席盤石

西關外官山一截

南關外官山一區名百人廠

北關外官山一區在牛馬坳名羅漢山又蓮花池岸上

官山一區名周公山

城北阮家碑後山一截其界後齊山岡前及左右俱抵山腳縣丞銜李燊典籍銜李兆璜捐

大同司官山在金星脰下手其界西長七十弓南横十

二弓東長八十二弓北横二十五弓又桃家嘴山一面東横十七弓西横三十四弓南長五十四弓北長三十弓光緒八年大同巡檢張振南捐廉買置

大同鄉陳文廣義塚山一區陳得鎔捐

崇居鄉龍鳳潭義山一區陳法炎捐

白骨塔在符乾關外按察司僉事李新季弟庠生彥建

金石

自廬陵歐陽氏集古有錄而因是而作者諸家各有專輯凡古人金石之文遂詳於紀載而不可磨滅矣州金石無可攷天寶以來碑之佚者甚多其存者蓋一二焉茲無論存佚備錄其名以紀之志金石

唐碑

龍興寺故法現大禪師碑銘並序 湖北金石存佚考

天寶元年李適之撰呂向書 碑文佚文見文苑英華

刺史杜敏生祠頌 同上

乾元三年五月張璨撰史惟則八分書 詳金石錄

碑久佚史惟則名浩天寶中嘗爲伊闕尉集賢院待制後至殿中侍御史集古錄云唐世分隸名家者四人韓擇木蔡有鄰李潮及惟則也金石畧彙所書碑凡二十八而生祠碑居其一焉惜乎不得見之 金石存佚攷

新城門頌并序 同上

貞元十八年符載撰 碑久佚文見文苑英華 詳藝文

四祖塔院碑 五代碑見通志

李璟正書篆額保大三年正月十日在蘄州 寳刻類編

天福八年癸卯南唐李景立改元保大 五代史十國世家年譜

宋碑

閤清令蒲遠猶自撰墓誌 金石存佚攷

元祐六年豫章黃庭堅書簡宗觀道士陳善淵摹刻

墓在安平鄉獨山之麓嘉慶十三年土人墾田得之

同上文詳藝文

六逸石題名 同上

六逸石在三角山上鐫元豐八年三月主事陳同知

某文林郎編修某避暑憇題幷刻有詩 盧志

觀頤視履石刻四大字 金石存佚攷

淳熙乙巳仲 趙不迹爲潘 書錢志作潘震蘄春

三角住山宗瑞石上 湖北通志

四字蘄水縣志以爲趙不迹書蘄州志以爲潘震書

實則趙爲潘作也 金石存佚攷

資福法堂記 同上

建炎二年釋惠洪撰 同上

資福院禪碑銘惠洪撰 同上

教授廳記

乾道九年朱子撰 同上

蘄學舊有朱元晦教授廳記洪武初知府左安善摹

朱書體刻於壁 白茅堂集

惠民倉記 金石存佚攷

嘉定十三年夏五月眞德秀撰

蘄春縣興學頌幷序 同上

元季危素撰 同上

明碑

華佾瞻編修墓誌銘

宏治中李東陽撰 文詳藝文

顧氏祠堂記

明王世貞撰 碑存文詳藝文

盧氏祠堂記

胡周鼒撰 文詳藝文

北門李氏龍磯挂纜碑記

李炳然撰 碑存文詳藝文

盧公神道碑銘

吳偉業撰（文詳藝文）

明李同春參將墓誌銘

李維楨撰（文詳藝文）

國朝

中丞李本晟墓誌銘（碑存）

盧紘撰

知州陳艮翼墓誌銘

檀萃撰

蘄州志卷之四

建置志

知蘄州事嶺西封蔚礽纂修

藩封

蘄自東漢後代有封爵明之荆府傳世久遠系列史書其軼事時散見於舊說今雖國除亦其地文獻所由徵也志藩封

東漢

建武三十年封祝阿侯陳俊子浮爲蘄春侯國（水經注）

東觀漢記詔書祝阿益濟南國改徙浮封蘄春侯浮卒子專諸嗣專諸卒子篤嗣（後漢書陳俊傳）

隋

蘄春公達奚長孺字富仁少植節操膽略過人高祖受禪進位大將軍封蘄春郡公卒謚威（隋書本傳）

唐

蘄王緝順宗子咸通二年封八年薨

後周

蘄王熙誨世宗子顯德六年封

宋

蘄王韓世忠字良臣陝西延安人孝宗隆興四年四月己酉追封蘄王

明

蘄國公康茂才字壽卿本邑青山人洪武二年封蘄春侯四年征蜀歿於鐵索橋下追封蘄國公謚武毅封冊及傳詳藝文

蘄春侯康鐸洪武三年封茂才子贈宣力武臣蘄國公謚忠愍事實附茂才傳

謹按自達奚長孺至康鐸皆非藩國

荊憲王瞻堈仁宗第六子永樂二十二年封宣德四年就藩建昌有蟒出沒王宮或凭王座王懼因請徙焉正統十年徙蘄州王天資穎秀勤學好古長於吟咏每大慶會祇愼禮成無倦景泰二年表請朝上皇不許四年薨謚曰憲子靖王祁鎬嗣

靖王祁鎬憲嫡一子景泰六年襲封天順五年薨子見潚嗣

見潚靖王嫡一子次都梁王見溥次樊山王見澋潚與

溥同母怨母之愛溥也召溥後苑箠殺之又謀殺都昌王見潭倨其妃見澋懼其及也盡上其不軌狀並其長子祐柄廢爲庶人武昌安置七年卒姪祐橺嗣

和王祐橺都梁見溥嫡一子成化十九年襲都梁封宏治七年進封十七年薨謚曰和嫡一子厚烇嗣

端王厚烇正德二年襲封性謙和溫粹耽情經史能詩尤工篆隸雖一藝之士輒折節下之以內隙地爲東庄顏曰白雲深處歲耘植其中以覩旱澇旱則爲民祈禱暴露不惜正德十年史作嘉靖中以疾辭祿不允詔富順王厚焜攝朝謁嘉靖三十三年薨荊自靖王諸子交惡王每以爲慟於是務爲禮讓以飭宗人前後以疾辭祿者三俱褒溫旨特命中使存問謚曰端子永定郡王載墭已先薨子翊鉅嗣

恭王翊鉅嘉靖三十四年以世孫襲封王嚴明有制表樊山王載埁賢請訓諸子世子常泠尤殘恣言於朝廢爲庶人隆慶四年薨謚曰恭嫡二子常洁嗣

敬王常洁初封泰寍王萬歷三年襲封四年薨謚曰敬無子弟常㴻嗣

康王常盜恭王嫡三子封安城王七年進封盛著賢聲

二十五年薨謚曰康嫡一子由樊（史作由樾）嗣

定王由樊字文伯號鳳岐丰神嶽嶽望若天人淹貫博綜兼通繪事尤敬禮賢士人愛敬之天啟二年薨謚曰定嫡一子慈螢嗣

荆王慈螢定王第五子以嫡出天啟六年嗣位聰敏多材藝好嬉戲疎元妃桂氏寵嬖妾習巫術常有志遠遊宫室衣服喜從民間稱號崇禎十五年革徂眼左金王詭降於楚師王名之飲盛陳女樂十六年正月張獻忠陷蘄王先一月薨賊圍王宫盡掠其宫眷及所見伎樂去元妃桂氏次妃劉氏及劉氏所生世子和至獲免明年甲申

國朝受命荆國除桂氏逺至京師旋荷

恩放還桂氏州名家女儀止端莊數以義諫王因失寵至是落髮雨湖頭陀菴爲尼以老

都昌惠靖王祈鑑（以下荆藩支子郡王）憲嫡二子正統八年封成化十三年薨懷順王見潭惠靖王庶一子成化十六年襲封十九年薨悼僖王祐櫓懷順嫡一子宏治九年封

十一年薨厚熙悼僖嫡一子正德五年襲封嘉靖八年薨載塔厚熙嫡一子嘉靖中襲封薨翊鏵載塔嫡一子先卒無子除

都梁悼惠王見溥靖嫡二子成化二年封十三年薨後子祐橺襲荆封郡爵例不襲

樊山溫懿王見澋靖庶三子成化三年封正德元年薨莊和王祐構溫懿嫡一子正德四年襲封嘉靖七年薨恭恪王厚熜莊和庶一子嘉靖十一年襲封三十年薨載埁恭恪庶一子嘉靖三十六年襲封王折節恭謹以文行稱讀書窮理著大隱山人集郡王女例請祿於朝王四女皆聓士人不爲請嘗應詔上正禮正疏不報萬歷二十五年薨子翊鉦嗣鉦埁庶一子字孟嘗穎異博學工詩文當時與王弇州吳明卿詩筒往來著有廣讔堂集震岳詩話與弟翊鏖翊鑋嘗共處一樓以詩唱和號花蕚樓鏖字仲艮文學書翰俱有名嘗爲楚藩宗正鉦薨子常滄萬歷三十二年封長子旣而襲封

富順王厚焜和庶二子正德九年封以詩畫名初荆端王疾詔王代朝謁及端王子永定王長卽謝攝事人尤

以爲賢萬歷四年甍載堣厚焜庶一子萬歷十年襲封十二年甍翊鍉載堣庶一子萬歷十有六年襲封甍常湢翊鍉庶一子天啓三年襲封甍由檽常湢嫡一子萬歷二十四年封長孫

永新安莊王厚煌和庶三子正德十三年封嘉靖二十七年甍恭懿王載壕安莊嫡一子嘉靖四十一年襲封萬歷十一年甍翊鏈恭懿嫡一子萬歷十三年未襲卒常渭翊鏈庶一子萬歷三十四年封長子旣而襲封

德安王翊鐯莊嫡二子嘉靖二十年封萬歷中甍常濦翊鐯嫡一子萬歷三十年襲封（以上俱本明史諸王世表及通志並參舊志）

謹按續文獻通考明諡法通考並於荆藩後列桐城郡王祐樿岷靑郡王祐檽考見潚子祐柄旣以罪遷置武昌見溥子祐倜進襲荆封郡爵例不承襲則此二王者未知何屬也明史諸王世表不載今亦不錄（通志　舊志年代名目世次訛誤者概從通志更定）

（附舊）按府志錄荆藩五王削都梁以下以都梁諸邸墓不在蘄也今考都梁諸藩或以嗣荆罷封或一二世無嗣觀其諡懷諡悼卒多嗣君夭殤之文第邸墓勿

深考未可據爲不在蘄而削也顧氏志論辨薛祿之封以蘄不以蘄其說甚詳考孔伯靡江陵志餘有遼蘄水郡王貴熡墓是遼蘄水郡王在今荆州非蘄之荆府可知又志論謂蘄在魏屬弋陽有弋陽王一在前五季屬西陽有西陽王五公二皆引以爲蘄封建弋陽西陽隸地不一未暇深考俱從闕如

城池（關隘附）

蘄舊治可考者爲羅州由羅州遷今治越數百年一皆相仍豈非江山之勝所憑者然與衛城池者關隘也符乾諸關其來舊矣附紀於後實與州治相表裏

云志城池

蘄州宋景定元年庚申移治龍磯（宋史地理志）

景定三年八月築蘄州城知州王益落官階正任高州刺史制置使汪立信上新城圖詔奬諭

景定四年癸亥元兵據白雲山設礮以攻守者懼走保鴻宿洲刺史王益遷城麒麟山卽今治

元末兵燬明洪武初遣指揮趙廳清千戶許勝修建至天順成化間指揮胡善李廣胡瑄李泰田正王欽鄧泰

嘉靖間指揮李緒田雨公茆欽陳奇策王天相相繼補修城周九里三十三步一千一百三十丈高一丈八尺厚依山不可計舊有樓周列窩鋪三十所雉堞三千一百六十五敵樓三座串樓九百九十間今廢門六東曰賓暘西曰澄清西之右曰觀瀾西之左曰聚奎南曰文明北曰雄武後改拱辰正德中知州楊清續修錢志

崇禎六年知州唐世熠相江山形勢城東一里有古渡曰白馬久為堤掘之合雨湖水架十丈木橋冠至則撤城北五里曰逆水溝掘湖不及江者五丈為敵樓塞之

築長垣以繚之西北亦築長垣迤邐達於江西南築女城為門二曰鳳山曰龍磯白茅堂集

國朝雍正六年知州華文振重修其池東南北濶十七丈八尺西為大江池舊有橋後橋圮池塞乾隆十三年知州蔣尚德疏濬建橋亦循故道舊志

南門明時在鳳凰山之陽城下即大江相傳國初水賊屢入城擾害遂移建於四牌樓前後因形家言於科名不利嘉慶二十四年知州錢塘顧澍與鄉宦陳愚谷議移建於州門前歲貢生王學智監修志略

道光二十四年二十五年知州勞光泰署知州楊明善前後修補殘缺二十九年被大水淹沒女牆傾圮甚多咸豐三年知州潘克溥捐俸為倡勸輸修葺

城池之外復有關隘之最要者凡七

符乾關在東門外瓦屑壩雨湖蓮市湖相通

烟光樓在南關外前江後湖路最險要今毁

第一關在北門外里許左江右湖今江水南折關左成洲

龍磯關在水西門外濱江

碟江門在南門外濱江

帶湖門在東南二關廂間臨濠上今無

鳳山門在乾明磯前

公署養濟院及各堂附

畫城分署規制截如既正厥位則思其職居斯署者不愧屋漏乃稱艮牧也今胪一目詳著於篇使因是以自考焉志公署

州署明洪武二年知府左安善建九年改爲州後正統二年知州王坦景泰二年知州陳範成化六年知州莊轍成化十二年知州王宜繼修後爲荆府拆毁以其材建王府宏治十一年判官張宏宜復建正廳堂幕各三間東西二司（架閣司承發司今并入吏舍內）儀門譙樓各五間

承發司土地祠堂各一間架閣庫十間（今作廣積庫二間）吏舍二十間左申明亭右旌善亭治後大觀亭三間嘉靖壬子知州崔一濂重修明末寇燬

國朝順治十八年知州王宗堯以次脩復

乾隆九年知州蔣尚德於麟山頂添建書房三間耳房一間府志

嘉慶十八年知州顧澍於麟山麓建廳堂房三間道光十二年知州王達修復大堂二十四年知州勞光泰復建五堂並左右耳房九間未能信齋一間二十八年二堂側被火知州劉咸新建堂上下二廳左右共十二間咸豐元年署州董炳楠重修頭門鼓樓二年知州潘克溥並加脩葺署後更有小堂深處齋以長垣三年燬於賊同治元年知州崔蘭馨捐修儀門二堂三堂東花廳并二堂左右兩間三堂後房屋五間東花廳後房屋三間厨房二間毗連又三間十二年知州封蔚礽復修二堂後房屋十間二堂前左右門房六間又修大堂并大堂東號房科一間大堂西房屋三間西花廳八間西花廳外房屋六間科房計二

十間四班計十五間外廳四間鼓樓上下兩層

學正署在　文廟左明倫堂　訓導署在　文廟右樂育堂歲久圮毁咸豐元年學正劉德鈐訓導郭亦棠捐俸補修三年賊燬同治七年知州黃式度勸修其歷來修葺並詳學校志

州同署毁缺裁

州判署在州署右儀門內後在儀門外道光乙酉州判陸嵩齡勸捐重修己酉熊琛華捐廉補修咸豐癸丑賊燬同治元年署州崔蘭馨將北關內入公民屋改

建光緒元年知州封蔚礽通詳重修正屋四重左右
邊房四間七年州判馮維崧於後院添建房屋三間
吏目署在州署左道光二十七年吏目蔡正麟咸豐元
年吏目王廷幹并捐廉補修三年賊燬同治十年知
州呂憲瑞因原基重修一進三重横屋兩間監獄在
鼓樓內與吏目署毗連
營都司署舊在水西門內乾隆十二年知州蔣徇德暨
紳士以江防道署基址改建咸豐三年燬於賊光緒
四年知州封蔚礽因原基復建

衛守備署在水西門內卜羅山乾隆八年衛軍士新修
二十年守備劉鎮修葺內舍咸豐三年燬於賊九年
守備王珉將官井巳裁衛千總署改建
城守署向在官井下咸豐三年燬於賊光緒元年知州
封蔚礽將北關內入公民房改建計三重横屋四間
茅山巡檢署向在茅山江濱洲陷者廢移建於彭思橋
道光辛卯年被水又廢後任巡檢賃民房治事
大同巡檢署在州北百五十里大同鎮
江防道署缺裁入圯

布政司公署在治西南明正統間遷東南知州姜浩建
今廢
按察司公署在州治東南今廢
府館在分司右今廢
稅課司在州西門外今廢址存
清軍廠在賓暘門外遺址存
教場演武廳在賓暘門外今移建麒麟山麓
陰陽學在府館西南今廢
醫學基址毗連陰陽學有窮民藥局今廢

僧正司在四祖寺今無定所
道正司在元妙觀今無定所
火藥局在水西門卽都司舊署基址
養濟院在治東東嶽廟右康熙間崑山徐惺以兵備道
駐劄蘄州捐俸建屋二十楹　道光二十七年署州
楊明善支餉補修二十九年被水淹没只存正屋一
間同治八年知州黄式度改建於元妙觀右院宇計
長八丈左右穿心三丈六尺院內孤貧額定六十四
名每名日給口糧銀七釐

濟嬰堂在武褒門外熊化嶺咸豐九年建

知州彭應鯉倡捐紋銀壹百兩并募捐公置安平鄉上楊林畈田課陸拾石武褒門坡下舖屋壹所龔瑞卿捐安平鄉陳家圍馬口隴田課三十六石陸斗知州王庭楨撥捐查質月充公十牌樓任屋壹所漢鎮隆昌行捐安平鄉瓦屋嘴鄉戽田課叁十陸石捌斗陳貢揚捐安平鄉鄧大圍田課捌拾石歷任知州按月捐九九錢貳串文監生易維崧捐本堂屋壹所又公置蟠龍嘴田課肆拾石地堰課共兆錢壹串貳百文

務本堂本城紳商募置安平鄉上楊林畈叉田課陸拾石以作拾化字紙掩埋枯骨並帝君行宮香火之資

歸善堂在北門外全勝坊同治壬申建每月宣講

聖諭歷任知州按月捐兆錢貳串文各署及城鄉紳商亦按月捐助有河灘上與武聖宮下與龍磯寺連界中段地基屬堂納租

濟生堂光緒二年知州熊鑾倡捐錢壹百串歷任知州按月捐九九錢貳串各署及本城紳商亦按月捐助九年募置洗角湖附近蟠龍嘴田課陸拾捌石叉登西廟田課壹拾伍石永作延醫送診施藥之資

聚德堂在觀瀾門內金陵書院左同治二年建本城行店按月捐輸又募置武褒門外橫街舖房壹所易家衕周姓出售住屋壹所施送膏丹製造水龍置義圍送棺板鳳山挂纜各項支用歷任知州復按月捐九九錢貳串文

保生堂設和樂坊四官殿內每歲延醫佈種牛痘其有經費按花戶在錢店完納地丁銀數每銀壹兩錢店輸錢壹文

問心堂本城紳商公捐錢壹百串文生息每年春秋釀

金以作拾枯骨修墓塚立石標祀等費

演武廳界址自右扉起橫至民房滴水共二十八弓至陳葉二姓租地圍牆立有租約

城守舊署基址橫六弓長二十四弓前抵官街左齊羅姓屋脚右齊楊姓屋脚後抵都司署橫過十三弓左齊羅姓牆脚右齊夏姓屋脚每年納有地租作爲馬王廟香火費

大同鄉濟嬰堂在張家塝鎮同治年間黃鑑明等募建

祠廟

有功德於民則祀之禮也其著者春秋報享載在令典他如忠節賢良郎於人心而私爲之俎豆者愛敬之至靈爽凴焉不可與通祀并紀與志祠廟

至聖廟在州署左詳學校歲二祭共支銀伍拾捌兩又香燭銀壹兩伍分

關帝廟舊在南門外順治六年韓參將友以荆藩舊址移建州治右歲久圮毀咸豐二年知州潘克溥暨紳士勸捐重修三年燬於賊同治四年知州王庭楨因原基建廟一重十二年知州封蔚礽勸捐重建中爲正殿殿下

左右建兩廊前爲中門左右翼以官廳爲致祭日憩息之所又前爲大門殿後爲

光昭王成忠王裕昌王祠有碑詳藝文

關帝歲三祭奉　部頒示歲支餉銀叁拾伍兩七錢四分伍厘又奉文增銀壹拾伍兩九分

社稷壇在北關外里許咸豐三年燬於賊光緒八年知州宋熙會勸輸重建歲二祭共支餉銀貳拾兩

風雲雷雨山川壇在南門外祭日支餉同社稷壇

先農壇在符乾關外祭日同社稷支餉五兩乾隆伍年奉文以籍田存穀備祭如不敷司庫湊給

常雩祭在北壇行禮祭日初夏支餉銀伍兩

邑厲壇在治北三里歲三祭共支餉銀拾貳兩貳錢壹分六釐

牙纛廟在東門外大教場霜降祭

城隍廟舊在麟山之東

國朝嘉慶間衆姓重修其兩廊階地石面大賓張廷贊捐修咸豐三年燬於賊同治甲戌知州封蔚礽勸輸改建於麟山之腹爲文刻石前重左爲八蜡廟並祀劉

猛將軍

城隍歲無特祀惟祭厲壇主之餘則附風雨山川壇

龍神祠舊在西門內官井側咸豐三年賊燬同治甲戌知州封蔚礽勸輸改建於城隍廟右春秋二祭

文昌宮向在麟山書院咸豐三年燬於賊同治六年知州黃式度勸輸建於麟山之麓歲貳祭共支餉銀二十三兩八錢三分咸豐七年奉文增一祭加銀壹拾壹兩九錢壹分伍釐

江神夏至祭

名宦祠在學宮左

鄉賢祠在學宮右從祀名氏俱詳學校

韓公祠在武廟左

天后宮在武廟右

四賢祠在麟山書院東祀李誠之秦鉅王玠王彥明今廢

崇賢祠在麟山書院東偏祀明學正林宗今廢

忠孝祠向在學宮內咸豐三年賊燬同治九年知州黃式度勸輸改建於武襄門內

節孝祠在州治西咸豐三年賊燬同治九年改建聚奎門內

以上二祠祭日同上丁

報功祠在文明門外祀明江防道吳國仕今廢

烈士廟在武襄門外龍眼磯祀王玠王彥明今廢基存

奎星樓在東城隅咸豐三年賊燬同治九年知州呂憲瑞勸捐重建

營汛

營汛祗載防地暨員弁兵丁額數志例也蓋雖一邑兵制而

國家整軍經武之意已可想見焉志營汛

蘄州營營制

順治三年設經制官五員

叅將一員 守備一員 千總一員 把總二員

額設兵丁五百名內

有馬戰兵一百名 無馬戰兵一百五十名 守兵

二十五名

康熙十三年奉裁

叅將一員 馬兵七十名 戰兵九十名 守兵四十名歸黃州協統轄

康熙三十五年奉裁

戰兵十二名

康熙四十四年撥

守兵七名歸鎮筸鎮營

雍正八年奉

部在馬兵內選拔外委把總一員
雍正十年奉
部改都司營
乾隆二十七年奉
部在馬兵內選拔額外外委一員
乾隆四十七年奉裁　戰兵二十名　守兵二十二名
道光十二年奉裁　戰兵一名　守兵四名
額設經制官四員
都司一員　千總一員　把總二員　外委把總一

員　額外外委一員
額設馬戰守兵二百三十二名內
有馬戰兵二十八名　無馬戰兵二十七名　守兵
百七十七名
咸豐七年九月兩次奉文撥歸長江水師營
馬兵四名戰兵四名　守兵十六名
實在馬戰守兵二百零八名
馬兵二十四名　戰兵二十三名　守兵一百六十
一名

蘄州存城
都司一員左哨　把總一員俱駐劄蘄州城　外委把
總一員駐劄西河驛塘
共馬戰守兵一百零八名
馬兵十八名　戰兵十七名　守兵七十三名
分防黃梅汛
領哨千總一員駐劄黃梅縣城　額外外委一員駐
劄黃梅縣孔壠塘
共馬戰守兵六十七名

馬兵六名戰兵三名　守兵五十八名
分防廣濟汛
右哨把總一員駐劄廣濟縣城
共戰守兵三十三名
馬兵無　戰兵三名　守兵三十名
蘄州防城兵九十九名
旱汛
西河驛塘防兵五名舊有官廳三間毗連兵房三間
里牌望樓勇牆各一座煙墩三座被水衝毀咸豐二

年知州潘克溥修復
菩提壩塘防兵二名
大同鄉塘防兵二名
黄梅縣防城兵四十一名
旱汛
孔壠驛塘防兵五名
唐泗月塘防兵二名
清江鎮塘防兵二名
兩河口塘防兵二名

停前驛塘防兵二名
下新鎮塘防兵二名
中路菴塘防兵二名
十里鋪塘防兵二名
廣濟縣防城兵二十九名
旱汛
清河鋪塘防兵二名
雙城驛塘防兵二名

驛遞

州舊有驛丞駐西河後奉裁統攝於司牧鋪遞所在一仍舊額因事而振厲之不使廢弛其責實綦重云志驛遞

遞運所舊在得勝寺右沿江迎恩坊額設大使一員明洪武五年知府徐麟創建九年屬州嘉靖戊戌知州張洸重脩今廢

蘄陽水驛舊在大西門外明洪武二年知府左安善創建九年屬州額設驛丞一員今裁舊有坊

西河驛在州西北五十五里明洪武十二年知州孔思森創建額設驛丞一員

國朝乾隆十九年驛丞奉裁知州兼攝之其廳堂房舍俱備差事往來隨事修葺額設人夫二十名馬夫七名馬二十匹其馬匹工料役食銀兩詳載田賦内

蘄州共二十一鋪（原設鋪司二十一名鋪兵八十一名今裁鋪兵四十四名祗設三十七名）

州前總鋪在湖東郡防左右

東南十里達廣濟縣固城鋪十五里達興國州黄顙口鋪

東十里至俟貴府鋪　鋪兵四名

十里至施家塘鋪　鋪兵三名

十里至菩提壩鋪　鋪兵三名

十里至廣濟縣楊林鋪

北五十里至高山鋪　鋪兵三名

明楊晋有悲高山詩詳藝文

由高山鋪西北十里至十里鋪　鋪兵三名

十里至三家店鋪　鋪兵三名

十里至西河驛鋪　鋪兵三名

十里至火爐鋪　鋪兵三名

十里至橫車橋鋪　鋪兵三名

十里至女兒街鋪　鋪兵三名

女兒街與蘄水縣連界　鋪兵三名

坊表

坊表旌善也前代率由仕宦

國朝則節孝爲多野人女子而有士君子之行風化之應

具見於此故備志之以勸來者志坊表

明

忠孝　賢良二坊在荆府左右因端王辭祿賜褒　六腳牌坊在荆府前三坊現在

肅政坊在布政分司前　澄清坊在按察分司前

蘄黃重握　江漢巨防二坊在道署左右兵部翁學淵建

湖東首郡在州前知州陳震彌建　宣化坊在州前

宣威　振武二坊在衛左右　泮宮坊在儒學前

桂林秋色　杏苑春光二木坊在儒學左右一爲鄉試舉人一爲會試進士

解元坊在儒學左爲永樂丁酉程燧成化丙午科華鑾嘉靖乙酉陳吉言立

亞元坊在澄清門內爲成化甲午科田鵬立

經元坊在武襄門外爲正統戊午科宋誠立

登科坊有二一在武襄門外爲正統甲子科陳溱一在聚奎門外爲成化戊子科甘塋立

俊士坊在文明門外爲景泰庚午科張禧立

擢秀坊在武襄門外爲景泰庚午科江琳立

飛黃坊在州西爲天順己卯科華仲賢立

文奎坊在聚奎門外爲成化乙酉科金蘭立
登第坊在武襄門外爲成化乙酉科易瀌立
攀龍坊在澄淸門內爲成化戊子科何珍立
登雲坊在州南爲成化丙午科甘澤立
鵬程萬里坊在文明門外爲景泰丙子科胡祥立
兄弟聯芳坊在賓暘門內爲李孟春盛春際春立
進士坊凡五一在澄淸門外爲天順丁丑科王翰一在賓暘門爲同科劉澄一在州西爲成化乙未科華仲賢一在儒學右爲成化丁未科華繼壽儒一在拱辰門內爲嘉靖癸未科郝守正建
兩試掄魁在東門外爲張邦翼建

都憲坊在州前爲都御史熊翼建
方伯太史在州西爲布政華仲賢編修華繼建
文衡柱史　侍郎　大廷尉三坊在東門外俱爲馮天馭建
四牌樓前司寇後少宰左都憲右廷尉在東門外爲馮天馭建其孫一鳳等重修改尙書都憲世家百歲
制誥坊在老美橋馮天馭祖墓前　諭祭葬坊在黃土嶺馮天馭墓前
御史坊在東門外爲誥封馮鵬建
臺憲坊在東門外爲御史顧問建　豸繡坊巡按胡宗憲爲顧問建
三桂坊在州治前爲知府周祈郎中周祚御史周禧建

三輔造士兩浙薦賢在聚奎門內爲御史周禧建
玉堂靑鎖在東門內爲庶吉士李盛春建
一門古道在聚奎門內爲李盛春兄弟建
四牌樓在文明門內爲參將李同春主事李孟春中丞李盛春參政李際春兄弟建
六朝文獻兩鎭干城在東門外爲知縣李時珍同知李建中副使李建木兵備李樹初建
淸朝執法累世承恩二坊在拱辰門外爲御史李載陽誥封李時言李元英建
發祥文武在竹林湖李儒墓前建　父子重光在竹林湖李時珍墓前建
司馬坊在盤龍嶺李建中墓右建
地官坊在澄淸門外爲郎中王翰建

晝錦坊在武襄門外爲知府宋誠建
執法淸朝在文明門內爲御史王珙建
父子侍御在文明門內爲御史饒京建
龍章寵錫　中都鎖鑰二坊在澄淸門內爲參議劉如寵劉崁建
欽旌完節在文明門內爲王珙祖母龐氏建
貞節坊在時思圖爲顧氏建

國朝

邦家之光在崇居鄉焦藤樹爲乾隆乙丑科進士陳履中建
節孝坊建在城者凡十旌表李澤潤妻金氏李之瑨繼妻諸氏孝子王廷詔同

旌墓坊在安平爲封世經建

表賢坊在東門外熊化嶺爲增廣生王亮猷之妻易氏建

完節坊在賓陽門外爲儒童馮元凱之妻易氏建

妻張氏　田本翘妻嚴氏　本貴妻徐氏　洪方谷妻柯氏　劉峯妻呂氏　張樞妻張氏　李本蓁妻何氏同孫婦顧氏　陳治猷繼妻張氏同側室劉氏　桂佐廷妻張氏

節孝坊建在五鄉者凡十　旌表　王琦妻熊氏　張大綸妻王氏　胡啟商妻張氏　王溥懷妻董氏　張復禮妻郭氏　管宗咸妻沈氏　王作霖妻陳氏　張拱辰妻王氏　孝子張仕秀　張仕超妻駱氏　必相妻羅氏

補遺

節孝坊陳漢猷妻袁氏　梅春幹妻陳氏　陳法賜妻詹氏　陳彭儒母吳氏嫂張氏　李來亨妻張氏子由虞　孝子李由夏　駱抒懇妻吳氏　周延光妻孫氏　田仁浹妻汪氏　王有憲妻張氏　王德顯妻胡氏　王德鈺妻張氏　張大頤妻李氏　張復俊妻章氏　劉萬侯妻張氏　劉之憲妻楊氏

陳天隲妻劉氏　童應修妻居氏　童扶九妻朱氏　林德豐妻童氏

貞節坊在黃信甫爲黃登瑶妻周氏與胞姪立人妻高氏合建

昇平人瑞坊在石馬山爲百歲老人胡海洲建

旌墓坊在安平爲封世經建

表賢坊在東門外熊化嶺爲增廣生王亮猷之妻易氏建

完節坊在賓陽門外爲儒童馮元凱之妻易氏建　以上潘志

劉家牌坊在州北七十里生員劉鏞妻余氏暨子婦陳氏雙節

廣東左布政使張思齊神道碑在菩堤壩道左

節孝流芳坊在州西北六十里　誥贈奉政大夫周暉翥妻夏氏建

節孝坊在大同鄉范家壋范鄉繹妻陳氏建

貞姑坊在大同鄉陳得元壋儒童陳士林聘妻曹姑建

以上新增

關卡卡課砦堡附

設險所以守國也蘄州爲楚北門戶防禦尤宜慎密髮逆之亂建碉卡設團練立砦堡其固吾圉而衛生靈者至矣亦先王設險之遺意云爾志關卡

將軍第一關在大同鄉張家塝鰱魚頭地方距城百五十里

附錄唐中丞訓方紀畧蘄州接壤皖省山徑分歧賊易出沒不固守無以圖存不設險無以固守不洞晰山陵川谷孰於我要孰於敵害則無以擇地設險咸豐七年秋奉胡文忠公檄凡界英山宿松太湖等邑諸險隘親按其地詳審形勢設卡入編鎮定綏安和親康樂諸名均以長字冠之其總關則設於張家塝以將山居其前顏曰將軍第一關餘建鵰四礮壘五礮臺七圍藩籬也

長鎮卡　地名打虎廠西界英山

長定卡　地名楓樹坳西北界英山

長綏卡　地名牛頭冲北界太湖

長安卡　地名陳德園東北界太湖

長和卡　地名小隘嶺東界宿松

長親卡　地名宋家嶺東界宿松

長康卡　地名棠梨嶺東界宿松

長樂卡　地名唐家山東界黃梅

礮壘礮臺今廢

崇大兩鄉硼卡捐戸田課附

范因之捐河東畈馬家堰課二十石

何清晏捐鷄冠寨課三十四石三斗八升五合又捐六

溪沖楓樹嘴課五石七斗三升

唐玉亭捐安樂壋課十石

汪佑乾捐馬鞍山松英林課五石

汪佑極捐六溪沖課二十石五斗

汪啟富捐六溪沖課二石

汪忠漣捐文家畈課十石

汪佑光捐車門沖課五石

查可懷捐烏砂畈張家沖課二十石

查琢如捐新安嶺課二十石

田元艮捐何家畈與金家沖共課二十二石

操禮朝捐西　畈課十三石

操虎彪捐廣家塓課四石

張純冕捐楊家壠課五石七斗伍升

范爇峯捐蔡家嘴課九石五升

田春台捐車門沖課五石

田兆元捐雷公巖課六石

何文郁捐連城壪課六石

貢生田捐湯家月形與西瓜壠共課六石

田鏡清捐田祿上壪共課五石

田偉材捐楊家壪下手嘴課四石

田勇朝捐車門沖課三石

田自祖捐小塝課四石

黃商亭捐黃土嶺課一石五斗又捐毛兒塝課二石五

斗又捐方家壪課五石

黃毖亭祖捐割毛寨課三石

黃崑嵐捐湯家壪課五石

黃閬亭祖捐鄧家壪課一石七斗五升

蕭蘭亭祖捐安樂壋課三石

黃樂道祖捐張家樓課四石

黃樸軒祖捐鄧家上壪課四石

陳璵琳祖捐龍巖寺課四石

查四原捐長腳壠課八石

查協規捐鴛鴦河東邊課九石

查毓材捐楊樹礄課六石
查會玉捐大崗上課五石
朱常褻捐竹林畈課一十五石
方清緒捐檀林楓樹嘴課十石又捐磨盤地屋做課二
石
劉正體捐兌家沖課六石
王惠批捐車門沖河西課七石
李敍哲捐陷泥沖課八石
李華炯捐朱家沖黃土嘴課四石七斗五升又捐駱家

畈松林嘴課二石五斗
吳桂砬捐烈馬嘴課五石
吳澔捐石家畈課十一石
吳桂硎捐管家林課六石五斗
陳啟裕捐蕭家河課九石
陳啟勳捐張毫七斗課六石五斗又捐操家畈河西灣
課二石五斗
田遠知捐雷公嚴月山廟課五石
朱裕後捐沙家畈豬欄邊課七石五斗

陳映璜捐范家坳課五石
陳培圓捐盤石社課五石
詹裕儀捐五猖廟外課五石
陳藩臣尹立捐太湖縣烏龜石課五石
陳榮桂捐提籃衝課三石
陳如純捐石牛山課五石
陳遵俊捐蕭家河課五石
陳相千捐鵝毛沖及陳得元課三石又捐門首小田課
二石

陳敎先捐陳得元龍頭灣課五石
葉增元捐河西灣課八石
葉亦山捐湖口坂對面課五石
田必琇捐馬家沖課四石
方應珪捐鴛鴦河課五石
鄒福基捐石板路課五石
胡集義捐羅家畈課十石
孫英戶捐水履灣課五石
張純禧捐樸樹下又蔡家沖共課四石

張善貴捐正兆壠課五石
柴國六捐壽眉寨課五石
宋宗棋捐柏樹壠課五石
吳濱淞捐韓家壪課五石
李文林祖捐上司畈課六石
張芳勝捐唐家畈課五石
徐善華捐上司畈課五石
張善徵捐小野鷄壪課四石
李朝玉捐塘衝畈河西課六石

田繼先捐王沖口下課五石
詹建勳捐小竹沖課五石
文通祖捐唐公畈課六石
張全壽捐雷家山課五石
田兆東捐栗木嶺課五石
龔秉艮捐思睿壪課四十石
胡漸元捐南山塝課九石
蕭成覲捐蕭家下畈課十石
胡錫圭捐金竹沖河山壠課七石五斗又捐王家壪課
二石五斗
龔惟一捐麻栗畈課五石
龔洂達捐龔湘上畈課六石二斗五升又捐忠畈課三
石七斗五升
龔毓才捐張雙會門首課九石又捐柏樹課一石
吳恕齋捐高溪畈課八石
陳知節捐蔡家沖柯家畈課十五石
陳式如捐南山塝課六石
蔡世鎔捐蔡家沖安邊壠課五石

張兆祥捐石鼓沖方家中畈課五石
王者堂捐元衝課五石
詹炳元捐蜘蛛壠課五石
吳書亭捐廠下壪課十石
陳平泉捐蕭家畈及望天畈課十石
陳曉羣捐石鼓沖柴鳳壪課十石
陳玉樹捐衙前塆課八石一斗二升四合
陳曉峯捐城隍山課五石
陳亥菴祖捐蓮花菴麻林畈課五石二升五合

陳占杰捐檀樹尖課五石
王國文捐田鋪壪課一石
孫楚奎炳垣捐紅曲嘴寨金腦課三石又捐張家沖口蔡英壪課七石
馬正興捐享塘課五石
吳公桓捐許家山脚下課二十三石五斗又捐廠下課一石五斗
吳麗崑捐桐子河課五石二斗五升
吳德祿捐蔡家河及水口山共課十七石五斗
吳席宗捐袁家山壠口外畈又捐團林山脚下共課十三石五斗
蕭朝毓捐李家山課五石
姜文用捐姜家沖及毛家壠課八石
蕭協時捐蕭家畈課五石
裴槐堂捐彭家山六盆窯課五石
胡崑山捐楊林沖及聶家鋪共課八石
胡特齋捐民甫壠及廟嘴共課七石
宋有青捐研磧窯課五石

張寶枝捐王裕沖及楓樹林後共課八石二斗五升
張煥章捐張家樓課五石
張承先捐樟樹下及柏樹壪共課八石
孫華三捐邊街下畈老廟脚課五石
李啟溢捐邊街舒家下壪課五石
龔漢池捐羅州城課一百石

以上課石係唐中丞訓方諭令崇大兩鄉紳士捐作碉卡歲修之費嗣後承平日久兩鄉紳士因文武童試府院卷價無着遂將此課移作歲科兩試卷價現在所捐田課濱河之處迭被沙壓久不敷用兩鄉紳士擬將田課出售照錢生息期敷公用茲值續修志乘恐後沒人之善因將從前紳士所捐課數名目備書於左以爲樂善者勸

砦堡附

朝陽砦在崇居鄉去州治百里
圓峯山砦在永福鄉去州治四十里
馬驊山砦在永福鄉去州治五十里
石人砦在州治北百四十里

劉家砦在石人砦東五里許
福興砦在州北百里
青峯砦在州北九十里
天垣砦在州北百二十里
至誠砦卽黑石砦在州北百一十里
三朋砦在州北九十餘里
龍王砦在州安平鄉
蘇山砦在州東三十里
馬面砦在州東三十里

永全砦在州北百四十里
長城砦一名望家砦在州東北百九十里　其東門卽
太湖界
大桴砦在大桴頂離城百八十里咸豐間修
小桴砦與大桴砦連界咸豐間修
龍頂砦在州東北四十五里
永保砦在州北百二十里
永安砦在治北百二十里
鼓角砦在州東北百八十里

盤龍砦在州東北百八十里
天生砦在州東北百七十里
大安砦在州東北百六十里
金鷲砦在金鷲寺山頂
橫岡砦在崇居橫岡山
均安砦在入斗社山
銅關砦在州東北百四十里
青峯砦在州東北百一十里
石銀砦在州東北九十里同治三年重修

策山砦在州北九十里　國初諸生張相創修同治癸
亥監生張玉軒集英國洋等協衆重修
歷山砦在策山砦南半里許待詔李玉縣丞張光藻等
捐建
同心砦在州北八十里烏石山
長春砦在州東北百二十五里煙包壠
保安砦卽大旺砦在大旺山離城四十五里同治四年
修
天保砦在大同鄉葛埸山距城一百六十里同治年間

建

五岳山砦在州西北六十里

靈山砦在州西北六十里

操家砦在州西北七十里

麻姆砦在州北九十里

後列九砦潘志附在山川後今移載於此

黑石砦明末土人避難於中

荆竹山砦元至正間汪不花聚勇禦紅巾賊處

展旗山砦在州東北六十里

楊家砦在州北百二十里即楊先春勦賊處

麻石砦在州西北八十里

女人砦在州北百二十里與牛皮砦弁峙

太平砦在州東北九十里靖明山

烟波砦在州東北六十五里水口突起如烟波懸巖峭
壁高不可攀

蘆林砦在州東北百八十六里峯頂有窩瀦水如湖歲
生巨荻故名

雞冠砦在崇居鄉

全安砦在安平鑵山腦去州治七十里程必貴户重修

芙蓉砦在崇居鄉去州治百里

蘄州志卷之五

知蘄州事嶺西封蔚礽纂修

賦役志

戶口

州戶口隋以前無可考今軍民兩籍軍籍詳賦稅內民籍歷有可稽

國朝數百年來休養生息之盛大略可覩矣志戶口

隋蘄春郡領縣五

戶叁萬肆千陸百玖拾隋書口無攷

唐蘄州領縣四

戶貳萬陸千捌百玖

口壹拾捌萬陸千捌百肆拾玖唐書

宋蘄春郡領縣五

戶壹拾壹萬肆千玖百柒宋史

口壹拾玖萬叁千壹百壹拾陸

元蘄州路領縣五

戶叁萬玖千壹百玖拾元史

口貳拾肆萬玖千叁百貳拾壹

按舊志戶口自明始今載隋以來存古今民數之概也隋以前無考

明蘄州

戶壹萬貳千玖百叁拾伍錢志洪武二十四年

口柒萬捌千陸百玖拾捌

按永樂十年後遞有減至萬歷三年戶柒千玖百壹拾肆口陸萬捌千伍拾我

國初至康熙二年分戶口丁數與萬歷年同

國朝蘄州

戶柒千玖百壹拾肆

口陸萬捌千伍拾

丁原額壹萬伍千伍百柒拾壹丁康熙四年豁免運夫人丁叁百壹拾貳丁實壹萬伍千貳百伍拾玖丁自康熙十一年至五十年逐次編審增叁百叁拾捌丁共壹萬伍千伍百玖拾柒丁共徵丁銀肆千肆百陸兩柒錢貳釐陸毫貳忽壹塵貳纖貳渺又彙同不在額徵丁銀以內之優免丁銀柒拾叁兩玖錢陸分捌釐陸毫肆絲伍忽於雍正柒年

題准丁隨糧派歸入閩省糧銀均攤減原徵壹千壹百貳兩陸錢玖分玖釐肆毫壹絲貳忽伍微玖塵叁纖陸渺伍漠捌沙伍灰雍正柒年陞墾丁銀貳錢捌釐伍絲柒忽玖纖叁渺陸茫雍正十二十三及乾隆三四等年陞墾丁銀叁兩捌錢肆釐叁絲叁忽玖微玖塵貳纖玖渺玖漠肆茫通計丁銀叁千叁百捌拾壹兩玖錢捌分叁釐玖毫貳絲伍忽肆微貳塵捌渺肆漠玖茫壹沙伍灰

康熙五十五年編審增益滋生人丁叁百壹拾捌丁

康熙六十年增叁百貳拾貳丁

雍正四年增叁百叁拾叁丁

雍正九年增叁百叁拾伍丁

乾隆元年增叁百柒拾壹丁

乾隆六年增叁百柒拾貳丁

乾隆十一年增人丁叁百玖拾貳丁

乾隆十六年增人丁叁百柒拾伍丁

乾隆二十一年增人丁壹百捌拾丁

乾隆二十六年增人丁壹百柒拾捌丁

乾隆三十一年增人丁貳百捌拾肆丁

拾壹屆共增人丁叁千肆百陸拾丁欽奉

恩詔永不加賦五年編審人丁一次於乾隆三十七年七月內奉准通政司咨乾隆三十七年六月內閣抄出奉

上諭伍年編審不過沿襲虛文無裨實政嗣後編審之例永行停止

又於欽奉

恩詔事乾隆六年編審案內遵照　部文將該州雍正十二十三及乾隆三四等年民賦新墾糧銀各照現今攤徵之則派徵叁兩捌錢肆釐叁絲叁忽玖微玖塵貳纖玖渺玖漠肆茫自乾隆七年爲始起徵

又於欽奉

恩詔事乾隆二十六年編審案內遵照　部文將該州乾隆二十三二十六年民賦新墾糧銀各照現今攤徵之則派徵丁銀陸兩肆錢玖分陸釐壹毫伍絲伍忽柒微伍塵柒纖捌漠玖茫自乾隆二十七年爲始起徵

又於欽奉

恩詔事乾隆三十一年編審案內遵照　部文將該州乾隆二十七年民賦新墾糧銀各照現今攤徵之則派徵

丁銀貳兩壹錢玖分肆釐叁毫伍絲叁忽壹微叁塵柒纖叁漠玖茫自乾隆三十七年爲始起徵乾隆三十六年屆當五年奉文停止造報新墾糧銀應攤丁銀奉准戶部咨覆隨年攤徵嗣奉

上諭丁糧一事悉仍其舊復經詳請咨准 部覆湖北民賦新墾地畝應派丁銀係按陞糧科則派算歸於五年編審具題其題報五年編審人丁之例旣已停止似可無庸專案具題至攤派丁銀欽奉

諭旨悉仍其舊亦應仍以五年編次彙造攤徵丁册隨同奏銷送部以備查覈 以上俱本賦役全書

自乾隆三十一年以後戶口歷有滋生至咸豐元年除去流寓寄居軍戶外實在闔州土著民數貳萬陸千貳百伍拾壹戶計男婦大小共貳拾萬貳千叁百玖拾壹丁口 本稅冊以上錢志

自咸豐元年至光緒拾年編查軍民戶口總數計有肆萬陸千伍百叁拾陸戶大小男婦共叁拾肆萬柒千陸百柒丁口

國家重熙累洽生齒日繁斯民皆有樂土樂郊之慶云

田賦 軍屯附

蘄原則約三等賦革之其別爲蘆課絲麥帶徵雜項與舊額有增損者爲另欵軍屯欵目亦王政所關故彙附於此焉志田賦

原額上則田叁千伍百陸拾捌頃叁拾肆畝肆分陸釐叁毫每畝科米伍升陸合陸勺壹抄該米貳萬貳百石叁斗玖升捌合玖勺伍抄

山水鄉下則田捌百玖拾柒頃貳拾肆畝貳分肆釐肆毫每畝科米伍升該米肆千肆百捌拾陸石貳斗

壹升貳合貳勺

原額上中則地壹百陸頃肆畝伍分玖釐貳毫每畝科米叁升貳合該米叁百叁拾玖石叁斗肆升陸合玖勺肆抄

山水鄉下則地玖百捌拾壹頃玖拾壹畝陸分壹釐捌毫每畝科米壹升陸合該米壹千伍百柒拾壹石陸升伍合捌勺捌抄捌撮

原額上則塘貳百頃壹拾伍畝每畝科米伍升陸合陸勺壹抄該米壹千壹百叁拾叁石肆升捌合柒勺陸

抄捌撮
山水鄉下則塘捌拾叁頃壹拾畝伍分每畝科米伍
升該米肆百壹拾伍石伍斗貳升伍合
以上原額田地塘共伍千捌百叁拾陸頃捌拾畝肆
分壹釐柒毫載秋米貳萬捌千壹百肆拾伍石伍斗
玖升柒合陸勺玖抄陸撮盧志順治十四年奉文丈
量則例錢志
據今册原額閤州田地塘共伍千玖百貳拾壹頃壹
拾玖畝壹分叁釐科糧貳萬捌千叁百肆拾叁石伍

斗壹升叁合貳勺柒抄捌撮陸圭玖粒
夏稅小麥貳百肆拾貳石柒斗壹升貳合肆勺　絲壹
百叁拾叁觔玖兩叁錢叁分陸釐　桑絲捌觔柒兩
肆錢叁項俱入秋糧內帶徵
漕南二糧正米
漕糧原額及雍正十一年以前墾增額共本色正耗增
貼米玖千陸百壹拾石捌斗玖升肆合肆勺貳抄伍
撮貳圭伍粒陸粟
南漕原額及雍正十一年以前墾增額共本色正耗米

按目錄賦役字應改田賦

柒千伍百貳拾玖石叁斗伍升叁合伍勺玖抄柒撮
叁圭柒粒潘志
據今册額徵漕南正米壹萬柒千壹百捌拾肆石叁
斗壹升叁合捌勺向係統徵分解咸豐七年七月
撫憲胡
奏定改折章程每正米壹石折收制錢肆串伍百文易銀
折解耗米水脚券票俱在內各款列后
額徵漕糧正米玖千陸百叁拾伍石陸斗叁合耗米玖
百陸拾叁石伍斗陸升叁勺

每石折銀壹兩叁錢共折解銀壹萬叁千柒百柒拾
捌兩玖錢壹分貳釐
水脚銀壹千肆百肆拾伍兩叁錢肆分
兑費銀伍千兩
額徵南糧正米柒千伍百肆拾捌石柒斗壹升捌勺
耗米柒百伍拾肆石捌斗柒升壹合壹勺
每石折銀壹兩伍錢共折解銀壹萬貳千肆百伍拾
伍兩叁錢柒分叁釐
水脚銀壹千壹百叁拾貳兩叁錢柒釐

徵額銀壹萬玖千叁百柒拾陸兩玖錢肆分肆釐壹毫
伍絲陸忽柒微貳塵叁纖內有舊志原載班匠銀壹拾貳兩陸錢係乾隆二十三年奉　文於　奏銷冊內刪除班匠名色統歸地丁條編造報
自康熙三十以後等年及雍正十一等年並乾隆十六
七年額外陞墾餉銀叁拾柒兩貳錢柒分壹釐陸毫
貳絲貳忽玖微肆塵伍纖陸渺叁漠壹茫
以上人丁田地塘加增玖釐餉及增益人丁額外陞
墾帶丁銀並優免丁共銀貳萬玖千肆百叁拾伍兩
陸分伍釐柒絲陸忽柒微玖塵玖渺伍漠玖茫內除

豁免運夫丁銀捌拾捌兩壹錢伍分壹厘肆忽壹微
肆塵陸纖肆渺又除丁隨糧派等事案內闔省均攤
應減丁銀壹千壹百貳兩陸錢玖分玖釐肆毫壹絲
貳忽伍微玖塵叁纖陸渺伍漠捌沙伍灰又除優免
丁銀柒拾叁兩玖錢陸分捌釐陸毫肆絲伍忽又除
雍正七年墾派丁銀貳錢捌釐伍絲柒忽玖纖叁渺
陸茫又除雍正十二十三兩年及乾隆三四等年墾
派丁銀叁兩捌錢肆釐叁絲叁忽玖微玖塵貳纖玖
渺玖漠肆茫又除乾隆二十三二十六兩年墾派丁

銀陸兩肆錢玖分陸釐壹毫伍絲伍忽柒微伍塵柒
纖捌漠玖茫又除乾隆二十七年墾派丁銀貳兩壹
錢玖分肆釐叁毫伍絲叁忽壹微叁塵壹纖叁漠玖
茫
實徵銀貳萬捌千壹百伍拾柒兩伍錢肆分叁釐肆毫
壹絲伍忽壹微伍塵肆纖肆渺捌漠壹沙伍灰以上俱本賦役全書
按舊志所載地丁正雜舊額驢脚人丁雜課俱在內及新加除
各項開除外通計徵銀貳萬玖千伍百叁拾叁兩捌

錢貳分肆釐捌毫柒絲玖忽貳微柒塵伍纖柒渺柒
漠壹沙伍灰內除優免丁銀柒拾叁兩玖錢陸分捌
釐零實徵銀貳萬玖千肆百伍拾伍兩捌錢肆分肆
釐壹毫零與賦役全書所載之數不符今并錄之以
存其畧

起運

戶工兩部光祿寺地丁條餉及增益人丁額外陞墾共
額銀壹萬玖千伍百陸拾陸兩伍錢貳分捌釐壹毫
零內除奉撥

武聖三祭及廩糧又除動支正項抵浙省協濟驛站又除豁免運夫又除閩省均攤應減人丁外實徵銀壹萬捌千柒拾兩柒錢玖分陸釐叁毫伍絲壹忽肆微柒塵貳纖捌渺叁漠捌莣陸沙伍灰內有雍正七年陞墾銀壹兩肆錢玖毫零係彙抵漢陽等縣重丁銀

存留

撥運供支官俸役食祭祀廩糧等項原額共銀伍千捌百貳兩捌分貳釐叁毫零內除徭役內及各項開除外實徵銀貳千陸百捌拾柒兩伍錢叁分叁釐肆毫

肆絲貳塵玖纖叁渺肆漠肆莣伍沙又加大敬獻芻蕘等事案內奉

部行令將起運地丁撥歸存留項下補給州學膳俠故丁夫銀壹錢肆分柒釐貳毫零貳共實徵銀貳千陸百捌拾柒兩陸錢捌分陸毫肆絲柒忽壹微捌塵壹纖玖渺肆漠肆莣伍沙以上俱本賦役全書

據今州每年原額應徵地丁湖課門攤鈔存留驛站隨淺鹽腳共正銀叁萬壹兩伍錢叁分陸釐耗羨銀叁千叁百兩壹錢陸分玖釐

額徵應解地丁湖課門攤鈔正銀壹萬玖千捌兩捌錢伍分叁釐內有湖課正銀肆百叁拾捌兩捌錢捌分捌厘門攤鈔正銀壹拾玖兩貳錢伍分耗羨銀貳千玖拾兩玖錢柒分肆釐內有湖課耗銀肆拾捌兩貳錢柒分捌厘門攤耗銀貳兩壹錢壹分捌厘

額徵驛站正銀肆千伍百壹拾兩柒錢肆分柒釐內除坐支夫馬工料等銀柒百陸兩貳錢壹分伍釐實解驛站正銀叁千捌百肆兩伍錢叁分貳釐耗銀肆百玖拾陸兩壹錢捌分貳釐

額徵存留正銀貳千陸百捌拾柒兩陸錢捌分內除坐

支官俸役食祭祀等銀貳千貳拾叁兩叁錢貳分肆釐實解存留裁扣正佐官俸等欵正銀陸百六拾肆兩叁錢伍分陸釐

額徵存留耗羨銀貳百玖拾伍兩陸錢肆分伍釐內除佐雜各官養廉銀貳百陸拾兩實解存留耗羨銀叁拾伍兩陸錢肆分伍釐

額徵隨漕正銀貳千柒百玖拾叁兩捌錢內除扣買松板方蓆銀壹拾叁兩玖分捌釐實解隨漕正銀貳千柒百捌拾兩柒錢貳釐耗銀叁百柒兩叁錢壹分捌

釐

額徵應解淺船正銀玖拾肆兩陸錢陸分陸釐耗羨銀壹拾兩肆錢壹分叁釐

額徵應解驢脚正銀玖百伍兩柒錢玖分耗銀玖拾玖兩陸錢叁分柒釐

蘆課

原額各洲地叁百柒頃玖拾肆畝伍釐陸毫陸絲肆忽肆微實徵課銀叁百叁拾陸兩叁錢陸釐柒毫肆絲壹忽貳塵自乾隆四年以前新增額除泥套沙灘不

堪載課逐次坍卸又除鴨蛋洲撥歸江西外實在成熟地草塌草壋共叁百壹拾頃柒畝叁分壹釐肆毫柒絲肆忽實徵課銀肆百壹拾兩陸錢壹分貳釐貳毫柒絲伍忽肆微 舊志

據今冊實徵課銀肆百壹拾陸兩柒錢肆分貳厘 新稿

雜稅

牙行七十二家共完納稅銀肆拾貳兩壹錢伍分

田房稅正額銀陸兩貳分伍釐 盈餘銀兩儘徵儘解原無定額

軍屯附

軍屯舊志次兵戎下今附賦稅衛員另列武秩糧石數目屯伍坐落仍舊開存

蘄州衛

戶口

運班舍軍共陸百陸戶

實在人口叁萬陸千壹百肆拾名

丁原額並康熙五十二年以前編審增額共捌拾貳丁

徵丁銀壹拾陸兩肆錢於雍正七年

題准丁隨糧派歸入通省屯餉均攤應減銀柒兩陸錢捌分伍釐玖毫壹絲實徵丁銀捌兩柒錢壹分肆釐玖絲其自康熙五十七年至乾隆十八年編審增益滋生人丁叁拾貳丁欽奉

恩詔永不加賦

土田

屯田地原額除荒蕪坍卸屯地外雍正七年墾增共實成熟地玖百壹拾玖頃叁拾陸畝肆分叁釐載糧柒千叁百石貳斗貳升陸合肆勺實徵銀叁千壹拾叁

兩柒錢肆分壹釐

起運

布政司充餉銀貳千叁百肆拾捌兩伍錢叁分叁釐馬

驛銀陸兩伍錢

糧道運三造船銀壹百叁拾玖兩貳錢叁分運軍安家

銀貳百壹拾柒兩叁錢柒分捌釐

存留

官俸役食銀叁百貳兩壹錢

蘆課

蘆洲地原額及新增共徵銀捌百壹拾陸兩捌錢肆分

屯糧坐落仍照舊志

左所原額屯糧百戶劉允卿伍下捌拾壹石貳斗柒升坐落江南宿松縣百戶賀君聖伍下貳百肆拾叁石捌斗陸升玖合貳勺柒抄一黃梅縣一江西德化縣百戶張本位伍下壹百石捌斗德化百戶金壁伍下壹百伍拾玖石柒斗宿松百戶戴聖章伍下貳百伍拾貳石叁斗陸升黃梅百戶趙瑞符伍下貳百伍拾叁石肆斗叁升德化百戶王用極伍下貳百柒拾柒石玖斗壹升德化百

戶張翼伍下壹百柒拾柒石柒斗肆升一德化一興國州百戶杭恕伍下壹百捌拾叁石貳斗肆升一德化一興國百戶蕭本忠伍下叁拾柒石陸斗興國

右所原額屯糧百戶劉一麒伍下肆拾貳石玖斗叁升興國百戶李正奇伍下壹百壹拾肆石壹斗肆升興國百戶龐忠伍下壹百肆石陸斗壹升興國百戶許昇伍下伍拾肆石黃梅百戶張寬伍下壹百陸拾石貳斗捌升興國百戶周德溥伍下壹百壹拾肆石肆斗江西瑞昌縣百戶王時勳伍下伍拾陸石貳斗叁升興國

中所原額屯糧百戶史記事伍下壹百叁拾伍石伍斗壹升宿松百戶梅羡伍下捌拾石玖斗貳升黃梅百戶陳珪伍下壹百叁拾肆石叁斗伍升大冶縣百戶高承祖伍下貳百陸拾石伍斗貳升一蘄水縣一大冶一瑞昌一蘄州百戶黃鳳鳴伍下叁百壹拾貳石肆斗玖升黃梅百戶張元極伍下貳百肆拾陸石柒斗柒升瑞昌百戶蕭明伍下貳百捌拾石肆斗貳升瑞昌百戶劉忠伍下柒拾伍石貳斗一黃梅一興國百戶鄭定伍下壹百壹拾貳石貳升瑞昌百戶黃佑伍下壹百壹石肆斗捌升一黃梅一蘄水一瑞昌

捌合一廣濟縣一興國一蘄州百戶吳惔伍下壹百伍拾伍石捌斗叁合伍勺一大冶一蘄州百戶許爵伍下貳百石陸斗陸升蘄州以上共柒千叁百貳拾柒石伍斗叁升

前所原額屯糧百戶李士蘩伍下壹百壹拾伍石一黃梅縣一興國一德化一瑞昌一蘄州百戶崔顯祖伍下壹百貳拾伍石陸斗伍升一黃梅一興國一德化一蘄州百戶袁光繩伍下叁百肆拾壹石伍斗貳升大冶百戶鍾聲遠伍下壹百貳拾柒石肆斗貳升貳合內除塌卸柒石壹斗黃梅百戶許國忠伍下肆百陸拾柒石伍斗柒升大冶百戶許登雲伍下貳百陸拾陸石玖斗捌升內除坍卸玖拾捌石宿松百戶陳魁伍下壹百貳拾壹石貳斗玖升興國百戶王長廉伍下貳百捌拾捌石柒斗玖升柒合一德化一興國百戶王祐伍下壹百肆拾壹石壹斗壹升興國百戶郝希賢伍下叁拾陸石黃梅

後所原額屯糧百戶姚極伍下壹百柒石捌斗陸升一黃梅一蘄水百戶田成龍伍下叁拾貳石捌斗叁升內除坍卸陸石興國百戶郭世詔伍下玖拾石一黃梅縣一蘄水一德化一百戶魯倫伍下壹百陸拾壹石陸斗柒升一蘄水一大冶百戶王依伍下貳百石玖斗肆升柒合蘄水百戶羅士奇伍下壹百玖拾石叁斗柒升蘄水百戶錢元錫伍下貳百柒石蘄水百戶郭民範伍下壹百貳拾玖石肆斗捌升

徭役

舊志據經費錄載徭役甚詳但多歷年所不無奉裁變易茲卽有案可稽者分析書之以見今制之畫一而裁革各欵仍舊悉載用備稽考云志徭役

總督　派役裁

提學　派役裁

布政司　應朝長夫裁　按察司　表夫裁　存銀陸兩捌錢

下江防道缺裁

驛鹽道　舖兵分派一名存銀陸兩

推官派役裁

經歷　皁隸分派貳名存銀壹拾貳兩

知事　門子一名存銀陸兩　皁隸四名存銀貳拾肆兩　知事員缺二項另解

蘄陽驛驛丞缺久裁

西河驛驛丞缺裁

西河河泊所缺久裁

協編武昌遞運所在省聽差紅船一隻水夫拾名修船銀壹拾貳兩共銀捌拾伍兩

武昌遞船水手肆名修船銀貳兩共銀叁拾肆兩肆錢陸分陸釐肆毫

蘄陽驛站船水手二十二名共銀壹百叁拾肆兩貳錢

蘄陽遞運所聽差馬一匹水夫一十四名紅船一隻水夫九名共銀壹百柒拾兩叁錢

糧驛紅船一隻水夫九名又新增一名共銀伍拾兩貳錢

協編襄陽府呂堰驛馬價正閏除改抵麻城縣額派荆州將軍祿米銀外實銀壹兩壹錢陸分陸釐

蘄陽驛支應銀肆百肆拾兩　舖夫正閏共銀貳拾肆兩肆錢

西河驛支應銀貳百柒拾兩　舖夫正閏共銀壹拾貳兩柒錢

鄉飲貳次銀壹拾伍兩　以上舊志內多奉裁

各祭銀數俱詳壇廟內

知州俸薪存銀叁拾陸兩叁錢捌分叁釐養廉銀壹千兩　門子二名存銀壹拾貳兩　庫子四名　存銀貳拾肆兩　禁卒八名存銀肆拾捌兩　皁隸十三

名　存銀柒拾捌兩　仵作三名存銀壹拾捌兩
民壯三十八名存銀貳百肆兩　快班十三名存銀
柒拾陸兩貳錢伍分　捕班八名存銀肆拾捌兩
轎傘扇夫七名存銀肆拾貳兩　吹手八名存銀伍
拾捌兩伍錢陸分　鋪兵三十七名　存銀陸百伍
拾伍兩貳錢內奉文裁解銀叁百玖拾柒兩肆錢肆分只留四成工食銀貳百陸拾肆兩玖錢陸分　斗級四名存銀貳拾肆兩　官媒一名工食
銀柒兩貳錢　巡船水手一名額捐飯食錢貳拾貳
串陸百文

儒學二員　存俸銀叁拾壹兩伍錢貳分分支加級俸肆
拾捌兩肆錢捌分　齋夫六名存銀叁拾陸兩分支
廩生三十名　共糧銀柒拾貳兩　膳夫三名存銀
貳拾兩廩生支領　門斗五名存銀貳拾壹兩陸錢
州判俸銀肆拾伍兩額支養廉銀捌拾兩　門子一名
存銀陸兩　皂隸六名存銀叁拾陸兩　馬傘夫二
名存銀拾貳兩
吏目俸銀叁拾壹兩伍錢貳分又存養廉銀陸拾兩
門子一名存銀陸兩　皂隸四名存銀貳拾肆兩

馬夫一名存銀陸兩
大同司巡檢俸銀叁拾壹兩伍錢貳分存養廉銀陸拾
兩　皂隸二名存銀壹拾貳兩　弓兵十名存銀陸
拾兩肆分貳釐
茅山司巡檢俸銀叁拾壹兩伍錢貳分額存養廉銀陸
拾兩　皂隸二名同前　弓兵八名存銀肆拾陸兩肆
錢叁分捌釐
各河渡夫共存銀壹拾叁兩肆錢貳分
孤貧六十四名額支口糧銀壹百叁拾肆兩肆錢

排夫二十名額支工食銀壹百肆拾陸兩肆錢
西河驛馬二十匹連草料藥餌共銀叁百捌拾兩
西河驛馬夫額捐工食銀貳拾壹兩柒錢肆分
獸醫一名額支工食銀柒兩貳錢
馬夫七名額支工食銀肆拾玖兩肆錢壹分貳釐
州河救生船二隻額墊支銀柒拾貳兩
按徭役三代所謂力役之征漢唐所謂庸賦先王仁
政首重輕徭蓋爲鄉里小民言之非獨官府所使譙
邑諸人指爲徭役也

國朝康熙雍正間不惟庶民應差亦有生員充當總甲
乾隆元年
上諭深加優恤嗣後舉貢生監着行免派雜色差徭亦不得俾
子弟充當永爲定令有碑在儒學黌牆間

積儲
積儲之法有常平有社倉有義倉義倉無聞常社所
儲穀本息相資日益饒足在奉行者加之意而已便
民諸倉今已改置僅撮其顛末附記於此志積儲
常平倉舊十三間一在州署頭門内一在州署頭門外
後移置於内行宫　武聖正殿兩廡階下及左右角
門外共計倉肆拾伍座
自康熙二十九年起至乾隆十九年底内易漕採買捐
積捐監除節𠩄撥賑外貯儲穀壹萬肆千玖百柒拾
伍石又原捐大麥陸石穀代另據州冊實儲穀柒萬石零
社倉分建鄉圖共陸拾陸座
本城貳座
三廂坊共陸座
安平鄉陸圖共壹拾伍座
永福鄉伍圖共壹拾貳座
青山鄉伍圖共壹拾貳座
崇居鄉伍圖共壹拾壹座
大同鄉肆圖共捌座

雍正元年勸捐各處舉士民中殷實老成者爲倉長經管倉穀春放秋還照例收息自雍正五年起至乾隆十九年分底城鄉合計共儲本息穀壹萬玖千伍百玖拾伍石柒斗伍升貳合捌勺壹抄伍撮叁圭至今數倍之各家領存

便民倉在北門外　社稷壇左

按宋紹興三年知州李誠之作惠民倉儲粟凡肆萬石明成化七年知州莊轍修廣儲倉凡九座伍拾肆間嘉靖五年知州季林剏廣儲另建預備倉今俱無

成化十四年州人叙州府知府宋誠言於州守置便民倉先是壇左有倉是爲預便之北倉其址屬民誠捐資鬻而廣之嘉靖元年知州魏修與判官李昭重建今卽其處納糧備運倉前大路雨苦泥濘策山生監張爵張作楫張煇文等捐修石路州牧蔣給匾獎之以上舊志

咸豐三年常平社倉俱被賊燬所有各倉穀無存光緒六年署州宗景藩奉憲檄剏建豐備倉於　武廟後計屋二十間內有倉厫十二座現儲穀叁千石每石計淨穀百壹拾肆斤由紳士經理新稿

蠲恤

蘄之免租自宋始厥後雖有可稽然不數覯也
國朝深仁厚澤有加無已即小災眚亦得具報謹按應徵豁免與恤政之通於蘄者彙得備書實政典之善舉歟志蠲恤

宋紹興元年蘄州旱詔免租二年蘄州饑命郡賑粟萬石五年七月免蘄州上供及租稅三十年蠲蘄州附種田租

紹熙元年十一月減蘄州歲鑄錢貳拾萬緡

嘉泰元年權罷蘄州鹽鑄錢

嘉定十五年詔蠲蘄州今年賦租 右俱宋史

元至治元年正月蘄州饑賑糧三月

至順元年蘄州饑賑糧一月

至元三年詔發義倉米賑蘄州

至正九年夏秋蘄州大水傷稼十一年賑被災人民 右俱元史

明景泰六年七年江水泛漲蘄州湖田盡沒命賑

成化十四年十五年蘄州大旱奏免田租三分之二

宏治十七年蘄州大旱免田租之半 右俱通紀

嘉靖二年蘄州旱免田租有差 二十四年蘄州連旱民無食奏免田租之半 舊志

國朝順治元年大兵經過地方免正糧一年歸順地方免三分之一 十年蠲免九年旱災十分之二 十一年豁免順治六七兩年地畝人丁本折錢糧拖欠在民者 十四年旱發積穀以賑知府于成龍勸民輸賑

十七年蠲免順治十二年至十五年民欠錢糧

康熙元年五月蠲免順治十五年以前未徵錢糧 三

年蠲免二年水災十分之三 四年三月蠲免順治十八年以前各項舊錢糧 十年大旱免本年錢糧十分之三 十三年十八年旱災俱奉文照分撒蠲免 二十五年旱災蠲免錢糧之半 二十八年蠲免餘項錢糧 二十九年旱災蠲免錢糧之半 四十四年蠲免四十五年地丁銀米舊欠未完者並停輸納 四十五年豁免四十三年以前未完銀米 五十年蠲免五十一年地畝人丁銀並歷年舊欠俱着免徵

雍正四年發帑銀採買穀石於省倉及府州縣應貯之
處加謹收貯　八年蠲免湖北九年分錢糧肆拾萬
兩
乾隆十年蠲免湖北十三年分應徵錢糧除漕糧額外
其地丁銀米一概免徵　以上府志
乾隆二十年三月二十八日大風雨壞民居隨發公項
銀按給修復　三十一年全行蠲免錢糧　三十五
年蠲免地丁錢糧　四十二年蠲免地丁錢糧　四
十三年蠲免漕糧　以上通志　五十年大旱蠲免漕糧秋

冬發粟賑饑民賴以活　五十三年蠲免低地錢糧
六十年蠲免次年地丁錢糧
嘉慶元年蠲緩蘄州共四十五州縣地丁錢糧又未經
被賊被水蘄州等二十四州縣應於丁巳戊午蠲免
二次　二年蠲緩蘄州等十九州縣應徵錢糧　七
年蘄州緩帶節年錢漕等項　八年蠲免蘄州十九
州縣民屯正耗錢糧一分　以上通志
道光十五年旱災徵南緩漕十六年帶徵　二十九年
水災州屬青崇大三鄉漕南二米緩一年帶徵安永

廂三鄉漕南二米緩兩年帶徵銀糧俱行豁免又安
永廂被水災民發粟撫恤大口日給穀一升小口日
給穀五合撫恤一月折穀銀陸千柒百貳拾兩叁錢
三十年水災安永廂下忙錢糧緩至咸豐二年帶
徵　以上潘志
咸豐八年免蘄州四五六等被賊擾年分漕南地丁
同治三年賊擾成旱安三永一青二等地方應徵錢漕
緩至四年帶徵安二四永二五青三四五等地方應
徵地丁緩至四年帶徵

八年被水安平永福一二三等圖廂坊一二三等圖應
徵下忙錢糧緩至九年帶徵
九年被水安平鄉一二等圖永福鄉一圖應徵下忙錢
糧緩至十年帶徵其應帶徵八年錢糧展至十一年
帶徵安平鄉二五等圖永福鄉二圖廂坊一二三等
圖應帶徵八年錢糧展至十年帶徵
光緒二年崇居鄉童子河一帶蛟水冲壓田地應徵錢
漕知州封捐廉奏解
六年六月安平鄉五六等圖山水驟發圩堤冲壞應徵

下忙錢糧緩至七年帶徵 新稿

蘄州志卷之六

知蘄州事嶺西封蔚礽纂修

學校志

廟學

古有學無廟釋菜奠幣卽於學漢始立廟於太學闕里唐武德初郡國皆立周公孔子廟貞觀中房元齡請停祭周公專祀孔子許敬宗奏天下州縣置三獻官其後州縣莫不有學學皆有廟我朝重道崇儒禮明樂備所以育人材而立教化之本者胥由於此故其序列較他志綦詳云志廟學

唐開元二十七年後州縣莫不有學學皆有廟宋嘉定十四年金人犯蘄廟學燬景定四年元兵入境安撫使王益遷州治於茲建學此今廟學始元末復燬明洪武二年知府左安善仍舊址建立府學九年改爲州學正統九年知州王坦修天順二年知州趙應隆修成化八年知州莊轍修二十年知州周廣榮買學旁地宏治五年知州楊淮復買學旁地毀二郎廟建

大成殿左
崇聖祠名宦祠右鄉賢祠萬歷甲戌司寇馮天馭修崇禎
末又燬
國朝順治戊子副使范鳴珂知州柳愈學正熊仲龍紳士
晏昇顧咸泰復建明倫堂康熙甲寅州人廵撫李本
晟捐建壬辰知州劉國輔學正劉清史訓導陳作楫
捐建
崇聖祠雍正己酉州學生馮煒修雍正癸丑
詔修郡縣學宫甲寅知州王松齡學正朱銓訓導甘昌祚重

修年久圮頹嘉慶丙子州人鄉飲大賓縣丞張廷贊
捐修較前倍覺華麗咸豐間賊燬同治六年知州黄
式度諭各鄉捐輸重修中爲
大成殿墀下左右爲兩廡前爲大成門東名宦祠西鄉賢
祠門前爲内泮月拱橋又前爲櫺星門又前爲外泮
東道冠古今坊西德配天地坊東禮門西義路皆繞
以紅牆殿後爲尊經閣又後爲
崇聖祠墀下左右爲兩廡東明倫堂學正署西樂育堂訓
導署門外爲射圃

正殿
至聖先師孔子正位南向
木主高二尺三寸七分濶四寸厚十分座高四寸長
七寸厚三寸四分朱地金書
自周敬王四十二年魯哀公誄孔子爲尼父其後西
漢成帝綏和元年詔封孔子世爲殷紹嘉公以王殷
後從梅福請也封爵自此始平帝元始元年追謚褒
成宣尼公謚號自此始明帝永平二年祀稱先師東
漢和帝封褒尊侯靈帝繪先師像後魏太和十六年

改謚文聖尼父後周進封鄒國公隋文帝贈先師尼
父唐太宗貞觀十一年升爲先聖復尊爲宣聖尼父
高宗乾封元年追贈太師武后天授元年封隆道公
元宗開元二十七年謚文宣王宋真宗大中祥符元
年上欲謚爲帝廷臣言孔子周陪臣周止稱王不當
加帝謚元聖文宣王桓圭一冕九旒服九章五年改
稱至聖文宣王元成宗大德十一年加封大成至聖
文宣王明世宗嘉靖九年上用大學士張璁議撤去
塑像改稱至聖先師孔子始定木主制我

朝順治二年易爲大成至聖文宣先師孔子從祭酒李

若琳請也順治十四年二月復改至聖先師孔子神

位從給事中張文光請也

國朝康熙二十三年

御書萬世師表匾額康熙二十五年

御製至聖先師孔子贊序刊碑雍正三年

御書生民未有匾額雍正四年

上諭避孔子聖諱乾隆三年

御書與天地參匾額嘉慶五年

御書聖集大成匾額道光元年

御書聖協時中匾額咸豐元年

御書德齊幬載匾額同治二年

御書聖神天縱匾額光緒元年

御書斯文在兹匾額

東配

復聖顏子唐貞觀二年配享

述聖子思子宋咸淳三年配享

西配

宗聖曾子宋咸淳三年配享

亞聖孟子宋元豐七年配享

木主高一尺五寸濶三寸二分厚六分赤地墨字

東哲

先賢閔子

先賢冉子

先賢端木子

先賢仲子以上俱唐開元八年從祀

先賢卜子唐貞觀二十一年以經師從祀開元八年以十哲從祀

先賢有子唐開元八年從祀　國朝乾隆三年升列哲位

西哲

先賢冉子

先賢宰子

先賢冉子

先賢言子以上俱唐開元八年從祀

先賢顓孫子唐開元八年從祀宋咸淳三年升列哲位

先賢朱子宋建炎四年生慶元六年卒年七十一淳祐元年從祀　國朝康熙五十一年升列哲位

木主高一尺四寸濶二寸六分厚五分赤地墨字

東廡先賢

先賢公孫僑 國朝咸豐七年從祀原西廡今移東廡

先賢林放 唐開元二十七年從祀明嘉靖九年改祀於鄉 國朝雍正二年復祀原西廡今移東廡

先賢原憲

先賢南宮适

先賢商瞿

先賢漆雕開

先賢司馬耕

先賢梁鱣

先賢冉孺

先賢伯虔

先賢冉季

先賢漆雕徒父

先賢漆雕哆

先賢公西赤

先賢任不齊

先賢公良孺

先賢公肩定

先賢鄡單

先賢罕父黑

先賢榮旂

先賢左人郢

先賢鄭國

先賢原亢

先賢廉潔

先賢叔仲會

先賢公西輿如

先賢邽巽

先賢陳亢

先賢琴張

先賢步叔乘

先賢秦非

先賢顔噲 以上俱唐開元二十七年從祀

先賢顔何 唐開元二十七年從祀明嘉靖九年罷 國朝雍正二年復祀

先賢縣亶 國朝雍正二年從祀
先賢牧皮 國朝雍正二年從祀原西廡今移東廡
先賢樂正克 國朝雍正二年從祀
先賢萬章 國朝雍正二年從祀
先賢周敦頤 宋天禧元年生熙寧六年卒年五十七淳祐元年從祀
先賢程顥 宋明道元年生元豐八年卒年五十四淳祐元年從祀
先賢邵雍 宋大中祥符四年生熙寧十年卒年六十七咸淳三年從祀

西廡先賢

先賢蘧瑗 唐開元二十七年從祀明嘉靖九年改祀於鄉 國朝雍正二年復祀原東廡今移西廡

先賢澹臺滅明 唐開元二十七年從祀原東廡今移西廡
先賢宓不齊
先賢公冶長
先賢公皙哀
先賢高柴
先賢樊須
先賢商澤
先賢巫馬施

先賢顏辛
先賢曹卹
先賢公孫龍
先賢秦商
先賢顏高
先賢壤駟赤
先賢石作蜀
先賢公夏首
先賢后處

先賢奚容蒧
先賢顏祖
先賢句井疆
先賢秦祖
先賢縣成
先賢公祖句茲
先賢燕伋
先賢樂欬
先賢狄黑

先賢孔忠

先賢公西蒧

先賢顏之僕

先賢施之常

先賢申棖 以上俱唐開元二十七年從祀

先賢左邱明 唐貞觀二十一年以經師從祀

先賢秦冉 唐開元二十七年從祀明嘉靖九年罷 國朝雍正二年復祀

先賢公明儀 國朝咸豐三年從祀原東廡今移西廡

先賢公都子

先賢公孫丑 以上 國朝雍正二年從祀

先賢張載 宋天禧四年生熙甯十年卒年五十八淳祐元年從祀

先賢程頤 宋明道二年生大觀元年卒年七十五淳祐元年從祀

木主規制同十哲

東廡先儒

先儒公羊高 子夏弟子唐貞觀二十一年從祀

先儒伏勝 秦博士唐貞觀二十一年從祀

先儒毛亨 年無考受詩於荀卿以授毛萇按史記楚考烈王二十五年荀卿廢居蘭陵距漢興三十二年太平御覽引毛詩正義云荀卿授漢人魯國毛亨則是秦漢間人 國朝同治二年從祀

先儒孔安國 漢武帝時為博士侍中唐貞觀二十一年從祀原西廡今移東廡

先儒后蒼 漢宣帝時為博士明嘉靖九年從祀

先儒許慎 國朝光緒二年從祀

先儒鄭康成 漢永建二年生建安五年卒年七十四唐貞觀二十一年從祀明嘉靖九年改祀於鄉 國朝雍正二年復祀原西廡今移東廡

先儒范甯 晉咸康五年生隆安五年卒年六十三唐貞觀二十一年從祀明嘉靖九年改祀於鄉 國朝雍正二年復祀原西廡今移東廡

先儒陸贄 唐天寶十三年生永貞元年卒年五十二 國朝道光六年從祀

先儒范仲淹 宋端拱二年生皇祐四年卒 國朝康熙五十四年從祀

先儒歐陽修 宋景德四年生熙甯五年卒年六十六明嘉靖九年從祀

先儒司馬光 宋天禧三年生元祐元年卒年六十八咸淳三年從祀原西廡今移東廡

先儒謝良佐 宋元豐八年進士生卒年無考 國朝道光二十九年從祀

先儒羅從彥 宋熙甯五年生紹興五年卒年六十四明萬歷四十二年從祀

先儒李綱 宋元豐六年生紹興十年卒年五十八 國朝咸豐元年從祀原西廡今移東廡

先儒張栻 宋紹興九年生紹熙三年卒年五十四景定二年從祀原西廡今移東廡

先儒陸九淵 宋紹興九年生紹熙三年卒年五十四明嘉靖九年從祀原西廡今移東廡

先儒陳湻 宋紹興二十三年生嘉定十年卒年六十五 國朝雍正二年從祀

先儒真德秀宋淳熙五年生端平二年卒年五十八明正統二年從祀原西廡今移東廡

先儒何基宋淳熙十五年生咸淳四年卒年八十一國朝雍正二年從祀原西廡今移東廡

先儒文天祥宋端平三年五月二日生元至元十九年卒年四十七　國朝道光二十三年從祀原西廡今移東廡

先儒趙復生卒年無考以宋端平二年至北庭當列元儒之首　國朝雍正二年從祀

先儒金履祥宋紹定五年生元大德七年卒年七十二　國朝雍正二年從祀原西廡今移東廡

先儒陳澔宋景定二年生元至正元年卒年八十一國朝雍正二年從祀原西廡今移東廡

先儒方孝孺元至正十七年生明建文四年卒年四十六　國朝同治二年從祀

先儒薛瑄明洪武二年生天順八年卒年七十六隆慶五年從祀原西廡今移東廡

先儒胡居仁明宣德九年生成化二十年卒年五十一萬歷十二年從祀

先儒羅欽順明成化元年生嘉靖二十六年卒年八十三　國朝雍正二年從祀

先儒呂柟明成化十五年生嘉靖二十一年卒年六十四　國朝同治二年從祀原西廡今移東廡

先儒劉宗周明萬歷六年生　國朝順治二年卒年六十八道光二年從祀原西廡今移東廡

先儒孫奇逢明萬歷十二年生　國朝康熙十四年卒年九十二道光八年從祀原西廡今移東廡

先儒張履祥國朝同治十一年從祀

先儒陸隴其明崇禎三年生　國朝康熙三十一年卒年六十三雍正二年從祀原西廡今移東廡

先儒張伯行國朝光緒五年從祀

西廡先儒

先儒穀梁赤子夏弟子唐貞觀二十一年從祀

先儒高堂生秦末漢初人唐貞觀二十一年從祀

先儒董仲舒漢武帝初年對策爲江都相元至順元年從祀原東廡今移西廡

先儒劉德國朝光緒三年從祀

先儒毛萇漢河間獻王博士當武帝時唐貞觀二十一年從祀

先儒杜子春漢永平初年年九十唐貞觀二十一年從祀原東廡今移西廡

先儒諸葛亮漢光和四年生建興十二年卒年五十四　國朝雍正二年從祀原東廡今移西廡

先儒王通陳至德二年生隋義甯二年卒年三十五一作開皇二年生年三十七明嘉靖九年從祀原東廡今移西廡

先儒韓愈唐大歷三年生長慶三年卒年五十七宋元豐七年從祀

先儒胡瑗宋淳化四年生嘉祐四年卒年六十七明嘉靖九年從祀

先儒韓琦宋大中祥符元年生熙甯八年卒年六十八　國朝咸豐二年從祀東廡今移西廡

先儒楊時　宋皇祐五年生紹興五年卒年八十三明宏治八年從祀原東廡今移西廡

先儒尹焞　宋熙甯四年生紹興十二年卒年七十二　國朝雍正二年從祀

先儒胡安國　宋熙甯七年生紹興八年卒年六十五明正統二年從祀

先儒李侗　宋元祐八年生隆興元年卒年七十一明萬歷四十二年從祀原東廡今移西廡

先儒呂祖謙　宋紹興七年生淳熙八年卒年四十五景定二年從祀原東廡今移西廡

先儒袁燮　國朝同治七年從祀

先儒黃榦　宋紹興二十二年生嘉定十四年卒年七十　國朝雍正二年從祀

先儒韓廣　國朝光緒六年從祀

先儒蔡沈　宋乾道三年生紹定三年卒年六十四明正統二年從祀原東廡今移西廡

先儒魏了翁　宋淳熙五年生嘉熙元年卒年六十　國朝雍正二年從祀原東廡今移西廡

先儒王柏　宋慶元三年生咸淳十年卒年七十八　國朝雍正二年從祀原東廡今移西廡

先儒陸秀夫　宋端平三年十月八日生祥興二年即元至元十六年卒年四十四　國朝咸豐九年從祀

先儒許衡　宋嘉定二年生元至元十八年卒年七十三皇慶二年從祀

先儒吳澄　宋淳祐九年生元元統元年卒年八十五明正統八年從祀嘉靖九年罷　國朝乾隆二年復祀原東廡今移西廡

先儒許謙　元至元七年生後至元三年卒年六十八　國朝雍正二年從祀原東廡今移西廡

先儒曹端　明洪武九年生宣德九年卒年五十九　國朝咸豐十年從祀原東廡今移西廡

先儒陳獻章　明宣德三年生宏治十三年卒年七十三萬歷十二年從祀

先儒蔡清　明景泰四年生正德三年卒年五十六　國朝雍正二年從祀

先儒王守仁　明成化八年生嘉靖七年卒年五十七萬歷十二年從祀原東廡今移西廡

先儒呂坤　明嘉靖十五年生萬歷四十六年卒年八十三　國朝道光六年從祀

先儒黃道周　明萬歷十三年生　國朝順治三年卒年六十二道光五年從祀原東廡今移西廡

先儒陸世儀　國朝光緒二年從祀

先儒湯斌　明天啟七年生　國朝康熙二十六年卒年六十一道光三年從祀原東廡今移西廡

木主規制俱同十哲

崇聖祠

雍正元年奉

上諭加封　孔子五代改啟聖祠為崇聖祠

肇聖王木金父公　位中

裕聖王祈父公　位左

詒聖王防叔公　位右

昌聖王伯夏公　又左

啟聖王叔梁公　又右　俱南向

木主規制同四配

東配

先賢孔氏孟皮國朝咸豐七年配享

先賢顔氏名無繇唐開元二十七年從祀明嘉靖九年配享

先賢孔氏名鯉宋咸淳三年從祀明嘉靖九年配享

西配

先賢曾氏名晳唐開元二十七年從祀明嘉靖九年配享

先賢孟孫氏名激明嘉靖九年配享

東廡先儒

先儒周氏名輔成年無考明萬歷二十三年從祀

先儒程氏名珦宋景德三年生元祐五年卒年八十五明嘉靖九年從祀

先儒蔡氏名元定宋紹興五年生慶元四年卒年六十四明嘉靖九年從祀

西廡先儒

先儒張氏名迪年無考國朝雍正二年從祀

先儒朱氏名松宋紹聖四年生紹興十三年卒年四十七明嘉靖九年從祀

木主規制俱同十二哲

名宦祠

唐韓思彦　員半千　呂元膺宋呂　誨　范純仁

王禹偁　林大年　梅執禮　李　宥　虞　策

韓世清　施温舒　蕭　服　岳　飛　劉光世

李宗思　羅　頎　王　玠　李誠之　秦　鉅

趙汝標　甯時鳳　嚴剛中　杜　謂　阮希甫

林　檠　葉　適　余　童　王　益　秦希甫

王彦明　邱　岳元趙篔翁　李榮祖　耿思聖

趙昭武明左安善　徐　麟　孔思森　楊　琪

李士安　王　坦　金　銑　莊　轍　何　綸

葉仕美　李　純　俞　敬　張宏宜　董　佐

林　宗　夏元吉　翁學淵　侯堯封　韓孫愛

吳國仕　王世德　徐希明　韓　紹　黃仁榮

胡世賞　丁繼嗣　李若訥　陳應元　范中彦

王相悦　施元徵　唐登儁　張秉貞　路雲龍

鄭夢禎　何之圖　倫應祥　錢兆元　唐世照

陳　策　岳　璧

國朝范鳴珂　周漢傑　吳之允　王　顯　呂　陽

汪繼昌　楊志遠　李登第　張定邦　柳　愈

方于光　金　貴　王宗堯　韓　友　唐訓方

鄉賢祠

宋吳　瑛　明康茂才　陳堯章　趙　霖　馮思齊
熊　翼　王　翰　陳　溱　張　禧　甘　瑩
華仲賢　華　巒　陳大中　劉　樽　周大霖
馮　翺　馮　鵬　馮天馭　張思齊　高　鵬
李　朴　李　儒　顧　問　李啟昭　周　禧
李時珍　梁　佳　邵思學　李同春　李盛春
李建中　李孟春　李際春　徐之徠　張　星
李　楷　李　樸　李建木　岳鎮華　王之佐

李　新　夏　忠　董一化　李樹初　盧如鼎
宋　誠　顧　闕　張邦翼　李　梃　汪宗文
晏攄忠　郭承恩　孫　仍　李化龍　王臣紀
饒　京
國朝顧景星　陳　詩　盧　紘

學額

原額文學拾伍名武學拾伍名府學名數由　學憲
酌撥
廩生叁拾名增生叁拾名

咸豐元年恭逢
覃恩暫廣學額七名於補行三年歲試廣竣
咸豐捌年湖廣總督官湖北巡撫胡　奏防剿出力
請加學額一摺　奏准奉
旨加定文武學額各一名自補行六年歲試爲始
咸豐玖年復　奏蘄州紳士陳懋烈捐輸銀壹萬柒
千三百伍拾三兩貳錢柒分請加學額一摺　奏准
奉
旨加定文武學額各一名文學自十年爲始武學自同治元

年爲始暫廣學額三名文學於十年廣竣武學於同
治元年廣竣
同治元年恭逢
覃恩暫廣學額七名即於本年歲試廣竣
同治二年湖廣總督官湖北巡撫嚴　奏蘄州紳民
捐輸銀壹拾肆萬玖千肆拾叁兩陸錢請加學額一
摺本年七月二十五日　奏准奉
旨加定文武學額各九名文學自同治二年爲始武學自四
年爲始暫廣文武學額各二十九名二年廣拾名四

年廣拾名餘九名伍年科試廣竣武學於四年廣拾
名未廣拾九名已於下屆廣竣
同治二年十一月復　奏紳民捐輸銀叁萬壹千捌
百伍拾壹兩叁錢柒分請加學額一摺三年三月二
十七日　奏准奉
旨暫廣文武學額拾伍名文學於同治四年廣捌名餘柒名
伍年科試廣竣武學於四年歲試廣捌名未廣柒名
於七年歲試廣竣
同治六年三月二十九日奉

文加廣文武學額一次各十三名本屆歲試廣竣
光緒元年恭逢
覃恩暫廣學額柒名於二年科試廣竣
合原額加廣文武學各二拾陸名
部頒書籍
御纂周易　詩書經　春秋　朱子全書　性理　明史通鑑
各一部
雍正年內頒
上諭十一部

乾隆年內頒
上諭六部
乾隆十年內頒
上諭一部
乾隆十二年內頒
上諭二部
聖諭廣訓　大清會典　學政全書　明史各一部以上錢志
崇文局所發書籍
四書　小學　易經　書經　詩經　禮記　春秋

左傳各一部計四十一本
周禮　儀禮　公羊傳　穀梁傳　爾雅　孝經各
一部計二十二本
近思錄　讀書分年日程　康濟錄　實政錄　五
種遺規　手札撮要　庸吏庸言　讀律心得　佐
治藥言　學治臆說　雙節堂庸訓各一部計三十
三本
荒政輯要　救荒補遺　捕蝗要訣各一部計五本
御製人臣儆心錄　杜注春秋左傳　經典釋文　國語

國策　胡刻文選　醫學備要各一部共六十本
鄭注禮記　黃堯圃宋本儀禮　張皋文儀禮圖
桂氏說文義證各一部計四十五本
聖諭廣訓　明鑑大雲輪請雨經　樂舞　史記節義錄各
一部計五十二本
周易折中　書經　詩經　春秋傳說彙纂　禮記
周禮　儀禮義疏各一部計一百七十本
原存學田茲田向係學師收租不在辦理束脩學田之內
萬民宇祖捐鱖魚地冷家山田計畝壹石五斗貳升係青山鄉

魯姓捐大同鄉范家灣下首田課貳拾石後被水災完
課拾貳石
李會均捐永福鄉李達衝田課陸石
何繼周捐永福鄉大堺橋田課　石
傅家橋地課九九錢叁串貳伯文東齋收
城內四牌樓地課九九錢貳串肆伯文西齋收
監生邵本江捐邱福潭田課壹伯石衆姓醵金捐置田
課叁拾柒石已載通志并學碑
辦理印卷束脩學田

光緒二年安徽即補道陳烺暨闔州紳耆倡議收捐置
立府學田課貳百石州學田課壹千陸百石歸府州學
師收租永作蘄州文武新生入學印卷束脩各費稟懇
藩憲孫　蒙批准照辦理札府行州　知州封　諭候
選訓導胡茂林中書銜陳一舉孝廉方正周春江生員
王紹沂張森元吳必松候選縣丞江樹芳廩生朱鼎元
田紹秋例貢陳錦林承辦嗣奉　各大憲批飭通融定
章復仿漢陽按名致送銀數扣錢由　州憲封　會同
府州學師稟請　府憲英　蒙酌定章程立案
府學條款
一歲科試取進府學文武新生每名共送兩齋錢六十

叁串陸百叁拾陸文新生自送贄儀錢貳串文廣額
撥各扣送
一府書斗每進文武生一名除新生自給入冊等費錢
肆串陸百文外學田項內每名給錢伍串陸百文
一光緒三年冬提存府學田課價本錢貳千肆百串文
自四年正月至八年五月底止共收岡邑質鋪月息
錢壹千陸百貳拾串文除節次遵章支銷各款摺報
案據外實存請領同州本息錢貳千捌百柒拾伍串
文現放州屬各店生息照每年結算印部爲據

一分放各店照府章辦印簿一本載明各店牌名舖東籍貫數目日期隨各店領狀繳存州署每年清算請出登記換具領狀仍繳州署備查

一清算府學帳目每年以會算州學帳目之期公請印簿登算其薪水以有考年分支取二名照解送印卷到郡者均分未到者不分

一府學錢文均照州學營放之例閏月無息每至年終結算除用外如有餘息不拘成數即作成本生息

一致送府學印卷各費因成本在州生息未能豫定取

進府學名數難拘成章取送經管人每逢考試先取息錢大半解郡案發呈繳如不足數限考畢由府門斗來州取足轉繳仍照往僱典息原章每名給府門斗盤川錢貳串文

一每屆考試經管人在州取息赴郡致送印卷束脩各費除將印簿繳存州署外仍將收支存餘細數開具清冊四紙呈由　府學核明以一紙具文申賫府憲一紙存學署一紙移州署備查一紙仍交經管人收執闔邑紳民仝閱以昭公允

州學條欵

一歲科試取進州學文武新生每名共送兩齋錢肆拾叁串柒百貳拾肆文新生自具贄儀錢貳串文廣額年分照議按名推送

一州學書斗每進文武生一名除新生自給入册等費錢貳串陸百文學田項內每名給書斗錢貳串文光緒四年州學書斗出具互領甘結由學牒州承領成本錢叁百陸拾串文自行生息永抵學田項內每名應給書斗錢貳串文之數即遇加廣學額不另增補

光緒三年闔州紳民共捐輸錢貳萬叁千伍百叁拾捌串叁百叁拾肆文自三年至六年止共收月息租課錢陸千玖百叁拾柒串玖百拾肆文除節次遵章支銷各欵並府學成本州學書斗結領成本至六年止摺報案據外實存現置田課壹千捌百陸拾伍石肆斗肆合陸勺伍抄計價值錢壹萬壹千伍百伍拾叁串柒百捌拾貳文又存現放成本錢捌千貳百串肆百玖拾捌文內除補完六年錢漕錢玖拾玖串伍百叁拾壹文以後生息均照每年結算印部爲據

光緒七年闔州公議以學田重件合辦會議難齊分辦責專易理稟請知州宋准予分鄉就近管紹田業遂將田課價值現放成本照五鄉均派品分經管辦理

一安平鄉現分管漕河兩路口九龍廟田課壹百陸拾貳石捌斗長壽橋田課柒拾柒石童四房灣兎兒衝田課玖拾壹石肆斗庄屋貳所承完安平學田柸正銀玖兩伍錢柒分壹釐正米伍石伍斗陸升柒合叁勺並分現放成本錢壹千捌百柒拾玖串捌百伍文

一永福鄉現分管豬頭山砌石山五桐松田課貳百貳

拾貳石肆斗貳升叁合壹勺伍抄蕭家上屋王家大屋田課壹百壹拾陸石壹斗貳升伍合承完永福學田柸正銀壹拾兩捌錢壹分捌釐正米陸石貳斗玖升貳合伍勺並分現放成本錢壹千伍百壹拾陸串柒百陸拾捌文

一青山鄉現分管漕河楊林岡田課貳百伍拾陸石柒斗南門畈田課肆拾玖石蓮花地田課叁拾陸石伍斗承完青山學田柸正銀壹拾兩肆錢柒分貳釐正米陸石玖升玖勺並分現放成本錢壹千陸百伍拾叁串陸百玖拾陸文

一崇居大同兩鄉現分管茅屋灣黑神廟葉家灣石鼓衝等處共田課捌百伍拾叁石肆斗伍升陸合伍勺承完崇大學田柸正銀壹拾陸兩玖錢玖分捌釐正米玖石捌斗捌升柒合壹勺並分現放成本錢叁千伍拾串陸百玖拾捌文

一各鄉經管各具甘結承領各照印帳契據收取辦公如歉收減讓各歸各鄉不得牽扯

一各店承借領狀印簿悉交州署封存年終由儒學取

交首士與各店算明取息及轉領數目公同登簿換具領狀仍繳署驗存以杜藉公挪借情弊

一各鄉每年收租取息支銷存積若干年終五鄉經管齊赴學署請學師核算登明存學印簿照繕清摺一紙由學牒州查驗備案以杜私支侵蝕等弊

一各鄉各備出入帳一簿課帳一簿註明頁數州學會用縫印各執登記不准另立私簿其簿次第編號更換首士逐號移交永無私改抽換之弊

一歲試取進州學文武生五十二名照章致送兩齋印

卷各費五鄉分派各送錢肆百伍拾肆串柒百叁拾
文科試各送錢貳百貳拾柒串叁百陸拾伍文院案
發後每鄉各繳現票一半期票一半歲試以是年十
月終科試以次年五月終爲度毋得諉延
一各鄉經管首人每年在州學各管項內一鄉給薪水
一名錢貳拾串肆百文承辦人總照此數均分
一經管首人以子午卯酉年稟官更換
一歲科試致送府州學師之錢不准豫支分文如陞調
正署交涉前後任自相剖析

文童州試卷價
張元和兄弟等承領九九錢壹千串文按月一分生息
羅州城田課壹百壹拾陸石伍斗河地壹拾貳石
傅家畈田課貳拾貳石
漕河鎮舖屋一所
文童府院試卷價并武童州府院試卷價
安平鄉
萬應菴田課壹百玖拾捌石每年折繳九九錢陸拾串
文糧餉在內餘作卷價

監生胡錫奎州主勸捐九九錢貳百串文湊買北關外
操司茂舖屋一所
貢生王燮另捐九九錢貳百串文
永福鄉
孝廉方正周春江承領本鄉公捐九九錢肆百串文按
月一分生息
職員何　淋承領本鄉公捐九九錢肆百串文息同前
周春江另捐九九錢捌拾串文自領息同前
青山鄉

生員駱初諧承領本鄉公捐九九錢肆百串文按月一
分生息
縣丞銜陳錫經承領本鄉公捐九九錢肆百串文息同
前
千總駱毅斌另捐九九錢肆拾串文亦付駱初諧承領息同前
陳錫經另捐九九錢肆拾串文自領息同前
崇大兩鄉在卡課內支用
議定每届州試文童卷價九九錢肆百串文武童卷價
九九錢貳百肆拾串文

府院試文童卷價九九錢肆百貳拾串文武童卷價九
九錢壹百伍拾串文俱係五鄉分解
光緒二年署州熊　燮奉本府英札復議彌補文童州
試卷價九九錢叁拾貳串文五鄉分給彌補文童府院試
卷價九九錢肆拾串文五鄉分解

書院

廟學學之本也諸生朝夕肄業之處則有書院近州縣
以次脩舉蘄書院在麟山舊矣其詳定經費事宜例
得備書以貽來者志書院

書院基舍

書院舊在敎廠右
國朝乾隆丁卯知州蔣尙德重建咸豐初被賊燬同治七
年知州黃式度移建於敎廠左前門内爲講堂中爲
月課號舍左爲山長書齋及生童肄業之所

書院田租

明防憲吳公國仕原置永福鄉靈山下彭司橋芙蓉寺
三庄田共計種肆石貳斗伍升載制㪷穀玖拾肆石
叁斗又置安平鄉童家畈地名宋家壠蕭家灣劉家
塘三庄共計種叁石肆斗柒升載制㪷穀陸拾貳石
壹斗今止伍拾伍石
明知州錢兆元增置安平鄉地名菩提壩計種壹石原
載大斛穀壹拾伍石今止制斛穀壹拾壹石柒斗伍
升
以上舊爲文昌閣祀田知州錢鋆詳定附書院管理
收給
監生陳鵬仝弟鸞乾隆十一年捐大同鄉張家塝地名
王家堖壩内田貳坵佃屋後田貳坵計陸斗又地名

新塘塝田玖坵計柒斗地名疙家壩堰堖田貳坵計
捌斗共貳石壹斗載制斛穀叁拾貳石陸斗
東闗外白馬渡塘田壹石伍斗踩納穀課壩外畓課今
改納魚藕課
北闗外牛馬坳官山脚田壹拾叁坵山地大小貳拾肆
塊載制斛穀玖石貳斗地課九十錢捌百文
大同鄉地名國邊河田壹石貳斗竹子塘響龍堖田陸
斗獺塘嘴田貳斗載鄉斛穀肆拾石乾隆十八年知
州錢鋆詳明以公捐銀兩買入書院

青山鄉胡濟修入官田地土名皂角灣見塘灣馬地畈
共計種叁石貳斗共玖拾陸坵外祭田叁升柒合共
載課制斛穀柒拾石地課銀壹兩泉水溝金星面山
課銀伍錢乾隆十八年知州錢鋆詳明以公捐銀兩
買入書院
安平鄉張姓互爭地名下河廟鴿鷹嘴基屋花地大小
壹拾肆塊每年納課穀壹石伍斗地課銀壹兩陸錢
乾隆十八年知州錢鋆斷歸書院
大同鄉張從資從員先海履牧乾隆十八年捐田捌斗

地名皇居山載鄉斛穀貳拾伍石伍斗伍升
大同鄉監生田僎田用中乾隆二十一年捐青山鄉地
名黄城河石橋畈田計畝陸斗載鄉斛課壹拾石
青山鄉石橋畈與田僎捐田相連計畝柒斗載鄉斛穀
壹拾石乾隆丙子年知州錢鋆以公捐銀兩買入書
院
李文甫捐田租伍石在永福西鄉破家山原捐田在芙
蓉寺康熙十一年易置
北關外顧家橋田地大小拾肆塊載制斛課玖石地租

九十錢貳串肆百文係童生陳起龍抵捐銀稟歸書
院以上錢志
聶家壩楊林冲口田捌坵計壹石壹斗載制斛稞壹拾
玖石監生黄達捐
永福鄉濫泥灘挂口圍田一所熟地十六廂蘆地一段
載制斛課陸拾石地租九十錢玖串貳百捌拾文淤
地租九十錢伍串文係前明知州　路捐置
掛口蘆洲一段載春秋地租九十錢叁拾貳串文淤地
租九十錢壹串文新淤地租九十錢壹拾串文

安平鄉漕河鎮舖屋一所收租九十錢壹拾串文係王
永茂捐置
安平鄉宋家料田壹石陸斗計制斛稞貳拾肆石係詹
姓互爭乾隆五十四年升州胡齊崙斷歸書院
崇居鄉沙坵水田捌斗伍升載制斛稞捌石貳斗捌升
乾隆五十七年孫光治廷槐等捐置
安平鄉大山坪田地一所載制斛稞貳拾石因田義康
具控嘉慶十四年署州張斷歸書院
安平鄉下河廟陳家圍水田肆石伍斗每年踩田納稞

道光十三年監生呂化新捐置

安平鄉白家堰田叁石伍升每年踩田納稞道光十三年監生呂化新捐置

安平鄉周家壠田壹石肆斗柒升伍合載制斛稞貳拾貳石捌斗道光十四年職員洪體循與李姓互控捐入書院

崇居鄉吳家河田壹石叁斗載鄉斛稞肆拾石道光二十五年張艮智子監生如琪如琳等捐置

安平鄉高德畈田壹石肆斗貳升伍合載九六斛稞貳拾捌石伍斗監生高振棠子監生高唐等捐

安平鄉八石圍水田肆石每年踩田納稞係貢生劉芹堂與王昌明互控捐入書院　以上潘志

崇居鄉石馬海田稞伍拾石　誥封武德騎尉龔攀桂捐安平鄉燈圍田租捌拾石前署州呂斷令田國艮攺捐現存放生息九九錢貳百串文貢生駱式鋒捐

同治十年知州呂憲瑞因書院膏火不足諭紳會商立案在稅契項下每契載價壹串文或銀壹兩酌捐錢五文由署隨時送經管首士轉給膏火

藏書

御纂周易　詩經　書經　春秋　性理　全唐詩各一部

欽定四書文　湖廣通志　康熙字典　綱鑑大全

朱子異同條辨各一部　生員陳于座捐備

書院約條

官課訂於每月十二日山長課期訂於每月初二日二十二日凡課皆扃門列坐彌縫編號與場屋規制畧同每年定取正課生員十二名童生二十名每名按月給膏火九十錢壹串壹百文官課取第一名花紅九十錢三百文二三名花紅九十錢各貳百文附課攷第一名給花紅陞正課連攷第二三名亦陞正課正課連攷榜尾者降附課課期一次不到者扣膏火三分之一二次不到者降附課凡考前五名者各繕原卷彙送採梓

講堂設立木榜凡書院內中式暨優拔科歲入學者題名以昭勸勉　以上錢志

署州呂憲瑞酌定書院新章

一官課生員每課取超等四名每名膏火制錢貳串文

特等十二名每名膏火制錢壹串貳百文
一官課文童每課取上卷八名每名膏火制錢壹串肆百文中卷二十名每名膏火制錢壹串文
一官課超等第一名書院籌給花紅錢壹串肆百文二名至四名各給錢捌百文文童上取第一名書院籌給花紅錢壹串文二名至八名各給錢伍百文
一齋課生員超等第一名書院籌給花紅錢陸百文二名至四名各給錢肆百文文童上取第一名書院籌給花紅錢伍百文二名至八名各給錢叁百文

九十錢三百文二三名花紅九十錢各貳百文附課攷第一名給花紅陞正課連攷第二三名亦陞正課正課連攷榜尾者降附課課期一次不到者扣膏火三分之一二次不到者降附課凡考前五名者各繕原卷彙送採梓
講堂設立木榜凡書院內中式暨優拔科歲入學者題名以昭勸勉　以上錢志

署州呂憲瑞酌定書院新章
一官課生員每課取超等四名每名膏火制錢貳串文點之資
一每逢官課當日戌刻繳卷遲至二鼓後交卷者不閱
一每逢官課生童有錄成文考取前名如經山長及書院首士查出准即指明以便扣除膏火花紅毋許徇隱
一生童膏火准給制錢禮書院役不准折扣
一書院首士無論經管幾人每年准給夫馬茶點錢肆拾串文以資辦公而免賠累
一兩學各支輿夫錢肆串文

一贊禮生員無論承充幾人每年准支錢貳拾串文
一禮書每年准支紙筆辛力錢壹拾貳串文此外無庸濫與
一院役每年准支辛力錢捌串文此外不得多給
一帳目每屆年終經管首士開列清摺送署備案一面列榜曉示週知
一舊章每逢官課均備酒席及生童點心殊屬妄費應一體裁去
一每月官課由書院給禮書錢捌百文備辦試卷其每

月齋課各生童仍自備試卷以節縻費以上定規正
欵雜支經管首士照章開銷永遠不得增減如有改
易惟經管着賠
一甄別以每年二月十二日定期舉行此次名數肄業
不作正課每年春季對同後核計稅價多寡除開銷
常規外如有羨餘不准移挪他用公議於五課外量
加月數

考棚

舊考棚基址在敎廠右嘉慶戊辰知州范寶琛倡議勸

諭闔州紳庶樂輸鼎建甲戌年首士駱自天王邦周
張文樸葉永耀等樂輸重建道光癸卯署州劉鴻庚
陸恩紱先後勸捐增建除買附近居民地基外吳大
本捐地基寬八尺長叁丈貳尺吳大純捐地基寬八
尺長叁丈貳尺吳宗福捐地基寬貳丈五尺長四丈
八尺詳載於碑咸豐初被賊燬同治壬戌知州崔蘭
馨諭紳勸捐移建於敎廠左黃式度范任纘修工始
竣前爲講堂中有號舍五重上爲登春堂堂後屋一
重左爲試官住舍右爲文童堂號

賓興

興賢庄在石鼓河内祀　文昌何樞建
義興庄在漕河上市内祀　文昌
大同鄉監生何樞等捐石鼓河螺螄廟二處水田玖石
捌斗納租稞壹百肆拾柒石肆斗叁升
崇居鄉監生龔逵捐漕河圍壩水田伍石納租稞壹百
石
州同黃寶峰捐馬家冲水田叁斗叁升納租課陸石
樂輸公項置班王園田叁石伍斗貳升納課柒拾貳石

置紗帽石田貳石叁斗納租稞陸拾玖石　以上詳通志
增置張家橋田稞壹拾捌石
道光二十六年職銜龔本理本建捐漕河楓樹林田畝
貳石伍斗納租稞伍拾石
咸豐二年監生柴盛榮盛華盛玉貢生盛賢捐大同鄉
龍目冲楓樹舖下首船形夬厚菴墓前田稞叁拾石
增生田相照捐大同鄉李家山田稞壹拾石
貢生田相綱捐大同鄉張家塝下湯家月形田稞拾石
楓樹嶺田稞捌拾石　內撥拾石與昭化寺爲香燈之費下有稞柒拾石

安撫候補府夏允升捐成本九九錢肆百串文
監生李聯元捐九九錢肆百串文
以上二項捐欵除付楓樹嶺田價外下存九九錢伍百串文
州人歷年捐修公署廟宇工竣後尚餘錢柒百串文
光緒二年知州熊　鑾通詳立案歸入賓興現存本城廣大質舖按月一分二釐生息
副將銜周添順捐九九錢叁百串文又捐聚英莊錢壹佰肆拾串文
監生徐才華仝弟金榜咸豐二年捐安平鄉樂家遏田

課壹百零肆石肆斗壹升以作舉人會試資斧
聚英庄在馮家堰道光二十二年職銜陳國治經理修建廟內祀　武聖
道光七年國治將公項營息共置田稞壹百伍拾餘石以助武生鄉試資斧

本城義學

州縣之有義學有司延師儒以教民間子弟葢猶古者里塾黨庠之遺也蘄舊有義學三今廢道光年間州大夫及城內士庶力謀倡修得復還其舊其現經詳定章程用備書之志義學

道光十八年署州林壽平倡捐募建勸合本城士庶樂輸並署學師鄧承源捐欵建立東西兩學復增建南北兩學署州龔棨請裁去北義學以束脩作本城鄉會試賓興知州勞光泰定立章程三學學師以每屆歲科本城諸生等第先後聘請實存足錢壹千壹百伍拾串文存典生息嗣因兵燹典商歇業同治八年知州黃式度追還典商成本錢文經管王爕買置武襄門外和樂坊義和舖屋一所尚餘成本九九錢叁百串文按月壹分

肆釐生息通詳立案改爲城內城外兩學一在武襄門內一在城外租賃房屋學師仍照前州勞章程挨次聘請束脩每學九十錢叁拾貳串文經管每年收取店租息錢除開銷兩學束脩外餘仍作爲本城鄉會試賓興之費　以上潘志参新稿

大同司義學光緒八年廵檢張振南捐廉買置黃土嶺周家坳田課四十二石八斗七升三合花課三十斤魚課三十斤以爲每年延師之費

京都會館

老館在京宣武門外四條衚衕計屋十四間光緒二年
州人夏春城李蔭軒兩觀察共捐銀六百兩建置
新館在西城宣南坊箭桿衚衕南頭路北計屋十九間
半連門房三進並屋右空院一區州人黃翔雲觀察
捐建
又州人陳灼亭觀察陳星垣太守陳釆珊明府俱有
捐欵存作會館歲修之費
本城東義學在儒學西齋前基存
本城西義學在北關內拱辰坊有屋

典禮志

治神人和上下莫善於禮我
朝定制禮明樂備凡載入會典者準今酌古咸得其宜守之
土者可不取而遵循歟志典禮

祭

文廟

每歲春秋上丁日致祭承祭陪祭各官先一日赴
文廟階下行一跪三叩首禮學官滌器視牲瘞毛血至
期各官朝服黎明齊集行三跪九叩首禮

先師正位祭品

帛一白色　爵三白磁　牛一　羊一
豕一　登一　鉶二　簠二
簋二　籩十　豆十　酒罇一

四配

每位帛一白色　爵三白磁　羊一　豕一
鉶一　簠二　簋二　籩八
豆八　酒罇一

十二哲東西每三壇

帛一白色 爵三白磁 豕一 鉶各一
豕首簠各一 簋各一 籩各四
豆各四 酒罇一
兩廡東西各三壇
帛一白色 爵各四銅 豕三 簠各一
簋各一 籩各四 豆各四 酒罇一

樂器

編鐘一 編磬一 柷一 敔一
應鼓一 搏拊鼓二 排簫二架 塤一

篪四 琴六 瑟六 笙六
簫六 笛六 木笏六

舞器

麾幡二 羽籥三十六 旌節二

樂歌樂六奏舞六佾樂工五十二人 舞生三十六人

樂章

迎神咸平之章無舞

大太四 哉南工
至林尺 聖仲上 道太四 德仲上 尊林尺 崇仲上 維南工 持林尺 王仲上 化太四 斯林尺
民仲上 是黃合 宗太四 典黃合 祀太四 有仲上 常林尺 精南工 純林尺 並太四
隆仲上 神黃合 其南工 來林尺 格仲上 於林尺 昭仲上 聖黃合 容太四

初獻寍平之章有舞

自太四 生仲上 民林尺 來仲上 誰太四 底黃合 其仲上 盛太四 惟南工
師林尺 神仲上 明太四 度黃合 越仲上 前仲上 聖太四 粢仲上 帛太四 具仲上 成林尺
禮黃合 容太四 斯林尺 稱仲上 黍太四 稷南工 非黃合 馨林尺 維南工 神林尺
之仲上 聽太四

亞獻安平之章有舞

大太四 哉仲上

聖黃合 師太四 實南工 天林尺 生仲上 德太四 作仲上 樂太四 以仲上 崇林尺 時仲上
祀太四 無林尺 斁仲上 清黃合 酤南工 惟仲上 馨仲上 嘉林尺 牲仲上 孔黃合
碩太四 薦太四 羞南工 神黃合 明林尺 庶南工 幾林尺 昭仲上 格太四

三獻景平之章有舞

百仲上 王南工 宗林尺 師仲上 生林尺 民仲上 物太四 軌黃合 瞻黃合 之南工
洋林尺 洋仲上 神林合 其仲上 寍太四 止黃合 酌太四 彼黃合 金林尺 罍仲上
惟南工 清林尺 且太四 旨仲上 登仲上 獻太四 惟林尺 三仲上 於黃合 嘻南工
成林尺 禮仲上

徹饌宣平之章無舞

犧仲上牲太四在仲上前林尺豆太四籩仲上在黃合列太四以太四享南工
以林尺薦仲上既仲上芬林尺既太四潔仲上禮黃合成太四樂仲上備太四
人南工和林尺神仲上悅太四祭黃合則太四受仲上福林尺率黃合遵南工
無林尺越仲上

送神祥平之章無舞

有太四嚴南工學林尺宮仲上四黃合方太四來仲上崇太四恪黃合恭南工
祀林尺事仲上威南工儀林尺雝仲上雝太四歆仲上茲林尺惟南工馨林尺
神仲上馭太四還林尺復仲上明黃合禋南工斯林尺畢仲上咸南工膺林尺
百仲上福太四

舞譜

初獻

自稍前向外開籥舞　生蹈向裏開籥舞
民合手鐏朝上　來起辭身向外高舉籥朝上
誰兩兩相對鐏東西相向　底合手鐏朝上
其正揖　盛起平身出左手立
惟兩兩相封自下而上東西相向　師稍前舞舉籥垂翟
神中班轉身東西相向立惟兩中班十二人轉身俱東西相向
明舉翟三合籥　度稍前向外垂手舞

越蹈向裏垂手舞　前向前合手謙進步雙手合籥
聖回身再謙退步側身向外高手回面向上　粢正鐏朝上
帛稍舞躬身挽手側身向外呈籥耳邊面朝上　具正揖
成起辭身挽手復舉籥正立　禮兩兩相對交籥兩班俱東西手執籥
容正揖　斯向外退挽手舉籥向外面朝上
稱回身正立　黍稍前舞
禋正鐏朝上　非左右垂手兩班上下俱雙垂手東西相向
馨起合手相向立　惟左側身垂手向外開籥垂手舞
神右側身垂手向裏垂手舞　之正揖朝上

聽躬而受之躬身朝上拱籥而受之三鼓畢起

亞獻

大左右進步向外垂手舞　哉左向裏垂手舞
聖向外落籥面朝上　師退向正身立
實正鐏　天起身向前轉身外舞
生向裏舞　德合手謙進步向前雙手合籥存謙
作兩兩相對自下至上兩班相對舉籥東西　樂上下俱垂手惟兩中班上下十二人俱垂
手轉身東西相向　以轉身東西相向立
崇相向立兩班上下以翟相籥　時稍前舞蹈兩班上下俱垂手向外

祀（向裏垂手舞）　無（合手謙進步向前垂手合籥）
斆（回身再謙兩班上下東西相向合籥立）　清（稍前舞向外開籥翟）
酤（向裏舞）　惟（雙手平執籥翟開籥舞）
馨（合籥翟朝上正位）　嘉（側身垂左手兩班側垂手向外舞）
牲（躬身正揖）　孔（雙手舞籥翟躬身）
碩（躬而受之躬身朝上拱籥受之一鼓而起）　薦（一叩頭舉右手叩頭）
羞（舉左手叩頭）　神（復舉右手叩頭）
明（拜一鼓舉節起躬身三鼓平身）　庶（三舞蹈舉籥向左躬身舞）
幾（舉籥向右躬身舞）　昭（舉籥復向左躬身舞）

格（拱籥躬身而受之）
三獻
百（向外開籥舞）　王（向裏開籥舞）
宗（側身向外面朝上）　師（朝上正位）
生（兩班上下兩兩相對交籥）　民（合手朝上正鐏）
物（側身向裏落籥）　軌（合籥朝上正立）
瞻（向外開籥舞）　之（向裏開籥舞）
洋（開籥朝上正立）　洋（合籥）
神（向外開籥舞）　其（向裏開籥舞）

宝（進步向前雙手合籥）　止（回身東西相向手謙）
酌（向外開籥舞）　彼（向裏開籥舞）
金（開籥朝上正立）　罍（合籥朝上正立）
惟（向外垂手舞）　清（向裏垂手舞）
且（朝上正揖）　旨（躬身而受之）
登（躬身向左合籥舞）　獻（躬身向右合籥舞）
惟（躬身復向左右籥）　三（合籥朝上拜一鼓便起身）
於（側身向外垂手舞）　嘻（側身向裏垂手舞）
成（朝上正揖）　禮（躬身朝南受之三鼓舉起身）

祝文

惟

先師德隆千聖道冠百王揭日月以常行自生民所未有

屬

文教昌明之會正禮樂和節之時辟雍鐘鼓咸恪薦以馨香泮水膠庠益致嚴於籩豆茲當仲春秋祇率彝章肅

展微忱聿彰祀典以

復聖顏子

宗聖曾子

述聖子思子
亞聖孟子配侑饗
崇聖祠祭品
帛一白色　爵三白磁　羊一　豕一　硎一
簠一　簋二　籩八　豆八　酒罇一
配位祭品每位一壇
帛一白色　豕首一　爵三　簠各一　簋各一
籩各四　豆各四　豕肉一　酒罇一
從祀祭品東西二案

帛一白色　爵三銅　簠各一　簋各一　籩各四
豆各四　豕肉一　酒罇一
祝文
惟
王纍葉鍾祥光開聖緒盛德之後積久彌昌凡聲教所覃
敷率循源而溯本宜肅明禋之典用申守土之忱茲
届仲春秋聿修祀事配以
先賢顏氏
先賢曾氏

先賢孔氏
先賢孟孫氏侑饗
名宦祠
歲春秋祭日同上丁
祭品
爵三　帛一白色　羊一　豕一
籩四　豆四　鑪一　鐙二
壺一　香盤一
鄉賢祠

歲春秋祭日同上丁
祭品禮節與名宦同
祭
文昌宮
嘉慶六年奉
特旨崇祀每歲春以二月初生日
聖誕秋以欽天監選定吉日致祭咸豐五年奉
旨升入中祀同治四年奉
旨續增一祭每歲春秋仲月遵頒選擇日期暨二月初三

日誕辰致祭

祭品

帛一　爵三春秋仲月爵一　牛一　羊一

豕一　籩十　豆十

祝文

惟

神績著西垣樞環北極六匡麗曜協昌運之光華累代

垂靈爲人文之主宰扶正久彰夫感召薦馨宜致其

尊崇茲屆仲春秋用昭時祀尚其歆格鑒此精虔尚饗

祭後殿

文昌帝君先代神位

祭品

帛一　爵三　豕一　羊一　籩八

祝文

惟

神祭引先河之義禮崇反本之思矧夫世德彌光延賞

斯及祥徵累代炯列宿之精靈化被千秋綿人文之

主宰足尊後代用答前庥茲屆仲春秋肅將時祀用申

告潔

神其格歆尚饗

祭

武廟

順治元年定期每年五月十三日行祭九年奉

旨勅封忠義神武關聖大帝雍正三年奉

旨勅封帝三代公爵造神牌供奉後殿五月致祭外定於春

秋二仲月擇日致祭屆期先祭後殿後祭正殿咸豐

四年奉

特旨升入中祀咸豐五年奉

旨加封帝三代王爵同治九年奉

旨勅封忠義神武靈佑仁勇威顯護國保民精誠綏靖翊贊

關聖大帝每歲春秋仲月用午日及五月十三日誕辰

致祭

祭品

帛一　爵一　牛一　羊一　豕一

籩十　豆十

誕辰祭品

帛一　爵三　牛羊豕各一　菓五盤

祝文

惟

神星日英靈乾坤正氣允文允武紹聖學於千秋至大至剛顯

神威於六合御

聲靈之赫濯崇典禮於馨香茲當仲春秋用昭時饗維祈

昭格克鑒精虔尚饗

祭後殿

光昭王正中南向

裕昌王東一室南向

成忠王西一室南向

夫人九靈懿德武肅英皇后

長子平蝎忠王

次子興顯忠王

部將周倉忠勇公

兩旁從祀

關平　楊儀荆州刺史　周倉　馬良荆州參軍　關興

張苞　王甫　張嵩　華它　趙累

祭品

帛各一　爵三　豕各一　羊各一　籩各八

祝文

惟

王世澤覃庥令儀裕後靈鍾河嶽篤生神武之英誠溯淵源宜切尊祟之報班爵超躬桓而上升香肅俎豆之陳茲值仲春秋爰修祀事尚祈

昭鑒式此苾芬尚饗

社稷壇

歲春秋仲月上戊日致祭

祭品

帛二黑色　羊一　豕一　鉶一　簠二

簋二　籩四　豆四

祝文

惟

神奠安九土粒食萬方分五色以表封圻育三農而蕃稼穡恭承守土肅展明禋茲屆仲春秋聿修祀典庶丸

丸松柏鞏盤石於無疆翼翼黍苗佐神倉於不匱尙
饗

先農壇
歲仲春亥日巳時致祭午時行耕籍禮是日承祭官
率各官詣
神位供於壇上朝服行禮
祭品
帛一白色 餘品及禮節與祭社稷壇同
祝文

惟
神肇興稼穡粒我蒸民頌思文之德克配彼蒼念率育
之功陳常時夏茲當東作咸服先疇洪惟
九五之尊歲舉三推之典恭膺守土敢忘勞民謹奉彝章
肅修祀事惟願五風十雨嘉祥恆沐於
神庥庶幾九穗雙歧上瑞頻書於大有尙饗
耕籍禮節
一官秉青箱一官播種秉耒官右手扶犁左手執鞭
行九推禮農夫終畝耕畢各回官廳更朝服望
闕恭行三跪九叩首禮禮畢將遵行耕籍日期具詳

神祇壇
歲春秋以祭社稷之日設 風雲雷雨之神士居中
山川左 城隍右合祭
祭品
帛七白色 硎二 鐏一 爵二十一
餘品均同社稷壇
祝文
惟

神贊襄天澤福佑蒼黎佐靈化以流形生成永賴乘氣
機而鼓盪溫肅皆宜磅礴高深長保安貞之吉憑依
鞏固實資捍禦之功幸民俗之殷盈仰
神明之庇護恭修歲祀正值良辰敬潔豆籩祗陳牲幣
尙饗

厲壇
歲三月寒食節七月望日十月朔日前期承祭官飭
所司具香燭公服詣
城隍廟焚牒以祭厲告屆期禮生奉請

城隍神入壇居中壇下榜無祀鬼神分祀之羊豕各三
米飯三石香燭酒楮隨用

龍神
歲春秋二仲諏吉致祭
祭品
帛一白色　豕一　羊一　爵三　菓食盤八
禮節與祭文昌同
祝文
惟

神德洋寰海澤潤蒼生允襄水土之平經流順軌廣濟衆源之用膏雨及時績奏安瀾占大川之利涉功資育物欣庶類之蕃昌仰藉
神庥宜隆報享謹遵祀典式協良辰敬布几筵肅陳牲幣尚饗

火神
歲春秋二仲諏日致祭
祭品禮節與祭龍神祠同
祝文

惟
神職司夏令運主南訛乘朱輪而昭法象秉赤曜以握靈符三星守令鮮芒角之動搖二歲周天因仁言而退匿民皆安堵賴庇佑於江天神所憑依効普存於民力時當春秋仲敬具禮儀聿昭肸蠁之誠爰崇告祀之典用薦馨香庶其來格尚饗

旗纛神
霜降日城守官致祭
祭品
帛一　豕一　羊一

雩祭
先農壇行禮祭日用孟夏之吉遇水旱州官率各官步詣各壇行香

蜡祭
臘月上戊日致祭於社稷壇側

迎春禮節
立春先一日設芒神土牛於東郊州官暨各官朝服儀仗鼓樂出郊迎春州官居前各官以次行至春臺

行一跪三叩首禮州官酹酒三次復行三叩禮乃迎
芒神與土牛回署於儀門外安設芒神東西向土牛
南向各官集州堂公讌命一役背黄袱鳴鑼說諸吉
利謂之報春次日立春時設酒果祭芒神三獻訖行
四拜禮各官執綵鞭隨州官環擊土牛者三名曰打
春

慶賀禮節

慶賀先期於
萬壽宮龍亭前陳香案夕設庭燎各官朝服咸集質明至

拜位行三跪九叩首禮如朝儀

釋菜禮節

凡蒞任官示期謁
聖先一日備祭品傳集相祀諸生届期主祭官暨各官朝
服至
文廟詣
先師位前行三獻禮三跪九叩以次詣
四配位前皆如前儀十二哲暨兩廡係學官分祭

鄉飲酒禮

順治初令各府州縣每歲正月十五日十月初一日
舉行鄉飲酒禮二次雍正元年
上諭鄉飲酒禮乃敬老尊賢之古制近聞年久視爲具文所
備宴筵亦甚不堪應加舉行乾隆十九年會典館奏
定各省舉行鄉飲令各省督撫轉飭所屬府州縣每
歲遵照定例舉行二次先訪紳士之年高德卲者一
人爲大賓次爲介賓又次爲衆賓皆由州縣詳報府
尹督撫覈定舉行其本地有仕至顯宦偶居鄉里願
來觀禮者是爲僎賓依古禮坐於東北無則闕之仍
將所舉賓造具姓名籍貫清冊送部存案倘鄉飲後
有過犯按所犯輕重詳報斥革咨部除名並將原舉
之官議處

鄉飲禮節

歲孟春望日冬月朔日舉鄉飲酒之禮於學宫以正
官爲主人以致仕官員及年高德卲者爲大賓次一
人爲介又次爲衆賓衆賓之長三人學官爲司正佐
貳官贊禮前一日依圖陳設座次司正率執事習禮
次日正官暨各官咸朝服先至遣一人速賓賓朝服

至立庠門外右側各官出迎主人西面揖賓東面答揖主人入門左賓入門右當階主人揖及階揖賓答揖主人與賓讓三讓主人東階升賓乃西階升主人北面再拜賓答拜訖即席主人降階延介一讓升拜如賓禮就位主人復揖衆賓賓以次皆升主賓三揖皆就位立司正至堂中北向立賓主皆揖執事者酌酒於觶以授司正司正舉觶曰恭惟

朝廷率由舊章敦崇禮教舉行鄉飲非爲飲食凡我長幼各相勸勉爲臣盡忠爲子盡孝長幼有序兄友弟

恭内睦宗族外和鄉里無或廢墜以忝所生讀畢司正飲酒訖以觶授執事者司正揖賓介以下皆揖司正復位賓介以下皆坐執事者舉律令案於堂中賓主皆起立讀者詣案北面讀曰律令凡鄉飲酒禮序長幼論賢良年高有德者居上其次序齒列坐有過犯者不得干與違者罪以違制失儀則揚觶者以禮責之讀畢執事者舉饌案至各席主人獻賓賓酬主人如之主人獻介介酬主人亦如之徧獻酬衆賓訖樂工入升歌周詩鹿鳴之章笙奏

御製補南陔詩其辭曰我逝南陔言陟其岵昔我行役瞻望有父欲養無由風木何補我逝南陔言陟其屺今我行役瞻望有母母也倚廬歸則甯止南陔有筍籜實包之孱孱孩提孰噢咻之慎爾溫凊潔爾旨肴今爾不養日月其慆閒歌周詩魚麗之章笙奏

御製補由庚詩其辭曰由庚平平東西朔南六府調燮八風節宣由庚容容朔南西東維敬與勤百王道同由庚廓廓東西南朔先憂而憂後樂而樂由庚恢恢南朔東西皇極孰建惟德之依乃合樂歌周詩關雎之章

卒歌工祝告備執事者行酒主賓皆拜訖又賓介衆賓拜訖賓降西階主人降東階出庠門三揖而退

蘄州志卷之七

知蘄州事嶺西封蔚礽纂修

職官志

文秩表

舊表唐以前失紀由唐迄元亦多闕畧茲據府志及史傳可攷者互有增訂列表則自明始前此官制異難以類從故也

魏

梁

謝　寄　廬江人蘄春郡典農

晉　宗　蘄春郡太守

陳

胡　穎　承聖時羅州刺史

周　炅　安城人天康時定州刺史

黃　詠　大建時齊昌太守

周法尚　炅之子領齊昌郡事

黃正始　大建時齊昌太守

隋

王世積　開皇時總管有傳

史　祥　朔方人總管

唐

李　象　太宗廢太子承乾子太守

韓思彥　高宗時錄事參軍有傳

祖　雍　高宗時安撫使

徐齊聃　長城人高宗時司馬

員半千　武后時刺史有傳

朱之問　汾州人睿宗時刺史

王　晙　卽晴景城人開元時刺史

杜　敏　乾元時刺史

李　實　道王四世孫德宗時刺史

伊　慎　建中時刺史有傳

呂元膺　德宗時刺史有傳

鄭　紳　貞元時刺史

李　悅　蘄春令

薛宏宣　錄事參軍

李　播　順宗時刺史

韓　皐　順宗時觀察使有傳

李道古　憲宗時觀察使

裴行立　稷山人元和時刺史

薛　巖　司馬

裴　潛　進士乾符時刺史

蔡少霞　陳留人明經參軍

張　角　蘄春主簿有傳

許文禎　刺史

五代

馮敬章　龍德時刺史

王承嵩　顯德時刺史

李　平　顯德時刺史

宋

趙昂規　乾德時通判

明　鎬　乾德時防禦推官有傳

聶冠卿　乾德時通判有傳

王禹偁　咸平時知州有傳

譚延美　朝城人蘄州刺史

楊　偉　天禧時錄事參軍有傳

錢　易　眞宗時通判有傳

祖士衡　上蔡進士眞宗時通判

李　宥　眞宗時知州有傳

程　戡　陽翟進士眞宗時通判

呂　溱　楊州進士眞宗時通判

劉　沆　天聖時知州有傳

夏　竦　江州人明道時通判

龐　籍　明道時司理

呂　誨　治平時知州有傳

范純仁　治平時知州有傳

林大年　英宗時知州有傳

李　潛　英宗時知州有傳

沈　起　鄞縣進士英宗時知州

孫昌齡　熙寧時通判有傳

張商英　熙寧時知州有傳

許　將　閩縣進士神宗時知州

陸師閔　神宗時知州

秦希甫　元豐一作元符知州有傳

虞策　元豐時通判有傳
蕭服　政和時知州有傳
馬防　政和時知州
徐處仁　穀熟進士徽宗時知州
韓世清　建炎時轄鈐蘄州有傳
岳飛　紹興時舒蘄制置使
孫愭　紹興時防禦使
汪安行　孝宗時教授有傳
葉適　光宗時知州有傳

劉拯　元豐時知州有傳
林震　政和時任
李材　太平人宣和時通判
王甡　知州
喻樗　嚴州進士紹興時知州
孔彥舟　紹興時蘄黃鎮撫使
羅頎　徽州人紹興時通判
李宗思　乾道時教授有傳
厲居正　慶元時知州

胡宗回　宿從子元符時通判
陳過庭　山陰人政和時知州
梅執禮　徽宗時知州有傳
余童　徽宗時知州有傳
劉光世　保安軍人監蘄州防禦使
王玠　孔彥舟幕屬有傳
章燾　孝宗時知州有傳
施溫舒　淳熙時知州有傳
范應鈴　寧宗時通判有傳

李誠之　東陽人嘉定時知州有傳
趙汝標　嘉定時防禦判官有傳
杜諤　錄事參軍兼司戶有傳
江士旺　統領見盧志
邱卞　以上三人俱小將有傳
邱岳　嘉定進士推官
萬文勝　嘉熙時都統制
王益　景定時知州兼安撫使有傳
章孝寬　知州

秦鉅　嘉定時通判有傳
林棨　蘄春縣令有傳
嚴剛中　蘄州都太監轄蘄口有傳
陳興
李斌　軍士有傳
王霆　嘉定時知州有傳
徐㮚　嘉熙時知州
乃猷　德祐時防禦使
仲彌性　知州

阮希甫　嘉定時教授有傳
甯時鳳　蘄春主簿有傳
孫中　統制官有傳
曹全
趙與裕　司理參軍有傳
孟珙　知黃州節制蘄黃有傳
張可大　嘉熙時知州
管景模　黃陂人德祐時安撫使
俞尚　由寺丞知蘄春縣

桂璧　通判有傳
程渭老　黟縣人主簿

王彥明　蘄春縣令有傳
何閎　通判

陳晦　知州有傳
劉極

元

張好古　行軍千戶移戍蘄州有傳
星吉　河西人總管
解觀　錄事參軍有傳
馬侃　通判

趙質翁　至正間總管有傳
趙昭武　總管
鄭鏞　真定人通判
張總管　二烈女之父

狄思聖　總管
李榮祖　雲中人總管
卜顏鐵木兒　駐挖長江十六年有傳

右據史傳及年代可考者參通府盧錢潘各志編次惟宋夏倪本蘄人已入文苑故不贅

明

洪武初設知府附郭有蘄春縣十年改州省蘄春縣有巡檢驛丞等官嘉靖十五年始設下江防道僉事駐蘄州今自巡檢下無考餘悉標類紀之

年號	下江防道（採訪附傳）知州（知府知州附）	同知	通判（荆藩職官附）	學正	訓導	吏目
洪武	夏元吉（湘陰進士，建文己卯任採訪使，有傳） 左安善（任知府，有傳） 徐麟（廣濟人，任知府，有傳） 王德明（蘄春知縣） 孔思森（曲阜舉人，有傳）	萬惟民		李賢（貴池歲貢，累官僉事）	陳堯章（有傳）	
永樂	楊琪（舉人，有傳）			傅舟（有傳）	趙霖（有傳） 王鎬（吳縣舉人）	
宣德	李士安（有傳）		李德元	汪景福	陳隲（歲貢） 李素	王伯成
正統	王珇（鄆城舉人，有傳） 錢俶（舒城進士）	王倫（淮安人） 王韶（應天人）	張翥 武信（章懷人）	萬鈞（黄陂人） 陳壐	李太（鉛山歲貢） 陳克仁（莆田舉人）	楊春

年號	知州	同知	通判	學正	訓導	吏目
	姜浩	陳琳（浙江人） 周仁廣（廬陵人）			羅鍾（忠州歲貢）	
景泰	陳範 金銑（山陽舉人，有傳）					
天順	趙應隆（合州舉人）	劉夔（江津人）	鄭琚（福建人）	王誥（蘇州人）	柯茂（池州歲貢）	鍾洪（嘉定州人）
	何堯中（合州舉人）	何謙（東莞人） 馮良（夾江人）	鄭昕（吳江人） 李能（南溪人）	董佐（臨川舉人，有傳） 林宗（莆田舉人，有傳） 朱成（浩州人） 陳瑄（閩縣舉人） 裘淑登（天台）	徐仁（蓬溪貢生） 黃和（安慶衛歲貢）	柳經（陝西人）

成化

莊　轍 上元 進士 有傳
劉　瓛 浮梁人
錢承德 常熟 進士 有傳
林宗重 莆田 舉人
何　綸 順德 舉人 有傳
邱　蘭 光山人
李　謙

舉人
倪　憲 仁和 舉人

楊　浩 嵊縣 歲貢
縱　鋮 沛縣人
李務本 舉人
蕭　環 新淦縣歲貢
丁　郁 溧水人

弘治

王　宜 淦州 進士
白福祥 祥符人
周廣榮 上高人

衞永昌 南豐 歲貢
劉　聰 江都 貢生
王一鄂 巴縣 歲貢

楊　淮 山陰 進士
魏　雲 興化人
張宏宜 華亭 進士 有傳
袁　珽 東莞 舉人
林　鍾 連江 貢生
胡　漣 華州人

侯　直 華亭
吳伯鈞 內江

正德

進士 有傳
陳　霖 秀水 舉人
劉　佐 進賢人
李時達 博羅 舉人
貢生
張　灝 德興 貢生

余　忠 無錫 舉人
方　溥 祁門人
卓　軫 慶符人
劉　璿 宣城 舉人
羅　昕 儀隴 歲貢
謝　賓 墊江 舉人

李　紳 內鄉 舉人
俞　敬 永康 進士 有傳
周松年 南溪 監生
黃　玉 臨安 舉人
李　明 名山 歲貢

葉仕美 閩縣 舉人 有傳
劉　禾 江都 監生
李　昭 廣德 監生
周　綱 晉甯 歲貢
蘇　龍 甯都 歲貢

嘉靖

黃　嵩 浮梁 舉人
封　淵 內鄉 歲貢

李　純 莆田 進士 有傳

楊　淸 山陰 舉人 十三年任

魏　修 興化 舉人 元年
沈　漩 吳江 進士
譚　崇 巫山 監生
倪　鎧 上虞 舉人
王　啟 寧州 歲貢
劉　濟 霸州 承差

任　魏良輔 新建進士有傳

李先 莆田舉人　季林 進賢舉人　周南 羽林衛舉人有傳八年任

吳中立 舉人　彭紳 樂平監生　趙廷松 樂清進士有傳　吳檍 同安吏員　馬璽 無為

孫甫 犍為進士南大理寺正左遷陞巴陵縣知縣　孫琚 豐城監生　陳琅 武進

王舜卿 閬縣舉人歷官廣東按察司僉事有傳　周于德 華亭歲貢　華榮 金華

章錀 富陽歲貢　婁文采 真陽歲貢有傳　趙士讓 閬縣舉人　李茂 棠化衛歲貢

奚銘 新建監生　黃値 大興監生　胡在 德陽人監生　鄭杰 常山監生

劉光文 閬中進士甲辰任有傳　卜大同 秀水進士丙午任有傳　翁學淵 遂昌

周訓 甯州舉人陞廣西平樂府知府　馬進 秀水舉人十五年任　高惟孝 偃師

州監生　李方 宿遷監生陞建昌府通判　馬承學 吳縣進士兵部職方司主事左遷陞

官生　文烱 會昌吏員　何進隆 雲都選貢　徐光 當塗監生　賀望 永新監生

歲貢　孔昭 清遠歲貢　鄒士元 萬安舉人　陳韞 龍溪舉人　楊演 武義歲貢

胡聰 雩都歲貢　石渠 澧浦歲貢　郝珉 建水歲貢　鄭器 寶應歲貢

李煜 邵武監生　以後多失攷

進士庚戌任有傳　沈寵 宣城舉人癸丑任　周美 崑山進士癸丑任有傳　麻瀛 宣城

舉人十七年任陞鳳陽同知慶遠知府　張沈 郡陽舉人二十年任　陳震弼 閬縣舉人二十

紹興府通判陞府右長史　李智 程番監生　王誦 興國縣選貢　燕冀 遂甯監生

劉鵠翔 閬縣舉人　岑性 邵州歲貢　龍如卿 萬載歲貢

陳寵 內江歲貢　宋綱 留守衛歲貢　聶少蓮 漢州歲貢　余士皋 星子歲貢　喻太升 富陽

進士辛酉任　孫袞 如皋進士壬戌任　包沐 嘉興進士甲子任

一年任　吳鳳 貴溪舉人二十年調知四川邛州　萬敏 南昌進士二十九年任　崔一濂 南海

吳儲 新建選貢　梁睿 三水選貢

歲貢　羅天爵 德化歲貢　范德光 巴縣歲貢　王猷 江津歲貢　毛尚志 河南歲貢

進士三十年任
谷鍾秀 餘姚 進士有傳
范信 金華 舉人
石璽 滁州 舉人有傳
向天眞 眉州

陶瑚 四川 歲貢
謝恩 直隸 歲貢
程序 休寧 歲貢
王資 合肥 歲貢
何燭 彭澤

舉人
袁伯嵩 豐城 舉人

歲貢
先知 當塗 歲貢
王時鳳 合肥 歲貢

隆慶
袁世榮 華亭 進士 戊辰任
盛當時 華亭
蕭奇勳 莆田 進士
聶瀛 保定 人
周訦 三水 吏員
顧夔羽 崑山 監生
金翔 金華 人
李桃 敘縣 人
羅教 四川 歲貢
劉繼思 桂林 舉人
王聘 河南 歲貢
吳道宣 福建 歲貢

進士戊辰任
戢汝止 簡州 進士 壬申任
楊魁 江山 歲貢
徐貞 臨川 吏員
王用禎 南充 進士
劉介齡 南海 進士
王春 醴泉 歲貢
李綸 興平 歲貢

萬歷
楊松 河南 進士 甲戌任
裴應時 河間 舉人 二年任
尹復仁 祥符 人
金標 宣城 人
匡恒 洛陽 歲貢
葉仲 仁和 歲貢
吳繼宗 光山 監生
何良佐 廣昌
張應時 吉水
沈華 昌化
高校 彭澤
胡自虞 桐城

人
人
歲貢
歲貢
吏員

侯堯封 嘉定 進士 丁丑任有傳
劉點 臨川 舉人 四年任
陳汶 汾水 人
以後多失攷
以後失攷
陳燭 南昌 歲貢

王廷稷 晉江 舉人 庚辰任
路雲龍 宜興 進士 六年任有傳
王承光 滄州 歲貢 以後無攷
陳策 江西 貢生有傳
管一鳴 南陵 監生
李炳奎 江西 舉人 以後失攷
江有光 沔陽 舉人
米濟世 蒲圻 歲貢

劉宏道 常熟 進士 辛巳任
徐希明 上虞 舉人 十六年任有傳
天啟年間缺裁
封繼榮 岑縣 貢生 武進
熊 江西 歲貢

洪一謨 歷城舉人癸未任

李復聘 陝西進士乙酉任

李琦 江陰進士丁亥任

潘玨 婺源縣人二十年任有傳

鄭夢禎 莆田舉人二十五年任有傳

譚經 吳縣人

縣丞陞荊潘紀善與子艮儒有傳

陳朴 河南人戊子任

李文郁 禹州進士辛卯任

丁繼嗣 浙江進士壬辰任有傳

蔣如蘭 全州人

何之圖 婺源舉人三十三年任有傳

侯大節 汲縣進士三十五年任有

韓紹 歸安進士丙申任有傳

沈孟化 永定衛進士已亥任

黃仁榮 南昌舉人辛丑任有傳

傳

宋圻 商城舉人三十七年任

趙善紀 南海舉人四十一年任

倫應祥 東莞舉人四十四年任

張應鳳 元城進士癸卯任

韓孫愛 慈谿進士戊申任有傳

胡世賞 合州進士辛亥任有傳

湯應選 臨川舉人四十七年任

吳國仕 歙縣進士乙卯任有傳
王世德 永康進士丁巳任有傳
李如檜 山東進士庚申任

天啟
李若訥 臨邑進士壬戌任有傳
陳應元 福建進士乙丑任有傳
范中彥 范縣進士丁卯任有傳

錢兆元 仁和舉人三年任陞常德同知有傳
胡承烈 山東歲貢六年任

龔晉卿 枝江舉八

辛大方 江西歲貢
黎[illegible]儒 漢陽歲貢
魏應龍 漢陽歲貢

杜 江西人

崇禎
儲顯祚 宜興進士己巳任
王相悅 泰州進士辛未任有傳
施元徵 無錫進士壬申任有傳
唐登儁 泗州進士癸酉任有傳
唐顯悅 福建進士乙卯任
張秉貞 桐城進士丁丑任有傳

唐世照 灌陽舉人五年任有傳
張叔鑑 新淦舉人十一年任
孫光祚 山東舉人十三年任
陳邦奎 南海舉人十四年任
黃金榜 上元舉人十五年任

錢元寀 紹興吏員
沈 浙江貢生

余盛傳 富順舉人陞刑部主事
龍憲 常德舉人
馬 歲貢殉難

孝感歲貢

諸之俊 浙江人

張定志 蘇州 進士
張登衡 臨桂 人
許文峻 錢塘 進士
洪天擢 歙縣 人

國朝

下江防道僉事一員 康熙二年奉裁

知州一員 州判一員 吏目一員

儒學學正一員 復設訓導一員

大同鎮巡檢司巡檢一員 二鎮巡檢舊志俱未入表故咸豐以前諸多失攷今即可知者書之

茅山鎮巡檢司巡檢一員 西河驛驛丞一員 向未入表後又奉裁

陰陽學典術一人 醫學典科一人

僧正司僧正一人 道正司道正一人

	順治
下江防道	范鳴珂 威遠衛恩貢
知州	蘇中和 襄陽人
學正	熊仲龍 漢陽選貢
訓導	彭祖商 監利貢生
州判	田信 安肅生員
吏目 巡檢	靳宏謨

		康熙
周漢傑 安福 舉人 有傳；吳之光 北直 舉人 有傳；王顯 曲周 進士 有傳；呂陽 無錫 進士 有傳；趙映乘 祥符 進士 有傳	汪繼昌 休寧 進士 有傳；劉緝堯 曲沃 進士 有傳；楊志遠 丹陽 進士 有傳	李登第 廣寧 貢士 有傳
張定邦 遼陽 生員 有傳；柳愈 寧晉 舉人；方于光 大興 進士 有傳；包隆道 浙江 拔貢；龐堯年 遼陽 貢生	金貴 遼東 貢士；王宗堯 廣寧 蔭生 有傳	高子翼 閬縣 進士
錢民瞻 襄陽 選貢；李開早 武陵 進士；任崇 嘉魚 舉人		尚登岸 京山 舉人
毛健 巴陵 歲貢；龔學洵 公安 歲貢		曾三壽 監利 拔貢
史可成 遼東 貢士；邵殿邦 密雲 拔貢；吳多瑜 寧波 人	于連泗 獲鹿 貢生	王奪標 單縣 進士
高明則 盧施 吏員；范明琦 寧波 人；沈毓林 浙江 監生		鄭淑聲 莆田 人

楊大鵾 武進進士有傳　徐惺 崑山進士有傳

李成材 奉天貢生　張士駟 新建進士　遲惟培 正白旗舉人　劉國輔 奉天例監有傳　王玠 鑲紅旗廕生有傳

傅彬 孝感歲貢　龔起燦 潛江舉人　胡慶祖 枝江舉人　張友奎 鍾祥舉人　王泰生 鍾祥舉人　丁鼎 鍾祥舉人　劉清史 監利舉人有傳　王如治 雲夢舉人

唐振烈 通山歲貢　賀興初 衡陽歲貢　楊我韜 江夏歲貢　岳東瞻 漢川歲貢　余師龍 漢川歲貢　陳作楫 沔陽歲貢　周卜灑 例貢　江增福 荊門例貢

吳自性 嵊縣人　陳平 廣甯廩生　黃卷益 臨川監生　俞廷佐 山陰監生　宋文楷 武安監生有傳

陳法羣 會稽人　項厚 錢塘生員有傳　韓宗晉 餘姚人　萬士璜 丹徒監生　仇天牧 山陰監生　余嘉謨 秀水監生

雍正

華文振 宿州監生

劉日章 沔陽舉人

王一甯 江夏歲貢

雷濯 宛平監生

陸瀚 仁和監生

乾隆

蔣嘉年 奉天例監有傳　童鎮夏 會稽監生　王松齡 正白旗官生　劉淑 臨汾貢生有傳　蔣尚德 奉天府舉人有傳　李珌 靈州進士有傳　錢鋆 常熟舉人有傳　劉義 山東進士有傳

朱銓 湖東舉人　李功永 黃陂舉人有傳　江宗望 漢陽舉人　王世法 江夏舉人　程大中 應城進士有傳　譚則騰 沔陽舉人

甘昌祚 漢陽歲貢有傳　劉克宣 建始歲貢　吳之隆 天門歲貢　黃冊元 保康歲貢

李日熙 介休例貢　孫衍慶 大興監生有傳　王士讓 安溪副榜有傳　王會鈺 瓊州生員　魏根 柏鄉拔貢

汪自來 石埭人　章鎮邦 仁和監生　任蔣坽 蕭山生員有傳　賴期選 龍南武生　萬世信 南昌監生　陳以績 如臯附生有傳　李濰 永城人　秦廷諫 山陰

張金管烏程監生有傳
朱懋丙
謝夢草東官進士有傳
陳嘉謨錢塘進士有傳
趙堃齡
李國騏嘉應舉人有傳
德泰正白旗人有傳
高爲濟直隸舉人
王希曾
常丹葵交州舉人
胡齊崙有傳

人
胡惟忠歙縣貢生

曾維道直隸拔貢

嘉慶

魏肇高柏鄉進士
張琴北直舉人
范寶琭嘉善進士
椿齡漢軍進士
顧澍錢塘舉人
張彭齡漢軍人
夢齡漢軍人

高元量武昌舉人
蕭錦孝感舉人

魏鳴和蒲圻舉人
孫萬均監利廩貢
單長運東湖廩貢

包涵海鹽人兩中副車
侯賜樂直隸拔貢
胡宗李常熟監生

蔡世珠監生
許淸萬四川監生

道光

鄧蘭薰江西舉人
王振龍監利舉人
王之孚江夏優貢
陸嵩齡大興監生
方進錢塘監生

李鍔 解州進士有傳
林寅 福建人原任荊州糧捕府
左章昞 雲南進士
王達 揚州翰林
蕭漢訓 沔陽舉人
張廷華 漢川舉人
黃開甲 大冶舉人
宋德潤 漢川廩貢
鄧承源 江陵廩貢
何皋 江夏舉人
張思誠 咸豐縣歲貢
郭亦棠 通城
喀隆阿 正白旗人筆帖式
馬銓 大興監生供事
宋讓農 雩都監生
熊琛華 高安監生
李映嵩 廣西監生
劉世儼 江西監生
涂楨 大興監生
張銑 安鄉監生
潘箴 婺源

馬鴻圖 山東廩生有傳
鍾振超 揚州進士
孫承恩 杭州監附
愛祿 滿洲人
林壽平 侯官

舉人
張熙之 廩貢
司詔三

魏作霖 新都廩貢殉難有傳

監生
蔡正麟 吳縣監生
王廷幹 歸安監生
邱炳 大同巡檢
黃炳麟

進士有傳
劉鴻庚 會稽舉人有傳
陸恩紱 浙江廩生
龔啟 監生
勞光泰 南海進士
楊明善 江蘇

進士
劉咸 大興舉人
董炳南 浙江舉人

咸豐

潘克溥 夏津舉人
瑞浮 滿洲進士
劉德鈔 漢陽舉人
張經緯 雲夢恩貢
黃韜 貴州貴筑人供事
覃瀚元 滕縣
王
王先立
馮
呂

石介 永綏廳舉人
彭應鯉 化州監生
李瑜 錢塘監生
崔蘭馨 南宮監生

呂
王盛琦 大興議叙
周宗洛 元和廩監

杜廷琛
趙瀛
趙儒臣 以上吏目
周宗格 江蘇監生
藍江注 湖南舉人

于允福 山東監生 以上茅山巡檢
張濟
羅寶書 富平監生 以上大同巡檢

同治

王庭楨 無錫副榜
福惠 漢軍筆帖式
黃武度 善化舉人 有傳
孫福海 榮成舉人 有傳
呂憲瑞 萊蕪

劉進昌 江夏附貢
朱驥 大冶舉人

王詔鸞 均州廩貢
周棻 通城歲貢

程明
徐樹樑 監生 江西奉新人
德春
李希曾
朱錕

楊榮埜 富平監生 吏目
陳崑
蕭爲楠 慶元監生
戴燿垣 臨川監生 以上茅山巡檢
張承之

進士

光緒

熊鑾 安義優貢
宗景藩 錢塘舉人
宋熙曾 武進附貢
封蔚祁 廣西容縣進士

萬修墉 蘄水教諭代理
陳寶樹 府學訓導兼署
陳作相 安陸歲貢
陳國正 咸甯舉人 現任

胡之魁 黃陂增貢
劉崢嶸 大冶廩貢
胡振緒 監利歲貢 現任

李文泰 化州監生
左毓麟
徐有源
馮維崧 浙江人兼襲雲騎尉 現任

大同巡檢

張從周 河南郟縣例貢
安煥文 四川監生
何澐 重慶附生 俱吏目
穆毓中 朝邑監生
李維新 武進

內閣中書同治十一年任光緒二年復任八年現任

丁鹿珍 監生 天津監生 以上茅山巡檢
章梧 南湖監生
徐樹森 閩中監生
龍霖 桃源監生
張振南 內鄉監生現任 以上大同巡檢

武秩表

明武秩自指揮以下皆衛職

國朝更營衞並設各不相屬而交相需之意存焉今同一表幅用以著協恭之義又其職亦略相當云

（明）明初甲辰以指揮趙應清千戶許勝陳遏率部伍守禦蘄州己酉立守禦千戶所洪武十一年指揮朱德領四千戶至改所爲衛正統八年建荆王府移於軍儲倉今在州西北領經歴司一鎮撫司一千戶所五前後左右中百戶所四十有七凡指揮並世襲凡廕襲及軍政悉報上右軍都督府以達於兵部每歲撫按察其賢否曰考選軍政一人治衛事謂之軍政掌印一人掌操鍊一人督屯糧謂之軍政僉書又一人廵捕一人治軍器一人領漕運謂之現任管事不與此者謂之帶俸歲委帶俸一人入賀江洋設總廵迴風磯盤塘三哨每年衛指揮千百戶輪管

蘄州衛指揮	鎮撫	千戶	百戶
陳聚 諸城人	袁德	朱福	趙德成
茆德 合肥人	唐鳳	湯成	王仲良 臨淮人
李軫 鳳陽人	梁棟 山陰人	胡成	李慶
王榮 南部人	陳友值	王隆	張德
李郁 洛陽人		劉全	劉勝宗
田文 信陽人		顧安	戴文雲
王忠 五河人初授錦衣衛正千戶洪武十五年乙未隨太祖渡江首克采石		宋興	賀清
		張麟	蕭義
		杜彬 太原人	龐興

明年克南臺論功陞蘄州衛指揮使

岳德 清河人
李旺 江都人
姚勝 滁州人
李春 虹縣人
舒祥 興國人
胡誥 鳳陽人
王成 定遠人

朱眞
李成 婺州人
朱郎
王彬
歐成 淮甯人
華稷
洪阿忠 四川人
程文聚 死難
吳眞

周源
李華
劉華
蕭旭
史整
鄭富
趙公保
方英
梅玉興

王英 玉田人
李楷 傳詳武勳 祀鄉賢
王啟 傳詳武勳
趙應清
孫瓚
李緒
茆欽
陳奇策 以上四人據城池類補
田鳳

陳福清 滁州人吳元間以功授千戶尋調陝西河州衛
許勝 據城類補

高仲祥
黃魯
陳巖
許宗
袁福 蘄水人
鍾成
陳八郎
李泰
王潤

王天相 嘉靖間督修州城並祀四節祠
胡善
李廣
胡瑄
李泰
田正
王欽 據城池類補
舒泰 據城池類補
王拱辰 崇禎間襲

郝成
王翰
李能久
許添起
崔福
羅保
許必榮
吳勝一
田斌

岳璧 傳詳忠節 祀名宦

田足國

國朝

蘄州營參將一員今奉裁 守備一員今改設都司 千總一員

把總一員 外委把總二員

下江防道標中軍守備一員今奉裁

蘄州衛守備一員 千總一員 百總一員

自古兵戎之制莫善於井田明之屯衛實師其意承平既久玩愒成風至末季耗斁尤不忍言

國朝更制議罷天下衛所惟近漕渠郡縣間存漕船既減屯丁亦僅取足供

役餘則盡隸有司各衛止設守備千總等員督領漕運兼理屯糧而地方防守別置副將叅遊訓練兵卒人由選授而來兵由簡練而聚可謂至周且詳蘄營千把向未入志潘志始將乾隆年以後存城把總載入職官今仍其舊

蘄州營叅將
順治
韓　友陝西人歷湖南沅州總兵有傳
賀世虎山西人
康熙
王　魁
黃廷豸康熙十四年後缺裁

守備雍正十一年改設都司附道標守備
呂應翔
張德忝
王廷臣
于安邦以上道標守備今裁
張　祿
賀繼文
程士然浙江武舉歷夔州遊擊殉難後居蘄有傳
袁應登以上營守備
王俊民
張濬蛟武進士
張崇信
李蔚延武進士
余　鈞宛平進士

衛守備
任之鼎
陰養蒙棗強武進士
朱日芳浙江武舉
張瑞鳳武舉
耿　煓京衛進士
陳　署舒城進士
裴袞錫武進士

衛千總營存城把總
李復奇
戚文郁江西人
楊鎮邦建德武舉
張　祿
徐必成
郝培植濟甯武舉
吳宗煦漢陽武舉

雍正
乾隆

于　淵武進士
曹建功
高可慶
楊正心武進士
萬孔府甯夏人武舉
韓　璠以下都司
趙如龍
麻　錦武舉
王　烈侍衛
王　逢
梁文賢安順人
劉起英常德人
李治剛
陳維傑雲南建水人
觀　德
王一魁
王　炎
常　泰

蕭維翰延安人武進士
齊國忠咸甯人武進士
馬　彪保定人武進士
趙源長上元人
劉方昇白旗漢軍
嚴秉則四會人武進士
劉　鎮宛平舉人
王
葉
朱
張

蘇門祜漢陽人武舉
王時敏貴池人武舉
李　樸曲沃人武舉
吳進勳甯夏人
以上俱衛千總
譚　金黃岡行伍
涂近貴黃岡行伍
施似龍德安行伍
以上存城把總

嘉慶

田武

范

吳

冀坦 合肥武舉

李湄 歷城監生

張

徐學海 湖南武舉

金恂 雲南進士

耿廷棟 祥符武舉

焦元一 府谷武舉

積昌 漢軍監生衛千總

唐萬年 德安世襲雲騎尉

道光

劉遇盛 任邱武進士

廣壽 正藍旗人

魏慎德 施南武舉

潘在田 汝陽武進士

王桓 旗人武舉

劉光照 河南武舉

陳聲遠 江南兵生

黃科達 大冶行伍

李登榜 本州行伍

以上存城把總

曹煥堂 汶上監生

何世昇 漢軍武舉

諶萬芳 溆浦武進士

張璣 醴泉侍衛

吳杰 鄖陽世襲

富興 滿洲世襲

釐敏 滿洲武舉

董玉龍 直隸侍衛

楊廼澄 長清監生

任濟 渾源監生

顏兆燕

李光斌 寶應監生

謝

以上衛千總

王正魁 江夏行伍

蔣尚英 黃岡武生

陳錦 江夏武生

王晨義 本州行伍功加千總

賞戴藍翎

馬萬貴 江夏行伍

咸豐

石文棟 世襲

曲春泰 雲騎尉

咸恒 筆帖式

丁維揚 山東武舉

慶祥 滿洲進士

許璐 山西監生

王珉 渾源監生

陳啟 行伍

徐兆達 行伍

柳遇春 行伍

陳金榮 行伍

以上存城把總

同治

王三錫 廣東武傳臚

吳國才 行伍

孫廷珍 揚州府武生

謝藩 連平州監生

蔡紹陽 麻城武生

存城把總

胡鳳鳴 河南行伍
龔定國 江夏行伍
何大鳳 江夏行伍
高登瑄 靈壽侍衛
田其述 湖南勞績
殷開山 襄陽行伍
鄭承第 侍衛現任
王鳴猷 江蘇清河人
李桐 丹徒軍功
龔恩培 江陰軍功藍翎四品銜現任
熊光福 黃陂勞績記名千總現任

蘄州志卷之八

知蘄州事嶺西封蔚礽纂修

職官志

名宦

蘄在昔稱重地宦斯土者自鎮撫觀察至於牧守令長往往多名公卿前志所採錄詳矣國朝釐定官制以來慎重職守人思自立其比迹前烈者胥以次增入使來者有稽焉志名宦

隋 此下至元官制不一概難分類編次明及國朝始以類從

王世積闡熙新囶人容貌魁偉腰帶十圍有人傑之表高祖受禪封郡公高熲美其才能甚重之授蘄州總管平陳之役以舟師自蘄水趨九江有功進位柱國 詳隋書本傳

唐

員半千字榮期齊州全節人武后時入宏文館爲學士有清節武三思用事以賢見忌出爲豪蘄二州刺史半千不顯任吏常以文雅粉澤故所至禮化大行睿宗初召爲太子右諭德 唐書本傳

伊慎字寡悔兗州人通春秋國策天官五行書李希烈反曹王皋拔爲大將會賊泝江狗地皋授慎兵輿賊戰大破之拔蔡山尤力遂下蘄州即拜刺史封南兗郡王天子在梁州包佶轉東南財糧次蘄口賊遺驍將杜少誠以兵萬人遏江道不得西慎擊斬賊將許少華漕無留難 唐書本傳

吕元膺字景夫鄆州東平人有器識德宗時爲蘄州刺史頗著恩信嘗除夕錄囚囚泣曰某父母在歲旦不得省膺惻然悉脫械縱之而戒還期吏白不可膺曰吾以信待人人豈我違如期俱至自是羣盜感義悉避境去 唐書本傳

韓皋字仲聞京兆長安人王叔文用事皋嫉之謂人曰吾不能事新貴從弟曄以告叔文叔文怒出爲鄂岳蘄沔觀察使 唐書附韓林傳

韓思彥字英遠鄧州南陽人蘄州錄事參軍嘗過汴有張僧允者廬墓三年詔表其閭請思彥爲墓志餽縑二百不受允固請乃受一縑命其家曰此孝子縑不可輕用其清介類是 唐書本傳

張舟蘄春主簿勾會敏給人稱其良 舊志

宋

王禹偁字元之鉅野人咸平初知黃州州境多怪禹偁手疏引洪範傳陳戒且自劾帝詢曰官云守土者當其咎帝惜禹偁才即日命徙蘄州謝表有云宣室鬼神之問敢望生還茂陵封禪之書已期身後帝曰禹偁其亡乎未踰月卒 宋史本傳

明鎬字化基密州安邱人中進士第補蘄州防禦推官改大理寺丞沉鷙有謀能斷大事 詳宋史

聶冠卿字長孺歙州新安人舉進士官大理寺丞左遷蘄州判嗜學工詩有蘄春集十卷 詳宋史

楊偉字子奇天禧元年獻頌召試學士院賜進士及第試秘書省校書郎補蘄州錄事參軍 宋史本傳

錢易字希白臨安人吳越王孫真宗時通判蘄州上言今四方長吏競爲殘暴非法之刑非所以助治請除之上嘉納焉 通志

劉沆字衝之永新人天聖中知蘄州有巨姓尹氏僞券侵田沆鞫奪之人服其明 舊志

李宥字仲嚴覺之子青州人大中祥符五年進士遷集賢校理遂直院知蘄州歲凶人散委嬰兒去者相屬於道宥令吏收取計口給穀俾營婦均養之每旬閱視所活甚衆或殺人以米十石給傭者使就獄曰我重賄吏爾必不死宥得其情論如法 宋史本傳

呂誨字獻可開封鄖城人治平中爲御史時議尊濮王典禮誨力陳不可又彈歐陽修首建邪議併劾韓琦曾公亮附會出知蘄州尋徙晉州加集賢殿修撰知河中府 詳宋史

范純仁字堯夫蘇州人仲淹子也皇祐元年進士及第治平召爲侍御史時方議濮王典禮與御史呂誨等論奏不聽純仁還所授告敕尋詔罷追尊純仁請出不已遂通判安州陞知蘄州 宋史本傳

林大年錢塘人逋兄宥子英宗時侍御史連被臺移出治獄不肯行爲中丞唐介所奏降知蘄州卒於官 宋史附林逋傳

李潛贛州興國人治平中進士授洪州叅軍歷知蘄州志識警拔事王以忠 舊志

孫昌齡熙寗二年任殿中侍御史論新法忤王安石貶蘄州通判 詳宋史

張商英字天覺新津人嘗降知蘄州從祀名宦

秦希甫字辨之元豐間進士爲陝西轉運判官以言罷職尋遷蘄州

蕭服字昭甫廬陵人第進士張商英當國引爲吏部員外郎送遼使得疾於道既愈還舊職以父老得請知蘄州 宋史附沈畸傳

虞策字經臣錢塘人登進士第元豐間任蘄州通判時蔣之奇以江淮發運上計神宗訪東南人才之奇以策對擢龍圖閣學士 詳宋史

劉拯字彥修南陵人進士及第神宗時官監察御史蔡京編元祐黨籍拯歷陳漢唐黨禍京怒出知蘄州張商英入相召爲吏部尚書

梅執禮字和勝浦江進士官給事中以詩規宰相王黼黼怒罷顯謨閣待制出知蘄州 宋史本傳

余童徽宗時知蘄州歲饑賑濟有方盡括境內人戶第爲三等量口貸之又度五邑地均粟置塲立法伺察

民以爲便

韓世清知蘄州賊劉忠犯境世清與戰破之

王玠字介玉長洲人倜儻能文黄庭堅謫鄂玠以文贄見甚爲庭堅稱賞紹興初孔彦舟爲舒蘄鎮撫使徙蘄口聘玠爲幕屬或止之玠曰吾慮之熟矣彼方駐兵於此倘能息其暴戾可以安全鄉井固非爲玠一身計也遂佐彦舟辦公及彦舟謀叛問計於玠玠開陳百端諭以順逆彦舟怒囚之越數日又問玠争益力大駡曰逆賊恨不斬汝萬段彦舟縛玠並其家屬

俱沉於龍眼磯時紹興二年六月十三日也玠嘗有讀楚詞詩意以原自况及被害郡人悲其志爲立廟磯上周燔賦哀詞刻於石今與王彦明同祀烈士廟

按王玠非蘄職官以嘗佐彦舟辦公且哀其死事之烈也故舊志列宦績今從之

章壽宣城人孝宗時知蘄州寬平不擾蘄産竹簟例充苞苴壽悉罷之 通志

汪安行績溪人紹興間登第教授蘄州有政聲孝宗稱爲樸直做家老子遷朝奉大夫知澧州卒 舊志

李宗思乾道中教授遷建學舍切磋生徒朱子嘗稱其日力有程不獵不惰非俗吏所及 記詳藝文

施温舒淳熙間知蘄州刻震澤語錄於州

葉適字正則永嘉人淳熙廷對第二除太學博士朱晦菴爲林栗所論適上疏言非是出知蘄州治務簡静歷官至侍郎世稱水心先生 詳宋史

范應鈴字旂叟豐城人開禧元年舉進士丁内艱服除通判蘄州治有善聲 宋史本傳

李誠之字茂欽東陽人嘉定中知蘄州金人犯境誠之率兵奮擊殺其將卒數十人金使持書來脅降斬之

還其書會黄州失守援兵不至城遂陷子士允士宏巷戰死誠之引劍自刎妻許及婦若孫赴水死事聞贈朝散大夫封正節侯立廟祀之 本傳詳藝文

秦鉅字子野嘉定間通判金人犯境與知州李誠之協力禦戰城破歸署呼吏人劉廸火諸倉庫乃赴一室自焚有老卒冒火挽出之鉅叱曰我爲國死爾輩可求生掣衣就火死子浚灞從死同時死者贈官有差 本傳詳藝文

阮希甫州教授金人犯境同李誠之秦鉅等死難贈通

直郎

趙汝標州防禦判官金人犯境同知州李誠之等死難贈承務郎

林椉蘄春知縣城陷同李誠之死

甯時鳳字翔夫浮梁進士補州判官金人犯境知州李誠之檄時鳳共守卒死於難贈承務郎

杜諤州錄事叅軍兼司戶金人犯境殉難贈承務郎

嚴剛中蘄州都太監轄蘄口鎮倉庫金人犯境從李誠之等死贈承事郎

孫中蘄統制官與金兵巷戰死

江士旺陳與賀全邱卞俱皆小將與金兵戰死

李斌軍士與金兵戰死

趙與褡州司理叅軍金兵逼境率民兵百餘人奪關出外求援僅身免全家十六人皆歿著泣蘄錄 以上俱盧志

王霆字定叟東陽人少有奇氣理宗時知州事建脩學舍及忠臣祠嘗貽書丞相杜範乞置戍江三新城蘄春於龍尾磯安慶於孟城滁陽於宣化不報 南宋書本傳

孟珙字璞玉棗陽人嘉定十年金兵犯襄陽與父宗政屢立奇功端平二年以主管侍衛馬軍司知黃州節制蘄黃四郡蘄守張可大委郡去珙指畫戰守保障一方特賜金椀以旌其功 詳宋史

王益知蘄州政尚寬和景定四年元兵據白雲山設砲臨城益趨保鴻宿洲後開麒麟山立今治 詳宋史

桂璧貴溪人通判州事元兵圍蘄太守徐羿逸去璧歘獻奮發申明大義率城中人日夜捍禦敵不能犯踰旬出奇兵擊之圍解 盧志

王彥明守蘄州元兵壓境力戰糧乏率家屬乘船至城

西中流鑿船沉死州人哀其烈立廟於死之北岸祀之 詳藝文記

按彥明蘄春縣令非守也查蘄州自移治以來元兵未嘗壓境考之宋史理宗紀及元史世祖紀對勘自明兹因廟祀多年未便刪除姑存之 潘志

陳晦字大著知蘄州有惠政魏了翁作詩送之載鶴山文集 錢志

元

趙篔翁至正間任州總管有廉名 通志

張好古字信甫器識宏遠勇而有謀授行軍千戶戍宿州中統間移戍蘄州錢志

按元史世祖紀中統三年宋夏貴攻蘄縣張好古死之蓋好古所戍乃蘄縣非蘄州也姑存其略潘志

解觀江西吉水進士任州錄事執法不撓錢志

卜顏鐵木兒字珍卿至正十二年徐壽輝陷湖廣詔率軍討之十三年自池州戰捷進攻蘄州擒僞帥鄒普泰克其城進兵道士洑焚其柵欄抵蘭溪口賊之巢曰黃連砦又克而殲之分兵平兩巳河江路始通旋合兵攻蘄水拔其僞都獲將相而下四百餘人壽輝僅以身免時諸將皆分道討賊卜顏鐵木兒獨控長江十六年卒生平廉介人不敢干以私常乘花馬時稱爲花馬兒平章云詳元史

明

夏元吉字維哲湘陰進士幼孤領鄉薦選入內庭書制誥洪武三十一年以戶部左侍郎充採訪使奉出鎮蘄州州人祠祀之以下傳俱本盧志右採訪使

魏良輔字師召號此齋江西新建進士任湖廣僉事巡撫翟瓚陸杰先後疏奏蘄州宜設防道以資彈壓朝議推良輔嘉靖十七年任團練營伍整飭官弁東南指臂晏如也時悍民趙季鼎勾引外盜擾境良輔招鼎諭以利害卽令誘盜渠魁王滸山宣公命擒之蘄境以安判府胥吏擾民良輔一規以正判王敬禮之公暇與諸生吳豐靈等講求正學皆知名於時以功擢山東左布政致仕歸移籍廣濟錢志據魏氏家乘補入不確

劉光文字繼純號亦齋四川閬中進士嘉靖二十三年任蘄州鋤擊豪横狐鼠屏跡甲辰乙巳仍歲大祲民無敢剽刼四境晏如

卜大同字吉夫浙江秀水進士嘉靖二十五年任州僉事政尚清靜民賴以不擾

翁學淵字原道號丹山浙江遂昌進士嘉靖二十九年任州僉事興廢舉墜多善政前郝志淵有序

周美字濟叔崑山進士擢湖廣下江防兵備僉事沉毅縝密精兵法駐蘄州當洞庭彭蠡之交人爲盜藪白晝飛艇剽刼美立團操法作戰艘令材官日巡江上獲盜成獄卽日殪之盜由是戒不入境御下嚴峻雖

親故爲僚屬不假顏色暇則教課諸生頗多成就在
官廉介去之日宦橐蕭然後數年其子不能存活遊
至蘄僉事戢汝止嘆曰此豈清白吏之左驗乎爲婚
於蘄遂家焉
侯堯封字欽之嘉定人以御史出僉楚臬治蘄州潔已
愛民知治江盜多柯陳遺孽急清之又甄其父兄之
良者諷諭之致感泣自縛其子弟沉之江彷朱子法
設社倉五十餘所於蘄口建飛梁築新生磯舟行無
恐州人肖像祀於關聖祠

丁繼嗣字國雲鄞縣進士建節之初留心造士後多顯
達者設義民兵選土著兵民相安防捍周密後擢閩
撫
韓紹歸安進士任州江防道性簡靜事近民情令行強
禦雖藩府胥役必繩以法一時驕貴斂迹
黃仁榮字勉仁南昌舉人從臺中例轉風裁嚴整疾惡
如仇懲府役之違例取息者毫不寬假境內肅然
韓孫愛字君博慈谿進士累遷湖廣江防叅議執法嚴
明課士興學修砌江岸及浮玉磯州人肖像祀之

明世賞字爾忠合州進士任監司雍容靜鎮不事操切
後擢浙江右叅政
吳國仕字長谷歙縣進士萬歷間任州江防道推誠愛
物捐俸數百金建文昌閣於浮玉磯置祀田二百石
兼賑貧士歲爲例士民德之爲立報功祠記詳藝文
王世德號廻溪永康進士任州江防道多惠政練達機
宜留心課士親爲披閱簡拔其尤刻有麟鳳會業增
築文昌閣磯嗣任李如檜建亭於上並祀報功祠
李若訥字季重臨邑進士任州江防道性仁孝治廉平

暇則讀書課子後以進表行敝袍裋褐圖書數篋而
已官庖無宿儲纔市米數升僅供晨炊其清節如此
陳應元字幼白福建進士任州江防道寬仁愛士洞悉
民情以註誤去官士民追念之後復陞登萊巡撫
范中彥字濂儒范縣進士任州江防道寬嚴兼盡扶善
抑強繼遷守憲去
王相悅字鞠劬泰州進士以御史建言例轉防道留心
申辦問斷必躬親片言而折暇則進諸生講課尋解
任去民間謠云昔有羊叔子項仲宣何似我公廉我

公只飲江中水不取錙銖作孳錢

施元徵字曠知無錫進士任州防道才優應務督兵親擒麻城虎頭關冦宗藩不法者動色相戒攝學道篆考貢考優一清宿弊遠道來者不留時刻貧士感之

唐登儁號灼洲富順進士任州防道簡易整肅不見威厲聽斷明決多所保全

張秉貞字坤安桐城人任蘄州防道器宇宏深才猷敏練時流冦隔里煙盤踞蘄鄉擄掠公親至渴口督勦賊遂遁去後遷廣平道臨行士民頂香遮道扳卧從未有也 舊志係進士今查未得

許文岐字我西杭州進士任州防道值獻賊陷蘄被執不屈拘留營內岐密約被掠良民期四月起義殲賊謀洩將殺之岐北向拜受刃死賜祭葬贈太僕卿詳明史 已上江防道本傳詳藝文

左安善洪武初守蘄州路未幾改路爲府即知府事創衙署興學校公勤廉潔惠政及人

徐麟本府廣濟人河南知府自陳便祿養親調知蘄州府以政績聞雖有剷追民忘其勞 以上知府

孔思森先聖五十四代孫由鄉舉知州事洪武十年改府爲州設科條振綱紀節用愛人政治一新

楊琪由鄉舉知州事有惠政奉民部榜移建預備四倉調度民無所擾

李士安宣德間知州事伐石爲鄉舉題名碑風前勸後人益力學

王坦字子平郫城舉人爲政寬平勸士愛民歷久不渝

金銑字宗潤淮安山陽舉人知州事學博政敏興學校均徭役舉廢墜民感頌之有首菴集行世

莊轍字仲輿上元進士成化間知州事廉介仁惠建明倫堂樂育堂貯書樓百務修舉不妨農時劇盜遁境有被戕害者優恤之 詳通志

錢承德字世恒常熟進士知州事政簡刑清豪猾歛迹舉廢墜陳便宜獎進士類後擢副使

何綸順德舉人知州事廉介剛毅加意倉儲出納明慎一時攬納侵欺之弊胥清士民德之

葉仕美閩縣舉人知州事耿介剛明不爲時變所昧以直見忤於宗室一日遇諸塗宗室將辱之公正色曰

朝廷衣冠不可毀也宗室爲之斂衽正德八年霸州賊劉六劉七泝流來寇公單騎招民入守郡賴以安

侯直字公繩華亭進士由主事知州事廉介愛民令行禁止不容私謁後擢陞副使

李純字在誠莆田進士正德中知州事潔巳愛民遇事能斷旋改知欽州

周南字文化號宜齋南京羽林衛人嘉靖間知州事崇居大同二鄉逋在竊谷賦稅不以時至南仁明廉愛開誠布信無致有後時者後陞藩府長史

谷鍾秀餘姚進士嘉靖間知州事直諒子惠以循良聞

石璽滁州舉人嘉靖末知州事荆王常泠淫暴璽密疏陳狀詔廢爲庶人

路雲龍宜興人進士知州事性剛介明於聽斷築隄防修津渡造掛口浮橋民受其利

徐希明上虞舉人知州事值歲歉黄梅盜逼州境同判官陳策協力防禦民賴以安又蘄江中石磯爲商船患築磯建亭於上名曰浮玉望者知所趨避今文昌閣基是

潘珏字玉宇婺源人知州事作阜民倉踰年大旱發倉賑民多所全濟益廣厫庾積至八萬石在任久不調作歲寒亭記見志 按舊志稱珏由進士知州檢查未得志所載到任年分皆未可據也

鄭夢禎福建舉人知州事剛正不阿太監陳奉開採銀礦榷禎監稅禎極言不便一切反奉意奉劾禎及江防叅政沈孟化遂降調去

何之圖字見義婺源舉人知州事素有文名吏才精敏在任年餘四境乂安以事去州人惜之

倫應祥東莞舉人知州事廉惠精明重建東南二城樓

費約而功倍後陞審理

錢兆元字長人仁和舉人天啟間知州事深明理學行事法古每聽斷必焚香告天暇則進諸生講課時三王之國供用浩繁民多驚懼元以身任之民無擾後陞辰州同知泣送者萬計立詠德祠於江干以祀之詳通志

唐世照字伯闇灌陽舉人崇禎末知州事明敏勤勞時流寇隔里煙氛處青山鄉民多流離照於附城掘濠築險分任流民日夜巡緝寇不敢窺尋以勞瘁致疾

卒已上知州

俞敬字一中號沙泉永康進士歷刑部員外郎左遷州同知廉介愛民興學勸士公暇則吟咏自適後陞惠州知府

趙廷松字子俊號俟齋浙江樂清進士任刑部主事以不附權貴左遷州同知工詩文善書聽斷公明無敢夤緣後官陝西左布政已上州同

傅舟永樂間任州學正文學淹博應詔與脩性理大全

董佐號勿菴撫州臨川舉人授州學正博文識精性理

師道大振後家於蘄

林宗字存敬號敬齋莆田人天順中授州學正課習諸生諄諄誘掖士人於學宮祠祀之詳藝文記

王舜卿字師禹號慎菴閩縣舉人任州學正敏而好古文習爲之一變士有婚喪不舉者捐俸給之後官至廣東僉事以上學正

裴文采字尙質河南真陽人由貢生任州訓導古貌古心待諸生義處僚友和陞獲鹿教諭去任有泣下者

右訓導

張宏宜字時措華亭進士東海弼之長子也以監察御史謫州判官吏事精悉才斷過人轉泗陽知州擢副使

陳策江西貢生萬歷中州判黃梅賊梅鍠詹三漢等倡亂踞州之柴家山楚撫約南操江合兵征剿知州徐希明同策居中調度指授方畧策奮勇突陣賊以鉤中之不屈死後賊平獲策屍面如生詳通志以上通判

國朝

范鳴珂字鴻磐威遠衛人由恩貢任州江防道

國朝初定當兵燹之餘人民凋喪廬室蕩然鳴珂多方撫綏稍復生理丁亥九江之變督禦躬親持以靜鎮民不驚擾尤所難也

周漢傑字房仲安福舉人任州江防道清平惠愛甫一年辭去

吳之允字象賢永年舉人任州江防道淡泊質直待人以誠卒於任

王顥字純白曲周進士任州江防道振飭風厲而宅衷甚平開崇正堂課士一時名士樂從之遊

呂陽號全五無錫進士以辟薦任州江防道神明獨斷吏役屏息行保甲造巡船增暸臺以清盜源自潯陽至漢川民咸安堵新蘄學宮課士衡文循循若師友尋罷去州人至今頌之

趙映乘字涵章祥符進士任州江防道溫醇沉靜有古重臣風

汪繼昌字徵五休寧進士順治間任州江防道時蘄民新集丈量混淆王庄多賠累繼昌銳意釐剔涖任未久去論者惜之

劉緝堯號無爕曲沃進士任州江防道潔己愛民留心政治在任未久以憂去

楊志遠字寍爾丹陽進士順治間任州江防道以儉養廉以勤弭盜凡聽斷曲爲曉譬多感泣去者

楊大鯤字陶雲武進進士康熙間任州江防道博雅寬和立程校士所拔多名儁

徐惺字子星崑山進士康熙間任州江防道多惠政歲歉施賑全活甚衆建奎星樓與州人士吟咏其中風雅冠時以上江防道

韓友字心吾陝西人長弓弩諳方畧順治四年以叅將駐防時英霍土冦猖獗踞蘄上鄉友扼險設伏擒僞總兵曹德參蕩平四十八砦及江州僞將吳高率舟師攻蘄臨城下友開門迎擊一戰而殲之鎮蘄六載人民安堵按勦沅州陞沅總兵去州人祠祀之右叅將

程士然字燕又浙江武舉任州營守備訓練有方尋陞夔州游擊調漳州以不附耿逆遇害贈懷遠將軍其女許字蘄州舉人顧昌弟鵬脊屬送女至蘄遂家焉右營守備

張定邦遼陽生員順治二年知州事當殘破之餘生理未復定邦政尙簡易催科不擾民甚愛之擢德安知府

方于光號澄嵐大興進士知州事器識通朗時州田糧隱漏里役不均于光清積弊均勞逸貧民受利

金貴號小泉遼東人知州事治務簡靜蘄處江干最苦徃來供役貴預策酬應悉身任之民無所擾序詳藝文

王宗堯號銘一廣寍蔭生順治間知州事州治廟學燬於冦宗堯鼎新之民困於徭役宗堯請給僱役官錢

民大稱便
李成材奉天貢生康熙間知州事居官勤愼修舉廢墜不遺餘力境內稱治
劉國輔字長民奉天監生康熙間知州事官蘄最久諸弊革除時稱鐵面劉
王玠字寶峰奉天廕生康熙間知州事斷獄明決暇則與諸生爲詩文課援筆立就歷十載陞石阡太守官至川藩
華文振字奎一宿州監生雍正間知州事以慈祥稱調

郴州去攀轅祖餞者累日
蔣嘉年奉天例監雍正間知州事廉明公正案無留牘有利民者毅然爲之積弊剔除殆盡陞揚州太守轉甘肅臬司
劉淑字文錫臨汾貢生商籍揚州雍正間知州事性慈愛死罪輙不忍決甫一載因疾致仕瀕行念窮民逋欠社穀無償悉爲代完以紓民困民歌思之
蔣尙德字德輿奉天舉人乾隆八年知州事性醇厚引接善類平反疑獄興作不病民浚陧渠引渠水入江

水利以通移建營署置書院給諸生膏火前後捐俸若干載各碑記公暇與諸生剖晰源流往復不倦由是人益勵學後以疾卒於州
李珌字君采號靜軒陝西靈州進士乾隆庚午知州事甫下車搜沉卷三百餘審理案牘一空遇疑獄片言立決人稱神君姦民馬朝柱謀叛公偵知其實親赴鴞河等處設法擒緝獲其軍器圖札窮其黨羽兵不勞而事寢蘄黃諸境晏如也以軍功陞本府太守蘄人作頌立石焉以上錢志

錢鋆號檢亭常熟舉人知州事蒞任數年惠民不可枚舉至於重新書院勸捐增置田課備生童膏火又以其羨餘周寒儁尤爲愛士之實心乾隆乙亥與學師程拳時纂修邑志百年來俾後得以有所本者皆公之力也
劉義山東進士漢陽府同知攝州篆釐蠹剔弊有剛直聲
張金管浙江烏程監生以字學考取授通判乾隆三十六年署州篆衣布茹蔬清操自勵陞襄陽知府

謝豐草號西堂東官進士乾隆三十九年知州事多善
政勸修文廟文昌閣以培士風
陳嘉謨錢塘進士知州事性廉介治嚴明士民稱之陞
施南知府
李國騏廣東嘉應舉人知州事慈惠公平人不敢欺家
世科第自康熙丁卯至乾隆癸酉兩翰林三進士鄉
榜二十三人至今綿盛未艾
德泰滿洲正白旗人乾隆四十五年知州事時年二十
餘崇儒術尚禮教治化一新陞漢陽知府官至川藩

胡齊崙號學山會稽人乾隆五十四年由兵馬司副指
揮補知蘄州多善政著有學山堂遺稿政蹟載稿中
曾維道直隸拔貢乾隆五十九年知州事潔已奉公勞
心撫字時襄鄖教匪滋擾蘄地當上下游之衝調撥
差遣軍需旁午公籌辦悉協而民不驚會憂去至大
吏慰留事平而後去士民遮道頂香泣送者眾
魏肇高號溉園柏鄉人戊戌進士嘉慶二年知州事廉
明慈愛尤汲引孤寒公暇與諸生講道論文粹然儒
者之言解任時行李蕭然送者流涕

范寶琛號六泉嘉善人庚子進士性廉明威重寡言笑
任蘄十二載門無私謁人呼為冷面鐵心甲子鄉闈
同考官所得皆知名士以疾歸奔送者呼聲震地
椿齡號繩山漢軍鑲黃旗人己未進士清介自矢禮讓
化民貧托之弊悉絕捐脩麟山書院並肄業齋房費
數百金士林戴之戊辰同考官以得人稱後補興國
知州亦多善政
顧澍號件槃錢塘舉人任蘄十二載性和政簡與民休
息著有金粟影菴詩玉堂試帖詩餘等集士林珍之

勸脩文廟城垣並奎閣以績著後擢德安同知
李鍔號蓮峰解州進士道光三年知州事樸素剛直內
外莫敢干以私聽斷明決人稱鐵面鏡心常平倉朽
壞公脩補添建以廣積貯後多賴之碑詳藝文
馬鴻圖號明齋山東蔭生道光十二年署州事勤慎明
敏民間疾苦利弊悉親身訪之尤嚴緝捕盜賊遠颺
夜戶不閉去之日焚頂泣送者塞途
林壽平號櫟夫福建侯官人壬午舉人道光十八年署
州事德性堅定達於事理愛民若子課士如師勸脩

本城東西義學以育貧儒捐建北檀社稷壇以重農桑又勸捐考棚士民愛戴至今俎豆焉

劉鴻庚號西垣會稽舉人道光二十年署州事潔已愛民教育士類適洋匪滋事兵差羽檄絡繹不絕人心惶懼公籌辦安慰毫無驚擾捐書院膏火重脩考棚皆竭力經營至今歌頌之

陸𢘿紱號晴嵐浙江廩生道光二十二年署州事敬以持已廉以勵操添脩考棚以廣童試士林便之〔俱知州以上潘志〕

劉清史監利舉人康熙間學正工制舉業課諸生有法

李功𣲖字書竹黃陂舉人乾隆間以聞喜知縣改任學正性沈靜課士之暇窮經不輟

王世法字民表號兩橋江夏舉人原籍蘄州自祖遷江夏其父昆季以科名盛世法補州學正桑梓之鄉尤相敬愛以文求正者觸手輒應丁外艱去〔以上錢志〕

程大中字拳時號是菴應城舉人為州學正訓士有法先品行而文藝次之待門生若子姪然由學官成進士文章學問卓越一時學者宗之如泰山北斗乾隆乙亥與州牧錢檢亭纂修邑志生平著述甚富四書逸箋採入四庫館其餘在山堂集甲乙存稿等書俱梓行〔以上學正碑詳藝文〕

甘昌祚字景卜漢陽歲貢雍正間訓導時廟學頹圮昌祚修督罔懈日置座楹廡間與諸生啜酒茗論文學正朱銓暨紳士皆樂與遊〔右訓導〕

宋文楷武安人康熙間州判勤敏有政聲

孫衍慶北直例監雍正間州判明敏稱職卒於任

王士讓福建五經副榜乾隆間州判文學淹雅曾充三禮纂脩工蘭石畫卒於任〔以上州判俱錢志〕

項厚字博安錢塘生員康熙間吏目工詩古文勤於供職守憲孟世泰署其堂稱賢而隱於下位者也予告歸

任蔣拾蕭山生員乾隆間吏目好論文研究根柢士多從之

陳以績字熙載如皐生員乾隆間吏目擒緝有方壬申平馬逆敘軍功以績與焉〔以上吏目俱錢志〕

新增

封繼榮廣西容縣貢生江蘇武進縣丞陞荆藩紀善時荆藩幾務繁冗榮因時措置井井有條爲諸王所倚重其子良儒貢生浙江開化縣訓導陞益藩教授父子俱以詩鳴

黄式度號蘭丞湖南善化舉人由知縣三牧蘄州實心撫字初任時際兵燹之餘凡文廟書院考棚均以次修復性明决能折疑獄而慎於用刑緩催科胥役需索之弊悉杜及再三任州人士有還我使君之頌旋以大計卓異陞補知府去之日攀轅餞送者絡繹不絶

孫福海號補堂山東榮成人揀發湖北知縣同治戊辰署州事性廉敏案無留牘每聽訟先須息訟歌詢兩造家務瑣屑事甚悉卒問獄詞譸張者往往不能置對以此恆得奸伏公餘手不釋卷奬掖士類如有所私後卒於省寓貧無以殮

劉德鈐號賡堂漢陽舉人任蘄州學正日與士子接見縱談經史於忠孝大節亢反復不已後引疾去州人士尤惓惓不忘云

魏作霖號雨三四川廩貢生牛刺來蘄清廉自矢屬有疑獄知州某或與商之代剖悉當尤重名節咸豐甲寅髮逆擾蘄親率勇與戰於州之野塘嘴以力不敵兵潰陣亡州人惜之

李璵號硯南錢塘人咸豐間攝蘄篆未履任微服入境訪民間疾苦利弊甫視事首拴奸人重懲之草書役代書積弊鄉城肅然營勇擾蘄上書胡文忠公禁止之賊由蘄水犯黄州督團勇復州城旋助大軍克廣濟時軍書旁午仍虛懷聽訟分俸育材一切興革諸大端因蒞任未久未竟厥事然靡不悉心告後來者俾其遵守而恢張之蘄至今晏然稱治公啟之也

劉進昌號升衢江夏人附貢生由漢川訓導擢蘄州學正陶鑄士類克盡厥心襄修　文廟躬親擘畫在任十年卒

蘄州志卷之九

知蘄州事嶺西封蔚礽纂修

選舉志

選舉之法歷代不同
國朝沿明制鄉會兩闈得人稱盛餘則貢成均由例仕者兼途並進示無方也胥次第紀之明以前蘄地科目頗失考姑即其可知者載於志焉

選舉表

朝代	進士	舉人	貢生	仕職
南唐	陳起			
宋	甘霖字起崖官漢陽主簿 陳承惠字端公侍郎 馮杰據宋史理宗紀補入	黃元功解元據夷堅志補入 甘澤字叔濟 陳公華福州知府 賈紹南德化縣令		
元	康茂才明封蘄國公有傳		朱仕俊侍郎	
明				

朝代	進士	舉人
洪武十七年甲子科		張仕安進士 王瓛進士
洪武十八年乙丑科丁顯榜	王瓛知縣 張仕安廣西縣丞	
洪武二十三年庚午科		葉銓知府
洪武二十六年癸酉科		柳隆井研教諭
二十七年甲戌科張信榜	張濟文選司	
二十九年丙子科		汪祐教諭

貢生：馮思齊御史　呂仲和廣德吏目　楊遜河間通判　李思善福清主簿　張允誠江安教諭　曹正義戶部主事　黃安泰知縣有傳　朱彤主事通判有傳

仕職：童志井研典史　梅晟曲周縣丞　黃文四川吏目　黃裔福建巡檢　劉璀廣西典史　楊洪維縣遞運所大使　張玉雲南巡檢　朱鑾贛縣主簿　劉憲留守衛經歷　項基仁壽典史　馮信清平巡檢　蔡鵬大使　張珍四川驛丞　劉源江西驛丞　王文倉大使　哈儀四川驛丞

建文元年己卯科
二年庚辰科胡靖榜
王政
四年壬午科
熊俊 廣東揭陽縣典史
永樂三年乙酉科

王政 進士
程式 鄲縣訓導
王廷中 彰明訓導
胡琪 進士
明晉 光州學正

余觀 化州通判
李瑄 大足知縣
昌祚 華亭知縣
熊晊 眞定府大使
李端 知縣

永樂四年丙戌科林環榜
胡琪 無極縣知縣
六年戊子科

周和 廣安州訓導
張彤 工部主事 左遷大興縣丞
張价 晉江教諭
陳情
張恆

毛義 縣丞
潘浩 御史
葉識 知縣
王慶 知府
葉蓁 知府
顧濂 衛輝經歷
陳愃 重慶推官
熊兆 縣丞
馮銘 經歷

九年辛卯科
十二年甲午科
十五年丁酉科

潘虔 威遠教諭
劉蘊 訓導
徐顯 綿竹教諭
胡僖
程燧 解元 雩縣訓導
鄭杜 潮州同知
張惠 贛州通判
曾榮 知縣

李俊 主簿
江永 餘干縣丞
潘讜 儀隴知縣
曹善 縣丞
張通 增城知縣
陳暹 西安知縣
翁裕 縣丞
盛源 縣丞
朱謐 字樵 寗原

十八年庚子科
二十一年癸卯科
二十二年甲辰科邢寬榜
熊翼 副都御史 回籍光山

余悅
張連
徐鐸
何清
熊翼
胡仁德 荆州教授

武知縣陞趙州未任
張清 永豐縣丞
張禮 經歷
馮志 祁門縣丞
張永清 路南吏目
李茂 嘉山縣丞

宣德七年壬子科
陳浩 據通志補
有傳

正統三年戊午科
宋誠 副使有傳
王志 經歷

六年辛酉科
劉瑄 有傳
朱訥 字懋愼海甯衛經歷

九年甲子科
陳溱 有傳

十二年丁卯科
毛晟 訓導
陳惠 字澤民丹陽主簿
劉澄 進士
陳昇 無錫主簿

景泰元年庚午科
張禧 推官有傳
江琳 知縣
王翰 進士
寇昱 典寶
周紹 主簿
周傑 訓導
王愼 教諭
徐卿
趙昌 主簿

四年癸酉科

七年丙子科
黎冕
胡祥 昆陽州同
謝忠 照磨

天順元年丁丑科黎醇榜
劉澄 戶部主事
李英 縣丞

天順三年己卯科
王翰 知府有傳
華仲賢 進士有傳
戴珍
王誥
陳恕 漢州吏目
張福 泉州府訓導陞教諭

楊英

成化元年乙酉科
金蘭 南昌訓導
何瓚 高縣縣丞
蔡綸 贛州倉大使
易濂 知縣有傳
陳玘 貴州都事陞知州
聶鎮 宜賓典史

四年戊子科
甘堂 知州有傳
何珍 廣東提舉
張翼 敘州府經歷
陳福 通州衛倉大使

十年甲午科
田鵬 亞元乳源知縣
傅敬 費縣縣丞
許仲信 新野典史
何宗濱 據通志補
昌玉 華亭縣丞
許希艮 遼東倉官
張貴宗 據通志補
張綱 訓導
施濟 四川吏目

十一年乙未科謝遷榜	十九年癸卯科	二十二年丙午科					
華仲賢 布政 有傳							
壽儒 進士	華彝 同知	華巒 解元 進士					
鄒誠 訓導	宋環 三河教諭	曹裕	封玉 典簿	陳濟	熊琳 射洪縣教諭	李淮 贛州府訓	
趙仲仁 海鹽倉守支	曾訓 霸州同知	田倫	劉英	宋奎 臨清提舉	宋璧 綦江主簿	張文 建昌通判	劉志

二十三年丁未科費宏榜	宏治五年壬子科	八年乙卯科					
華巒 翰林院編修有傳	壽儒 主事 有傳						
甘澤 知縣 有傳	劉臣 羅雄知州	陳僖 豐縣知縣	張思齊 進士 有傳	陳大中 進士 有傳	黃廷玉 字德夫胥		
導	顧昊	朱易 普安州知	朱暉 永寧衛知事	劉琛 訓導	馬驄	劉迪	王麟 字應祥南
金相 吏目	陶大本 巡檢	張景	侯佐				

十四年辛酉科	十七年甲子科	十八年乙丑科顧鼎		
張思齊 布政 有傳				
江知縣	楊榮 字本仁	宋艮臣 字希夔誠之孫確山縣知縣	錢重器 據通志補	
雄府經歷	齊賢 惠州府照磨	游仲瑀 字正儀雷州府推官	宋埜 陝州同知	
何玉	程彩鳳 字子韶工部營繕所所正	孔宗易	陳仁惠	吳英 字廷杰處

臣榜					
馮翱 兗州推官	曹琪	曾昇 字君用德興縣丞	甘銘 字晉中廣東布政司都事	吳山	張瑩 訓導
州府知府					

正德二年丁卯科

三年戊辰科呂柟榜

陳大中 轉運使有傳

余志 歷官提學主事郎中知府

余志 進士

蔡萬鍾

王鸞 餘干訓導陞舞陽教諭

昌允升 字元吉授散官

李樂 字大韶死州府訓導

劉廷輔

郁文俊

吳鑑

吳廷佐

劉伋

五年庚午科

八年癸酉科

九年甲戌科唐臯榜

十一年丙子科

劉樽 知鶴慶軍民府

王儼 知府有傳

劉樽 進士

甘棠 嵩府長史

高鵬 進士

李朴 字純夫隴

甘泉 字淵夫

張清 字濂夫晉甯州學正

馬謙 字益之

王鳳 字雍時邮縣主簿

李顯 廣安州判

戚世賢

顧樒 縣丞

張文憲

陳大章

楊榑

馬廷玉

李山

十二年丁丑科舒芬榜

高鵬 蜀府左長史有傳

州知

州

劉傑 忠州知州

張達 字德孚定州知州

姜茂

官

陳祐 字天相

彭琜 莘縣縣丞

邱隆 鞏縣訓導

陳棐

胡思明

程仲甫 廣信通判

郁文初 肇慶知府

陳詠 訓導

翁景曉

王廷文

李洪

嘉靖元年壬午科

二年癸未科姚淶榜

四年乙酉科

七年戊子科

郝守正 知府有傳

郝守正 進士

陳吉言 解元有傳

李時言 巴州知州

馮天馭 進士

翁景昕

張仁 思齊子豐縣知縣陞

壽鳳 清江縣丞

張思學 授散官

徐金

陳僚 扶溝縣訓導

馮鵬 有傳

嚴泉

劉經濟 敘州府通判

刁龍

盧基

康梅

酈僎

曹行忠

華岳

劉嵘

周廷珊

十年辛卯科

十三年甲午科

開封府通判

郤思學 萍鄉知縣

姜仲賢 開封府通判

甘澧 知縣有傳

廖正僑 據通志補

郭欽 資縣知縣

陳素養

梁珠 副榜主簿有傳

王仲儒 眉州學正

傅京

劉經綸 忠州判官

張漢 齊河縣教諭

李世發 夔州通判

陳仁民 新喻主簿

張練

韓世英

馬廷賦

馬如錦

胡仲甲

十四年乙未科韓應龍榜

馮天馭 尚書有傳

十六年丁酉科

劉捷

劉宦 進士

高暘 字賓之蘇州府同知

張大顯 處州府推官

顧問 進士

化雨 深州學正

李世賢 弋陽縣訓導

姚仲生

王廷艮 雅州吏目

楊仲金 安福教諭

韓世奇

李仲儒

高曙

傅榮

湯爵貴

梁佳 廩生就例縣丞有傳

沈鈳

翁景曙

馬廷資

十七年戊戌科茅瓚榜

顧問 布政司參政有傳

十九年庚子科

二十年辛丑科沈坤榜

劉宦

二十二年癸卯科

楊芳

陳仁近 眉州知州有傳

張鐩

姜梅 有傳

盧奎 臨潼知縣

壽濂 南昌縣訓導

鄭達 靖安訓導

盧琮

田壐 訓導

彭綬

鞠蕙

桂漣

張湘 知縣

王廷節

王廷信

田乃獲

馮天駿 字艮仲錦衣衛千戶

翁景曠

孫廷楹

李世幹 丹徒知縣

李棻

二十五年丙午科

二十八年己酉科

胡煥

田成法 進士

楊旦

易鴻磐 知縣有傳

吳之翰

陳其愚 知州

湯一賢 知縣

化之行 同知

董士仁 推官

高鵾

劉作 教諭

陳資 教諭

李元貞 訓導

韓萬鍾 潁州學正

黃思 訓導

湯金 訓導

李頌 訓導

田于藍 訓導

陳仁滋

二十九年庚戌科唐汝楫榜

顧闕 副使 有傳

洪大賓 員外

顧閬 有傳

易龍見 知州 有傳

鍾沂 訓導

劉拯 知縣

李言聞 太醫院判

顧闕 進士

宋艮相 來安縣訓導

陳文章

馬文龍 廣安州訓導

三十一年壬子科

周祈 知府 有傳

周禧 進士

甘繼忠 三田縣知

馮天駁 經魁

韓表來

李啟昭 進士

吳鳳瑞 有傳

曹承詰 刑部郎中

三十四年乙卯科

三十五年丙辰科諸大綬榜

李啟昭 知府 有傳

三十七年戊午科

甘受學 眉州知州

周祚 郎中 有傳

徐之徠 知縣 有傳

王省吾

高世相

戴符

史修 知州

四十年辛酉科

張英雲 據通志補

余時禮 府志作登庸 知縣

高儒

王之佐 知府 有傳

四十一年壬戌科申時行榜

田成法 御史

周禧 提學御史 有傳

四十三年甲子科

壽表

李建中 同知 有傳

隆慶元年丁卯科

易可訓 知州 有傳
余時中 岐山知縣
劉如臯 進士
胡邦謙 據通志補
李盛春 進士
陳正誼
張鵬翔 據通志補
吳之問
李孟春 主事 有傳

余大中 訓導
舒晴 訓導
高曜 訓導

二年戊辰科羅萬化榜
劉如臯 知縣 助教

四年庚午科

張巽 思齊之孫
葉正奇
張日新 知縣
馬希遷 復姓田 黄州府學

五年辛未科張元忭榜
李盛春 翰林院庶吉士 巡撫 侍郎

萬歷元年癸酉科

李際春 經魁 進士
張邦彥 知州
燕祖召 外學 副使
李載陽 進士
張文光 據通志補

王薦 訓導
李鍾濂 訓導
張文華 訓導
姜仲卿
田行轍
張積
韓疏來
易之誨
陳伊

楊棻 通判
王鑑
劉如魯 縣丞
顧佃
袁光紱 光祿寺丞
周道亨
田東 州判
李培 照磨
馬廷詔 經歷

四年丙子科

五年丁丑科沈懋學榜
李際春 副使 有傳
李載陽 太僕寺少卿 有傳

七年己卯科

劉如寵 進士

八年庚辰科張懋修榜
劉如寵 按察司副使

劉廷策 號愛宇
劉寓拯
劉嵩

十年壬午科

唐一鵬 進士
田澤
朱仲文 典史

王顯仁
馬廷馳 吏目

王之信
汪則孝 主簿

十一年癸未科朱國祚榜
唐一鵬 御史

袁世振 進士
易可賢 武陵訓導
劉如益 縣丞

張星 同知
郭承恩 知縣 有傳
毛瀚 吏目

余芳 通判
張士選 經歷
吳復佑 吏目

十三年乙酉科

陳其要
徐有成 教諭
馮楚才 巡檢

蘄州志　卷之九　選舉　十七

十六年戊子科

十九年辛卯科

蕭明哲　宋道亨 外學　張敎堪　王之臣 陽朔知縣　李瓊 知府　史朝貞 京闈同知　顧懋宏 南闈中　夏忠 同知有傳　汪廷玉 外學僉事

湯孫説　張兌 教諭　馮士冠 知縣　張維 有傳　侯來朝 教諭　楊一新 教諭　何其忠 教諭

何光岳 大同宣經歷　熊維岳　孫應奎 典史　蔡春茂 典史　張效藝 文思院副使　張洛　何時德 縣丞

二十年壬辰科翁正春榜

李挺 據通志補

陳王道 外學同知　黃鳳翔 外學

華時行　董一化 知縣　顧大訓 通判有傳

周瀚 典史　王璽 典史　張致和 縣丞

二十二年甲午科

張邦亨 乾州知州　龔漢臣 外學知縣

化大訓 常熟縣教諭

張其彥 知縣　吳廷卿 照磨　李如森 大使

二十五年丁酉科

張邦翼 進士　蕭世聘 明哲之子　陳時宜 同知

傅作相 潼川知州　李樸 副榜鹽運司提舉

田芳 庫大使　朱正學 吏目　文孝 吏目

蘄州志　卷之九　選舉　十八

二十六年戊戌科趙秉忠榜

張邦翼 會魁布政使　袁世振 鹽法道

汪宗文 副使有傳

顧大儀　陳吾惆 副榜　吳傑 選貢　駱本善

劉如璧 司獄　趙廷藺　熊之翰 驛丞　易可求 驛丞

二十八年庚子科

丁酉 據通志補

王之栩 同知　劉世臨 知州　劉銳 知州　晏攄忠 副使有傳

陳世甲　周澤 巡檢　王士元 主簿　周載鼎 典史　朱廷禘 典史

三十四年丙午科

嚴恭 中京闈　王臣紀 知州有傳　李樾 進士　蕭震 進士　田乃穉 進士

刁時化 典史　趙廷蓀　朱良相 驛丞　周宏先　劉新民 典史

四十年壬子科

易道偉　邵于行 臨桂知縣　劉璪 京闈中

韓可承　王琦 驛丞　鄭佐 驛丞　於應祥 驛丞

四十三年乙卯科

四十六年戊午科

四十七年己未科莊際昌榜

王　珙 巡按蘇松

李樹初 常鎮太常寺少卿赤城道有傳

田乃穉 有傳

蕭　震 知府有傳

曾鳳采 外學知縣

王　珙 進士

田雨公 進士

茹世德 外學

李樹初 進士

饒　京 進士

李　新 僉事有傳

洪名鼎 外學

孫尚和 典膳

馮汝振 監拔舉

孫世臣 主簿

胡世則 雲南府知府

蔡仲璐 縣丞

天啟元年辛酉科

二年壬戌科文震孟榜

饒　京 御史有傳

李　樾 副使有傳

袁雲龍 外學

張邦立

易道光 吏目

陳文煥 典史

孫應斗 典史

四年甲子科

五年乙丑科余煌榜

七年丁卯科

田雨公 有傳

田　滬 孝豐知縣

張效葵 同知

貢其志 江夏教諭

劉廷教 外學

李雲慶 知縣

康思孝 外學

李樹宗

袁熙振

李　枎 淮安同知

李猶龍 知州

蕭之禎 恩選福建平和縣知縣

葉　芬 廣濟訓導

何廷獻 教諭

何光敘 同知

周　易

顧天錫 有傳

袁素亮 有傳

張　翼 仁和縣丞

楊　善

湯歷年 驛丞

李本大 主簿

沈士彥 驛丞

王　珍 鴻臚寺丞

陳芳璧 經歷

葉長春 典史

韓　文 驛丞

陳其訓 吏目

余良相

汪宏濟 吏目

李　燕 鹽大使

李國瑞 巡檢

黃鳳喈

王之鼎

王之賡 平涼通判

周道充 縣丞

易道燦

楊　植 縣丞

王可象 縣丞

周迪德 鴻臚寺序

崇禎三年庚午科

金天宿 甯海知州

朱永昭 死難

張效方 荊門學正

馮一麟 揚州訓導

班

張效蓋

李梓

劉璣

張效鍾 死難有傳

史采

汪襟如

王爾錫

劉煒 典史

董威 吏目

六年癸酉科

九年丙子科

十二年己卯科

陳奇思 字仲啟

李炳然 丁丑會試副榜知縣

盧紘 進士

王臣縉 進士

梁之垣 字紫房庚辰會試留京甲申殉難

徐有望

茆遂粱 建甯縣丞

王有爲 鄞縣訓導

張效侗

李廷模

夏思

馮樾 推官

張效忱

陳宰

李本培

陳達

韋宗周 副使

李一本

龔朝相 典史

方承繁

李樑

王承節

韋宗儒 河泊

十三年庚辰科魏藻德榜

王臣縉 會魁知縣有傳

朱晙 原名由縉字茂宏宗學生丙子已中額溢奉裁是科復中死難

駱思顒

洗一聘 巡檢

陳正 死難有傳

袁道林 恩選

蕭益 恩選

王試

張盛時

江萬里

袁玉振 恩選

陳顯元 有傳

顧景星 恩選有傳

田之璜 恩選

馮楫 黃州府教授

李樌 有傳

毛一彥

程應科

劉東志

蕭明學 縣丞

胡正章 驛丞

黃鳳鳴

侯一位

潘雲鵬

程文光

陳芳璧 經歷
葉長春 典史
韓文 驛丞
陳其訓 吏目
金員相
王宏濟 吏目
李蒸 鹽大吏
李國瑞 巡檢
黃鳳喈

王之鼎
王之賡 平凉府通判
周道充 縣丞
易道燦
楊植 縣丞
王可象 縣丞
周廸德 鴻臚寺序班

梅當春
蕭鼎
嚴式玉
李模 指揮
韓之鼎
蕭爽 震之子
王瑚
李延慶 殉難
沈士望 上書錄用
黃立采 經歷

欽育陽 任荊府長史因籍蘄

國朝 沿明制

進士

順治三年丙戌科
五年戊子科

舉人

汪衡 進士
李本周 有傳
董良宣 武昌教諭
李本晟 進士

貢生 附恩賜

高培 恩貢由知府陞浙江溫處道
皮浚明 酃縣訓導
陳王道 恩貢趙州知州

應例保舉

石之瑜 按察司首領官
黃鳳喈 懷寧縣丞陞經歷

六年己丑科劉子壯榜

盧紘 會魁 布政司左參政 有傳
汪蘅 知縣 有傳
李本晟 巡撫 有傳
謝觀 上元籍蘄州人 主事

八年辛卯科

顧咸泰 經魁 知縣
張正志 進士

李坦 知州 有傳
陳之京 有傳
李本裕
張士淑 訓導 有傳
劉復周
葉彭 知縣
王協 知縣 有傳

嚴壯
李本京
李貞陽
李國華
張志翰 州同
李本淑 州判
汪同江 黃岡縣丞

九年壬辰科鄒忠倚榜

張正志 會魁 推官 有傳

十一年甲午科

劉匡生 有傳
張承位 有傳

張承瑞 知縣 有傳
董艮因 教諭
葉俊士 教授
馮琮 教諭
張效鍊 縣丞 有傳
陳言先 有傳
封岳
李淑
欽國樑 兵馬司

方舟 知縣 有傳
張泮 副榜

康熙二年癸卯科

劉還祚 教授 有傳

晏昇 有傳

王楨 以上縣典史

十七年戊午科

熊心璋 教諭 有傳

李本亮 訓導

二十二年甲子科

張仕渾 進士

孫天衢 教諭

周鼎

蘄州志 卷之九

教諭 有傳

陳文炳 有傳

尹驄 紙馬鎮巡檢

二十六年丁卯科

林可喬 本姓楊外

陳其勅 有傳

二十九年庚午科

縣人蘄州學進士

李永昇 有傳
陳誥 有傳
張梗 學正

易恂 訓導
龔柏 有傳
王世泰 有傳

趙羣玉 容縣巡檢
陳士眉
葉有弼

三十二年癸酉科

欽士佃 榜姓周解元進士
顧昌 有傳

王永圻 訓導 有傳
王世鼎 有傳
金天斗 有傳
孫芝 訓導
田之玉 拔貢

劉漢儒
王文炳 縣丞
王志博 縣丞
高克紹 同知

三十六年丁丑科李

張仕渾 知縣 有傳

蟠榜
三十八年己卯科
三十九年庚辰科汪繹榜
四十一年壬午科
四十四年乙酉科
四十五年丙戌科
四十七年戊子科
五十年辛卯科
五十二年癸巳恩科

欽士佃 翰林庶吉士有傳
楊可喬 鹽山縣知縣
王開泰 翰林庶吉士 庚辰會魁 授知縣 籍江夏
王開運 知州

劉文起 學正有傳
張仕學 教授有傳
王夢弼 宜昌府教授有傳
王開泰 進士 己卯中
王開運 進士 壬午中
王開銓 知州 俱籍江夏 壬午中
胡宗憲 經魁
張啟疆 有傳
易時憲 有傳
黎世俊 據通志補
孫民則 進士 知縣
張正問 主事 有傳
王琮 有傳
王開藩 籍江夏

呂呈瑞 訓導
駱思白 有傳
王極
陳常 有傳
張梓 有傳
李本衍 拔貢 知縣
葉優士 有傳
程大章
葉鳳翔 訓導
桂儀廷
王天爵 訓導
朱家瑞
馮以觀 拔貢 教諭
張世炯
馮炯 副榜
傅傳道

韓世傳 河州州判
王永盛 縣丞
高克順 縣丞
陳可元 縣丞
王宗仁 河州州判
陳肇元 縣丞
陳贊元 州同
方應舉 州判
王文雖 縣丞
李生彬
王上選 縣丞
陳法璧 州同
陳滋古
張啟奏 縣丞
王有信

五十三年甲午科
五十六年丁酉科

龔啟堂 學正
劉价
汪鵬 有傳

王永昌
張如斗
葉世榮 教諭
張之梁 教諭 有傳
舒嘉抱
陳謨 有傳
袁孔士 有傳
張士灝 有傳
張聯翼 拔貢 有傳
李永震 教諭
蕭銓 有傳
張啟翼 訓導
李澤溥 有傳
葉鳳喈 訓導
李振玉
張仕厚 訓導 有傳
易時敏 恩貢
方彭鑫

王有斐 州同
桂儼廷 州同
陳於
王學古 縣丞
李敷生
陳之坦
陳之壎
高鎰恒 縣丞
張世珖 縣丞
張世瓚 州同
陳於粱 州同
陳於棠 州同
李生棟
葉紹京 縣丞
陳信古
方彭年 州同
王國珍
桂登瀛 縣丞

黃天福 訓導有傳	張士遜
王仔古 恩貢有傳	張杓 縣丞
葉枝茂 訓導	張鏡
張承顯	陳琛
顧燕翼 恩貢有傳	蔡士元
陳有夏 有傳	陳洪緒
王鎬 訓導有傳	陳鴻猷 縣丞
朱性 公安訓導	陳之棫 濬縣縣丞署縣事
張聯芳 有傳	

陳治猷 教諭有傳	衛輝通判
饒斌泰 訓導有傳	李芳蘭 主簿
陳欲珍 訓導有傳	陳文獻 縣丞
李生芳	田之玢 縣丞
朱孔陽 有傳	黃天祚 縣丞
董開生	陳於榮 州同
陳豐晉	張棟 州同
王欽猷 有傳	張樞 州同
李宗澥	

雍正元年癸卯科		朱忻 字霽容	秦京	王鳳古 縣丞
二年甲辰恩科		高岱 字東瞻	李生棠 有傳	王世治 州同
四年丙午科		熊淇 湖北學蘄州人江西中式進士	李光縉	湯時弼
			蕭濬 有傳	王夢學 州同
八年庚戌科周澍榜	孫民則 知縣有傳	王世法 籍江夏丙午中	駱漸逵	張遠誨
十一年癸丑科陳倓榜	熊淇 知縣有傳		陳履中 拔貢	張立誠 縣丞
十三年乙卯科		陳履中 進士	湯力忠 府學拔貢	嚴世榮

熊慶源	陳道衆	王衡 州同
	李永甯 有傳	方城 縣丞
	伊琦 恩貢有傳	黃天秩 州判
	劉文超 有傳	張遠誦 州判
	張翼 訓導有傳	何開卷
	陳廩年 拔貢	張炳文 州同
	易經 訓導	何世浦
	胡之偉 有傳	吳晟 州同
	李應庠	胡明治

吳昌
江文理
張有應 縣丞
王佳士 縣丞
王佳植 州同
王之經 州同
陳文藻 署正
胡心仕 州同
朱萬齡 州同

科年	進士	舉人	貢	
乾隆元年丙辰恩科		張彥 截取知縣 有傳	高尚正 王光賓 恩賜副榜	葉永緒 典史署巡檢
十年乙丑科錢維城榜	陳履中 知縣		姜壎	
十二年丁卯科		劉萬甯 教諭 有傳	許熊	孟希孔 鹽大使效力河工
十七年壬申恩科		呂士模	張串 穀城訓導	
十八年癸酉科		張兆講 字易居 有傳	范正 有傳	張恢翮 漢州吏目

科年	進士	舉人	貢	
			傳 伍文宣	吳祖吉 歷任東光寶坻淶水知縣陞保定府通判
			胡薰 副榜 張文淵 副榜	
二十四年己卯科		吳成喻	余正古 有傳	
二十五年庚辰恩科		陳艮翼 進士 有傳	游泮 拔貢	易泗 庠生由經歷署知縣
		陳守約 有傳	王棫 有傳	有傳
二十七年壬午科		王梓德 有傳	王柯 有傳	
		馮世振	熊楚輝 有傳	孟其鼇 庠生縣丞
二十八年癸未科秦大成榜	陳艮翼 履中之姪 知縣推陞知州 有傳		陳其秩 董堪 恩貢 有傳	王鑾 陳榮封
三十年乙酉科		駱沛霖 經魁 武昌教授 有傳	陳瑛 王球 恩貢 有傳	王德謙 王承羲
三十三年戊子科		方克壯 胡薰 有傳	陳坎 有傳 張崇煜	彭德備 王雍
三十五年庚寅恩科		張夢禮 恩賜翰林院典簿	童巒 副榜	王德恒

三十六年辛卯科
三十九年甲午科
四十二年丁酉科
四十三年戊戌科 戴衢亨榜
陳詩 主事 有傳
四十四年己亥恩科

陳佑瀅
張文淵
陳詩 解元 進士
高斯薰
汪泉遥 漢陽訓導
張椿 經魁 隨州學正 有傳

朱正述 拔貢 有傳
孫超
張士度
褚經白
何錦坊 恩貢
張艮木 恩貢
李易生 有傳
劉之綱 有傳
高斯柏 恩貢

黃天相
王思文
王承彬
王世永
王世溥
王德凱
張暭
王鐸

四十五年庚子科
四十九年甲辰科 茹棻榜
劉之棠
五十一年丙午科

張夢培 歸州學正 有傳
劉之棠 進士 有傳
陳豐露 有傳
宋德輝 江夏訓導

李培滋 恩貢 有傳
陳艮珏 拔貢
陳文斗 拔貢 四庫校錄 授雲夢教諭
陳受琦 拔貢 衡州教諭

葉承鳳
孫朝漢
王梓
王肇謨
張國正
袁士昌

五十三年戊申恩科
五十四年己酉科

有傳
方蔚 有傳
陳錫文
吳煥鈞 有傳
蕭光縉 有傳
張學韶 有傳
范位盤 均州學正
陳艮珏 大冶 襄陽 通城 訓導

胡自梅 副榜
姚宗沛 副榜
呂士模
童之軾 副榜
陳艮翮 副榜 有傳
李華郁 優貢 中戊午亞元 有

吳紘 州同
吳琦
孫朝源
吳洪中
袁溎
陳艮寵
王夢蘭 王篤
葉全斌 縣丞
林之棟

五十九年甲寅科
六十年乙卯科

有傳
胡鴻薰 黃陂教諭
蔡理元 鍾祥訓導
張文鵠 亞元
孟嗣琮 號醒菴棟 選知縣

傳
袁開宙 有傳
王德修
童接驗
張煒
陳洪廪
王世桂
范卿組
伍景儒

楊照
龔望隆
江惟金
田禮高
李應祥

王材
葉青
董夢龍
金起濤
陳天篤
陳聖霖
王一經
張泰矚
張仕耀

孫振緒
王一元
張峻封
陳懋績 漢陽府訓導
涂渾
李永年 恩賜正榜
張文甲
顧啟賢 有傳

嘉慶三年戊午科
五年庚申恩科

劉之紳 號白水
張兆龍
胡永鉅
李鍾翰
裴緝緯 恩賜翰林

李華郁 亞元
吳林 京山訓導
蔡道中 理元之子 荊州

王彬德 有傳
胡有贇 恩貢
顧啟鑾 恩貢

楊世璐 廩貢 襄陽府訓導
陳選 武生 例授縣丞

六年辛酉科
九年甲子科
十二年丁卯科
十三年戊辰

李昺
王瑞光 籍江夏
張文玭 解元 有傳
詹如松 漢川訓導
陳時光 有傳
胡翔鸞 更名敏潛 江教諭
葉彪 有傳

教授
范位模 恩貢
張文玭
詹之玉 拔貢
方粱材 拔貢 崇陽訓導
葉翹秀 拔貢
劉管詩 副榜 有傳
陳有執 副榜 有傳
余長齡 副榜

張夢選 廩貢 德安府訓導 歷授三河縣知縣

恩科

十五年庚午科

十八年癸酉科

李承洛 鄖西訓導 有傳

熊有瑲 恩賜副榜

陳鑾 進士

童啟倫 優貢 有傳

陳其殷 有傳

孫時行

陳繼曾

汪佑炯

陳錦階 更名準知縣署山西應州知州

田書田 更名玉武昌教諭

蕭光序 有傳

二十一年丙子科

陳鵬枝 選竹山教諭未任

陳丹墀 有傳

王樂

余承書

袁之芬

陳曉陵 天門教諭

陳復三

二十五年庚辰科陳繼昌榜

陳鑾 探花 兩江總督 籍江夏

吳金庋 有傳

胡鴻職

吳祖信

范世龕

顧啟環 有傳

陳佑松

童昌旺

張攀桂

陳佑模 有傳

翁承烈 恩賜正榜

張光鼎 恩賜副榜 有傳

陳大猷 恩賜副榜

張夢桂 恩賜副榜

張學濂 恩賜副榜 有傳

涂德符 恩賜副榜

道光二年壬午科

陳廷揚 經魁進士
陳紹瑞 有傳
駱鍾蘭 恩貢
陳德麟
陳慶霖 原名子熊廩生鴻臚寺序班降捐巡檢

十二年壬辰恩科

詹翰 更名元瀚
陳本中 有傳
陳信煜
陳光烜 拔貢河南唐縣知縣
方應珪 拔貢
楊崇興 貢生署荊州府訓導
江筆華 廩貢歷署興國州德安府訓導

十四年甲午科

甘家遴 有傳
胡榮美
陳懋烈 福建臺灣府知府署臺灣道
陳鈞 副榜
陳鳳翀 副榜
詹如南 副榜署甘肅甯朔縣知縣
陳輔辰 江山縣丞署錢塘知縣

十五年乙未科劉繹榜

陳廷揚 四川鹽源縣知縣
吳之驥 優貢有傳

十七年丁酉科

陳甲三 經魁恩施教諭
黃兆魁
田森材 恩賜副榜
吳華封 恩賜副榜

十九年己亥科

陳太賡
張聯璧 有傳
李琳 恩賜副榜

二十年庚子恩科

陳玉晃
陳耀辰
董逢科 恩賜副榜

二十三年癸卯科

黃雲鵠 進士
駱利鋒 進士
王學智 選南漳教諭未任有傳

二十四年甲辰恩科

黃體仁 文苑有傳
蔡景星 宜昌教授欽加同知銜
葉鄉琛

二十六年丙午科

朱今元 更名炳元
汪陶 宜都教諭
胡愿 荊州府學訓導有傳
張元栢 國史館謄錄考授縣丞

二十七年丁未科張之萬榜

二十九年己酉科

駱利鋒 更名敏修江西袁州府知府歷署吉安九江府事

陳焜烈

程豫 籍陝西

王世遠 籍陝西甲辰科

范廷光

詹文蔚

陳烺 拔貢原名夢京署安徽安盧滁和道

陳豐翥

胡鴻翔

田達材

李瑞玉 候補訓導

張捷

葉維城

錢選

陳瑷

王錦鱗 有傳

詹銘

王泳森

葉翹榮

咸豐元年辛亥恩科

程豫 四川布政

王世遠 主事

何明 號雪圃實授雲南廣通縣知縣請改宜城縣教諭

許作龍

鄧祖德 甲辰恩貢

岳淩漢 候選訓導

童啟伊

袁鍾瑜

葉維則

胡佳蔚 有傳

韓炳忠

胡南薰 恩賜副榜

李斌 江南南河縣丞

范槼 恩賜正榜

陳瑞林 優貢

陳本升 恩賜副榜

程天驥 恩賜副榜

方石麟 恩賜翰林

周道禮 監生試用通判

張夢玉 庠生江西候補縣丞

周道森 監生江西試用縣丞

詹如雲

文抒藻

夏文斗 副榜

吳敏 恩賜副榜

華紹濂

吳德旭 恩賜副榜

三年癸丑科 孫如僅榜

八年戊午補行乙卯科

黃雲鵠 原名美鵠 四川建昌兵備道

陳杞 進士

朱燮元 大挑一等 四川鄰水縣知縣

袁秀升 黃陂教諭

張宇欽

童繼梁 恩賜正榜

陳寶 恩貢 恩賜正榜

王天麟

周吉雲 監生 安徽試用巡檢

周德滋 監生 廣東試用從九

吳鎮東 附貢 河南候補典史

同治元年壬戌

陳金銘 原名瑞林

陳世型

何選 恩貢

張子銘 訓導

陳孔皆

錢壽霖 拔貢 署河南魚台縣知縣

吳春藻

駱嵒 恩貢

李宗賓 記名道甘

恩科補行辛酉科

三年甲子科

肅寧夏府知府

李士彬 會魁

陳西庚 進士

洪安瀾 挑選教諭

胡履祥

王祖植 原名師 覺羅官學

張意達 歷任鶴峯州遠安縣訓導

陳朗辰 候選訓導

吳朗 副榜 通山教諭

朱裕椿 恩貢 鄖陽府學教授

夏允升 安徽候補知府 欽加鹽運使銜

張汝鍪 廩生 署襄陽府教授

張藻鑾 增生 署公安訓導

四年乙丑科崇綺榜

李士彬 翰林江南道監察御史壬午陝西大主考

陳西庚 陝西甯陝

歷同知候補知府

陳燮鋒 有傳 教習知縣加五品銜

楊瑞林 有傳

胡之準 恩貢

石貢禹

孫映魁 附生署當陽訓導

陳文錦 附生署安陸府學教授

六年丁卯科

陳士龍 天門籍

胡佐仁 訓導

童家鵠 有傳

許利箎 恩賜正榜

田相拔 恩賜正榜

范步蟾 增生黃陂教諭

七年戊辰科洪鈞榜

陳杞 廣東西甯縣知縣同知銜

李國柱 署甘肅甯州知州

十二年癸酉科

張瑞霖 挑選教諭

陳子蓉

陳萃升 訓導

吳占魁 更名文彬

田培翰 恩賜正榜

葉兆熛 恩賜正榜

黃美琮

陳杅宗

翁鼎新 恩賜副榜

盛慶雲 安徽候補直隸州 欽加知府銜

陳燡 附生江西候補知縣 欽加同知銜

陳之塏 署安徽廣德州杭村巡檢五品銜

吳于雲 恩賜副榜

張新藻 恩貢候選教諭

張綸

許士鑾 拔貢中書

洪兆炳 副榜

胡兆唐 恩賜副

陳煥新 監生湖南宜章縣白沙巡檢五品銜

陳煜 江蘇候補縣丞鹽提舉銜

陳來仁 安徽候補知府

榜

王應龍　恩賜副榜

陳宏舉　恩賜副榜

陳懋森　廪貢歷署天門安陸訓導石首當陽教諭

陳杏林　監生陝西漢中府經歷陞用知縣

陳景湘　監生署江

西萍鄉縣蘆溪巡檢

錢文瀾　監生江西廣信府照磨

錢聯瀛　監生廣東試用巡檢

駱又賓　附生江西候補藩經

歷鹽提舉銜

汪連璧　監生江西候補照磨五品銜

陳世樊　廣東候補鹽提舉

陳丕業　兩淮即補鹽大使五

品銜

周紹基　監生江西試用府經歷

吳之驎　江西候補府經歷留江前先補用知縣

吳廷幹　安徽候補

巡檢

李國祥 州同取實錄館謄錄

夏德先 鞏縣丞代縣事

陳德新 福建候補同知

陳昌 雲南候補同知

陳占納 陝西候補

縣丞

查貫月 庠生廣東通判加同知銜

查寶信 安徽候補縣丞署桐城六百丈巡檢

張元理 甘肅候補

典史

陳琦 附貢江蘇同知補用知府

吳必燚 江西縣丞

蔡杰 安徽試用縣丞

光緒元年乙亥恩科

陳台

黃奉榮

陳淑祥

胡鈞 亞元籍陝西

二年丙子科

曹濱 恩賜翰林

五年己卯科

方詠昌

張慶翎

張其楷 恩賜翰林檢討

江兆先 廩貢試用訓導

田相緯 恩賜副榜

楊正清 雲南候補知縣署太和縣事普洱府鹽課廳

八年壬午科

陳廷揚 重宴鹿鳴

陳殿槐

王國治 恩賜副榜

李爲章 訓導

胡茂林 恩貢鄖縣訓導

范克讓 分省知府

葉兆淋

陳世儀

袁知本 恩賜副榜

姜正旭

陳肇基

馬星朗 恩貢

陳懋元

田聯昇

鄧瑞徵 上庠生分任兩淮鹽大使

查瑾 候補同知

夏德超 賞戴花翎分發省分知府

夏鼎 議敘府經歷

范玉麒 分省吏目

蔡漢清 訓導

蔡兆藩 議敘巡檢

朱鼎元

高漸逵

李丙烜 恩賜副榜

陳田疇 恩賜副榜

朱啟 恩賜副榜

陳應燮 恩賜副榜

按選舉一門悉依錢志潘志及□志郡志編輯增補

武選表

明

	洪武	宣德	萬歷	天啟
進士				
武舉			田有龍 三科武舉解元廣西永甯守備有傳	李標 守備 楊模 遊擊 劉克 守備 朱家棟 本姓甘 張膽 王犀 卽可象 李武
武功出仕	柳艮正 以功封吉安侯有傳 操桂 以功授忠信校尉調正遼都衛有傳 陳福清 以功授千戶有傳	王啟 以功授指揮使有傳	易貞吉 叅將 李楷 以功授總兵有傳	田金浦 以功授守備有傳 賈世儀 以功授校尉 岳鎮華 叅將祀鄉賢 李棟 以功授參將 熊轍 守備

蘄州志　卷之九　武選

崇禎

國朝

順治己丑　管遵王守備

戊戌　嚴鈞

辛丑　丁彭

葉植京衛千總

毛一桂

楊天貞有傳

吳良材

熊光京城安定門千總

管一舉

張承斌開平衛千總

陳國瞻九江衛千總

袁鼎陝西衛千總

葉植都司有傳

陳申舜定海副將

陳心鉉守備

吳大觀成都守備

康熙

李世忠以功任都司有傳

童心怡荆州水師營把總

雍正　童璋提塘

張洪四川成都府守備

蘄州志　卷之九　武選

乾隆壬申

王路

童有珩督標把總

乙酉

胡國勳

張文藻以功任思南府遊擊

戊子

何永清

江萬齡衛千總有傳

庚寅

楊鰲

吳尚賢有傳

恩科辛卯　何永清傳臚花翎侍衛福建汀州右營遊府

張開第

易光殿遊擊有傳

何見龍

鄧光楚武生江西袁州衛守備

丁酉

黃開榜

陳臨以功授蒲圻千總歷守備有傳

恩科甲寅

田開甲

陳起超候補千總

乙卯

陳金第

甲子

陳文光江南廬州衛千總

嘉慶丁卯

黃金鎔黄陂千總

吳映輝以功授千總

丙子

陳甫吉授衛千總

陳友晃以功授陝西孝義廳把總

恩科戊寅

龔玉琳

高金榜以功任黃陂城守

道光甲午

黃美耀

李發以功任興國營把總

恩科乙未

駱定侯

王最義以功授蘄州營把總

己亥			孫開榜任道士洑經制外委
庚子		王定甲	孫宗元以功授監利把總郎補千總
		吳德田	
		蔡耀清	
恩科甲辰		汪國泰黃梅縣千總	吳定元由行伍任黃州營葉家洲汎外委
咸豐辛亥		吳炳	繆啟發遊擊
同治壬戌		吳立三	顧得標監生揚州衛掌印守備
		胡秉榮	
甲子		裴清輔	胡元藩江西候補參軍府
戊辰	裴清輔以衛守備用		吳虎臣武生署黃梅縣千總
癸酉		王兆龍	周添順花翎副將
光緒			張廷舉世職署道士洑守備
			龔定泰世職署黃梅縣千總
			汪偉臣世職署黃梅縣千總
			管則遠陝西紫陽鎮都司加副將銜
			江玉奎江西餘干水師守備
			鄧錫垣世職署黃梅千總

			詹得勝儘先補用瓜州副將
			詹在田湖口鎮華陽把總
			吳得發鄖陽鎮千總
			吳必海襄陽府守備
			汪本恭廣濟把總
			陳兆標孔壠外委
			鄧蔡發原名守正武生花翎遊擊署黃州協都司
			陳隆吉署廣濟把總
			吳必燧署黃梅千總
			陳際昌督標藍翎千總
			陳得勝督標藍翎把總
			郝鳳鳴以功授山東守備
			萬賦元督勇平教匪保舉花翎都司
			龔金元羅田縣千總
			鄧道生候選衛守備
			宋家順軍功保舉總兵銜督標儘先補用副將

選舉下

辟薦

南唐

丁必稱 知臨江軍有傳

宋

林敏功 政和中徵召有傳　吳遵路 有傳　余玠

明

陳堯章 任本府儒學訓導陞臨安知縣　曾　黼 任吳縣知縣

以上洪武年

李時珍 楚王薦於朝有傳　徐之稌 知縣致仕五登鄉飲爲正賓有傳

以上嘉靖年

李時珍 太醫院判鄉飲大賓有傳　李建中 同知三登鄉飲大賓有傳

方思池 耆賓

以上萬歷年

張　星 同知六登鄉賓　胡朝宸 字正卿兩舉鄉飲耆賓

以上天啟年

孫世臣 字義所兩登鄉飲

崇禎年

國朝

顧景星 六科薦舉鴻博有傳　傅傳道 字天恕歲貢鄉飲大賓

晏　昇 字東白歲貢鄉飲大賓有傳

高　培 字尚孚溫處道鄉飲大賓　駱士君 字克武鄉飲耆賓

易　恂 歲貢鄉飲大賓　馮以觀 拔貢鄉飲大賓有傳

張啟翼 訓導鄉飲大賓有傳　易爲豫 字二如廩生鄉飲介賓

張克懋 字茂侯庠生鄉飲介賓　童學禮 字以立鄉飲耆賓

葉有德 字秀榮鄉飲耆賓　王　檽 字雲若庠生鄉飲介賓

王　藻 字秀友庠生鄉飲大賓　方其昌 庠生鄉飲介賓

吳心亮 字廷玉鄉飲介賓　賈鼎臣 字君仲庠生鄉飲介賓

陳其昜 字彥臣鄉飲耆賓　吳本瑞 字瑞玉鄉飲耆賓

張逢會 理問鄉飲大賓　陳其芳 鄉飲耆賓

田可斗 字文舉鄉飲耆賓　湯必闇 字又尚鄉飲耆賓

湯顯名 字嗣武鄉飲耆賓　裴天明 字才高鄉飲耆賓

以上康熙年

李生欒 字谷友廩生以孝廉舉有傳　李永慶 字來譽考授州判以孝友舉

李永芬 字紫榮增生以孝廉方正舉　王東山 字集長庠生以孝廉方正舉

以上雍正年

張仕厚 字存古訓導鄉飲大賓　王有斐 字復衛州同鄉飲大賓

張　申訓導鄉飲大賓有傳　龔啟堂學正鄉飲大賓
張復溥字育如庠生鄉飲介賓　張協占字臧卜庠生鄉飲介賓
張　貴庠生鄉飲介賓　袁開宙字濬來歲貢鄉飲介賓有傳
徐敦誠鄉飲耆賓　陳元耀鄉飲耆賓
陳播文鄉飲耆賓　胡紹伊鄉飲耆賓
熊華封乾隆十六年州牧李舉報老民赴京朝賀御賜龍頭朝杖養老銀牌緞疋頂帶
江惟金鄉飲大賓有傳　王開寅鄉飲大賓有傳
以上乾隆年
張廷贊縣丞鄉飲大賓有傳　陳受書字尚經庠生鄉飲介賓

鄧函春字理明鄉飲耆賓
以上嘉慶年
周春江號雲舫附生以孝廉方正舉
熊方柏號三峯郡廪生經學憲洪考取算學咨送禮部保主事加四品銜員外郎神機營教習
蔡光熊號衍之郡廪生經學憲王考取算學咨送禮部補官牛中書科中書與熊方柏同入順天府志
以上同治年
李有益號香泉增生以孝廉方正舉考授訓導剳授兵馬司副指揮
許來獻號琛臣廪生以孝廉方正舉
陳文蔚號豹君廪貢以孝廉方正舉

夏　松號柏心從九以孝廉方正舉
以上光緒年

封贈

明

康文廣以曾孫茂才貴贈中奉大夫中書省叅知政事京兆郡公

康德懋以孫茂才貴贈資善大夫中書左丞京兆郡公

康　壽以子茂才貴贈榮祿大夫同知大都督府事柱國追封蘄國公

馮　寶以子思齊貴贈監察御史

以上洪武年

張允誠教諭以子彤貴封如其官

以上正統年

王　恭以子翰貴封主事

華　珏以子仲賢貴贈刑部主事加贈常州府知府

以上天順年

張　文以子思齊貴贈中大夫　　李有梅以子淮以孫朴貴贈文林郎

以上成化年

易用明以子濂貴封文林郎　　李　堤以孫新貴贈戶部郎中

以上宏治年

陳　理以子大中貴贈戶部主事　　劉仲誠以子樽貴贈太僕寺丞

以上正德年

高　政字扶辰以子鵬貴進階贈武德將軍　　郝　源字本清以子守正貴贈員外郎

馮　翔以孫天馭貴贈侍郎有傳　　馮　鵬以子天馭貴贈監察御史

廿　銘都事以子澧貴贈知縣　　曾　漣以子訓貴贈經歷

周大霖以子禧貴贈御史　　顧　敦以子問貴封布政司叅議

易　豸以子鴻磐貴封文林郎　　王　紳字碧池以子天相貴封明威將軍

以上嘉靖年

李　儒以子盛春貴贈副都御史　　李時珍以子建中貴封文林郎有傳

李時言以孫載陽貴封中憲大夫　　李元英以子載陽貴封中憲大夫

袁　以子世振貴贈中憲大夫　　張　乾以子邦翼貴贈中憲大夫

蕭明哲以子世聘貴封奉直大夫　　劉　戭以子如寵貴封推官

易　東以子龍見貴封奉政大夫

以上萬歷年

李建中以子樹初貴贈中憲大夫　　李建木以嗣子樹初貴贈中憲大夫

蕭孟石以子震貴封工部營繕司主事　　王之鄰以子珙貴封監察御史

以上天啟年

晏印台以子攄忠貴封奉政大夫　　李于節以子新貴封戶部郎中

李　櫕字萃甫以子本衍貴封文林郎　　饒邦彥以子京貴贈監察御史

葉　芬以子植貴封武德將軍

以上崇禎年

國朝

李際春字和元以孫本晟貴贈中憲大夫　李標字峻甫以嗣子本晟貴贈中大夫

李梴字赤存以子本晟貴贈中大夫　盧楷以孫紘貴贈中大夫

盧如鼎以子紘貴贈中大夫　汪襟如以子蘅貴贈文林郎

顧天祚以子咸泰貴贈文林郎　張邦基以子正志貴贈文林郎

張效論以子承瑞貴贈文林郎　王道隆以子協貴贈文林郎

李本蓁以子坦貴贈奉政大夫　高自見以子培貴贈中憲大夫

管廷機以子遵王貴贈定遠將軍

以上順治年

王御龍以孫開銓貴兩贈文林郎　王文炳字肅儀縣丞以子夢弼貴贈修職郎

張志翰字尊思以子仕渾貴贈文林郎　欽國樑兵馬司指揮以子士佃貴贈文林郎

以上康熙年

張宏泳字穗岐以子仕學之梁貴兩贈修職郎　童一成以孫璋貴贈武德將軍

童心怡以子璋貴贈武德將軍

以上雍正年

陳法瑩號鷲峰州同以孫良翼貴贈承德郎　陳輝號祥庵監生以子良翼貴贈文林郎

陳先榮以孫蒔貴贈奉直大夫　陳猷漢以子詩貴贈奉直大夫

吳璘號玉峰以孫祖吉貴贈文林郎　吳洪兌號醉庵附貢以子祖吉貴贈文林郎

張炳庠生以孫啟翼貴贈修職佐郎　張正飛庠生以姪孫申貴贈修職佐郎

何開府以孫永清貴贈宣武都尉　何世屏以子永清貴贈宣武都尉

胡備三以孫心作貴贈武信騎尉　胡崇謙以子心作貴贈武信騎尉

楊本譞以孫世銓急公封奉直大夫　楊照號松村以姪世銓急公封奉直大夫

楊勳以子世銓急公封奉直大夫　駱見麟以子沛霖貴贈修職郎

童全任以子鍇貴贈修職郎　陳士眉以孫文光貴贈武略佐騎尉

陳起超以子文光貴贈武略佐騎尉　易蘭以孫光殿貴贈昭武都尉

易天澤以子光殿貴贈昭武都尉　陳文藻以子臨貴贈武略騎尉

張兆魚以子大坦貴封武信騎尉

以上乾隆年

范卿綱號淡亭監生以子位盤貴贈修職郎　陳興號凤齋以子爰琦貴贈修職郎

蔡敬耆以子理元貴貤贈修職郎　蔡理元以子道中貴貤贈修職郎

張盛材以子椿貴貤贈修職郎　宋世材以子邦棻貴貤贈修職郎

胡昌和以子鴻薰貴貤贈修職郎　鄧瑛號廷璋以子光楚貴封武都騎尉

高斯湄以子金榜貴贈修武校尉

以上嘉慶年

王本瑛以子最義貴贈武信騎尉　楊世銘以弟世璐貴贈修職佐郎

陳振聲以子準貴封文林郎　陳守銘以子曉陵貴贈修職郎

詹興仁以子如松貴贈修職郎　田正璧以子玉貴贈修職郎

胡鳴珠以子敏貴贈修職郎　何楷以子杰急公贈儒林郎

周凰以子大士急公封儒林郎

以上道光年

駱千翥以孫利鋒貴贈奉政大夫晉贈中憲大夫

駱萬森以子利鋒貴封奉政大夫晉封中憲大夫

以上咸豐年　以上潘志

新增以送局前後爲序

陳艮梅監生以孫三辰貴貤贈文林郎　陳信廣廩生以子三辰貴贈文林郎

陳發以曾孫爔貴貤贈資政大夫　陳學訓以孫爔貴貤贈資政大夫

陳麗生附生以子爔貴贈資政大夫　黃獻祖監生以曾孫雲鵠貴貤贈通奉大夫

黃玉訓監生以姪孫雲鵠貴貤贈通奉大夫

黃大綸監生以孫雲鵠貴貤贈中憲大夫晉贈通奉大夫

黃金鐙以子雲鵠貴贈通奉大夫　黃金榜增生以姪雲鵠貴貤贈通奉大夫

黃兆魁舉人以受業從姪雲鵠貴貤贈通奉大夫

黃雲鴻監生以弟雲鵠貴貤贈朝議大夫　李興憶以曾孫士彬貴貤贈中議大夫

李克鳳以孫士彬貴貤贈中議大夫　李樹滋庠生以子士彬貴封中議大夫

李克功以姪孫士彬貴貤贈中憲大夫　李克儉以姪孫士彬貴貤贈中憲大夫

李克仁以姪孫士彬貴貤贈中憲大夫　李克駿以姪孫士彬貴貤贈中憲大夫

李克艮以姪孫士彬貴貤贈中憲大夫　李克讓以姪孫士彬貴貤贈中憲大夫

李克義以姪孫士彬貴貤贈中憲大夫　陳經法以壻李士彬貴貤贈奉直大夫

黃大猷監生以子金鎔貴封雲騎尉　黃大綱監生以姪金鎔貴貤贈雲騎尉

黃登泰武生以姪金鎔貴貤封雲騎尉　陳際盛諸生以曾孫懋烈貴貤贈資政大夫

陳嘉穀監生以孫懋烈貴中憲大夫晉贈資政大夫　貤贈文林郎　誥贈

陳東旺例貢生以子懋烈貴中憲大夫晉贈資政大夫　勅贈文林郎　誥贈

陳顯瑶以孫杞貴貤贈朝議大夫　陳洮淵廩生以子杞貴贈朝議大夫

汪禮章以子陶貴贈文林郎　汪鍾尙以子泉選貴贈修職郎

張連陞以外孫張楷貴貤封朝議大夫　何立淼以嗣子明貴封奉政大夫

何之望以子明貴封奉政大夫　陳夏監生以孫西庚貴貤贈奉政大夫

陳鳳立監生以子西庚貴贈朝議大夫　王昌燾以孫師貴貤贈奉政大夫

王燮貢生以子沛貴封奉政大夫　陳愔信以孫煥新貴貤贈承德郎

陳平山以子爕新貴贈承德郎　陳灼以弟燁貴貤贈奉政大夫

陳信濤貢生以子輔辰貴贈儒林郎　盛瑞璜以子慶雲貴贈中憲大夫

盛暎雯以弟慶雲貴貤封中憲大夫　李榮甲以孫宗賓貴貤贈通奉大夫

李濚消以子宗賓貴贈通奉大夫　李嵩年以弟宗賓貴貤封通奉大夫

熊錫祚廩生以子方柏貴贈承德郎
熊濟孝以弟方柏貴貤贈承德郎
宋錫齡以孫裕椿貴貤贈奉直大夫
宋南英以子裕椿貴贈奉直大夫
張如杜以子意遠貴贈修職郎
陳信溥以子之瑻貴贈奉直大夫
陳佑縉以姪德衡貴貤封奉直大夫
吳德炎以子之璘貴封奉直大夫誥晉封奉政大夫
龔如棠諸生以子鑾貴卹贈武德騎尉
龔攀桂從九以子烈卹贈武德騎尉
汪文炳以子國泰卹贈都騎尉
吳　以子遵義卹贈武德騎尉
龔　鑾殉難贈武德騎尉
龔　烈殉難贈武德騎尉
汪國泰殉難贈武德騎尉
吳遵義殉難贈武德騎尉
吳必均太學生殉難贈武德騎尉

吳兆濂增生封武德騎尉
吳祖語殉難贈武德騎尉
吳德寬監生贈武德騎尉
夏文元以孫允升貴貤贈資政大夫
夏光耀以嗣子允升貴贈資政大夫
夏光華以子允升貴贈資政大夫
詹能魁以曾孫德勝貴貤贈武功將軍
詹宏源以孫德勝貴貤贈武功將軍
詹道彬以子德勝貴贈武功將軍
顧紹龍以孫得標貴貤贈奉政大夫
顧道中監生以子得標貴贈奉政大夫
楊大廷以孫正清貴貤贈朝議大夫
楊鑑與以子正清貴贈朝議大夫
楊正權以弟正清貴貤封朝議大夫
夏提南以孫松貴貤贈承德郎
夏勝觀以子松貴贈承德郎
陳懋謙以子賓琳急公封奉直大夫
陳世懋以弟世樊急公貤贈奉政大夫

陳斯廣以子淑姿急公贈朝議大夫
陳湛兮以子烺急公贈承德郎
陳佑渭以子玉階急公贈儒林郎
李德禮以子有益貴贈承德郎
李裔琳以弟有益貴貤贈承德郎
李德茂以孫正春急公貤贈修職郎
李　森監生以子正春急公贈修職郎
李運緒以子錦堂急公贈朝議大夫
江開泰以子筆華貴贈奉直大夫
周　鼇以孫道禮急公貤封儒林郎
周暉翥以子道禮急公贈奉政大夫
查　馨以子貫月急公贈中憲大夫
鄧紹懷以孫縈發貴贈武義都尉
鄧瀛堃太學生以子縈發貴貤贈武義都尉有傳
鄧守儒太學生以弟縈發貴貤贈武義都尉
周崇珍以孫添順貴贈武功將軍
周至長以子添順貴贈武功將軍
李　春以子玉急公贈登仕佐郎

貢兆元以子良士殉難貤贈武德騎尉
貢楚材以子國翰貴貤贈武德騎尉
胡榮美以外孫黃雲鵠貴貤贈中憲大夫

恩廕

宋

吳　瑛以父遵路廕官員外郎

明

康　鐸以父茂才廕封蘄春侯

康　鑑以父茂才廕廣西指揮

康　淵以祖茂才廕散騎舍人

康　永鐸之元孫廕千戶

以上洪武年

馮汝承以父天馭廕官知府

李　栁以父盛春廕官知府

田足國以父有龍廕蘄州衛百戶

易惟饑以父貞吉廕守備

以上萬歷年

國朝

盧昭初以父縊廕入監咨吏部考選

以上順治年

韓宗彥字文伯以父友廕將仕郎

韓宗愈字又昌友之次子廕生仕陽朔知縣

以上康熙年

世襲

明

李　斌以父信襲正百戶晉千戶

李　俊以父斌襲千戶

李　景以父俊襲千戶

李　珍以父景襲千戶

李　震以父景襲千戶

李　儒以兄震襲千戶

李同春以父儒襲千戶

國朝

吳德桂以父尚賢死難襲雲騎尉

吳必海以祖尚賢死難襲雲騎尉

陳隆吉以父觀正殉難承襲雲騎尉

詹文炳以父塏殉難承襲雲騎尉

詹承祖以祖塏殉難承襲雲騎尉

張　彪以父榮九殉難承襲雲騎尉

宋裕椿教授以父南英殉難兼襲雲騎尉

宋守經以祖南英殉難承襲雲騎尉

龔定泰以父鑾殉難承襲雲騎尉

吳世忠以父遵義殉難承襲雲騎尉

汪偉臣以父國泰殉難承襲雲騎尉

張廷舉以父冲斗殉難承襲雲騎尉

吳正揚以父用宜殉難承襲雲騎尉

龔宗遂廪生以父烈殉難兼襲雲騎尉

黃舒甲監生以父翔漢殉難承襲雲騎尉

宋茂林以祖士鑑殉難承襲雲騎尉

張必承以祖鵬揚殉難承襲雲騎尉

蔡之準以祖景雲殉難承襲雲騎尉

吳正璜以父必均殉難承襲雲騎尉

武朝佐以父洪基殉難承襲雲騎尉

吳必燧以祖祖語殉難承襲雲騎尉

張中科以祖得本殉難承襲雲騎尉

梅楚材以父祥開殉難承襲雲騎尉　陳杰以父清泰殉難承襲雲騎尉

陳遵法以父紹聚殉難承襲雲騎尉　貢國翰以嗣父艮士殉難承襲雲騎尉

陳世朗以祖勝殉難承襲雲騎尉　陳保如以父錦濤殉難承襲雲騎尉

鄧錫垣以父自申殉難承襲雲騎尉　陳慶清以父禮賓殉難承襲雲騎尉

陳錫祥以父寅殉難承襲雲騎尉　陳定祥以父璬殉難承襲雲騎尉

陳隆淇以父億高殉難承襲雲騎尉　張必陞以祖子熹殉難承襲雲騎尉

陳子龍以父樹森殉難承襲雲騎尉　陳海瀾以父鳳族殉難承襲雲騎尉

陳錦遵以父介凡殉難承襲雲騎尉　龔恩榮以嗣父倫殉難承襲雲騎尉

張中立以祖德楷殉難承襲雲騎尉　劉鴿以父國章殉難承襲雲騎尉

張四林以父百朋殉難承襲雲騎尉　陳又新以父杏林殉難承襲雲騎尉

田理燮附生以父相輔殉難兼襲雲騎尉　吳景讀以祖遵義殉難承襲雲騎尉

張鳳彪以父正發殉難承襲雲騎尉　方桂琳以父樸初殉難承襲雲騎尉

李德崧以父文才殉難承襲雲騎尉

蘄州志卷之十

知蘄州事嶺西封蔚礽纂修

著述志

著述之家經尙矣史次之子次之集又次之然要皆各成一家交相爲用以爲經世之資當於四者觀其通也故列其目俾後之人可循次而考焉志著述

經部

易解汪宗文著　通志　佚

周易郁溪記十四卷郁文初著　通志

文初字郁溪官至肇慶知府此書爲河間賈棠所刋凡總論一卷上下經九卷繫辭上傳三卷而繫辭下傳至雜卦傳則皆標卷下以統之不復分析卷目蓋編次者之失也書中首推河洛縱橫曼衍不出常談至於各卦彖爻立論尤多僻異大率以五行生剋精氣骨肉爲言如解需於血出自穴則云乾者精氣之極而血脈之生通之中行需是已坤爲血脈之極而精氣之生通之中行晉是已出自穴者謂人自有生以來耳穴已有而今則天之通水自穴中出也日苞

之起亦猶是也解入左腹獲明夷之心於出門庭則云明之入也自右腹而下自左腹而上意巽也火復則風生心開則意隨蓋愈鑿而障礙愈多矣 四庫全書

周易纂象六卷陳本中著 稿存

本中號爲山壬辰舉人

三傳集解三禮解顧天錫著 通志 佚

鄉黨義考七卷胡薰著 通志 序詳藝文

四書類考三十卷陳詩著 序詳藝文

四書人名考二十卷陳詩著

六律正五音考四卷陳詩著

四書辨證張椿著

五經發意顧闕著 通志諸經總類 佚

說字顧景星著 通志小學 序詳藝文

景星字黃公康熙已未薦舉博學鴻詞其自稱推本許慎而大抵以梅膺祚字彙廖文英正字通爲稿本仍以楷字如編如丑字从ヨ从卜象手有所執也而列之於一部於六書之義未免有舛至於西域番文尤自別爲一體儒書所載已改爲楷畫非其本真一概收載亦爲泛濫其注皆雜諸書不由根柢所列各書唐說文蜀說文葛洪字苑何承天纂文呂靜集韻李啟聲韻呂忱字林陽休之夏侯詠韻畧孟昶書林韻會林罕字源等目不知何從見之又以李燾說文五音譜爲徐鉉以陽桓六書泝源爲吳元滿以趙明誠金石錄爲歐陽修以張守節史記正義爲六書正義以司馬貞史記索隱爲六書索隱舛誤不一而足至於司馬光集韻解諸家目錄未著斯名米芾大宋五言正韻僅名見畫史中蓋欲爲之而未成亦非眞有其書也 四庫全書

天文樂律十卷駱呈符著 佚

道器括囊一千六百卷蕭雲著 佚

石圃澄源錄二百二十卷李春期著 佚

四書輯說三十九卷周易晰言十卷尚書集義五十九卷特牲饋食禮集訓一卷禮記纂錄四十九卷春秋通解二十卷胡薰著 稿存

四書通義 質疑典疑李昺著 稿存 以上舊志

周易輯要十二卷四書尋繹八卷四書典制窮源六卷

王椿著

易經擬題集餘二卷王世氾著

易經擬題四卷四書集解十六卷王珩著

禹貢山川圖考二卷胡南薰著

儀禮經傳通解正續十六卷學庸講旨一卷王映齡著

學庸講義二卷陳良珏著

圖書圖考三卷胡際飛著

鄉黨摘要二卷張作霖著

四書講義二十卷王一經著　以上新增

史部

辛巳泣蘄錄一卷趙與褒著　詩詳藝文

曹彥約序李茂欽死守蘄城並毀其家立志最堅受禍最慘或罪其志有餘而才不足則亦苛矣武定軍入城反爲郡告示金陵軍及境而不恤郡池軍怯而不進雖有張巡許遠之才不得霽雲萬春之助決不能以千人之力守九里之郭却數萬衆騎之敵矣韓昌黎語巡遠事以爲當是時棄城而圖存者不可一二數擅强兵坐而觀者相環也不追議此而責二公以死守亦見其自比於逆亂設淫辭而助之攻也私意妄議從古則然要之久而自定

文獻通考百餘卷馮天馭著

三楚文獻錄李本晟著　佚

通鑑五十五卷李春期著　佚

諸羅守城月記一卷陳良翼著　通志

知鑑錄五十五卷續綱目八卷讀史餘言二卷陳其殷著　稿存

讀史管見十卷胡鴻然著　稿存

楚中風雅數十卷汪蘅著

續高士傳八卷資孝事實廣訓十五卷顧大訓著　通志傳記

舉史三十卷戒史十七卷二十一史評論三十卷顧天錫著　通志　佚

蘄春志十卷陸峻丁光遠著　宋史藝文志　佚

蘄州志九卷甘澤著　明史藝文志　佚

蘄州志十二卷翁學淵著　通志　序詳藝文

嘉靖三十一年壬子江防僉事遂昌翁學淵延鄉先生思恩知府王儼懷慶知府郝守正與舉人陳吉言

高暘楊芳諸生田於藍鍾沂更加蒐輯爲十二卷曰沿革曰選舉曰疆域曰建置曰版籍曰藩封曰名宦曰人物曰祀典曰詩文白茅堂集

蘄州志八卷夏忠著佚

蘄州志六十卷顧天錫著通志佚

天錫子景星去其複重加以論斷首沿革兵考次江防次震鱗次戶口次貢賦次征榷次國用次郵政次封建次職官次人物次選舉次疆域山川次城池藩署次民風次仰占次災異次物產次軼事次祀典次老釋次鬼神次書籍次詩文凡六十卷其雜論僅存者今在白茅堂集知不足齋存稿

蘄州志六卷盧紘著通志序詳藝文

灊巖得故蘄州志於舊家毛氏因据以爲本門類悉無所改而拾遺補闕考訂爲難今蘄之故家猶有存者知不足齋存稿

蘄州志二十卷錢鋆著通志序詳藝文

虞山延黃岡周茂建應城程大中及蘄士之知名者重事纂修別爲二十卷首地理子目凡十一次建置子目八次賦役子目五次學校子目二次職官爲表二而名宦附之次選舉爲表二次人物子目十五次列女分上下次藝文子目二而分上下次雜志子目二外志子目三蓋近來地志之窠臼也知不足齋存稿

通鑑補意顧闕著通志佚

讀史集論九卷顧景星著通志佚

臨清州志十八卷周禧著盧氏州志佚

廣濟縣志十二卷陳詩著通志

湖北通志一百卷湖北方域書九十九卷湖北史載八卷陳詩著

歷代紀元閏朔考陳詩著知不足齋書目

鹽法綱册十六卷袁世振著通志政書一名疏理成書佚序詳藝文

史外叢談共二百卷陳詩著

蘄州志二十六卷潘克溥著

子部

性理三書圖解九卷韓萬鍾著通志儒家

此云三者易學啟蒙律呂新書洪範皇極內篇也皆本無性理之名萬鍾蓋以永樂中修性理大全載此三書故從其後而追題之也原序稱其於啟蒙有三

遇卦之卦之殊於律呂有管孔之異於皇極辨止戎之訛明象占之義今按其書於啟蒙考變占之十二圖每爻必自一爻變至六爻皆變者依爻位逐次列之而各繫爻辭於下蓋本之韓邦奇啟蒙意見殊爲繁複其於遇卦之卦並無發明律呂管孔仍徑一圍三最疎之率亦毫無是正至燕樂字譜大呂太蔟夾鐘清各用五字而以上下別之蓋唐宋相傳之舊法所以取夾鐘爲二十八調之準萬鍾於四清祇列黃太夾而遺大律清聲又云旋宮之法未考是其於燕

樂尚茫茫無據何論雅樂耶皇極內篇係八止八戎小數縱橫當以悔凶休祥平災咎吉吝爲次刋本誤以止之縱數列爲戎縱萬鍾據數正之則所考良是然蔡沈此書非聖人而作易性理精義已以僭經斥之世亦無用以占者其謬否正無庸深辨耳 四庫全書

皇極詮解韓萬鍾著 佚

象緯類編三卷韓萬鍾著 通志天文

是書成於嘉靖壬辰採丹元子步天歌逐段分釋並爲之圖以馬氏通考所記彗孛客流陵犯之屬分隷各星之下合二十八宿爲三十一條而五緯附於其後其自序謂便學者之考索非有所作大槪與天元玉歷相同蓋當時未睹官本故又爲此裒輯耳 四庫全書

四脈發明一卷李言聞著 明史藝文志 通志醫家

月池人參傳 蘄艾傳 痘疹證治李言聞著 并佚

本草綱目五十二卷李時珍著 序詳藝文

時珍字東璧官楚王府奉祠正事跡具載明史方技傳是編取神農以下諸家本草薈萃成書復者芟之闕者補之僞者糾之凡一十六部六十二類一千八

百八十二種每藥標正名爲綱附釋名爲目次以集解辨疑正誤次以氣味主治附方其分部之例首水火次土次金石次草穀菜菓次服器次蟲鱗介禽獸終之以人前有圖三卷又序例二卷百病主治藥二卷於陰陽標本君臣佐使之論極爲詳析考諸家本草舊有者一千五百一十八種時珍所補者又三百七十四種搜羅羣籍貫穿百氏自謂歲歷三十書采八百餘家稿凡三易然後告成者非虛語也其書初刻於萬歷間王世貞爲之序其子建元又獻之於朝

有進疏一篇冠於首至順治間錢唐吳毓昌重訂付梓於是業醫者無不家有一編明史方技傳亟稱之葢集本草者無過於此矣 四庫全書

奇經八脈考一卷李時珍著

其書謂人身經脈有正有奇手三陰三陽足三陰三陽十二正經陰維陽維陰蹻陽蹻衝任督帶爲八奇經正經人所共知奇經醫所易忽故特評其病源治法並參考諸家之說薈萃成編其源委精詳經緯貫澈洵辨脈者所不可廢又創爲氣口九道脈圖暢發

内經之旨而詳其診法尤能闡前人未洩之秘考明初滑壽嘗撰十四經發揮一卷於十二經外益以任督二脈舊附刋薛已醫案之首 案薛已醫案凡二本其一本不載此書 醫家據爲繩墨時珍此書更爲精核然皆根據靈樞素問以究其委曲而得其端緒此以知徵實之學由於考證遞推遞密雖一技亦然矣 四庫全書

脈學一卷李時珍著

宋人剽竊王叔和脈經改爲脈訣其書之鄙謬人人知之然未能一一駁正也至元戴啟宗作刋誤字剖句析與之辨難而後其爲妄始明啟宗書之精核亦人人知之然但斥贗本之非尚未能詳立一法明其何以是也時珍乃撮舉其父言聞四診發明著爲此書以正脈訣之失其法分浮沉遲數滑濇虛實長短洪微緊緩芤弦革牢濡弱散細伏動促結代二十七種毫釐之别精微無遺又附載宋崔家彥四言詩一首及諸家考證脈訣之說以互相發明與所作八脈奇經考皆附本草綱目之後可謂旣能博考又能精研者矣自是以來脈訣遂廢其廓清醫學之功亦不在戴啟宗下也 四庫全書

醫案及集簡方李時珍著 通志

素問靈樞解六卷針灸至道三卷顧天錫著 通志 佚

易簡方書十卷蕭銓著 佚

醫門集要二十五卷陳謨著

津梁醫書李澤溥著

醫方三昧陳雍著

筮法秘傳二十卷陳有夏著

脈法指掌經絡全解古方辨畧新方解畧醫學指要陳

其殷著 稿存

茶約一卷何彬然著 通志譜錄

彬然字文長一字甯野是書成於萬歷己未畧仿陸羽茶經之例分種法審候採擷就制收貯擇水候湯具醼飲九則後又附茶九難一則 四庫全書

名義考十二卷周祈著 四庫館書 通志雜家

祈始末未詳前有萬歷甲申劉如寵序稱爲周大夫又有萬歷癸未袁昌祚重刻序稱其嘗爲民部郎又稱其幼時授經至綰組擁軺不知確爲何官也其書

凡天部二卷地部二卷人部四卷物部四卷各因其名義而訓釋之其有異同則雜引諸書參互辨証雖條目浩博不無譌誤如論月星則不知推步之術論河源則全據傳聞之譌論廣輪則不知周禮先有此文論化日則不知潛夫論實無此語論鮮卑以柳城爲柳州論肉刑以漢文爲魏文論箜篌爲即琵琶論杜甫詩竹根爲酒杯如斯之類牴牾恒有然訂謬析疑可取之處爲多惟援引舊文往往不著出典不免明人著書之通病云爾 四庫全書

知天閣李本晟著 集部

風水本義一卷袁培松著 稿存 序詳藝文

地理要言二卷胡昌才著

事類叢鈔六十卷陳詩著 知不足齋書目

集部

蒙山集十卷林敏功著 宋史藝文志

功字子仁有詩文百卷號蒙山集兵火後不存 湖北詩載

二林詩極少曾端伯作高隱小傳云有詩文百二十卷今所存十無一二兄弟皆隱君子不獨以詩重後

村詩序

無思集四卷林敏修著 文獻通考

修字子來敏功弟兄弟以詩賦相友善累辟不起世號二林 廣輿記

逺遊堂集二卷夏倪著 文獻通考

倪字均父竦之諸孫集中如擬陶韋五言亹亹逼眞律詩用事琢句超出繩墨言近旨遠可以諷味 後村詩序

溪園自怡集吳億著 宋史藝文志

東蘄集二卷朱厚焜著 通志 佚

厚焜幼孤未就外傳稍壯愧與長者語乃潛心學問發憤至廢寢食遂博貫羣藝王復嗜詩兼精繪事一日拂素圖蜀葵移晷日中蜂蝶叢集花上拂之輒來其神妙動物如此 蘄獻記

大隱山人集朱載墢著 佚 序詳藝文

載墢字昇甫喜讀書博經史爲人脱畧不羈能折節下士藩王故不投人名刺接諸縉紳亦無賓主禮王獨易之 蘄獻記

廣讌堂集八十卷震岳詩話二十卷朱翊鈺著 佚

玉光齋詩草朱翊鏧著 佚 序詳藝文

翊鈺翊壓翊鏧兄弟皆工詩嘗共處一樓號花萼社 明史諸王傳

萬松窩集王翰著 佚

詩文集八卷王儼著 佚

日巖詩文三十卷講學書劄詩文外集十卷顧問著 通志 佚

棲鳳堂集十六卷顧闓著 顧氏家傳 佚

遺興詩稿陳曰恒著

應叩鳴集陳仁近著

邁所館詞李時珍著 通志 佚

蜀游草明月山詩集李建中著 佚

遂初賦稿 倦山詩文集蕭震著 佚

元絹野人集陳一賓著

錦石巖不窺園等集董一化著 佚

雜文詩詞八卷顧大訓著 通志 佚

太初集一卷顧初著 通志 佚

存笥稿詩文集李樸著 佚

東曙詩文集十卷蕭賚著 佚

元滙集汪宗文著 佚

詩文雜卷四十卷石室集六卷顧天錫著 通志 佚

轅門歸隱集陳光遠著

鷦枝館蓼堂等集王允隆著

落星亭集張效癸著

江麓堂集李炳然著

四照堂詩文集三十五卷樂府二卷詩集二卷盧紘著 通志

白茅堂集四十六卷顧景星著

景星著述甚富初有童子集三卷願學集八卷書目十卷皆崇禎壬午以前作明末燬於寇顧氏列傳五十卷阮嗣宗咏懐詩二卷李長吉詩注四卷讀史集論九卷礜池錄二百十八卷南渡集共七十三卷皆崇禎癸未以後作康熙丙午燬於火僅南渡來耕二集存十之三四乙酉丙戌之閒又有登樓集避地逈澱集亦皆散佚是集爲其子暢所輯而其子昌編次音釋之凡賦騷一卷樂府一卷詩十二卷文二十卷

景星記誦淹博才氣尤縱横不羈詩文雄贍亦一時之霸才而細大不捐榛楛勿翦其後人收拾遺稿又不甚别裁傳數之不能自休陸機之才多爲患殆俱有焉 四庫全書

天衢遺集陳之京著

盧紘叢桂堂詩集序己亥春予自粤歸始盡讀天衢近時所作千餘首超逸不羣詞旨蘊藉雖憂愁抑鬱之鳴固自不乏然終不失之淺露激昂殆所謂怨而不怒者深得詩人之旨 四照堂集

石倉詩補顧咸泰著 佚

寒玉軒遺詩張景夷著

雲溪雜著秦餘草張士淑著

遠遊堂集張相著

扇和堂集劉遐祚著

芝鹿山房集熊心璋著

雲峯溪堂集陳其勑著

振秋詩文集李澤兊著

兩湖閣文集李澤溥著

半畝詩集龔柏著

若臯村集二卷李丞昇著

萬濤園集張樞著

栗蔭軒詩十六卷文二卷錦樹堂詞二卷顧昌著 通志

半畝園集陳鼎元著

竹園待正稿熊淇著

東江文集易時憲著 佚

待鄧集河干集唾餘集陳謨著

荷汀集芸香草李貝慶著

鶴原集李士俊著

物外吟集張梓著

岣嶁草堂詩集陳吾愷著

野航詩草石爲磷著

挹麟堂詩集李敷生著

居易堂詩文集張聯芳著

迴瀾集方彭鑫著

緇守詩文集十餘卷駱思白著

棲鳳堂集黃天福著

矩軒詩集張樞著

愚圃詩集秦京著

另齋詩集張畸著

蒼屏詩文集篆集郭從著

玉山詩稿熊楚荆著

兩峯集六卷楚江吟二卷李生槃著

梧岡詩文集咏史百花吟、黃載華著跋詳藝文

雙筆齋詩文集北遊草黃載嶠著序詳藝文

雨湖唫社合集二卷雨湖七子著即上七人序詳藝文

一樂軒集李時用著

約菴集王協著

平泉詩集李永慶著

河干集陳道兼著

巒揖軒詩草熊楚滄著

午夢堂詩草范正著

訥齋草駱藻著

詩文集駱呈符著

松筠堂詩集張志傑著

遠池集張文玘著

念念山房詩草一卷尊聞錄入卷陳瑗著

務敏齋文集駱沛霖著

蕉鹿詩草駱在坰著

耐寒詩草范倩仙著

崑巖集丹九道人著

丹九易氏子陝西人自麻姑洞來住元妙觀

莖草亭詩草釋重珂著

嗚菴東山寺僧與雨湖七子共結詩社

連山全集李易生著 佚
崇文又舘詩集劉之棠著 稿存
鳴和堂詩集張學址著
塞上吟詩草易泗著
候鳴草陳於庭著
小殘文集張兆講著 稿存
長林詩草鹿門紀事雨湖唱和詩集李同倫著 稿存
應谷草詩文集胡昌才著
守廬詩草胡翔年著

窩盤文集雉山小紀胡思謙著
恕山詩草胡寬著
孕秀軒集方相著
匡廬紀遊草李承洛著 稿存
小峯詩集倣古體箴陳紹瑞著 稿存
月軒文集張如照著
夢幻吟釋巨岳著
巨岳字一峯孝感人住持清源殿 以上潘志
韻府二十卷衣德堂稿六卷西疇詩古一卷南堂詩古

一卷田達材著 穗蒲草還鄉集
捪瓠集陳準著
思逊堂梅花百詠一卷王映齡著
聽笳草還鄉集舟車吟楊炳岳著
空空齋囈語隨錄黃兆魁著
葵藿齋古文二卷葵藿齋詩集何明著
挹秀山房詩集汪陶著
聽吟山館詩集龔本理著
培梓山房詩鈔李瑞玉著

晩香齋詩集陳爕鋒著
林蘭堂文集 蜀船草 行篋詩存 伴星賡唱集吳之驥著
種梅書屋詩抄張鳳翙著
翹秀軒文集張作霖著 以上新增

雜著

楞嚴解楞伽解方外記顧闕著 通志釋家 佚
性命集徐之徠著
嶺南文獻錄三十二卷張邦翼著

○後松園人物博覽等集顧天祚著
○歷試年譜李炳然著
○知天閣李本晟著
○好生錄張承瑞著
○耳提錄顧昌著
○滇南錄汪存濟著
○茆堂雜著陳謨著
古文篆韻五卷徐琮著
○孝思錄范正著

○三生瑣談陳艮翼著
○朱子年譜二卷陳詩著
○敬遠錄陳詩著
○古今詩翼十四卷駱在垌著 稿存
○字母分韻類編五卷陳詩著 稿存
○集外叢談陳詩著

邦翼字君弼號軫南萬歷戊戌進士官至廣東提學副使是以集采粵中前哲之文分類編次先文後詩起唐張九齡迄於明之萬歷凡二百六十餘人於嶺南諸集搜輯頗廣然明人著作百分之中幾居其九十九時彌近而收彌濫亦明季標榜之習氣也 四庫全書

文禁十卷鳴冤錄夏忠著
古學彙編四卷蕭銓著 佚
類餘慵緒等書數十卷李樹初著
後松園人物博覽等集顧天祚著

歷試年譜李炳然著
好生錄張承瑞著
耳提錄顧昌著
滇南錄汪存濟著
茆堂雜著陳謨著
古文篆韻五卷徐琮著
孝思錄范正著
三生瑣談陳艮翼著
朱子年譜二卷陳詩著

敬遠録陳詩著

古今詩翼十四卷駱在坰著稿存

字母分韻類編五卷陳詩著稿存

集外叢談陳詩著 以上潘志

旅況詩集李新著

大桴山人集陳詩著

擢秀園集十八卷韻學舉略二卷蔡景星著

蘄州志卷之十一

知蘄州事嶺西封蔚礽纂修

人物志

儒林

道學之名昉於宋其他史傳諸家皆稱儒林雖源流各殊折衷於道則一也州人士敦儒行者多矣今擇其沉潛經義有所發明者冠人物之首庶幾讀其書想見其爲人焉志儒林

宋

吳遵路字安道父淑字正儀職方員外郎原籍潤州丹陽路博學强記議論英偉累官龍圖閣學士知永興軍卒于陜人隱逸傳 宋史循吏傳

林敏功字子仁號松坡蘄州人年十六預鄉薦下第歸嘆曰軒冕富貴非吾願也杜門不出者三十年弟敏修字子來俱以詩賦相高元符末蔡元度薦之累詔不起政和中賜號高隱處士 江西詩社宗派圖錄詳通志 著作載著述

子仁與弟敏修以文字相友善政和中林震爲郡守謂吾宗有隱君子出郊見之還朝舉其隱德賜號旌

表其門子仁謝表云自是難陪英俊之游何敢妄言高尚之士卧牛衣而待旦寒如之何搔鶴髮以興懷老其將至尚友錄

明

馮天馭字應房號午山天性寬厚篤於孝友中嘉靖戊子鄉薦乙未進士初授大理寺評事改御史兩任京畿學政設科重行誼敦廉讓崇表貞婦孝子修諸名人廢祠所行皆裨名教大學士王文肅公試時年十二天馭極推重之曰孺子可教出東坡稼說授之後

果如其言四遷大理再爲大中丞陞吏部侍郎平生學有原本深契鄒東郭先生宗旨霍渭厓公嘗語曰馮應房何其溫而能立也遷大司寇致仕歸里捐貲建書院晚於雨湖建卧雲樓纂修文獻通攷百餘卷學者稱午山先生卒年六十有二祀鄉賢

顧問字子承少負有志聖賢年十六偶疾父母以爲憂問曰疾易愈耳政恐以此廢學不至聖賢爲大罪可懼也嘉靖壬戌成進士除壽昌令昌俗好溺女下令嚴禁之全活數萬起爲侍御史遷浙江按察僉事蒞食清謹越人呼爲茹菜顧公隆慶中起徐州兵備擢入閩參政九疏乞歸講書不倦羅洪先嘗曰子承眞聖人之徒也年八十一卒詳通志

顧闕字子良問之弟方六歲類焚祝天爲道德性命之學以報劬勞弱冠舉於鄉成進士除刑部郎父母卒與兄問皆廬居墓所服除補禮部郎移南京吏部稽勳司遷福建副使時年僅三十九決意告歸里居四十七年一日忽召子孫語曰昨夜夢聯云津吏報增三尺水山人歸卧幾重雲是歲當大水吾將逝矣已

而果然闕治經尤精詩易學者稱爲桂巖先生詳通志

韓萬鍾字天爵歲貢少貧窶所嗜惟書史持守方正步趨循軌轍分教休寧擢潁州學正皆以身範物先不失尺寸於天人之理靡不究竟著有象緯彙編三書圖解皇極註解四貞集要等書士人尊禮之

李時珍字東璧號瀕湖生時有紫芝產庭白鹿入室幼敦敏以理學自命年十四補諸生屢試棘闈未售益刻志讀書十年不出戶閾上自墳典下及子史百家罔不該洽與顧日巖昭言相證深契濂洛之旨待詔

瞿九思師事之生平孝友豁達多陰行善托醫以壽世千里就藥於門立活不取值楚王聞其賢聘爲奉祠掌良醫薦於朝授太醫院判數歲告歸結邁所館著本草綱目稿凡三易而成根極理要與爾雅經疏相發明王世貞稱其學行爲北斗以南一人預定死期屬葬父母墓側遺表上頒布其書以子建中貴封文林郎四川蓬溪縣知縣祀鄉賢詳明史

張維號養初萬歷歲貢仕學官居平危冠博帶舉止端方言笑不苟誠慤有古君子風荆定王爲世子時尊

禮爲師及嗣封又教懿昭世子州人士以經術顯者多出其門嘗述其遺事爲風勸云

國朝

顧天錫字重光博通經史受知於督學董華亭爲諸生有聲改北雍對策及庵寺主司乙之以積分選中牟令辭不就召行徵辟又辭講學於海淀天津歸陳先世遺書蒐探辨究教子景星無間寒暑著有易林說史評顧氏蘄州志石室集詩文藏於家

李炳然字人虎號東皋崇禎丁丑會試副車官吏部司務出宰江西萬安尋告歸杜門著述所言皆窮極理要以經爲質有江麓堂集傳世其爲人溫文爾雅不苟言笑沈潛疏義老而彌篤州人士以古學相尚皆經其指授云年九十餘卒

盧紘字元度號澹崖順治己丑進士授新泰令歷桂林府同知歷任蘇松督儲叅政多惠政雖簿書旁午未嘗廢學州志出其手爲錢某所激賞比之申叔左史晚居鳳山與諸名宿以道相尚窮究源流所詣益純著有古今樂府四照堂詩文集傳世詳通志

顧景星傳見隱逸以上舊志

陳詩字觀民號愚谷乾隆甲午解元戊戌進士授工部主事以母老告終養歸田後終制聘主江漢書院出其門者多楚中名士聲譽遂震一時雖王公大人莫不動問道光壬午自江漢歸隱蘄州之草堂至老猶以著述爲業年七十九卒臨卒之夕舌端吐香氣大星落於湖之東南士類咸悲慕之生平於經史子集各有著作書目俱詳著述志祀鄉賢子守仕廩生以上潘志

文苑

自二林之名滿天下蘄於是以文傳也林氏深於經術入儒林其他饒著述名擅百家者皆以文槩之仍敘次其行事與夫立言之所由然庶幾於不朽之義有當焉耳志文苑

宋

夏倪字均父蘄州人自曹府左官祈陽監酒文詞富贍儕輩莫及赴江守日張彥實有贈行詩未覺朝廷疎汲黯極知州郡要文翁均父朝夕諷誦之其服官之勤可知也詩文一卷呂紫陽爲之序江西詩社宗派圖錄 詳通志

林敏中字子敬註蘇詩見東坡集註

吳億字大年蘄春人父擇仁爲尚書億仕至靜江倅居餘干有溪園佳勝世傳其樓雪初消詞爲建康帥晁謙作書錄題解 詳通志藝文

明

郭承恩號惺寰始祖爲蘄令遂籍蘄至七世生承恩性沉靜無所嗜務精經史及先天理數之學由歲貢任武昌府學訓導陞四川崇慶州學正州前從未有科目承恩賑其貧困捐俸改泮水尤精焦氏易林筮之得賁詞束帛戔戔賁于邱園承恩曰是科士葉之楨應其兆焉後果驗嗣是奮興不絕州守楊伯高奇其事以上聞兩臺疏題除四川漢州什邡知縣冰蘗自矢寬猛惟時什邡以治暇與諸生肄業鄰封皆負笈至歲旱自暴以雩果致霖應予告歸講學不輟年八十九無疾而卒

甘瑩字德輝別號玉牕子中成化戊子鄉試丁未授福建福寧州知州視篆未浹旬而卒平生涉獵經史百氏工詩章樂府喜松雪子畫尤尚氣節操履不苟所

著有漫與諸稿藏於家

華鑾字伯瞻布政仲賢子也蚤負雋才弱冠發解成化丁未進士選翰林庶吉士性資凝重文詞清麗銓注本院編修爲太史陸鼎彝器重有問及館下史材者必以鑾對尋卒庶吉士鄒智詩哭之有曰空聞仙珮遠不見相星臨李文正公志墓曰吾黨得之吾曹得之而遽失之噫天誰詰之蓋哀其未大用也著有日新稿失傳

王儼字望之户部郎中翰之子中正德五年鄉魁選入中書中府都事南京大理寺評事寺正廣西思恩府知府致仕雅能文章同郝守正著蘄志十二卷有詩文八卷

郝守正字中夫嘉靖二年進士南皮縣知縣行取揚州府同知南京兵部職方司員外工部虞衡司郎中溫州府知府調懷慶府致仕嘉靖三十一年同王儼修蘄州志一時碑版之文多出其手

陳吉言字夏卿大中子嘉靖乙酉鄉試第一有文名同

王儼修蘄志

朱翊鉦字昇甫號震岳荊藩樊山郡王少穎異目十行下博學工詩文不喜富貴慕淮南八公之徒折節名士一時士大夫皆與遊年七十薨著廣讌堂集八十卷震岳詩話二十卷行世

朱翊壄字仲艮荊藩樊山王仲子博學能文尤工書翰與兄震岳相倡和海內傳誦之爲楚藩宗正歸第教三子皆爲名諸生於宗室中最稱賢者

陳仁近字元復號孟角天性孝友兄仁民任新喻主簿患足疾近上書當事懇至得以疾解任博學好古寒暑一燈不輟中嘉靖庚子科鄉試授眉州知州著書鄉小步數十卷春秋一是一粒粟應叩鳴諸集副使顧問評其書曰大雅之音鬱乎沉沉難偕俗心

顧闇字子敬號鳳巖副榜第一孝友方剛文義煥發馮夢禎蕭艮有皆師事之尤貢自負才名不詣部後墮馬折踝摘其僕僕假事訟之有司恚憤卒年四十一著有栖鳳堂集十六卷 顧氏家傳　詳通志藝文

周祈字子永號敬夫禧之兄嘉靖壬子舉人歷官廣西

平樂府知府贈中憲大夫著有名義考十二卷條目浩博陳元龍格致鏡原一百卷內引見四十餘條 志畧　詳通志藝文

田乃穉字茂卿萬歷己未科進士考選推官未仕卒夙負才名饒著述未究其用士林惜之

田雨公字田叔萬歷乙丑科進士未仕卒其闈牘制義爲時誦服文壇之雋也刻有無齋文稿行世

朱常號鑑虛荊藩德安郡王通文史善繪事尤以松與梅擅長繪有全譜每幅各有標識詩極新雅問靜深

居自文墨外他無所與蓋宗室之賢也

傳作相號舉嚴萬歷丁酉恩選天性端嚴學問淵博出其門下者皆知名士初任安居令陞州守宦成歸里閒居家庭雍穆有古人風子五人皆有文行長君龍嗣職衛揮使孫十餘人多列膠庠者以壽終於家

顧大訓字德業年十八補諸生食廩餼折節讀書藏書五萬餘卷手錄千餘卷書法精嚴無一字誤以貢授南昌府通判著有續高士傳八卷資孝事實廣訓十五卷 顧氏家傳 詳通志藝文

袁素亮字公寥世振子歲貢生負才磊砢不羈詩古文詞援筆數千言錢某譚友夏多所唱和晚與艾千子陳大士結天下文社值寇亂不屈死詩文多散佚

王臣縉字大紳一字縉雲號意菴中崇正丙子鄉試庚辰成進士令錢塘忤大吏罷官甲申欲起義擊賊未果順治初走海外魯王授分巡副使兵敗放還爲僧居姑孰間著有麟經稿行世書法尤精 自茅堂集序

顧初字太初諸生與蘄水朱期晉黃岡王一鳴黃梅瞿甲麻城黃建中廣濟陳以聞里中姜夔稱七子卒年三十二著有太初集十卷 顧氏家傳 詳通志藝文

國朝

汪蘅字蘭友號仉懷順治己丑進士知福建南平縣政尚簡靜尤加意士類公餘課業多成就旋移疾歸詩酒自豪與東皐澹巖各以文章氣誼爲一時表率策集楚中風雅數十卷藏於家

陳之京字覲伯歲貢生學殖淹博與同郡李嵩岑盧澹巖結詩文社盧李籍通顯之京累試不售遂卜築山中益刻苦爲詩文著有叢桂堂集今散失

張正志字爾思幼穎慧讀書數行下諸史百家莫不備究爲文以歐曾爲法與顧景星李炳然相友善時相攻證由順治壬辰進士任河南衛輝府推官遇疑獄剖决無遺一郡稱治以直見忤謫州判遂致仕家居惟文藝自娛而已

張士淑字耳聖號遯菴歲貢生初司鐸黃梅縣梅値兵燹後廟學無存淑極力經營規模立就當事知有經濟才命攝縣事多善政以終養歸屏棄人事悉意爲詩古文後例補縣令辭不赴著有秦餘草宛在堂近

藝雲溪雜著

張相字公卜州諸生幼倜儻不羈稍長為文下筆千言立就立文社與叔泮黃岡汪子維龔孚先輩相倡和著有清遠堂文集戊己之亂土寇猖獗相結義旅力保障於策山之陽鄉人賴之

欽士佃字文思康熙癸酉鄉試第一庚辰成進士官翰林士佃生時父方為北城兵馬副指揮年十二孤家貧力弱汲瓶拾薪養母以孝聞性淡泊臨事不苟磊落無城府遇人機辨寂如也工詩歌古文疎爽幽雋

掌院韓菼極推重之謂其為尹師魯梅聖俞之亞有瀛洲集行世

顧昌字文饒號培山康熙癸酉舉人美儀表風神雋逸孝友和平善作古體文工詩賦以父景星著作甚富因徧謁諸名公交好卒得荔軒曹寅編輯白茅堂詩文集行世昌亦以勞瘁未仕卒著有耳提錄西軒唱和詩栗蔭軒詩文錦樹堂塡詞江山筆助時藝子諸生三經仕綬湛露等以次梓行

李生榮字谷友號兩峯兵備樹初曾孫生甫三月失怙節母諸氏撫而教之通經史百家言為州學生有聲雍正五年以孝廉舉後應聘修湖廣通志多所攷正總裁時與質疑辨論輒稱賞貌魁梧飲酒賦詩率常屈其座人年五十三卒著有兩湖吟社合集二卷楚江吟二卷兩峯詩文集各六卷尚書義疏四卷

郭從字層崖一字蒼屏承恩孫諸生讀書過目成誦性嗜酒豪爽不羈喜讀秦漢書工書畫尤精古篆中鋒運腕今流在人間私諱小印如韓山片石不可多得所作詩見兩湖吟社合集原名縱改從故號去山云

陳其勅字五惇歲貢生博涉羣書詩古文詞援筆立就州太史欽士佃極推重之著有雲峯溪堂集

陳謨字友夏號素菴歲貢生天姿穎異嗜學好古教授生徒成材甚衆著有四書辨論尙書講義同堂集待郢集河干集菊堂偶草雜著有唾餘集醫門集要二十五卷弟正誼詰俱舉人皆所造就另有傳

晏昇字東白憲副攄忠長子歲貢生學博才高名動一時兵憲王公呂公雅重之立為雲門社長時盧大叅澹巖在南儲修蘄志顧黃公與焉數致書訪遺事名

宦科目事實多出昇手年九十補穀城訓導辭不就

李春期字子疇號宅玉父煃然明末諸生遘難春期師事伯父炳然下帷攻苦以倡明學術為己任年三十即屏棄世事傢石圃於麟皐經史百家務採本原著有石圃澄源錄二百二十卷策纂通鑑五十五卷年八十一卒

孫民則字庶法中康熙辛卯鄉試雍正己酉為陝西同考官稱得士庚戌成進士候補河南蕭然旅邸猶把卷作伊唔聲授武安知縣尋卒

劉遐祚字青子號菊潭康熙癸卯舉人授鄖西教諭以外艱歸補興國州學正諸生有盧姓為仇家誣陷遐祚白其寃得脫盧酬以金拒不受陞常德教授辛酉為貴州同考官所得皆知名士後補銅鼓衛教授所歷皆以品行文章相砥礪著有扇和堂等集子崙峒嵋嶠俱諸生孫萬寵舉人石首教諭另傳詳通志以上錢志

李易生號連山生有夙慧經史百家過目成誦所作詩古文詞力追先正設帳鄉里多所成就卒以明經老著有連山全集藏於家詳通志

陳於座字甸宣優廩生自幼博覽羣書兼好吟咏著有候鳴草葺園時藝行世歲試時九學一同舉優學憲極加獎賞常出穀數百石賑漕河火災咸賴以濟捐易家河義渡田七斗五升建家塾一座乾隆丙寅督修郡城隍渠及麟山書院已巳分修黃州府志乙亥分修蘄州志捐金五百士林重之

張彥字士羣少負雋才試輒高等乾隆丙辰舉人為太史陳秋崖孫虛船所器重數上公車不第以縣令待推銓部主講麟山書院一時知名士多出門下云

張兆講字星五號易居乾隆癸酉舉人少英敏讀書目下數行制藝自成一家言萬南泉太史以繼武熊劉目之性豪爽酒趣詩情傾倒一時一上公車房薦未售年三十八卒著有古今姓韻畧編小殘文集待刊

陳守約號龍崖乾隆庚辰舉人幼穎異為文援筆立就著有四書要義待刊與麻城梁景陽黃陂蕭廣運州人胡蕙詩文往來乾隆二十年同錢虞山程拳時纂修州志

駱沛霖字宗雲幼失怙好讀書長與兄才同門勵志凡

大小試皆列前茅陳虞部謂獨出冠時宜其有以異於恒人也中乾隆乙酉經魁已而不第授武昌府學官游其門者甚衆江夏吝景春與國陳治策皆出其門秩滿截取知縣未仕卒著有易經纂說務敏齋制藝等書子千翥州增生曾孫敏修丁未進士禮部儀制司主事

張椿字一株號石村中乾隆已亥經魁授枝江教諭復遷隨州學正生平言笑不苟造次必於儒者嚴絕非道非義之事人不敢干以私設帳鄉里足不履城市官

枝江宏奬後進課士有法每送府院試僦館舍務潤俾多士得就講貫去枝江時人咸泣送依依不舍及任隨州十載亦如在枝江時卒於官著有四書辨證梓行子子銘貢生孫汝鋆另傳曾孫必受諸生

劉之棠號憩亭十歲能屬文肆志力學涉獵羣書爲文閎博淵雅領乾隆庚子鄉薦甲辰成進士課讀子姪登桂籍而列膠庠者甚衆著有崇實又館詩集憩亭文稿藏於家卒年四十七詳通志

胡蕙字輿載號蘭亭幼穎異乾隆戊子舉人州牧胡學山以孝廉方正舉薦辭不赴耽志經籍授徒於中林書屋通經者數十人卒年六十有二陳虞部爲銘志其墓著有四書輯說三十九卷鄉黨義考七卷周易晰言十卷尚書集義五十九卷詩經詳詁二十九卷特牲饋食禮集訓一卷禮記纂錄四十九卷春秋通解二十卷

宋德輝號玉山幼聰穎試輒冠軍讀書寢食與俱得閒輒手抄盈箱篋帙繁未能槧梓所作詩古文詞頗似義山獺祭秉鐸江夏時學憲鮑覺生極推重之子昌

筦邑諸生

李昺號坤裳其家藏書頗富昺銳意經史能得所折衷旁搜百家及古今詩賦皆手纂成集所作古文時藝卓然大家著有四書通義質疑典疑等書待梓中嘉慶辛酉鄉試未踰月而卒州人士惜之

張文玘號遠池家貧篤學經史靡不窮詰年六十始由歲貢生中甲子解元王司王引之賞允升閱其文同聲推爲名宿著有遠池集

葉彪號嘯林嘉慶戊辰舉人幼穎悟力學博洽經史精

擄詩文六上公車五膺房薦丁丑闈中擬中數日旋又見抑房師李本榆惜之截取潛江教諭未到任卒子甡廩生豐諸生 以上潛志

陳艮珏號韞山乾隆己酉舉人博極羣書不屑屑於尋章摘句後任大冶通城教諭日與諸生講學不輟兩邑文風爲之一振著有二論童子問四卷學庸講義二卷 此由潘志雋學移入

胡敏號遜甫嘉慶丁卯舉人性穎贍少時頗近豪放縱酒好客爲詩文自出機杼跌宕縱肆不屑屑時趨素

工書取法歐虞得其秀勁處既數上公車不第赴部請改官謁選得潛江教諭在官凡十六年謝事歸潛人臨江祖餞多泣下者

陳炳甲原名甲三號辛甫道光丁酉舉人性穎悟記誦淵博爲文洋洋灑灑下筆數千言立就任恩施教諭以振興文教爲己任恩邑知名士多出其門同治甲子卒於官著有丁溪詩文集待梓

黃兆魁號葵圃幼穎悟過人讀書目數行下道光丁酉舉於鄉三上公車不第遂絕意進取咸豐間胡文忠公駐節巴河耳其名招致幕下與計事大喜先是某邀綰軍需以持正常相左怨魁甚禍且不測至是胡公議罷某魁力陳亂甫息不宜易人胡公退語人曰黃葵圃眞君子所謂犯而不校者也與以官辭不就歸益潛心經史把卷吚唔至老不倦著作甚富悉燬於兵惟存晚年所著空空齋囈語隨錄二編並詩文四卷年七十六卒子壽鼎附貢生奉恩太學生奉榮光緒乙亥 恩科舉人奉蓮廩膳生孫申臺中書銜乃伸諸生

黃體仁號藹人性靜穆自幼承節母楊氏教苦心孤詣邃於學所爲詩古文詞醇雅可誦入泮後即領甲辰鄉薦再上公車絕意仕進壬子纂修州志裁定多出其手惜著述叠經兵燹散佚無存子寶鋆太學生

何明號雪園晚號蜕翁性至孝友幼貧樵牧養親年十九始感憤讀書嘗屑松柏木塗竹骨以避蠹日貨村間夜即燃以照讀咸豐辛亥舉於鄉北上不第遂肆力於詩古文詞所至喜獎掖士類負笈從者逵或數千里仕宦之志泊如也同治甲子選雲南廣通縣知

縣改宜城教諭凡四年卒於官生平筆墨不自珍惜故所作强半遺失今存葵藿齋古文兩卷駢體文一卷詩四卷子歘虞生

吳之驥號展其優貢生詩文卓絕考取教習改知縣不就喜著述興酣潑墨淋漓滿紙詩饒唐音文宗選體字得王右軍筆意著有蜀舡草行篋詩存伴星廣唱集林蘭堂文集待梓子鴻漸諸生

忠節

宋史秦鉅傳載同時死事者可謂烈矣自江士旺下疑皆蘄人然已不可攷謹撮其可攷者著於篇志忠節

元

李宗可有勇畧善槊佘闕以兄之女妻之以州判權義兵萬戶統新軍守水砦前後多戰功陳友諒攻安慶城破宗可橫槊入賊中擊殺甚多聞闕死馳還或勸之降怒曰元帥平日遇我厚何可背之乃驅其家屬

盡殺之據胡牀縱飲至醉因自刎

明

陳相中所百戶正德九年自廣西調雷州輕便勇敢隨軍調守陽春鳳凰寨時陽春山賊猖獗乘夜來攻相督兵拒之兵潰散挺身力戰殺數賊竟爲賊所殺廣東志

陳顯元字長卿由副榜授新安令惡衣糲食徒步諮疾苦以城堞傾頹不利禦寇率士民入保關門寨闖賊檄降立碎其檄及來犯死守月餘力竭而陷見賊怒

爲賊大殺寨中人顯元叱曰守寨者我也百姓何辜但殺我賊怒遂支解死明史附劉禋傳乾隆四十一年

賜謚忠烈

按錢志載公外甥浦某以櫬歸葬今墓在東山寺新安人并立祠祀之志畧

張效方字正甫官荆門州學正崇正中李賊寇州效方盟諸生以佐城守城陷不屈死之明史附盧學古傳

李新字卽巖萬歷中舉人令潛山歷戶部主事榷臨清鈔關舊有舟車二稅奏免車稅以便商授陝西僉事

以親老乞養歸獻賊屠蘄合家被執脇之跪罵賊曰爾非秦人乎我執節入秦時爾廝養卒耳豈爲爾屈死則死跪不能也賊大怒新抱父屍就刃祀鄉賢明史附許文岐傳乾隆四十一年

賜謚忠烈

張邦翼字君弼號軫南萬歷戊戌進士盛著文名授浙江臨海知縣以廉能稱遷南戶部潔己奉公遷廣東督學最得士刻有嶺南文獻錄並漢魏叢書行海內移浙江驛傳請免里解累民者三衢志備載其文監軍四川平安世咱諸蠻遷廣東廉訪使轉江西右布政惟貯正供規額俱捐以耄乞歸蕭然澹靜癸未春獻賊襲蘄不屈死年七十有三祀鄉賢子效棻中天啟甲子鄉試孫承位中順治丁酉鄉試舊通志乾隆四十一年

賜謚節愍

董一化號南鯤幼嗜學以明經補仁化令釐剔積蠹禁止囂風鄰民有寃當事不能決以委之立爲剖釋改任印江縣興學課士人文頓起其地逼近苗穴捐俸

高固城垣以資守圉致政之日囊橐蕭然閉戶著述刻有錦石巖不窺園諸集篤親厚故排難解紛天性然也癸未城破不屈死從祀鄉賢子艮宣順治丙戌舉人任武昌教諭乾隆四十一年

賜謚節愍

李梴字長甫號赤存天啟壬戌進士初任博野令申保制嚴保甲以待賊盜調眞定時魏璫莊佃爲民害徑繩以法盜殺童子於寺以疑東鄰梴趨赴寺見寺聯有望月字心驚曰二字似僧名此必奸僧外來密授

捕者至一橋有僧戴笠危坐捕近前呼坒月在此耶僧驚起隨得其袖中短刀血濺內衣以此服罪又童無故斃於家疑鄰嫗梃視之曰此必中毒物果中苦杏毒以杏根搗水灌之而鄰人獄解武庫散餉例有羨銀冒餉樣馬及梃爲主事悉裁之長城之築更役無甯日梃軫念全活者衆擢直隸遵化兵備道丙子兵馬雲集遵化糧頓絕難民偃臥滿道官兵竊殺以冒功梃給錢煎粥又給印票嚴妄殺之罪活五千餘人癸未春獻逆襲蘄梃條陳守禦二十四欵時衆議

紛紜城遂破賊執不屈死賜祭葬子本裕本蕃本仁本晟本甲以學行知名本晟順治己丑科進士另有傳乾隆四十一年
賜謚節愍祀鄉賢

李樹初字客天萬歷已未進士任戶部主事晉郎中督宣大餉轉陽和知府時太監王坤節制宣大巡按道員俱行角門進見初稱疾不出將中傷之適瑺敗得免後以山西副使致政家居扁舟湖上自課詩文有穎餘慵緒數十卷會流寇猖獗罄家貲築壆石符乾

二險蘄人賴之癸未城破與子孫訣曰我在籍自當盡節爾輩讀聖賢書死生有命不可屈於賊賊執之不屈死繼妻封氏長子延慶貢生孫之蘋之藻廪生等從死祀鄉賢乾隆四十一年
賜謚節愍

盧如鼎字呂侯州廩生潛心好學性篤孝友寡言笑恂恂若處子不與戶外事屢試不遇教姪若子務遵古訓學者無遠近多遊其門癸未之難如鼎以先人故廬不可輕棄率家人暨里中少年爲堅守計後賊從他道襲遂及於難一家從戮者百口後以子紘貴贈

中大夫祀鄉賢乾隆四十一年
予祀忠義祠

饒京號黃山天啟壬戌進士少事遠遊於世務多練達初任宜興知縣調常熟縣行取御史巡歷蘇松諸郡再巡淮揚諸郡甚著風裁時有大奸蟠固不可動京悉誅之遠近肅然癸未獻賊陷城殉難祀鄉賢乾隆四十一年
賜謚節愍

田有龍三科武舉解元廣東永甯守備死安酋之難子
足國蔭襲蘄州衛百戶

岳璧蘄州衛指揮使守連城叅將岳鎮華之姪癸未獻
逆襲城擄之自屋墜地未死賊知其爲官問之璧不
應問衣服不應問弓箭馬騎終不應數賊擁至城上
脇降璧怒云我與國同休者豈降汝賊怒刺之臥地
氣將絶揚目視賊曰我爲鬼亦能刺汝時大雪血流
赤丈餘目眥不合人皆哀之詳明史郭以重傳乾隆四十一
年

亍祀忠義祠

田金浦字麗水夙負幹畧萬歷間黃梅寇劉少溪等倡
亂剽掠及蘄浦聚義捍衛鄉井乘虛襲破之州牧徐
希明以事聞擢浦守營防禦本境與州判陳策戮力
赴勦賊蹙遁汝頡江黃間恃險爲固浦選精騎驟入
斬首數十賊衆奔潰度已殲渠魁力疲解甲憩修竹
間賊忽大至浦與策奮臂殺賊力不支遂死之贈總
戎建烈士廟子宗演冒鋒負父屍以歸族里並嘉其
孝

李化龍字如雲州諸生素有文譽癸未獻賊破蘄以不
屈死其子位以狀聞祀鄉賢乾隆四十一年

亍祀忠義祠

孫仍字雲孫州諸生家世積學癸未獻逆之難抗節而
死蘄人士義之督學部公列狀以請允與李化龍並
祀鄉賢乾隆四十一年

亍祀忠義祠

蕭賫字東曙之楨之子震之從弟幼負異才博極羣書
工詩文年七齡州府道試第一次年歲試亦第一食

廩餼時稱神童癸未獻賊破蘄時年二十四賊見其
聰穎過人欲畱以爲佐東曙曰我家世受國恩豈仕
汝耶但殺我賊怒而臠割之當時與顧黃公齊名著
有詩文集十卷編類書名道器括囊一千六百卷皆
不傳

陳正字剛中號宛坵父吾倘有學行正自幼穎異爲文
雄奇英邁巡按宋公觀風拔其卷冠九屬與同郡張
子都以文名於時兵憲陳公應元甚器重之刻有張
陳二子稿癸未獻賊陷城屈正從之正罵不絶口觸

石而死其子亦被擄後潛遁負骸歸葬聞者義之
李于節字子高諸生著品行於鄉以子新令潛山封文林郎新官至陝西僉事于節惓惓以忠君愛民屬其子新侍歸養癸未賊陷全家被執于節恐子有顧慮父母意爭先罵賊引頸受刃死新抱父屍罵不絕口賊臠之于節妻楊氏子綺新子承袞承弓俱庠生同死
顧天祚字悠也州諸生性耿介節誼爲時所推教授里中每出館穀以周饑寒流寇陷蘄天祚不屈觸石而

死著有後松園人物博觀等集以子咸泰貴贈文林郎
操桂字丹精沉毅有勇畧洪武四年隨柳艮正征取所向有功授忠信校尉蒞任金州赴遼陽調正遼都衛十六年偵達侵境桂將領本衛馬軍克敵獲其輜重乘勝追奔深入邊地會敵救至轉戰陣亡義獷啣首瘞沙場馳歸嚙健兒衣隨往出其首如生函歸續葬欽差侍御趙傑致祭贈宣武將軍蔭其家襲衛職及崇禎甲申操承勳殉難都中廕止

按桂死難在明初以舊志未載故次於後以上錢志
張效鍾字期伯以廪貢入太學有聲工書尤善音律與同里李新相唱和清壯多風癸未獻賊陷蘄執鍾令跪鍾曰吾家世忠艮豈屈賊耶罵不絕口賊棓殺子庠生承馮同死時人義之節錄白茅堂集傳
黃正中字君位州諸生崇正壬午秋獻逆寇黃將及蘄其子錦以從避江南泣請於正正笑而斥之及冬杪錦復請不納如前至癸未獻逆屠蘄正從容盡節畧無難色

王朝仕字少泉明季官州守備適黃梅劉少溪作亂奉檄偕糧廳陳策帶勇堵勦因援兵不至與次子大勳殉節沙河荊藩鎮國將軍朱龍河爲請旌表祀忠烈祠長子大年邑庠生儀賓富順府晉封一品銜
貢其志明天啟甲子舉人授四川屏山知縣廉明有政聲性不喜攀援解組歸里僑居省垣崇正十六年獻賊陷鄂與妻妾闔門自焚死
國朝通謚節愍祀省垣鄉賢祠
入祀昭忠祠名列於後

夏德明丁兵　王進　范有

蕭全　楊發　李有升

王啟　華得榮　王光元

張萬春　胡占元　鄭漢雲

袁永茂　羅聖懷　柳先富寄籍竹山

黃見高　周老六　唐先成

葉正烈　黃坤烈寄籍竹谿　葉正其

張勝萬　甘學舉　田禮文

李世進　據通志補入

以上二十五人舊志漏載緣係忠節有關世運故存之

國朝

吳尚賢字克諧號立齋乾隆癸卯科武舉任襄陽水師營千總署襄陽都閫府嘉慶元年正月隨總兵曾攀龍於宜昌府鳳皇山奮攻教匪總兵遇害尚賢奮力死戰亦遇害事聞

上嘉其勇

旨諭入昭忠祠

敕累代世襲雲騎尉子德桂世襲督標雲騎尉德煌

賜外委孫必海世襲雲騎尉實授安陸府營千總調署樊城都閫府旋署襄陽營守備　以上潘志

新增

汪國泰字耀庭號雲峯道光甲辰科武舉任黃梅縣千總咸豐四年隨楊制軍堵賊於琵琶山奮力血戰死之蒙爵閣部堂官　由驛具

奏請

卹追贈武德騎尉入昭忠祠子二長偉臣承襲雲騎尉歷署黃梅千總次本恭署廣濟把總人謂忠義之報云

陳覲正號雲梯從九銜咸豐七年陣亡　贈鹽運司知事銜世襲雲騎尉

詹　塏從九銜咸豐七年陣亡　贈鹽運司知事銜世襲雲騎尉

張榮九名斌從九銜咸豐七年陣亡　贈鹽運司知事銜世襲雲騎尉

宋南英直隸州州同銜咸豐七年陣亡　贈知州銜世襲雲騎尉

龔　鑾號金波從九銜咸豐七年陣亡　贈鹽運司知
事銜世襲雲騎尉
吳遵義從九銜咸豐七年陣亡　贈鹽運司知事銜世
襲雲騎尉
張冲斗諸生咸豐七年陣亡世襲雲騎尉
吳用宜名必初太學生咸豐七年陣亡世襲雲騎尉
龔　烈號中窻太學生咸豐七年陣亡世襲雲騎尉
黃翔漢增生咸豐十一年陣亡世襲雲騎尉
吳必均太學生咸豐七年陣亡世襲雲騎尉

吳士鑑太學生咸豐七年陣亡世襲雲騎尉
蔡景雲太學生咸豐七年陣亡世襲雲騎尉
張鵬揚太學生咸豐七年陣亡世襲雲騎尉
武洪基從九銜咸豐七年陣亡　贈鹽運司知事銜世
襲雲騎尉
吳祖語太學生咸豐十一年陣亡世襲雲騎尉
張得本從九銜咸豐十一年陣亡　贈鹽運司知事銜
世襲雲騎尉
梅祥開例貢生咸豐十一年陣亡世襲雲騎尉

陳清泰太學生咸豐十一年陣亡世襲雲騎尉
陳紹棨太學生咸豐十一年陣亡世襲雲騎尉
貢良士從九銜咸豐十一年陣亡　贈鹽運司知事銜
世襲雲騎尉
陳　勝太學生咸豐十一年陣亡世襲雲騎尉
陳錦濤太學生咸豐十一年陣亡世襲雲騎尉
鄧自申太學生咸豐十一年陣亡世襲雲騎尉
陳禮賓諸生咸豐十一年陣亡世襲雲騎尉
陳　寅諸生咸豐十一年陣亡世襲雲騎尉

陳億高太學生同治三年陣亡世襲雲騎尉
張予燾從九銜咸豐十一年陣亡　贈鹽運司知事銜
世襲雲騎尉
陳樹森從九銜同治三年陣亡　贈鹽運司知事銜世
襲雲騎尉
陳鳳旗從九銜同治三年陣亡世襲雲騎尉
陳介凡名榮枝從九同治三年陣亡世襲雲騎尉
龔　倫太學生同治三年陣亡世襲雲騎尉
張德楷太學生同治三年陣亡世襲雲騎尉

劉國章太學生同治三年陣亡世襲雲騎尉

張百朋從九同治三年陣亡世襲雲騎尉

田相輔賚奏歷職銜　年陣亡　贈知州銜世襲雲騎尉

陳國楹從九　年陣亡　贈鹽運司知事銜世襲雲騎尉

黃遐琪從九　年陣亡　贈鹽運司知事銜世襲雲騎尉

張　炳從九銜　年陣亡　贈鹽運司知事銜世襲雲騎尉

陳西貢太學生　年陣亡世襲雲騎尉

陳　金太學生　年陣亡世襲雲騎尉

徐新泰太學生　年陣亡世襲雲騎尉

陳符節諸生咸豐十一年陣亡世襲雲騎尉

陳光煜諸生咸豐十一年陣亡世襲雲騎尉

陳杏林號春農陝西漢中府經歷保舉知縣同治二年守城力竭陣亡二子亦罹於難　世襲雲騎尉

袁永清花翎游擊　年陝西長安陣亡世襲雲騎尉

方樸初郡廩生投筆從戎保舉知縣加五品銜光緒元年入多忠武營與賊戰於陝西三橋地方受傷身故

宋徵文游擊副將銜同治二年登封陣亡世襲雲騎尉

張正發千總銜同治五年鄖陽陣亡世襲雲騎尉

李文才藍翎把總同治九年甘肅中渭陣亡世襲雲騎尉

王在上花翎游擊　年南鄉陣亡世襲雲騎尉

杜聯陞副將同治元年陝西華亭陣亡世襲雲騎尉

孫宗元藍翎千總銜　年陣亡世襲雲騎尉

宋興元頭品頂戴記名提督銜　年陣亡世襲雲騎尉

何如意參將加副將銜　年陣亡世襲雲騎尉

宋保元都司　年陣亡世襲雲騎尉

李得勝都司　年陣亡世襲雲騎尉

陳國安守備加都司銜　年陣亡世襲雲騎尉

吳尚秀花翎守備　年陣亡世襲雲騎尉

李長青外委　年陣亡世襲雲騎尉

冷得勝外委　年陣亡世襲雲騎尉

陳國安保舉叅將同治　年在陝西陣亡

孟春旭號九齋太學生屢試棘闈未售中年精岐黃術活人最多有貧不能製藥者旭給藥資咸豐三年十月賊至被執不屈鞭至數百仍罵不絕口越一日身故

殉難附

咸豐癸丑髮逆猖狂爲禍最烈士紳兵勇固能赴義捐軀而蔀屋編氓猶多遇賊不屈者臚列名氏附於忠節之後亦足以慰忠魂而勵後世志殉難

方品元六品軍功　張斌武生　陳邦恒　馬青蘭
貢武厨　胡一樽　胡炳輝以上童生　朱德貴武童
駱長發　文汝淮以上咸豐七年練總
陳廷甲武生　胡玫石武生　吳效文　李啟悠
吳耀先都司　龔孔階　陳佑泰　王世延
陳占願以上咸豐十一年練佐
馬錫純六品軍功　張品先以上同治三年練佐
孫占魁　正有　吳治本　張顯華
田旺生　華廷泗　李長發　李其祥

鄂正才　鄂得勝　吳有元　蕭啟後
柯勝祥　孫宗順以上咸豐四年兵勇
程重光咸豐六年兵勇
葉占魁六品軍功　陳仲清　胡維常　江七福
朱立三　李顯揚　田錦新　袁敏志
張漢銀　王對金　王力倉　詹體仁
詹理先　詹義方　詹義禮　詹德昭
詹聚盛　詹金彩　詹月明　詹長發
詹信升　詹春林　詹太和　詹勝生
詹二存　詹斯蘭　陳一元　王秀芝
詹道原　王長松　汪啟賢　陳開先
楊春舒　李日常　姜壽川　宋光先
方五生　田南山　田萬枝　田本盛
田松茂　朱禮才　陳一生　田乙未
蔡均兆　朱愛成　朱廷珪　郭清源
駱長發　汪福朝　汪益霞　汪文華
汪紹元　張旺生　陳能壽　吳時亨
吳心德　何象南　何逢寅　何重喜

何克楷 何尊榮 何國望 王三元
吳邦趾 吳明位 吳大喜 陳定基
陳三昧 吳老松 繆學志 吳繼青
黎廷棟 吳廣盈 何有信 劉炳恒
吳善亨 吳雙福 吳復生 張春華
張意新 張意發 郭遇春 蔡時發
田百朋 田時選 孫一瑚 梅至善
詹星乙 詹希前 詹才二 康朋來
田啟貴 詹才鼎 詹才廣 詹兩發

康懷廷 康再萬 陳信望 張恢先
蔡環清 蔡琪山 貢百林 貢學賢
李遂志 周祖應 段榮先 駱其華
王開志 姜瓊林 郭祥和 張榮福
黃登高 黃秀玉 黃元耀 黃啟昌
黃其華 黃光輝 黃位章 黃品超
張採琳 胡海潮 胡德魁 張隆煥
張隆城 張意周 胡德山 胡在朝
胡義林 胡起富 胡一崇 胡一續

胡一桂 胡高升 胡鳳春 胡思忠
胡思誠 胡本祥 胡進賢 胡孔彥
胡應喜 胡心悌 胡明尚 胡二酉
劉得富 吳大意 吳宗訓 張亮宗
張德生 張振隆 張振嘉 張彥昭
張品滋 張立功 吳永秀 李春盛
王寶生 周錦繡 龔春生 金以星
張惟義 張清玉 張錫章 張勝言
張楚賢 張亮才 張民清 張明德

張朝志 張萬科 張朝節 張朝喜
張耀商 鄧華章 孫行著 陳魁榜
朱三喜 詹宜德 張列臺 操昌喜
操自安 操自邦 操正啟 操博厚
陳又新 陳手桂 陳圭秀 左雲仙
陳貢揚 楊金周 王勢林 裴友交
吳首乾 張學富 余勝才 匡銀賓
胡夏松 陳本治 李尙周 劉容發
陳信益 陳信謹 龔朝選 龔大生

雷學深　龔元丁　左三元　徐銀芳

汪銀富　龔立勝　孫大丕　張金全以上咸豐七年兵勇

郝思文咸豐九年兵勇

郝金照　郝君啟以上咸豐十年兵勇

姜宗璜六品軍功　姜宗榮六品軍功　姜宗訓六品軍功　何以和六品軍功

劉仁義　劉仁貴　吳德萬　張汝衆

胡象武　闕協邦　余耀春　余成烈

余東陽　胡耀春　董有道　龔志德

程篤上　胡超羣　何斯壽　胡思儒

張榮泰　陳善全　駱澤昌　駱沛發

黃達禮　游長齡　吳景利　貢兆利

龔元福　張純忠　張咸儀　范廣相

李發仁　張咸宜　張應生　張世同

李福仁　王東玉　石盈倉　陳璵繁

陳玉高　陳國文　江顯耀　陳玉維

許見龍　岑時青　華高其　華連城

張興均　華步寬　華顯揚　陳齒一

陳介眉　陳佑林　陳正位　陳感生

江金有　姚名達　鄒保連　周元亨

張有周　陳來炳　李天佑　閻東陽

詹樹山　裴有交　裴陽春　胡細佑

吳作周　王先案　王先制　陳信雄

吳心春　吳三教　吳象共　吳念勝

胡觀義　趙裕明　趙春藻　趙三喜

趙冬生　陳全福

儈顧來　儈志樂以上咸豐十一年兵勇

郝一舉藍翎把總　郝一興六品軍功　李春生六品軍功　陳占濱外委

郝仲全　朱洪緒　胡貞祥　貢長發

萬亮彩　萬里云　萬春堂　萬誠青

萬保元　陳自發　陳必富　陳德潤

張學成　張尙高　李永全　汪敦厚

陳祿生　陳從正　許有能　陳子采

熊爾介　陳惟及　陳心敏　陳永墊

陳世銑　陳新舉　毛祥勝　陳金璧

陳祥雲　陳必全　陳福先　陳廷煜

郝廷選　郝禮華　余同本　駱國全
曾瑞楚　吳杞楠　陳啟書　張新春
汪修成　田傳理　陳占壽　田必燚
王天財　丁興勝　陳福先　陳位賢以上同治三年兵勇
郝品先六品軍功　同治五年兵勇
龔有春游擊衔　周細牙六品軍功　同治六年兵勇
孟春旭太學生　王君聘　熊玉書　吳泰禮
翁永修　郝禮華　周必長　馮壽兒

朱秉成　成啟國　郝廷選　張迎祥以上咸豐三年民人
董萬倉　張得才　江九中　朱安粉
蕭汝龍　董顯文　顧六壽　董惟選
翁　成　董耀華　劉細咬　董袞生
張耀青　侯青敬　胡禮得　湯紹國
周巳生　許明萬　駱允元　駱聖望
駱開益　駱盈川　駱有訓　駱可觀
袁耀勳　張顯華　王紹才　熊效松以上咸豐四年民人

馬天衢童生　李蔭櫺　利紹盈　李隆祥
曹相開　曹相全　李長茂　袁耀春
王春和　潘名揚　張會爾　孫修五
畢傳敬　劉用折　左艮普　王必達
江錫奇　李世彩　馬學瑞　王先彬
王名達　王德道　管宏德　洪自知以上咸豐五年民人
王春和　操紹興　汪連生　朱秀貞

田亮弼　石四九　操紹成　操映法
邱高照　操三十　田乙未　黃勝朝
石洪山　何鼎元　何三和　何細和
何玉華　何德全　何學博　何二生
熊明德　田正楚　韓合元　韓慶全
韓慶顏　韓宇勝　童顯文　徐名其
傅萬九以上咸豐六年民人
陳寶賢太學生　張彩霞太學生　張晨耀太學生　陳豁然童生
徐得和職員　操昌信　陳手朋　裴奇珍

何延恕　何有才　黃貢才　黃世榜
裴再衡　田傳家　陳崇禮　明翠光
周錦彥　周正的　周元亨　周文博
劉二元　梅廣學　黃遐棟　余道尊
周忠明　周亨志從九銜　黃遐玶　黃得義
余一尊　余一梁　余興國　趙丙元
黃源耀　黃遐綬　陳一平　岳春茂
郝有焜　吳世青　胡細四　周文瑞
高翼廷　李啟祥　朱本杭　鄒能載

王存望　陳兆初　姜美觀　姜定桓
王老五　程能仕　胡一高　陳拳鎰
張酉生　郭學文　徐廣有　徐玉華
陳拳鐸　田必元　田傳珪　田時選
徐禮先　余林瑞　徐佑全　張泗洳
田百朋　田登榜　田傳詡　田傳寒
陳開嶺　郝思華　郝方珠　余學尊
田傳元　詹心益　詹月明　詹益三
李福先　王建君　吳徵楚　吳錫圭

詹細牙　詹二生　康蒼玉　康五和
朱星秀　吳世清　陳臣鵠　田接生
田啟貴　朱撫廷　朱潤三　盧七生
田禹錫　宋希聖　胡輔周　吳德健
詹才廣　詹裕昆　詹騰雲　詹雨發
吳及梓　蔡相玉　龔惟岳　康載萬
康懷廷　康東衢　伍錫相　黃立傭
彭義列　陳心一　陳忠義　朱英明
何義堂　何廷揚　田能勇　詹淮三

田傳蓁　田廷表　盧居添　田首先
操春佩　田天喜　何尊榮　張中孚
張一材　胡則恒　田器之　朱立三
李顯揚　方本忠　高立正　范才浩
范進生　王力倉　范四生　田登榜
詹才鼎　袁敏志　田相明　陸漢銀
田發祥　王對金　田周南　吳玉佑
段長泰　王鳳鳴　胡應元　喬玉書
朱秉先　曾耀華　田傳純　何定秀

蔡品宏　蔡懷璧　王世傑　吳明遠
胡逢年　王鳳鳴　殷盛元　方癸巳
田能勇　田林生　曾兆華　詹可發
殷啟全　陳大生　陳春之　葉瑞之
王廷選　張啟才　祝錦林　陳元年
陳細生　齊治方　文以林　陳應春
伍松齡　宋瓊晏　陳道蘇　魏明方
段殿貴　方親友　方玉攀　周濟川
蔡席珍　田登第　盧耀楚　胡廷耀

田癸未　周席占　宋漢廷　宋光先
朱長貴　朱廷高　胡惟善　涂天喜
方良臣　吳永林　劉從志　陳兆桂
江元發　魏永康　江老四　江心望
程啟元　孫東九　方辛酉　郭集成
徐有貴　徐品賢　詹寶從　詹兆老
劉達善　陳希曾　黃天來　田啟庚
王宗武　陳仲清　陳明寬　陳克猷
陳佑德　余耀棠　陳餘良　余金榜

余萬倉　朱兆奇　方細二　吳集林
朱餘章　王餘恒　余誨交　蔡老三
陳能壽　胡興宜　范佑四　范三生
陳崇禮　周可詠　陳南山　陳有元
陳錦懷　朱禮牙　陳一生　陳心明
汪忠瑞　汪利陞　朱任賢　陳則敬
蔡癸未　范蘭亭　田汝生　汪文華
汪老九　汪十五　方才富　劉春華
劉二存　徐孔照　金良有　陳得意

胡成宗　陳廣玉　吳敦睦　汪珍生
黃裁縱　康定明　汪老八　鮑伯康
鄧顯照　劉汝梅　劉四海　余則先
陳望生　康奉連　康定福　康定榮
康保兒　汪大四　詹十從　文向榮
彭雲秀　胡正泰　范有生　范大生
葉連生　王輝北　齊雲展　朱東杰
朱廷皆　孫時得　詹明志　呂九元
陳效邦　朱東述　宋在廷　陳長春

方艮成　江自寅　吴玺虎　陳利名
陳老四　田品升　田穎生　胡盛友
田維翰　湯廣元　王春集　彭世珍
張義生　涂得義　詹庚寅　詹道友
李載道　文從寬　文有範　詹炳文
王守湛　王先杖　王先義　王先桂
王先梧　王先傳　王巨川　詹爲象
吴承謙　何貴生　何克貴　何兩明
何祖德　胡耀華　何開甲　王宗永

王細和　王甲申　陳守場　伊品三
陳細牙　余龍華　蔡士衡　陳志芳
陳效三　陳十九　陳習中　陳潤生
陳心明　陳道蘇　陳云濤　孫四友
劉泰豐　吴君仲　陳廣青　方欽玉
陳文懷　李春發　余續之　陳在春
鄧復勝　宋像成　王宗武　湯二喜
李英庭　李得青　黄得久　郭兆溥
吴起雷　陳慶華　陳步青　陳才用

陳廣昭　陳義昭　吴一枝　吴盛興
吴均秀　繆金地　劉耀先　熊雙有
吴興仲　吴苟生　吴長生　蔡春發
蔡廣樂　萬元照　何有志　曹紹啟
吴景楹　吴相玉　吴春秀　葉惟艮
周超羣　駱秀超　駱星集　駱心敏
武慶天　武應川　吴景保　吴憪森
康子香　何國攀　何貴生　何呼桀
何祖德　何重喜　王三元　范才海

尹太元　嚴興朋　涂長輝　齊長庚
康萬年　馮光能　徐啟貴　吴有待
詹顯照　陳應乾　王神佑　李樂交
吴兆先　鄧富全　文歲和　蔡丙才
鄭八元　鄧慰賢　陳兩全　詹勝才
蔡有思　詹艷方　陳東山　田開緒
田十五　蔡玉田　張玉山　蔡元福
吴文蔚　吴長福　湯全福　王勝生
何建會　陳安宗　操大純　鄧明魁

黃瑞枝　黃登禪　曾蘭枝　方瑶琨
吳天瑞　裴有交　程學陞　程相均
方癸巳　蔡用貴　蔡公應　詹壽隆
詹騰雲　盧士訓　朱輔廷　詹裕坤
朱詠山　操永興　汪福春　汪貴生
余國揚　余海山　汪春茂　徐孔照
汪細十　余五生　張本得　何三生
何殿才　詹尚舒　程再爵　程玉槐
吳有興　張得昌　張慶三　張可心

胡永興　蔡興福　吕新二　岳起富
蔡耀祥　詹斯陶　朱地久　馬心愷
陳四喜　葉逢春　汪景蘭　劉象志
黃士貴　齊云展　萬元俊　萬木匠
陳永福　楊大福　江自成　蔡曉東
陳化龍　龔志得　鄒遐達　龔以高
王守元　鄭芳林　詹可法　駱耀玉
王蘭貴　裴永生　王爲美　李尚周
胡萬才　陳道貴　文能發　舒曾元

蔡樂意　李士財　駱大波　劉春計
黃占甲　黃大才　黃細才　駱文烈
蔡官懋　范定理　葉金玉　陳才用
黃克勤　余從學　汪四生　宋興復
詹景元　劉宗聘　張金才　蔡禹貢
吳映才　張文燦　蔡象山　蔡晋明
蔡寵士　蔡登第　蔡義保　蔡倫俊
舒發祥　蔡邦棟　吳八壽　徐慶春
范太交　陳賓山　蔡十三　陳老四

李瑞林　李才生　鄧保元　范錦忠
鄧保元　范繡春　張有德　張有勝
范清高　張安舒　張集經　張續宗
蔡全福　范禮生　詹品山　楊清瑞
陳自明　方玉潘　詹自有　蔡元福
張炳周　湯全福　魏省山　陳保善
范美池　張品周　蔡有山　蔡有明
蔡錦章　程國其　范新之　范金水
范三壽　湯金元　范象山　范有風

蔡元福　吳文蔚　萬耀先　湯以元
詹心壽　黃二友　張紹蘭　管毛頭
張天長　胡正泰　吳廣發　吳宗先
吳金有　吳雙六　貢自遠　貢乾八
王以德　繆安福　繆愷明　繆啟勝
何得賓　何胥業　何三牙　何六十
劉樂永　劉耀先　郝思華　郝方元
吳百魁　胡億高　胡仲南　胡秧生
胡又生　鄒成先　朱有意　王利貞

周惟山　吳三牙　熊老二　郝老九
吳戶安　王告惠　吳作聖　蔡老大
吳立成　吳起發　李德崇　王恒茂
李廷茂　胡儲地　胡重輝　楊跛子
鄒成之　康萬年　貢致富　吳景權
吳顯占　蔡荊樹　陳永盛　鄧光文
周萬盈　陳廣昭　胡出弟　胡崇輝
涂大有　華春育　華甲辰　王常泰
李士春　陳楚士　陳能泰　胡首均

駱明觀　陳永臘　貢百齡　劉得富
蔡廣樂　蔡春發　萬金先　萬惟智
黃良木　駱光祺　王立春　駱諒陞
貢乾元　張續宗　黃得佑　華顯揚
張福意　張連意　戴得意　葉老四
吳云洋　吳望枝　駱接後　駱國興
吳闢賜　孫永餘　王乙丑　宋有元
甘金山　甘有富　胡雙南　黃用三
王啟望　陳世欽　宋明藍　宋太源

宋太振　王維啟　徐國柱　劉萬江
翁萬發　高意廷　祝青貴　陳繼富
陳應彩　李起財　王君德　胡自卓
周聿修　周永豐　胡榮宗　王德照
周用夏　汪霞青　田寓山　高啟秀
胡登朝　丁逢晚　高敦樸　李得意
江翔鸞　張永富　管澤元　伊有財
胡福九　陳萬發　許作朋　胡斯義
甘方泰　龔耀明　高利貞　段新發

梅禮西　顧年秀　江紹紀　陳明國
劉興則　劉興必　高立富　沈啟中
田傳長　張世儀　戴盛元　李得中
陳自強　張洪濱　余有貴　駱萬有
程甫察　余應生　胡位生　陳四保
劉海高　王錦秀　丁丙元　高秉忠
馬天福　駱玉崑　龔辛未　龔用章
朱光盛　胡學志　蔡恒發　張應廣
吳教知　陳天民　黃光輝　洪和賞

陳有年　陳潤生　龔退珍　龔柏生
張聞道　黃紹從　童家駱　童宗夏
駱利貞　駱履豐　王恒青　郝思華
張中孚　彭佑喜　黃炳國　胡得之
蔡雍書　蔡海蒼　蔡秀芳　呂松林
彭啟後　田天佑　彭惟才　彭會三
彭楚才　彭秀榮　彭從矩　彭帝登
彭紹康　彭福先　程仁先　陳勝生
吳景壽　徐慶春　李保全　盛牌兒

曹福生　華品玉　范金有　徐三和
陳其有　江為昭　鄧利貞　汪東明
范福全　童咬生　朱文鳳　蔡松林
余麟瑞　徐廣友　余永才　張理泰
田金榮　王福遠　田克勝　何國瑞
程鳳慶　黃二躬　駱懷貢　程景文
夏金壽　陳三益　康奉廉　鄧儀富
張有全　胡星魁　李榮先　沈可智
貢九生　夏佳全　張慶雲　張金山

張金華　范右生　陳宗禮　陳太皆
陳信謹　袁得先　管金玉　張世理
范金友　范美鏡　李寶珍　陳如意
陳信益　傅東曉　周長壽　周明生
李第八　程洪亮　程官訓　吳時亨
龔中理　胡則恒以上咸豐七年民人
何以和軍功　游邦傑　杜署初　杜樹滋
張禮太　王榮發　吳德年　詹伯春
張楚興　張勝思　鄒永福　楊名顯

陳得金　鄒文海　鄒福澤　張正佳
蕭遐遠　陳占禮　裴品元　陳履中
胡天祿　朱蘭交　陳魁秀　陳海宴
王朝舉　陳龍玉　陳以珍　陳達材
陳高明　胡老十　陳文虔　余以忠
胡文禮　楊從美　趙士貴　陳占枚
雷超選　陳星乙　陳永和　張雨亭
張介福　陳廷章　陳殿明　萬明華
王丙元　王才興　易富生　鄭尙八

余法章　黃添籌　劉得富　周正迪
周志興　鄧明道　萬高進　張瑞昌
閻霞照　李集高　鄧耀之　貢學賢
方乾九　吳貞密　朱學海　李揚廷
姜金彩　陳玉爲　鄒能再　張德廣
范有忠　胡輔周　胡盈石　張長青
李道遠　李瑞珠　胡一美　胡一信
胡一桃　胡本祥　胡德位　黃用斌
毛咨雨　張信鴻　張理明　張信情

張四氣　張以泳　駱玉昆　駱盈川
駱四興　駱接厚　高啟秀　陳信望
陳信田　陳咸德　朱凱元　陳爲先
張泰春　趙細躬　趙時方　王品玉
胡應法　胡雨灼　吳占元　馬元生
馬丁未　梅光龍　何以詩　何文烱
管位三　管登仁　管心道　彭以烈
彭以勳　甘玉祥　管遐林　管長爾
管全德　管榮富　石心谷　管全義

徐金安　何鳴鳳　何茬生　何儒鎰
何儒金　李尊爵　劉云漁　劉全交
劉興汝　何從發　李瓊珠　王自泰
夏一清　余容富　張君爾　張五喜
夏益元　夏純甫　夏治清　胡德純
張興遠　董天瑞　董老元　高立政
何省陽　蔡文光　陳才用　蔡德義
陳文則　方全敏　李映德　童顯朝
蔡丙才　蔡文鳳　龔楚江　張應科

熊家裔以上咸豐十一年民人
鄭正邦　姜全發　舒興才　張進業
曹以仁　陳登第武生　鄭心和　張元世
謝福高　張緒元　張廣仁　李啟相
張紹懷　張名厚　謝興位　童顯文
李德儉以上同治二年民人
陳必成　徐開泰　龔兆倫　劉　章
胡惟坤五品藍翎　胡惟修把總　張元作軍功　黃遐元
張百有　何登理鄉者　李克鳳　龔映春

田星斗　柯顯榮　田相棟　何遐玉
康萬和　蔡魁富　紀國華　陳佑富
陳效烈　陳以崇　張朝陽　張連之
陳效東　張星斗　張殿明　熊光祖
陳同春　陳咸有　汪東雲　陳耀焜
陳學餘　余在中　陳拔翠　江有德
范金周　萬五燈　何耀華　余鎮寰
陳金帛　陳維翰　陳迪吉　陳錦白
陳萬室　張自友　張耀正　曹艮修

曹相臣　王甲三　張序齡　周揚春
周本知　周興發　姜彩新　何集成
李惟高　陳彩蓮　白啟明　張艮有
張長林　張旺喜　張暉望　胡寄賢
李尊爵　劉遠道　劉榮升　謝連升
張世愛　張緒金　張均維　劉國寶
張世德　吳讓舜　張耀華　張履豐
張天財　張桂枝　陳昌春　張紹英
張紹菊　張元儉　張元槎　張先吉

張緒先　張馭爵　張元樸　許福先
張紹發　胡佑馬　胡作霖　胡佑八
胡寄賢　郝全照　郝全政　黃細躬
胡佑緒　張七生　張緒祥　余懷瑜
余炳宣　陳瑞年　余國清　徐在德
徐卯爾　全太旺　余秉先　朱興訓
田長發　田位中　徐勝懷　徐百歲
葉名才　王細爾　董應堂　田太方
葉長福　張啟勝　葉　大　朱文坤

董有晋　葉戒之　鄭啟松　鄭國選
鄭君谷　鄭榮發　張道松　張道富
王奉升　孫秀升　張新榮　孫子彰
張時舉　王春年　王廣大　張萬全
張開揚　張耀先　蘇序賓　蘇大倫
葉習之　葉心純　王有富　葉文際
葉發祥　駱國富　李財春　余克勁
張恒禮　張有善　李耀彩　張元發
張長茂　劉廣明　駱宏太　張容萬

張永濤　張益善　王照四　管復有
祝文秀　張秀之　王兆熊　余鳳山
鄭清石　葉名玉　葉榮科　葉思恩
葉思旺　丁萬年　王遠發　王廣青
張秀芝　孫興義　葉統萬　張廣壽
周赤中　周又德　駱元勝　張有序
江從寬　朱澤珍　王洪發　王象爾
朱世傑　朱有富　朱定太　朱恒懷
余廣厦　孫名旺　王細寅　王朝選

孫有元　孫巳衡　周士容　劉方和
田高爵　王樹和　王在中　王光前
王呈祥　余美節　丁名山　汪名喈
丁方和　葉才勝　葉松栢　葉本興
吳學明　吳學高　吳仁量　張永禮
張起萬　何象易　高興德　王景松
劉榮懷　張春發　丁志剛　顧新盛
黄節勝　王全壽　余克敬　駱倉發
管文煥　王細牙　楊義學　余廷秀

張興貴　徐立周　董老五　王雙應
余澤普　余象高　余興讓　徐新志
王甲三　董德仁　王均照　張興發
王紹彩　管世富　田春發　董德位
李克富　李紹仕　王貴亭　李興文
李海生　李智生　李克祥　李克諧
李克惠　李美應　李三愷　李善祿
李克學　李善啟　王鳳林　王鳳元
潘義和　蕭方順　汪以仁　尹德勝

鄭立剛　王有生　張至君　龔楚善
李後盛　淩義申　淩自新　李文斗
余世遠　余光才　余光遠　余顯然
余長青　楊艮葆　田兆元　朱紹元
朱富隆　汪玉階　胡正興　楊壽生
黃思溫　朱心珠　童啟琩　胡則恒
黃志恒　鄭炳勳　胡寄賢　鄧方林
阮光被　李本閏　李衫袞　朱其富
王崇德　管澤仁　管澤義　管耀宗

徐有福　沈可智　阮光發　阮光習
管克讓　管松茂　萬松九　孫方城
朱秀榮　朱廣德　朱信川　徐有餘
姜行五　黃人善　袁達聰　李榮先
李本裕　朱溥柱　李細全　甘鼎淮
姚緒納　朱行書　方中清　詹名規
李有源　童二繼　雷細赫　朱金巳
詹星高　詹郁華　詹亨爵　詹玉華
熊登科武生　張清枝　童家驊　彭君爵

汪金具　夏朝佐　夏惟成　胡保之
胡從周　胡坤維　張金旺　鄭象書
孟步瀛　鄭慶陽　李從先　孟廷修
李長華　胡友功守備銜　張彪武庠生　張則昌
張明厚　張高舉　周道裕　方中清
陳以佳　張應方　張新有　張紹盈
張自有　張時賢　王光前　李惟高
謝得富以上同治三年民人
何彰智　劉時泰　鄭如節　程明萬

張有祿　岳興發　景成元　姜全元
張本開　葉期紅　葉期耀　葉菊生
劉金海　萬遐林　管啟學　童大海
葉從先　易孔嘉　易明財　萬昌遠
傅從本　楊有貴　張起秀　張位三
姚英國　潘永盈　張有興　楊以德
易明智　王在明　葉有根以上同治六年民人
胡同愷　胡金備　何細六　胡用和
胡和尚　朱利久　胡星魁　吳德師武庠加五品銜

蘄州志卷之十二

知蘄州事嶺西封蔚礽纂修

人物志

仕蹟

州人登仕籍者唐宋以來稍稍可攷至明而盛古稱鄉先生沒而祭於社者不在是與顧其宦業或不傳而傳者又復不備功名之際信當時而貽後世若斯之難也斯亦足以觀感而興矣志仕蹟

南唐

陳起舉進士爲黃梅令時妖人諸祐自言能使貧者富富者貧俚民效之積衆數百夜行晝息取貨如盜起到官諸祐爲里長不服嫚言曰吾取令頭如殺豎子耳起鬪執祐斬之由是知名官至御史卒

丁必稱字季言知臨江軍時江西私置例以稅産均敷無稅者以物力必稱積郡帑贏餘代輸之乃請於朝乞永與蠲免擢潼川提點刑獄

元

朱仕俊字時英元至正壬辰以上舍生授樞密院經歷

轉戶部郎中俄遷本部侍郎時方重守令之選出守江西贛州興學勸農禁除淫祀俗尚爲變尋改潮州土豪金元佑僞立名號大肆剽掠仕俊畫策白之當道遂擒元佑未幾調判延平稍遷建寍同知致仕歸自號白雲道人更號東村叟性廉介好讀書喜接賓客涉事不爲誕謾浮薄卒五十一

明

陳堯章博極經史讐校精謹洪武二年任本府儒學訓導陞浙江臨安知縣興利除害惠愛及人以勤勞致疾卒於官民思之比之羊叔子云

趙霖洪武二年任本府儒學訓導陞鳳陽府通判學道愛人根於天性故其贊畫時政率多裨益長貳無腹誹之者

黃安泰洪武初知彭澤縣時兵燹後民物凋瘵安泰以廉勤爲政百廢俱舉民賴以寍

馮思齊字賢希號香山洪武初以貢入太學上幸學偉其儀度瓌瑰擢御史初爲諸生與百戶黎暄有隙及按江西暄誣繫九江獄中思齊平心直之後以言事

激切謫雲南推官尋乞歸

宋彤字彦功洪武丙子舉人通判紹興廉公有威人不敢干以私去官送者闐郯父老流涕而別浙江名宦

熊翼由太學生中永樂癸卯鄉試甲辰進士宣德中爲御史巡按陜西劾鎮守中官占種屯田擅役士卒田迄還民正統四年授僉都御史督甘肅軍務鋤豪强恤軍士在邊十年以剛正見稱擢副都御史及歸老移籍河南之光州子惆仕至尚書通志

宋誠字彦實治春秋正統戊午鄉貢第三人仕四川劍州知州以才力調徐州河功成陞叙州府知府礦賊亂練習鄉勇守禦復從大軍征剿賊平蜀王列公入告召對賜食賜蟒加正三品俸陞整飭榆林副使辭予告馳驛歸里居二十年不事請謁捐貲建廣積倉蘄民賴焉卒年八十三孫艮相持敘州名宦録上湖廣督學滕公檄州學崇祀子六長璧綦江縣主簿舉孝子次奎臨清提舉司次環直隸三河教諭俱成化歲貢次埜河南陜州同知次基出穀賑饑旌奬義士次堅陰陽典術環長子艮臣宏治甲子舉人河南確

山縣知縣次子艮相嘉靖歲貢四川來安縣訓導節録

白茅堂集傳

陳濚字濟寬中正統九年甲子鄉試授虞部主事有澤梁之任分督濟寍河閘時值中貴樓船犯禁即繩以法不少假借中貴銜之因媒孽其短逮詔獄謫戍貴州清平衛濚慷慨就道至則日持戟以從事至於憤集憂深發諸詩歌皆怨而不怒素所爲詩若不加意而清麗流動有陶謝之風著有獨醉稿散逸無傳

張禧字吉夫景泰庚午舉人授推官性抗直人不敢干以私讞獄多所平反與長官不合丐歸家貧甚州大夫聞而周之悉不受清苦之節士推重焉

王翰字廷舉景泰癸酉舉人丁丑進士由戶部郎中授廣信知府方正廉勤愛民如子陳便民七事刋落時弊務行其所志性剛直不撓於時適朝廷下沙汰庶官之令將命者至莫不振懾翰獨不一屈膝因與之忤解印綬歸得山曰細石規敝數楹植松萬章以爲環堵因匾曰萬松窩日坐其中校讐古書如不及絶口不理當世事澹如也年八十五卒著有萬松窩集

藏於家

華仲賢字廷佐天順巳卯舉人成化乙未進士授刑部時山西潞城縣王濬以貪酷聞上命仲賢按其事竟得實上其狀罪各有差自是名益著轉本部員外擢守常州以循良稱擢廣東叅政朝廷命下採珠撫鎮重臣慎選藩臬廉能者董其事僉推仲賢比往祛舊弊釐新政事集而民不告勞擢四川右布政未幾擢福建左布政以廉靜寡欲老成練達考上最銓曹請爲御史大夫未報宏治甲子以疾免越九年卒於家

子鑾另傳

甘澤字仁夫別號貞菴成化丙午舉人授蘇州吳縣訓導遷太倉學正既又教授鎮江府學皆能正己立教士習丕變陞四川渠縣令清慎剛果捍禦鄢寇民賴以寧渠人繪像祀之歸輯蘄州志卷目見明史今失

傳

陳大中字時甫高祖清以官籍隸蘄州爲人剛正廉介孝於事親宏治乙卯舉人正德戊辰進士授南京戶部主事始至掌銀庫出納及代積羨金千餘司徒胡公曰此足以愧旣往風將來矣辛未流賊劉六等往來江淮勢甚猖獗出師防捕大中督理軍餉冒險應變皆合機宜癸酉奉查蘇松等處糧儲執法剗弊人不敢干以私尋出知慶遠府所屬南丹那地等三州土官舊各以金銀器物爲贄可千金悉拒之有鄉曰逃崑爲獞酋藍錢歷等所據商旅非聚衆持弩莫敢往來大中率民兵擒其渠魁戮黨與數百人事聞獎譽有加擢轉運使至閩未久致仕歸搆鳳麓書院因號鳳麓居士子吉言另傳詳通志

易濂成化乙酉舉人授四川武隆縣知縣潔己愛民建學勸士公餘不徹琴書政蹟詳武隆志

張思齊字希賢宏治乙丑進士令四會水患洊臻民聚爲盜思齊設法築隄遂成膏壤民阜盜息遷知亳州白蓮賊趙景隆掠歸德思齊偕指揮石堅擊斬之賊平陞四川僉事疏治麻衣河民便之尋遷副使備兵建昌勦雅州獥苗爲亂者鎮守中貴人欲攘其功誣奏思齊混殺良民逮至京事白改霸州民有訴中官奪產思齊上其狀部使者不報遂投劾歸起復瓊州

兵備噐官布政使詳通志

劉樽字宗器勤苦嗜學無間寒暑年四十六始中鄉舉五十登進士授海豐令民俗多詐樽將以道變之適罹外艱去服闋改令遂寧有能聲擢南京太僕寺丞馬政修舉陞知鶴慶軍民府取道還省墓以疾卒

馮翺字時舉別號雷厓幼穎敏强記年十四補弟子員後以太學生就選授山東兗州府推官治獄寬恕多所平反民有父病死而誣爲怨家所殺者獄久不決翺廉得其狀召諭之曰汝父實病死不速殯顧欲緣

是以陷人於罪耶即獄成亦必啟函驗視殘傷遺殖汝忍之乎兄弟相向號泣叩首伏罪一郡皆稱其明時郡之佐承委督所屬逋賦故有賂遺或以例告翺驚曰此何例也名賂者亟還之踰年致仕歸先是爲諸生時旁舍火起勢且及翺自外馳歸負其母及先世誥命以出餘無所問宗族故舊婚喪之不能舉者賴其周卹晚建多景樓日與賓客觴詠其中或閉戶焚香燕坐怡如也卒年七十有七後贈吏部右侍郎詳通志

甘棠字茂夫爲諸生刻厲專靜不以貧乏廢學嘗讀書城南石鼓寺鄉人從之游者取脯脡自給正德八年癸酉領鄉薦授雲南師宗州稱能吏於覊縻之中不失控制之法低昂伸縮悉合機宜遷河南嵩府長史卒

高鵬字汝南正德丁丑進士授湻安縣令冢宰喬宇薦其才當道忌之左遷亳州判官移知南充訊獄果斷不畏强禦士民仰其德歷重慶知府蜀藩長史著有四體發蒙秉忠定論風木雙思省心全要等書

梁珠字瑩卿號近樓嘉靖戊子副車浙江湻安縣主簿多善政有旨旌獎民爲立去思碑

甘澧字鍾衡嘉靖辛卯舉人令旌德時條編未行澧裁省廚傳寬里甲諸費有中貴過縣索供億橫甚澧但致常餼而已中貴度無所得乘傳去

周禧字子吉號乾明嘉靖壬子舉人壬戌進士歷官南畿學校廣東監察御史生有異徵多夙慧性孝友初仕刑部主事旋入西臺風裁凜凜出按浙江權貴斂手大比典試屬董其事所拔皆名流築海塘嚴海禁

修備甚周島寇不能犯毀除淫祠妖僧消地方隱憂浙至今猶傳誦不已視學江南首舉者惟正心術崇禮義釐文體人文奮興卒以積勞致疾未究大業人共惜之

吳鳳瑞字翼靈嘉靖乙卯舉人以理學爲鄉閭倡教諭太和有師範督學檄主正學書院遷永豐令以遣戍觸權貴竟莫能擠轉判開封有浚河功擢兖州同知以直忤當道廉知其端方愈優禮之每書寄子必勉以耕讀卒於任

周祚號台峰嘉靖戊午舉人令海澄邑新造難治祚墾荒招逋戶口以實賦清徭絕蠹食之弊愼舉鄉約保甲民俗丕變後陞官郎中福建名宦

徐之徠字子迎號少華方七齡卽毅然有閉戶之志稍長以五經食餼嘉靖戊午領鄉薦授四川梁山知縣歲凶爲粥於路以待餓者蘇困減徭氷蘗自矢調常州府武進縣不避權勢潔己奉公以恙乞歸每自語曰以五彩囊盛栢葉露何可得乎遂務養生年九十有二爲藩王行冠禮五飮於鄉爲正賓三末年杜門著性命集至今傳焉

王之佐字以才號正齋嘉靖辛酉科鄉薦初任鳳陽府懷遠知縣舉卓異擢都察院都事改都察院經歷陞工部屯田司員外郎督理河東墻垣朝日壇落成補通惠河郎中轉雲南廣南府知府致仕歸築室閉戶不履公庭里族敬重焉

李盛春號夢池隆慶辛未進士選庶常時江陵當國盛春出其門下爲奪情事抗章入奏江陵躩之莫不悚然於盛春之正氣而兼服江陵之雅量三年改吏垣

時東宮未正位叩閽特疏詞甚激切旁觀者盡危之終不及於難旋出副閩臬主文衡所拔皆名雋以積望入陞清卿出撫保定時礦璫肆虐四方騷動盛春力請停役爲太監王虎所扼然在任數年核兵馬實數綜錢糧整飭戎備厲行伍修廢舉墜卓有成績亡何黨議紛起盛春方晉南少司馬堅意乞歸與昆季子姪深篤倫誼尋卒特賜諡恭質諭祭葬廕其子柳爲廣西太平府知府祀鄉賢

易鴻磐嘉靖丙午舉人陜西韓城知縣政簡刑清百廢

具舉有古循吏風尤喜誘進士類以詩文相質者皆
指授不倦旋致仕歸卒贈中順大夫
易龍見嘉靖己酉舉人雲南路南州知州路南多冤獄
甫下車皆雪辨之號爲神君卒贈奉政大夫
李建中字龍源時珍長子性至孝十歲能文十二爲諸
生有巡按御史舟阻風駐驛諸生八謁指柱構蠹孔
曰楓木年深生孔子建中應聲曰菊花秋老見黃香
御史大奇之曰子才位當亦黃公一流嘉靖甲子舉
於鄉六上禮官不第署光山教諭爲諸生授經束修

轉給寒士陞四川遂溪知縣梓潼地饒俗靡建中以
廉率下時布衣角巾往來赤城青石風門明月之間
著有蜀遊草明月山詩數卷潼川旱建中草履行禱
即日境内大澍呼爲李公雨後攝安岳新令至安岳
人稱但願如攝令者其攝遂寧亦然封文林郎擢永
昌同知因親老不赴三上牘乞休歸無長物惟桃竹
蕺霜以餉媚知父母年七十不異孺慕居喪水漿数
日不入口年六十三卒於家門徒多貴千里奔喪数
十人以子樹初貴贈中憲大夫祀鄉賢顧景星撰

馮汝承號繼山大司冦天馭子廕貴州思州知府思州
地連谿箐獷苗雜處汝承才性通敏設條令勸農興
學風化大行
易可訓嘉靖甲子舉人授四川眉州知州調北直昌平
興利除獘所至有政聲
李孟春號愛池隆慶丁卯舉人初任河南西平縣官箴
清肅值歲旱躬詣佐賑踰年復有蝗雹災孟春禱息
之不忍開徵者數年考成無具爲撫按所劾民泣控
顯完積年逋欠當事疑之隨查覈果全完嘆曰有牧

民若此者乎悔其疏已發亟爲雪之得陞順慶同知
去任日勒石建祠任蜀有奢酋之亂屬主儲備之計
上下倚賴尋轉江南刑部主事語人曰吾弟舉進士
行將出而仕矣事親之任非我而誰世傳孝友皆奉
其遺訓云祀鄉賢
李際春字和元孟春季弟也萬歷丁丑成進士宰歸安
時詔量郡邑田豪右隱占獨累窮民際春按籍履畝
未嘗少狥移戶曹遷凉州叅議尋督廣西學政歸以
薦擢四川叅議陞汝南副使平礦盜沒心秤之亂歲

饑拮据荒政全活甚多以勞瘁卒於官際春天性孝友嘗訓其子曰吾居鄉居官惟以鬼神二字時時在念汝輩宜知之子樾孫本晟另傳

李載陽號旭峯萬歷丁丑進士令洛陽才長識裕敷政明敏丈地清徭百姓稱便後以南御史出守漳州加意學校歲饑多方賑恤客役夜譁廉其魁寘之法衆皆讋服累陟太僕卿叅河南福建名宦

袁世振字抑之號滄孺萬歷戊戌進士授江西臨川縣知縣請水次建倉臨川始無漕兑候守之苦善論文

知艾南英於童子升金華府同知戶部山東司郎中鹽法壞商鈔不行諸大煮鹽哭於部堂世振爲十議上之羣議多撓阻上覽奏嘉其能特拜兩淮疏理鹽法按察副使賜璽書疏理之官自此始世振立十綱法政令甫立羣商歡赴期年法大行舊額外溢七十萬上降敕嘉獎加一級留任凡疏理四年助邊餉入太倉四百萬有奇會嫉者謀去世振用其黨世振聞頗不平力乞去其後朝廷思其功崇禎五年起爲揚州海防副使兼理鹽法未到任卒著有鹽法綱册十六卷子素亮歲貢生少負才名耽詩酒早卒士林惜之節錄白茅堂集傳

張星字聚薇六歲失怙能讀大父方伯公書萬歷壬午舉人事孀母至孝候寢問安三十年如一日上公車數不第或勸之仕星曰母在此身何敢許人終喪授如皐知縣時中官騷擾爲害星正色不避闔邑晏如邑有鹽場十座每一撤丈費商人數千金星單騎自膳不費一錢焚香頂禮者三十餘里又沙田水漲歷歿民苦無收官苦徵糧爲害最鉅星捐俸從海灣濬

河道水入海民遂有秋通州有鉅蠹通家八府官民皆畏力請撫按鋤治之兩邑尸祝不衰遷歸德府同知致仕歸里外事不預聞六登鄉賓享年七十有七祀鄉賢

夏忠號孺和萬歷辛卯舉人筮仕桃源海濱苦盜忠修葺城堡申嚴保甲萑苻無警陞任宛鄧陋羨甚重忠痛革不取鄧有大辟繫獄者百餘人忠惻然心隱出脫九十二人梓有鳴冤錄陞思明府同知致仕家居築清白堂先墓側著有文禁十卷蘄州志書八卷未

刻祀鄉賢

汪宗文字絅先號泗溟家世積德昆季列膠庠皆擅名譽以孝友聞中萬歷丁酉鄉試令江西上高民瘠而玩惟務惠綏不專倚法民以感動逋賦應期告竣績聞於朝擢戶部主事管河西務鈔關通商裕國自奉淡如復差淮安板閘不易初心轉南康守多善政晉雲南副使巡撫都御史薦進右參政以老乞歸上聞宗文賢特進階右布政以寵之歸築室鳳凰山卒年八十有三著有元涯集易解不昧堂兵火失孫蘅另傳 節白茅堂集傳

蕭震字上嗣號倦山少負文名萬歷己未成進士初授中書舍人天啟乙丑遷工部營繕司主事典試直隸鄉試得名下士爲多轉刑部郎出知浙江紹興府以廉能稱兼攝浙江副使直言極諫與一時朝貴多齟齬因移疾歸里講學家塾其族多能文者著有遂初賦稿一卷詩文百餘卷燬於火 節江蘺堂集傳

晏攄忠字元灝由含山遷蘄家世積德父及時博學多聞教攄忠中萬歷庚子科舉人授廣州海防丞歲有單餉四十八萬屬丞支放不隱纖毫撰有粵政條議瓊州生黎與熟黎搆禍當事者勒兵深入後援逗留前軍盡衂攄忠監紀其地策情形急白大府止固藩籬行其議寢兵遂無黎患在廣州八年陞韶州知府禁採爐千石奮遇仙橋稅固江岸嚴游徼茂績大著擢臬副分守粵西右江以疾辭歸後贈中憲從祀鄉賢

王臣紀字爾贖萬歷丙午舉人初令江山有巨猾柴某武斷鄉曲已復聚謀不軌臣紀立除之陞泗州牧時魏黨脇附敷乞歸不孚告尋丁外艱服闋遂不仕弟

臣縉另傳

李猶龍字又畊崇禎間由貢士任石屏州牧値普名聲叛攻圍臨安州有土人倡亂立斃之境內肅然率民固守賊不敢犯州賴以安 雲南臨安名宦

李雲慶字紀卿時珍曾孫崇禎丁卯舉人初任福建將樂縣知縣潔清自矢勸農桑興學校調泰寧昭雪疑獄乞歸日行李一肩送者爲之流涕 福建名宦

梁佳字士竒號月崖明廩生援例授四川壁山縣縣佐

劄至蘄晟縛以
聞起太常寺卿轉大理寺正卿巡撫浙江晟天資厚重
與物無忤歷敭中外三十餘年官箴清肅調劑兵民
獨得大體撫浙時不矜不伐有古大臣風以勞瘁遘
疾卒於官遺表上
賜祭牛壇浙人祠祀之著有三楚文獻錄知天閣諸書
行世（詳通志）
高培字茂先號僑孚由恩貢官衢州府同知攺調南昌
府尋陞臨江知府康熙元年丁內艱服闋起補台州

知府時八閩不靖浙東諸郡靡不被兵自永嘉丹崖
失守章安遂爲危疆培調輯軍營訓練鄉勇請蠲賑
均徭役人心以固章安扼要遂爲東浙藩籬督撫上
其事陞分巡溫處道在任十年致仕
顧咸泰字斌素號思菴順治辛卯經魁任大名縣知縣
禦水患廣積貯除妖尼輯軍弭盜咸有能聲予告歸
縣人勒石立祠以祀詳大名縣志著有石倉詩補行
世
李本衍字介繁楨次子順治戊子貢授河南胙城縣令

以終養歸建烟光樓築險禦寇於州事多所裨益（祀鄉賢）
邵思學字麟山明嘉靖辛卯舉人南京宿遷縣知縣（祀鄉賢）
國朝
張效葵字叔向號誠菴邦翼次子天啓甲子鄉舉授嘉
魚縣教諭造士有法與黃仲霖有落星亭唱和諸集
遷四川鹽亭縣令縣多蕪田葵履畝清丈民賦始均
又牛斗亮等以傷人抵命案既成葵訊知其寃皆平
反活之尋擢陝西延安府同知政聲益著年七十卒
李本晟字賜若號嵩岑際春之孫梃之子初度時大父

夢有人冕紱與從止於庭自言唐西平王因名焉幼
穎異有蚤譽順治戊子舉於鄉己丑成進士授工部
屯田主事辛卯分試直錄所得皆名儁出理徐淮河
中清稅釐弊商民頌之陞廣西僉事分巡蒼梧時西
粵用兵督餉飛輓毫無匱乏常率輕騎撫猺獞定陞
川博白山冦遷雲南按察副使值運道阻滯升米百
錢來降者不得餬食皆廪之覈給之建義倉招流散
出俸勸義繕贖俘戶男女湏民帖如陞雲南右布政
後奉裁歸里值吳逆變以晟久轄滇南遣諜客投僞

下車後除積獘懲猾蠹修學宮建書院賜貧賑乏不遺餘力胙城舊多盜官不能制本衍相地要害築堡樓伏丁壯設法誘擒之大盜屛息歲大旱祈禱無驗衍畫暴於日夜宿於露三日大雨嘗發沙西賑役粟竭盡罄家產充公民始得蘇去任之日遠近送者遮道左

張承瑞字帝先號問蕉由歲貢授福建寧德縣令下車首清社夫里役築砲臺禦倭寇修趙公橋以便行人時防帥恣軍剽掠大爲民患瑞單騎諭止之及歸寧

入勸石紀績後補山東滋陽縣稱幹員屢奉憲檄駁審疑獄昭雪者二十餘人著有好生錄以

覃恩勅封文林郎孫彥舉人另傳

張承位字生共號繩菴順治丁酉舉人揀浙江桐鄉縣令興賢愛民務行其志部有猾吏欲寘之法吏倚勢家骩法曲縱遂移疾歸里寄情詩酒不與戶外事性好奬進後學然不輕許可被其容接者多知名當世云

陳言先字以詞歲貢廷試上卷授九溪衛教授其地獞苗雜處人不知學言先多方造就庠內外皆彬彬爾雅舊衛屯諸生貧者多典出造運罔措每爲之持籌言於衛守勸諭典者得半價以贖無力者輒爲捐助滇賴以濟予告歸感者咸立石以紀德幼失恃事父至孝每冬夜父不寢必先溫其被父耄齒脫食輒哽言先以盂盛自調食年九十三卒於家

孫天衢字幼岐歲貢生任隨州訓導尋陞武陵縣教諭訓廸有方一時諸生多所造就

李坦字公濟號我平增廣生援例授亳州同知稱幹員

經理江南八旗糧餉歲省帑金數萬陞直隸趙州牧甫渡河遇饑民挐孥南竄坦給資令歸鄉土隨行者以千計下車逢奇旱禱之立應發倉貸民穀種歲乃有秋尋遭蝗害飢民載道坦設廠爲糜捐置寒衣千餘領以衣窮民境內德之以疾卒於官州人祀名宦祠著有增删卜易行世子永昇舉人另傳

張啓翼字仕翰歲貢任應城訓導教士以敦本爲先邑向無衙署翼捐貲建造乞歸後值歲荒收卹族鄰輿論推之

王汞圻字公錫號申菴博學旁通諸書八歲時避獻逆亂與父母相失落水漂泊百里外能知其父母所在人咸異之康熙丙寅以歲薦授衡州府嘉禾縣訓導修文廟課士詳嘉禾志先是爲諸生時于清端公在江南聞其賢聘教其子蘇松撫軍于公準其生徒也

熊心璋字公朗號特菴康熙戊午舉人狀貌魁梧夙負經濟授彝陵學正一以端士習興文教爲已任時學宫以捐俸改修釐祀事定課程與人語必勉以道誼諸生質辨經疏皆厭所請而去州科名由是益盛繼

補廣濟教諭一如彝陵著有芝麓山房集

張仕渾字近愚號鹿樵康熙甲子舉人丁丑進士初授保定縣知縣後任清水五充同考官所得多知名士壬辰夏邊匪告警軍興旁午仕渾篆佩八邑屢著勳勞其文縣近地熟苗勾引外苗搶刼仕渾單騎入其寨諭以忠義衆苗羅拜散去伏羌夏久旱禱之輒應秦安連邑染疫癘入人室有聲仕渾聞其事齊戒牒城隍疫遂寧凡所至皆潔已愛民卒於蘭州

張仕學字琳山康熙已卯舉人任沅陵縣教諭興學造士無忝厥職尋署辰州府教授會永順司苗民猖獗督撫委諭悉歸順加軍功一級又委修辰河路工完固民咸德之卒於官

陳常字蓺極號靜齋貌魁梧性剛正族里咸推重之由廩貢授邵陽學博勤校課一時甄拔多名士以母老乞歸後補漢川不就在官置學田居家修學宫以及宗祠族譜橋路義塚諸善舉皆身爲之費累千金壽七十卒子欲珍另傳

王夢弼字兆艮號㕓巖事繼母以孝聞中康熙巳卯舉

人授祁陽教諭稱貸紓諸生急繼補新化近苗疆習俗頗悍弼漸摩之文風丕變尋陞宜昌教授時宜郡初建學修署身董其事校課扃門分以苜蓿諸生皆欣欣就正焉乾隆八年謁選歸以疾卒

張之梁字劍川仕學弟康熙戊子副榜任崇陽縣教諭造士有方悉清被侵學田作貧士膏火又石城古堰注田三萬餘畝學田居其中梁欲爲士民計久遠派工修築旱無竭澤堰戶立碑頌之

陳欲珍字席聘訓導常之長子由廩貢授恩施訓導築

館舍贖學田定課程邑人爲立碑紀其事丁父艱歸
盡舉父所捐修者補葺之或又加廣今合濟繼志等
橋是也後補安陸以母老辭

陳文藻字華章號蘭亭磁䃾失怙事母以孝聞雍正間
援例以州同效力河工署中牟縣佐督率楊橋小潭
溪十里店毛家庄等汛總河朱公嘉其能復以鄭州
陽武滎澤曹縣各汛委代之咸有成績需次光祿寺
署正乞養歸時州牧閙濬隍池屬藻董其事區畫皆
善

熊淇字衛瞻號竹圃蘄州人湖口籍成癸丑進士授博
興令甫蒞任即奉檄浚河築長堤百餘里工竣大吏
咸以爲能弭盜有法逮訊必反覆諭以至情多原釋
之賊諒其誠相戒不入境卒於官著有竹圃待正稿

陳履中字遠登號岸如別號菖湖乾隆乙丑進士筮仕
貴池未半年解任池民攀轅不忍舍脫鞋一雙供奉
城隍廟中每城隍誕辰同前循吏某蟒袍捧獻並崇
祀名宦祠方未赴選時歲壬申有逆賊馬朝柱假邪
術煽惑愚民以天堂寨爲巢穴會飲立誓黨羽日衆
蔓延英霍蘄羅及崇居楊河等處中乃密約大同司
吳星夜赴州聲明州牧李即飛稟上憲親督營兵駐
紮如菴中捐備糧草招集佃戶仝弟軼前隨官逐處
督拿旣又迎提憲哈到家供應事平李公陞本府知
府以爲國宣勞額贈之

劉萬宝號褱堂弱冠補諸生爲文多神悟其家藏書頗
富父嶠爲其昆季析箸獨以書俾宝宝益自奮勵領
乾隆丁卯鄉薦授石首教諭甫抵任以形家言增修
學宮黌牆三尺許以培地脉石邑自後科第相望又
與縣令黃謀建石壇書院於學宮前縣令強宝授生
徒一時從遊者皆奇傑士縣有疑獄陳氏子幾以無
辜抵罪公力白其冤得脫州孝廉呂鳳岑卒於都宝
爲之治喪具歸旅櫬後以秩滿保題赴都未果卒於
家有蓼褱堂文稿待梓子之棠進士另傳詳通志

陳良翼字孔十號卦峯乾隆癸未進士除福安知縣調
繁福清督撫以卓異薦會諸羅彰泉人械鬭大吏稔
良翼才且以爲能靖民也更調諸羅又二年推陞嵩
明州知州以母老告養旣得請矣會有疾未及歸踰

年而林爽文作亂破彰化陷諸羅殺文武官吏艮翼亦就縛縣民奔救之曰奈何殺我好官得不死當是時爽文犯臺灣不克遯歸大里杙留戍諸羅賊無幾而鄉民起義者日益多艮翼遣人間道言於府越明年正月艮翼率義民會總兵柴大紀復諸羅遂奉檄復知縣事諸羅居臺灣南北之中於時彰化風山相繼陷府城實藉之爲藩蔽故爽文圍益急而艮翼之守益堅嘗兩獻策於大帥請乘虛擣大里杙賊巢而分撥一軍夾擊之又請分軍一出斗六門一趨他里

霧遏其後而諸羅之兵過牛㮰溪攻其前皆不省而援師遷延至剌臂血爲書亦不應乃深溝高壘日激厲民兵堵禦無虛日自六月被圍迄於十月火藥竭兵民食且盡乃禱於神以油粃爲糧士民皆忍飢荷戈以俟　大兵之至而府城得恃以無患艮翼力也事既平追論餽道府節禮草職又在圍城審錄俘獲具得疲癃老弱有保証者數十人力爭於軍門釋不殺而勉從大紀原奏以已戮報迹涉扶同擬斬監候讞之日士民皆翕然同聲猶謂艮翼保全無辜泣數行下也

皇上察其情釋令回籍越一年入都祝

萬壽恩給知州原銜未幾歸丁母憂遂有疾竟卒葬崇居卓馬山麓著有三生瑣談書二卷諸羅守城日記一卷　通志

陳受琦字越羣乾隆丁酉拔貢生選竹山教諭推陞湖南衡州府教授時猺匪爲逆閤城官弁出勦禦琦留守城城中火起琦身先救護上憲記功註册年七十七卒於官子炳堃諸生

陳丹墀號月圃嘉慶壬戌歲貢生選授隨州訓導學宮

頹敗捐俸葺修士民以德星輝映匾額爲頌子邦憲附貢表言庠生

田玉榜名書田號樹人嘉慶癸酉舉人授武昌教諭端士習興文教學宮被水圮勸輸重修告竣邑人士頌以模範可風匾額以上潘志

陳懋績號攸齋歲貢生授漢陽郡學訓導誘掖生徒束修之資轉給爲膏火出門下者多知名士晚歲告歸以正直率族人樹老成典型之望卒年八十有八著

有樂善堂文集

陳　鑾號芝楣蘄州人出籍江夏嘉慶庚辰以一甲三名進士授職編修道光初元由江蘇知府歷官兩江總制鑾具經世才知無不爲初守松江鼇海運章程漕艘無一滯者繼守江甯被水災民蔽江下捐廉悉活之其任上海道也濬吳淞口置救生船於黃浦江其爲江蘇藩司也築寶山華亭兩邑海塘計數千百丈開太倉州昭文縣河以興水利他如陳泉浙江修太湖隄岸開府江西又修沿江圯岸一如在江蘇時

鑾爲

成廟所倚任一歲數遷擢任兼圻益圖報稱前後在兩江時久設義倉以備荒政修書院以培文教善政尤多及

署督篆奉

命閱三省營伍實力整頓以積勞成疾卒於官

上聞贈太子少保銜長子慶涵

恩賜舉人江南人士立像於滄浪亭春秋祀之並請入祀名

宦祠鑾少年博學以至性結主知在翰林時嘗奉

旨書

昌陵神碑其後入

覲也蒙

詢所置贍族田

御書義莊二字以賜其

恩遇有如此著有明心書屋詩文集並輯有先正格言十卷三楚歷朝名賢墨蹟撫楚帖十卷

陳準原名錦階號勿生嘉慶癸酉舉人大挑二等選蒲圻訓導旋丁內艱起復改公安教諭俸滿保薦知縣分發山西歷署八州縣事所至均有循聲初蒞應州

前官沒於任虧項二千金有奇慨然承之缺遂負重累權和順月餘清理積案數百件除廒馬麩秣稅民感激額頌去之日攀轅餞送者盈於路在長子時革社長訛索患盜風竟息最後權平魯勸民買牛力穡屠牛者斂迹楚黃人流寓平魯者適遇

恩赦悉給厚貲遣之其他惠政多類此咸豐丙辰卒於官所著有剖瓠集詩文雜作待梓子紹棻太學生際雲待銓少尹紹椝太學生懋元歲貢生孫璪諸生麟慶生

陳懋烈號灼亭道光甲午舉人大挑知縣歷任福建將
樂福鼎漳平縣事所至多惠政兩充鄉試同考官拔
錄皆知名士在漳平任內升授澎湖通判民聞令當
去叩大吏乞留格於例焚香泣送繈屬不絕旋升知
府引
見仰承
天語垂詢閩中吏治奏對稱
旨加道銜授臺灣知府會戴逆作亂勢甚猖獗烈不動聲色
剿撫兼施未數月獲其魁置之法餘無所問事

聞奉
旨以道員留閩補用並
賞戴花翎署臺澎兵備道兼提督學政練兵籌餉校士衡文
悉臻妥善歷署泉州邵武興化府知府人相戒曰此
通省稱廉能者不可犯也其見信於民如此光緒己
卯因病乞休箋再三上大憲慰留七月卒於官年六
十有七子德衡分部員外郎德新福建候補同知德
輝候選主事
陳篘號篁生道光壬午副貢署安陸府教授實授長陽
縣教諭修葺學宮日集諸生講誦不輟丙午卒於官
旅櫬還蘄門下士叩奠於道有泣下者
陳三辰號耀楣拔貢生授河南唐縣令嘗出清俸捐與
賢奮衛諸莊及武廟廊廡書院膏火課士公堂飲食
教誨五年中政平訟理桐柏亦以鄰封父母爲頌先
是桐柏頑民蠢動戕邑令中丞進剿駐唐邑始命南
陽守顧某前驅顧畏縮轉薦三辰爰募勇助剿賊潰
散是役也招募及供應犒賞費金入千有奇顧惎之
誣其通報不實撤任因恚恨以終子粹乾監生占納

陝西縣丞
楊崇興號峻峯幼穎悟與兄培興弟衢興同受知於賀
蔗農學使就職廣文歷署荆州雲夢訓導在荆南汰
拔萃科呈送及考試詩古册費一時稱頌明太守龍
田聘主宜都清江書院講席劉明府槩令嘉魚聘往
襄校均號得人會補荆門州學之檄至而興前數日
以疾卒於家
汪陶號小皐道光丙午舉人大挑二等歷署荆州府教
授枝江縣教諭補宜都縣訓導主講清江書院問字

者常數百人士風爲之一變丙子丁內艱服闋尋卒
著有挹秀山房集待梓
張其達字載敏雍正壬子貢生授鍾祥縣教諭操履端
潔訓迪不倦乾隆朝子源洙復以歲貢官其地
江筆華號穎卿廪貢生前署興國州訓導陞任德安府
教授一時俊彥多經陶鑄咸豐初髮逆告警郡守阮
委華督隨州團練未幾賊踞郡城華隨金觀察國琛
条謀戎幄請以桶盛沙壅城北河下流水灌北門賊
當自退金行其策賊果遁郡城收復府孔廟及試院

學署俱燬於賊新任太守王委華修治華遂勸捐鳩
工工竣以餘貲補葺城垣太守因華屢著勞績保舉
留任力辭還里唐方伯時駐營蘄州大同鄉諭辦軍
務以功議叙鹽課大使加知州銜子樹榮庠生樹芳
縣丞樹棻庠生孫廷燮庠生
朱燮元號理臣咸豐戊午舉人以大挑一等籤掣山東
援例告近迎養改掣四川署理鄰水縣事縣中民教
雜處俗強悍好鬬元蒞任甫一載寬嚴有法民俗頓
馴乞終養諸土司及紳耆焚香泣送具萬民帳者盈

道左歸里後尋卒年四十七
張汝璧字幹臣郡廪生佐多將軍幕保訓導署襄陽郡
校旋調蒲圻將至圻令刑諸生於學諸生合控上游
幾興大獄璧持以正事得寢尤廉潔自矢去之日祖
餞盈衢有詩云鶴儉漫嫌官俸少魚懸終却贐儀多
紀實也子必受諸生
楊世璐號昆山少隨長兄勉齋從師家塾先後食餼遊
庠壯貢成均歷署武昌蒲圻通山宜都訓導所至以
鑑別士類陶鎔人才爲先凡事關倫紀風化毅然身

任其成 以上新增
陳廷揚號小坡領道光壬午鄉薦乙未成進士權四川
新甯青神樂至諸縣終鹽源令所至勸農課士詰奸
捕盜政績歷著致仕歸里居授徒不履城市晚年主
講麟山書院光緒壬午重宴鹿鳴年九十七卒所著
書目詳藝文墓誌 十年重校新增
范步蟾號月珊增生髮逆亂蟾奉府憲許檄委辦團練
旋以勞績保舉訓導署黃陂縣教諭解組歸僞州人
請廣學額蟾亦與有力焉子詒孫同知銜

武勳

志政蹟復志武勳者何康蘄國之渡江柳吉安之勇往剬平寇難境內晏如視夫從容民社而宦業成者抑又難焉故别爲一目使觀者以類求云志武勳

明

康茂才字壽卿蘄州人元末進士寇陷蘄州茂才結義旅捍禦有茫茫江滸皆魚鱉何處堪容魯仲連之語尋從明太祖渡江太祖欲速陳友諒來寇以分其力密諭茂才誘致之友諒敗走嗣後破蘄黄戰鄱陽湖圍

武昌收湖南伐吳逼蘇州從征齊魯關隴節制太原再征漢中所在有功軍中疾卒贈蘄國公謚武義詳明史本傳

康鐸字伯聲茂才長子襲封蘄春侯少有父風年十歲侍太子讀書大本堂太祖灑宸翰賜之曰謹承祖業愛爾勤功詔往墾鳳陽荒田年十八統兵征辰州峒獠遂平松疊諸州後從征南將軍傅友德征雲南克普定破華楚山諸砦明年卒年二十三贈宣力武臣蘄國公謚忠愍子淵授祿未襲封

柳艮正州崇居鄉人洪武初以武功封吉安侯嘗於打鼓臺墩集蘄州三戶軍戶其墓尚存

陳福清從高帝征偽漢陳友諒戰於鄱陽湖矢及御舟福清倉卒負帝過舟帝取一珠耳璫賜之福清以箭貫左耳懸璫帝曰眞壯士也封千戶後叙功臣福清不與焉

李楷字端甫同春之子貌如冠玉風流英武萬歷間襲千戶職授靖州守備隨大將軍劉綎征苗播攀藤越樓關天塹建立奇功加世襲指揮陞福建參將會海

賊入犯設奇大破之擢吳淞副總官至貴州總兵歸里居喪廬墓孝友同居人皆賢之祀鄉賢

李楝字郅隆同春次子少爲郡名諸生負雋才兄楷無嗣承兄蔭陞武岡州守備廣西永甯州遊擊再陞四川松藩參將盡瘁王事卒於官生五子皆庠生癸未城陷相率死難惟四子本綿存壽卒

王啟指揮使勝之子勝亡於陣啟年十五襲父職調充先鋒官從征雲南苗通道造橋應接大軍擒其渠魁又生擒七十餘首斬獲四十一級拔城寨七十二晉

封明威將軍以壽終葬雨湖

陳圖功字朋燕中萬歷乙卯武舉後流賊猖獗圖功獻策軍門復請歸立羊角砦以衛鄉里兵憲范爲請職遊擊所在有功著有行路難柳絮吟等篇 以上錢志

李光樫字友夏有勇力善騎射崇正甲戌河南賊入蘄黃樫逃在外僅十二歲丁丑春江北賊竄入大山中左師入山搜捕徑投營中深見推許以將士從征視賊所向隨方勦撫已而至成都雜遝於孔昌王部曲中王視師下玉營爲盧將軍所猜阻旋以射蠟三枚

膺首選掛官軍前鋒印後累以功遷總兵官鎮銅廠三年予告回籍時同邑雲南布政李暘若雅相契重遂留任二年及歸絕意進取詩酒怡情督課諸子年九十三終 李氏新稿

國朝

李世忠字厚菴有膂力諳方畧康熙十八年吳逆亂世忠自備鞍馬從黃州王協鎮出征有功授千總復從征紅苗殺賊於六箐口殲滅幾盡生擒十餘人疏請授都司僉書管江西南昌銅鼓營守備事封武宣將軍

楊天貞字自強崇正丙子武舉順治甲午副舉少讀書通孫吳韜畧對策皆能指陳有膂力技藝絕等倫康熙初搜求材勇貞上書台司請纓自効以功授守備

葉植字容伯號天培順治戊子武舉初授燕山右衛千總以征西山有功陞山東靖海衛守備前官張某以丁糧挂誤追賠力不能償植代賠數百金張得還鄉陞臨清都司尋卒 以上錢志

陳臨號莊齋由蘄州營行伍從征金川屢戰有功擢蒲

圻千總嘉慶戊午教匪餘黨擾崇蒲二邑臨隨營悉殲之陞守備

吳大章千總嘉慶初值陝西白蓮教起應有司募糾鄉勇保護一方守城有功授外委後奮力前驅諸督憲賓揖

上聞凱旋授延安府營守府兼護本營參將事年七十五卒於官

易光殿由武庠生入蘄州營行伍擢黃州協城守乾隆乙卯從征湖廣川陝等處屢立戰功擢四川大壩營

都司陞興遵營遊擊年七十致仕以上潘志

蘄州志卷十三

知蘄州事嶺西封蔚礽纂修

篤學

環堵之室半畝之宮手一卷書老而不輟非素所嗜好然與雖復著述不盡傳而底蘊不獲効於當世其志行修潔不可廢也故儒林文苑而外篤於學者倘焉志篤學

明

陳詠字叔雅號澗松以貢任四川萬縣學訓導工文善

書一介不以取人丐歸後始有子息年八十卒貧無以葬門人李參將緒捐貲賻葬如禮蘄士大夫爲詩歌以紀其事蓋以見先生之取友得人如此

化雨字時雨歲貢生性沈靜不好嬉弄家貧依外氏居授江西玉山縣訓導遷深州學正卒之日口占詩以遺諸子有豪雄無勢利富貴有危機之句

陳光遠涉獵經史以詩文自娛雖執役戍伍亦手不釋卷以老疾還鄉士多樂從之遊有轅門歸隱集

國朝

方舟字人濟由恩貢授浙江嘉善知縣以豈弟稱致政歸益勤於學年八十餘猶工楷書盧澹巖修州志舟有䟦

張泮字叔度號魯公中順治庚子副榜丰采踔厲負志不羈讀書師其家學與姪士淑互相切劘老而彌篤與修盧志訂訛補遺多所就裁後選靖州天柱縣訓導以老疾辭

李本周字幼岐樌長子英敏過人七歲補諸生年廿中順治丙戌舉人益篤於學爲文整飭宏雅未仕卒

金天斗字映北歲貢生少負雋才試輒高等館大冶相國家相國故尊賢天斗名益著

蕭銓字公衡號樗叟少貧嗜讀書學識淵博以明經教授生徒著有古學彙編四卷兼精岐黃術著易簡方書十卷年八十二卒

王世鼎字和臣兄世泰字安臣窮經講學一時推重俱以明經老門徒多所成就著講義文稿存於家

袁孔士字方魯號泰菴歲貢生光祿寺丞光敍之姪素履端潔早擅文名兵憲楊公志遠建七葉寮社孔士名最著兄孔儀孔偶俱諸生暇則論文於竹隱園從遊者多所成就

龔栢字百子號餘菴歲貢生篤志好學至老不倦品行爲士林所推重著有半畝詩集

易時憲字若凡號東江康熙乙酉舉人少負異才嗜讀輒廢寢食凡經史子集靡不窮極奧義學者景從多所成就未仕卒著有東江文集四書參義周易講義諸書

張聯芳字馨遠號播菴歲貢生耄期好學不倦著有居

易堂詩文集

張聯翼字界軫號荆野拔貢生一時知名士多從之遊年九十餘猶朝夕呻吟不輟著有歷試草藏於家

劉文起字學山號雲莊匡生孫康熙己卯舉人授湖南靖州學正丁酉爲廣西同考試官得卷甚佳而股法倒置文起疑謄錄錯誤薦不售復力爭之及售對勘果誤皆服其識起爲文卓然成家年六十三卒於任子佺皆諸生价丁酉舉人

秦京字永畿號愚圃雍正癸卯拔貢生家貧無子皓首

窮經年八十猶纍赴省闈當事咸禮敬之雨湖七子
京居長詩見合刻
張畸字子駿號另齋年十三補諸生詩情酒趣傾倒一
時晚益刻意於學著落葉吟等集
張梗字孟楠號鴻洲康熙庚午舉人授歸州學正辭不
就嗜古工詩居鄰雲母山多古松築萬濤園朝夕觴
詠其中足跡不履城市著有萬濤園詩集
陳詰字嗣康號澹菴氣度雍容言動不苟爲文宏博浩
瀚中康熙庚午舉人選郴州學正未赴任卒

顧燕翼字貽孫咸泰孫幼聰慧父介指授文體年十二
爲諸生後以明經老爲人忠直醇謹鄉里稱長者
陳道兼字庚行歲貢生好讀書與姪鼎元相師友工制
舉業著有河干等集
陳鼎元字節九號澴溪州諸生工詩古文詞築園於河
干修葺古木亭臺樓舫遠絕塵俗顏曰半畝藏書甚
富知名士往來攷正無虛日十躓省闈不售卒年六
十著有半畝園集
駱思白字緇守歲貢生選訓導未任生平手不釋卷爲
文博大兼善吟咏五律尤佳
朱孔陽歲貢生工制舉業試輒冠軍學使者多刋布其
文以爲式性尤嚴謹雖賓朋讌集未嘗輕笑謔子正
述乾隆癸酉拔貢
李生棠字蘭枻歲貢生性沉默刻志讀書兄生彬弟生
楷相師友家政浩繁悉聽命於兄棠惟手一卷以終
老
張啟疆字仕開號殢五幼失怙恃伯父正鼎愛若己子
伯父歿從兄啟翼授以書初苦魯鈍讀書必百倍或

至嘔血已而豁悟輒不忘中康熙乙酉舉人
劉文超字大章號默齋文起弟歲貢生性沉靜簡質有
古君子風極嗜學制義力追先正羽翼經傳授徒三
十餘年多知名士撫教兩孤姪德佶俱爲諸生後超
無子以佶嗣
陳有夏字淑伍歲貢生博極羣書尤精易數著有筮法
秘傳二十卷掌白雲書院以經師稱
王仔古字丕承癸酉恩貢生初授經往復問難輒窮其
師長益嗜學每夜讀書必數問父母寢人稱其孝

姜壎字晦初歲貢生家貧力學行文有奇氣友教數十年環堵蕭然晏如也州牧蔣聘爲書院山長

朱忻字霽容雍正癸卯舉人潛心經傳爲文自出新意

胡宗憲字令巖號樂齋天資頴雋早歲補諸生年二十餘以麟經中康熙乙酉舉人候選縣令適丁艱服終奉檄詣都會疾歸里博綜羣書尤精左史公穀與弟宗寅共研極遠近文士多從之遊

蕭濬字翰凝號素齋性謙謹潛心古學里人終年不獲見其面州牧蔣公慕其爲人延爲西賓濬在署久自

援讀外無一語及他事選訓導未仕卒著有尋樂軒試草

熊楚純字師道號涉園州諸生勤學能文兼好施與嘗收埋白骨無以葬者鄉里咸推重之州牧蔣公以望隆閭閈表其廬著有轡揖軒詩草

高岱字東瞻少負雋才文詞清麗雍正癸卯舉人

熊楚輝字仍存歲貢生少與姜壎葉舒翮李生檗生楷讀書漾菴爲詩文課同受知於學使者潘宗洛楚輝授徒里塾晚猶不倦

黃載嶠字晉單號丹巖州諸生與兄載華讀書棲鳳堂居雨湖七子之一詩文名著江漢間著有雙筆齋詩文集及北遊草行世

龔啟堂字豐寰康熙甲午舉人任荆門州學正捐清俸倡修學宮每月刻期集諸生講學課藝不倦告歸以詩酒自娛比鄰罕見其面甲戌舉鄉飲正賓

范正字儁儒號退菴歲貢生童時多疾苦讀書至嘔血不輟性純謹重廉隅恥干非分尤敦本行捐貲建闔族公祠立友善義社與同里會文經其指授者多知

名士著有孝思錄午夢堂詩草

駱星符字翰如性嗜學淹貫經史兼通諸子百家著有天文樂律並詩文集待刊 以上錢志

易泗號恕亭州諸生北遊於京大姓氏館受知於二十一王王愛其書法親書存存堂額贈之一時名公鉅卿皆樂與之詩酒唱和隨駕北巡著有塞上吟詩草行世考授經歷三署知縣以老致仕子孫尚留京師

方相號禮齋積學未遇以諸生終生平窓課隨手散遺

晚年擴摭其僅存者自訂爲孕秀軒集梓行

黃式澤號惠峰廩生幼頴悟善書法爲文刻露雋永科歲試輒冠軍一時名流咸器重之楚材觀止麟山課藝多刋布其文有四書制藝行世

李培滋號蒔圃歲貢生爲文古奥尤工書法年八十餘猶手不釋卷日以吟咏自適著有挹麟堂續集待梓課子姪輩無間寒暑胞姪承謨鄴書昱皆諸生昺嘉慶辛酉舉人子承洛戊辰舉人

吳　林字雨亭嘉慶戊午舉人性沈靜爲學務求根柢

每講經義聽者忘疲後授京山訓導培植學校整飭士習邑中人咸以經師人師頌之

范卿組號若亭累世讀書與其弟卿綱入太學卿繹食廩餼以文字相切劘皆充然自得子若孫遊泮入貢者數人四世明經族里以一經傳德爲頌

顧啟賢號樵雲天姿卓越讀書具有神悟詩文才力肖其先正年三十餘絕跡名場後以明經補授保康學博康邑風氣鄙陋賢至人服其教漸事詩書未終任遽以疾歸

李同倫號樂軒諸生少事萬南泉葉函齋程夆時諸名宿能文章工書法性耿介石首縣令張世維聘主崇正書院講席荆襄間多遺墨焉著有長林草鹿門紀事雨湖唱和諸作其子歲貢生瑞玉編入培梓山房存稿分爲上下六卷

劉之紳字玉衡號白水歲貢生與兄庠生之縉同受業於李金臺太史紳尤爲所器重每科歲試皆高等成就及門甚夥虞部陳詩舉人胡鴻薰孟嗣宗俱出其門著有學庸辨難白水制藝待刋

張夔壎字西胙乾隆己亥舉人七上禮闈不售授徒於策峰浠水間晚年以例補學正司鐸歸州癸酉選期學憲鮑按臨宜郡州人士無一赴選者乃召生徒捐俸作卷費州學向鴻翥遂得選拔年逾七十將告歸以疾卒於官著有西牕詩草慎思堂文集稀歸提命錄待刋

劉營詩號愚溪弱冠入郡庠食廩餼爲文如龍蛇夭矯不羣戊午鄉闈主司賞其文推爲熊劉再世卒以經藝一字訛抑置副車第一

陳豐露號秋沅家貧力學凡詩古文辭下筆立就中乾隆丙午經魁六上春官不第嘉慶乙未會試卒於京著有望江草堂詩文集待刊

方蔚字澤章少穎悟讀書過目成誦年十五登賢書主司慶得人七上公車不第後因祖母暨母春秋高不願仕進每旦夕閉戶吟哦不輟著有蔭園詩文集四卷課兒條規十二則年五十一卒

蕭光序號晴嵐歲貢生性放逸工詩文善書法通經史始設帳里塾繼應浠水諸世家聘旋主荆門講席一

時名宿多出其門著有四書說約藏於家

蕭光緒號璱石幼慧能文年十三小試輒列前茅二十七登乾隆己酉鄉榜丙辰會試售而復抑其才器學識引重一時年未四十而卒

張學部號月岩性聰穎工詩文弱冠補弟子員尋食餼州人爭師事之乾隆己酉舉於鄉著有四書啟悟十卷　字典叅議三十卷待刊

范位盤字友湄性敏積學購書甚富悉加丹鉛用心縝密遇横逆仍手不釋卷夷然也童試冠軍食餼登賢書任均州學正十三年與邑人士循循以文字相切劘嘉慶甲戌學憲朱題贈教洽滄浪額

李華郁號棣圃少篤學爲陳愚谷高弟嘉慶戊午亞元上公車不第遂留京師漢陽葉雲素聘爲西賓葉名琛是其高弟也逾年卒於京邸

陳有執號念蓼嘉慶辛酉副榜性穎異讀書輒有會心爲文不落常徑講學里塾出其門下者多知名士有念蓼文稿藏於家子紹瑞道光壬午舉人

張開玉號兼四諸生家貧嗜學寒則擁氊而讀無燈則

燃香照字且云吾讀書一字一句必求其所以然不得弗措也讀儀禮祭聘諸書則布爲堂階上下方位而自爲揖讓升降於其間其苦心類如此爲文清剛雋上乾隆戊申鄉試擬元以謄訛見抑後復屢薦不售抑鬱以終

張學濂號雲菴州諸生屢試棘闈弗售遂不求仕進以書史自娛子姪輩勸赴癸酉鄉試得中副車著有雲菴近藝擷芳園詩話待刊孫世業廩生

張學址號惺菴廩生少偕同里張兆講肄業江漢書院

課輒冠軍掌院呼為蘄春二張乙亥分修蘄州志著有和鳴堂詩集行世

張光鼎號洛川歲貢生少負異才能文章下筆千餘言無敢攖其鋒者僅以明經　恩賜副榜士林惜之

陳豐翥字鶴皐歲貢生父幹名諸生著有四書說原授徒里中成就多人翥能世其學

陳瑗號半菴歲貢生幼嗜學族兄愚谷見其文深器重之使從遊博綜羣書尤潛心性理生平品節端方敦孝友里人敬憚之課業務嚴遊其門者卒多名宿子

廷揚成進士宰西蜀翁愈循循禮法慎行謹言年八十卒著有尊聞錄念念山房詩草制藝漫存待刊

陳田治號半畝州諸生五歲失怙兄弟相友愛好讀書手不釋卷延師督課所費不貲產破家落泊如也族孫祐祺貧廢書倡議助金遂成其名其教人云知孔子四未能畢生無可寬之日學孟子三自反天下無難處之人子三本升　恩賜副榜孔皆廩生甲三丁酉經魁孫峻峰廩生

陳其善字汝揚性敏能文章尤好善里中有鬻妻償負者予之金令勿鬻又有昆季爭產欲前赴訴者卒望廬而返年六十嘗自吟云青燈善解窮經志皓首空存報國心以諸生終

張聯璧號次徵自幼與其叔父諸生瑞琪受業於其父廩生道南天姿超邁博極羣書詩賦文章獨冠一時入泮後肄業江漢書院文名益噪刊布課藝傳誦士林中道光庚子舉人著有十三經經解韻學要訣虎山文集待刊

童啟倫號敘堂優貢生敏慧卓越攻苦窮年詩賦稱賞

一時有養雲山館制藝待梓年二十九卒同里陳工部主事詩表其墓

陳紹瑞號菊人剛方正直不阿流俗慕海剛峰之為人取字宗海讀書目數行下成童入泮學憲鮑深器重之中道光壬午舉人著有課徒草倣古體箴小峰詩集藏於家

張如照字雨作號月軒州諸生年十三能讀十三經朱子綱目善為文敦孝友屢薦不售著有古文一集行世

吳煥鈞號巳山乾隆戊申舉人爲文卓犖不羈詩亦豪放落筆千言立就與同里胡蘭亭駱商亭齊名出其門者皆一時杰士著有巳山詩文集

詹如松號鶴亭嘉慶甲子舉人授漢川訓導讀書務窮經史文筆逌邁一時待門生如子姪不計束修之有無卒於任漢川士子多德之

駱千翥號薛軒童時隨父沛霖居武昌官舍行若成人父卒翥年方十二隨母扶櫬歸里聽母張孺人訓不墮先業受業於胡蘭亭吳巳山兩先生之門與叔庠

生沛然星炳日相切劘恒以大器期之柰十試棘闈不遇卒以諸生終游其門者多所成就其孫利鋒即敏修成進士著有原宗論及商亭年譜等書

吳金度號鑑堂歲貢生性最鈍苦心孤詣寒暑晝夜無少輟卒以穧得之胡蘭亭陳愚谷重其文行俱遣子姪受學教人工課最嚴制藝一以先輩大家爲程式故一時深純之士多出其門著有鄉黨輯要

張愜鸞號聽泉嗜書成癖有奇書必竭貲購之故其家藏書頗富延師家塾課讀諸子每供饌務極豐腆十餘年不倦雖援例貢成均至老猶手不釋卷子瀚增廣生

陳本中號爲山道光壬辰舉人性耿介不諧於俗讀書慈雲閣近三十年苦心孤詣務求根柢垂老設帳鄉里成就後學登科入泮二十餘人著有易經纂象待梓子之原連振俱諸生

蕭蘭號藝甫州增生積學能文不與外事州主范六瑑李蓮峰極推重之屢赴棘闈售而復抑者再善誘後進出其門者半登賢書入膠庠子子書鎮圭皆諸生

子書尤沈靜能文工詩士林咸推重焉以上潘志

蔡理元號一齋乾隆甲寅舉人爲學沉酣性理不屑時趨門下士多所成就晚年司鐸鍾祥卒於任子道中後其父中嘉慶庚申舉人任荆州教授亦卒於任

陳繼曾號鳳樓嘉慶庚午舉人少從孝廉胡薰遊刻自琢磨能勃窣理窟講學數十年一如其前輩裁成者甚衆性方嚴人敬憚之

吳祖信號敬亭歲貢生性嗜學讐校古書如不及制藝力追先正乾隆巳酉闈中擬元因主司意見各持卒

啓孫山外教授閭里多所成就年八十猶講學不倦子得旭諸生　恩賜副榜

陳信煜號仙山道光壬辰舉人學問淵博品行端方訓戒子弟敦本務實力屏浮夸教人以窮理盡性爲主執經者恒濟濟焉子攀桂廪生孫爲楷應庚士孚俱諸生

胡有贊歲貢生性梗介不干外務幼嗜學屬文一宗先正晚年猶手不釋卷授徒鄉里多所成就至今猶稱道之

韓炳忠歲貢生刻苦下帷無間寒暑有得輒筆記之講學鄉閭門下承指授者多掇科第著有唐詩集解

董逢科　恩賜副榜性沉靜潛心經史年及耄猶孜孜不倦每誦讀時客偶至寒温數語仍對卷吟哦凡從游成就甚多

熊子權號平莊廪生穎悟過人小試五次冠軍生平著述多闡前人未發之藴著有臥雲鈔文集

張邦勳號書亭廪生後以目盲更號耐人教人有方口講指畫多所發揮閱生徒文能批郤導窾故成就爲多舉人黄兆魁出其門下至耄猶勤學凡詩古文辭卒能發抒其胸臆

王　椿號華顛諸生居恒踐履敦篤酷嗜性理近思錄宋五子書與陳愚谷虞部同受知於胡衣巷學使善詩文工書法窮年兀兀著有周易輯要十二卷儀禮經傳通解正續十六卷典制窮源六卷四書尋繹八卷

詹元翰原名翰號西林道光壬辰舉人幼嗜學凡經史子集無不窮極藴奥爲文思力深厚每一藝出輒傾動時流十上春官屢薦不第以大挑二等選宜都教

諭未抵任卒子毓琛諸生

陳玉晃號琱生性豪邁勤於學淹通經史時文多精悍之作道光庚子舉於鄉三上公車不第家居教授經其指示者爲文皆有法度可觀晚年設帳竹谿竹山諸縣從遊者衆至今彼都人士猶樂稱之

陳炳堃號菊裳諸生性敏好學初與堂弟準讀書三泉菴寒暑無間夜輒達旦後隨父受琦之教授任披覽羣書丹黄恒不釋手年四十餘卒

陳致中字靜軒諸生性嗜書卷軸盈屋延師課子極盡誠敬生平手不釋卷至老猶不倦云

張啟元字騰若性明敏篤於學有爲星家言者謂終身不能博一衿元笑謝之築倣命堂讀書其中深自刻勵卒爲諸生旋食餼

蔡　鴻號天衢郡增生性好學經籍未嘗釋手試輒高等端師範指授者多獲售蔡氏自其姪景星外如名諸生樹森紹清皆出其門下年八十餘卒

袁鍾瑜號玉峰父培橋家世忠厚尤崇儒術瑜幼嗜學

英年入泮食餼旋授明經性孝友兄鍾琳多逋負瑜鬻產償之四十後遂絕意進取敝門不出專務訓子以經史自娛子秀升咸豐戊午科舉人黃陂教諭孫森諸生炳廩生

詹如鏡號我心郡廩生性嗜學腹笥淵博家居授徒有經師之目敦手足誼嘗以館金助諸季里黨賢之子兆九諸生

胡南薰號全吾廩生　恩賜副榜少從孝廉陳艮珏遊師既老貧之出入者三年師欲其成命赴興國進士

陳治策家究心經解之學道光中學使朱酉試水道謂功非三十年不能後胡宮保駐兵於蘄索其書助百金命繕就刊宮保旋去弗果集日尙書題要並著有禹貢山川圖考二卷

陳信濂號蓮馨增生品端學邃刻志下帷爲文根柢經籍尤善誘掖後進胞姪耀辰焜烈相繼登賢書皆賴其啟迪諸經指授者獲益良多困諸生中四十餘年時論惜之

張意元字前榜家貧嗜學性鈍甚誦讀無間晨夕卒得

淹通成諸生

陳步瀛號小舟諸生博極羣書每談經史輒終日不倦遊其門者多所成就年七十六卒著有日新堂文集待刊子敬修廩生壽楠諸生

汪忠銓諸生性好學生平不與外事惟以課徒爲業家貧饔飧時不繼宴如也著有周易輯要四卷子明廩膳生

駱之鍇號金門少聰穎讀書目數行下年甫弱冠補弟子員後從陳愚谷遊學益進所爲制藝有古大家風

前修州志身董其事州人咸推重之著有西園集十卷鼎甲錄鄉舉考畧等書藏於家

柴紹溪字博之以詩古冠軍入州庠讀書攻苦自應試外足跡未嘗入城市授生徒成就者衆病革時猶手一卷呻吟焉

余凌雲字化龍增生天姿卓絕才識過人晚年目失明猶以經史置案頭使人讀之潛心靜聽孜孜弗倦著有式穀文集

余作新號午留廩生品端學邃誨人有法一宗先正典

型屢薦不售性友愛與諸弟析箸田產取其薄者後弟貧困復分館金濟之教讀數十年家無餘財晏如也子之傑增生

朱鵠號雲門幼嗜學至老不倦爲文尙根柢善誘後進里中達者多出其門屢薦不售以諸生終著有空山獨笑詩草藏於家

范世鰲號方壺弟霖號雪樵俱歲貢生性沈靜學淵博以古誼相敦尙爲文力追先正門下成就爲多咸豐辛亥霖年八十有七　恩賜舉人

汪林號杏村郡庠生性沈靜好學不預外事家貧力難得書輒借鄰本鈔之必端楷未嘗作一草字其舉動不苟悉類是

張振翮號羽生諸生博雅能文工書法家貧授徒盡心訓迪從遊者多所成就其敦品勵行尤不媿人師之目年五十餘卒

高翔藻號石麟優廩生其父雅好學課藻讀最嚴藻亦善體父志與昆季翔炳翔煥下帷攻苦雖令節不少休炳煥先後皆成諸生

陳孔皆號福山歲貢生候銓訓導淹通經史尤邃於易問奇履滿說經鏗鏗門下多知名士所著有四書類纂藏於家子峻峰郡廩生

黃兆崙號辦心優增生好學深思老而彌篤家富圖書咸豐丁巳燬於兵爲之涕泣者累日其嗜古如此

方應珪號雪門少承其父孝廉蔚學性聰穎日誦萬言爲人坦直不事家人生產嗜酒成癖家貧苦泊如也道光辛酉拔貢年八十卒

王馭麟號蜚卿郡廩生性穎悟少年冠童子軍太守成

甚器重之及壯受業於虞部陳詩門下每呈課藝許
以必售髪逆之變驚悸成疾卒時論惜之
許　爕號和卿廩生性穎異涉獵羣書丹黃鉛槧皆手
自校讐罔弗精審授徒鄉里循循善誘惜屢薦不售
晚年博稽人物著有歷代名賢姓氏譜待梓
張占蘭字廷章優廩生好博覽不守章句善屬文督學
鮑覺生嘗拔其文以冠多士屢薦棘闈不售退老會
龍雁講學不輟從遊者多被玉成云
張宇欽號敬亭歲貢生爲文一宗先正典型平居課徒
先器識而後文藝獲售之士指不勝僂時論韙之

張攀桂號月齋歲貢生讀書目數行下務求切實老而
彌篤雖潦倒名場操守不易所爲詩古文詞至今猶
膾炙人口焉
郝　泰　廩生束髪受書穎悟過人及長涉獵經史
時稱博洽尤究心河洛性理之學著有四書纂要曝
腹山房文藁藏於家
陳賓書號春谷少從牛菴遊究心經學邑侯林州試賞
其文有經籍光披作冠軍晚年手鈔五經咿唔不輟

卒年八十九子瑞林同治壬戌舉人
黃美琮號聘三歲貢生品學兼優嘗題密室門楣曰須
反勘蓋能以近裏著已自勵者生平飲人以和教多
成就晚徙居別墅種樹課農怡然自得年八十一卒
弟美玠號我山增生有幹濟以軍功保教職亂後土
木遞興自文武廟及城隍廟訖諸祠祀俱玠董其事
以廉直稱
胡佳蔚號炳如恩貢生少孤銳志好學博貫五經老而
彌篤光緒乙亥年八十五重游泮水子熟梅諸生孫

兆芙兆蕖兆蓉亦相繼入泮人以爲好學之報云
汪凌雲號漢潜增生性沈靜好讀書家無儋石之儲而
披吟不輟教授生徒成就者衆孝廉胡履祥廩生詹
賓岳俱出其門下年六十三卒
楊瑞林字桂圃歲貢生性端謹絕口不談時事與人交
去畦畛有過則規自立課程老猶刻勵後生質疑以
經證經蓋心得尤獨至云
朱今元更名炳元號鼎臣性簡靜究心經史每會意輒
忘寢食道光丙午舉於鄉四入禮闈不第與諸弟切

劇一室著有鄉黨約義茹古齋文集藏於家咸同間
值寇亂勤理團防保鹽大使銜年五十二卒子尊程
諸生
陳焜烈號鐵珊貢生學詩之子道光巳酉舉人幼聰穎
十歲能文弱冠工制藝試輒首取領鄉薦後肆力於
古文究心經史博覽羣書務爲根底之學偶有作輒
中彪外年三十二侘傺以終士論惜之道光三十年
水災捐穀三百石以賑饑者其好義又如此
陳燮鋒號丹爐性篤於學雖嚴寒酷暑不輟夜讀輒

漏盡始就枕家故貧常分其館穀贍昆季及族戚之
貧乏者同治甲子舉於鄉乙丑卒於京邸著有晚香
齋詩集
詹賓岳號香亭優廩生家清貧刻志攻苦篝燈徹曉讀
歷久不倦爲文英鷙精采力厚思沈尤篤於內行事
父執桓繼母蔡先意承志弟文景賴其啟迪列郡庠
旋病瘵卒撫孤姪愛逾所生教人先品行而後文藝
從遊者誦習師法多令器卒爲時數所阨屢薦未售
州人惜焉子元修廩生

陳位殷號哲生由增貢授中書科中書銜少負雋才文
詞清麗屢試棘闈不得志屏棄家務潛心制舉業手
鈔盈篋丹黃爛然教子一經瘏如也年六十一卒子
淑祥光緒乙亥　恩科舉人子蓉同治癸酉科舉人
炳焜職銜
李瑞玉號白田歲貢生潛心經史爲詩古文詞俱有根
底設帳鄉里成就後學良多年八十餘猶口不絕吟
著有培梓山房詩稿
張子麟諸生工吟咏富經史弱冠有聲爲文洋洋灑灑

援筆立就時友人索制藝手脫七稿付之著有梅花
百韻及文鈔若干卷
孫與號利載諸生性靜嗜學少從工部陳詩遊卽見器
重晚年獨居磐石寺枕葄經史時稱名宿
張鳳翎字丹山廩生幼聰穎好讀書嘗與兄宗尚宗嘉
宗麒結文社於威鳳書屋朝夕講貫博古窮今才學
皆卓卓可紀著有種梅書屋詩抄
胡履祥號仲祺父步雲操岐黃業爲生計遇貧者弗受
謝也祥純篤好學爲文有根柢同治壬戌領鄉薦赴

春闈客京邸三年學益進尋卒於家年三十餘士林惜之

吳楚琦號北泉增生家貧力學幼讀時已不煩父師督責而功力自倍至老猶兀坐靜室弗輟披吟子瑚甲子副榜現任通山教諭

田達材號酉坡歲貢生十歲即工詩文家貧嘗燃薪照讀博洽經史晚年鄉居教授門下登科第者多人著有韻府二十卷酉崎詩文一卷南堂詩文一卷子光杰諸生

陳攀桂號霱人廩生好讀書爲文力追先正生子五家雖貧不廢學長子爲楷次應庚次士孚皆成諸生

孫時鑾號月卿增生天資明敏積學能文尤長於詩古待姪輩最厚貧者時分給之著有綠滿窗詩集二卷

洪兆炳號壽門幼失怙事母先意承志以孝聞通經史及百家言兼善考据之學弱冠爲高材生州剌史見其文亟稱之同治癸酉中副車卒年甫四十

張作霖號沛三郡諸生性聰穎好讀書嘗館於翹秀軒從遊者濟濟口講指畫無間寒暑卧病時猶手不釋卷每有所作口授子弟錄之得百餘篇曰翹秀軒文集並著鄉黨摘要禹貢析疑二編

黄奉蓮兆魁季子號玉溪廩膳生少穎悟於諸子百家之言靡不涉獵久困棘闈鬱鬱不得志益咏歌弗輟自裒聚所作成帖號千葉居士草年三十八卒士林惜之

蔡元燮諸生幼聰穎日誦千言及長益鑽研經史務爲根柢之學士林咸推重焉

劉啓昶號琴舫增生潛心經史入泮後試輒優等因秋闈屢薦屢躓遂絕意進取遠近文士多樂從之遊子

儁諸生

張凌漢號倬雲性沈靜博通經史每爲文援筆立就尤長於詩古年六十以諸生終著有類聯中雋四卷

蔡樹森號莘農性遲鈍酷嗜學攻苦不懈年五十餘金雲門太守拔冠童子軍有聲庠序子兆椿兆湘俱諸生

何修號鳳樓諸生家貧嗜學經史淵博尤酷愛漢魏六朝古文故制藝恒越時徑士論推之

岳淩漢號仙槎歲貢生性好學博洽羣書家居授徒成就甚衆孝廉張瑞霖其最著也孫烜廩生

陳鳳翀號三峰優廩生中道光丁酉副榜性穎悟幼嗜學甫弱冠文譽已噪一時晚年教授浠川成就多名下士著有鄉黨義疏時文抉針若干卷藏于家

李永年號如山歲貢生爲文雄健七膺房薦不售乾隆乙亥修州志錢攸徵爲分修疑義多所考正至耄年猶手不釋卷日以經史自娛戊午　恩賜舉人

胡　奎諸生家頗饒出納會計委諸昆季奎惟以讀書

爲務六經子史窮究根柢屢薦未售士林惜之子棠入邑庠

蔡景星號斗如沈靜嗜學弱冠入庠食餼中道光甲辰恩科舉人主講麟山書院一時賢士皆宗之前修潘志與孝廉黃藹人何雪園同秉筆焉教諭宣恩後文先行一振士風錚以卓異陞宜昌府教授加同知銜學憲高按臨郡試所拔多門下士因以宿儒稱之歷官二十七年以老歸書笥外别無長物晏如也著有擢秀園集十八卷韻學舉略二卷行世

蘄州志卷之十四

知蘄州事嶺西封蔚礽纂修

人物志

孝友

行修於門内而譽聞於鄉黨士大夫不足奇也州人稱孝子里人矣匹夫孺子一念之誠其至性有過人者愈不得泯焉志孝友

明

劉瑄字本玉博學多聞事親至孝中正統辛酉鄉試執

父喪盡禮仕河南教職迎母就養扁其室曰祿養士夫詩有忠孝先生兩得之之句

馮鵬字翀霄少能文百行修整學者稱獨齋先生十試於鄉不遇晚入太學祭酒湛公若水極推重之父病日侍湯藥夜露處戶外得濕疾卒子天馭舉進士爲御史贈如其官大學士徐公少湖銘其墓

壽儒字宗魯荆藩伴讀章之子成化丁未進士歷官工部主事父冬日畏寒儒每以身溫之母嘗有疾不喜食儒亦不食鄉薦後例贈坊牌工費數百金卻之不

得盡以周族屬親戚之貧者其孝且仁如此
顧濂字繼周性至孝任衞輝府經歷時二親已棄養濂額其居曰永懷國子學正林琚爲作記郡人宋誠有詩曰永懷留翰墨足繼白華詩
顧敦字化之性警敏有卓識敦睦婣族愛異母弟素喜陽明則言及宋儒詩每令人歌誦以自適以子問貴封布政司叅議
姜梅字實之世爲荆府羣牧百戸蚤孤窶甚人皆勸令承襲弗聽饘粥不給鋭意於學爲郡名諸生弟死恤

其孤如己子嘉靖二十二年舉鄉試卒
宋璧誠之長子任綦江縣主簿以親老謝事歸朝夕侍養惟謹親殁哀毁踰常廬墓三年
陳昇字九霄早喪父事母劉至孝每於旁舍得異味必懐以奉母以貢士任無錫縣主簿迎母就養母年八十餘矣昇奉養備至九年秩滿而母尚無恙後奉母致仕歸
羅天立蘄人傭工奉母母病割股救之人稱其地曰孝子里

李言聞字子郁號月池性至孝博洽經史里中有弟爭兄田訟不休言聞具酒食召欲解之訟者亦來集醉鬬如前言聞大悲痛入跪考靈牀下曰無狀不能感閭里訟者聞之大笑後數年訟者死獄中族人爪分遺田言聞爲斂葬焉精於醫官太醫著有醫學八脈註子時珍另傳叅白茅堂集傳
李儒字東池生平好施與歳凶盡家貲散賑全活甚衆家貧志不少變年四十二卒子同春得春孟春盛春際春一時文武貴顯咸以爲德報也以子盛春誥贈

副都御史祀鄉賢
李同春號仰池誥封都憲公長子武而能文父早喪教諸弟成名襲職領漕運運軍折米五百餘石先自解囊完納衆免破産追賠累歸至途聞親病篤號泣思歸水漲不入者五晝夜忽夢河神曰吾念汝孝許隻艘先歸可速行明午凍河矣如是者三同春曰神不我欺遂行抵淮淮撫怒趄次以神語對撫囚以觀驗至午狂飇驟起須臾水凍奇而釋之同春先世息縣人念同姓在息無通籍者擇族人子若星撫而教之

十年登第後爲兵部尚書親親之誼知人之明同春有焉歷廣西都司屢建奇功擢思恩叅將乞養歸樹碑於堂曰世世同居子楷棟嗣職

李樸字質甫事親孝善屬文副憲際春長子執憲副公喪哀毁過甚及葬有術士私樸曰是日利某不利公樸叱曰某吾弟也汝欲不利某耶妹適黄梅生員瞿平年十八而寡樸爲資掖者四十八年得弖坊表捐造馬口橋瘞暴骸濟貧乏義聲尤著雨中副車授廣西鹽運提舉著有存笥稿詩文祀鄉賢

陳添順字汝愛甫六歲執父喪若成人扶柩山中雷雨驟至沙土坌集成塚羣驚爲至孝所感事母及伯兄俱委曲承順足風族黨云

國朝

王廷詔諸生幼事父有孝行父殁與妻張氏侍母向盡歡吳逆亂廷詔奉向避賊於黑山洞口負米以養採橡自給値彊寇刼奪張以身蔽向連受三刃寇尋釋之向病疽穢甚張口吮無難色及向殁廷詔廬墓三載乾隆五年夫婦俱蒙

〔旌表〕詳通志

余藩事母孝崇禎癸未遭獻賊難以母柩在堂悲號不忍離爲賊所害妻張氏年二十四夫亡守節垂六十年乾隆九年夫婦俱蒙

〔旌表〕詳通志

李由虞字宗舜性仁厚事父母依依孺慕少時遇相士言子顴高指扁恐妨親未幾父喪虞乃磨其顴指至血出不覺既塟嘗坐卧墓側懷棗栗果品瘞墓前悲號竟日事孀母未嘗少離左右後居母喪如其父喪

乾隆十年以母節子孝並蒙

〔旌典〕詳通志

張仕秀字雲龍天性篤摯父背生癰爲吮膿血母患目疾嘗舐其翳親殁廬墓三年繪親像懸堂中坐卧不離逢生忌日素服哭奠數十年如一日兄弟五人交相友愛有司以聞建坊

〔旌表〕

李檟字莘甫歲貢生孟春子少以孝聞崇禎癸未獻逆襲蘄弟梴以駡賊死檟殮之一痛幾絶康熙癸卯廬

副使修州志其軼事不傳者攟極力搜輯志爲完書以子本衍貴贈文林郎年七十二卒

王御龍字時可內行純備篤性孝友値明季寇難家破承平後御龍居積節縮家復饒兩兄早世撫諸姪如巳子析箸腴産悉推予之爲人方嚴公直鄉里比之彥方子綏猷欽猷亮猷皆以學行知名孫開泰選庶常開運進士房山令開藩舉人官鹽大使開銓舉人官行人開翰超儒俱諸生開鐵開寅俱太學生以孫開銓貴貤贈文林郎 詳通志

熊秩字體若自號天放子州諸生事母至孝崇禎間奉母避賊城中未幾城陷負母以走會母於旅舍以病卒附身附棺造次皆備賊退扶櫬歸里時大旱舟膠不得進秩仰天大慟七晝夜哭聲不止越明雨驟至四野霑足人咸謂之孝子雨也

易爲豫字二如號臨皋州學生獻逆屠蘄豫被掠縶賊營號泣思親水漿不入口賊長溫仲元曰此孝子也命釋之豫歸闔門俱盡尸骸暴露拮据殯葬悉準于禮康熙十一年蘄饑人多流亡豫捐穀四百餘石又請於大憲發倉粟賑之保全甚衆藩憲徐公惺馳扁褒美康熙二十九年鄉飲介賓

陳助中字右文諸生居父喪盡禮時賊寇蘄助中同母暨弟避山中母卒遺囊金甚厚弟甫四歲賊至捐金負弟以逃後弟繼伯父嗣田園僕婢復分以巳之半

李本甲字幼萌州諸生父梃母曹恭人皆以寇亂抗節死甲事兄本晟甚謹省兄雲南藩署言先塋數失守木兄恚甚歸譴於僕僕辨甲亦辨本晟叱僕跪甲以爲叱巳也亦離席跪本晟掖之起且釋僕本晟卒於浙撫甲匍匐奔喪哀哭之慟尋卒雅工小楷雖登記不苟

顧慊字自素問會孫專心誦讀與兄咸泰日講學不輟後咸泰令大名縣代兄操家政課子姪以義方

張錫嶹字叙九心正長子州諸生性誠慤敦行孝友與弟錫爵析箸數十年每讌集必盡歡終其身無誶語臨卒囑其少子曰汝弟爲先人修墓置産族戚貧乏者助其嫁娶吾願足矣後皆如其言

陳其芳字孟培力學能詩文家傳孝友常以孝友訓偕

晚乃一杖自隨庭內肅然州牧高舉鄉飲賓

張繼發字克昌諸生父尚騏明諸生家饒樂施繼發少時即成父志置一米倉於廳右自權其出以拯老疾賊陷父死於難繼發年十二爲賊所執留養營中乘賊睡潛逃賊平復故業立古柏軒義塾以勸學慟父遇害每飯必祭年八十卒

蔡于燕字平若號氷素幼穎慧喜讀書年十二父母相繼亡于燕居喪號泣之聲不絕既葬廬墓即墓廬讀書年十九補諸生蔬食饘品誼爲士林推重

劉守忠字君愛諸生篤行孝友兄弟同爨六十年卒子姪以正

陳師僑字士美諸生時值兵燹甫熄族人多苦轉輸僑獨任不爲攤派康熙癸卯歲饑捐穀數千石以周族里之貧不能贍者

王永墉字載侯號坤菴性孝友母年九十墉依依孺慕與伯兄永垣仲兄永圻愛敬彌篤以文行受知於于清端公公爲顏其堂曰孝友傳家由諸生貢成均授縣丞未仕年七十五卒

汪存濟字洪普號澤菴州諸生事繼母段以孝聞有從兄避亂出亡濟遠訪滇南遇兄偕歸故里割已產之半予之著有滇南錄

王欽猷字思承號敬亭積學能文以明經老季弟亮猷早世弟婦易誓志守節欽猷以子開纖嗣之教兄子開泰入詞垣開運開藩開銓皆登科甲子開翰超儒另傳

張錫爵字賜侯州諸生必正次子家世孝友篤於文行闔州公舉鄉飲賓已啟請會兄訃至辭不赴耄益嗜

學讀書至夜分不倦築別墅顏曰尋樂與族里約立文壇一時多宗之

陳以德號坤若州諸生事母郁氏以孝聞族推爲長講明大宗之法建祠修譜爲族屬觀型者四十年

陳道亨字和玉性至孝雖亂離中事親不缺甘旨癸未全家載糧艘泊鴻宿洲急趨南畿得免

國初州試第一補諸生晚與友朋文酒讌飲每擊節狂歌發其胸中蘊蓄

李生桂字涵秋州諸生偕弟生采生栴事繼母諸氏撫

㓜弟生槃綜理家政內外肅如善恢諧有晉人風

黄天福字錫五歲貢生少能文尤篤行誼事親以孝聞友愛兄弟無閒言族有貧乏者咸見收恤選蒲圻訓導以老辭搆軒課子姪吟咏自適梓有棲鳳堂詩集

湯光明字被四有孝行由期功以降至同宗罔弗親睦州稱孝友之家輙推湯氏子力忠拔貢生

胡啟相字皇錫州諸生讀書數行下晚年病目猶口授諸子姪尚書講義及家規十二則

程盛德字宏執州諸生兄弟友愛七十年不析箸理户

事闔族賴之

王鉞字鼎又故家子性敦孝友處家庭閒和藹可親嘗傾囊以應族人臨終時貸券悉焚

陳材選字元錫以德長子州諸生父年老材選出入必侍卧起不離父歿依柩寢居爲諸弟倡孝稱益著

易時用字放六州諸生性敦孝友父母病衣不解帶長兄時敏恩貢次時憲舉人奉命唯謹終歲坐書齋如處子著有一樂軒集

陳贊元字與參㓜肆力於學童子試時已擅文名比長爲州諸生累試不售入北監考授州判性孝友事兄肇元若嚴師析箸後事無鉅細稟命而行生平輕財好施遇人緩急輙解囊無吝素善形家言嘗欲於溪南建巨閣以收風水暨由鄉達城石路以便行人年四十餘賫志歿妻熊氏以次經營克成其志

李永慶字來譽儀表俊偉喜吟咏工舉子業銓次州佐未仕州牧華公文振郡守孫公爾振以孝友端方申薦因母病辭不赴母卒哀毁廬墓卒年六十二著有平泉詩集

張作梅字梁舟國學生性冲和不立崖岸然必以禮自飭或事出非分視之泊如也與兄作楫弟協占友于敦篤人無閒言值歲饑輙貸佃民牛種賴以舉火者甚衆

李永芬字紫榮號慕軒州增生七歲執父喪哀毁如成人事節母金氏備極孝養母卒茹蔬三年從兄弟析箸有負債者代償之姑母適韓而寡芬貧餉數十年姑老病將死遺銀餠數枚其姑之嗣子莫知也袖還之乾隆二年舉孝廉方正

王學古字優仕由廩生貢太學考職縣丞與族兄紹尼相友愛尼卒以孤託焉學古經理其家撫孤如巳子及長反其家業倍於前生平勇於赴公如修文廟及架橋治道雖傾囊不惜

龔必成字孔集好讀書入府庠明季之亂艱險倍歷侍父繼時得免於害時稱其孝

胡鍾羨字汝梅幼失怙候母膳畢乃食夏驅蚊冬温被每出必告所在母歿往來墓前必呼拜至老不忘駱駝山路甚崎嶇羨捐修以利行人

陳部字爾咨諸生年十六抱四齡弟出兵火中艱苦備嘗後皆成立振家聲

何中興字繼武篤於孝友家百口共食庭無間言族人疎遠者嘗賴以舉火

王上選字銓士號松菴志搏第四子穎敏強記少應童子試屢蹶遂謁國學考縣佐家居善繼父志輕財重義修廟學刊族譜諸首務皆踴躍董其成晚於室之西南隅築亭園植松署其門曰松園書宋儒格言訓子若孫四方名碩往來唱和讌以娛老家傳孝友云

陳於校字名夏號忠甫由諸生就例貢遵父贊元遺訓事母熊氏待兩弟以孝友聞擁貲掾案課諸子甚嚴每歉月平價出糶以邺鄰里毋多善舉皆踴躍襄其成年六十有八依依孺慕得老毋歡

吳璘字叔璠士龕第三子早失怙事母陳氏及兩兄甚謹年三十不續娶篤行孝義雍正五年荒出穀賑饑嗣罹本族義田歲租百石年六十三卒

高益宣字勅萬溫處道培之孫兄溥弟益鼎先後爲諸生益宣不與家事讀書蓮池別業恂恂若處子惟祖訓是程

李能遴字克繁幼而孤克自成立從姪芳華失怙恃無所倚能遴收養如子教讀成婚并尋產屋生平多篤一本之誼職吏未仕卒

駱呈情字萬吉國學生克武冢子性至孝勤于供養與弟萬鍾萬方次愷同爨四十餘年庭無間言嘗捐四百餘金修分路街以利行人鍾尤好施與每遇歲饑穀必減價窮民負欠者輒焚其券鄉里稱爲一門孝義

李由旻字英川太學生性至孝父病嘗父糞慟幾絶及
歿廬於墓每一悲號行路必惻母夏氏病露禱求代
病尋愈平居事親出告反面飲食必躬親凡時物未
進父母不敢嘗乾隆十七年
欽旌五常碩士百行完人建坊
方有夔字以玉父汝德爲州諸生以篤行稱有夔克承
父志友愛兄弟無間言託形家術放浪山水鄉人目
之爲隱君子云
王東山字積長號曾崖弱冠喪母哀毀骨立事繼母尤

極承順伯兄早逝僅遺一女山愛憐之三弟如曜年
未三十卒孤姪德鈺甫三齡山撫養過于己子乾隆
丙辰閤州公舉孝廉方正
李芳蘭字景明太學生考授主簿諸弟相繼歿事母孝
病篤衣不解帶者月餘待諸姪如子教育多所成就
王琮字廷瑞號靜菴康熙癸巳舉人篤孝友接物和藹
然遇非道輒義形於色鄉里莫不敬憚幼侍養於伯
父元吉事之如父飲食必奉出入必隨所志必爲曲
致終元吉之身不少變以友義課諸子姪皆成就

何樞字萬瞻太學生天性孝友收卹宗族不能嫁娶者
捐金助之俾得完聚戊子饑捐囷賑給復捐義田十
石永資奕儒前州牧轉申藩憲旌其門第
李廷楷字範逵國子生力學能詩文敦崇實行嚬笑不
苟事繼母以孝聞晩年急州中公事樂育堂忠孝祠
皆捐金志於石年七十三卒
朱性字成存公安縣訓導事王母先意承志友愛弟忻
教以成立壽躋百齡
陳欲璋號莊崖性謙厚有雅量篤行孝友昆季五父没

所遺田宅交讓之陳氏族故繁舉璋爲戶長家政肅
然夙好讀書以諸生老
李永耆字依仁剛方樸質重氣誼所行必軌于正家貧
力學事節母邱氏以孝聞督學宋得其試卷激賞之
賫志歿
陳法舊字二閭敦行孝友事繼母三十年無間言兩兄
早世撫遺孤成立鄉人義之
李敷生字方佑一字奏廷貢生少能文尤崇信義佐父
永昇卒妾葉氏與敷生母顧氏同起居凡服食禮儀

事之與母同歷四十餘年不懈

王興鑑字德操幼孰父喪若成人母病鑑依依牀第毋沒廬墓遂不復應試事諸兄甚恭三兄鈞無子歿家中落鑑經紀其喪割已產膳其嫂以次子世謙嗣之

童心純字肇昜庠生克承父志一日父出祖父暴病心純刲股以愈晚好施年荒出穀時疫施藥多所存活

駱負圖字羲則博文强記過目不忘事親左右就養寢處必侍父歿依柩側三載修家譜親督其事

李大生字暎寰州諸生少事父母以孝聞值母病諸弟

幼大生晝夜哭泣兩目盡盲禱於文昌神夜夢神語吾哀汝孝起汝母痊汝疾翌日母病愈大生目亦瘳聞者奇其事

余蕺廣字應煌性至孝父病危刲左股煮藥食之愈未幾母病割右股和羹妻汪亦割股進弗瘳兩親繼逝廣如孺子哀毀苫三年不入內前牧王舉爲田畯官

王夢穗字對書早失怙折節讀書至廢寢食善屬文朞無負母教貧志卒妻陳氏守節

蔡明璋字莪士州諸生性孝友父病爲父嘗糞母病刲股叔父負債逋亡罪累璋父幾斃獄中璋白其冤事盌復假乞丐訪求叔父遇于懷寧迎歸中分已產事之如父

鄭啟達國柱子男婦百口緦服同爨食無異饌家無私蓄鄉里推爲義士

王球字琳先號淡齋郡　恩貢生四歲失怙凡事悉遵母教兄卒遺孤一兒臨終託之球撫至成室又卒姪孫媳守制球又撫曾姪孫始終不負兄託以上錢志

李宗海天性篤厚同居三代凡內外大小讙睦之誼藹

如孫華郁嘉慶戊午亞元詳通志

蔡明謙字受益年十六失怙友諸弟默體母有愛憐季弟意當母病革時呼季至榻前以母所蓄金數百予之晚與鄉飲介賓曾孫道熾確遵其舊裔孫景星中道光甲辰舉人宜昌教授加同知銜

蕭韶號蒲溪國學生少孤母董　旌表節孝韶善事母母厚於族戚韶備極賙恤家中落僅有田七十餘畝其從弟以債窘乞憐韶盡售其田代償之而以舌耕自給屢躓棘闈子光序歲貢生光緒中乾隆已酉鄉

試孫曾之在庠内外者皆善屬文

楊勳號柏亭國學生與兄貢生照弟煐三建祠宇置田保墓兼補修學宫文昌閣生平怡怡友愛終身無間言年八十無疾卒子世瑞孫大昕大彭大椿俱諸生

袁淮號月溪少習舉子業以養父故不樂仕進援例授貢生弟出嗣伯父淮仰承親意財產均分曾補修學宫及文昌閣並經理書院均不惜家貲以成其事子之芬歲貢生孫曾可仕伯彦俱爲名諸生

劉之桂字蘭友諸生性至孝父襄堂官石首教諭桂終

父喪備極哀毁與諸弟處事孀母未嘗廢離弟之棠成進士未十年而卒桂撫姪成立子姪輩多列膠庠孫輩亦能繩武

陳佑模號旦餘歲貢生弱冠失怙撫諸弟成立三弟佑梅館均州僧寺遇流寇害模聞訃繭足走千里覓骸骨扶柩歸葬工舉子業制藝已入選行世子懋修庠生孫世型杆宗俱廪生

黄載渾號清溪國學生甫十齡父老病家難并作渾盡散資財委曲求全人咸以孝稱性樸誠有隱行嘗活數人命秘不欲宣課督二子式瑛式琦學成而夭撫諸孫成立年八十四卒季孫體仁道光甲辰舉人

陳時光號月臺父沒家亦貧以課讀自給兩弟亦窘不能供母光獨力奉養有酒食必呼兩弟共以娛母中嘉慶丁卯鄉試所得餽遺揣母意多分與弟以母憂未與挑尋卒

陳鵬枝號雲程嘉慶癸酉舉人早失怙事母孝母病危百藥不起割股醫之立愈館離家三里每夕必歸省弟卒姪無所依收撫之爲娶妻生子給產焉

顧啟環號步莊歲貢生理學日巖六世孫博學黄公四世姪孫日巖著作燬於兵燹黄公傳書惟白茅堂文集其說字數百卷尚未刊行環父兆福欲抄寫以防散佚未成而卒及環稍長節母朱語以父志環手抄三年始竣其事屢試秋闈售而復抑者再後遂絶意功名以硯田所獲奉養其母

王柱德號一峰國學生父早卒事母至孝以兄國學生琳承運漕艘遂廢學持家節省家用捐金數千入戶濟漕族人德之子光焯孫士達學仁曾孫紹沂並姪

孫沅沅子汝嘉一門皆諸生

楊世鍾號雲林國學生劫頴異善屬文讀書碧雲菴值母氏中痰卒鍾歸痛幾絶遂杜門不出近五十年益肆力於詩古不慕榮利時吟咏自娛尤工書法善臧否人物一二言遂定其終身子大濂諸生古直方正

陳統字學賜國學生孝友稱最兄病危兄子僅歲餘統撫如巳子姪又卒復撫其孤其伯兄仲兄臨終均托以孤統又撫之子三登甲庠生玉晃庚子舉人孫兆桂廪生

陳德麟號子仁恩貢生父早喪事母孝與昆弟極友愛家庭雍睦藹如也有詩文集藏於家

查時鑑字映斗廪膳生餘廉隅工詩事母孝母病寢食俱廢及卒以哀毁得驚悸疾服闋距歲貢額僅數月竟以是疾卒

駱孚若號恪齋國學生嗣父抒懃早喪母吳氏守節四十餘年孚事之惟謹乾隆十年請

旨建坊旌表生平端方不尚孫尚賓庠生留廪生

陳嘉穀字佩懷善事父母得堂上歡昆季六人極友愛仲弟卒穀以次子嗣之嗣子又卒教嗣孫俾入學食餼所費皆穀出且分巳產予之孫洙增生懋昭諸生懋烈甲午舉人即補知縣出嗣懋森廪生

胡昌恕字致祥不茹葷事親孝母歿痛哭失明既葬廬墓三載

張忠取父染偏枯疾五載取晝夜調護負起扶卧不離左右五載如一後廬父墓三年亦廬母墓三年州牧劉給有孺慕天真額

王泰安字漢光性至孝貧無妻授徒里中每日自塾歸

躬爲母炊母食巳始就學徒食母老衣裙皆躬親盥濯終母之身無懈四十後入庠娶妻生四子又兩弟遠出尋歸分筆耕以爲食喪葬盡禮年八十猶嗜學不倦季子森諸生

駱天驥字應羲州諸生好讀書雖困頓場屋不少輟有松軒制藝稿事後母最孝待二兄盡弟道於子姪誼切比兒三世同居無間言族黨皆稱之

高肇芹字鈞猷性謹愼嗜書以文行自任父至儉早逝目侍慈幃無意進取以母命貢成均與弟斯勳斯潤

斯澤皓首窮經教子姪以嚴正翔昺翔煥翔藻相繼列膠庠家八十餘口五世未析箸

王元長蘄州大同鄉人道光丁亥閏五月山水陡發瀕田江湖多被漂沒孝子家亦貧父某客江夏茅屋數間母棺在焉水驟至孝子倉猝無措大慟以身縛母棺隨流入江浮沉三十里風雨忽反水逆行浪捲母棺及孝子至所居沙岍止焉水即平近孝子居十里中房屋人口皆無恙鄉人感之醵錢爲葬母棺延爲村塾師大同廵檢邱炳申其事於權知州林君寅召

孝子詢知習舉業以館穀養親貧不赴試時州試初竣林君補試之贈以考資列其事於府郡人士咸賦詩美之余亦爲之歌 守憲周凱詩序 元長是科入泮

王制遴邑廪生性孝友母患目疾不離床席兄弟早逝撫姪如巳子族鄰以實行公舉蒙學憲王額獎

李永庚字西有性純孝遭家中落授徒以養老父家人雖恒饑父不知也婦湯氏亦善體庚意

張瑞木父背生癰吮膿血爲人所難

庠生田登甲增生胡藻壽踰九旬庠生胡啟錫壽九十五國學生王煌吳紳秀吳洪杰陳法震及子學訓民邱金鳳壽九十五余勳俱五世一堂耆賓吳柏舉壽九十六四世同居此皆友愛之報也故不各詳其事一類書之

胡海洲家居夙講孝友年百歲請
旌建坊並　予以昇平人瑞額及五代同堂額卒年百零三歲李來洤壽八十八咨部
恩賜遐齡永錫額胡其倖國學生壽一百零五歲

駱如川幼讀書不得志名廁例職同胞凡七人友愛之

篤有漢姜氏風年登大耋子其佑其任其仕俱入成均例職孫曾元耆衍踰百人入庠序者十餘人五代同堂一時推爲盛事 以上十五名重見壽民

駱輔仁號友齋州庠生性最孝尋規步矩不少踰閑終日以讀書飲酒爲樂事命子洪榮書林山房延師教讀令子孫輩入庠序數人

張仁安監生夙敦孝弟尊重師儒捐貲建祠又捐田課拾擔以給族中生童之應試者子艮齒艮榮俱授例貢孫如源如瀾俱入州庠

田正梧號崑山事親孝年四十猶孺慕親歿恒依柩不入內室葬則廬墓以居讀書不得志士類咸惜之存心忠厚每逢歲腊族戚貧乏樂爲解推毫無德色學憲王以額獎

柴得常性最孝父早逝撫弱弟得明得崇成立友愛至老不衰析居距里許每於塗中聚會携手涕泣油油然不忍去子厚安隆德亦綽有父風父子皆享大壽孫曾輩入成均庠序者八人

張良彥例貢生爲人和易事親以孝稱捐田培祖又捐

田課拾壹石以爲本族賓興之費學憲吳以額獎之其子如珩入國學捐貲建祠復捐田課拾伍石以助族中生童應試者

張良淮監生性至孝善承親志樂爲輸助捐田課二十石爲族中生童應試之費學憲王以額獎之

王　煌監生居鄉以孝友稱學憲王有額獎

吳玢號郁章諸生事繼母孝母病衣不解帶居喪哀毀不食教諸弟成立善詩文與劉懐堂孝廉多唱和

吳萬選號晴峯太學生事父母盡孝事孀嫂盡禮仲兄出嗣家貧歲助穀一百二十石外祖僅存一孫貧不能娶爲聘婦並置產屋子敏孫煥雯皆諸生人謂孝友之報云

王開寅號復皐國學生同堂兄弟開運開泰開銓開籓每會試之資皆取給於寅俾運得成進士泰選庶常凡有勸輸之事皆身任之不欲累及族人修學宮及書院諸務捐貲數千允人所共見者晚年舉鄉飲介賓　以上潘志

駱其權字履中篤孝友讀書務存氣節不肯苟同於俗

里中以正人目之子見儒有父風孫之鍇諸生

李珩號純齋廩生性嗜學與兄瑛善承孀母教怡怡友愛以清德相勵家故饒母命瑛發粟賑貧又平糶族中讀書士母命珩召致家塾親爲訓廸供膏火多刻膠庠晚歲兄弟益相切劘子若孫俱諸生

管訕本監生性至孝善體親心每過永福新開圓山親墓所必泣再拜不忍去教弟世德世球世錄世芳讀書[illegible][illegible]外傅親遇薪米勸勉殷勤以古塘祖田六十畝爲恕菴義莊承先啟後刊有碑記

王遂中字道理監生性孝友忠厚傳家宗族咸敬服之
子鵬翔貢生祥瑞文炳國學生事親罔不盡禮年五
十餘依依孺慕得老母歡至於急公好義猶其餘事
管適中布衣士八品端正尤敦孝友子籥監生恒三學
昌亦緯有父風課子弟以力學敦品爲要於公務雖
傾囊不惜
何煜監生性淡泊好讀書事父配蒼母舒氏愛敬敦篤
與弟孔惠小峯式好無尤子烜列上庠克承父志族
鄰咸重之

管宜訊以篤行稱子庠生成武克承父志友愛兄弟撫
問言課子姪以力行敦品爲先務值歉歲減價[illegible]
族人貧者咸賴以舉火
查繼達號斐然監生性孝友家貲頗裕歉歲族中多藉
之至於急公好義尤爲里中所稱述
方梁材號柽廷拔貢生前補崇陽縣訓導能文章善交
遊許魚泉學使延請教讀制軍林公少穆撫軍裕公
謙皆有題贈生平最敦友愛與兄共爨被數十年無
少閒其子樸初廩生以崇陽軍功賜八品職銜

鄰有仁字京安父早喪事母色養兼至母年九十依依
孺慕未嘗一日離尤好義鈷鉧潭爲崇大出入門戶
下臨深淵而路惟一綫崎嶇險巇京捐修平之張家
涼亭河狹而水疾來往不通倡建石橋費約千金至
今稱康莊其他饑食寒衣遇比閭族黨親戚故舊死
喪患難加意助之鄉里稱善人云
蔡恒山號荻灘積學能文事節母盧至孝兄故撫姪成
立知州曾以孝友克敦額奬舉者賓姪及望子及堂
及選孫萬秋萬錄萬忠繼承先志及選另傳以上潘志

張承沛號紹先諸生事父母以孝稱明末兄前被擄流
轉河南訪聞迎歸與共產業終身敬禮不衰著有尚
義傳
張效瑛號仲膺事親孝尤篤手足誼兄嫂歿遺孤二皆
穉瑛撫如己出時獻逆屠蘄携之千里外七載事定
始歸躬親教養其妻廖亦賢克承瑛志俾二子皆成
立云
管烜監生少失怙性篤厚侍母疾不憚勞悴從弟定甲
守南早逝烜事叔母如母厚待兩弟媳以成其節撫

姪如子五世同居孫翔鸞廪生叶鸞增生

陳信廣號平泉廪生孝友性成父年老廣舘於外時歸省不少衰處兄弟間財物弗計怡怡然老而彌篤四子挺易諸生有父風舘中或餉肉必歸以遺母其兄三戹知河南唐縣卒於任易竭力扶櫬旋里尤好施與族有老嫗無依者月給米肉他多類是

陳信芝號珍山積學未售父懋績司鐸漢陽府芝侍養朝夕無少離後績告歸年八十八卒喪葬罔不盡禮友愛昆弟視諸姪厚於己子宗族鄉黨皆稱焉子四

長光斗季光奎俱增生孫世祥諸生

吳景曙號暘谷好學能文不遇援例入成均事親以孝聞父歿後事母先意承志人尤以爲難待諸兄亦友恭備至焉

貢慎齋篤於孝友母病劇禱於庭誓以身代及歿後遇忌日必拜泣如孺子然數十年如一日

郝敦厚性至孝父客死秦中嘗以不能歸葬故土爲恨道光壬寅徒步走三千里外舁歸父骸祔葬先人墓側子金蘭貢生孫致郡廪生

貢昌文號積中篤於事親親歿猶思慕不衰歲時致祭必豐潔盡禮鄉里咸推重之

黃大綸號雲山性孝友同父五人綸爲嫡嗣其四皆庶出也綸處弟兄恭而和故四人亦愛敬之晚年羣議析箸綸不得已田產自取其薄者母年老病篤湯藥必親嘗衣汚垢躬自洗滌如是者十餘年及歿哀毀骨立喪葬如禮子煥若庠生金榜增生孫雲鵠進士四川建昌兵備道

余松齡優庠生性誠篤自甘藜藿事親必進旨甘母患

痰疾臥牀褥不能嘔松以口接之家不中貲與弟長齡皆以舘穀爲生計每節序歸弟後至松則倚閭盼望學政王給以譽洽鄉評額子石炳增生孫步程諸生

吳楚材諸生性至孝以母老病恐代養者不能得歡心爲設榻母床下幾二十載乾隆間捐錢倡首建聚英莊州人士以任事無欺呈請學憲王獎以行爲民望額

龔朝幹號東蕭太學生儒士明杰嗣子性至孝母有足

疾飲食起居皆親奉不假嫗婢手毋病劇親嘗湯藥
衣不解帶者累旬後侍父病亦如之子本乾太學生
陳本升號方嵒同治甲子　恩賜舉人性至孝父母相
繼失明升事之不遺餘力年臻耆艾孺慕不少衰弟
炳甲任恩施教諭卒於官居常念及未嘗不泣下云
陳瀛倒貢生性友愛痛兄早逝事嫂如兄娶胡氏有娠
指腹示嫂曰男也即以繼嫂已而果然後十年無出
無悔色又數年復舉二子人以爲盛德所致云子芸
諸生春甲郡庠生

陳應泰號普田府經歷銜父早卒事母極孝尤篤手足
誼其子位殷補弟子員泰聞報涕泣曰惜吾弟不及
見也時季弟曉桐以不利有司鬱鬱賫志歿十有二
年矣舅氏某貧無所得食又病癲人不敢近泰迎養
三十年卒喪葬如禮戚黨賢之
胡芳瀛號巨卿性嚴正家貧好學竭力奉親事兩昆捐
背詢饑有康侯風範猶子寡生計時周恤之晚年習
岐黃術以濟人鄉里稱善子兆元增貢生
朱鴻烈號宗祥太學生幼孤事母田曲盡孝敬其先代

荆藩諸陵墓悉在蘄廣嘉慶間多被土人侵害烈泣
訴各憲禁止之陵墓得保
周大訓號春臺州同銜性孝友親命捐祀田減穀價慷
慨從之不敢違兄庠生大武早逝所遺琴書故物愛
護之如兄在然延師課弟讀晉接必以禮弟春江效
濂皆成諸生年老而雍睦如初咸豐九年學政俞以
孝友可風額獎
蔡世元號占鰲樸實少文善事父母乾隆五十年歲饑
元自採蔬充食負米養親與弟世關世功友愛以勤
儉爲務家漸豐益培植根本修祠建塾延師課讀終

身不忍析箸子二長景雲太學生以殉難襲雲騎尉
次際發有父風孫紹傑諸生
龔啟憲號裕齋郡諸生積學能文事親至孝宅東築石
雪堂讀書其中足不履城市惟奉甘旨以養親焉
江開泰號平階太學生母氏丁早逝繼母何泰奉事維
謹年六十猶膝下作孩童狀母病便溺汙衣躬親滌
濯不假手奴婢病篤醫藥罔效泰情迫取糞嘗之母
病旋愈昆季二伯兄謝世與姪同居食指數十無間

言學師以孝友端方詳舉學政王奬以譽洽鄉評額
張忠取號悦吾諸生性至孝事父仁安母氏蕭克盡子
道人無間言二親歿均廬墓三年其地叢林欝勃毒
蟲駭獸出沒無常悦吾處之晏如迄今稱爲悦吾林
陳重溢年十九時府試名得首選適院試前一日家書
至云母病篤溢星夜馳歸得一面後廬墓三年服闋
遂棄舉子業專精岐黄以醫人疾苦爲事不計謝金
今其曾孫鵬曁經皆遊庠
陳之原字逢之號蓬天諸生父本中六十始舉於鄉時

家中落原甘旨必具未嘗少拂入必侍立每夕必伺
父寢始就宿自少至壯率以爲常年四十七卒
陳鳳藻諸生四歲失怙母田氏多疾每疾發藻泣廢寢
食母愈始安長就傅晨夕必歸省署所著集曰陔餘
草取笙詩南陔之意年甫三十卒子雲瑞廪生克承
孝友嘗避粤寇負母行數里賊至義之竟獲免孫策
廪生
鄧瀛堃號鶴亭太學生内行純備事親以孝聞與兄瀛
洲極友愛兄有伯道憂以子儒嗣之見族弟姪貧難

娶爲置産完室遂各有後祖山無墓表者多爲立石
他若修譜建祠及義學諸善舉必捐貲玉成鄉邑至
今猶稱之子守儒翔鶴俱國學生綮發由武生官遊
擊衮將銜署中都守儀增生孫忠恒武生道生守備
銜學俊從九品
楊衢與號玉門諸生性純篤侍父母疾親奉湯藥衣不
解帶居喪哀毀盡禮族黨稱其賢
方承教字願安太學生幼失怙事母曲盡孝敬咸豐丁
巳年髪逆入境家人奔竄母年近八旬不能行願安

於黑夜負入山十餘里觸石足裂血涔涔下不覺也
賊中有被擄逃歸者願安遵母命道中爲粥食之里
人咸稱其義
吳春藻號次蘋歲貢生事大父與嗣父孝敬肫篤嗣父
後生一子友愛如一體生平飲人以和爲學沉酣講
義教人尤有方
宋隆杰號遂豪父昌蔚諸生積學善醫有德量晚得邊
枯疾起居杰負以行偕婦汪供奉寢食數年如一日
堂兄諸生斯信養其父至八旬餘飲食不復問諸弟宋

門內融融洩洩俱以高堂健飯爲樂惟恐稍有拂意至於就衰族有太學裕彬者事祖姑姜惟謹避難入山寨上下亦負之行嫗謂人曰吾非此孫及孫婦無以終餘年其爲順孫益如此

宋錫齡字承烈太學生性豪爽析箸時產業聽兄自擇且以六與兄而己得其四居鄉善排解或立決數言或具酒公評事寢乃已士論推之

姜效曾號小書府知事銜性敦厚事親惟謹二親俱逾九旬卒廬墓三年邑好溺女嘗請邑侯曉諭捐貲印

數百紙分送俗爲之變

汪森太學生與兄申友愛甚篤申子四森子一晚年析箸申剖田產之半與森森曰兄食指繁弟獨予耳惡可等齊乃計子口數五分之森取一焉予家瑞州庠生

梅紹先天性篤厚少時即曉色養既壯值父病劇先焚香夜禱求以身代詰旦赴橫岡山廟炷香畢墜於山後之舍身崖崖極峭岩一落千丈僧覺覓之至崖下見先安坐無恙詢其狀初不自知告其家舁歸父病

少間及父歿廬墓三年道光二十年學憲王額獎

張元度字汝器事嗣母孝家貧竭力供甘旨晨昏定省五十年無間兄碎館川度負粟往遺旋售產代償逆以歸

朱萬彩生子六孝友傳家內外百餘口六世同居不析箸一門中人無私財食無異饌其長子習深承父志督率家政友愛尤篤族里咸以孝義稱之

方永柏太學生性友愛二弟皆早卒撫姪如子賴以成立析產時舉饒沃悉歸姪里人賢之晚始得子及歿

子尙幼姪經理其家如柏昔之所以待姪者

裴炳爕字心鑑諸生性孝友家貧與兄士璧析箸數年後璧遷陝炳家漸小康置產百餘畝遣僕尋璧歸里以私置產分與之

裴晉號午橋諸生孝友性成父見背後授徒鄉里逢朔望必歸省母母言笑如常輒歡欣去否則涕泣不已家人自是無敢忤母意又嘗仿功過格彙孝弟事數十條日取其所行者證之

胡念祖字金華從九品銜早孤友愛諸弟母寢疾躬侍

湯藥七載無懈意持家政四十餘年內外雍睦人無間言卒年六十五

陳瑤號琴珊諸生性至孝咸豐辛酉賊擾蘄瑤奉母避山中被執請別母而行賊許之因詭告母曰是與兒有舊從去數日當復歸言動一如平時賊廉得其實釋之人以爲孝感云

曾會章農家子天性至孝貧無偶躬潔羞膳以奉母馮或自啖野菜而甘旨無缺耕樵必早歸雖有故不外宿其侍疾也溺器垢衣滌務淨嘔痰則以手承之母

卒水漿不入口者四日既葬廬墓三年不食鹽酪知州黃以純孝性成額奬後入天竺山不知所終

王燮號吹伯例貢生韶齔失恃事繼母以孝聞昆季四析箸後仲氏家中落燮出己產復與合爨其友愛有如此子三長祖植甲子舉人次佐入泮後尋卒次君愼候選衛千總早卒

文發焰農家子有至性力作爲生每得傭值必市甘旨以奉母如是者十餘載及母歿哀泣幾至喪明時稱其孝

張本利字金萬性質樸事父母極孝父歿廬墓三年母歿亦如之學使王以庸行可風額奬子彤廷以孝友聞

駱學修號敬可增生性端懿善事父母撫從弟愛逾同胞晚年嗜善益篤人無賢不肖望風心折至今稱之

李方賡號飭夫廩生有至性自少侍父讀書里塾無違教兩昆食指繁雖析箸猶分館穀給之並精性理及岐黃之學

胡培源號小坡廩生好學能文尤敦內行昆季七源以長爲伯父嗣事父母及本生父母均得歡心後因食

指繁議析箸父三分其產以一與源源請曰諸弟共得其二不足餬口請八分之各與以一兒得其二則姪輩可以自給而嗣續之分亦明矣父笑允之其肫篤多類此

李星坊號東璧增生工文詞善書畫天性肫摯父蚤喪事母維謹出入必告母怒跪以受責終身不渝咸豐辛酉冬忠勇公以宗賓薦欲辟之母不忍別乃止後母歿六日不飲水漿哭幾斃尋卒子焱龍諸生

王世氾號柑亭諸生事親孝謹與兄世澍弟世濂世準

世瀛讀書語山書屋怡怡一堂時有五桂之譽陳虞部詩題有槐園壎箎遺照贊

王君巒號傲菊性孝友弟貧分舍耕以濟仍不給乃合爨生平嚴正自持人見憚之

蔡兆元號錫之諸生性孝友居祖母喪數日不食侍母病衣不解帶者數十日弟兆廉病疽元爲吮之廉尋卒元哭之昏迷光緒九年蒙

旌表其弟兆藩亦以孝友聞

朱舫號月帆增生有至性少喪母終日號泣寢食俱廢事父先意承志待季弟敎養兼施期於成立年三十一卒族里哀之光緒九年旌

董榮從九銜性純厚事親以孝聞父歿母病藥餌必手治夜輒數起母年垂九十卒哀泣如孺子同里孝廉何明爲之傳子永時孫鑁鵬廩生

龔必璐號玉岩太學生幼失怙承慈母教敎品勵學與弟諸生輔英友愛尤篤及身未嘗析箸後精岐黃術以方藥活人不可枚舉孫曾列膠庠者十餘人

李元香字馨山少孤家貧傭販以供菽水務悅母意凡

事必稟於母乃敢行母卒哀毁骨立姊適王聖元數年而寡香爲資撫者卅餘年姊歿殯葬如禮

龔炳輝太學生性純謹事親孝親歿每過墓所涕泣不已鄉黨皆以孝稱子清輔武進士

刲股附

吳德高母病刲股　陳毓芝父病刲股

陳良吉母病刲股　陳毓蘭母病刲股

詹效勤父病刲股　張鴻翥母病刲股

周道義母病刲股　李人佃母病刲股師病亦刲股

葉本貞母病刲股　陳忠順母病刲股　丁榮壽母病刲肝

黃安雅從九銜父早卒廬墓三載侍母疾不解衣帶兄弟六雅待之極友愛內外百餘人同居五世

蘄州志卷之十五

知蘄州事嶺西封蔚礽纂修

人物志

正直

法語之言人猶從之矧以身率物與上者服其教次亦畏其知老成典型有裨風化至今存可也志正直

明

王恭字德温方正不阿人有假貸不償者輒焚其券子翰歷敭中外所在稱骨鯁人以爲有德温之風焉孫

儼歷任知府

史朝貞號介臺中萬歷戊子京闈鄉試負性剛直宦成歸里與人言色不苟時事有不便者輒持正議爭之無所避諱鄉里多倚賴而執政亦增畏敬焉

陳華字仁所州諸生潛心於學詩文力追漢唐善訓俗時稱古君子

孔庭訓字聞卿州諸生少負雋才李少司馬及副憲公甚器之諸子姪奉爲師生平篤氣誼惡惡甚嚴落落寡所與萬歷丙辰大司農吳公長谷倡議築浮玉磯建文昌閣紳士推訓爲首事

陳禮號瑞菴少通經史善屬文年十六郡試第一補諸生鄉闈屢躓遂杜門却掃風族以正

嚴政判府醫士家貧甚好學能詩出入府禁一無所苟判國重其爲人以田給之年九十卒

陳一元字不息郡諸生其父仁民以疾解組伏枕八年一元善養之人咸稱孝好古籍謝絶賓客言笑一無所苟

沈士望字公輔州諸生才學優長留心時務崇禎間詣

闕上書名見授兵部叅軍詩詳藝文

陳信號恂齋恂恂謹飭雖獨處必正襟危坐無跛踦容弟書年十八爲諸生窮經至嘔血不輟兄弟學行爲時所重云

胡其志字存雅太學生夙負氣節遇事抗直敢言癸未避賊於蘇家山被執其志曰釋我妻子奉母歸吾願荷戈賊許之行至五里腦然計毋可免乃罵賊死妻張氏撫子世煜世炳以節終

陳其効字無功號勤菴讀書數行下爲州諸生有聲明

季耽隔避亂於牌石地方慷慨悲歌坐水中而死
陳其瑜字拱珍存心仁厚居渴口鎮路當孔道雨苦泥濘出貲數百金修石路建石橋又貧死無殮者施與喪具捐河西地十餘畝爲義塚山遠近德之明季死於賊

國朝

張效鍊字冶仲思齊孫以副榜授浙江平湖縣丞人不敢干以私署桐鄉縣篆值歲饑開倉發賑然後上聞去桐日民勒石紀政後解組歸以正自守梓里憚之

王協字恭男號約菴雋才博學由明經授華亭令疎狂自喜不顧任吏偶與當事齟齬遂拂衣歸居蘄城之南山以詩文自娛著有約菴集
熊轍字復由幼讀書敦氣節不苟委蛇于時弱冠爲諸生時多寇難棄筆硯學劍談兵爲左右射崇禎癸酉丙子兩中武榜授南京守備練兵訓卒慨然以疆圉爲任
劉匡生字生生正直好義鄉里咸倚重之中順治甲午鄉試未仕卒子戩諸生孫文起康熙己卯舉人文超歲貢生曾孫价丁酉舉人
韓宗愈字又昌副宗友次子　恩膺廣西陽朔縣令性剛直不屑夤緣當事會吳逆兵起愈抗節不屈死妻李扶柩歸葬
張正鼎字君鉉增生弟正鼐早逝姪啟疆甫數齡正鼎撫而教之登康熙乙酉賢書族戚有急常傾囊以助極力斡濟雖瀕於危不悔捐產作通族祀田綜理家政庭內肅然子三啟翼另傳
馮以泰字彙升大司寇天馭曾孫州學生性端方兄弟

以詩文相砥礪制行悉遵祖訓弟以觀由拔貢任當塗教諭子煥州學生焜諸生姪烱康熙乙酉副榜
吳善玉字百美太學生操行耿介率子弟以正尤樂施與里中農有苦無牛者輒買與之嘗載麥泊陳子鎮值水荒貧民絕食持券乞貸者百餘家玉慨應之如期往貸者貧難給也遂火其券以歸
王志摶字公遠爲諸生不得志於主司赴國子考授佐郎尋以疾歸督家政課四子皆成名居常善決事不少阿曲戚里有屈於理者畏其知好施與出貲建濬

源口螺絲港二凉亭及橋路行旅德之北上時有婦泣於橋詢之乃貧家婦也夫亡翁姑將嫁以自贍訪諸鄰如其言遂見其翁而慨然厚與之囑成其志衆皆感而泣謝焉

張爵字浴亭郡諸生氣概豪邁不拘繩尺然諾取與雖小必斷以義聞人過輒面責無隱人亦不憾一時比之王彥方云

陳國棟字懷玉號待菴諸生性方嚴不苟同流俗年方十三失母哀感如成人家隸衛籍順治癸巳經畧洪

承疇督師湖南路催漕急時國棟年甫冠侍其父挽運涉大江洞庭之險風惡與湖神盟願就溺無驚乃翁少頃風定卒無患鄰艘咸賴之晚年蒔花種竹招集名流咏歌忘倦年六十七無疾卒

陳正誼字右商號純菴剛直公平不阿流俗中康熙甲子鄉試授辰州府沅州學正當事有缺失正言不諱以丁艱復補授襄陽教諭致仕歸鄉里咸畏重之

田際泰字亨若號端巖郡增生素行端潔族里有紛爭一言解之皆帖服晚乃葛巾芒屩逍遥遊咏有古君子風

黃錦字雲織爲人有膽畧尚氣節不踰繩尺崇禎癸未賊陷蘄州大肆屠戮錦被執不屈賊壯而釋之順治初爲州諸生四子皆著名

呂呈瑞字輯五文名噪蘄黃間性方嚴倜儻多才排難解紛不遺餘力由例貢授訓導未仕卒子玠另傳

王藻字秀友州諸生以正自守族黨有爭賴其一言康熙癸未舉鄉飲介賓州牧劉顏其堂曰今之彥方

張世升字泰瞻號岱巖承瑞子年十六爲諸生隨父歷

任閩粤歸日囊槖蕭然閉門守寒素風性直常面斥人是非族黨憚之教四子極嚴出入坐立不假聲色

陳欲瑞字覲牧太學生學博常之四子好古能文書法尤工篤施與里中貧不能娶者輒解囊助性質直率族屬以正家政肅然

陳正經字綸章太學生少有籌幹讀書明大義然諾取與雖小必出於正年十五代父理戶事爲族人輸丁費三十年會各屬丁隨糧派經力勸其事爲士民倡州人德之子履中乾隆乙丑進士任貴池知縣

王鎬字夔韻號西周兆圻次子貢生少能文晚工書法遊歷江淮貴介咸推重之授荊州府學訓導以老辭

馮熺字彤友夫馭元孫州學生臨事不苟族人矜式之雍正巳酉仝叔父及弟姪輩捐銀佐修學宫當事以優行舉

陳肇元字普資州學生數躓棘闈遂援例入成均考授縣丞廣交遊重然諾每值歲饑輙減價出售未任卒

張正問字蒙清嘗讀書城南鉢蓮菴至夜分不寐僧憫之暗爲驅蚊弗覺也中康熈癸巳鄉試分習刑部清

勤供職守正不阿以勞遘疾卒

陳治猷字贊侯號抒懷士裔長子由貢生授應山教諭歷任三載以正自守不私請謁修學宫獎拔寒俊邑有陳生者貧而嗜學年五十未娶適生往江南過蘄治猷以四十金贈生生大駭曰兒書問中有請助君娶語勿卻也遂得娶以歸子文獻縣丞文藻光祿寺署丞

張溥字廷弼號靜菴諸生少嗜學步趨不苟建義塾課宗族秀良給貧者以膏火復捐金置祀田春秋餘貲

存濟族人

王有信字立誠號恪齋貢生少失怙奉母無違禮教弟以正家素饒貲尚節儉視義爲贏縮時州多創建如修學宫浚隍渠諸務捐千金不惜

王有斐號竹齋少失怙事兄甚謹援例授州同教五子寛嚴有方皆成材性尤好施歲饑減價平糶以濟閭里累捐多金以襄公事乾隆甲子舉鄉飲大賓

張杓字魁先由例監考授縣丞負氣節英資磊落臨事不苟遇人有機辨一以情理折之靡不帖服行誼爲

鄉里所重

張恊占字咸卜號吉菴州諸生丰采踔厲能文章歷試不遇閉戶著書自娛乾隆甲子公舉鄉飲介賓州牧蔣重其人爲給匾

湯周明字融逵號坦菴太學生家世素封抗直有幹畧見義輙勇爲收䘏族鄰常待舉火尤重文章氣誼周明卒州士夫暨宗族鄰里咸爲之哀輓

陳於梁字奕山幼失怙事孀母以孝養得其懽心佐兄理家政事無大小悉禀命行友愛季弟尤爲篤至由

太學生考授州同性好施予每值歲歉指囷廩減價以糶族黨中貧不能舉火者周給之無德色家本衙籍屯務瑣細勾稽出納一稟於公遇人無少長悉遵禮法

王世泓字希曾號蓮溪州學生負雋才沉潛經史與李生槃善日夕往還課詩文暇卽揮麈佐飲相誡勿預外事雍正己酉以優行舉

王鎮字藩臣少攻舉子業試輒前矛旋援例入太學爲人慷慨急公州當事每有剏建多資其力樂施予每

歲必合藥煎膏以療人疾苦歷三十餘年不懈

黃載安字東鎮號墨齋太學生精秦漢篆著有印原十册生平取與不苟急於公事州牧多委任之修學宫浚隍渠及書院諸務載安經營如家事勞瘁卒

李澤湘字荊南性方正嘗謂讀聖賢書期於能行生平言行必法交遊不苟母病不寢不食及卒以哀毀致嘔血尋卒於苫次妻邱氏勵志苦節撫二子成立

張燕字召儼太學生操行耿介有古君子風處族黨以身範物不失尺寸人有過失私畏其知孝事母扶持抑搔必敬嘗修合濟橋與陳欲珍共捐金數百

張翼字仲恕士淑曾孫以歲貢授咸寧訓導涖任後約學條數則以身先之士習蒸然丕變尋以疾卒於官

王思孟字近聖州學生爲文有逸氣兼工詩賦制行端方里中優禮之延課子弟研究無虛晷

張世珖字映璧由太學生考授縣丞性剛直爲族里所憚服生平樂施與歲癸亥大饑珖竭廩穀平價以售州牧給額獎之

張元勳字翼周州諸生性直不可犯倡行義舉族鄰有

公正稱

胡鼎元字登二州諸生與知名士相砥礪學益大進選吉擇地動遵禮法

駱呈玟字輝吉以正自守取與分明設家塾延師課子不聞戶外事

張瑗字則玉太學生居嘗寡言遇排解紛爭輒持正論屈者畏服

胡瑨字瑨公州諸生自幼不與羣兒伍父母鍾愛之下帷攻苦期振厥家

陳聖泰字子宜州諸生母歿父理家政常抑鬱聖泰善承意旨得歡心婦克相之晚益以正直著

張爲煥字光溥太學生嘗謂讀聖賢書知之非艱行之惟艱篤行誼然諾不苟

張國璽字雲龕諸生性剛直人莫敢以非分干有爭者質之輒解爲州牧李所知欲以優行薦會李擢撫州郡丞去旋卒璽走賻千里且鑄其政蹟以傳晚鑿靈巖寺險以利行人

陳範字叙淇杜門不與外事嘗書朱氏家訓及諸格言以自警鄉鄰推重

陳視古字鏡書太學生理家政俾諸弟得肆力於學爲人公平正直族鄰推服

易德邁字陶希父時憲門下多俊彥德邁砥礪以成其學因素善病遂精岐黃術生平以禮自持舉動不苟

田用中字思舜國學生執父母喪皆如禮事兄如父率子姪以正與兄偕合捐田助書院膏火

裴天明字才高有貧家鬻婦天明給貲完聚之子向化並給田數斗康熙間舉鄉飲

陳鰲號普菴國學生爲戶長以正服人修廟學以經費不敷用多所捐埶詳碑記

陳琛字憬菴州貢生性剛正不阿流俗族里事多就正抱曲者望廬而返兄歿撫姪如子

汪鵬字元龍號騰九勤學敏於文中康熙丁酉舉人性方嚴族里咸敬憚之揀選知縣未仕卒

熊慶源字衍長穎敏力學弱冠受知於太守康以大器卜之中雍正乙卯鄉試有介行揀選知縣未仕卒以上錢志

黃鳴鳳字集三廩生嗜學能文家貧甚不受人餽遺亦不投足豪門其從弟某以墨吏生活鳳雖飢不食其食偶遭婦女於道則謂世風不古感而泣下其生平境況惟書床茶鐺清風明月而已

陳艮翮字鵬程乾隆乙卯副榜就職教諭年少理戶事建祠與祭正直公平督率子弟講學不倦弟艮翰子寶暨蓮孫元甲俱諸生

胡愿字汝誠號謹堂薰之子生平然諾不苟居鄉以息爭救急爲心會歲凶竭貲運麥以濟貧者飢民賴以

生活以歲貢授荆州訓導訓諸生以人倫學術相勵年七十二卒於官

袁培松號石齋國學生爲人岸然負異有古高士風讀書期學聖賢執親之喪不露齒者三年既葬廬於墓過國制則易服而泣如喪考妣然兄弟之鬩財産不以自私見世俗磨舂爲害著風水本義一書以斥形家之非居常閉戸絶少知交人罕有識之者

張寅國學生明通正直萬南泉贈有推重鄉國匾額虞山錢公修志徵爲採訪生子二長艮木　恩貢著有

松亭文集次艮朱入太學積學以内行著鄉黨無間言學正王賜孝義堪欽額文二子長如燀有還醇山人詩文集次如照庠生有月軒文集照子意森廪生意元增生

駱上達號亥峰邑增生少從萬南泉太史游深器重之與姪庠生見唐國學生見準見儒輩正直見推族鄰嚴氣正性惡少望而憚之事後母盡孝人無間言晩歲闢地爲家塾聘師教讀建望岡亭擁翠園植名種甚多以爲游息之所子天驥孫沛鴻爲邑名諸生曾孫定偉庠生定侯　道光乙未武舉　以上潘志

吳炳城字聲律號丹山庠生父燮爲州名諸生早卒時城年十七即理戸事猶復奮志詩書性質直有幹畧里黨忿爭事質之一言立解以外孫駱敏修貴誥贈奉政大夫子楚珩州增生孫朗同治甲子副榜通山縣教諭

王映熊號菊溪諸生性樸直居白沙河鍵戸讀書比隣罕識其面族里有不韙者私爲之語曰無令王某知也其感人多類此

李宗嶠號蕺韲性質實處世無阿私道拾遺金即坐不去待其人而返之時服其正弟宗嶼亦以剛正聞

鄧家駒號千里例貢生居鄉公正排難解紛人無不服嘗於三寶菴側拾數金鎮日候遺金者不至乃以金歸僧人稱其直子玉書太學生

吳敏號斐漪諸生　恩賜副榜生平重孝友崇質直有以財請託者峻拒之年八十有七卒孫煥雯諸生

李人瞻字民則性戇直無徑行族里有不法者秉正格責人咸畏服一鄉稱正士焉

龔元望名烈太學生性嗜學涉獵羣書爲文必宗先正中年課子經史諸書皆手鈔授讀雖酷暑嚴寒無少間待人以正族里有不韙者輒面折之咸豐間襄辦團防罵賊殉難士林歎惜子二長宗遂廪生次宗堅例貢生

李興憶號南坡太學生世居蘄州青山鄉後流寓英山生有異稟讀書目數行下家居課子孫曰汝輩學作文先作人人無他恃此心耳家政肅穆鄉里化之性好施與遇歲饑倡賑多所全活他若設義渡修廟宇

除治橋梁道路諸善舉詳載英山志流寓傳生子五咸率其德三子克鳳字丹山以孝稱爲人樸厚剛直讀書一務躬行尤惜字紙晚年尚時負布囊徧至鄉塾收弃稾而火之送其灰於河歲率爲常同治甲子捻匪肆擾家人异走山谷中猝遇害孫九樹滋務滋德滋均諸生曾孫十餘人士彬進士改庶吉士現官監察御史士標士柳均太學生士琳諸生

陳疏定號車泉太學生性嗜學喜購書所得多先儒語錄操履清潔與人接惟以正誼相朂子弟難馴者未嘗厲辭訶責見之自莫敢仰視每有紛爭得一言立解里中賢達咸推重之子艮雨監生有父風孫祚芳廪生雲馥雲芬俱貢生

鄧謙號虛齋太學生品端行正道光壬寅歲饑有劉某強悍多詐脅饑民爲亂謙乘其無備縛劉送州治罪並以册部焚之禍遂解人皆德之子兆蘭歲貢生文林五品銜錦堂諸生上林太學生

朱本璐字鳴珂太學生性嚴正鄉里有爭者力爲排解人咸德之爲族師仿讀法制以約子姓數十年鮮有

不謹者子啟諸生

洪致忠號漢臣布衣有隱德解紛排難鄉里翕服時有語曰官事不成中有漢臣晚年徜徉山水自定佳城青烏家羣謝爲弗及云

方　標諸生性篤實嘗路拾遺金反之從遊有寒素者弗取修脯足未嘗履公庭恒手一編弗釋子漁諸生有父風孫華諸生　恩賜副榜

朱仲桐號龍門太學生居鄉嚴正遇事無阿比薰德者多善良每歲凶貧民苦穀乏桐減價按時分售不能

償者聽人咸賴之子今元舉人鼎元歲貢生啟元孫
尊程師程俱諸生

鄧世翼字鵬程從九品性質直居家孝友與兄世顯弟世璜交相友愛遇鄉里義舉資助不吝歲饑貸人錢穀不盡取償卒年八十一子五人均有父風

王士達號宗溪廩生性方正七世同居内外嚴肅終日靜坐風度端凝表率後進惟以挽回頽風爲己任至今士類稱其規範猶敬慕焉子紹沂孫肇翔俱諸生

徐同春庠生爲人正直不避權勢賊擄弗屈生子五以耕讀爲業年八十而終

陳居正號竹亭好讀書力敦品行不阿意苟合亦不輕摘人短教授生徒數十年以布衣老與妻胡氏俱年逾九十終

蔡理志號習聘秉心梗介處事公鄉黨有不韙者輒面折之孝事父母厚待戚族子八人孫曾數十人有節烈者有篤學爲諸生者人咸稱爲志之遺訓焉

張鳳翽號曉台以府首入泮善屬文學使鮑以大家目之性和介心無城府遇事有節操年八十卒

陳開桂太學生少精文律艱於遇以孝友廉正爲里黨矜式子夔鸞以府首列諸生

汪忠麟號艮瑞少理家政崇忠厚好拯人貧困州人士以長者稱之學憲王有譽治鄉評額獎子利通太學生有父風益崇鄉望

劉之遴太學生剛正不阿鄉族有不平事就理之無不折服以去經理祖祭捐貲無吝色嘗施山爲義塚旅人無葬所者胥賴焉子聯魁　芳俱諸生

江見龍號海門太學生授武略騎尉推食郵鄰督譜收族見里中越分者即勸誡之姓名幾畀龍知人嘗擬之王彥方云學憲王以濟陽風古額獎

胡定愷號正亭武生守正不阿善排解人有爭競質之聞其言率多讋服子四秉榮同治甲子武舉餘俱武生

范世裕號雲峯太學生豪爽有風概居鄉以敦本睦族爲重子弟有不率教者面斥其非子三承全步蘩俱諸生承炳太學生

陳雲路號理區太學生俊爽端亮與人言善於開陳事

理是非曉然聞者心折尤培植祀產族人皆欽慕焉

朱萬登性剛正好培祖壠置祀田歲饑減價平糶里中陳氏青年苦節或欲奪其志陳抱遺歲孤子詣登泣訴登稟州主給氏憑得全其志五代同堂卒年九十有一

張雲錦號綺蘭增生植品端潔居鄉多指陳大義雖桀驁者聞言輒化嘗手輯家乘列忠孝節烈文章等類各數十條咸精當咸豐間孫諸生星煒出其稿族人遵之永以爲式著有豫素堂集

陳序賓號佑賢性誠慤能文章屢試不售家居授徒爲生活計洞明大義里中事無巨細咸樂就剖决無不帖然服者年五十八卒子殿槐歲貢生

陳昺熙號曉桐髫年嗜學無間寒暑性方正不阿見人過輒面斥之年三十二卒子慶榮例貢生孫錦泉諸生文蔚廩貢生孝廉方正

陳縉號濟分附貢生性嚴耿矩步規行不苟訾笑尤善排解鄉里忿爭者得其一言輒定年六十二卒

胡漸元號莘溪武生植品端方不苟言動教子弟必以正延師課讀倍極慇懃子四長子樹滋太學生與兄爲嗣坦直無私遇事善排解族黨咸以正士稱次子茂林歲貢生鄖縣訓導孫壬濟諸生

裴善進字岸登從九品性方嚴慷慨敢言族里憚服

朱時宜少孤貧足不履城市重然諾遇事尤持正有石某墓數塚子孫遠遷碑已仆毗界者將沒其塚宜力止得保其墓孫蘭陔諸生

田郊號巨甫衍聖公府屯官少躓場屋因授徒課子講求躬行心得之學廉介剛正鄰里皆敬憚之子兆松諸生

胡佐仁號德心歲貢生嚴正自持未嘗苟言笑授徒鄉里惟以敦品勵行爲先務鄉試四薦不售士林惜之年逾八旬卒

葉秉貞號小山太學生少穎悟屢試不利遂棄舉子業主持家政族隸衛籍承辦漕務出納不苟咸豐五年髮逆上竄助資團練賊怒焚其室力戰不退保全鄰里方伯唐公駐軍大同鄉諭辦軍需不告勞亦無私見同類咸悅服焉

吳珩號倚德太學生剛正不阿人莫敢以非分干雖强且悍者未嘗不以知其姓名爲恥也其以嚴見憚如此

何之望號裕菴性慷慨好施家貧每以不獲肆力於學爲恨凡士有積學能文者輒喜從之游迨遣子出就外傅歲時束脩雖拮据萬端不敢不加厚焉子聰諸生明咸豐辛亥舉人孫敬廩生

駱鴻緒太學生性端重不苟言笑嘗出藏鏹爲族人解冤獄不責償兄佑賢中年無子爲之娶妾後子孫林

立時以爲非緒待兄之誠不至此

貢金太學生守正不回有妖僧燒香聚衆請於當路遣散之嘗置田課備普濟渡橋修造費尤篤念宗支爲族某娶妻生二子延兩房似續至今頌德不衰

貢崑岡太學生性剛毅不屑時趨生平尊禮師儒悃欵備至子元龍庠生

張國耀號温賓性嚴毅不屑與流俗伍善治家八十餘口內外整肅五代同堂年八十有七人以爲有公藝遺風云

貢斯學秉公持正爲鄉里所欽重好讀書尤潛心毛萇之學家居教授凡貧而能文者必奬借曲成之束脩不計子兆元有父風貤贈武德騎尉

王象南號星農諸生品正行端有光明磊落之槪爲學梳經菲史無間晨夕凡族黨遊庠者俱出其門下

姜輔周制行耿直咸豐間髮賊竄蘄周被執不屈賊義之釋歸里黨稱之

吳雁題號唐人諸生質直和平遇鄉里紛爭事善爲解釋尤敦根本置祖產累數百租晚歲以醫道濟人不

辭勞瘁近地因家貧溺女者嘗出貲救止之卒年八十有五子大瀛州同銜

洪太倉號心素例貢生和厚端方家世素封文史外他無所好敬禮師儒樂解人紛難有長者風子錫疇廩生

杜翹楚郡庠生孝友端方爲閭里表率性好施與每值歲暮即散錢米分給貧乏鄉黨德之學政王給以孝友咸欽額

陳履泰字佩紳號曉湖中書科中書銜性耿直好讀書

小試屢拔前矛後貢成均五赴秋闈不遇居鄉無所
阿避與文士往來談讌無虛日里中無行者而斥之
卒年七十有三子台舉人
繆應南號漢槎諸生性戇直人不敢干以私繆氏遷蘄
百年來祠宇缺如南建議倡修不數月而蕆事至揭
債鬻產不悔也卒年四十八
胡尚賓號　太學生居心正直以禮讓化族里咸豐
間髮逆擾蘄衆洶洶賓曉以大義族無一人從逆者
年八十餘卒

孫時鵬號雲衢諸生性方嚴言笑不苟見人過輒面斥
羣情允服取與必以義耄期好學不倦教人多所裁
成年八十餘
黃雲鴻字漸逵號吉雲性坦白與人無猜忌剖决鄉鄰
曲直胥得其平延師課子禮貌甚恭初應童試屢列
前茅後援例入成均弟雲鵠貴顯鴻成就之力居多
貤封朝議大夫
李人濟號鴻澤性端方言動不苟嘗以忠厚自勵並以
勵人里有受屈事濟力剖其誣或以財賄屬托則面
斥之故鄉居有正人之目
繆明爚字漢東太學生敦品立行與弟時太萃與友愛
領漕運十餘年歷無貽誤子千總銜珍彝能繼其志
學憲王以喬梓齊芳額獎孫正銓太學生
葉泰初號樹門積學不遇以教讀爲生計性嚴正排難
解紛鄉里咸敬憚之
方時憲號誕崖太學生品正行端敦族誼居鄉多排解
有善人之目孫浚漢諸生
田義正號正甫性端方遇事不苟又嘗閱瀕湖醫方錄
以送人生平尤尊禮師儒年九十三卒子光燧諸生

李兆麟號原堂國學樂易近人然秉性耿介靡所阿徇
與弟從九瑞麟以孝友聞尊師重道子爲章廩生
方杞梓太學生九試棘闈未售性質直凡人有非禮事
望之若浼族里子弟衣冠有不整飭者即面斥之無
隱其爲人大都類是
胡顯堯號樂三太學生性端方不苟言笑凡族黨中事
排解爲多無阿徇人稱其直子佩瑛諸生
張宗江諸生性骨鯁凡公事獨任之無私見人以直稱

高潔

澹於榮利環堵晏如古稱達觀之士非耶蘄地饒佳山水蒔花種竹飲酒賦詩又適足寄其徜徉宜夫優游退處者多也志高潔

明

郝源字本清聰慧端慤長于訓詁於醫數學無不精曉荆王最雅重之授宫僚不就以子守正貴贈工部員外郎

陳日恒字知德號石居散人著有逸興詩稿正德丙子郡守李素純書行義表其居子仁近仁民另傳

李朴字純夫正德丙子亞元歷官陝西隴州知州以直見忤調任不赴退居林下豪放於詩酒數年乃卒祀鄉賢

王鸞字應期正德年歲貢授餘干縣學訓導陞舞陽教諭善於課士尋告歸猶窮經牖下澹泊寡營兩縣不能忘各載名宦

陳一賓字用世諸生科舉屢躓遂豪放自如時聚族人說家法著有元緝野人集

胡世則號乾封萬歷間官至雲南府太守有聲尋告歸日惟常餼鄉居自適

陳仁民字守治號龍岩由廪生就例貢授新喻主簿及致政家居不殊布素端方誠篤里中稱爲長者晚與弟仁近杜門却掃詩酒自娛不與外事

王允隆字爾錫性穎敏能文章甫成童爲諸生凡七試省闈不售食廪餼曹偶推重終以例貢得補丞佐不屑就出處無愆尺寸著有鷦枝館蓼堂等集

陳吾悃字大誠號朗皐州副榜仁近長孫母周氏工文詞嘗築臺舍側教悃兄弟無故不令下悃益究心典籍著作甚富存者僅三角山會龍池記

國朝

李具慶字亞白兵憲樹初次子博極羣書爲州學生値獻寇陷蘄全家罹難具慶被創妻裹創負之行

國朝定鼎歸居湖上防道吕延入雲門社與晏東白華二華主盟文壇終絶意仕進晚號懷二著有芸香草荷汀等集

張承俊字克灼州諸生布政邦翼孫同知敎葵第三子

善瑩咏兄承位令桐鄉每省覲必艤舟西湖詠懷古蹟卷軸至盈篋晚號杏園老人

李本淑字心尼號松筠孟春孫慣之子由文學入監考授州判以親老不仕性謹厚行中禮法晚癖山水築室於桂花亭教子讀先世遺書詩酒自娛不履城市

陳其功字銘常諸生弱冠即有文譽嘗謂文不先行篤修門內爲族屬矜式

張士灝字鄰遠歲貢生工詩文試輒冠軍性豪爽每酒酣吟咏不休築園於城北顏曰梅隱晚益刻苦爲詩

子樞另傳次枬諸生工詩書法尤精

李士俊字潤文號於英炳然從弟從遊於灊巖仉懷諸公時加磨礪駸駸有得扁其居曰鵠原石室吟咏以老著有鵠原集

顧普字康侯景星長子州諸生性純孝母蕭氏病篤籲天祈禱願以身代母歿一痛幾絕父歿亦如之

張梓字琴質歲貢生才學優長文祖唐宋八家晚乃豪放山澤間有物外吟集

陳文炳字雨則時流寇蠭起炳嬀集居民扼險設伏賊不能害無意科名以明經老

李之珖字賓亥弱冠爲州學生祖樹初伯延慶死於難珖承伯祀伯有二女一適貢生馮楫一適舉人張承位凡遺產與二女三分之篤行詣不入公門

陳其最字彥臣博學不求榮進課子姪敦崇實行年八十州牧遲舉鄉飲賓

胡之偉字偉甫歲貢生苦讀書爲文必準繩墨屢躓鄉闈遂絕意科目作隴上吟

陳吾愷字仲愫郡諸生仁近亥孫少與兄吾愐同師母

教嗜學好古工於聲律並妙書法著有峋嶁草堂詩集藏於家

石爲璘字璠生號野航州諸生先世河南鄧州人父中玉以功授粵西叅將卒於任璘幼隨母扶櫬過蘄蘄營叅將爲姻舊遂家焉長從顧黃公遊凡詩文親承指授有野航草尤工書法性閑適輒一琴自隨時比之曼卿云

葉玉成字崑㝡性穎悟年十二補諸生短檠風雨讀書至夜分不倦蒔花種藥清趣自適

張仕厚字存古仕渾之弟讀書多冥會斂迹下帷不喜見賓客以歲貢司訓荆州府未久告歸舉鄉飲大賓

顧秉恪字丹懐號滄洲州學生試輒高等築室於後嵩園擁書據案教授生徒多所成就不輕與讌會當事聞其名非公不見益重之

方彭蠡字石鐘號東滙歲貢生博學能文搆室江干棲遲以老著有廻瀾集

田再高字甯宇明季亂棄妻子負父宗演得免國初土賊馬連山鄭鼎生等踞將軍山仙人臺爲民害

再高練鄉勇擊退之授職不就隱居敎子弟以老

李澤兗字振秋本淑長子性穎異十歲能文弱冠以第一補諸生博極羣書詩古文詞名噪蘄黄間有文集藏於家

饒斌泰字文安少貧無力就外傅受孝經論語於其母稍長學益進爲名諸生以歲貢司訓竹山循循善誘其邑自是多文學卒於任貧不能歸遂籍焉

李永昇字志南號青郊中康熙庚午鄉試性豪爽英敏絶倫與同里張士渾馮以觀顧昌相友善每讌集賦詩節響清越慷慨悲歌聞者壯之著有若臯村集

王開翰字守東號杏橋少穎異十七爲諸生同伯兄開泰讀書洪山寺泰選庶常翰數奇弗售與泰愚圃張另齋輩文酒往還年四十一卒

鄭裔周字郃肯號闕吾州諸生早失怙恃刻志讀書屢躓塲屋遂放懐詩酒於同輩中稱豪士焉

李生彬字雉文少能文試童子第一補諸生友愛諸弟門内怡然晚乃棲遲湖上以明經終

何光義字臣極州諸生獻賊屠蘄闔門焚殲惟義獨存

遂灰心仕進終日杜門焚香默坐罕有接其言笑者

李國華字耀宇貢生明季賊勢猖獗國華負母至深山避亂兩弟幼被掠復計脱之人稱其孝

馮應舉字伯貞居心忠厚癸酉年賑饑又捐募闞口河渡田當事請奬力辭不樂名譽隱居山林

黄天祐字貞符州諸生篤於學後結廬於濟邑之青林湖與舒畯極劉千里詩社往來屏棄一切

王與錡字孟堅弟與鍾字金聲永塩子錡諸生鍾太學生兄弟孝友雍睦之氣溢於庭間外事無所與

張鏡字研修由諸生就例貢敦厚周慎不苟言笑晚猶嗜學手一卷無間寒暑後輩敬憚之

張樞字鴻緒號紫垣州學生少負大志屛棄一切讀書梅隱園終日夕不倦善書工吟咏著有矩軒詩集

李永脩字萬咸性醕謹喜讀書下帷攻苦人罕見其面以明經老

陳起書字公昇性穎敏讀書目下數行後以文就武試壬午科獲雋書素饒方畧有膽氣然守法度足未嘗一履城市

呂玠字全蜀號濟川康熙戊子武舉公車一上不復圖榮進建星聚堂課子若孫妹適劉早寡玠爲資撫其二子妹得終節子三孫士模乾隆壬申舉人

王學喬字洪士工舉子業爲州諸生中年即無仕進意吟風弄月寄傲於蒼松白石間

董堪字亦仲恩貢父文獻諸生年九十堪年七十不異孺慕以授徒世其業不與外事

李承先字黄序郡諸生家貧嗜學長於訓詁治壁經者多由指授

熊楚荆字漢南號玉山州學生爲詩有聲晚搆別業潔清自處詩見雨湖合刊

黄載華字砥南號鹿亭太學生性沈靜喜讀書質弱冬夏不鑪扇日手一編兄弟相摩厲善詩古文詞雨湖七子華與弟嶠皆與焉年六十六卒子式鵬孝孫承堅梓其梧岡詩文及咏史百花吟等集

王開文字超儒號天峯州諸生操履篤實有古君子風性敏悟能文章家居敎子姪以文行相勉厲乾隆乙丑學使者采其優行

張世永字卜周篤學能文弱冠爲諸生屢困棘闈遂放懷山水年逾八十

陳鴻猷字襄侯士眉次子少穎異九歲能文章嘗讀書城北宛中菴屛棄一切由國子生考授縣丞以疾未仕卒

王思述字宜山太學生父學古病足述扶杖納履不以人代妹早寡爲購屋制膏田百畝與之撫其子成立築南𨵗別業蒔花種竹其中有泉石之癖云

陳大孚字容吉州諸生素剛正不阿人有過失直言相

規不少假辭色晚年澹於世故筆床硯匣終日自隨於經義多所發明

張炳文字崇姬號郁齋由例監考授州同所行一軌於正晚築別業觴咏其中以一經遺其子不與外事

王世治字傅霖號雲區少能文就例以州貳謁選都中聞母病趣歸踰年母歿遂無復仕進意築南山樓焚香獨坐不伍塵俗

陳國凝字襄州郡諸生少有文名比長學益博洽順治丁酉中副車自是屏跡山林詩酒嘯咏以終

范公連號半園謹厚謙退閉戶謝塵以書法自娛非義不苟年七十足跡不入公庭里人推鄉祭酒焉

陳之壎字北垣肇元長子少爲諸生後入例貢季弟於桱夫婦早亡之壎撫兩姪如子

王世溥字量周例貢生少聰穎善屬文沉靜耆學一時從遊者遍閭里循循稱善誘焉

陳可坦字履吉郡庠生磊落有大志文酒談讌慨諾不減晋人年三十餘卒所爲詩不自收拾多散佚人咸惜之

駱三捷字克明好讀書年六十手不釋卷督課家塾

陳於棠字萼華號實齋由太學生考授州同爲人豪俠重義不就選詩酒自娛栖息林泉以老

陳夔蘭字魯奇諸生資敏耆學鍵戶讀書足不履城市喜奬藉後學晚年寄情山水詩酒自娛年九十卒

余正古字道平歲貢生母年八十正古年六十依依孺慕工舉子業遊於門者甚衆

陳坎字帝因性謹篤不輕然諾建祠置產族衆多倚賴之爲諸生有聲以明經老

王柯字育萬歲貢生居處深山好古籍以幽人自命搦管爲文詞饒有逸致

王世沅字靈湘力學不售就例入國學生家居篤宗族之誼遇非禮不動聲色怡情山澤晚字澹齋

駱藻字正音州學生性温敏酖酣經史隨所往必携書以行著有訥齋草門下成材者甚衆

胡應虞字文際號續齋州學生卜地一區築室一楹讀書其中無子卒家人即室爲葬所 以上錢志

張申字聖懷以明經授穀城學博勤校課一時多知名

士子舉人兆講先卒遂無仕進意歸築耕月山房數椽植松種竹詩酒自娛自號松崖老人善詩古文詞草書逼真懷素年七十六卒著有耕月山房詩集待刊

陳絅文字心田號素吾天資英鋭博覽羣書善屬文尤工書法律謹嚴造句有唐人風味與陳愚谷吳巳山兩先生爲道義交視名利淡如隱居教子課孫以詩文自娛著有素吾詩草待刊子本中登賢書孫之原連振俱庠生

陳其殷字楚奎弱冠補弟子員鍵戸讀書久不赴鄉闈庚午師友强就試遂獲售一試春官未售絶意進取銓選知縣不就日以經史自娛著有知鑒錄五十六卷續綱目八卷讀史餘言二卷善病精岐黃著有脉法指掌經絡會解古方辨畧新方解畧醫學指要等書藏於家

李承洛號瑩壺幼慧十齡應州試列前茅後登嘉慶戊辰賢書授鄖西縣教諭終養告歸性癖湖山而淡於宦情結廬雨湖南岸嘗作垂釣圖以自娛生平所作詩古文詞不肯自存其稿僅留匡廬紀遊草一卷藏於家

胡鴻然字明卿號史逸山人沈靜簡質有儒者風三十餘棄舉子業遊心藝苑不預外事著有讀史管見十卷一拳堂集十二卷待刊

駱沛宜號酟菴布衣篤志學問視名利淡如著有事物尋源三卷蕉鹿詩草四卷古今詩翼十四卷一秤金一卷

陳洪緯字德優幼穎悟博極羣書弱冠時即絶意進取

族丁繁督修宗譜蕆事後築鮎山別業詩酒自娛不與外事子光詰孫立言俱庠生

宋人龍號心齋國學生宅心以厚接物以公惟尊師重道尤爲人所難及其兄隆壽好施與淡功名族鄰亦同聲稱之

何天評號退谷州諸生爲人沈靜寡言尤篤於孝友常鍵戸不與外事故自少至老足跡未嘗一履公庭年踰八十猶以讀書爲樂將告終臨期囑家人勿他適沐浴衣冠喚子婦孫曾羅於前坐而逝著有退谷詩

鈔

陳祐瀓號六峯乾隆辛卯舉人受知於督學吳白華白華雅重其品學常欵留任所爲志分交瀓淡於宦情平居惟以書卷自娛終晚年學術益精

劉之綱號松岩歲貢生束身自愛不入勢利之門惟手持一卷無間寒暑怡然不知老之將至子用瑛廩生

王彬德號布若　恩貢生手不釋卷爲文才情超拔科歲試輒冠軍乾隆辛卯丙午房薦均以額滿見抑遂閉戶安命不入秋闈潛心教讀多所成就子占春庠

生

楊世銘號勉齋廩生性豪爽能文貧不能讀者輒助以膏火築室於城北荷池之傍顏曰藕花詩酒自娛不樂仕進卒年三十九士論惜之

王錦鱗號海門性聰穎目數行下博極羣書爲文自闢蹊徑屢薦不售生平不預外事以明經終

蔡及選號顯賓性謹篤好讀書克承先志杜門不出惟以經史自娛　以上潘志

張源岷字過亭性高淡遠榮利以山水文籍自娛晚年益進於道有隱君子風自號隨緣山人

陳瑞龍號素雲附貢生沈靜好學老而彌篤年八十例得　恩賜副榜竟不赴試聞者高之卒年八十六子錦江增貢生肇基歲貢生

楊炳岳號雲里性聰慧能書畫以詩古第一入邑庠兩經房薦癸丑髮逆亂入向忠武幕府多所擘畫以勞敘官廣文歷遊金焦鍾山諸勝所過名山大川發爲咏歌著有聽笳草還鄉集舟車吟及醉月吟霞館尺牘諸集

王天麟號東村髫髦卽崟嵜有大志家貧力學泊然寡營壯歲遊庠食餼州大夫林梧甫肇興義學聘爲西賓優禮倍至晚年教讀鄉塾成就後學以明經終

童　熞號霽樓廩生性樸直無俗累嘗鍵關默坐流覽百家遇有舛訛細心考訂爲文奄有大家風骨超然埃壒之外

張　烱號星如州庠生喜讀書不圖上進每於披閱之暇蒔花種竹飲酒賦詩與遊者嘗服其淡於名利焉

黃齡運號瓊林性穎悟涉獵羣書詩古文詞不肯拾人

牙慧晚年淡名利築室山陰以經史自娛州名宿何
雪元吳展其時相往還多贈答焉子坤元諸生
田禮觀字鑾階幼積學三十後棄舉子業潛心古今體
詩與同鄉陳愚谷宋玉山陳半菴相唱和著有林下
吟詩集卒年八十一孫培翰　恩賜舉人
陳手瑜號瑾臣太學生性沈靜淡泊寡營僻處山林教
子讀書以自適生平不談人短鄰里有負氣相爭者
諭以至誠卒多悅服年七十二卒子經國增生占沆
監生椿諸生出嗣子台舉人

朱殷威號鮿臣少積學泊長以親老侍養遂淡於進取
居鄉教授以禮讓化族黨及門達者頗多族中今元
燮元孝廉鼎元明經啟元尊程茂才皆出門下及卒
門弟子猶惓惓弗忘云
陳鳳立號丹山太學生少從族兄孝廉曉陵遊最久一
時名宿咸相器重以嗇於遇中年後詩文自娛士林
惜之子酉庚進士
張志說字維岳諸生性情閒雅好施與不慕榮利俶遻
陝西縣丞以母老乞終養不就自號退閒居士子仕
伸州諸生仕耀歲貢生仕輝仁魁俱太學生
陳官秫號野人性疎野因以自號居深山古寺中罕與
人接頗嗜飲或置酒招之亦欣然往醉則披襟捫蝨
解韤搔癢人多所不堪咸目之曰褦襶明天文象數
之學善風角雅不欲以技術自見酒後偶言輒驗年
五十餘終不娶其殆孫登之流亞與
陳美鈺字品尊進士良璧從孫家清貧以館貲自給奉
母至孝教弟子言動以禮不喜與人接終日正襟危
坐誦聲琅琅然出戶外非其義者一介不取年五十

餘卒
童家鵠號立臣垂髫抱異質年十五以府首入泮旋食
餼絕意進取以訓課子孫爲務晚歲貢明經子修林
太學生小試前矛賫志殁孫樹嘉郡廩生
王裔棻號仙芝幼頴悟弱冠補弟子員家不中資自甘
淡泊讀書外即事賦詩怡情山水同人至惟談墳典
俗務概不與聞焉
夏文斗號星北咸豐戊午副榜性豪爽不拘細故城居
數十年無一字入公州人賢之

陳修五號白華好讀書不求聞達怡情山水間足跡未嘗履城市尤長於吟咏著有白華詩鈔藏於家

胡際飛號蘭波郡庠生性廉潔日手周易一卷以自娛家雖貧泊如也著有圖書圖考五卷

程天驥號西來性篤實喜藏書籍弱冠有聲屢躓風檐洒如也年七十始受知於董鶴崍刺史拔冠多士成諸生咸豐辛亥　恩賜副榜

楊大緩號彬甫優增生爲虞部陳愚谷高弟好吟咏不慕榮利惟以山水自娛著有藕花書屋詩集

鄧顯賓太學生志行高潔不樂仕進作室江濱潛心經史暇則釣遊自適有以俗務陳者幾掩耳不欲聞年八十八卒　從孫鳴謙太學生亦以清潔稱以上新增

蘄州志卷之十六

知蘄州事嶺西封蔚礽纂修

人物志

尚義

制事之準莫大乎義君子於行義難言之布衣一諾重於兼金中流一壺尊於拱璧夫有取爾也是故慷慨樂爲人緩急者亦足多焉志尚義

宋

祝文蔚蘄州士人嘉定十四年三月金人犯唐州陷蘄

州知州李誠之及其屬吏皆死之詔趙方往救方遂命許國扈再興解唐城之圍國還鄂州保江再興引軍至蘄州之靈山伺金人歸而擊之文蔚橫突入陣大敗金人再興乘勝追逐六十里擒其監軍合答等

張德興蘄州民當幼主稱制海中舒黃蘄義兵相繼起德興與安慶野人原寨主劉源起兵司空山屬縣人博高亦起兵應元宣撫使賈居貞移檄諭以禍福兵稍稍潰散高知不可爲變姓名逃元兵獲而殺之

明

顧禧正統中出穀賑饑事聞勅曰洛爾湖廣黃州府蘄州民顧禧國家施仁養民爲首爾能出穀一千一百石助賑朕用嘉之特賜勅獎諭榮以羊酒旌爲義民仍賜免本戶雜役三年尚允蹈忠厚表勵鄉俗用副
朝廷褒嘉至意欽哉故勅正統六年四月十八日命
有司立旌善坊

陳仁惠字守介宏治例貢和平正直族衆宗爲長諸事悉聽命焉封祖壠增祀田有孝義稱

胡從瀾與弟從滿從潢世居蘇宗山五代不析箸正德中載穀千石至省城值饑荒捐以賑事聞勅賜旌善

劉正佳字繼山州諸生性好義嘉靖間兩次爲粥賑饑

李栱號開甫際春第四子神廟末以明經授淮安府同知山東大饑撥米發賑適糧艘以河淺不得進栱向富商貸銀數萬僱人夫起運後鬻產以償事聞加按察司僉事職弟模兵馬司指揮

陳定國字翼宇客武穴鎮路拾囊金訪爲幕屬所遺得其人悉還之義聲益著子侯周另傳

胡朝宸字正卿天啟間歲荒出穀五百石以賑復爲粥於路全活甚衆有義聲兩舉鄉飲耆賓年八十六卒

程應兆萬歷間任南京衛揮使督屯田捐俸助不給據錢志補

陳惟聰字遠承州諸生承惠元孫天性孝友生母唐氏早卒事後母謝氏如其生母與季弟惟顯惟簡惟哲相友愛三世同居不析箸人稱其義

陳仁爵字守崇號南湖州諸生篤行孝義父曰桂遺基業甚豐庶母弟仁敦生甫匝月有謀欲害者爵覺置幽室令已婦乳哺後敦亦以行義稱

國朝

李彥字美仲州學生僉事新弟爲人謹厚多陰德癸未之難全家被害彥獲免逃竄歸見白骨遍野遂捐貲收瘞於東郊合大塚廬澹崖爲瘞骼記詳藝文

陳士儋字儋白言先子歲貢生讀書明大義不務章句尤好施予嘗捐牛馬坳爲義塚歿後州黠者佔爲巳業其子國學生澤猷候補營千總起超等清出墾田租十石資書院膏火

吳士龔字兩燮善玉子以父疎財析箸時僅米十甑初入國學生至是棄舉子業理家政不二十年田園日

拓其法一本於儉然好義不減於父母歲春出佳種以助農民鄉里頼之

陳道毅字惟執郡諸生性豪爽樂施與於渴口鎮建橋三約費千兩募未及半遂鬻腴田百畝成之

李澤溥字沛蒼歲貢生工詩古文才識過人州牧張六菴有疑案不能決延溥至咄嗟立辨家承貴顯饒於貲溥振乏絶聯姻族製湯藥施棺木鄉里德之蘄俗富家每易佃溥獨不易令子孫世守著有雨湖閣文集津梁醫書

陳心鎧字隱豹州諸生好古慕義時流寇犯境集鄉勇仿團練法立砦以禦有司壯之功授守備駐劄道士洑

葉俊士字秀升號渭公歲貢生初授益陽縣訓導陞零陵縣教諭尋陞施州衛教授所在課士有方人知敬學致仕歸置本鄉橋渡以濟行人辛亥蘄饑俊士捐穀賑之全活甚衆

葉優士字餘公號大軒由貢任浙江仁和縣丞夜聞書聲造廬訪之乃邵生也家貧力學優士月給膏火獎過有加禮邵生登顯仕士民立石彰其義

汪同斗字天北年十四爲獻賊所執無懼色賊壯而養之乘間得逃遊蜀十餘年挾貲歸恢復故廬慷慨好義收舊姻方張二姓子飲食教誨并爲婚娶康熙癸卯歲大水同斗收租高山里減價出糶貧者不取值

劉漢臣字楚相敦睦姻族以孝友世其家父君愛最憐少子析箸時漢臣悉捐膏產以與其弟康熙間州牧張倡建西河橋漢臣捐金督工陰德尤多

陳豐曾字魯士歲貢生平居謙退不欲先人義所當爲

慷慨身任其責友愛諸幼弟課以成材治家肅穆室無私財食無異饌有義門風

邱天錫性謹樸好施與堂姪文若蓮若俱少孤天錫撫其成立各完婚配嘗埋白骨尤爲鄉里推重

張星炳字仲華當流寇蠭起結鄉勇以爲捍蔽未幾賊衆突入舉家悉羅於難承平後葬其父母以下六棺撫姪如子恩養倍至

盧喧字星耀好施與鄰里不給必量力以助收瘗無主枯骨康熙三十二年以耆老舉太守戴旌其門

吳善鐫字鼎來幼失怙母手病莫舉每食善鐫必左右之歲饑出賑置喪具施山地以瘞貧

胡正綸字敦五有族兄立嗣已六十餘年軍戶胡姓誣爲逃旗幾瀕於危正綸代白之俾承宗祀里閭有爭執一言輒解子便有父風年七十始生子可駜咸謂積慶云

蔡世華字樸先諸生醇謹爲士林推重鄉人有爭執互質於華輒杜門不出後乃緩言以解每歲暮館歸聞戚里不給必解推以濟有義聲

田之魁字士元州諸生端方式俗尤輕財尚義倡修辟埠河大橋石路并置渡田募金不給傾儲以成行旅德之

陳欲乘字奉三太學生丙辰荒乘出貸廩穀千石以應貧者不取息鄰邑蘄水亦製扁彰其義

張爲光字秉元與物無競終身不見長吏家素封族里多感其惠

胡啟觀字用賓諸生性樸實無匿情飾貌家頗饒戚里間扶危濟困畧無吝惜

陳欲春字載陽太學生族立房長子姪多就範尤輕財好義州里有公舉輒踴躍襄其成

胡正科字登一太學生性儉樸自奉淡如鄉人有急者嘗稱力周之

蔡士元字儒宗例貢生重行誼好施與寺觀橋梁傾圮者多賴修葺

胡世嶽字中山醇謹老成好行善舉嘗歛穀賑外來饑民全活甚衆

胡獻美字尊五尚義氣康熙間里有私派無敢言者獻

美白其事居常就質訟端多息

范襲祿字繼文生二歲而孤事母終養時有徭役之派襲祿承應爲鄉人倡某姓喪母無殮葬既鬻其子襲祿解囊贖歸俾全父子始終無德色子正另傳

吳本瑞字瑞玉天性孝友尤好施與康熙癸酉捐穀數百石煮糜以活鄉人後每值歉歲捐穀如初前牧重其義與溫處道高培同舉鄉飲賓

王星慶字皇士號逸菴廩生和平溫厚重誼樂施族有孤子公瑞者無所倚星慶給與腴田經紀其家俾得

成立又朱氏子德修兩世單傳貧不能娶祀幾絶星
慶貸給完娶善行多類此士論高之
王興鼇字文恪少讀書不售隱居於鄉百行修整日用
間自奉淡如有羨即爲貧者助
湯美秩字時卿號肅齋輕財重義兵燹後給族鄰牛種
生計以滋値歲祲捐粟賙饑時分巡守道徐前牧高
胥旌其門
何一貢字序尊家世豐厚好施與族有貸貢貲貿死於
外者貢越千里扶櫬歸不計前貲仍周其妻子鄉有

鬻子者貢捐金贖之雍正丁未歲饑穀價昂貴卒姪
開卷等減價糶穀六千餘石遠近頼之
王佳士字元臣幼失怙遵母訓撫弟元弼元錫著聲黌
序嘗以四十金置婢臨行母子相對泣佳士憫焉即
還券不索償候選縣丞未仕卒
陳欲禎字我承資敏嗜學入郡庠文名噪一時母周氏
病篤刲股求療里黨有義舉尤喜爲之
陳法夋字周琬師儁第五子修葺橋梁道路不惜多金
雍正年山東民流於蘄夋給以口糧路費回籍州牧

詳請表其閭
吳大觀字學禮良才之子任成都府守備有勇畧至性
過人少子應星字聚五有父風
伊琦字懷璋恩貢生貿次坦白爲衆所信任乾隆五年
修麗澤堂經營事竣以琦與汪傚倧爲首庸
胡啟虞字紹唐太學生丰儀俊秀性樂施與每歲饑輒
竭廩穀平糶著義聲
陳欲亨字乾次州諸生性敦樸無機巧家故饒樂爲人
緩急窮冬無告者資給薪米歲以爲常

葉熿字慶生幼失怙母張氏教之中康熙戊午武舉選
青州千總未任居家好善樂施族里德之
汪傚倧字育中州諸生執親喪哀毀骨立事伯兄濂友
恭曲盡輸金修麗澤堂造湖橋壩人稱其孝義云
湯顯名字嗣武仗義輕財宗族鄉里無少長咸德之前
牧劉以耆賓舉
駱舉字育萬師書子性樂施予乾隆九年捐穀三百石
分濟窮民又貸金貧不能償者令各驗券悉焚之
胡世祿字天申好義樂施每酷暑恒置義漿歲凶煮粥

濟餓德聲戴道子萬年甲辰武舉

方其昌字未央諸生仗義輕財康熙己丑歲饑捐穀數百石以賑族里平居樂爲人緩急前牧劉以介賓舉

田可斗字文舉好善樂施康熙癸酉歲饑捐米賑餓分守篆錫金牌獎之前牧張暨署牧劉累舉鄉賓子僎另傳

陳滋古字書潤例貢生性伉爽勇於爲善雍正五年捐穀數千石煮粥賑饑族鄰有貧乏者每歲出穀分給之州牧蔣旌其閭詳通志

張志傑字子占州諸生歲試歸遇婦人泣於塗詢之其夫負官錢鬻婦以償婦不忍別志傑探囊金代完婦得不鬻著有松筠堂詩集纂本草諸書

田僎字殷倫太學生尚義行時丁賦逋欠僎兄弟代鄰人輸納歲歉輙賑䘏念沙徑無停泊地築墩建亭今名五里墩

江時珍字立遠太學生好善樂施杜門訓子儒學以優行舉

田之玢字宏道由太學考授縣丞賑饑濟貧率多義舉晚年修圳溝西河諸橋梁不惜多金行旅便之

李鑑字治凌宣武將軍世忠長子事繼母吳氏以孝聞捐修北關外橫街輸糧者稱便周鄰里予殮葬減糶瘞骼善行著聞雍正十年以善人舉各憲旌其閭

陳篤祜字炳文號静齋少精研爲諸生痛弟夭遂薄仕進樂善好施捐藥濟病晚益醞釀百家吟咏自娛

江萬齡字涵萬由武生就例授千總未仕乾隆間西河驛及小河捐募修橋萬齡出貲勸其事

王鐸字振蒙例貢生家故饒周恤族鄰修理橋路雖多

金不吝

童有稔字禾周少孤事母居氏善承其志里有二孀婦貧甚毋憐之稔歲給衣食以全其節侍母疾奉湯藥三年不少懈族中有貧不能娶者輸金爲納婦每歲量發囷廩以周饑寒又捐修横河橋圳口路數百丈行旅稱便

汪啟邦字惟憲尚德義樂施予凡遍衢險礙津渡橋梁多所修葺遠近僉稱美德

陳雍字敦仁州諸生博古能文辭尤善醫方多奇中診

貧者病藥不取值著有醫方三昧

管齊忠字思棠太學生性篤孝義初無子有負逋者願納女忠不許旋取劵焚之丁未歲大水泓可網魚僕執竊者告此釋之舟夜行遇盜呼救來漁家子即所釋者諸如宗祠義渡皆竭資後生三子長以優行聞

蔡敏時字君識性沉靜事父兄甚謹好施與每歲饑捐米以周貧乏族里不能嫁娶喪葬者貲助之時太守李州牧張廉其善各與扁獎賚有差

王世滋字思聖性篤孝孀母石氏孀居事之如母兄斯

覺年老無子立滋次子滋復爲兄娶副室舉三子族黨義之

李開宗字荆門父卓世耤館穀饍母母歿廬墓待諸弟以友稱家雖貧必戒非義云

王世永字子配例貢生性穎悟料事多奇中少失怙以哀毀失明事母能先意承志

畢森華字玉章以尚義舉鄉耆年九十州牧蔣親履其門贈詩以彰其善

吳之煥字燦章幼失恃事繼母唯謹妻謝尤得姑歡家居雍睦與人無爭嘗解囊以助不給鄉人咸服其義

吳心亮字廷玉諸生妻李氏奩甚厚亮盡出其有以置公産分諸弟姪州牧劉舉鄉飲介賓

黄時謙字敬純性耿介族黨多推重之晚年尤樂施濟劉公河義渡年久多侵蝕時謙竭力清出增置橋茷族人德之

李元燕字子居國學生事母孝外母守節無子元燕事之如母兩兄中落次兄無子歿元燕以次子嗣並割已産膳其嫂鄉里義之

張繼錫字百朋友愛諸弟妻宋早卒錫終身不再娶收恤族鄰與同憂患人稱其義

楊本謨字聖言性剛正多善行雍正年水荒捐穀數百石以濟貧乏

胡學昇字焕萬國學生慷慨好義篤宗族敬鄉老養孤子皆踴躍爲之

王瑗字景蘧國學生直爽有局度不近非禮弟珩字禮南讀書自定日程補郡諸生教授里中貧士尤資其成就云

陳欲綸字彌先太學生有假貸不能償者嘗焚其券歲饑鄉里貸穀者減其息

江文理字光緒例貢生幼穎異好讀書事父母稱孝嘗置渡田復祀產收睦宗族無間疏戚

胡啟倡字紹伊兄弟皆早逝事父母以孝聞世居蘇家山義命自安風族屬以正不給者輒周䘏之乾隆間舉鄉飲耆賓

鄧植字茂生性儉樸遇邑有大務輒踴躍勷其成周族黨之急歷數十年不求人知以上錢志

李方茂號穆菴康熙辛亥歲大荒饑民枕籍發粟以濟死者瘞之有鬻子求活者予之資反其子人有徵督婚娶諸急百計成就其貸所未償者悉焚其券

王棫字斯拔歲貢生選江南貴池縣訓導以老辭性剛正教人多所成就著有詩經題要禮記題要等集藏於家慷慨好義嘗捐貲募衆開唐家山蘄黃通衢置田租每歲修理行旅德之雍正十二年監修學宮明倫堂

王鑾號槐村增貢生慷慨任事首興麟山書院偕州人士黃載安陳榮封王開寅陳干座捐銀二千餘兩置田以助膏火經理州志修葺文廟約費千餘金均不辭勞瘁州牧錢虞山雅器重之歿後曾爲文以祭之世澍世汜世瀛世濂世準俱諸生另傳

袁開宙號哲軒歲貢生性慷慨其女

旌節太宜人初適陳未一年寡遺腹生虞部詩賴宙以養以教俾得成進士爲名儒宙之子孫列膠庠而登外翰者七人詳通志

陳逝古字彭儒國學生賑災恤困乾隆初捐穀數百石

入社倉五十年大饑時寢疾先命其子施米不繼又施粥不繼曰是不可以已也復令告糴豫章廣爲周濟至明年麥登乃止蜈蚣頸巴家橋大王廟界嶺等處橋路皆逝古修建

李以愼一名傑國學生有胆畧乾隆十七年鄉匪結黨事發州吏目秦率兵百人捕其黨黨勢惡衆莫敢前請傑助遂大獲州牧李題氣屹如城額以贈精岐黃生平全活者甚衆三子俱列庠序

江惟金字繼緒附貢生樂行善舉捐篩埠河渡船一隻

行旅德之乾隆戊寅年州尊汪舉鄉飲大賓

田義祥監生端方慷慨友愛降服弟推讓財產乾隆五十年鄉里大饑施粥月餘家儲不足復承領義倉穀以竣事踰年賠補又買義山一所以瘞窮骸鄉里皆推重焉

陳榮封號端齋例貢生天姿敏異積學能文雅好義舉時麟山書院經費不敷封偕州人士黃載安等樂輸銀貳千餘兩又與黃天秩王世澍袁湘經理聘名師增膏火公項不足傾囊以助家道因是中落子有慶有節俱諸生有執孫紹瑞俱另傳

王世澍號時齋州諸生鑾之子克承父志經理麟山書院三十七年覘如已事經費不敷揭家貲以供之如學宮兩廡奎樓文昌閣皆經其修葺並置南關外洲地千餘畝以爲文昌香燈之費州人賢之子裔椿孫映熊俱諸生俱另傳次孫映齡篤學力行克承先志

陳林盎號栁亭以例貢四入鄉闈性戇直樂善城北關外碩公磚孔道也就圯主事重修蘄舊無考棚於麟山書院之側募衆創建重修沙徑義渡董修陳氏六次宗譜並修祖祠祖塋子師曾艮韜諸生孫符節符第諸生

陳尙義年五十無子買妾得某姓女至之夕女哭之慟問之則固有夫與子以窮餓故至此遂免其值而遣之已而慮其或別鬻也更多予之資其夫妻子毋竟得完聚後尙義髮妻栁氏年五十舉生二子

張載治太學生家素封乾隆五十年歲大祲竭廩谷以賑族里並糶穀爲米自是年五月至次年三月共谷千餘石鄉里義之

陳顯駿字艮馭太學生樂善好施有遠族子貧不能娶駿爲娶妻生子又族中有鬻爲僧者駿贖還之伯舅某貧且老駿迎養終其身又師朱子社倉之意約同人各出穀儲之公所俾附近居民取給歲荒存活者甚衆子錡壬午副榜

陳艮榮號亥菴郡庠生篤行誼慷慨急公浚隍渠立賓興館費不給捐囊以蕆其事嘗爲督課堂教子若孫子信淵信溥俱廩生信濂增生孫耀辰焜烈俱舉人漢與德彬暨曾孫輝北俱庠生

詹其祥號玉溪州庠生性誠篤讀書自娛尤以勵行敦本爲務父遠思以孝友聞痛祖墓失考甚多搜求得十數處咸建碑置產祀之其祥繼父志續置亦饒凡族中讀書進取及貧苦喪葬無資者咸賴之年七十衣冠端坐而逝子元瀚中道光壬辰科舉人另傳

方凱周太學生嘉慶十五年歲饑新穀未登市價甚昂周捐穀二百餘石散發鄉里其妻每歲多購舊衣至冬分給貧者子承福亦敦厚於諸父行月餽米肉

黃登珏字東珩篤學不遇循例入理問職銜延名師主

講家塾寒士來遊者皆有厚贈祖無遠近必捐金建祠祀之子兆崙州增生兆魁道光丁酉舉人

張廷贊號石潭鄉飲大賓幼失怙依兄以居及長代兄釋重負敬宗睦族建祠興學咸足矜式鄉閭修文廟建南門新奎樓葺文昌閣尤勇於赴義陸家橋大徑橋烏龜石皆赴州要津各捐渡船行者稱便下河廟橋梁高大屢頹屢建大費財力里有陶人歲歉梗於鄉贊貸之粟不取息自是不爲梗平生善行悉具陳虞部愚谷捐修文廟碑

王學智字易之　恩貢生歿後選南漳教諭嘉慶乙卯州牧諭邑紳倡募改造城南文明門智一人獨理三易寒暑費歉捐金竣其事

何清字晏滄諸生家素封好施予歲歉平價以濟貧者後復糴以繼之老弱不取其值全活無算鄉黨義之

張元賀字光慶太學生性嚴正以興祖建祠睦族爲先務族有貧不能娶者助之金有孀婦或欲奪而嫁之爲代申以全其節

方蓍璧諸生嘗於歲饑竭廩穀三百石贍族里不足又

貸數百石以助後鬻田以償

管秩倫太學生捐田十二畝弟世德世球世錄共捐田三十餘畝庠生效文捐田十一畝共作義莊每歲分給子弟辛卯甲午兩次煮粥賑濟流民德聲載道

金萬青號玉峯太學生豪俠好義鄰人涂姓爲仇家中傷入獄青竭力維持始獲雪又鄰人王姓所雇牧童李氏子以病卒於家李氏控諸官青力爲調停案遂息青戶口單寡其貧者悉爲娶婦道光辛卯以來歲比不登售妻女如犬羊金氏一門皆仗青全之其行

誼有足多云

駱其煳號秉堅太學生輕財好義每値歲饑以錢穀貸人有貧不能償者悉焚其券

周尚文號蔚菴州同銜年五歲父母俱喪與弟錡若待撫於祖母伍氏嘗於掛口捐渡船一隻往來稱便

甘家遴字掄魁號選樓道光甲午舉人品行無瑕壬辰歲歉代鄉鄰借穀百餘石衆莫能償遴悉以其館金賠完至今鄉黨猶歌誦之 以上舊志

陳斯廣例貢生　誥贈朝議大夫好善樂施畧無德色

建橋修路所費約數千緡行旅便之子淑姿主事銜

熊才瑩字圭九太學生喜推解不圖報乾隆乙巳大旱貸借救貧家中落不悔尤重儒術每入塾必肅衣冠子弟皆嚴憚焉

張大瑞號祥子純謹質直與兄岱敦孝友樂施與鄰里匱乏時推解之州大夫高其義一賓鄉飲一舉善人云

陳麗生字金亭諸生　誥贈資政大夫性質直好施與鄉里有貧乏者每潛爲拯濟不使人知子熲二品銜

任安廬滁和守道灼候選縣丞燁江西補用知縣

陳良䘺號綉亭從九職銜敦厚好義鄉里困乏輒周䘏之遇事尤善排解咸豐初歲饑與族人鐵珊孝廉倡捐穀八百石餘全活者衆子奉三候選縣丞

洪文書號蘭室候選營守府少孤事母盡謹性篤實好推解多所保全嘗道拾一囊約三十金跡其人反之則完官賦偶遺者也其人方欲展謝不答而去子自震五品銜孫安瀾壬戌　恩科舉人挑選教諭

張鳳翼號梧岡太學生性端方好施與道光乙未旱倡

捐賑饑辛亥與子鄉試遇孀婦哭於墓詢其故曰夫死家貧將鬻女以養姑翼遂陰擲金道旁婦拾歸乃止子瑞霖舉人孫樹人諸生

黃達觀號朗亭太學生正直剛方不矜名利凡遇義舉無不樂爲捐輸以襄成之晚年布衣蔬食晏如也子濬源太學生孫居正增生居敬廪生

龔攀桂號超亭從九銜贈武德騎尉性耿直鄉里推重歲荒減半平糶周濟里黨建塾延師敬禮尤人所難及子三長焱標貢生次烈太學生襲雲騎尉三承烈

貢生

陳煥昭號灼亭太學生家素豐好施與凡鄉里死無棺者應時給之四子崇尚號盧堂有父風多義舉州進士陳小坡撰有盧堂公傳

范銓號制宜太學生性温厚遇非禮不動聲色經理公私祀產增置倍於昔病篤時顧其子曰吾家頗豐裕當倡義舉子美琮美琨承遺命捐穀賙族里貧乏將軍閡張家塝橋渡並置田租數十石有碑記

范位楹號孔安太學生事節母陳先意承志戚某家中

落劄租百石恤之乾隆乙巳歲大祲減價平糶復出穀給貧不舉火者曾孫星乙步蟾元孫兆韻俱諸生

田相綱號義齋貢生性孝友待人温厚尤好義舉凡培祠墓捐學田立字藏修橋路善行甚多子六傳瑩監生傳瓏文蔚貢生鵬程步雲世清俱庠生孫樹芳子益俱廩生新楚兆新子端兆江俱庠生目及孫曾七十餘人年八十四卒

吳德慧號潁川諸生篤於孝友家百口共食無間言嘉慶二十三年慧收租至佃戶某家時某死無子家貧不能立嗣慧當將某所種之稞二十四石七斗五升捐與其家收租俾爲立後人感德之子鼎森諸生孫炳榮增生

方鎣號肅軒太學生大父嵩亭性端嚴治家有法度多義舉鎣承其志亦勇於義負不能償者輒焚其劵咸豐辛酉髮逆犯境民被擄脫歸者道苦無食爲粥食之累月不倦生平義舉多類此子詠昌舉人謨昌諸生孫宗渠廩生

蔡世珍號錫嘉太學生事嗣母許能得歡心舅氏某家

貧月餽錢米歷久無吝色又嘗以衣食濟里中貧乏者子二懋林樹勳俱諸生

吳幾先號甫村候選衛守府慷慨好施家素封嘗減價出糶歲饑與弟貢生觀禮分所藏以賑貧乏全活甚衆長子銑姪鈺俱以冠軍入庠次子貢楠藩經歷孫森廩膳生

李琢太學生性倜儻每作事必期有濟於人道光二十二年饑告糴於湖南得米數百石分濟鄉鄰全活者衆

張際盛太學生爲人敦品行尚氣誼嘗募修會龍庵渡口長橋費不給捐貲助之道光時州人以學額隘謀廣之盛爲之倡格於例未果行迨咸豐辛亥復與同人籌辦事遂獲成

貢斯瑗性端方施舍不吝乾隆五十年歲飢道殣相望家粟貸不足捐金繼之全活甚衆復置普濟渡田行者不病涉

駱沺星生平寡言笑慷慨好施口不言惠里之貧乏者恒倚賴之子熒光孫士麗皆諸生

駱渤宣勇於爲義道光己酉歲大水穀價騰貴鄰甘某家貧累日不能舉火聞有鬻妻意急止之給以金俾安其家遂爲夫婦如初後舉二子皆獲成立其他行事多類此

吳先理苦心爲文不喜時趨年四十循例入成均生平敦友誼重然諾初不私其所有嘗修獅市大橋行人稱便

吳友道字飭揚太學生刻苦勵行能自樹立兄早歿猶子尚幼撫之成人飲食教誨恒逾己出尤好倡義舉捐貲佽助不吝也

黃澐字左江貢生好培墳墓造橋梁修道路施棺板賑恤貧鄰廢疾無家者恒寄食焉子昭字鑑明中書銜繼志不替性寛厚雖奴婢未嘗加以惡聲處事尤公正鄉里稱之

汪啟呂性好善乾隆五十年歲大飢爲粥以待餓者多所全活後値荒歉亦如之知州劉以一鄉善士額獎

陳丹桂號德新郡庠生性篤厚喜設橋渡歲飢屢施饘粥鄰里有貧不能具棺者亦預備與之咸豐丁巳髮

逆犯境督團練隨知州彭應鯉剿賊捐貲不惜子熙衣庠生

孫欒軒號廷吉太學生慷慨好義有古任俠風里中有孀婦含寃三年軒詢其故代白其事於大憲費千金寃始得雪乾隆乙巳歲大祲届春初飢民載道時軒有田百餘畝多種油菜苗聽飢民擷食嗣是有田者均弛其禁全活無算州刺史聞其名嘗造訪焉生平重讀書築樹德堂家塾課子孫迨後成諸生者凡十餘人

余紹賢性敦樸家故饒樂爲人緩急年八十終子由庚
諸生
洪在上號雲亭太學生好義舉嘗捐貲築白水湖圍隄
費二千金子克昌貢生實董其役士人並祠祀之
龔本理號蘭亭家素封少讀書不喜制藝惟工吟詠著
有聽吟山館詩草援例就都閫職銜生平多義舉不
惜數千金州人咸羨慕之子四長灝三琴另傳次瑛
四璜俱理問銜
鄧世循例貢生勇於爲義凡族戚貧者時分給之延師

課子姪輩讀極誠敬晚年每過師墓必泣拜焉年九
十卒子芳蘭姪錦江江子欽典俱諸生
葉松榮號雙蘄樂善好施道光己酉歲大祲榮出穀以
賑飢者全活甚衆鄉里德之年八十四卒
張如源諸生家頗饒遇歲荒捐穀濟饑其生平慷慨爲
鄉里所推重
張國芬號雲質諸生好行義舉嘗捐穀以救饑荒鄉里
德之
何宗夏號雙峯太學生性剛直人不敢以非義干好施
與道光乙酉歲飢出貲濟閭里不足復典衣給之尤
嗜學遇士有品行者敬之如師保或家貧不能卒業
必多方成就盡力乃已故士林咸推重焉
蔡躍鼇號勲臣從九性鯁直鄉人有爭曲直者鼇輒以
正言解之他如團防砦堡曾捐貲以助遇戚里有不
給者無不周濟人咸德之
王聖埏號平原候選從九性樸誠兄弟極友愛嘗運糧
艘往來南北當時搢紳先生如陳秋門給諫畢春亭
太守陳小舫侍御帥橝齋觀察無不慕其篤實遇以
聲氣偶有謀託無或棄遺故其名達於燕趙齊魯間

至今人皆義之子璡太學生
陳　爗號硯丞附貢生以州判辦勦捻匪保升知縣加
同知銜需次江西時南昌歲歉助賑飢民全活無算
大府賢其誠篤方欲擢用而以受勞致疾卒於官
龔　灝號廉夫千總銜性平恕承其父蘭亭志樂於施
與凡蘄廣通衢橋路船筏修建費巨資不惜緣嗇病
治岐黃術以自調久之術益精請診者盈門不受謝
貧者予以藥弟琴號雲峯太學生廉潔自持州中修

文武廟奎星閣城隍廟皆襄其事勤勞倍至與兄灝鄉黨俱以長者稱之

陳廣東鄉飲介賓業醫治疾不索謝病者貧且予以藥家中恒製方藥以待求者姪某貧窘將鬻婦廣東止之與胞叔尙與堂弟恩照歲釀穀十餘石食之某夫婦遂克完年九十有五卒

蔡長松號蒼山喜施予每歲暮散金給貧嘉慶年間大疫松購藥施棺病者醫之歿者收之人稱陰德

陳賢階號蘭庭好施與繼祖志捐修六溪河橋筏咸豐

壬子歲飢與堂叔英蘭各出穀百餘石以賑猬里邑人稱厚德云

盧漸鴻號九逵太學生道光二十九年大飢爲粥於道拯之嘗施義塚山凡尸骨暴露輒收瘞且立碑諸善書刻送尤夥子鎧武生

鄧一桓號蘭亭太學生性慷慨好施與精岐黃術嘗攜藥囊於市遇有疾者醫之不取值子以明從九銜

蔡萬餘號函書性純厚與兄萬秋同養孀姑歷八不懈妻母家窘甚養之二十餘年妻弟病癲令家居給衣

食里有惡少無恒業餘給資作小販歸遂循謹子杰縣丞孫兆熊中書兆藩巡檢兆元兆熊俱諸生

繆秉極號從堂好施予歲飢爲粥以哺餓者全活甚衆族中貧乏者時周卹之家道中落不計也

陳一舉號鵠臣諸生同治間倡修福興砦全活多人僧王過蘄時贈帑銀二百兩賊平後各大憲保舉中書加五品銜

陳世蔭號小山諸生幼從父杞宦廣東嗜學能文絕無紈袴之習尤好施予急人之急無吝色年二十餘卒

梅榮清號瀾齋太學生性豪俠先年家頗豐因仗義輕財漸至中落課子極嚴延師教讀敬禮無懈其善行有不可枚舉者子玉枝諸生

楊大瀛號海山藩經歷銜性剛正讀書不屑章句延師課子於家塾藕花齋立文社以期鼓勵故子姪取青紫者聯袂而興道光辛卯歲祲出穀賑飢其餘義舉尤多子五長培興諸生次崇興歷任荆州雲夢等學訓導三衢興諸生均另傳四同興候選衛千總五復興國學生

盛慶雲號晴峯性倜儻有義氣嘗與州諸生方樸初同佐多忠勇公幕歷楚皖雍豫甘涼諸省丕著勞績後樸初陣亡雲爲載櫬旋里人咸義之

李鄴書字五山廩生家頗饒性慷慨喜過人急晚年痛念家乘散佚輯稿三十餘卷捐貲付梓族里咸推重焉

龔順號性齋太學生性磊落好排解嘗捐千金助修白水湖圍隄土人祠祀之孫銑廩生曾孫子杰諸生

鄧學福號瀛洲優諸生性孝友尤好施與歲飢嘗爲粥

食餓者全活不可數計平生積學能文著有詩文課幼草子國華郡增生

王廣潤從九品性忠厚族弟錫珊家貧無子潤以三子爲嗣珊歿喪葬悉從其厚里有窮困嘗傾囊與之不惜年六十二卒

施金以助東城東嶽廟年久將傾不惜重貲慨然重建至今人稱其義焉

隱逸

魯論記隱者逸民皆不世出之士非獨其所遭然也蘄舊志隱逸自宋以來不多載然猶不盡如古人今復稍稍節去增入惟黃公一人志隱逸

宋

吳瑛字德仁以父遵路蔭任補太廟齋郎歷官虞部員外郎尋請休公卿大夫知之者挽留不聽相率賦詩飲餞於都門遂歸臨溪築室種花釀酒家事一付子弟賓至必飲飲必醉有臧否人物者不酬一語但促行酒妹夫某嘗取家財數千貸人不能償瑛哀告之曰是人有母得無重憂召焚其劵其直率曠達類如此

明

袁信讀書敦禮聞義勇爲嘗以便民事陳言於朝特賜俞允錫以爲善陰隲孝順事實二書年九十八無疾而終子膺廣性孝謹居喪盡禮時人樂道之

朱紳字懋孚號竹坡居田野自食其力牛背夕陽卷册相隨悲今弔古慷慨激烈人莫能窺其際詳府志

李建木字泰階時珍末子少爲名諸生試輒高等澹泊

耽書史未嘗一至公庭嘗路拾金立候日不去待遺者還之親戚或就貸不能償者輒焚其券亦不與人言萬歷三十六年大水莩死載道建木爲礱以食全活數百人古稱隱德君子非歟初無子以兄子樹初嗣誥贈中憲大夫祀鄉賢　顧景星撰

翟文英號三楚山人蘄諸生萬歷間人風流諧謔放浪不羈以詩名尤工畫人物筆墨瀟灑輒有生氣標句新雅時人爭膾炙年八十餘卒

陳侯周字舜生州諸生父病劇股以愈終身不再娶明

季棄彩履短褐芒鞵遯於山澤尋以壽終

余庭蘄諸生萬歷初負盛名與時落落不合人目爲狂督學使者試第一讓其狂庭徐進曰願受撻督學問故庭曰不願制舉耳督學怒撻之徐徐起出竟棄諸生耕耨自食每長歌田野閒以詩名有雅兒莫作啼饑狀貽爾清貧樂更多之句自號三槐山人

盧楷字汝端號南槐才識過人少應童子試輒不利改就臬椽應謁選耻不獲大用年四十以親老力辭終養給告身爲州祭酒隱居於鄉築園亭濠上訓子若孫治家甚嚴進退之間肅如也生平多格言閭里奉爲蓍蔡數請賓筵固辭不赴大司農吳公採輿議建文昌閣悉以委之規模宏壯皆出其指畫卒年七十有七以孫紘貴贈中大夫

國朝

顧景星字赤方號黃公天錫子生有夙慧六歲賦螢出燈時稱神童比長博極羣書詩文爲海内所宗與錢謙益龔鼎孳王士禎相倡和尤工樂府兼善書法崇禎末廷試貢士第一授福州府推官以不附權貴隱

居崑山縣

大清兵下崑山命以原職隨征辭歸里沉潛經史精研六書以奬進來學康熙戊午

詔試博學宏詞辭病不允已未春入覲　保和殿再以病懇放還毀門著述顏其堂曰白茅有白茅堂詩文集四十六卷行世又撰黃公說字二百餘卷以正正字通之誤卒年六十有七祀鄉賢子人普晨樞俱諸生

昌舉人另傳

徐琮字侶蒼工詩畫精六書學金石刻具有法度題意

沙陳鵬年相友善著有古文篆韻五卷

方技

蘄人通藝術者自方技以外他技無聞陳子謂不然醫者爲不孝葢技也進於道矣抑瀕湖鹿門諸前輩指授淵源有獨得者與志方技

明

張慕愷蘄州人成化初慕愷醫道大行不論貧富一體施劑全活者甚衆扁其堂曰仁壽知州金鉄重其人爲作記表之至今稱醫有源流云

陳泰號自然蘄州衛人廣積方書精明醫道診脈斷其隱微用藥咸有裁度教子僖中壬子鄉舉年八十餘無疾終

韓泰字道誠常州府武進縣人高祖瑩元時爲蘄州路提舉子顯卿爲蘄春府醫官孫璽繼業三世遂占籍於蘄泰畱學精熟能甘淡泊憐貧施劑成化中禮部訪求明醫行取赴太醫院三年稱病歸里遂不起年七十九卒

郝守道字立夫以醫名燕齊江淮間論病治方多獲奇功爲梅國劉公陸田周公所重皆有贈言大抵巧不爲鑿工不爲拘者也

龐憲號鹿門幼從李時珍得其學有客耳聾數十日以補藥投之不效就鹿門理脈曰胃家火也客曰屬腎與胃何涉鹿門曰君未知素問靈樞耳胃經絡起於鼻上過耳前或於食時則聾甚一七而愈州守夫人病瘧診之曰此瘧勿藥有喜但過十日當血下夫人不說而果血下亦一七而愈 通志

浦心髙荆藩良醫所精太素脈通風角鳥占每診視斷

人窮通壽夭百不一失用藥多立效後以壽終見顧氏耳提錄

國朝

明長人少事儒業改習岐黃脈理精確藥不妄投

鄧元綍字霞素善丹青與徐琮同師黃樵長後徐精山水鄧工花鳥及寫眞見黃岡陳太史玉照堂集

黃軒字著向花草人物工細異常江南文士雅愛慕之向與陳瑗字崑崖同師繆陳亦楚楚有致

方舟工畫草蟲尺楮寸幅人寶貴之 省志

王萬彭號古吾武庠生善丹青及擘窠書工飛白雅遊
歷所至名勝多題額如黃梅五祖寺石壁書爲藝林
所重詩援筆而成有逸致

王昶號蘭渚善山水人物品高神足卒以大劈斧叢亦
畢皴爲之蘄州以畫傳者鄧霞素黃著南而後此其
繼武與

胡昌才上庠生號雲岩爲人愨實端方有治理才性嗜
山水精地理著有地理要言二卷谷應草詩文某梓
行

流寓

州舊志不載流寓府志錄長源以下數人皆安置玆
土者賢者之至其地雖遷移斥逐猶追慕之不忘如
此矧流風善政之在人者與志流寓

唐

李泌字長源徙居京兆七歲爲文天寶中詣闕獻復明
堂九鼎議得待詔翰林仍供奉東宮嘗賦詩譏誚楊
國忠安祿山等國忠嫉之詔斥置蘄春郡 通志

五代

陳曙蜀人嘗舉進士唐末遯於蘄山中室中惟一榻素
書數卷與蛇虎雜居雨雪滿堂亦自若數十年顏髮
不改後徙鄂渚不知所終

宋

劉摯字華老東光人紹聖初以在相位時改新法奪職
居黃州再貶蘄州居住 通志

朱服字中行烏程人熙寧進士曾知廬州值歲饑便宜
賑䘏全活甚衆後坐與蘇軾遊貶海州團練使蘄州
安置改興國軍卒 通志

宋喬年字仙民宰相庠之孫也仁宗召試學士院賜進
士出身蔡京罷相貶保靜軍節度副使蘄州安置

孫傅字伯野海州人仕中書舍人宣和末高麗入貢使
者所過煩費擾民傅言索民力以妨農功而於中國
無絲毫之益宰相謂其詞意同蘇軾熙寧中所奏貶
蘄州安置 通志

蒲遠猶字仲俞成都人慶歷進士始授縣竹尉後移閬
清令到官踰年病脚氣尋醫歸會任師中僉在齊安
館於臨皋亭不期月有孫叔康昌齡在蘄春以舟迎

逯家焉詳自撰墓誌

元

顧士徵字季貞元平江路崑山縣人阿瑛第七子也正統間進士至正末參江州總管李黼幕時黼總管江州兼攝蘄州賊徐壽輝陷江州復陷蘄州士徵走詣卜顏帖木兒請兵復江州進復蘄州以功遥授蘄路總管固辭明初隱居蘄之鈷鉧潭躬耕自晦稱顧七官人逯家焉年八十卒

蔡相字鈍夫原籍閩中建陽西山四世孫也元延祐二

年成進士授衡陽令多惠政尋陞衡州守後致仕歸路經蘄陽西河驛見山川秀杰逯家焉晚號西河隱者

駱大四江西德安進士宦於蘄喜風俗厖古遂家焉今子孫繁衍

明

壽章陳遜俱吳人雖啟蜀人以仕荆藩占籍於蘄章子儒舉進士遜子灝本府教授啟子志觀愿慤工詩

壽民

引年之典尙矣我朝二百年來每屆覃恩凡享遐齡者悉邀厚貺蘄州山川樸茂壽耇孔多因編之以表揚瑞異志壽民

國朝

諸生田登甲年九十餘五代同堂

增生胡　藻年九十餘五代同堂

諸生胡啟錫年九十有五五代同堂

太學生王煌年九十有五五代同堂

太學生吳紳秀年九十有五五代同堂

太學生吳洪杰年九十有五五代同堂

太學生陳法震年九十有五五代同堂

太學生陳學訓年九十餘五代同堂

邱金鳳年九十有五五代同堂

余勲年九十有五五代同堂

耆賓吳栢舉年九十有六四世同居

斫海洲年百有三歲五代同堂

李來涇年八十有八
太學生胡其倖年百有五歲
駱如川年九十餘五代同堂以上由潘志孝友傳摘錄
太學生田正明年九十有八五代同堂子相詩現年九
十有六亦五代同堂
朱和地字德坤明荆藩奉國將軍常㮣曾孫與妻詹氏
均年逾九十五代同堂
胡來和年二十生子未周而妻詹氏歿家雖豐義不再
娶年九十有三五代同堂前知州熊以熙朝人瑞額

獎
張如墉字崇旭年九十有一五代同堂孫士彬諸生
太學生藹世珀字毓采年九十五代同堂子萬青諸生
周正喜年九十五代同堂
王耀泰年九十五代同堂
朱宗貫年九十五代同堂
太學生黃大綱　貤封武畧騎尉年八十有七五代同
堂
翁效太年百歲

王楚魁年九十有八五代同堂
朱成岩字東山百有一歲
王德洲字鵬舉百有二歲五代同堂
太學生陳協律年九十有六五代同堂
王旭升年九十有六五代同堂
恩榮登仕郎鄧紹模與妻王氏年俱九十有九五代同堂
裴善英字起蔚年九十有三五代同堂子炳爕諸生
恩榮登仕郎駱長裕年九十三五代同堂
耆賓胡宗一年九十五代同堂

壽紳
欽賜翰林院檢討張其楷年九十七歲
王萬富現年百歲　補壽民
查克彩年九十五歲
王守珍年九十七歲

蘄州志卷之十七

知蘄州事嶺西封蔚礽纂修

人物志

列女明　國朝已旌節烈各欵　未旌節烈各欵

列女首旌節重綱常昭恩典也義莫重於舍生守莫堅於不字故烈婦貞女次之母儀立而後家道成故賢媛又次之未旌諸節採輿論合者胥著於篇要以年與例爲斷云志列女

已旌節婦

明

夏氏　張思清妻年十八夫歿無子立姪文明爲嗣家貲雖厚而羅綺不加於體以節終通志

吕氏　清平衛吕仲貞之女陳溥之妻溥幼隨父從戎於清平因娶焉溥亡氏年甫十八生一子溥父以老疾告還吕家欲留之氏誓歸蘄與遺孤同生死及歸事舅姑盡禮年八十三卒通志

李氏　諸生瞿平妻憲副李公鑑池女年十八夫歿以苦節終年六十四卒建坊詳藝文志本傳

顧氏　黄陂舉人劉廷桂子鉞妻貢生顧天錫同母姊氏適鉞甫十八日鉞赴童子試至團頭河覆舟死屍潰氏抱痛哭翦髮垢面苦節自甘既而舅姑及夫之兄弟皆死無所歸仍歸於顧而顧之長兄弟亦皆死惟存一弱弟與之相依顧氏頗有中貲無賴者利其産數以梃刃相加氏竭力措拄卒全顧氏之家已而張獻逆亂作氏偕弟避於江甯年七十四卒姪景星以喪歸合鉞墓事聞　旌卹通志　傳詳藝文

劉氏　諸生馬延賓妻年二十夫歿家貧績紝供姑撫遺孤如駕成諸生如駕又卒孫甫三歲同媳潘氏撫之萬歷二年建坊州東門外酈家坡通志

黄氏　諸生朱用謙妻年二十夫歿撫子孩成諸生苦節四十餘年孩徒步入都以請得　旌通志

廖氏　典史張忠祿妻年二十一夫歿祿病革以母老子弱爲憂氏斷食指與之盟忠祿卒家貧氏紉紝養姑稱孝婦撫二子克懋克恕成諸生年六十四卒節已報部通志

吳氏　陳元妻年二十二夫歿子佳甫四歲氏紡績自

給貞操之節人無異議年六十七卒
傅氏　諸生晏文明妻誥封郡丞印臺伯母年二十二夫歿無子視印臺猶已子憲副元灝及諸孫輩皆所成就年七十五卒　通志
陳氏　羅冠妻年二十三夫歿撫三子姑吳氏老疾氏勤紡績以供孝養苦節三十餘年
黃氏　諸生田祿妻年二十四夫歿家貧不能具饘粥矢志弗渝勤女紅撫遺孤鑛鑰成立年七十三卒
按省志列蘄水誤

張氏　主事壽儒妻氏江夏人年二十八儒卒時儒已取科第爲工部都水主事未獲與貤恩之典氏撫遺孤及長訓戒諄復不少寬假伯子濂以貢仕仲芸亦克成立氏以節終
潘氏　易宗元妻年二十八夫歿子東初甫一歲氏痛哭嘔血以死自誓卒能不易所守年八十一卒　通志
劉氏　諸生楊杲妻與國員外郎劉守愚之姊年二十八夫歿無子撫姪芳爲嗣芳本生父楫亦早逝楫妻華氏年未二十與劉課芳得登嘉靖庚子賢書芳又卒芳妻田氏無子勵志同守劉華年逾八十卒田年六十三卒　通志
按舊通志載有楊杲妻華氏年未二十而杲卒課子芳舉於鄉考州舊志楊杲妻實劉氏又芳乃楫之子則華氏乃楊楫妻應附杲妻劉氏傳中
李氏　張頤妻萬歷二十九年建坊菩提壩　通志
黃氏　諸生陳九德妻年二十九夫歿撫二子因困貧居力作以供束脯皆成諸生氏姊適朱用謙年二十寡亦能苦節時有黃女雙節之稱

朱氏　諸生李震妻年三十夫歿撫三子成立年八十五卒
龐氏　登仕郎王懋仁妻御史王珙祖母以貞節著珙陳其狀於朝建坊鳳山麓　通志

國朝

張氏　吳奎佐妻年十八夫歿撫三月孤苦節三十五年乾隆六年　旌　府志
張氏　宋景榮妻　陳氏　諸生宋之煌妻　范氏　諸生宋世駒妻張年十九夫歿撫遺腹子之煌煌生

子世駉俱早逝煌妻陳氏駉妻范氏皆守志乾隆八年以一門三節　旌府志

張氏　太學生桂佐廷妻年十九夫歿遺腹生一女撫姪登岱爲嗣苦節五十七年乾隆十五年　旌府志

朱氏　童扶九妻年二十夫歿苦節五十一年乾隆十八年　旌

陳氏　張士模妻年二十夫歿撫遺腹子事祖姑以孝聞苦節三十三年乾隆二十年　旌

董氏　王溥僕妻年二十一夫歿生一女忍死自守以

奉舅姑閉幃不出二十餘年撫姪德顯爲嗣苦節五十四年乾隆五年　旌

陳氏　楊眉公妻年二十一夫歿無子撫姪爲嗣以節終乾隆六年　旌府志

張氏　貢生陳信古妻年二十一夫歿無子撫姪舉爲嗣一夕大雷雨屋傾氏母子俱無恙人謂苦節或有呵護云乾隆九年與姑吳氏以雙節　旌府志

朱氏　汪執信妻年二十一夫歿足不踰閫撫子之岳成諸生苦節三十二年乾隆十年　旌府志

石氏　處士高自見妻年二十二夫歿子培甫二歲氏當難離之時誓以死守孝事舅姑事繼姑亦如之教子培成立以　恩貢由同知累遷知府轉升溫處道荷　覃恩封恭人

李氏　諸生張仕繩妻諸生李宗嶠女年二十二夫歿撫子正珩年二十四又卒婦何氏遺腹生文煜氏復撫之成立苦節四十四年乾隆三年　旌

郭氏　張復禮妻諸生郭從女年二十二夫歿家貧無子氏毀面劈耳誓不再適依母家紡績年七十三卒

乾隆五年　旌府志

易氏　馮元凱妻舉人易時憲女年二十三夫歿無子元凱弟婦俱亡遺一姪氏愛如已子苦節五十五年乾隆九年　旌府志

吳氏　陳法虞妻年二十二夫歿撫孤成立事祖姑以孝聞乾隆九年　旌府志

周氏　諸生熊楚蘄妻于歸月餘夫歿氏年二十二無子撫姪爲嗣常於密室焚香祝舅姑壽並孤子成立乾隆十一年　旌

吳氏 陳斯祜妻年二十三夫歿紡績以奉繼姑撫六月孤成立苦節三十三年乾隆十二年 旌府志

鄧氏 吳元桂妻年二十三夫歿甘貧苦節乾隆十二年 旌

董氏 蕭艮楫妻年二十三夫歿事繼姑有加禮課子韶嚴四世同居一門雍睦苦節三十年乾隆二十年 旌

陳氏 劉崇文妻年二十三夫歿姑余氏年八十八服勞奉養無間寒暑子二長松次栢俱撫以成名苦節

三十八年乾隆二十年與姑以雙節 旌

王氏 程代遠妻年二十三夫歿姑高以節孝聞氏親操井臼勤紡績撫子嚴成名苦節三十五年乾隆二十年與姑以雙節 旌

張氏 董開智妻諸生張梗女年二十四夫歿無子遺腹生一女甘貧守義撫姪炤爲嗣教以成名年六十卒雍正二年 旌府志

王氏 張大綸妻年二十四夫歿舅姑老二子翼彰俱幼氏養老撫子後次子及兩媳並喪又撫諸孫孫媳程氏亦青年守志氏苦節五十餘年雍正三年 旌府志

錢氏 陳旣均妻年二十四夫歿長子覲文方二歲遺腹生覲武家貧苦節撫子成立雍正三年 旌府志

駱氏 張仕超妻年二十四夫歿無子撫姪正驥正紀爲嗣乾隆五年 旌府志作仕起

詹氏 陳法賜妻年二十四夫歿撫一歲孤事舅姑盡孝乾隆九年 旌建坊青石嶺府志

吳氏 駱捋懇妻年二十四夫歿生一女無子立姪爲

嗣撫之成立乾隆十年 旌府志

孫氏 周延光妻年二十四夫歿撫孤艮弼成立氏少穎異能誦內則諸篇奉姑孝謹純篤性成苦節八十一年年九十九乾隆十年 旌表建坊府志

王氏 顧燕定妻諸生開烈女年二十四夫歿遺孤甫六月撫之五歲而殤燕定幼姪又喪母而孀姑復値衰年氏奉姑撫幼咸盡其道苦節三十五年乾隆十三年 旌府志

李氏 張仕治妻諸生李之膂女年二十四夫歿斷髮

納棺中事嫡庶兩姑惟謹撫孤成立苦節三十餘年乾隆二十年 旌

汪氏 田仁浹妻年二十四夫歿遺孤大受甫六月時夫兄嫂亦相繼亡遺姪大樑僅五歲氏撫立成諸生旋大受與大樑俱生子早逝氏復撫已孫與姪孫三世同居戒毋析箸苦節五十五年乾隆二十年 旌建坊

胡氏 何世灝妻年二十四夫歿無子誓死靡他姑諭以夫弟生子爲之立後氏感姑言奉事惟謹後毋氏

欲奪其志遂投繯死時黨族親鄰皆書額以褒烈云

張氏 田之紀妻年二十五夫歿遺一孤甫三月家貧夫兄將更嫁之氏引刀剌面乃已鄰里憐之爲別置屋以居俾磨豆作生活養姑哺子自食豆屑撫夫姪成立苦節三十六年乾隆十二年 旌府志

柯氏 洪方谷妻年二十五夫歿撫遺腹子苦節三十九年乾隆十二年 旌府志

余氏 諸生劉鏞妻年二十五夫歿事姑以孝聞撫子崇文年二十四卒氏與媳陳氏撫孫成立苦節六十三年乾隆二十年以姑媳雙節 旌有坊

王氏 諸生張棻妻年二十六夫歿遺子女各一撫子仁壽成立姑歿倍服衰麻以伸夫志苦節四十年乾隆五年 旌府志錢志作芬

張氏 王有憲妻年二十六夫歿撫孤德駟又歿媳胡氏生子承彬甫三月亦守志各苦節三十九年乾隆十二年以姑媳雙節 旌府志

王氏 諸生董開勳妻年二十六夫歿撫遺腹子家貧灌園紡績勳叔父母無子生養卒葬氏身任之苦節

四十六年乾隆十五年 旌

金氏 諸生李澤潤妻廣濟翰林檢討金德嘉女年二十七夫歿奉姑與同臥起姑嘗曰老人苦中得甘惟節婦是賴耳教子永芬成諸生年六十五卒雍正二年 旌建坊官井府志

居氏 童應修妻濟邑諸生居大祜女年二十七夫歿遺孤有稔全任接驗鄰婦江氏馮氏家貧少寡氏每出餘貲相助以成其操教子接驗成諸生孫嶧岕諸生巒乾隆壬申副榜三世同居皆氏教也乾隆十二

年　旌府志

高氏　江有宗妻年二十七夫歿撫孤成立苦節四十五年乾隆十七年　旌

鄭氏　王民懷妻年二十八夫歿撫子德驗後德驗夫婦繼亡孤成宗幼立民懷姪華封爲嗣娶沈氏而華封又卒氏與沈共撫承宗娶胡氏而承宗又卒三寡孑立形影相弔族人爲沈立嗣子岱爲胡立嗣子瑛苦節五十五年乾隆六年　旌府志

吕氏　劉峯妻年二十八夫歿撫二子苦節三十六年

乾隆六年　旌府志

陳氏　胡備三妻年二十八夫歿撫子宗謙成名苦節五十五年乾隆六年　旌府志

張氏　李來亨妻年二十八夫歿事姑孝謹撫孤成立乾隆十年與子由虞以孝行並　旌府志

張氏　諸生張樞妻濟邑生員張左黃女年二十八夫歿遺孤點朝桂煥燚教朝桂成諸生苦節三十二年乾隆十二年　旌府志

朱氏　吳允執妻年二十八夫歿姑老病脫齒氏嚼米供朝夕子三洪道洪美撫之成立儀度成諸生孫曾五十人苦節六十年乾隆十七年　旌

陳氏　王作霖妻年二十九夫歿性至孝事繼姑及祖姑惟謹綜理家政教子德滋成諸生德溢亦成立乾隆五年　旌府志

張氏　候補知縣陳治猷繼妻　劉氏　陳治猷側室張年二十九守節劉年二十五守節張無子劉生子文藻治猷元配葉氏早亡生子文獻二氏撫如已出文獻卒復撫兩孫成立張守節二十年劉守節四十

九年俱乾隆七年　旌府志

易氏　諸生王亮猷妻年二十九夫歿無子撫姪開畿爲嗣娶媳而卒氏與媳張氏相依撫三孫世永世湢世湛俱成名乾隆八年　旌府志

沈氏　管宗咸妻年二十九夫歿撫孤次子樸成諸生乾隆十年　旌府志

張氏　諸生葉舒翮妻年二十九夫歿子三遺腹一撫之成立後多相繼亡季媳韓年二十無子亦守志氏立長子之子芬爲其後族有梁氏者寡而貧氏收之

俾得所教少子燦昱成諸生苦節三十八年乾隆十二年　旌府志

田氏　陳芳軾妻年二十九夫歿撫兩孤及一孤姪皆成名初軾弟早亡氏與弟婦宋力支數喪形影相弔人稱雙節宋早逝未旌田氏乾隆十二年　旌

按芳軾卽學坡錢志誤作兩人

張氏　胡啟商妻年二十九夫歿撫二孤長浚早卒媳方亦守志氏苦節三十九年乾隆十三年　旌府志

何氏　諸生李本蓁妻年少守志撫子坦與澤厚値風

雨暴至壞墻屋氏與二子俱無恙鄉里驚爲神護後子坦知趙州迎養署中進以褉衣卻之年八十三卒贈宜人康熙三十七年　旌建坊曹家巷府志

諸氏　諸生李之瑨繼妻紹興人年少守志以父尉蘄適瑨生子槃甫二月綜理家政教夫元配三子梓采楠及槃俱成名婢駱高氏早寡與氏同榻終節年五十八卒雍正三年　旌府志

熊氏　太學生王琦妻茶陵知州熊應昌長女年少守志遺二子事姑撫子並著慈孝雍正三年　旌府志

陳氏　梅春幹妻年少守志撫子希中成立雍正三年旌建坊崇居鄉府志

吳氏　太學生陳正芳妻年少守志遺二子俱幼夫病篤時氏齧指血滴夫掌中誓以養親撫孤自任服闋歸甯其母勸以改適氏痛哭奔回翦髮焚夫靈前終身不至母家撫子信古遜古俱成名苦節三十四年雍正九年　旌府志

顧氏　李永觀妻景星女幼讀内則女誡諸書明禮義年二十八夫歿事祖姑何存沒盡禮教子敷生成明

經年六十二卒乾隆二年　旌府志

羅氏　張必相妻年少夫歿性至孝通曉大義明末寇難韓總戎招必相運籌幕府必相散已產給士寇使歸爲農皆氏助成之相卒子拱辰亦早世與媳王氏各終節乾隆五年以姑媳雙節　旌府志

蔡氏　張盛濤妻　田氏　張盛熹妻乾隆五年以娣姒雙節　旌府志

嚴氏　田本起妻　徐氏　田本貴妻均年少夫歿各撫二子乾隆六年以娣姒雙節　旌府志

張氏　張宗𩂯妻　朱氏　張明萬妻姑媳皆年少夫
歿乾隆八年以姑媳雙節　旌府志
李氏　陳欲瑛妻生員李宗嶠女年少夫歿無子或欲
嫁之氏翦髮劈面以拒立姪洪樞爲嗣乾隆九年
旌府志
鄧氏　吳又岡妻年少夫歿苦節三十六年乾隆九年
旌府志
張氏　余藩妻年少夫歿以節終乾隆九年　旌詳藩
傳府志

張氏　太學生呂琮妻年少夫歿遺一子復夭立姪寅
亮爲嗣教之成立苦節三十六年乾隆十二年　旌
府志
章氏　張復俊妻濟邑生員章亮采女年少夫歿家貧
勤紡績撫孤有伸又卒偕孀媳撫孤成立苦節五十
四年乾隆十四年　旌
李氏　王鎬衍妻年少夫歿撫孤茂清就傳時修脯皆
取給女工後得成就年六十七卒乾隆十八年　旌
田氏　龔渭沚妻　王氏　龔臣安妻渭沚卒田翦髮

附棺矢志不二子臣安又卒媳王氏繼姑志撫子文
海文魁田苦節五十五年王苦節三十五年乾隆二
十年以姑媳雙節　旌
高氏　程世瑛妻年少夫歿撫孤代遠不事膏沐言不
出梱後子代遠卒媳王氏亦守節乾隆二十年以一
門雙節　旌以上已旌
黎氏　朱美家妻年二十六夫故氏立志守節事姑朝
夕不倦無子立胞姪廷珍爲嗣慈愛如已出苦節六
十餘年

李氏　林時茂妻年二十六夫故遺一子矢志守節不
幸夭亡氏依夫弟夫弟亦相繼卒氏苦績事姑姑逝
喪葬如禮以節終同治八年　旌
胡氏　陳孔泗妻孝廉陳錦文次媳年二十七夫歿無
子立姪爲嗣事翁姑惟謹後嗣子嗣孫相繼卒孑然
一身積紡績餘羨承夫志置田五斗五升捐作逼戸
考費又捐田一石作胡姓考費苦節三十九年
何氏　衛守府職蔡蘭圃妻年二十七夫歿遺孤世錦
甫一歲鞠育劬勞教之成立事翁姑孝行無間族里

稱之以節終
柯氏　太學生袁壽妻年二十九夫歿撫子錫純教之業儒授室後生子升季尋卒媳嚴氏年二十二亦守志家貧勤紡績以葬夫養姑孝謹教子誦讀以積學著名授室後生五子復卒妻褚氏亦年少守志家益窘饑寒交廹事姑不怠撫五子俱能成立克全家道三代貞節萃於一門閭里誦之柯苦節三十八年嚴褚均以節終
以上已旌

蘄州志卷之十八

知蘄州事嶺西封蔚礽纂修

人物志

列女

國朝已旌節婦
張氏　陳永賴妻年十七守制無子立姪世貞爲嗣教之成立時年六十四道光八年學政王額獎
葉氏　朱士魁妻年十七守制勤紡績以養翁姑撫子全榮成立苦節三十一年乾隆五十九年　旌
李氏　李聯芳妻年十八夫卒貧無子依姪德祿守制苦節七十餘年九十一歲卒道光二十八年詳請學憲王額獎
何氏　廩生楊世銘妾年十九守制侍銘母吳得歡心事嫡桂進退唯謹勤紡績嘗篝燈勸銘孫道燦學至宵分不倦後入廩庠年四十一卒學政茹額獎 通志
李氏　胡鴻銑妻年十九守制于歸甫一月而夫亡無子立姪爲嗣謹事翁姑苦節七十餘年嘉慶戊寅學政沈額獎

伊氏　盧汝安妻年十九守制合巹之夕夫故疾發未婚而卒以死自誓立姪銘爲嗣事翁姑以孝聞家貧勤紡績以佐脩脯教子成諸生數十年足不踰梱嘉慶十一年學政吳額奬苦節六十四年

楊氏　胡承瓏繼妻年十九守制無子撫嗣子尚英成立以節終道光六年學政王額奬

張氏　田正杰妻年十九守制無子立姪爲嗣苦節四十三年道光七年學政王額奬

査氏　詹之信妻年十九守制遺孤甫六日教之成諸

生事翁姑以孝稱苦節五十七年道光六年學政王額奬

張氏　査嗣鐘妻年十九守制遺孤甫五月撫之成名事姑以孝聞苦節四十年道光六年學政王額奬

王氏　何登喆妻年十九守制苦節三十九年道光二十一年學政朱額奬

吳氏　胡榮蘭妻年十九守制無子立姪士昆爲嗣事翁姑惟謹苦節四十四年道光六年學政王額奬

張氏　監生胡光蘄妻年十九守制苦節三十一年道光六年學政王額奬

桂氏　汪馨遠妻年二十守制撫子文炳成立孫國泰道光甲辰武舉苦節五十一年年七十一道光六年
旌

夏氏　朱鴻謨妻年二十守制撫一歲孤宗成操作不懈孝奉翁姑苦節三十年卒道光六年　旌

陳氏　劉世道妻年二十守制無子立姪爲嗣苦節六十四年八十四學政茹額奬

張氏　生員汪執侑妻年二十守制無子立姪鍾培爲

嗣教之成諸生年七十三道光六年學政王額奬

余氏　生員江元妻　劉氏　江魁妻余年二十守制劉年二十六守制二氏夫本弟兄皆早卒無子余立姪祚錫爲嗣劉立姪祚楷爲嗣二氏井臼同操分甘共苦余時年五十四劉時年五十九道光二十四年學政王以雙節額奬

李氏　劉欽佐妻年二十守制撫遺腹子淑玉成立道光二十七年學政沈額奬時年五十五

余氏　陳傳仁妻年二十守制以節終道光七年學政

王錫有節孝揚旌額

趙氏 孫祖謨妻年二十守制苦節五十餘年道光八年旌

吳氏 王萬剛妻年二十守制無子立姪世本爲嗣撫之成立授室後尋卒媳詹氏年二十亦守制無子氏又與媳同撫嗣子守華成立氷霜兩世荼蓼一門計姑媳苦節俱五十四年道光十年學政賀以額獎

胡氏 張粹珍妻年二十夫卒矢志守義撫嗣子如度承祧事翁姑盡孝歷三十餘年以節終學憲王額獎

至今子媳年逾八十齊眉孫曾蕃昌孫意遠入廩庠

吳氏 張如寛之妻年二十守制立嗣承祧寛胞弟如詩妻鄔氏年二十三守制撫遺孤成立後皆以節終學憲王額獎

王氏 張如輿妻年二十夫卒矢志守義撫遺腹子成立年七十七以節終學憲王額獎

吳氏 張如圭之妻年二十夫卒矢志守義以苦節終學憲王額獎子婦吳氏亦年二十二守制苦節三十餘年捐田課十三石作手巾菴香火之貲

闕氏 蔡世久之妻年二十夫卒無子立姪際春爲嗣紡績撫養備極勤勞苦節三十餘年道光七年學憲王額獎

陳氏 駱德光妻年二十守制撫子成立年七十餘卒自祖姑陳姑張及氏皆三代節孝道光九年學政賀請旌

劉氏 張復膺妻年二十一守制遺子本甫八月氏以子幼更立姪輝爲嗣閉幃紡績事翁姑惟謹乾隆丁酉學政胡額獎

陶氏 李有本妻年二十一守制苦節五十五年乾隆癸卯年旌

張氏 周有鐩妻年二十一守制遺子大咸甫八月撫之成人授室後尋卒遺子待聘甫三歲氏又與媳余氏共撫幼孫憂勞成疾年五十五卒道光八年學政王額獎

張氏 胡來坤妻年二十一守制無子立姪觀本爲嗣嘉慶二十年學政朱額獎

吳氏 陳法猷妻年二十一守制夫病時割股救之不

翹姑早逝事伯姑循循有禮苦節四十七年道光七
年學政王額獎
許氏　監生蔡道椿妻年二十一守制遺孤世茂時夫
弟道楷夫婦俱逝僅遺一女氏撫之如已出世茂方
成人復卒立堂姪爲嗣苦節五十八年道光七年學
政王額獎
程氏　汪佑煬妻年二十一守制遺孤甫週歲撫之成
人苦節四十二年道光七年學政王額獎
李氏　黃美璋妻年二十一守制無子立姪喬福爲嗣

時年五十一道光二十五年　旌
張氏　田傳珍妻年二十一守志遺腹生子惠疇家貧
勤紡績教子成諸生苦節五十一年年七十二道光
六年學政王額獎
胡氏　吳淞妻年二十一守制無子立姪印侯爲嗣延
師課讀教之成諸生時年七十有一道光七年學政
王額獎
黃氏　陳受松妻年二十一守制撫子成人授室後尋
卒媳余氏亦守制遺兩孫長早殤氏與媳共撫次孫
氏壽八十五余壽八十七道光七年學政王額獎
吳氏　胡鴻鐘妻年二十二守制苦節數十年道光六
年學政王額獎
張氏　浦斗豐妻年二十二守制道光元年學政楊額
獎
胡氏　方渙妻年二十二守制撫二歲孤成立勤紡績
以奉翁姑時年逾六十道光七年學政王額獎
邵氏　方銓魁妻年二十二守制無子撫嗣子成人時
年七十道光七年學政王額獎

張氏　監生劉萬侯妻生員畸女年二十二守制無子
立堂姪之欄爲嗣撫之成人苦節三十七年乾隆三
十八年　旌建坊芝蘇山
柯氏　張其楫妻年二十二守制道光八年學政王額
獎
楊氏　劉之憲妻年二十二守制氏歸甫八月憲疾篤
祈以身代刲左股未能應手落旋刲右股和藥以進
終不可救無子立從姪爲嗣撫之成立事翁姑以孝
聞苦節三十八年請　旌建坊大西門內

張氏　陳燀古妻張先鼎女年二十二守制無子立姪衡銓爲嗣飲氷茹荼教之成立苦節五十年道光七年學政王額奬

龔氏　陳信儀妻年二十二守制無子立堂姪紫封爲嗣日夕紡績擇師課子備歷艱辛苦節五十二年壽七十四道光七年學政王額奬

姜氏　宋德實妻年二十二守制無子撫嗣子昌愿成立時苦節五十四年道光七年學政王額奬

柯氏　魯作瑚妻年二十二守制遺腹生子大勳教之成名事翁姑孝謹苦節五十八年道光七年學政王額奬

湯氏　生員張起妻貢生湯任環女年二十二守制無子立姪垂時爲嗣事翁姑以孝聞苦節六十八年壽九十乾隆五十七年　旌

齊氏　陳先春妻年二十二守制無子立姪爲嗣道光六年學政王額奬

蔡氏　王易才妻年二十二守制無子立姪泰源爲嗣後泰源授例就職時年六十二學政王額奬

駱氏　陳顯誦妻年二十二守制撫遺腹子苦節四十年道光七年學政王額奬

段氏　駱其爏妻年二十二守制撫子成立苦節四十七年道光六年孫庠生光祖呈請學政王額奬

華氏　張德昌妻年二十三守制事孀姑孝謹撫孤成人學政茹額奬

李氏　方銓齡妻年二十二守制無子撫嗣子成立事姑孝謹時年七十道光七年學政王額奬

吳氏　孫祖講妻年二十三守制無子立姪時連爲嗣撫之成立苦節七十三年壽七十六道光八年　旌

周氏　黃登瑤妻年二十三守制子立忠束髮受書課讀弗懈教之成名現苦節四十五年道光二十五年　旌

文氏　張善佑妻年二十二守制撫孤純緯束髮後令越千餘里從師數年未嘗以孤兒故弗使離授室後尋卒媳詹氏年二十二亦守制無子撫姪育壽爲嗣姑媳形影相弔門戶獨持文苦節六十三年詹苦節四十二年道光七年學政王以姑媳雙節額奬

詹氏　張紳全妻年二十三守制生遺腹子育會撫之成立事姑順承同居數十口綜理家政無間言時苦節五十三年道光七年學政王額獎

田氏　監生詹景琥妻年二十三守制撫孤中典成立授室後尋卒遺孤與魁與元媳何氏年二十三亦守制氏又與媳撫兩孫成名一入文庠一入武庠氏苦節三十年何苦節六十八年嘉慶二十五年學政朱以雙節額獎

劉氏　何開樞繼妻年二十三守制撫前妻遺孤成立

苦節五十五年壽七十八道光八年學政王額獎

孫氏　監生胡東曙繼妻年二十三守制無子初氏夫家貲頗裕曾捐田課八十石以作黃城河渡田及没之嗣家產盡散族人遂至中落氏晝夜紡績苦積餘貲置田一石五斗捐爲胡氏四分考費花紅以成夫志道光六年學政王額獎

朱氏　顧兆福妻年二十三守制孝奉翁姑子啟環歲貢苦節五十年壽七十三嘉慶四年　旌

王氏　易中榮妻生員王世灝女年二十三守制遺一女無子服內無嗣可立依母家女紅度日終其身無怨言苦節三十一年卒道光六年　旌

吳氏　駱建輝妻年二十三守制無子立姪爲嗣時年六十九道光七年學政王額獎

劉氏　葉永宙妻年二十三守制撫子期元成立而殁媳桂氏依姑爲命矢志靡他劉苦節六十三年壽八十六桂苦節四十三年時年七十一姑媳雙節道光六年　並旌

方氏　張其逵妻年二十四守制事孀姑惟謹撫子成

立嘉慶己未學政陳額獎

胡氏　方潤譪妻年二十四守制遺腹子新貫越四月姑生撫之成人道光七年學政王額獎

雷氏　余載靜妻年二十四守制撫孤成立苦節六十八年嘉慶二十五年　旌

張氏　王德鈺妻年二十四守制事孀姑以孝聞遺孤承汾甫數月撫以成立苦節三十九年乾隆四十九年　旌建坊冷水井

張氏　吳德樹妻年二十四守制無子立姪兆梅爲嗣

教之成諸生事翁姑必以禮道光二十四年學政王
額獎
王氏　陳信葵妻監生王承會女年二十四守制遺孤
漣撫之成立授室後旋卒無子氏立姪孫爲嗣調護
撫恤心力俱瘁時年六十有五道光七年學政王額
獎
吳氏　裴遠瀓妻年二十四守制無子撫嗣子善逵成
立苦節六十年卒年八十有四道光七年學政王額
獎曾孫濤輔武進士

程氏　汪佑松妻年二十四守制遺孤二俱幼撫之成
人苦節四十五年道光七年學政王額獎
宋氏　汪正燦妻年二十四守制無子立姪忠坤爲嗣
苦節四十年道光七年學政王額獎
孫氏　田相斌妻年二十四守制無子夫病時曾刲股
以救不起立姪爲嗣苦節三十九年道光七年學政
王額獎
胡氏　陳遵炯妻年二十四守制無子立姪守晛爲嗣
道光六年學政王額獎時年六十一

胡氏　陳以紳妻年二十四守制撫子于玉成諸生學
政額獎苦節三十餘年
程氏　監生陳英妻年二十四守制遺二子相繼殀立
姪登鏊爲嗣氏病革鏊兩割其股氏嘗於秋末時思
食筍與桃鏊皆應念取來人以爲孝之所感氏卒鏊
廬墓三年道光八年學政王額獎
劉氏　諸生朱繼猷之妻年二十四守節無子立姪軫
光爲嗣旋卒媳鄧氏年二十守節亦無子劉氏復立
奎光次子爲孫姑婦兩世撫孤備極艱苦劉氏卒年

五十五鄧氏現年五十四道光二十六年詳請學憲
王額獎
朱氏　李文錫妻年二十五守制苦節三十四年學政
沈額獎
張氏　夏勝觀妻年二十五守制生遺腹子職員松次
年翁歿氏虔事孀姑乳哺孤子備極艱辛苦節四十
四年同治十一年　旌子松光緒元年舉孝廉方正
吳氏　朱士璜妻年二十五守制家貧勤紡績教子全
富成增生苦節三十年嘉慶十年　旌

張氏　童定煥妻年二十五守制無子立姪作珉爲嗣
幽居教子歷盡艱辛乾隆甲辰年學政王額獎
劉氏　廩生陳天騭妻年二十五守制遺孤甫週歲艱
辛備歷教之成諸生乾隆二十七年　旌建坊渴口
市
官氏　管軼賢妻年二十五守制乾隆四十八年　旌
王氏　陳良顯妻監生王元龍女年二十五守制撫孤
言信屛鉛華操井臼事翁姑孝謹教子成立苦節五
十一年道光元年學政楊額獎

鄧氏　陳信鏡妻年二十五守制生遺腹子手元復立
姪手福俱撫之成立苦節四十一年道光十五年學
政朱額獎
鄧氏　汪佑楫妻年二十五守制撫孤杰成名苦節六
十一年壽八十五道光七年學政王額獎
王氏　監生陳以瓚妻年二十五夫歿遺兩孤次甫週
歲家貧勤紡績以自給撫子成人生平未嘗苟言笑
苦節五十五年壽八十道光七年學政王額獎
姜氏　生員陳光國妻年二十五守制撫二子成立苦
節五十年道光八年學憲王額獎
王氏　繆正榮妻年二十五守制撫遺孤大旺絕鉛華
操內政教子成立卒年八十五道光二十五年　旌
程氏　張心惆妻年二十五守制撫二子成立苦節六
十九年壽九十四道光六年學政王額獎
楊氏　孝廉譚光縉繼妻年二十六守制遺一子教之
成人而歿氏又撫孫孫復殤立姪孫眷福爲嗣苦節
四十年道光七年　旌
吳氏　胡鴻桂妻年二十六守制道光七年學政王額

獎
張氏　方鈺恕妻年二十六守制苦節四十六年嘉慶
乙亥學政朱額獎
顧氏　王恩溥妻顧景星曾孫女年二十六守制無子
立姪厚遠爲嗣撫之成立苦節二十四年卒事聞獲
旌
夏氏　例貢周暉翥妻年二十六守制無子立姪道禮
爲嗣時年五十八道光二十五年學政王額獎
張氏　王貞度妻張若俊女年二十六守制撫子彤次

成立事繼姑以孝聞彤次授室後年十九卒遺孤中
燦甫三月媳胡氏亦守制氏與媳撫孫成立教之成
諸生氏苦節三十四年胡亦以節終乾隆二十三年
以雙節　旌建坊墓側
童氏　吳道恒妻年二十六守制無子立姪爲嗣以節
終乾隆四十九年學政王額獎
方氏　朱全中妻年二十六守制苦節三十三年道光
七年學政王額獎
程氏　詹祚諾妻年二十六守制事翁姑以孝撫二子

嚴慈兼盡俾克成立守節三十七年卒咸豐元年奉
學憲杜額獎
張氏　生員葉定邦妻年二十六守制遺孤幼家貧勤
紡績以奉翁姑撫子成人道光十年學政王額獎
梅氏　蔡道晟妻年二十六守制苦節五十三年年七
十九道光三年學政李額獎
吳氏　張文炘妻年二十六炘卒家貧事節姑呂紡績
度日遺孤光培甫六月撫育成立苦節四十五年道
光六年學憲王額獎

韓氏　張高棟妻年二十六守制撫孫遠誠成立苦節
六十四年道光七年學政王額獎
孫氏　胡玉符妻年二十六守制撫遺腹子賢緒教之
成名苦節五十七年道光七年學政王額獎
陳氏　詹本霖妻年二十六守制撫孤成立苦節三十
六年道光七年學政王額獎
段氏　監生田昶妻年二十六守制撫孤桂成立事翁
姑無間言苦節三十五年道光七年學政王額獎
陳氏　李盛密妻年二十六守制撫子泰甫五月敬事

翁姑後泰援例就職學政王額獎
王氏　駱見賓妻年二十六守制苦節六十三年壽八
十九道光六年學政王額獎
吳氏　易中棡妻年二十七守制家貧甚紡績度日奉
姑惟謹撫子成立苦節五十六年壽八十三道光六
年　旌
居氏　張其解妻年二十七守制夫病時曾刲股和藥
以救不起立姪元慶爲嗣撫之成立苦節五十三年
道光癸未年　旌

甘氏　童作培妻年二十七守制乾隆甲寅年學政初頒獎

李氏　監生童作斐妻年二十七守制撫遺孤紡暑績寒足不出戶孫曾林立長孫啟鐸成諸生苦節六十一年年八十九嘉慶乙亥年學政朱額獎

江氏　余純一妻年二十七守制撫子通古成人授室後尋卒無子立姪承禮爲嗣教之成諸生媳顧氏亦守制以節終乾隆四十九年　旌

伍氏　周邦富妻年二十七守制遺子三俱幼勉持家

政勤紡績以養翁姑教之成立性好施與見貧苦必周恤之苦節五十四年年八十一乾隆四十年學政毛額獎

江氏　黄希轄妻年二十七守制生二女無子立姪爲三爲嗣勤紡績以自給時年五十七道光二十四年學政王額獎

夏氏　周有銜妻年二十七守制遺子二撫之成立年五十四卒道光八年學政王額獎

馮氏　監生張撓妻馮世堂女孝廉馮士偉姪女幼承家訓通文義工書法年二十七守制撫五歲孤兆璜孤苦零丁形影相弔加之橫逆重來氏惟含忍消弭杜門紡績苦力支持教子成立援例就職苦節五十三年年七十九嘉慶二十年　旌

陳氏　范卿繹妻年二十七守制無子立堂姪位楹爲嗣夫病篤翦髮付夫手誓不他適扶病奉姑甚謹姑歿經理其喪致哀盡禮苦節五十七年乾隆二十九年　旌　建有節孝坊

郝氏　李復椿妻貢生郝輝國女年二十七守制遺孤

效貢卜臣家貧日夜紡績以奉翁姑值歲饑鄰有不舉火者數日氏取給母家以助數口得無恙次子以攻讀成疾年二十四遺孤元度媳龔氏年二十九亦守制郝善病侍湯藥不少離教子成諸生郝苦節六十四年年九十龔苦節三十二年年六十道光六年學政王以兩世節孝額獎有黄州守楊星山雙節傳載桐雲閣全集

傅氏　吳錫琮妻年二十七守制無子時無嗣可立三十年後始立栓礎栓碩爲嗣孫家貧紡績課讀孝養

翁姑苦節五十三年道光七年學政王額獎
張氏　陳惟範妻年二十七守制事翁姑孝謹撫子成
立苦節五十四年道光七年學政王額獎
張氏　田義信妻年二十七守制撫兩幼孤延師課讀
修脯必豐雖典簪珥不惜焉二子授室後尋卒氏又
撫孫教之成諸生苦節五十年年七十七嘉慶二十
四年學政沈額獎
方氏　陳洪堉妻年二十七守制無子立姪受銓爲嗣
家貧甚夫歿時脫衣斂以營喪葬受銓授室後尋卒

媳王氏年二十八亦守制無子立姪顯勇爲嗣姑媳
相依以女紅爲生計方年六十八王年七十七道光
八年學政王額獎
吳氏　陳洪綬妻年二十七守制孝事翁姑苦節三十
五年道光八年學政王額獎
王氏　貢生張良簡妻年二十七歲夫卒苦節三十餘
年敬事舅姑始終如一撫二子成立長如源入州庠
學憲王額獎
張氏　胡鴻蒸妻年二十八守制夫病革割股救之不

起苦節五十八年嘉慶辛未學政鮑額獎
翟氏　吳仁坊妻年二十八守制事翁姑以孝聞道光
七年學政王額獎
陳氏　童作堅妻年二十八守制無子立姪爲嗣道光
丙戌年學政王額獎
黃氏　童述鈖妻年二十八守制道光己亥年學政方
額獎
杜氏　徐耀杞妻年二十八守制遺子席珍甫三歲與
諸伯叔已析箸氏獨力支持備嘗辛苦翁姑衰老勤
紡績以奉旨甘不少懈未幾憂勞成疾以苦節終道

光二十三年　旌
吳氏　葉永遠妻年二十八守制遺子期盛期茂撫之
成立期茂授室後善病媳童氏刲股以救不起童
年二十八亦守制遺孫一榜一元氏與媳調護撫恤
心力俱瘁至於成立吳苦節五十一年年七十九童
苦節四十六年壽七十四嘉慶四年學政陳以姑媳
雙節　旌
秦氏　周有尊妻蘄水孝廉秦克科姑母年二十八守

制無子立姪金銑爲嗣教之成立事翁姑能盡禮晚
年猶紡績不懈時年八十一道光三年學政李額奬
江氏　董景厚妻生員江峻亭女年二十八守制撫子
瑞玉成立年五十一卒道光二十四年學政王額奬
陳氏　胡自照妻年二十八守制無子立姪來續爲嗣
撫之成立事翁姑以孝聞苦節六十五年年九十三
道光六年學政王額奬
何氏　監生吳洪璧妻年二十八守制撫二子祖喜祖
喬成立孝事翁姑勤苦操持家聲丕振苦節數十年

學政陳額奬
胡氏　張如拱妻年二十八守制撫孤意美成立苦節
二十三年卒道光六年學政王額奬
汪氏　范世薦妻年二十八守制遺孤永芝甫三歲事
翁姑孝養竭誠喪祭悉如禮娣姒五人輯和無間言
子授室後與媳相繼卒遺孫美貸氏又撫之成人時
苦節三十九年道光六年學政王額奬
李氏　劉興久妻年二十八守制夫病時曾刲股救之
不起遺孤隆文甫一歲撫之成立事姑惟謹苦節五

十七年壽八十五道光七年學政王額奬
陳氏　田禮豫妻　周氏　田禮槐妻　徐氏　田相
保妻均年少守制陳周二氏夫本弟兄徐則周之孫
媳也陳夫禮豫卒陳年二十八誓死撫孤事翁姑惟
謹豫弟禮槐卒妻周時年二十二遺腹九月生子竭
力撫之每出入必與孀姆相偕禮槐孫相保授室未
久卒妻徐年二十四家人欲奪其志誓以死守遺腹
八月生子撫之成立備歷艱辛陳苦節四十四年周
苦節四十三年徐苦節五十三年道光六年學政王

以一門三節額奬
方氏　生員吳容妻年二十八守制初氏未生子勸夫
娶妾鄧氏生子泉甫三月而夫卒鄧亦年少守制氏
與鄧共撫泉教之成諸生氏苦節七十九年壽一百
有七歲鄧苦節五十六年州人陳詩爲吳作百歲傳
道光三年學政李額奬
蔡氏　何嗣烈妻年二十八守制遺腹生子炳光鞠育
辛勤紡績佐讀教之成名援例納粟奉堂上旨甘始
終不怠苦節四十二年壽七十一道光十三年學政

吳額獎
姚氏　生員李瑞麟繼妻年二十九守制奉翁姑得歡心撫前妻子與已子皆成立蔭寰監生蔭宇從九品苦節五十一年時年八十道光六年　旌
李氏　張復露妻年二十九守制苦節四十九年學政額獎
朱氏　李汝霖妻年二十九守制苦節四十二年學政吳額獎
葉氏　王承寵妻年二十九守制撫子祥符成立授登

後生子遠全尋卒氏又與媳張氏撫孫成八時年七十餘道光六年學政王額獎
段氏　田仁仕妻年二十九守制遺兩孤俱幼有欲奪其志者誓以死守撫二子成立苦節五十一年壽八十道光七年學政王額獎
陳氏　許光夏妻年二十九守制時壽七十七道光六年學政王額獎
岑氏　監生許大壯妻年二十九守制苦節五十四年壽八十三道光八年學政王額獎

董氏　蕭艮楫之妻年少守制撫子韶成立韶屢躓棘闈孫光緒歲貢光緗申乾隆己酉鄉試皆氏之教也以節終事聞獲　旌
胡氏　田仁偉妻年少守制無子立姪爲嗣苦節數十年乾隆四十九年學政王額獎
熊氏　蔡及堂妻年少守制以節終嘉慶二十一年學政朱額獎咸豐十一年　旌
周氏　生員張邦式妻年少守制苦節五十年崇禎丙子下江防道唐旌其門曰貞節

張氏　廩生胡昌和妻年少守制乾隆甲寅學政初額獎後以子鴻薰貴　誥贈孺人
方氏　胡昌泗妻年少守制撫嗣子成立苦節四十餘年嘉慶五年學政陳額獎
田氏　監生張有瑞妻年少守制苦節三十九年學政額獎
李氏　王澹若妻年少守制無子遺一女立姪正春爲嗣教以義方苦節四十年學政李額獎
朱氏　張其位妻年少守制學政　額獎

吳氏　封金會妻年少守制撫子成立道光七年學政王額獎

張氏　胡鴻銑妻年少守制道光七年學政王額獎

羅氏　方鈺恩繼妻年少守制婚未百日而夫亡前室遺子潤佳甫三歲撫之成人事翁姑以孝著學政朱額獎

張氏　胡佐考妻年少守制無子立姪爲嗣道光七年學政王額獎

張氏　胡佐奎妻年少守制道光七年學政王額獎

浦氏　胡佐堅妻年少守制道光七年學政王額獎

阮氏　監生張暘生母年少守制撫二子成立道光八年學政王額獎

封氏　胡佐衡妻年少守制道光七年學政王額獎

童氏　林德盟妻年少守制撫孤本仁林族零丁他無可託氏形單影隻孑然一身鄰里無不稱恤後本仁甫授室卒媳王氏克承姑志相依爲命極盡淒凉尋蒙旌表入通志殀王氏無出無嗣可立徒令兩代貞魂竟屬一場淒憂惜哉

何氏　監生高序颺妻年少守制無子踰十三年夫弟始生子立炯立爲嗣撫之成人奉翁以孝聞道光七年學政王額獎時年七十一

程氏　王承安妻年少守制撫孤成立苦節四十年道光八年　旌

李氏　孟柏志妻年少守制苦節三十五年道光七年學政王額獎

王氏　生員周疆妻年少守制撫子道滄道治時苦節二十餘年道光六年學政王額獎

葉氏　職員周大勳妻年少守制撫子道海苦節二十餘年道光六年學政王額獎

孟氏　監生方士魁妻年少守制撫孤銓蘭成立授室後旋卒媳蔡氏亦守制遺孤承慈承惠氏又與媳撫之均以節終道光七年學政王以雙節額獎

陳氏　孫重巒妻工部陳詩姪女年少守制兩次封股救舅救夫苦節五十八年道光元年學政楊額獎

林氏　陳家聲妻年少守制遺子鉅才甫六月撫之成人苦節數十年年七十一道光七年學政王額獎

袁氏 贈工部主事陳猷漢妻年少守制遺腹生子詩家窘甚紡暑績寒孝事孀姑食膳必求豐潔並以女紅所出佐脩脯爲子課讀之資教之成進士任工部虞衡司辭不供職 子告歸以養孀親學問品行足爲一時表率皆氏之教也事聞獲 旌建坊檀林河

詹氏 田義永妻年少守制夫病時刲股救之不起遺孤幼撫之成立事翁以孝聞翁病亦刲股療之病尋愈後翁年八十二苦節五十五年道光七年學政王額奬

張氏 朱栢亭妻年少守制無子立姪德城爲嗣德城授室後尋卒遺孤昭銖氏又撫之成立備歷艱辛苦節四十四年道光七年學政王額奬

何氏 監生田大受妻年三十守制初氏未生子大受又苦瘵疾力勸夫娶妾程氏生子飛鴻甫一歲大受卒時程年二十亦守制氏與程竭力撫孤成人後飛鴻成諸生孫達材歲貢何苦節十一年卒程苦節四十四年卒道光六年學政王以雙節額奬族里僉稱其賢

游氏 李敦厚妻年廿六夫故遺孤三歲越明年翁姑繼逝撫子成立曾元繞膝守節六十八年卒

吳氏 郝延煌妻年二十八夫故撫二子惟柷惟桂一五歲一三歲家窘甚氏上奉下撫倍極艱辛數十年無間言遠二子克家曾元林立人以爲苦節之徵守節六十七年卒

蘄州志卷之十九

知蘄州事嶺西封蔚礽纂修

人物志

列女

已旌節婦

高氏　雷錫萬妻年十八守制生遺腹子受天家貧甚以紡績佐伯兄撫孤成立備歷艱辛後孫曾繞膝丕振家聲苦節四十九年

張氏　參軍職黃遐錞妻年十八守制于歸甫數月夫

卒無子立姪會川爲嗣撫之成人授室後壽卒媳陳氏年二十亦守制無子立姪中理爲嗣氏又與媳同撫幼孫教之成諸生張苦節五十年陳時年五十五鄉里稱爲姑媳雙節云

李氏　吳式金妻年十八守制遺孤未週歲家貧紡績撫子成人事翁姑克盡婦道苦節七十年潘志作吳祖皋

鄧氏　詹能立妻年十八守制無子立姪宏恩爲嗣家貧勤紡績備歷艱辛苦節五十四年

鍾氏　黃立功妻年十八守制于歸甫數月夫卒撫堂姪美鴻爲嗣事翁姑惟謹年三十六卒

王氏　張如品妻年十九品卒子甫八月氏矢志守義壽九十二以節終

宋氏　張復蘭妻年十九守制無子立姪有容爲嗣容授室後生一子旋卒與孀媳吳氏撫幼孫成立苦節五十餘年

伍氏　程廷晟妻年十九守制撫八月孤蘭成立援例納粟苦節五十八年

胡氏　李朝典妻年十九守制無子立姪爲嗣苦節五

十年

管氏　江承意妻年十九守制撫孤遠岵成立苦節五十年

陳氏　高惠沾妻年十九守制無子立堂姪同埻爲嗣家貧勤紡績以事孀姑岳氏埻年二十七壽卒遺孤甫三歲氏偕媳程撫之成立甲辰年相間三月二氏繼卒陳年七十四程年四十八

王氏　管傳璡妻年十九守制撫孤成立苦節四十一年

丁氏　葉一治妻年十九守制無子立姪嶽高爲嗣備歷艱辛苦節三十一年

王氏　王德璋妻年十九守制于歸甫三日夫卒誓以死守撫嗣子成立時年七十四

胡氏　龔明機妻年十九守制無子立姪時衡爲嗣授室尋卒媳彭氏年二十七亦守制無子立姪楨本爲嗣胡苦節五十三年彭時年五十八

周氏　梅春琇妻年十九守制無子事孀姑撫孤姪歷盡艱辛苦節四十二年

馬氏　梅希階妻年十九守制遺孤一未幾殤立姪繼金爲嗣事孀姑盡婦道秉性剛方言笑不苟時年五十八

范氏　田相經妻年十九守制無子夫病時曾刲股以救不起立姪爲嗣撫之成人事翁姑孝謹苦節四十二年

舒氏　文時章妻年十九守制遺子長森撫之成立事翁姑惟謹苦節四十五年

屠氏　吳燦豪妻年十九守制遺子彬教之成名苦節四十四年

張氏　李兆蘭妻年十九守制無子立姪九豐爲嗣撫之成名苦節三十六年卒

黄氏　李時坤妻年十九守制撫孤成立苦節三十八年卒

夏氏　陳士燦妻年十九守制家貧勤紡績以奉翁姑有欲奪其志者氏截髮毁面乃止無子立姪世堵爲嗣授室生子旋卒氏又撫孫苦節五十八年鄉里至今稱之

陳氏　張復椿妻年二十守制無子立姪興仁爲嗣歷三十餘年以節終

王氏　王裔棻繼妻年二十守制撫前氏子暎輝教之成諸生年四十餘卒

熊氏　童有厚妻年二十守制適厚甫兩月厚歿立姪爲嗣屏絶鉛華苦節三十年卒

官氏　胡崇富妻年二十守制適富甫十九日而寡立姪一海爲嗣時年五十七

程氏　彭世選妻年二十守制撫孤登瀛成立苦節三

十年卒
胡氏　高序正妻年二十守制無子撫嗣子立度成立苦節三十二年卒
劉氏　徐文潔妻年二十守制撫嗣子成立苦節四十四年
朱氏　李大闓妻年二十守制撫孤成立苦節六十四年
洪氏　徐朝著妻年二十守制撫孤成立以節終
陳氏　許際理妻年二十守制遺孤鍾坤甫半歲紡績

存活撫子成人苦節三十餘年
李氏　胡一榮妻年二十守制無子立姪本璜爲嗣時年六十一
胡氏　馬桂質妻年二十守制無子立姪學崇爲嗣時年六十
孫氏　吳至學妻年二十守制夫病革刲股救之不起遺孤甫三月家貧奉姑撫幼備歷艱辛苦節五十一年
駱氏　吳德源妻年二十守制于歸僅逾廟見之期而

夫卒立姪延豫爲嗣奉姑恪謹紡績課讀教子成立苦節五十九年
姜氏　吳及壽妻年二十守制生遺腹子大金家貧無依紡績自給撫子成立苦節三十三年卒
吳氏　陳艮煥妻年二十守制撫子忠信成立苦節三十二年
宋氏　姜宗高妻年二十守制遺腹生子正施撫之成立授室後尋卒遺孤輔晃媳王氏亦守制氏又偕媳

撫孫苦節五十一年
吳氏　宋昌元妻年二十守制于歸次日夫以事遠出道斃於水時翁老且病奉養不衰勤苦備至苦節三十餘年
嚴氏　李朝祿妻年二十守制遺腹生子時相撫之成立苦節五十七年
晁氏　生員田之彩妾年二十守制遺孤禮文甫二歲越四載元配陳氏亦卒氏竭力撫孤迄於成立後孫曾滿室依依膝下族里咸愛敬之苦節七十四年壽九十四

張氏　王一紀妻年二十守制撫遺腹子成人苦節五十年

陳氏　駱沛烈妻年二十守制于歸甫一月而夫卒翁姑以少寡無子欲令改適氏誓以死守立姪爲嗣苦節四十三年

董氏　李梁材妻年二十一生子甫六月而夫亡矢志栢舟先愛其伯兄子撫如己出後亦立爲嗣事舅姑以孝聞延師家塾供意優於富室遇族戚有急難時輒諭二子周恤之今年五十七

葉氏　張履雲妻年二十一夫歿撫二子成立長兆龍歲貢次兆庠刑部分司以節終

孫氏　洪文彬妻年二十一守制撫嗣子成人苦節三十九年

白氏　童學祥妻年二十一守制家貧撫孤茹荼度日苦節十三年卒

黃氏　童有虞妻年二十一守制無子家貧未立嗣操守彌堅族人咸敬恤之爲立貞節傳苦節四十三年

徐氏　童述銜妻年二十一守制撫一歲孤成立縞素終身苦節三十二年

胡氏　高至楯妻年二十一守制撫遺腹子斯濱成立苦節五十四年

葉氏　高時泰妻年二十一守制氏夫貿易溺死遺子斯瑚甫六月撫之成人孝養翁姑惟謹苦節五十五年壽七十六

陳氏　王理才妻母家素封甫入門不以夫貧爲嫌甘苦守淡年二十一夫故守節五十一年卒年七十二

王氏　董盛峻妻年二十一守制遺孤一煒甫二歲教之成立苦節五十年

駱氏　張萬玳妻年二十一守制撫遺腹子民泉教之成諸生嗣子民淮亦成立事翁姑惟謹時年六十一

蔣氏　吳祖剛繼妻年二十一守制遺孤德達甫八月撫之成立事繼姑孝養倍至視夫前妻子如己出時壽七十九

宋氏　吳延贊妻年二十一守制無子誓死奉姑越二年姑亦歿遺夫弟甫三歲氏又撫之成立授室生子及相始立爲嗣苦節六十三年壽八十四

張氏　何立誠妻年二十一守制遺孤世昌世泰撫之方成人復相繼逝世昌遺孤以寬氏又與媳梅氏撫孫以節終

鄧氏　方成美妻年二十一守制無子時無嗣可立俟其翁天珍納妾生子膺尚成人授室生子銓具姑立爲嗣苦節六十三年

吳氏　陳慶儀妻年二十一守制遺孤甫三日撫之成人苦節五十年

李氏　陳先照妻年二十一守制生遺腹子經五撫之成立年五十九卒

何氏　談占魁妻年二十二夫故苦節四十八年

邱氏　胡長生妻年二十二守制撫孤惟聰成立孝事翁姑備嘗艱苦時年六十

宋氏　張殿光妻年二十二夫卒苦節三十四年

王氏　張瑞枝妻年二十二夫故撫孤成立苦節三十二年

吳氏　陳遵鏞妻年二十二守制遺孤甫三月撫之成立苦節四十年

胡氏　高位三妻年二十二守制無子撫姪立賡爲嗣時年五十三

駱氏　吳世釗妻年二十二守制撫二歲孤時祖翁姑尚存兩姪幼孤撫之如已子苦節五十餘年

朱氏　王自岐繼妻年二十二守制遺孤炳琇甫十九日撫之成立苦節五十八年

吳氏　鄭源祚妻年二十二守制遺孤甫數月氏孝養翁姑撫子成立苦節四十五年

車氏　童作荀妻年二十二守制無出家貧紡績存活時年六十七

余氏　童述鄒妻年二十二守制克承姑歡撫兩孤成立時年五十四

吳氏　張羣亭妻年二十二歸越二載夫故氏矢志守義敬事舅姑始終如一撫遺孤宅三成立家聲不墜苦節三十三年里人以賢淑稱

石氏　甘振環妻年二十二守制撫孤成立苦節四十九年

管氏　王遇亭妻年二十二夫故矢志守義撫孤蘭芝

成立苦節三十八年
高氏　管錫鵬妻年二十二守制家貧女紅存活苦節
四十年
張氏　李來馥妻庠生清士女年二十二夫故遺孤三
貧甚氏拮据辛勤燃松葉紡績兼課子讀苦節三十
三年卒
胡氏　管宜祖妻年二十二守制撫孤成人苦節三十
九年
王氏　王道璘妻年二十二守制無子立姪爲嗣家貧

雖裕猶日事勤勞苦節六十八年
周氏　張之楷妻年二十二守制無子撫姪道照爲嗣
姑老且病侍奉不倦時年六十三
余氏　李儀國妻夫故時年二十二二子俱在襁褓事
姑盡禮撫二子皆授室不數年二子長媳相繼而歿
氏與次媳余氏撫諸孫足不踰閾守節四十九年其
媳亦守節三十年現年五十九
董氏　伍錫銀妻年二十二守制遺孤常慶甫數月撫
之成立授室後生子科發尋卒媳李氏年二十四亦

守制氏又與媳撫孫成立李舉動必遵姑命奉事惟
謹董苦節五十九年時年八十一李苦節三十五年
時年五十九
文氏　胡尚鳩妻年二十二守制家貧勤紡績以奉翁
姑撫子成人時年六十四
胡氏　徐文壽妻年二十二守制撫遺腹子宗訓成立
時年六十二
駱氏　王錫康妻年二十二夫故撫孤正規成立苦節
四十二年

張氏　江華國妻年二十二守制撫孤成人苦節三十
一年卒
朱氏　王周模妻年二十二守制遺孤甫數月撫之成
立苦節六十三年
高氏　王與爵妻年二十二守制撫子久和甫數歲而
殤立姪孫有元爲嗣甫八歲又殤時年五十九
吳氏　黄儼思妻年二十二守制無子立姪遐椿爲嗣
撫之成人時年七十六
陳氏　張碩凡妻年二十二守制時翁姑早逝獨力支

持撫孤三世苦節壽九十一
蔡氏　孫道光妻年二十二守制遺孤祖德甫週歲撫之成立後爲諸生苦節四十年
鄧氏　梅希補妻年二十二守制遺孤繼望甫二歲撫之成人家貧紡績存活苦節五十一年壽七十三
方氏　陳信禮妻年二十二守制無子立姪振玉爲嗣翦髮自誓撫子成立事病姑不少懈時年六十
胡氏　張晉勳妻年二十二守制遺三孤俱幼撫之成立三子瑞琪成諸生以節終

余氏　進士陳履中妾年二十二守制無出氏揚州人其兄來欲迎歸力拒之誓以死守苦節三十年卒
宋氏　詹能光妻年二十二守制撫孤宏才成立後宏才次子道誌授室後壽卒妻陳氏年二十一亦守制無子撫嗣子義春一遵祖姑遺法宋苦節五十九年陳時苦節四十二年
孫氏　蔡道祁妻年二十二守制遺腹生子世璧並嗣子世金撫之成立苦節三十九年
汪氏　宋昌義妻年二十二守制撫孤隆擅成人時苦節四十二年
陳氏　田正衡妻年二十二守制無子立姪爲嗣苦節四十七年
涂氏　葉萬川妻年二十二守制撫子成立姑老病事之惟謹苦節六十六年壽八十八
文氏　王萬亨妻年二十二守制無子立姪邦健爲嗣撫之成立事翁姑孝謹時年六十一
張氏　張以元妻年二十二守制撫遺腹子培蘭援例納粟時年六十二

陳氏　張錫齡妻年二十于歸越三載夫故矢志守貞不踰閫閾年六十七
張氏　吳大珍之妻年二十三夫故家貧事舅姑甘旨必潔喪葬皆氏措置撫遺孤不假姑媳辛苦百端守節四十年卒
朱氏　劉榮和妻年二十三守制無子立姪耀衡爲嗣遺家中落易奩具助伯兄奉翁姑不給以女紅所出繼之茹蘖飲氷備嘗艱苦年四十二卒
張氏　吳大貞妻年二十三守制撫三月孤成立苦節

五十餘年
涂氏　張其福妻年二十三守制撫孤成立時年六十
七
柯氏　張有聲妻年二十三守制聲九齡失怙能讀父
書受知郡守胡公振鷺冠童子軍以疾未應院試旋
卒氏孝事太翁姑暨孀姑皆終養葬教子雲錦成增
生苦節四十四年
王氏　黄則甫妻年二十三守制撫子成人苦節五十
年

李氏　彭與言妻年二十三守制撫孤正發成立苦節
三十八年
張氏　高旭彩妻年二十三守制無子與夫嫂葉氏同
志相依皆以節終年六十五卒
黄氏　武生江錦煌妻年二十三夫故守義安貞事翁
姑以孝聞撫孤成立時苦節三十九年
熊氏　董開極妻年二十三守制無子立姪錦心爲嗣
苦節四十七年
梅氏　何世昌妻年二十三守制撫子以寬成立尋卒

遺三孤文元文适文傑氏又撫孫成人又年未三十
俱卒遺二孤章煥章煜氏復撫曾孫成人章煥又先
氏卒苦節壽九十一
文氏　陳艮恭妻年二十三守制撫子信樹信杞刈夏
麥秋禾以爲食苦節三十年
管氏　張善質妻年二十三守制無子撫嗣子純煜與
夫弟妻范一室同心甘苦與共時苦節三十三年
姜氏　王萬透妻年二十三守制無子撫嗣子世珏成
人授室生子親見曾元林立時苦節六十五年

吳氏　王世龍妻年二十三守制撫子守江成立苦節
四十七年
蔡氏　陳艮桂妻年二十三守制遺孤信東甫四月家
窘甚勤紡績以奉翁姑供養無缺時苦節三十年
張氏　姜開綸妻年二十三守制遺孤成譜初氏與綸
幼俱從父僑居陝西白河綸贅於氏家病篤時屬歸
舊籍及卒有欲奪氏志者氏潛負子跋涉二千餘里
乞食歸蘄勤紡績以自給遭逢阨地生長農家守義
如此人所難能時苦節四十八年

王氏　姜成煌妻年二十三守制撫孤宗紹宗模成人
事姑惟謹時苦節四十四年
宋氏　姜成謨妻年二十三守制遺孤宗福甫週歲撫
之成人授室後旋卒遺孤正啟正欣媳詹氏亦守制
氏又與媳撫孫成立苦節四十三年
何氏　詹宏儒妻年二十三守制無子立姪道模爲嗣
撫之成人時苦節五十九年
詹氏　汪利富妻年二十三守制遺孤益思甫兩月夭
立姪益泰爲嗣事孀姑孝謹以哀毁成瘵疾年四十

卒
陳氏　何式理妻年十八于歸二十三夫故苦節四十
餘年六十四以節終
王氏　談萬金妻年二十三夫故歷四十餘年以節終
張氏　蔡其懃妻孝廉張文玘之姊年二十三守制撫
子成立苦節五十年
張氏　涂起鳳妻年二十三夫故撫嗣子成立苦節三
十餘年
汪氏　田禮根妻年二十三守制遺兩孤俱幼撫之成

立教長子賓與成諸生苦節六十年壽八十三
查氏　田義正妻年二十三守制撫孤成人時年六十
郭氏　陳受琮妻年二十三守制無子立姪顯濤爲嗣
苦節壽九十二
周氏　陳顯達妻年二十三守制撫三子成立苦節四
十九年壽七十二
繆氏　駱沛朗妻年二十三守制撫子成立事翁姑惟
謹苦節五十七年
王氏　宋隆廣妻年十八于歸五載廣卒矢志靡他撫

子成立教誦讀治中饋嘖嘖有賢聲
田氏　張如煥妻年二十三歲煥卒守制四十九年敬
事舅姑族人稱貞靜焉子監生意勤妻胡氏年十八
于歸越五載勤卒亦守義清苦卒年五十五
張氏　太學生葉鍾璜妻年二十三守制時璜宦遊卒
於京都氏子然一身扶櫬回籍立姪期鰲爲嗣鰲又
卒撫諸孫紡績度日以節終
丁氏　李廸光妻年二十四夫故撫一子家貧無以養
姑氏砍柴薪易米熬粥奉姑自取野菜和粥與子共

食嘗因砍柴傷指血流滿衣忍痛如故苦節二十五年卒

劉氏　吳國正妻年二十四正卒敬事舅姑撫遺孤蘭成諸生苦節六十三年卒

郝氏　駱裕世妻于歸時夫病篤刲股以救卒不瘳氏年二十四子在襁褓夫弟亦幼稚氏堅貞自立撫養督率成家飲氷茹蘗凡五十餘年猶及見孫兆祥入庠序年八十餘卒

張氏　蔡鳳庭妻年二十四守義庭卒後三月子紹清生撫養教訓備極勤勞苦節三十二年清諸生

胡氏　監生張意功妻年二十四守義越四十二年以節終

周氏　吳崇武妻年二十四守制家貧灌園以養翁姑苦節五十餘年

劉氏　李蕃龍妻年二十四夫故氏矢志守節家貧不能舉火紡績以養舅姑年七十有八卒

梅氏　呂希儀繼妻年二十四守制撫子勝元苦節四十餘年

張氏　胡立忠妻年二十四夫故撫孤成立六十二以節終

戴氏　張復麟妻年二十四守制子方襁褓女尚遺腹皆撫之成人事翁姑曲盡其孝以節終

朱氏　生員張復震繼妻年二十四守制紡績易貲延師教子曾售私業以贖祖山後子成諸生人以為節孝之報云

查氏　洪文律妻年二十四守制撫孤成人時年五十八

李氏　李盛才妻年二十四夫故遺腹生子啟隆氏立志撫孤覓食苦守五十餘年卒年八十

張氏　童述誠妻年二十四守制撫子啟發成立苦節三十年

王氏　劉營洛妾年二十四守制無出立姪為嗣家貧甚女紅存活姑苦終身族人咸敬恤之苦節四十年

王氏　杜錦文妻年二十四守制勤紡績養姑撫子以節終

方氏　陳英雅妻十八于歸二十四夫故氷霜苦節十

餘年以節終
管氏　生員董登第妻年二十四守制無子立姪盛旺
爲嗣以苦節聞時年五十三
王氏　熊調武妻年二十四守制無子立姪爲嗣事翁
姑惟謹苦節歷五十年
龔氏　胡得意妻年二十四守制撫孤泰階成立授室
後尋卒遺孤二媳黃氏亦守制氏又與之撫孫時年
六十二
田氏　龔時行妻年二十四守制撫遺腹子務本授室

後尋卒媳吳氏亦守制無子立姪立春爲嗣姑媳均
以節終
陳氏　吳祖美妻年二十四守制撫孤德芳成立苦節
六十年
陳氏　田正珏妻年二十于歸二十四珏病革以妻青
年子襁褓爲慮卒後氏飲氷茹蘖歷四十餘年以節
終
王氏　吳廷善妻年二十四守制無子立姪及長爲嗣
養姑撫幼勤苦百端苦節五十六年

張氏　梅全元妻年二十四守制撫遺腹子家貧無依
紡績自給苦節三十六年
陳氏　梅紫高妻年二十四守制無子立姪爲嗣苦節
三十八年
胡氏　張心制妻年二十四夫故撫孤華國成立苦節
四十一年
張氏　陳信釗妻年二十四守制遺孤手策甫兩歲姑
旋歿哀毀如禮篝燈夜績獨力支持以節終
余氏　管世王妻年二十四夫故守制撫孤成名孝事

舅姑苦節四十一年
鄭氏　艾光前妻年二十四守制遺孤心傳翁姑復相
繼歿家貧甚灌園紡績撫子成人苦節三十六年
熊氏　程英才妻年二十四守制撫子成立苦節五十
六年
陳氏　田傳相妻年二十四守制撫孤成立苦節四十
二年
余氏　王海洲妻年二十四夫故撫孤恩勝成立苦節
三十七年

胡氏　陳守淮妻年二十四守制撫子道濟成人苦節
三十七年
田氏　監生陳以望妻年二十四守制撫子鳳藻成諸
生尋卒氏又撫孫雲瑞苦節四十年
段氏　朱勉齋妻年二十四守制撫孤昭祿督率有方
持家整嚴守先人基業不替時年六十九
陳氏　詹某妻年二十四守制無子立姪名榜爲嗣家
貧甚乞食撫孤迄於成立苦節四十餘年
徐氏　胡鳴先妻年二十四守制撫子自沅自雨自椿

教之成立姪敏嘉慶丁卯科舉人氏苦節三十三年
陳氏　武生駱斌妻年二十四守制撫三孤俱成立事
姑惟謹苦節四十年
余氏　范永奎妻年二十四守制子美鋑甫一歲撫之
成人事姑康二十七年不怠卒塟盡禮苦節三十一
年
汪氏　駱見達妻年二十四守制撫三子成立苦節三
十八年
劉氏　駱成文妻年二十四守制苦節四十六年壽七

十
姜氏　宋德服妻年二十于歸越四載服卒守制五十
四年卒年七十八孫曾蕃衍繼續書香鄉人稱節孝
之報云
張氏　庠生王熼妻年二十五守制歷四十五年以節
終
宋氏　王繼宇妻年二十五守義夫卒日子方八月撫
之成立歷四十八年以節終
周氏　張書軒妻年二十五軒卒撫子意軫成立苦節

四十八年
左氏　葉萬全妻年二十五夫卒撫數月孤誓不他適
屋漏雨及翁寢氏冒雨升屋補蓋天大雪翁凍且餓
氏以身著破綿襖與翁禦寒自著破單衫乞食養翁
苦守二十九年卒
曾氏　易賡文繼室年二十五守制無子撫姪時萬爲
嗣苦節四十餘年
方氏　黄式賢妻年二十五守制親操井臼事姑曲盡
其歡撫子成立以節終年八十餘卒

李氏　胡顯構妻年二十五守制事瞽目姑無少懈以節終

李氏　徐秉剛繼妻年二十五守制翁姑早逝祖姑八旬氏奉養十有三載無少懈撫一歲孤兩歲女並元配童氏所生子備歷艱辛苦節三十五年

胡氏　童作秋妻年二十五守制遺孤述敦殀立姪述舜爲嗣生三子復卒氏又撫孫苦節三十一年

王氏　張兆蓮妻年二十五守制無子截髮自誓立姪大全爲嗣積紡績餘羨爲夫建墓表苦節二十餘年

石氏　胡開球妻年二十五守制撫孤宗棠成立事翁姑惟謹時年六十八

高氏　生員管文才妻年二十五守制遺孤廷松廷葵廷蘭俱幼撫之成立苦節五十年壽七十五卒葬安平管家林山中環麓諸塚悉屬氏裔有碑記

李氏　董運浹妻年二十五守制無子將家產半捐於佛半歸於祖苦節五十一年

王氏　熊方山妻年二十五守制撫子有斗成立授室後壽卒媳韓氏年二十七亦守制氏苦節六十三年壽八十八韓年四十六卒亦以節終時有一門雙節之稱

王氏　胡德恖妻年二十五守制子一仁甫三歲恖貿河南光山縣病卒氏携子赴光山負骨歸葬苦節三十年

王氏　陳廣攀妻年二十五夫故苦節四十餘年

李氏　黃亨美妻年二十五守制遺子廣全甫三歲養姑撫孤艱辛備歷苦節四十九年

宋氏　王永夏妻年二十五守制無子撫嗣子繼宗成立苦節五十四年

張氏　陳英典妻年十九于歸二十五夫故撫孤成立苦節三十餘年

孫氏　范世燦妻年二十五守制撫子永塡成立苦節四十八年

孫氏　康萬成妻年二十五守制初夫病祝天刲股醫治獲痊後復病救之不起遺孤俱撫之成人苦節六十六年

吳氏　文勝興妻年二十五守制無子立姪爲嗣家貧

備歷艱辛苦節六十二年
曾氏　程英光妻年二十五守制撫子成立事翁姑惟
謹苦節五十五年
錢氏　儋和玉妻年二十五守制撫孤成立謹事翁姑
時年六十
王氏　曹醴泉妻年二十五守制無子立姪嘉瑞爲嗣
寡色笑勤紡績足不踰閫時年五十有五
王氏　田豐遠妻年二十五守制撫遺孤督率甚嚴迄
於成立年四十七卒

田氏　朱萬智妻年二十五守制撫子成立家頗自給
子若孫皆不褻帛一如氏之所教導苦節五十三年
卒
鄒氏　陳文沼妻年二十五守制撫孤苦節十二年卒
康氏　王定宇妻年二十五守制遺二子俱幼撫之成
立苦節五十五年
許氏　王邦域妻年二十五守制遺子易顒殤立姪易
剛爲嗣授室生子復卒氏又撫孫成立苦節六十年
卒

黄氏　王易準妻年二十五守制撫子良湘授室生子
旋卒媳甘氏亦守制氏又與媳撫孫氏時年六十一
甘亦苦節二十餘年
駱氏　李後添妻年二十五守制遺三孤撫之成人長
子授室後與媳俱早逝氏又撫孫艱辛備歷時年六
十
潘氏　袁正邦妻年二十五守制無子立姪大智爲嗣
督課甚嚴教孫爱成諸生以節終
黎氏　胡應輝妻十九適輝家七年輝卒氏矢志守

節訓子必彩成立孫四榮若鼎科俱庠生
胡氏　吳宗相妻夫卒時年二十六家極貧勤紡績撫
孤嘗日不舉火冬不衣綿教子國煦國照成立不少
姑息苦節三十餘年
何氏　宋昌浩妻年二十六夫故守義五十二年子婦
張氏年二十二亦守義歷三十餘年以節終
馮氏　易湆妻年二十六守制無嗣可立依食母家以
節終
管氏　陳佑賢妻年二十六守制遺孤甫週歲撫之成

立堂上甘旨取給於女紅苦節三十年

余氏　晏鳴淇妻年二十六守制無子家貧日食取給女紅後依母家時年六十三

劉氏　胡佐通妻年二十六守制遺一女無子家貧以紡績終其身苦節三十年

呂氏　方時理妻年二十六守制事翁姑惟謹教子成人苦節五十五年

汪氏　黄恒順妻年二十六守制撫子成人時年六十

鄧氏　甘家綿妻年二十六守制撫孤成人苦節四十四年

胡氏　李啟禮妻年二十六寡子後瓊二歲家貧有勸之嫁者氏誓不欲生撫孤守節三十五年

王氏　葉承瑜妻年二十六守制無子時瑜有二弟俱幼無嗣可立越十餘年始立瑜弟琳之子荆鎧爲嗣撫之成人苦節五十六年

張氏　葉永康妻年二十六守制遺孤甫四歲家貧幾不能存活忍飢寒者十餘年歷盡艱辛撫子成立卒之日沐浴更衣無病而逝苦節四十二年

余氏　胡宗梓妻年二十六守制無子孝事孀姑時年六十五

駱氏　胡廷兆妻年二十六守制撫遺腹子行鰲成立時年五十六

梅氏　吳德輔妻年二十六守制遺孤必簡甫四歲撫之成立事繼祖姑及繼姑克盡其道時年六十五

葉氏　梅子俊妻年二十六守制撫孤成立授室生子尋卒氏又與媳同撫幼孫家貧紡績備歷艱辛苦節四十九年

何氏　梅德達妻年二十六守制撫孤成立授室生子

尋卒氏又與媳同撫幼孫苦節五十二年

蔡氏　陳手撫妻年二十六守制遺孤占馨占豫事姑教子門戸獨持苦節三十年

田氏　范位柯妻年二十六守制無子撫嗣子廷光事姑以孝聞後廷光成明經苦節四十三年

張氏　何立貴妻年二十六守制撫孤世昌家貧賴姪卜年奉養終身苦節六十六年

田氏　典吏王惠悉妻年二十六守制遺孤才儒家貧紡績自給才儒授室後尋卒遺一孫氏復撫之成立

苦節七十五年
孫氏　何浚郊妻年二十六守制撫遺孤家貧紡績自給苦節四十七年
陳氏　張俊覺妻生員光穀女孝廉太賡姊年二十六守制撫遺腹子澤恩成立苦節三十八年
陳氏　操有庸妻年二十六守制無子立姪德義爲嗣苦節三年尋卒德義授室生子復早逝媳宋氏年二十九亦守制時年五十九
查氏　田義行妻年二十六守制遺孤幼撫之成立日

勤女紅以事翁姑苦節五十九
孫氏　生員陳鳳藻妻年二十六守制撫子雲瑞成諸生苦節五十八年
張氏　王鑾和妻年二十六夫故撫孤正嘉教之成立事翁姑以孝聞苦節三十八年
鄧氏　駱見堯妻年二十六守制撫兩孤成立苦節六十四年
柯氏　監生周際泰妻年二十七守義撫子尚純成立年七十以節終

汪氏　陳英燦妻年二十于歸二十七夫故撫孤成立苦節三十餘年
周氏　陳立行妻年二十七夫故苦節四十三年
鄭氏　職員張朗玉妻年二十七朗卒撫子意濟意立教之攻讀苦節三十四年鄉黨以貞靜稱
龔氏　張其勤妻年二十七守制養姑教子備歷艱辛苦節四十年
鄧氏　陳英勤妻年十九于歸二十七夫歿苦節三十餘年

董氏　江心通妻年二十七守制家貧撫孤元學成立備極艱辛苦節五十二年
袁氏　張延鸞妻年二十七守制遺孤大全甫週歲撫之成人苦節四十餘年
顧氏　葉彬然妻年二十七守制無子立姪一耘爲嗣家貧勤紡績以奉翁姑時年六十九
韓氏　張信廣妻年二十七守制無子咬指出血誓無異志撫姪長榮爲嗣苦節三十一年
劉氏　從九職胡新國妻年二十七守制遺孤觀蘭觀

桂茹苦食貧撫子成立時年六十六
劉氏　周從範妻年二十七夫故撫孤阜薰成立苦節三十五年
胡氏　龔時純妻年二十七守制遺孤二時翁姑早逝家窘甚紡暑績寒撫子成立苦節五十一年以節終
朱氏　梅裕後妻年二十七守制家徒壁立備極艱辛氏曾兩割股一瘥姑一救夫鄉人咸以爲難苦節六十年

袁氏　陳守尊妻年二十七守制撫二子成立時年六十三
蔡氏　何文适妻年二十七守制無子立姪章煥爲嗣奉姑孝謹苦節四十五年
陳氏　張善璜妻年二十七守制撫孤純艮成人授室後壽卒媳裴氏亦守制遺孤育興氏又與媳同撫幼孫延師課讀時苦節三十三年
方氏　王萬壂妻年二十七守制撫孤世錦世鍈世立時苦節四十三年

張氏　監生管坤茂妻年二十七夫故守義撫孤成立事翁姑以孝著苦節三十八年
何氏　田相紋妻年二十七守制撫三子翁姑病侍湯藥不怠長子傅現授室後卒遺一子媳韓氏年二十亦守制氏與媳撫孫慈嚴兼盡苦節三十五年
沈氏　陳以照妻年二十七守制遺孤甫週歲撫之成立苦節三十七年
查氏　朱德幹妻年二十七守制撫孤昭錦成人時年六十一

王氏　李盛貴妻年二十七守制撫子啟金啟銀成立孝事翁姑喪葬如禮時年七十七
王氏　李軼羣妻年二十七守制撫子成人授室旋卒無子氏立姪孫爲嗣苦節三十二年
葉氏　管宜詔妻年二十七守制無子立姪世玉爲嗣教之成立玉妻余氏年二十八夫故撫孤定甲守南成立定妻徐氏年二十八夫故守妻胡氏年二十四夫故俱守制氏苦節三十一年
鄂氏　黃克家妻年二十七守制撫四子皆成立事姑

以孝聞時年六十一

江氏　駱萬春妻年二十七守制撫子芳煥授室後尋卒媳程氏亦守制無子氏立姪孫爲嗣時氏年六十四

周氏　生員武祥開妻年二十七守制無子立姪懷清爲嗣時年六十三道光二十八年學政龍額奬

黄氏　州庠生張如澗妻年二十八澗卒撫孤課讀有賢聲苦節三十七年

潘氏　李廣泰妻年二十八夫故貧苦無依操作守制不與族戚往來撫遺腹子彛雲成立年七十三以節

終

楊氏　黄式瑛妻年二十八守制子三俱幼翁姑衰且老侍奉惟謹血淚十餘年未嘗以涕痕見爲子延師曲盡其禮迄於成立長承昇監生次承曜次體仁登道光甲辰賢書年七十卒

吳氏　監生黄式琦繼妻年二十八守制撫元配子監生承暘如已出暘尋卒又偕媳劉氏撫孫實善成人時年六十三

嚴氏　張輝璧妻年一十八夫故遺孤殷鼇授室後尋卒氏又撫孫金權成立苦節七十一年

張氏　周漢池妻年二十八守制遺孤興茂有裕家貧紡績存活撫子成人苦節四十三年

胡氏　生員張復賢妻生員啟觀女年二十八守制撫四子旋夫弟睿卒夫弟婦劉亦守制無子氏以三子輝爲之嗣長子聲卒媳柯氏亦守制氏苦節四十二年壽七十劉柯均以節終

鄧氏　楊獻賓妻年十九歲守制歸楊甫三月夫卒無子撫姪耀奎爲嗣時年五十八

張氏　陳襄涵妻年二十八守制撫孤成立授室後尋卒遺兩孫又撫之成人備歷艱苦守節四十九年

葉氏　貢生何小峯妻年二十八夫故撫孤聯城兄弟成立孝事翁姑苦節三十四年

余氏　張環泗妻年二十八守制遺三孤俱幼家窘甚有欲令他適者氏潛入内房自經得救乃解族人嘉其志醵錢爲撫子之資艱辛備歷第三子早殤長次皆成立閭里以匾額奬之苦節四十四年

王氏　胡奇芝妻年二十八守制撫子有祿成立苦節

六十二年
李氏　張用商妻年二十八守制撫遺孤從師課讀勤紡績以佐脩脯教之成立姑病善侍湯藥數年不倦時年六十
李氏　何同仁妻年二十八夫故氏孝事翁姑敬禮倍至撫孤子三教訓有方年五十六卒
吳氏　駱其煥妻年二十八守制撫子見剛成立苦節五十三年卒
鄧氏　吳世錄妻年二十九錄卒氏撫雙孤艱辛倍至

守節五十餘年卒
陳氏　吳世鎬妻年二十九鎬卒甘受貧苦守節三十六年卒
龔氏　吳德淮妻年二十九淮卒遺孤甫五歲無遺產居享堂勤紡績以自給苦節三十二年卒
夏氏　監生吳道修妻年二十九守制苦節五十三年卒
熊氏　李來佑妻年二十九夫故孝事翁姑姑病革氏齋沐禱天求以身代日夜食不下咽累年姑愈逮後

孝養不衰喪葬如禮守節三十年卒
方氏　陳昌亨妻年二十九守制孝事翁姑撫子成立時年六十
陳氏　高至榮妻年二十九守制撫孤斯汪成立苦節四十六年
何氏　李由道妻年二十九夫故三子長幼相繼逝撫中子以仁氏父欲奪其志氏誓死堅守五十餘年卒年八十
丁氏　徐應榮妻年二十九守制家貧甚勤紡績撫孤

成人後家道漸興孫曾林立苦節五十三年
葉氏　管如寶妻年二十九守制撫子宜春時年七十
段氏　張玉成妻年二十九守制撫子聯鑾開鎔成立時年六十六
胡氏　駱沛鋆妻歲貢有贊女年二十九守制無子立姪爲嗣苦節三十餘年
張氏　胡其志繼妻年少守制氏幼習書翰曉大義痛夫明季遇賊不屈死茹素奉貞終身不改年八十餘
胡氏　生員楊世瑞妻年少守制撫孤成立苦節三十

餘年

董氏　監生張軼羣繼妻年少守制遺四子俱幼撫之成名孫道南廩膳生以節終

朱氏　張兆魚妻年少守制遺孤大坦甫數月家窘甚迄於顛連不易所守族人嘉其志爲之供食十載大坦稍長遂母子相依大坦後入武庠以征川功補行營指揮使苦節四十餘年

蘄州志卷之二十

知蘄州事嶺西封蔚礽纂修

人物志

列女

國朝已旌節婦

張氏　駱其智妻年十七守志歸駱僅五月夫卒撫遺腹子成立事姑孝謹以節終

陳氏　李元序妻年十七適李生二子夫歿舅姑歿兩子亦俱夭無嗣可立孑然一身飲泣奉祀老且病請於州牧王施遺田三石有奇於元妙觀供香火

鄭氏　王景文妻年十八守志撫遺腹子德貫成立苦節四十八年

鄒氏　張正倫妻年十八守志無子立姪文淋爲嗣苦節三十六年

董氏　王撝謙妻蘄水人年十八守志與姑同卧起甘旨取給於女紅艱辛萬狀苦節三十二年

萬氏　駱輝越妻年十八守志撫子如山如水成立苦節三十五年

宋氏　監生陳芳轍妻年十八守志遺腹子大綸四閱月始生撫之成名善事翁姑養葬如禮以節終

李氏　陳先偉妻年十八守志撫遺腹子志道紡績事姑苦節三十二年

王氏　監生王湘妻年十八守志撫數月孤與姑同臥起事姑孝每飯必致敬年五十二卒

田氏　吳德懋妻年十九守志未嫁時德懋喪明復遘惡疾翁欲令氏改字時氏年十六謂必送我至吳家與訣至則執婦道惟謹四年而夫卒立姪延令爲嗣

石氏　王又鴻妻年十九守志撫三月孤至中年子媳俱卒復撫二孫苦節七十年

周氏　陳克懃妻年十九守志撫遺腹子欲伋成立養姑以孝聞苦節數十年

黄氏　胡可埕妻年十九守志撫子宗鋭家極貧以孝養姑嘗與姑同食以病告盖饔飧不繼懼姑知不忍獨食也苦節三十七年

尹氏　駱丕承妻年十九守志撫彌月孤懿美既成立每夜禱天祈早死以從夫地下年五十一卒後子懿美亦卒其媳高氏亦以苦節終

涂氏　范卿緘妻年十九守志無子立姪位材爲嗣事姑以孝聞苦節四十一年

韓氏　王裔梁妻年十九守志遺子一家貧紡績膳姑子甫成人復夭立姪爲嗣苦節三十二年

高氏　葉謙妻年十九守志氏幼嫻內則通文藝撫遺孤永遠教以義方事姑盡婦道苦節三十年

張氏　王策勳妻年十九守志孝事孀姑家貧無怨言苦節三十二年

顧氏　張釆蘩妻年十九守志時翁姑俱殁氏決志撫遺腹子有恪灌園紡紝年饑絶餐無怨以節終

柯氏　監生張效愈妻年少守志撫諸孤皆成立事舅姑以孝聞三子承祖早亡媳龔氏年二十亦守志苦節四十餘年當事以大節重光旌其間卒年八十九

潘氏　生員黄應時妻年二十守志無子苦節五十年

盧氏　駱抒幹妻年二十守志無子翁姑以年幼勸改嫁氏曰如此不如無生乃爲立後年五十一卒

陳氏　王一盛妻年二十守志無子立姪爲嗣以節終

高氏　黃宗遂妻年二十守志撫遺孤亨魁於夫墓前種松柏百株以表其操苦節數十年

何氏　駱又存妻年二十守志撫子光庠或欲奪其志氏截髮毁容乃免苦節五十三年

張氏　胡届遠妻年二十守志撫三歲子成立姑疾氏割股以進旋愈苦節五十二年

王氏　李芳春妻年二十守志撫子同寅家貧奉姑惟謹年三十九卒

程氏　陳宏篘妻年二十守志撫子受綸成立綸生子顯悠甫四歲綸又卒氏兩世撫孤艱難備歷苦節五十五年

王氏　陳伯臨妻年二十守志家貧姑老撫一子呱呱襁褓中或欲令再適懼見偪引刀自斷其髮以節終

高氏　董思舜妻年二十守志饑寒交迫竭力撫孤苦節三十一年

陳氏　李由彬妻年二十守志撫遺孤二姑治家嚴氏婉曲得其歡心每篝燈夜績督兩孤兒學教子瑛成名珩諸生苦節數十年

方氏　王一德妻年二十守志撫二子成立以節終

田氏　馮世煦妻年二十守志無子斷髮自誓夫弟只一子弟婦十餘年不復孕氏禱於天弟復舉子氏因以爲後苦節三十年

趙氏　李同庚妻監生趙廷忠女年二十守志撫遺腹子瑞雲越十六年瑞雲卒氏亦卒

居氏　童人虎妻年二十守志家貧翁老或勸改適氏投江因救得免以節終

龔氏　監生胡可駟妻年二十守志孝事姑二鋪不給無怨言苦節三十餘年

汪氏　監生胡可驃妻年二十守志無子或勸以更適引繩自經乃止苦節三十一年

吳氏　汪佑煌妻年二十守志無子時夫弟佑照僅八歲氏勤紡績教養成立生二子佑照亦早逝氏立其次子養育如同已出與照妻駱氏以苦節終

王氏　張世迎妻年二十守志撫子岱雲甫六月及長授室旋卒無子氏同媳田氏日不再食安厝舅姑暨夫與子喪立房姪大勇爲嗣監生田仁浩生員田仁

漸捐金代繼嗣娶妻以續張祀氏苦節五十七年
徐氏　曹行仁妻年二十守志孝事孀姑家無擔石或憐而助之悉却不受毀面鬔居苦節六十餘年府志
毛氏　龔之烈妻年二十一守志無子撫姪渭沚爲嗣苦節四十二年
周氏　陳欲程妻蘄水人年二十一守志撫子宏齡甫二歲家貲雖裕井臼桑麻必親職其勞教子成立克守世業以節終
陳氏　何序周妻年二十一守志遺孤甫八月家貧勤

紡績雖凍餒無怨後子亦早逝與媳勵志撫孤苦節五十六年
陳氏　生員張應燮妻年二十一守志撫遺孤履綏備嘗艱苦教之有成以節終
張氏　朱萬圻妻年二十一守志事翁姑得歡心教子仕亳成諸生以節終
朱氏　王道華妻年二十一守志撫三月孤旋卒事姑以終餘年氏卒後始立堂姪孫咸亨奉祀
何氏　裴勝詞妻年二十一守志無子撫姪爲嗣教養兼盡苦節五十年
王氏　駱宣韶妻年二十一守志無子夫病時刲股以救瘥數月旋卒苦節五十六年
吳氏　童濟仁妻年二十一守志家貧紡績撫孤成立苦節四十三年
江氏　湯有禎妻年二十一守志撫子餘早娶婦生子旋卒氏與媳王氏共撫孫慶茂苦節三十五年
管氏　董景表妻年二十一守志撫遺孤延師課讀迄於成立苦節數十年

閻氏　周道持妻年二十一守志撫孤成立苦節三十二年
褚氏　梅相宜妻年二十一守志遺一子家無立錐紡績自給母子相依爲命苦節二十六年
蔡氏　張位北妻年二十一守志遺孤甫一歲紡績自給課子勤學苦節三十三年
方氏　監生張復說妻年二十一守志無子遺一女撫姪有立壻胡鴻珍皆成名事翁姑及繼姑稱孝以節終

許氏　駱拧坤妻年二十一守志苦節三十二年

胡氏　吳旦昇妻年二十一守志事姑教子不少懈苦節六十二年

馬氏　賈克典妻年二十一守志遺子祚昌甫三日撫之成人家貧雖午炊不繼不貸於鄰奉舅姑惟謹苦節五十七年

駱氏　張培道妻年二十一守志與姑陳氏同卧起以節終

李氏　候選知縣許元度妻中丞李本晟女年二十二

守志氏夫以謁選卒於京師從舅戶部主事承欽僑居海陵母迎歸於蘄撫遺孤兼五娶余氏後兼五與所生子俱卒立嗣又卒氏知書能詩文夫殁筆墨遂絶苦節五十二年媳余氏亦以節終

周氏　張世翼妻年二十二守志遺子復晟甫二歲家貧終無異志苦節四十二年

潘氏　陳掄元妻年二十二守志撫二子成立苦節四十年

黄氏　王錫三妻年二十二守志事姑以孝聞教子成立苦節四十九年

王氏　王遂章妻年二十二守志撫遺腹子廷秀成立備歷艱辛苦節六十五年

李氏　鄭應昌妻年二十二守志撫二子成立苦節四十年

董氏　監生張之誠妻年二十二守志撫子士寘宗陞事祖姑暨舅姑繼姑俱孝謹以節終

徐氏　汪自淑妻年二十二守志撫遺孤鍾俊藝夏麥秋禾以自給衛守裴廉其實以節操可風表其門苦

節數十年

陳氏　吳延謙妻年二十二守志無子家貧姑老夫弟延益僅數歲力撫之成名立延益子繼晟爲嗣延益早逝姑益衰賴氏以安苦節數十年

蔡氏　駱呈蓮妻年二十二守志無子立姪肇慶爲嗣敬事姑殁葬皆盡禮以節終

張氏　駱周正妻年二十二守志遺子德光式以計逼氏嫁氏覺避母家謀遂寢後教子成立苦節數十年

陳氏　陳受構妻年二十二守志撫一歲子煒塒翁姑

相繼歿氏獨力支持艱難百出後煒生子甫六月而煒又卒媳張氏亦苦守不變人謂一門雙節云

陳氏　王亨妻年二十二守志遺孤連嬰疾氏每抱告夫靈祈毋斬後連長娶媳生子連復喪氏又撫孫以節終

張氏　李育生妻年二十二守志遺二子長子早夭撫次子成立苦節三十一年

李氏　王世瑛妻生員李大生女年十二父母俱亡哭之哀聞者爲之輟食氏夫穎悟善屬文早逝年二十

二守志無子立姪裔棠爲嗣撫如已出事舅姑問視無間族人稱之以節終後祟祀節孝祠

石氏　高子謙妻年二十二守志無子未婚時夫得惡疾翁姑諭改適氏堅志不從年二十歸高侍湯藥三年夫卒或又以家貧無出爲言遂截髪矢志從一而終苦節六十年

曾氏　龔繼馨妻年二十二守志撫一歲孤成立苦節三十四年

王氏　管效妻年二十二守志撫孤沅成立事姑惟謹以節終

姚氏　龔永儀妻年二十二守志無子立姪天勝爲嗣苦節三十一年

宋氏　姜從龍妻年二十二守志無子夫弟從虎幼氏撫之成立授室復逝亦無子妻彭氏年十七亦守志翦髪自誓與氏同守勤紡績奉事翁姑惟謹以家產創置祭田祠宇宋苦節三十一年彭苦節五十年

韓氏　葉燦暘妻年二十二守志無子侍節姑張朝夕在側立姪棻爲嗣及長以夫遺書籍授讀常涕泣告

誡之苦節三十年

王氏　李宗岱妻年二十二守志撫子光祖家貧勤紡績孝事翁姑教子成諸生苦節五十餘年

張氏　王邦烈妻年二十二守志事姑撫孤苦節三十二年

王氏　徐克制妻年二十三守志撫二子值流寇猖獗戶役煩苦操心勵節年七十州牧以孤松鐵幹奬其閭

盧氏　王開元妻副使盧元度姪女年二十三守志無

予立姪世淇爲嗣又卒與孀姑度朝夕家日益貧元度官歸氏一省不復往苦節三十六年

李氏　孟艮玉妻年二十三守志值歲饑自茹藜藿瀡瀡以養姑氏嘗病劇長子兆熊割左股啖之亦節孝之報孫秀成諸生苦節四十一年

胡氏　張公辰妻年二十三守志遺孤金若時舅姑歿夫弟公準公除俱幼皆氏撫之成立苦節五十年

余氏　生員管一志妻年二十三守志遺孤甫月餘教之成立苦節六十五年

王氏　張杜妻年二十三守志遺孤淑曠教之成諸生復早逝撫姪蘭山爲嗣苦節五十餘年

方氏　張容及妻年二十三守志遺孤四歲有欲奪其操者氏挈其子避於他所謀遂寢苦節四十二年

吳氏　王公三妻年二十三守志撫孤廷表成立旋卒氏又撫孫歷曾元孫皆氏撫育苦節六十四年

熊氏　駱呈彭妻年二十三守志事姑勤謹撫子抒毓抒禮成立以節終

魯氏　郡庠生黃載昌妻年二十三守志撫子式馨式瓊祖姑楊年九十氏勉持家政以孝慈聞苦節三十六年

陳氏　操公遠妻年二十三守志撫孤文彖甫三歲耕米時缺並日一炊艱辛備歷苦節五十三年

鄧氏　王紹唐妻年二十三守志撫一子事翁姑惟謹事繼姑亦如之年五十一卒

易氏　馮烜妻年二十三守志遺孤僅八月撫以成立旋卒又撫孫瑱苦節三十七年

袁氏　王兆麟妻年二十三守志遺子一女二侍舅姑疾惟謹及歿喪葬盡禮事繼姑劉氏供膳甚豐甘自菲薄子德遲早亡立姪孫承勢爲嗣苦節三十六年

孟氏　夏帝扶妻年二十三守志撫子弼周姑病篤刲股救愈里人以孝聞府憲給匾額獎苦節三十一年

章氏　沈六州妻年二十三守志無子立姪爲嗣旋夫三弟繼亡皆氏經紀喪事與祖姑孔氏同卧起苦節三十餘年

王氏　沈時則妻年二十三守志家貧勤紡績事姑謹家漸充置田五畝作祀產苦節三十五年

葉氏　王一道妻年二十三守志獨持門戶撫遺孤烈後烈生子兩月復卒與媳又撫遺孫以節終

詹氏　操來蘇妻生員詹斗望女年二十三守志無子竭奩儀爲舅買妾生子晚依庶叔天秩苦節七十四年

胡氏　操能質妻年二十三守志撫遺腹子暐吉成立苦節四十二年

張氏　韓天錫妻年二十三守志遺孤大俊甫一歲次大任遺腹生家貧采藜度飯敗絮禦寒苦節三十三

年

王氏　翁如瑾妻年二十三守志無子家貧撫姪濬爲嗣事姑以孝聞姑旋歿夫兄亦歿氏竭力殮葬教子成立苦節三十三年

蔡氏　張八龍妻年二十三守志生子甫四月撫之成立娶何氏女爲媳三年子又亡何生遺腹子氏復撫弱媳幼孫苦節三十九年

吳氏　張永昇妻年二十三守志遺三子姑胡氏亦年二十五守志氏善事之撫三子皆克家有聲姑媳俱以節終

蔡氏　龔繼爵妻年二十三守志撫子必賜成立事翁姑孝謹以節終

范氏　孫朝源妻年二十三守志撫子成立事翁姑克盡婦道苦節三十五年

葉氏　監生王開治妻年二十四守志長孤世源甫五歲遺腹世漣越六月始生氏屏絕鉛華教子世源成諸生世漣食廩餼苦節三十餘年

駱氏　宗天子妻年二十四守志遺孤在襁褓家貧無

倚與孀姑相依勤紡績姑多病侍湯藥者九年姑歿悲泣失明遺柩未葬者四氏勤苦經營者數十年四喪俱舉人稱其節而有幹云

王氏　操贊皇妻年二十四守志撫遺孤博懷孝養孀姑采茶啜粥苦節七十一年

陳氏　駱恭先妻年二十四守志遺兩孤家貧甚日爲賃舂夜則燒糠粃以績二子從師脩脯皆取給焉苦節四十七年

陳氏　何開雍妻年二十四守志遺孤世浦撫之成立

未幾世浦夫婦相繼亡氏更撫孫教養兼至苦節五十餘年

熊氏　監生易德運妻年二十四守志無子立姪漬爲嗣家貧祖姑舅姑暨德運皆氏竭力營葬苦節四十七年

王氏　生員張納詢妻年二十四守志詢少穎悟鄉試卒於鄂邸無子立姪學說爲嗣與姑張氏同卧起以節終

張氏　生員劉德妻年二十四守志無子初德父母早

逝育於伯父母氏事伯姑極誠謹立姪覲遠爲嗣家貧勤紡績以老苦節三十一年

駱氏　吳登闕妻年二十四守志奉姑謹後姑遭賊難氏冒刃衛之閭鄉稱爲孝婦以節終

李氏　童有康妻年二十四守志撫孤事姑後姑殁二子隨亡勵志愈堅苦節四十三年

何氏　胡天只妻年二十四守志撫遺腹子從周稍長汲水墮池氏聞之絶以身救俱得全鄉里異之苦節五十四年

何氏　蔡履中妻年二十四守志撫二子成立次成諸生以節終

康氏　吳尚友妻年二十四守志撫二歲子成立艱苦備嘗尤重義戚鄰有不給者輒周恤之苦節四十九年

王氏　張應秋妻生員王崇女年二十四守志撫子履道成立苦節三十八年

李氏　馮容妻年二十四守志無子立姪元梁爲嗣氏夫兄弟五先後亡其四惟少弟鶩在凡家事皆氏經理苦節三十年

龔氏　蔡其述妻年二十四守志家貧紡績養舅姑延師課子苦節五十餘年

王氏　張鳳岐妻年二十四守志家貧采藜藿糜粥自茹養姑以孝聞撫子成立苦節四十一年

鮑氏　張承書妻年二十四守志撫遺孤翰孝侍孀姑趙適盜入執姑索金氏伏姑身受梃刃盜義而釋之姑患疽氏泣抱舐疽子翰長外出氏偶隱几寤老人呼救兒氏驚尋翰陷池中已滅頂得救免里人以爲

貞誠感神也苦節四十四年
蔡氏　梅宵侯妻年二十四守志撫遺孤家貧紡績爲
生姑病瘓以身爲卧起又嘗割股以進苦節五十三
年
吳氏　陳宏潮妻年二十四守志遺子甫週復夭立姪
受裡爲嗣教之成立以節終
陳氏　吳體乾妻年二十四守志撫遺孤備歷艱辛苦
節四十二年
陳氏　李由行妻年二十四守志無子撫姪以尊爲嗣

苦節五十四年
王氏　陳名訓妻年二十四守志事姑教子一以禮法
年五十九卒
陳氏　吳陞占妻年二十四守志夫病時曾割股和羹
以進姑善病事湯藥不離衽席者數年以節終
孫氏　康象儀妻年二十四守志撫孤滿東慈嚴兼盡
養舅姑委曲承順後子授室生子尋卒氏復撫孫長
泰成立族黨以節成三美贈之苦節五十餘年
舒氏　陳法舜妻年二十四守志撫子方潤成立苦節

六十年
龔氏　王宗益妻年二十四守志撫二子傳亘附居伯
兄家以終厥志苦節三十四年
熊氏　生員董飛龍妻年二十四守志無子破指出血
誓無異志事舅姑能得歡心立姪爲嗣撫之成立苦
節三十一年
華氏　陳國佐妻年二十四守志無子撫嗣子泰成立
持身持家內外肅然苦節二十九年
胡氏　張國儒妻年二十四守志遺三子夫弟生子數

日父母俱亡氏口咀米漿哺之撫子姪皆成立苦節
五十一年
何氏　朱仕澤妻年二十四守志截髮毀容撫孤成立
苦節三十七年
汪氏　胡從宏妻年二十四守志遺兩孤日夜紡績擇
師課讀長世德成立次大德成諸生苦節三十年
程氏　王道懋妻年二十四守志撫二子成立好施與
鄰里多周恤以節終
田氏　陳聖備妻年二十四守志撫遺孤紡績以給衣

食子旋卒又撫孤孫艱難備歷苦節三十五年
陳氏 姚世儲妻年二十四守志撫一子成立以節終
錢氏 陳翼舜妻年二十五守志子八歲值明季荒離
茹荼撫孤氷操不易苦節四十八年
李氏 韓宗琦妻年二十五守志苦節五十六年
曹氏 伊其國妻年二十五守志撫子世俊甫八月苦
節三十六年後孫琦恩貢曾孫芝蘭庠生
王氏 孝廉張啟疆子文齡妻年二十五守志文齡繼
父志攻苦成疾卒遺孤超宗又卒氏慘痛倍常事繼

姑李以孝聞立姪兆魚為嗣苦節二十六年卒兆魚
授室後生一子尋卒媳朱氏撫孤基事祖姑克繼姑
志以節終
黃氏 胡可堂妻年二十五守志撫一子有欲強嫁者
氏聞自縊遇救獲免苦節三十二年
顧氏 王如秩妻年二十五守志以紡績自給課子有
法以節終
駱氏 陳瑄舜妻生員駱龍驤女年二十五守志時值
荒難勵節愈堅教子可傚可倬成諸生以節終

江氏 湯有稱妻年二十五守志無子立姪照為嗣事
姑盡禮尤好施與以節終
管氏 生員王應榮妻年二十五守志家貧孝養繼姑
撫子成立苦節四十年
龔氏 駱呈竿妻年二十五守志撫子拮黨拮羔時際
荒難竭力支持後二子俱成立以節終
郤氏 程盛義妻年二十五守志備歷諸艱治家嚴閭
里多以為法年八十八
陳氏 吳希孟妻年二十五守志無子時姑亦歿夫弟

永樊方孩抱氏力撫之成諸生後立永樊子為嗣苦
節五十年
張氏 王元妻年二十五守志養姑撫孤現粗衣糲食
苦節六十五年
李氏 陳邱長妻年二十五守志養姑撫孤苦節六十
餘年
唐氏 童求成妻年二十五守志撫孤成立州牧張給
匾獎之苦節五十一年
甘氏 生員董秉龍妻年二十五守志撫遺孤成立事

姑以孝聞伯氏夫婦早亡視姪猶子苦節三十一年

張氏　周道齊妻年二十五守志撫孤盡瘁淡泊自甘苦節三十七年

何氏　梅繼恩妻年二十五守志生遺腹子光國姑某年二十七守志曾祖姑陳年二十五守志氏善事之共撫子成立俱以節終

彭氏　梅遜一妻年二十五守志夫病割股以救不能起無子毀容矢志家貧紡績以事翁姑苦節四十二年

陳氏　張觀成妻年二十五守志遺孤甫二歲禿髮毀容撫子成立苦節四十七年

劉氏　許正元妻年二十五守志撫孤成立後子媳繼亡復撫孤孫苦節三十八年

劉氏　盧聚賢妻年二十五守志家苦貧鬻漿粉度日苦節四十餘年

陳氏　王問德妻年二十五守志撫子元鐸勤女紅自給孝養舅姑終其身無遽言慢色苦節四十年

田氏　陳光照妻年二十五守志撫孤教養兼盡家貧常鬻環釧為饔飧貲間不舉火處之泰然苦節三十八年

胡氏　程代通妻年二十五守志撫子嵩崙成立家貧以十指供姑膳苦節三十六年

朱氏　生員王大猷妻年二十六守志撫子甯烈開謨成諸生苦節五十二年

呂氏　陳道永妻年二十六守志撫二子相繼亡操志愈堅苦節四十五年

陳氏　監生吳伯桂妻年二十六守志撫一子恩義兼至侍姑疾不解衣帶者數月苦節四十七年

胡氏　胡學道妻年二十六守志撫子成立家道日豐皆氏勤苦之力苦節五十年

郭氏　陳宏郢妻年二十六守志教子甚嚴家雖豐夜半猶聞機杼聲苦節三十餘年

孫氏　黃質先妻年二十六守志有強以他適者拒之垂死乃免苦節四十八年

龔氏　倪明遜妻年二十六守志遺子一斷髮自誓撫之成立苦節三十九年

王氏　畢明玉妻年二十六守志無子撫姪毓珍爲嗣時舅姑已逝逢生日忌辰必敬必誠後毓珍夫婦繼亡竟無嗣年六十六卒

張氏　陳名誌妻年二十六守志夫病時曾刲股調羹以進後每逢忌日輒痛哭以勗其子以節終

鄭氏　蔡士昇妻年二十六守志撫遺孤蘭友成立後子婦相繼亡氏復撫孫成諸生苦節五十五年

胡氏　方國瑞妻年二十六守志無子立姪爲嗣勤紡績以奉孀姑苦節四十四年

吳氏　汪佑標妻年二十六守志撫遺孤嵩壽教養成立事舅姑問視曲至苦節三十五年

王氏　張敬五妻年二十六守志撫孤先桂先槐晨夕泣誡勉以成立侍姑疾彌月不解衣苦節五十三年

高氏　張咸吉妻年二十六守志無子撫姪懷遠爲嗣苦節三十七年

宋氏　葉紹芳妻年二十六守志家頗饒不恡施與苦節四十五年

郭氏　陳寬妻年二十六守志撫孤成立家雖有餘貲猶躬自紡績因供施與以節終

劉氏　曹乾一妻年二十六守志撫二子成立家貧緶纑易粟以養孀姑苦節五十一年

劉氏　曹鵬翥妻年二十六守志撫遺孤慈嚴兼至家貧以紡績事繼姑苦節五十五年

鄧氏　生員高克連妻年二十六守志撫孤益繁成名苦節三十七年

陳氏　陳宏炎妻年二十六守志撫遺孤艱難備歷事繼姑人稱其孝以節終

許氏　生員劉亥妻年二十六守志撫二子次志元成諸生事姑至孝曲體無不如意年八十五

王氏　易泰妻年二十七守志家貧撫孤成立苦節四十二年

胡氏　易德易妻蘄水生員胡君協女年二十七守志教子治家一準於禮苦節五十二年

吳氏　高馥妻年二十七守志家貧姑老每自饑餒必甘脆飼其姑無晝夜機杼聲軋軋出戶外送姑終爲子娶婦皆取給焉子姪欲援例請奬力辭以節終

方氏　王道恕妻年二十七守志遺子民球民琳俱幼撫之成立事翁姑以孝聞苦節六十三年

田氏　張杰妻州同田之璋女年二十七守志撫子應秋應燚成立苦節五十一年

張氏　張正濂妻年二十七守志家貧勤紡績教子袠禮中乾隆庚寅舉人年五十六卒

王氏　馮元芳妻生員王錦女年二十七守志無子家貧藉女工以養姑年五十一卒

王氏　何殿賜妻年二十七守志撫遺孤開筆孝養舅

姑仰事俯育拮据萬狀苦節四十餘年

賈氏　康柽東妻年二十七守志遺孤萬芳斷髮一束置櫬中以自誓紡績佐脩脯豐年拾遺滯爲炊歲祲茹荼苦節四十三年

胡氏　舒桂芳妻年二十七守志撫遺孤家貧父母欲令他適引刀盡禿其髮後遂不復言苦節四十一年

管氏　生員王濂妻年二十七守志無子立姪爲嗣苦節三十年

趙氏　周大權妻年二十七守志家貧遺孤祉甫四月撫之有成苦節五十餘年府志

張氏　監生王如曜妻年二十八守志事繼姑以孝聞撫子德鉦既成立卒與媳張氏又撫數月孤承汾苦節三十年

劉氏　陳效古妻孝廉劉文起女年二十八守志無子立姪棟爲嗣事舅姑里有孝婦之稱苦節三十一年

向氏　熊有韡妻年二十八守志遺孤伯億家貧乞食養姑姑卒不能具禮族人給義田穀爲殯殮計後教子成立苦節三十八年

閔氏　生員張標妻年二十八守志遺孤炳文爕文教之皆成名諸生苦節三十六年

吳氏　張仕漢妻年二十八守志事姑盡禮教子有法三世同居皆氏教也苦節四十四年

周氏　陳世珍妻年二十八守志撫二子勤紡績以自給苦節五十三年

龔氏　蔡明瑛妻年二十八守志値歲洊饑飲菜茹蘗强自支持教子其逵其迎成立年六十七卒

王氏　陳宏浚妻年二十八守志無子立姪士英爲嗣

以節終
何氏　吳用商妻年二十八守志教子待聘成立孫伯
樞克振家聲年七十五
汪氏　陳本堅妻年二十八守志撫遺孤德鈉父母欲
令他適氏遂永不歸甯苦節四十年
祝氏　董文趣妻年二十八守志撫兩孤次子成諸生
早亡旋長子媳及孫俱亡復撫曾孫成立身歷四世
年八十
郭氏　張京蘭妻年二十八守志撫三子永弼師尙克

繩皆成立苦節三十年
田氏　詹周燮妻年二十八守志撫遺孤占睔奉姑始
終不懈子授室後旋卒無子遺一女與媳胡氏相依
爲命俱以節終
潘氏　趙州知州李坦繼妻年二十九守志夫病時以
毋年老爲憂氏竭力孝養以成夫志苦節五十三年
盧氏　生員龐見龍妻年未三十守志事舅姑孝謹撫
三遺孤兢兢以爲善是訓金太史德嘉爲作傳
徐氏　張必昇妻年二十九守志撫子師魯朋舉成立

苦節五十餘年
胡氏　韓嵩楡妻年二十九守志事姑孝撫二子成立
苦節三十二年
欒氏　張次珍妻年二十九守志撫子濬永隆成立苦
節三十七年
龔氏　宋昌後妻年二十九守志撫子隆英隆華成立
苦節四十六年
程氏　陳貴舜妻年少守志事姑必遵禮法撫遺歲子
可應成立年九十猶勤紡績州牧寻額褒美苦節七

十三年
易氏　生員田有書妻年少守志事舅姑無闕禮教子
及孫成名苦節五十年
姜氏　李棟妻年少守志紡績度日撫子僑成諸生苦
節四十二年金太史德嘉詩以表之
盧氏　蔡廷玠妻年少守志性嚴正寡言笑撫二子長
子早卒教次子成立苦節三十二年咸豐十一年　旌
王氏　廖景昭妻年少守志養姑撫子苦節六十一年
葉氏　生員李榮妻生員葉觧民女年少守志姑老子

幼家無擔石忍饑哺子苦節五十一年

駱氏 裴濟洪妻年十九適裴生二子夫歿氏年二十家貧甚忍饑寒養姑撫子年七十一卒

湯氏 儒童駱抒元妻年二十四抒元應試客死無子或議改適氏即夜投繯死救之獲免爲立後以節終

高氏 張世芳妻年少守志無子側室嚴氏生子復豫而嚴亦亡氏撫復豫恩勤倍至豫雖長莫知其爲嚴氏子也時三世同居舅姑委以家政氏出奩田爲公産篋無私蓄以節終

宋氏 知縣張承瑞之子世鈞妻年少守志以女紅養姑教子極嚴夜嘗自課苦節五十七年

胡氏 吳惟漢妻年少守志教子洪勳成立又卒撫孫五人以耕讀爲業壽七十九

張氏 監生王開職妻年少守志初開職出繼叔父嗣母易氏守節氏善事之食指數十八氏操作不倦內外無違言教子世永世遍世湛皆成立苦節數十年

吳氏 何開坦繼妻崑山八年少守志撫六月孤及元配陳所出三子艱辛備歷事姑孝律已嚴族里賢之苦節四十餘年

張氏 生員顧仕綬妻年少守志氏幼沈靜言動皆有法度夫以赴試溺死遺孤兆棉甫數歲繞床泣女顩而牽之曰特汝在吾爲汝不死苦節三十餘年其婢郝氏早寡與主母同卧起亦終節

陳氏 胡啟德妻年少守志撫二歲孤昌哲事舅姑以孝聞昌哲早逝與媳張氏同卧起各以節終

胡氏 吳惟昆妻年少守志撫遺腹子洪佑事舅姑教子成立足不踰閾苦節三十四年

蔡氏 吳惟暹妻年少守志撫子洪嵩甫週歲家無擔石二黼不給事女紅以膳翁姑有愉色無怨言族衆咸以孝稱之苦節三十餘年

張氏 胡昌美妻年少守志無子殮葬夫畢卽以女托於夫弟婦自投塘適有鄰母出汲救之乃免立姪宏黙爲嗣以節終

陳氏 童有質妻年少守志事舅姑以孝聞教三子成立苦節三十二年

張氏 李榮九妻年少守志遺一子伯氏欲嫁之以死

自誓州牧張深爲嘉嘆俾成其志年六十二卒

王氏　李君安妻年少守志撫五歲子之茂備歷勤苦朝夕支一鐺以五合米炊薄粥延殘喘蓄餘粟以遺子子後考選經歷氏以節終

熊氏　陳德元妻年少守志撫孤於岱成立家貧紡績自給苦節四十年

張氏　顧燕書妻年少守志性嚴正事孀姑甚謹夫家貧父及叔父歿未葬並夫喪三焉氏力爲經營俾得同窆撫遺孤四歲而夭立夫姪孫啟棠爲嗣姑歿殯

葬皆如禮以節終

徐氏　李元焜妻年少守志無子隨母以居先是母王氏與氏姊余俱無子母女相依長姊劉爲之佽助同終節

丁氏　駱抒時妻年少守志撫兩月孤成立苦節三十三年

張氏　黄載琢妻年少守志夫卒時氏破鏡以半繫夫棺半存妝笥凡祭奠時必出鏡痛哭撫子式金甫五月教之成立事舅姑家雖貧勤紡績而甘旨不缺苦節四十七年

張氏　張正茂妻年少守志撫子文清有欲奪其志者氏以刀自隨事乃寢苦節四十八年

龔氏　黄宗山妻年少守志事姑撫孤艱辛備歷苦節三十七年

鄒氏　胡鍾泗妻年少守志撫二孤長奇光甫兩歲次奇佑未週撫之成人貧苦自甘事翁姑得歡容苦節三十三年

宋氏　張仁齊妻年少守志無子勤紡績餘貲爲夫弟

娶妻並置田以遺姪苦節五十三年

張氏　汪佑純妻年少守志撫孤正巳甫三歲事孀姑愛敬曲至苦節三十九年

何氏　吳永隆妻年少守志孝事舅姑和諧娣姒年逾七十孫曾林立以節終

王氏　生員駱向純妻年少守志遺子敦源未週撫之成立苦節四十餘年

褚氏　駱祥光妻年少守志撫子濟川甫四歲家徒壁立終身無怨苦節四十年

高氏　張燎文妻年少守志事翁姑孝事繼姑亦如之
紡績延師教子培瑛成立苦節四十餘年

周氏　張季朗妻年少守志撫子培世紡績延師弱冠
成諸生旋卒二孫俱幼氏撫育之苦節四十六年

張氏　李斗城妻年少守志撫二子永燮自持姑歿長
子光鑑將就婚又卒氏竭力營葬諸喪以節終

沈氏　王華封妻生員沈世亨女幼嫻內則通文義年
少守志初氏夫出繼伯母鄭氏卒鄭氏先有遺腹孫
承宗尚幼氏體姑志鞠育恩勤如姑意無何承宗又

卒氏自傷孤子又上慰老姑下憫寡媳調護撫恤心
力俱瘁爲夫立嗣子岱爲承宗立嗣子瑛以節終

李氏　王炯文妻年少守志撫一子一女饔飧不繼操
守益堅苦節三十二年

貢氏　駱抒懃妻年少守志遺子其臨甫二歲撫孤事
姑以孝慈聞苦節數十年

周氏　陳受森妻年少守志立姪爲嗣苦節數十年

陳氏　程明魏妻年少守志氏及笄歸程甫五月夫卒
越六月生遺腹子興莊家貧紡績自給有時不舉火
人周之力却不受苦節三十五年

趙氏　胡奇慷妻年少守志撫二子家貧燒松節作燈
勤女紅以養舅教子成立苦節三十二年

貢氏　劉世松妻年少守志遺三子夭其二撫幼子承
詒成立以節終

曹氏　胡昌明妻年少守志遺二子家貧恐有奪其志
者常帶匕首以自防後教子成立苦節三十七年

黃氏　陳時興妻年少守志遺腹生子洪詔撫育成立
性方嚴教督不少暇惟一老婢相伴年五十四卒

張氏　方時炯妻年少守志事舅姑以孝聞苦節數十
年

陳氏　陳宏清妻年少守志撫子受松成立獨持門戶
里中稱婦德焉以節終

高氏　詹中域妻年少守志無子家貧父母恐不能守
微示其意氏泣曰良人恃吾誓以瞑目安得背之自
是不往母家事姑篤孝初立嗣數歲殤後立姪興恭
爲嗣以節終

周氏　陳宏子妻年少守志撫遺腹子受漣成立氏夫

有異母兄弟六人皆無間言以節終

袁氏　張忠卿妻年少守志撫遺腹子琅家貧無依惟紡績以自給哺孤兒每祭必携往墓所悲啼竟日後琅生子克成家焉氏以節終

胡氏　陳宏琀妻年少守志教子岱如嚴父家人咸敬憚之門以内非至親無敢入者以節終

鄭氏　監生吳偉妻年少守志無子立姪道嵩道嵩姓爲嗣俱成立道嵩旋殁遺三孤氏偕婦葉氏撫之辛苦百端以節終

陳氏　王問俊繼妻無子撫夫元配兩遺孤長元次亨愛猶己出艱辛備至苦節五十餘年

葉氏　陳受鈞妻年少守志苦節三十二年

吳氏　駱萬方妻年少守志終身惟誦經茹素姑病刲股和羹以進姑愈姑覺族里欲以額表其孝不受以節終

王氏　監生童巍妻年少守志撫二子昌膏成立鄉里有不給者時周恤之以節終

姜氏　諸對揚妻年少守志無子單寡寒門無嗣可立依姑姪女工度日苦節三十年

華氏　駱士伸妻年少守志撫遺孤成立年八十一

張氏　生員陳宏錦妻年少守志撫二子成立事翁姑以孝聞苦節三十八年

顧氏　郭凝暉妻年少守志撫遺孤未幾殤舅姑亦相繼殁家計益窘氏與夫姊張復禮妻同居守節女工度日苦節三十七年

王氏　田仁麟妻年少守志無子立姪禮厚爲嗣以節終

方氏　田再萬妻年少守志翁老病供饘粥者十餘年以節終

張氏　張廷翰妻年少守志撫孤學詩學禮成立以節終

吳氏　張萃盛妻年少守志撫孤學全學美與伯姒張形影相弔教二子成立克繼家聲以節終

李氏　高至俊妻年少守志後憂夫名之去辭姑張及叔姒田不食而卒以節終

陳氏　監生張典五妻年少守志無子撫姪宗麟爲嗣

事祖姑盧得歡心以節終
王氏　監生張灼繼妻年少守志撫子培祖成立事姑
孝謹以節終
方氏　王伊佐妻年少守志事姑甘旨無缺苦節三十
四年
唐氏　彭允蕃妻年少守志遺子甫六月夫病時曾刲
股以救事舅姑無少懈家貧勤女紅以日食之餘推
食鄰里以節終
王氏　監生李應詔繼妻年少守志撫子自道成立事

舅姑養生送死悉合禮法苦節四十六年
鄭氏　張有昭妻年少守志無子立姪其鉞爲嗣足不
踰閫以節終
盧氏　張士恭妻參政紘姪曾孫女年少守志撫子成
棟成桂成林家貧艱辛備歴年七十七
張氏　張成本妻年少守志撫四子曦歴曨晴成立壽
八十八
周氏　陳可依妻年少守志撫遺腹子欲健克自成立
致家豐裕苦節四十餘年

翁氏　監生黄宗奭妻年少守志撫子無疆事翁姑孝
謹以節終
胡氏　吳伯袿妻年少守志撫子聚奎成立苦節四十
八年
吳氏　陳欲綸妻年三十守志子二次雲錦撫之成諸
生尤孝事姑閭里稱婦德焉以節終
以上節婦係同治九年知州黄式度詳請學政張
之洞彙奏俱
旌

蘄州志卷之二十一

知蘄州事嶺西封蔚礽纂修

人物志

列女

已旌節婦

熊氏　梅咸彩妻年二十九夫故守節四十七年

李氏　方鈺選妻年二十九夫故守節四十六年

李氏　太學生王德和妻年二十七夫故守節歷二十
五年

李氏　孫世銓妻年二十九夫故敬事姑嫜撫孤成立
守節歷二十七年

陳氏　諸生朱煊妻年二十九夫故悲痛泣血不欲生
翁姑勸止之撫孤子鰲成諸生守節歷四十二年

王氏　駱南獻妻年二十九夫故守節五十一年

李氏　方潤樓妻年二十一夫故守節三十年

陶氏　方潤模繼妻年二十七夫故撫遺子玉成諸生
守節二十四年

侯氏　熊家業妻年二十一夫故守節三十三年旌

劉氏　蔡世顯妻年二十七夫故守節四十三年

李氏　裴善達妻年二十七夫故以節終

陳氏　蕭長治妻年二十五夫故守節二十八年

黃氏　陳揩妻年二十夫故守節四十九年

張氏　鄧貴勤妻年二十五夫故矢志堅貞撫孤成立
孫用霖廩生氏苦節六十五年同治十年　旌

蔡氏　董定福妻年二十九夫故家困甚篝燈紡績撫
兩孤成立先後逝復撫孫孫亦夭苦節五十年卒

高氏　駱遵雅妻年二十八夫故守節三十九年

彭氏　田義祜妻年二十六夫故守節四十二年

葉氏　潘代煦妻年二十九夫故守節二十八年

葉氏　孟士浥妻年二十七夫故性剛厲不苟言笑守
節四十餘年

江氏　周大智妻年二十六夫故立姪道淮爲嗣苦節
五十四年咸豐九年學政俞額獎同治十年　旌

潘氏　周大武繼妻年二十九夫故立姪道濟爲嗣苦
節四十二年　旌奬年分同前

何氏　張耀彩妻年二十八夫故孝事翁姑貞操自守

苦節二十八年

查氏　田義昊妻年二十六夫故撫三子成立長丙吉

入成均次瑞蘭諸生守節歷六十六年

吳氏　陳元妻年二十二夫故子佳甫四歲撫之成立

家貧紡績自給苦節四十六年　已見十七卷第三頁

貤封宜人陳蔣氏　貤贈奉直大夫陳經法之妻年二十

八歲夫故守節四十二年　同治九年　旌

以上四名無稿

未旌節婦

嚴氏　朱全八妻年二十九夫歿苦節五十九年道光

六年學政王額獎

萬氏　太學生羅御六妻年二十八夫故子亦早世撫

孫成立卒年九十有五道光六年學政王額獎

王氏　張其濱妻年二十四夫故守節三十年學憲王額獎

李氏　儒士余載權妻年二十一夫歿立姪凌雲爲嗣

成諸生守節五十九年前學憲王額獎

郝氏　儒士駱見遠妻年二十八夫歿撫嗣子博厚成

立卒年七十六道光六年學政王額獎

龔氏　胡懷璧妻年二十八夫故撫子成立守節五十

六年道光七年學政王額獎

王氏　儒士許三餘妻年二十五夫歿撫猶子貢生美

哉爲嗣恩勤備至洎美哉主家政好施與氏常慫恿

之卒年八十道光二十五年學政朱額獎

李氏　張元鋆妻年二十二夫歿守節數十年道光二

十五年知州勞額獎

夏氏　朱全已妻年二十九夫歿撫三子成立苦節四

十四年道光二十六年學政江額奬
孫氏　吳必南妻年二十二夫歿撫孤金第成立孫拱辰列諸生守節五十餘年道光三十年學政杜額奬
梅氏　吳德輔妻年二十六夫歿事孀姑蔣惟孝撫孤必簡成立以節終道光三十年學政杜額奬
袁氏　王炳政妻年二十四夫歿矢志靡他恪盡婦道苦節四十二年咸豐八年知州彭額奬
徐氏　王培銓妻年二十夫歿撫子成立苦節五十八年咸豐八年知州彭額奬

程氏　太學生周愷元妻年二十八夫歿撫子道南道東教養成立苦節三十年咸豐九年學政俞額奬
潘氏　太學生周大瀛妻年二十七夫故立姪道輿爲嗣苦節四十七年咸豐九年學政俞額奬
鄒氏　龔萬年妻年二十六夫故遺子中善甫一齡氏紡績度日撫之成立苦節六十餘年咸豐九年巡撫胡額奬
程氏　蕭世璋妻年二十五夫故撫子芝成立年六十九卒咸豐十年巡撫胡額奬

萬氏　蕭顯琬妻年二十六夫故誓死靡他撫子得志授室後旋卒媳駱氏年二十五守志均以節終咸豐十年巡撫胡額奬
陳氏　吳必旺妻年二十九夫歿撫孤成立以節終咸豐十年巡撫胡額奬
何氏　裴善鏊妻年二十三夫歿撫孤成立年百有二歲四世同堂咸豐十一年巡撫胡額奬
王氏　田相清妻年二十七夫故撫孤成立苦節三十九年同治元年學政賈額奬

許氏　田相勝妻年二十六夫歿撫孤成立苦節四十年同治元年學政賈額奬
鄭氏　余登賢妻年二十五夫故撫孤成立以節終同治元年學政賈額奬
余氏　洪文禧妻年三十夫疾刲股啖之不起撫孤兆炳教讀弗使稍間待師儒有加禮後兆炳登副車守節歷四十九年同治壬戌學政賈額奬
李氏　諸生許珩妻年二十五夫故家貧紡績奉翁姑撫孤成立以節終同治元年學政賈額奬

王氏　謝羣選妻年二十五夫歿家貧撫子煥若入成均守節六十三年同治三年學政賈額獎

王氏　洪文宗妻年十九歸宗甫五月夫歿撫姪爲嗣足不出閫闥守節歷四十年同治四年學政孫額獎

何氏　王世英妻年二十五夫歿家貧無子弟甫九齡氏勤紡績膳翁姑撫弱弟誓不他適後以姪爲嗣苦節歷五十二年同治五年學政孫額獎

周氏　汪利鼎妻年二十三夫歿事翁姑惟謹撫孤善成立守節五十五年同治六年學政孫額獎

張氏　高同銀妻年二十三夫故撫嗣子序梓成立守節三十八年同治六年學政孫額獎

余氏　李本林妻年二十一夫歿無嗣子成立守節歷五十一年同治七年學政張額獎

朱氏　宋隆柏妻年二十七夫歿無子立姪爲嗣苦節四十三年同治七年學政張額獎

田氏　詹樂邵妻年二十二夫故撫孤子教養倍至同治三年子被髮逆擄亡媳經年又亡撫孤孫成立苦節五十八年同治七年學政張額獎

陳氏　吳必發妻年二十五夫歿撫孤成立以節終同治七年學政張額獎

蔡氏　郭西文妻年二十一夫故無子撫嗣子務滋勤苦不倦守節四十八年同治九年學政張額獎

李氏　張元儉妻守節二十七年

方氏　胡佐垣妻守節三十二年

劉氏　太學生黃承暘妻守節五十年

晁氏　田之彩妻守節七十二年

張氏　吳正煦妻守節三十年

胡氏　吳正點妻守節三十年

熊氏　汪衍富妻守節四十一年

涂氏　胡顯棟妻苦節三十五年同治六年學政孫獎

李氏　馬期華妻年二十二夫故苦節四十一年學政張獎

洪氏　胡達榜妻守節三十九年

李氏　衛士蓮妻守節四十八年

田氏　王君禮妻守節三十三年

黃氏　周正均妻守節三十年

張氏　張倫妻守節三十七年

羅氏　張之琬妻守節四十年
方氏　楊光斗妻守節三十六年
彭氏　王遠望妻守節三十五年
李氏　張殿寘妻守節三十九年
陳氏　王守貴妻年二十六夫歿家貧勤紡績事翁姑惟謹撫孤成立守節歷五十二年同治十年學政洪額獎
黄氏　周國衡妻年二十六夫歿守節三十五年同治十年學政洪額獎子二次之冕諸生

方氏　龔本勳妻年二十九夫歿撫子成立苦節四十七年同治十一年學政洪額獎
湯氏　徐文楷妻年二十四夫歿撫遺孤鳳翥成立援例貢成均守節四十五年光緒元年學政王額獎
萬氏　吳先序妻年二十七夫歿遺二子相繼亡煢煢孤立晚無所依寄食於其族光緒二年學政梁額獎
江氏　洪鼎新妻年二十五夫歿僅遺一女以姪玉城爲嗣教養兼盡守節歷三十年光緒三年學政梁額獎

張氏　江錫疇妻年二十四夫歿守節四十七年光緒二年學政梁額獎
趙氏　孫興培妻年十九夫歿撫嗣子成立守節歷四十五年光緒四年學政梁額獎
何氏　朱全惻妻年二十三夫歿守節歷五十年光緒五年學政梁額獎
袁氏　丁美琮妻年二十七夫歿家極貧紡績度日以節終光緒二年知州封額獎
朱氏　諸生蕭鎮圭繼妻年十九夫歿家窘甚紡績養姑備極孝謹無子以夫兄諸生子書之子紹江爲嗣

撫育成立守節歷三十四年
方氏　伍義充妻年三十夫故撫孤或以家貧勸他適氏峻拒之以完節終
張氏　伍常元妻年二十八夫故撫二子成立孝事翁姑守節歷二十八年
江氏　洪自如妻年二十三夫故以姪玉美爲嗣孝事孀姑氷操兩世苦節十五年卒
彭氏　洪鼎清妻年三十夫歿矢志撫孤守節歷三十

年
曹氏 余明玉妻年二十五夫卒以姪允成爲嗣教養
成立以節終
李氏 曹艮傑妻年二十七夫卒撫二子成立守節四
十五年
阮氏 洪如東妻年二十三夫故家貧撫孤授室未幾
子婦相繼歿氏茹蘗守志苦節三十六年
朱氏 洪來亨妻年二十四夫病割股以進不起撫姪
自明爲嗣守節三十六年臨終梳洗端坐而逝

鄧氏 曹國華妻年二十九夫歿家貧無子志凜冰霜
守節歷三十年
管氏 何昌頌妻五歲抱適夫家八歲喪明十八合卺
甫四月夫故依姑如處子操家計較有目者更勝姑
歿翁寢疾氏侍湯藥越數年如一日輿論稱之守節
歷四十年
張氏 江應蘭妻年二十四夫歿撫遺腹子元寶成立
守節歷三十年
陳氏 王在發妻年二十一夫故上事下撫孝慈兼盡

守節歷六十二年
鄧氏 洪自渭妻年二十二夫歿立姪世傳爲嗣氏士
族女延師教子脩脯盡敬守節歷四十五年世傳諸
生
胡氏 洪月攀妻年二十五夫歿撫姪玉輝爲嗣守節
歷四十一年
方氏 洪自莊妻年二十七夫亡以姪佩珠爲嗣先是
夫患癆疾氏侍湯藥歷數年無倦意守節十五年卒
何氏 陳炳州妻年二十八夫故撫姪爲嗣守節歷三

十年
陳氏 曹相業妻年二十九夫歿撫子顯宗成立撑措
門戶事翁以孝稱守節歷三十年
李氏 方鈺德妻年二十八夫歿撫二子成立均爲嗣
家復貧苦族里憐之以節終
王氏 方潤箋妻年二十五夫歿以姪新璣爲嗣守節
三十三年卒
翟氏 儒士方潤梅妻年二十九夫歿事姑盡禮撫子
授室後子旋卒復與媳周氏撫孤孫冰霜共凜守節

歷三十三年
李氏　方新壯妻年二十二夫歿無子以姪爲嗣藉紡
績治生守節歷三十年
胡氏　方勳重妻年二十七夫歿撫孤成立苦節五十
七年卒
曹氏　方勳畏妻年二十三夫歿矢志撫孤守節歷三
十年
柯氏　方勳誇妻年二十七夫歿撫孤成立苦節歷四
十年

徐氏　胡顯饒妻年二十四夫歿茹荼嘗蓼矢志安貧
嘗遇賊投水不死人以爲苦節之報云
王氏　胡業醖妻年二十七夫歿撫孿生子成立守節
歷二十四年
方氏　朱泗濱妻年二十夫歿事姑以孝聞延師課子
守節歷三十年
曹氏　胡顯衆妻年二十七夫歿撫孤成立苦節三十
年
封氏　胡顯陞妻年二十四夫歿守節三十二年

朱氏　胡顯中妻年二十六夫歿以姪承渭爲嗣守節
三十七年
吳氏　胡顯經妻年二十八夫歿守節五十年卒
張氏　胡佐熟妻年二十六夫歿守節四十年卒
方氏　胡佐烜妻年二十五夫歿守節五十年卒
劉氏　儒士陳之秀妻年二十八夫歿家貧子幼艱苦
備嘗以節終
夏氏　儒士陳之殿妻年二十四夫歿撫孤守志針黹
營生苦節歷三十年　以上三十六名俱洪安瀾錄

吳氏　儒士陳曉桐妻年二十九夫故撫孤子慶榮成
立性慈惠里中貧乏者輒周䘏之守節四十四年卒
顧氏　陳酌雅妻年二十一夫故立姪爲嗣事舅姑克
孝以節終
黄氏　陳賓宋妻于歸僅三月夫歿立姪爲嗣飲水茹
蘗備歷艱辛守節歷四十年
張氏　陳兩交妻年二十二夫故立姪爲嗣敬事舅姑
始終如一守節歷三十年
張氏　袁甸民妻年二十一夫故孤子方二歲撫之成

立事姑以孝聞守節四十一年卒邑進士黄雲鵠爲之立傳

洪氏　李後既妻年二十四夫故立姪華燦爲嗣家雖豐不忘勤儉守節五十七年卒

胡氏　職銜陳雨之妻年二十二夫故守節歷四十年

周氏　陳錫昌妻年二十三夫故事姑以孝聞撫子羲成諸生守節歷四十二年

袁氏　陳佑辨妻年二十七夫歿饑寒交迫不易其操守節歷四十八年

朱氏　陳廸祥妻年二十五夫故守節歷三十年

陳氏　袁光瑜妻年二十四夫故立姪爲嗣撫之成立守節四十五年

何氏　陳佑灼妻年二十四夫故立姪爲嗣事翁姑以孝聞守節四十年卒

張氏　胡克才妻年二十八夫故家極貧乞食養姑苦節五十七年卒

徐氏　陳春田妻年二十八夫故撫孤成立守節歷三十年

方氏　王海波妻年二十八夫故撫孤成立事姑以孝聞守節歷三十年

胡氏　例貢生陳鋒妻年二十八夫故撫孤成立守節歷五十七年

許氏　陳紹準妻年二十九夫故撫孤成立守節歷四十八年

李氏　袁有成妻年二十九夫故遺一子不數年亦卒立孫撫之守節三十二年

胡氏　周絮謀妻年二十九夫故無子家貧紡績自給守節歷三十二年

姜氏　陳國珍妻年三十夫故家貧以女紅存活守節歷三十九年

劉氏　儒士李炳燮妻年三十夫故撫孤成立守節三十一年卒

徐氏　陳永揚妻年二十五夫歿遺孤方八月撫之成立上奉百歲祖母餰饍必豐守節二十七年

陳氏　華顯瑞妻年二十一夫故家貧紡績自給守節三十三卒

游氏 華高福妻年二十三夫故氷蘖自甘備嘗辛苦
守節歷三十年
萬氏 陳佑益妻年二十二夫故翦髮自誓歷久不渝
守節五十五年
萬氏 陳永俊妻年二十六夫故事姑孝存歿盡禮撫
孤成立守節三十三年
熊氏 職員陳慶霖繼妻隨夫游宦蜀中年二十九霖
卒氏扶柩歸里撫孤成立守節四十一年卒
張氏 陳秀岑妻年二十六夫故矢志堅貞苦節四十

五年
陳氏 張光煥妻年二十九夫故遺孤僅一歲撫之成
立苦節五十四年
郭氏 例貢生陳善妻年二十七夫故撫孤成立苦節
三十四年卒
王氏 葉德乾妻年二十二夫故家貧紡績度日奉侍
翁姑撫孤成立守節歷四十一年卒
涂氏 葉先貢妻年二十七夫歿無子立姪爲嗣苦節
三十四年卒

陳氏 太學生葉兆綸妻年二十二夫故矢志栢舟事
翁姑克孝守節歷三十二年
張氏 王存理妻年二十二夫故守節歷四十一年
黃氏 鄒榮照妻年二十九夫故撫嗣子崇恭入成均
苦節四十年 以上三十五名係陳子蓍錄
吳氏 儒士蔡世榮妻年二十八夫歿守節清貞撫子
鵬成立年六十有九卒
黃氏 桂金相妻年二十一夫歿遺腹子殿元於夫歿
後九日始生善爲撫養紡績自給年七十卒

黃氏 蔡道祿妻年二十八夫歿守節清貞歷久不改
苦節歷五十二年
鄧氏 蔡世瓏妻年二十七夫歿撫二孤勤苦不懈守
節歷三十八年
陳氏 梅學一妻年二十五夫歿祇遺一女氏撫之誓
不他適守節歷三十八年
龔氏 蔡世杰妻年二十五夫歿寡言笑主家政撫二
孤成立守節三十五年
梅氏 巡檢銜蔡世璠妻年二十九夫歿守志孝事翁

姑姑歿事繼姑尤謹姑病篤親侍湯藥衣不解帶者數月生平屏鉛華受勞苦撫諸孤延師課讀季子殿元院試冠軍補增廣生氏之力也卒年八十有三

龔氏　蔡際鼎妻年二十二夫殉難無子矢志守節紡績度日苦節二十六年卒

周氏　儒士黃淑齡妻濟邑諸生煒任女閑靜少言年二十四夫歿事翁姑盡禮撫孤子成立苦節五十年

龔氏　黃效禹妻年二十三夫歿家貧甚夜然松節紡績以自給撫孤成人苦節四十餘年

陳氏　從九黃彩雲妻太學生占元女年二十二夫歿遺腹生子未周而殤有勸其改適者氏決意不從家中落以女紅自給撫嗣子成立守節歷三十四年

陳氏　儒士黃齡淞妻年二十一夫歿撫孤子成立苦節四十餘年

陳氏　黃遐春妻年二十夫歿茹苦撫孤授室後生子一周而卒復與媳胡氏撫孫成立苦節五十一年

蔡氏　張正燕妻年二十二夫歿撫孤子成立艱苦備嘗守節歷六十年

蔡氏　儒士張茂森妻年二十七夫歿撫孤子成立苦節五十八年

黃氏　儒士胡一疇妻年二十一夫歿事翁姑竭情盡禮撫孤子教以義方守節六十一年

詹氏　儒士胡本澍妻年二十三夫歿事翁姑盡禮撫孤開第教之成諸生復延師課諸孫供饌豐潔守節歷四十七年

龔氏　胡一枝妻年二十三夫歿家貧紡績度日撫孤成立苦節四十餘年

余氏　胡一元妻年二十二夫歿遺孤本榮甫二齡撫之成立家貧析薪易米以養姑自攜子取野菜食之卒年八十有二

洪氏　胡步鰲妻年二十五夫故無子立姪行駿爲嗣娶媳李氏甫七十日駿卒生遺腹子洪以幼孤無託復立姪炳煇煇於咸豐七年遇害洪與孀媳含淚撫孤成立入成均李苦節三十二年卒洪卒年七十四

陳氏　胡之華妻年二十九夫歿勤紡績以撫兩孤成立守節歷三十年

程氏　儒士胡鳳翔妻年二十四夫歿遺孤子二氏體姑意以長子承夫兄嗣撫之成立補諸生後次子與媳及繼姑一歲偕亡氏心力交瘁忍淚支持復立長子之子承次子祧以繼夫嗣守節歷三十八年

陳氏　儒士張採琳妻年二十九夫殉難撫孤子三耕讀爲業苦節四十餘年

董氏　許百有妻年二十二夫殉難撫孤子成立艱苦備嘗守節歷三十年

陳氏　張魯珍妻年二十六夫歿遺孤甫十日撫之成立人無間言守節歷三十五年

胡氏　黃貢玉妻年二十夫歿家貧事翁姑惟謹撫孤子成立苦節五十二年

黃氏　周道富妻年二十二夫歿遺腹子撫之成立艱苦備嘗苦節三十三年

胡氏　周大望妻年二十四夫歿撫孤子教以義方苦節三十六年

陳氏　張民俊妻年二十九夫歿家極貧含辛茹苦勤儉自持撫孤朝柏翼廷俱入成均晚歲家頗豐周濟貧乏無德色年八十餘卒

黃氏　儒士吳涵錮妻年二十八夫歿家貧子幼備歷艱辛守節已四十年

許氏　張民祿妻年二十六夫歿撫孤子事翁姑不失禮守節歷三十二年

葉氏　張民梓妻年二十七夫歿紡績奉姑撫二歲孤成立苦節歷三十六年

黃氏　胡倚蘭妻年二十七夫歿遺孤甫周歲夫家無託歸依母家紡績度日苦節四十年

胡氏　黃齡洳妻年二十七夫歿無子立姪秉國爲嗣授室生子秉國又卒復與媳李氏撫周歲孫成立氏苦節五十三年李年六十一

方氏　黃遐仁妻年二十二夫歿遺子齡甫三歲紡績撫之成人守節五十六年

田氏　黃品珍妻年二十八夫歿撫孤子成立苦節四十二年

高氏　儒士王良玉妻年二十六夫歿遺一子早殤撫兄子敬先爲嗣愛如已出家中落藉女紅以資教讀

苦節五十六年
田氏　胡正裕妻年二十餘夫故守節三十三年
蔡氏　儒士吳必魁妻年二十九夫歿撫孤守志苦節三十二年卒
王氏　儒士梅致祥妻年二十二夫歿矢志撫孤守節歷三十八年
陳氏　吳必瑶妻年二十五夫歿守節三十五年
蔡氏　吳必理妻年二十六夫歿守節三十九年
姜氏　吳桂林妻年廿二夫歿守節三十七年以上四十三名俱龔宗遂錄

柳氏　何章桂妻咸豐五年髮逆竄蘄桂被擄至九江釋縛投龍口河死賊義之葬於江濱時氏年二十五聞之慟哭矢志守節竭力收桂骸歸葬撫二子成立事姑以孝聞年五十二卒
陳氏　諸生吳銑妻年二十八夫歿撫四歲孤昇佑課讀綦嚴事舅姑篤孝好施與里有貧乏者輒周䘏之守節三十三年卒
陳氏　貢生吳昇楚妻年二十八夫病篤刲股以救不起欲以身殉姑勸之乃止循循婦職教子成家守節二十年卒
李氏　吳及斐妻年二十夫歿守節撫子大忠足不踰閾咸豐辛酉忠被賊擄不屈死之氏憂思成疾年六十七卒
胡氏　吳及鋒妻年二十夫歿家綦貧矢志守節困苦不易其操年七十一卒
龔氏　吳及珍妻年十九夫病劇刲股救之不起厲志守貞撫姪大穩爲嗣家貧紡績不倦苦節四十八年卒

孫氏　吳大琪妻年二十四夫歿家貧無子親屬憐其窮勸改適氏誓死不從撫姪爲嗣紡織以養舅姑苦節四十七年卒
張氏　太學生吳永隆妻諸生張宗道之女年十九夫歿無子撫姪廷莢爲嗣愛如己出守節二十二年
梅氏　吳大和妻年二十三夫歿家貧甚守志不渝苦節五十三年卒
陳氏　吳大芝妻年二十八夫歿矢志靡他守節四十一年卒

梅氏　吳大炳妻年二十一夫歿立夫兄次子榮爲嗣
教之成立補諸生守節四十八年卒
劉氏　孫興粱妻年二十一夫歿無出氏哀毀痛不欲
生姑勸止之立姪一本爲嗣撫如已出後本年二十
餘尋卒媳吳氏亦守志事孀姑以孝聞人稱雙節
梅氏　儒士孫興梓妻年二十四夫歿遺孤甫周歲
氏慟哭不食誓以身殉姑諭之曰爾死孤何依始强
起撫孤延師課讀供饌豐潔後弼以妙年冠軍入庠
氏之功也守節歷二十八年

陳氏　裴允紅妻年二十八夫故家貧子幼傭工以養
舅姑姑歿撫弱叔厚逾已子苦節三十三年卒
陳氏　貢生龔潤妻舉人陳台之姊幼聰穎能詩年二
十適龔生二女一子相繼殤越八年夫故立姪知雅
爲嗣撫之成立援例得營千總銜事繼姑純孝里有
幼婦失夫將改醮氏以大義勸之得完其節氏守節
二十年卒
張氏　王萬銀妻年二十八夫故撫二子事孀姑歷久
不倦守節歷三十三年

宋氏　王世喜妻年二十六夫歿家貧勤女紅以佐薪
米事翁孝撫二子慈守節歷二十九年
龔氏　陳佑福妻年二十五夫歿母家見其無子議再
醮氏誓不歸依夫兄嫂以居立姪永彤爲嗣家雖貧
無變志苦節五十四年卒
徐氏　孫光田妻年二十四夫歿撫子成立備歷艱辛
年八十五以終節
張氏　孫興棫妻年二十五夫歿紡績撫孤事孀姑稱
孝守節以終

熊氏　陳采芹妻年二十一夫歿遺孤尚在襁褓紡績
撫之成立苦節三十三年
王氏　龔如棠妾年二十九棠歿氏隨嫡室吳撫嗣子
鑾成立後鑾殉難襲雲騎尉世職守節至八十二歲
卒
張氏　胡觀廉妻年二十六夫歿善事舅姑延師教子
長惟奎貢成均次壬濟入州庠守節歷三十七年
吳氏　胡觀本妻年二十八夫歿事舅姑孝撫三子成
立持家嚴肅執女紅至老不懈守節四十七年

龔氏　胡覲琛妻年二十夫歿無子立姪道政爲嗣教之成名事舅姑盡禮家雖饒不忘勤儉守節三十年卒

陳氏　胡覲墀妻年二十一夫故事舅姑能得歡心教子惟和成人守節歷四十二年

李氏　胡長發妻年二十夫歿撫姪文斗爲嗣紡績以奉舅姑家落守志益堅苦節歷四十二年

蔡氏　胡兆甲妻年二十八夫歿事孀姑以孝稱教子成立守節歷四十五年

蔡氏　胡來才妻年二十夫歿撫遺腹子覲佑成立事舅姑孝敬無違苦節四十六年卒

陳氏　蕭星三妻年十九夫歿立姪德贊爲嗣教以義奉舅姑孝苦節四十六年卒

王氏　廩生蕭子濟繼妻年二十四夫歿撫姪德准爲嗣慈嚴交濟居家樸實紡績至老不倦守節歷三十六年

胡氏　張復進妻年二十九夫故哀毀守節事翁孝教子成人年七十三卒

詹氏　張意才妻年二十五夫歿立姪復鏡爲嗣事舅姑無失禮以節終

裴氏　張敬廷妻年二十夫歿撫姪心朗爲嗣孝慈聞於宗族守節歷四十四年

李氏　駱壯國妻年二十八夫故撫遺孤漢先成立事舅姑人無間言未幾先授室旋卒媳江氏年十九亦守節氏與媳撫孫保元延師教讀早歲補弟子員氏年七十卒江守節歷四十三年

毛氏　彭宗武妻年二十八夫歿撫嗣子祖壽成人茹

苦含辛終無悔志守節歷四十五年

查氏　儒士陳占鉅妻年二十二夫故撫孤來琛甫周歲撫之成立教讀綦嚴家中落氏經營布置勤儉自持遂漸裕稱小康焉守節歷三十五年

龔氏　駱澤品妻年二十一夫故事舅姑撫嗣子克盡厥職守節歷三十四年

劉氏　增生吳延齡妻諸生瑞翼女年二十六夫疾病焚香祝天求以身贖割股和藥以進不起哀毀骨立教子從周成諸生氏年八十餘卒

吕氏　郝林青妻年二十七夫故撫子入成均奉孀姑孝守節歷三十二年

黄氏　何儒雅妻年二十二夫故無子撫姪彰寶爲嗣矢志守節咸豐七年避賊三角山餓死年五十有一

裴氏　何彰演妻年二十一夫故家貧撫子入無間言守節歷四十六年

宋氏　何以魁妻年十九夫故家壁立負孤行乞以養舅姑苦節歷四十七年

陳氏　鄧兩全妻年二十六夫歿撫二子一女相繼殤

茹苦守節姑年八十患目疾奉養能得歡心後立姪叶篪爲嗣尋歿又與寡媳詹氏撫弱孫慈愛周至苦節三十三年

羅氏　太學生陳思齋妻年二十九夫故撫五子成立宗族稱賢守節三十九年卒

梅氏　陳擇菴妻年二十八夫故撫子占任成家守節歷三十七年

余氏　陳讀堂妻年二十八夫故家貧撫孤備嘗艱苦守節歷四十八年

楊氏　陳手福妻年二十二夫故家貧紡績守貞撫嗣子占魁視若已出年六十五卒

文氏　陳君壽妻年二十五夫故撫孤信樹信杞成立守節四十餘年卒

姜氏　宋大經妻年十七夫故撫姪爲嗣足不踰閾苦節歷三十年

宋氏　張意珠妻年二十六夫病革刲股救之卒不起矢志撫二子成立年七十八以節終

吳氏　張復高妻年二十三夫歿撫二子成立守節歷

三十年

詹氏　張意鉾妻年二十五夫歿遺孤二幼甫一周撫之成人延師課讀守節三十三年

宋氏　張意本妻年二十八夫歿紡績以撫二子課讀課耕未嘗少懈守節歷三十年

陳氏　張復亨妻年二十五夫歿撫孤成立苦節三十年

李氏　張興珪妻年二十六夫歿哀毁守志撫子成人苦節歷四十一年

孫氏　張如星妻年二十六夫故教養遺孤艱辛備歷
年六十八以節終
吳氏　張復益妻年十八夫歿家貧甚紡績撫孤奉舅
姑惟謹守節歷三十一年
王氏　張如璧妻年二十九夫歿矢言不苟撫子成家
守節歷四十七年
王氏　張如暉妻年二十一夫歿撫子守貞戶庭不出
苦節歷四十五年
楊氏　詹道忠妻年二十九夫歿撫子成立宗族鄉黨

無間言守節歷四十年
張氏　王先覺妻年二十二夫歿守節撫二子教之耕
讀年八十有二卒
宋氏　姜宗楨妻年二十四夫歿矢志靡他事孀姑孝
謹年六十餘以節終
吳氏　千總銜陳占龍妻年三十夫歿守節不渝撫遺
腹子來珍成立年七十餘卒
何氏　陳來珍妻年二十八夫歿矢志堅貞撫嗣子國
喬入成均奉孀姑吳生事葬祭悉如禮守節歷三十

二年
潘氏　儒士陳手球妻浠水給諫潘紹經之孫女年三
十夫歿守志撫孤性剛烈凜若冰霜見者無不敬畏
年五十餘以節終
胡氏　陳來安妻年二十四夫故勵志撫孤事舅姑盡
職守節十餘年卒
駱氏　陳漢成妻年三十夫故撫子開生家極貧茹蘗
飲冰終無變志族人咸欽慕焉苦節三十年卒
李氏　胡惟坤妻年二十九夫歿紡績撫孤守節二十

二年卒　以上六十九名俱陳台錄
陳氏　龔錦從妻年二十八夫歿撫子中敬中寶俱入
成均守節歷五十一年
高氏　太學生龔愷妻年二十夫歿子必坦甫四歲撫
之成立入成均事翁姑及兩繼姑均以孝著苦節五
十五年
黃氏　龔時佐妻年二十九夫疾篤刲股以救不起撫
嗣子湛成立入成均苦節四十六年
陳氏　儒士龔本高妻年二十四夫殞難撫嗣子立型

視如已出守節歷三十年
毛氏　龔本深妻年二十六夫歿子松年甫三歲撫之成立苦節五十八年
毛氏　龔立春妻年二十七夫歿撫孤元珠家貧窘不易其悽苦節巳三十年
陳氏　儒士龔元興妻年二十三夫歿無子立姪中全爲嗣以節終
董氏　儒士龔元煌妻年二十六夫歿家甚貧乞食撫兩孤成立以苦節終

程氏　周均美妻年二十四夫歿遺孤遇有甫兩歲撫之成立守節歷三十八年
龔氏　周正心妻年二十六夫故遺子際時方三歲竭力撫養守節歷四十六年
吳氏　梅光明妻年二十七夫歿家貧遺子尙德甫一月撫之成立備嘗辛苦守節歷三十年
陳氏　龔立紹妻年二十七夫歿撫子元香成立守節歷三十八年
龔氏　駱秀廷妻年二十九夫歿孝事翁姑教二子以正苦節歷三十三年
周氏　龔爲章妻年二十八夫歿長子能萬甫五齡次子遂懷係遺腹生氏苦心撫之守節歷三十二年
何氏　龔均沾妻年二十四夫歿子曉東尙幼家甚貧親操井臼備受艱辛苦節五十七年
胡氏　龔立恕妻年二十四夫歿無子立姪元科爲嗣娶媳王氏生子中琦甫一周科忽逝王氏痛不欲生因姑勸慰始含淚撫孤娶裴氏女爲婦生子三不數年琦又故裴氏年二十八歲亦繼兩姑志均以節終

李氏　龔元壽妻年二十七夫歿撫子中才中有成立苦節五十八年
蔡氏　龔承交妻年二十四夫歿撫子中義中用成立家甚貧備歷艱苦以節終
葉氏　龔元恒妻年二十八夫歿無子立姪中瑩爲嗣苦節五十餘年
鄒氏　郭步元妻年十九夫歿遺孤肇弼甫周歲撫養教讀授室後尋卒媳曾氏年二十四亦守志氏與撫孫西闇並遺腹孫西僂俱成立氏苦節五十八年卒

媳年七十三曾孫光斗武生

吳氏　蔡世瑞妻年二十一夫歿無子立姪際五爲嗣授室後尋卒媳陳氏年二十八亦守志撫遺孤興杰興善成立吳守節三十六年卒陳年五十有八

陳氏　蔡道長妻年二十夫歿遺孤世龍甫一齡家極貧氏乞食撫養之苦節四十五年

詹氏　蔡堯階妻年二十四夫歿遺孤駿佳甫五月教養成人事舅姑甘旨不缺守節歷三十三年

姜氏　蔡興魁妻年二十四夫歿無子立姪巨觀爲嗣

苦節三十六年

陳氏　蔡世强妻年二十四夫歿撫子際隆延師課讀備極勤劬以節終

孫氏　蔡惟善妻年二十七夫歿撫遺孤際昌尙幼家極貧氏攜際昌乞食備嘗艱苦以節終

吳氏　從九銜張純俊妻年二十七夫歿無子立姪輝楚爲嗣延師課讀守節三十年

王氏　蔡際明妻年二十九夫故家貧日以紡績自給撫子登甲登鰲俱成立苦節六十七年

王氏　蔡道宗妻年二十九夫歿遺孤廷蕃映丹兆松俱幼氏支持家務延師課讀次子映丹成諸生守節四十七年卒

馬氏　蔡廷蕃妻年二十八夫歿無子立夫弟兆松長子遇春爲嗣守節三十三年

陳氏　蔡映丹妻年二十八夫歿無子立夫弟兆松次子德純爲嗣守節三十三年

駱氏　裴逵菘妻年二十九夫歿撫子成立苦節五十

二年

張氏　裴善格妻年二十三夫歿家貧撫子苦節三十四年

劉氏　蔡世富妻年二十五夫歿撫孤定邦暢懷俱能成立家甚貧紡績度日守節已五十年

孫氏　張文煥妻年二十九夫歿遺孤育宜甫三月勞心撫養備極勤劬以節終　以上三十五名龔宗遂錄

王氏　蔡世榮妻年二十七夫歿家貧紡績度日撫子際富成立以苦節終　以下龔宗遂稾已失

王氏　宋克成妻年二十七夫歿撫子成立守節歷三

十一年

胡氏　蔡期效妻年十七于歸數年夫得嘔血疾氏刲股和藥以進乃愈及二十八歲夫病又篤氏復刲股救之卒不起遂柏舟自誓上事下撫孝慈兼盡以節終

徐氏　陳矩禮妻年二十一夫歿撫二歲孤榮泰成立孝舅姑勤紡績苦節六十六年

胡氏　姜祖輝妻年十八夫歿撫孤誓不他適守節歷五十二年

何氏　儒士蔡理素妻年二十五夫歿矢志靡他始終如一守節歷三十七年

陳氏　吳廷展妻年二十八夫歿撫子漢昭授室旋卒復與寡媳同撫弱孫守節歷三十年

陳氏　張長先妻年二十餘夫歿家窘甚有欲奪其志者氏截髮毀容誓不改適行乞以撫遺孤備嘗艱苦守節歷三十年

李氏　吳祖皋妻年十七于歸十九歲夫歿撫遺腹子德盛成立苦節六十六年卒

陳氏　吳必昌妻年二十夫歿撫孤正焱成立苦節四十年卒

劉氏　諸生陳之原繼妻年二十九夫歿遺孤幼殤撫夫前室子命文慈嚴兼盡勉就儒業守節歷三十一年

童氏　張善文繼妻年二十二夫故守志事翁姑以孝聞撫孤子慈嚴兼盡家頗饒措資修橋周濟隣里守節三十一年

田氏　生員江新藻妻年二十九夫歿矢志撫孤守節三十年

龔氏　江金至妻年二十七夫歿守節　年

陳氏　吳蓺林妻年二十八夫歿守節十九年卒

馬氏　方執兆妻年二十四夫歿守節三十三年

陳氏　裴紹蘭妻年二十九夫歿守節三十三年

王氏　何壽綿妻年二十六夫歿守節三十七年

龔氏　陳佑德妻年二十夫故守節五十八年

林氏　貢兆江妻年二十九夫故守節四十一年

孫氏　貢艮富妻年二十六夫故苦節三十餘年卒

張氏　汪益亨妻年三十夫故苦節四十年

蔡氏　陳壽卿妻年二十五夫故守節二十五年

田氏　操宗誌妻年二十三夫隨團勇禦賊陣亡氏矢志撫孤開甲入成均守節三十年

余氏　明咸亨妻年二十二夫故撫孤月來成立守節六十一年

張氏　王源珍妻年廿七夫故撫孤玉堂成立捐州同銜守節三十餘年

田氏　查昌敏妻年二十二夫故矢志靡他事舅姑孝

謹立弟業文長子宗紹爲嗣守節三十二年卒

詹氏　查嗣蘭妻年二十九夫故孝奉翁姑始終不倦子二克環漢翔均列太學苦節四十九年卒

蘄州志卷之二十二

知蘄州事嶺西封蔚礽纂修

人物志

列女新增

未旌節婦

龔氏　張復雅妻年二十一夫歿遺孤甫三月氏上事下撫紡績度日苦節三十一年

程氏　儒士吳必儒妻年二十六夫歿撫孤子正太成立守節歷三十二年

余氏　吳必恭妻年二十八夫歿遺孤正商甫十月撫之成立守節歷三十二年

駱氏　千總吳得發妻年二十八夫歿於省垣氏奔喪扶櫬極盡其哀撫孤子正鑫成立事嗣姑惟謹以節終

陳氏　蔡道久妻年二十九夫歿無子立姪語階爲嗣苦節二十六年卒

汪氏　儒士吳必雨妻年二十五夫殉難氏甘心守志事姑孝姑病篤割股和藥以進即愈撫孤正浩成立

苦節二十二年卒

陳氏　吳必貞妻年二十八夫歿撫孤子正純成立守節歷三十三年

龔氏　張艮進妻年二十四夫歿撫二子成立守節歷三十二年

黃氏　龔中書妻年二十六夫歿撫嗣子正科成立苦節歷三十五年

龔氏　張習高妻年二十九夫歿撫七歲孤紡績度日苦節歷五十二年

龔氏　張星回妻年三十夫歿家貧撫孤苦節四十餘年卒

李氏　張萬驄妻年二十五夫歿孤子三苦心撫養事翁姑以孝苦節四十五年卒

湯氏　張錫疇妻年二十五夫歿家極貧艱苦撫孤守節二十餘年卒

華氏　蔡萬邦妻年二十八夫歿無子撫姪名台爲嗣苦節六十年卒

張氏　蔡際枝妻年二十九夫歿守節歷四十年

陳氏　蔡世珠妻年二十八夫歿矢志守節年八十三卒　以上十六名俱龔宗遂錄

孫氏　李有發妻年二十九夫歿撫孤成立守節歷三十年

程氏　呂廷璧妻年二十三夫歿撫孤成立守節歷四十年

高氏　呂熊綑妻年二十三夫歿以姪渭江爲嗣守節歷三十六年

蕭氏　田復全妻年二十二夫歿遺孤甫六月撫之成立守節歷二十六年

李氏　余嶽順妻年二十八夫歿撫孤北川成立事姑以孝守節歷三十年

詹氏　余泰花妻年十九夫歿孤嶽學甫半歲氏紡績撫養守節歷三十三年

高氏　石鴻猷妻年二十六夫歿矢志撫孤守節歷四十六年

黃氏　儒士華相恒妻年二十夫歿家貧甚女紅自給守節歷五十年

干氏　陳大林妻年廿七夫歿以姪秉貞爲嗣守節歷三十四年

田氏　洪自温妻年二十九夫歿撫孤成立守節歷二十六年

李氏　張福海妻年二十六夫歿事翁姑以孝聞撫二子成立長子志興受室旋卒媳吳氏時年二十四姑婦氷霜共凛人稱雙節

方氏　邱伯連妻年二十七夫歿事姑撫子孝慈兼盡守節歷四十一年

方氏　太學生邱光學妻年二十九夫歿勤儉持家不吝施與人咸稱之以節終　以上十五名合下二名俱洪安淵錄

方氏　王錫珍妻年二十五夫歿守節歷四十九年

張氏　王源洙妻年二十四夫歿苦節歷四十二年

裴氏　陳信鍾妻年二十三夫歿矢志柏舟備歷艱苦撫嗣子手應課讀嚴肅苦節三十四年卒

馬氏　陳信淵妻年二十八夫卒茹苦守志撫二子成立守節歷三十三年

吳氏　陳協從妻年二十九夫故撫子占麟占援成立苦節四十一年卒

詹氏　柳百智妻年十九夫故家貧守志人無間言卒年九十有一

蔡氏　柳榮惠妻年二十二夫故守志不渝苦節歷四十一年

梅氏　柳榮福妻年十九夫歿氷霜自矢窮且益堅守節歷四十五年

陳氏　柳榮曙妻年二十八夫故勵志守節卒年七十有一

劉氏　臯照磨銜陳石亭妻年二十九夫寢疾焚香告天祈以身贖刲股和藥救之不起矢志守節撫子來煜成家卒年八十有二

張氏　王守正妻年二十夫故家貧甚紡織撫孤守節歷三十六年

田氏　王守太妻年二十二夫故孝事舅姑撫二子成立苦節四十八年卒

曹氏　王守玉妻年二十九夫故撫二子事舅姑孝慈並著守節歷五十年

張氏　姜宗講妻年二十三夫故撫姪爲嗣矢志不變年七十四卒

陳氏　姜宗理妻年二十一夫故孝事舅姑始終如一守節歷二十九年

王氏　姜宗穀妻年二十一夫歿矢志不渝事翁惟謹苦節二十一年卒

張氏　談發楷妻年二十九夫故撫遺孤成立守節歷二十餘年

吳氏　陳占頤妻年二十八夫被賊擄不屈死氏聞之

痛哭哀毀守志撫嗣子來易成家以苦節終

柳氏　陳來賀妻年十九夫故撫子中心成立守節歷四十五年

郭氏　陳連善妻年二十二夫故撫嗣子會泗成立守節歷四十四年

何氏　陳占向妻年二十八夫歿撫子來忠成立守節歷四十一年

姜氏　陳忠著妻年二十八夫歿撫三子成立敬事翁姑家極貧無怨色後孫曾林立五代同堂人以爲苦節之報

王氏　陳信容妻年二十二夫故無子父母欲奪其志氏截髮自矢撫姪爲嗣孝事舅姑親操井臼卒年八十有二

徐氏　陳標貴妻年二十四夫故撫三歲孤成立事舅姑以孝著苦節五十餘年卒

冷氏　王巨川妻年二十四夫歿撫子成立守節歷三十年

石氏　陳鳳翔妻年二十一夫歿撫嗣子來祜成立苦

節三十八年卒　以上二十四名俱陳台錄

張氏　許來儀妻年二十五夫故家貧守志事姑以孝聞撫孤成立苦節四十二年

王氏　張英賢妻年二十六夫歿矢志撫孤井臼親操艱苦備歷卒年六十有八

陳氏　張起順妻年二十五夫歿矢志靡他撫遺孤成立事翁姑恪執婦道守節四十三年

陳氏　張育楚妻歲貢生孔皆之女年二十五夫卒事翁姑奉養周至撫二子成立苦節三十一年

萬氏　張文芳妻年二十四夫歿撫遺孤恩勤備至奉翁姑惟謹苦節五十年

江氏　陳紹進妻年二十一夫歿誓守義撫孤成人受室旋卒又與孀媳周氏撫弱孫恩勤備至守節四十年

華氏　周正樸妻年二十六夫歿遺孤甫二齡紡績自給撫之成人卒年八十有三

汪氏　陳則安妻年二十八夫卒撫嗣子如己出至持家政具有條理守節三十三年

陳氏　張時敏繼妻年二十五夫歿家事倥傯氏操內政無少暇時翁姑與夫尚在殯賴氏竭力安厝撫前子及己子鞠育無異苦節三十一年

伊氏　張曉蘭妻年二十九夫故撫姪爲嗣守節三十二年

鄒氏　張映蓮繼妻年二十四夫歿誓以節終撫嗣子如己出翁姑相繼逝有欲奪而嫁之者氏勵志益堅苦節五十一年

謝氏　上庠生張克承妻年二十七夫歿遺孤甫二齡矢志撫孤事翁姑以孝聞延師課子姪供饌豐潔始終罔懈苦節三十五年子鸞廪生姪慶翎舉人

明氏　上庠生陳佑池妻年二十六夫故遺孤尚在襁褓撫之成人苦節三十六年

吳氏　貢肇基妻年二十八夫歿親屬欲奪其志氏截髮毀面誓死不從卒年八十有七孫琨庠生

胡氏　貢斯琦妻年二十七夫歿遺子兆釗纔周歲氏忍死撫孤俾得成立卒年七十有五

繆氏　貢盈楚妻年二十九夫故撫子奉姑孝慈兼盡

卒年七十有八

田氏　郝康濟妻年二十五夫歿矢志撫孤足不踰閾守節五十年卒

康氏　貢啟訓妻年二十五夫歿長子甫五齡次遺腹生家貧勤紡績以自給撫之成立苦節五十一年卒

陳氏　貢昌華妻年二十九夫故遺孤二矢志冰霜始終不變卒年八十有一

繆氏　郝朝鈍妻年二十七夫故遺孤延純僅二歲撫之成人苦節三十九年卒

胡氏　郝廻純妻年二十五夫歿子幼家貧哀毀守志與姑繆氏爲兩世清節卒年六十有七

吳氏　郝延全妻年二十九夫歿遺孤皆數齡矢志撫養拮据萬狀之死靡他及諸子成立教以勤苦家遂稱素封焉卒年八十有一

董氏　郝勝容妻年二十九夫歿遺孤纔半歲撫之成立慈濟以嚴卒年七十有五

陳氏　許世蓁妻年二十八夫歿撫遺孤成立艱苦備嘗守節歷四十年　以上二十四名俱許來獻錄

何氏　孫文濟妻年二十八夫故守節五十年卒

梅氏　孫文炳妻年二十五夫故守節三十五年卒

梅氏　孫文旭妻年三十夫故守節四十一年卒

王氏　孫時稻妻年二十九夫故守節四十年卒

裴氏　儒士孫典三妻年二十八夫卒事舅姑以孝聞撫二子成立長映雪補諸生守節歷三十六年

吳氏　何世誦妻年二十七夫故茹苦撫孤教讀不輟卒年六十有三

張氏　許楚池妻年二十九夫歿姑老家貧藉指工以佐甘旨苦節六十四年卒

黄氏　鄧自煌妻年二十二夫歿事舅姑能得歡心治家肅穆以詩禮教二子守節二十年卒孫時敏桂俱諸生

吳氏　太學生鄧德鵠妻年二十八夫歿矢志堅貞苦節歷五十年

胡氏　鄧自現妻年二十四夫歿姑年老曲意承歡撫兩孤成立守節三十二年卒

龔氏　詹象春妻年二十八夫歿母弟欲奪其志誓不從二十年未嘗歸省事翁盡禮厥後氏病革幼子樂

奇刲股救愈守節五十四年卒

劉氏　諸生詹文景妻年二十六夫故事繼姑撫幼子孝慈聞於宗族守節二十五年卒

周氏　詹樂德妻年二十七夫故家貧從叔欲奪其志氏截髮自矢負子行乞以養舅姑族人嘉其節朋穀助之守節歷三十一年

何氏　胡希道妻年二十二夫故翁以家貧勸改適誓死不從茹蘖飲冰撫遺腹子成立守節歷三十八年

鄧氏 太學生駱驊妻年二十八夫故教子善甫成立守節歷五十一年

胡氏 繆啟服妻年二十六夫故素貧乏負孤行乞以養孀姑守節歷三十六年

胡氏 涂德全妻年二十八夫故姑老子幼家極貧終無變志守節歷三十六年 以上十七名俱陳台錄

明氏 管世才妻年二十四夫歿以姪爲嗣柏舟自矢守節歷三十年

程氏 管風雅妻年二十五夫歿撫孤柏軒成立孝事

翁姑松筠比操守節歷四十二年

高氏 管錫男妻年三十夫歿撫三子成立事姑以孝守節歷五十六年

邱氏 管宜貞妻年二十四夫歿矢志撫孤守節歷四十六年

吳氏 余宏亮妻年二十七夫歿家貧窶矢志撫孤族有逼之他適者氏以死誓乃免苦節歷五十四年

江氏 石鴻玉妻年二十五夫歿子二俱幼氏安貧撫養辛苦備嘗守節歷四十八年

張氏 石錦雲妻年二十二夫歿無子以姪爲嗣矢志撫養治家有法守節歷六十一年

洪氏 陳大松妻年二十八夫歿遺孤復卒以姪孫爲嗣紡績撫養矢志不移守節歷四十二年 以上八名俱洪安瀾錄

汪氏 李先翥妻年二十七夫歿以節終次子有桂早世次媳陳氏亦苦節終身

王氏 童述鑄妻年二十二夫歿撫子成立守節歷六十年

張氏 李以臨妻年二十二夫歿撫嗣子成立苦節歷

二十七年

趙氏 李位東妻年二十三夫歿撫二子成立苦節歷五十餘年

諸氏 太學生朱衣點妻年二十五夫歿撫子麗金成名苦節歷三十年

鄧氏 李本宜妻年二十六夫歿撫子啟源貢成均苦節歷三十四年

趙氏 朱溥煌妻年二十六夫歿無子矢志靡他守節歷三十一年

田氏　宋得勝妻年二十七夫歿撫孤成立苦節歷二十八年

方氏　汪光后妻年二十七夫歿撫三子成立守節歷二十九年

石氏　黃前治妻年二十七夫歿撫子成立守節歷四十四年

余氏　朱國榮妻年二十五夫故撫子成立年八十二卒

田氏　黃前寅妻年二十八夫歿撫子成立守節歷三十年

張氏　方洪儀妻年二十八夫歿事姑孝敬撫三子成立守節歷三十六年

王氏　朱衣德妻年二十八夫歿家極貧孝敬後姑立姪爲嗣苦節歷四十三年

朱氏　陳時哽妻年二十八夫歿撫子成人守節歷二十五年

查氏　陳時訓妻年二十八夫歿撫嗣子成立守節歷二十七年

阮氏　李有條妻年二十九夫歿撫嗣子成立苦節歷四十年

張氏　陳明恩妻年二十九夫故無子誓不他適苦節歷三十九年

徐氏　童敢木妻年二十九夫歿撫孤成立守節歷四十八年

張氏　朱本信妻年二十九夫歿撫子源汪入成均苦節歷三十年

季氏　陳兆元妻年二十九夫歿撫孤成立守節歷五十二年

吳氏　李同山妻年二十九夫歿撫二子成立苦節歷三十九年

王氏　朱光耀妻年二十九夫歿家貧甚撫子成立備嘗艱苦守節歷五十九年

孫氏　陳榮發妻年二十九夫歿孝事孀姑撫二子成立守節歷三十二年

朱氏　張國厚妻年二十八夫歿撫四子成立苦節歷五十六年卒

趙氏　許賓珍妻年二十八夫歿撫子成立守節歷四十年

樂氏　黃前亥妻年二十一夫歿撫子成立守節歷三十年

蔡氏　徐師陶妻年二十五夫歿孝事翁姑紡績不怠撫二子成立守節歷四十二年

張氏　徐士儀妻年二十六夫歿家窘甚伯叔等欲奪其志誓死不從撫孤子倫才成立苦節歷四十年

洪氏　高序燕妻年二十七夫歿矢志撫孤倍歷艱苦

守節歷四十年

查氏　李肇基妻年二十六夫歿撫遺腹孤成立苦節歷二十四年

王氏　陳環材妻年二十八夫歿撫子興貴成人授室後旋卒媳范氏時年二十三歲王守節歷三十二年范守節二十年

張氏　陳時煥妻年三十夫歿孝奉老翁撫子成立苦節歷三十八年

黃氏　王博明妻年二十七夫歿孝養孀姑撫子育孫

苦節歷四十五年

曹氏　孫興師妻年二十二夫歿撫孤成立苦節歷三十年

毛氏　朱其祥妻年二十六夫歿撫遺腹孤成立苦節歷三十一年

甘氏　陳殿邦妻年二十六夫歿家極窘撫孤成立苦節歷四十六年

李氏　陳佐周妻年三十夫歿撫二子成立苦節歷三十一年

李氏　陳開益妻年二十七夫歿孝事翁姑撫子成立苦節歷五十一年

吳氏　陳環新妻年二十夫歿孝奉老翁撫遺腹子成立守節歷四十八年　以上四十名俱袁秀升錄

胡氏　彭聯芳妻年二十八夫歿撫孤成立年七十三卒

詹氏　汪忠訓妻年二十六夫歿撫孤成立守節歷六十八年

吳氏　陳受和妻年十九夫歿撫嗣子成立守節歷五

十三年
駱氏　陳干賔妻年二十八夫歿撫孤成立守節歷四
十五年
曹氏　汪益騏妻年二十夫歿撫嗣子成立守節歷五
十四年
吳氏　汪益亭妻年二十四夫歿撫嗣子成立守節歷
六十年
鄧氏　汪益㮾妻年二十七夫歿撫孤成立守節歷三
十一年
朱氏　陳蹤儒妻年三十夫歿撫孤成立守節歷二十
五年
石氏　汪能哲妻年二十夫歿撫孤成立守節歷六十
年
田氏　汪能暹妻年二十九夫歿撫孤成立守節歷二
十二年
石氏　柯道燀妻年二十一夫歿撫孤成立守節歷五
十七年
田氏　張垂長妻年二十九夫歿家貧紡績撫孤苦節

歷四十一年
曹氏　張後龍妻年二十六夫歿撫孤成立守節歷三
十五年
陳氏　儒童胡漢從妻年二十四夫歿撫孤成立守節
歷四十三年
廖氏　儒童孫兆奎妻年二十六夫歿守節十一年卒
王氏　孫習和妻年二十九夫歿撫孤成立守節歷四
十二年
汪氏　孫士柬妻年三十夫歿撫猶子爲嗣守節歷三
十四年
張氏　孫士伸妻年三十夫歿撫孤成立守節歷四十
六年
張氏　孫曉春妻年二十六夫歿撫孤成立守節歷五
十一年
何氏　儒童孫掄元妻年二十八夫歿撫孤成立守節
歷二十七年
田氏　儒童孫峻峰妻年三十夫歿撫孤成立守節歷
五十六年

陳氏　孫時純妻年二十六夫歿撫孤成立守節歷六十二年

余氏　孫肇功妻年二十六夫歿撫猶子爲嗣守節歷三十五年

鄭氏　曾啟學妻年二十四夫歿撫猶子克箕爲嗣箕年二十四卒媳吳氏承志守節鄭年七十七吳守節亦二十餘年

朱氏　張垂訓妻年二十九夫歿撫猶子爲嗣守節歷三十年

陳氏　胡啟登妻年二十九夫歿撫猶子爲嗣守節歷五十三年

詹氏　胡善先妻年二十九夫歿撫孤成立年八十四卒

田氏　胡賢爵妻年三十夫歿撫孤成立守節歷三十七年

洪氏　孫若嵐妻年二十七夫歿茹苦撫孤年七十六卒

陳氏　孫義從妻年二十八夫歿茹苦撫孤守節歷三十二年

陳氏　孫守法妻年二十八夫歿撫孤成立年六十卒

陳氏　汪崇和妻年二十八夫歿撫孤成立守節歷五十四年

田氏　儒童孫重崑妻年三十夫歿撫孤成立守節歷五十四年

范氏　太學生胡品高妻年二十九夫歿撫孤成立守節歷三十餘年　以上三十四名俱黄奉棨録

黄氏　儒士陳受鵬妻年三十夫歿遺孤甫十歲撫之成立事翁姑以孝閱年八十四以節終　陳子蓉録

龔氏　蔡際興妻年二十八夫故撫孤成立茹苦守貞卒年六十有九　陳台録

王氏　李先智妻年十九夫歿家貧紡績養親深宵課子遇鄰里有貧困者輒爲推解守節歷四十一年

嚴氏　李中吉妻年二十六夫故家貧親操井臼勤紡績以奉高堂撫孤成立苦節歷三十一年

王氏　太學生吳國洪妻年二十五夫歿撫三子成立備嘗艱苦同治三年髮賊猝至氏恐被辱投姜家橋

水中賊退近地人救之始蘇苦節二十八年

劉氏　王錫袞妻年二十一夫歿事翁姑孝養克盡事祖姑亦如之家貧敎子讀書心力俱瘁苦節歷三十九年

郭氏　王錫祜妻年十八夫歿家貧勤紡績以事姑世盡婦道撫孤成立苦節歷三十七年

邵氏　魏家華妻年二十九夫故事姑惟孝家雖貧窘而旨甘不缺於供敎子光潤勤學紡績奉師光緒戊寅學憲梁取入脩生苦節歷四十餘年

張氏　吳仁基妻年二十六夫歿撫子成立訓以詩書苦節歷四十九年

熊氏　黄思念妻年二十九夫歿家貧事姑孝謹撫子成立苦節歷二十八年

張氏　李澤億妻年十五歸李甫百日夫外出客死矢志守節足不踰閾家貧勤紡績以事翁姑撫嗣子裕後成立苦節十八年卒

吳氏　李永明妻年二十九夫故家貧撫子成立苦節歷三十二年

葉氏　高序璋妻年二十五夫卒時氏有遺腹未卜男女以夫兄次子長久爲嗣後四月復產一子勤儉持家並撫成立現年六十五歲

李氏　張慶先妻年二十二夫故遺子二不數年長子歿撫次子成立苦節歷三十四年

張氏　劉一燃妻咸豐三年燃遭兵戕甃氏年二十九矢志堅貞撫孤成立苦節歷三十年

董氏　柯耀鳳妻年二十七夫故撫二子成立苦節歷三十六年

張氏　方洪貴妻年二十九夫歿家貧撫孤成立苦節歷三十餘年

駱氏　蔡德興妻年二十八夫歿家貧撫子成立尋卒又撫孫成人守節歷五十年

王氏　蔡永環妻年二十七夫故家貧子幼翁早世環又無兄弟氏茹苦含辛撫之成立守節歷三十二年

汪氏　蔡德廣妻年二十一夫歿守志以節終

張氏　李永富妻年二十九夫歿撫遺孤三次文才從軍陣亡孫德松承襲雲騎尉氏守節四十四年

朱氏　太學生呂熊模妻年二十九夫故二子俱殤撫姪爲嗣未幾子與媳相繼逝僅遺童孫撫之成立守節歷三十九年

吳氏　羅有志妻年二十八夫故孝敬翁姑苦節歷四十二年

董氏　杜自端妻年二十三夫歿家極貧孝事翁姑竭力供養苦節歷四十九年

董氏　孫興發妻年二十二夫歿矢柏舟志足不履閫苦節歷三十三年

張氏　董盛性妻年二十九夫歿守節歷四十五年

劉氏　周敦厚妻年二十八夫故家貧守志恪盡婦道苦節歷二十八年

田氏　增生吳煥雯妻年二十九夫故敬事祖翁撫孤成立苦節歷二十八年

丁氏　李有裕妻年二十五夫故敬奉翁姑撫子成立苦節歷五十年

劉氏　儒童李季周妻年二十六夫歿痛不欲生側嫂力勸乃止孝事舅姑撫孤保齡成立以軍功得藍翎外委苦節歷三十七年

葉氏　李滋發妻年二十八夫歿守志撫三孤成立苦節歷四十八年

蘇氏　李行健妻年二十九夫歿紡績度日撫二子成立年七十二卒

吳氏　張萬詩妻年二十九夫故孝奉翁姑撫二子成立苦節歷三十五年

駱氏　高庠時妻咸豐七年賊匪竄蘄庠遇害氏年二十八無子矢志守節翁年七十餘事之惟謹有勸其

改適者氏以大義責之遂斷髮自誓終身不歸母家撫嗣子立德成人苦節二十六年

胡氏　高庠量妻年二十四夫故哀哭喪明矢志養姑撫遺腹子立頫成人雖家貧目瞽猶躬操井臼苦節歷二十六年

尹氏　高庠盛妻年二十六夫故家極貧撫二子成立備嘗艱辛苦節歷五十年

汪氏　陳如方妻年二十五夫故守節歷三十六年

李氏　陳嘉德妻年二十八夫故守節歷二十七年

余氏　高庠安妻年二十八夫故撫孤成立事翁姑以孝聞年六十八卒

蘇氏　沈彩賓妻年二十八夫故撫孤成立守節歷三十七年

王氏　沈鳳山妻年二十九夫故家貧撫孤倍歷艱辛守節歷二十三年　以上三十九名俱袁秀升錄

程氏　陳兆元妻年二十二夫故守節歷三十五年

邵氏　陳學先妻年二十八夫故針黹度日守節四十年卒

李氏　胡兆春妻年三十夫故撫孤子宴蟠成諸生守節歷三十五年

江氏　汪樂則妻年二十五夫故家極貧紡績度日守節歷五十六年

石氏　儒士王易桓妻年二十三夫故撫嗣子成立姑病割股救之守節四十八年卒

張氏　王普環妻年二十八夫故伯叔欲奪而嫁之氏剪髮佯狂誓以死守家貧乞食養姑撫子守節歷二十四年

游氏　上庠生王佳鵠妻年二十九夫故事翁姑以孝聞守節歷二十一年

李氏　王艮勝妻年二十二夫故守節歷四十四年

吳氏　王艮俊妻年二十八夫故閒靜少言課子耕讀守節三十八年卒

李氏　王存浙妻年三十夫故艱難萬狀毫無怨言守節歷二十六年

程氏　王存浩妻年二十九夫故守節歷三十年

詹氏　王艮朋妻年二十四夫故家貧子幼倍歷艱辛年七十九以節終

田氏　儒童汪國政妻年二十九夫故養姑撫子孝慈兼盡守節歷三十二年

周氏　王艮金妻年二十八夫故紡績自給守節歷三十一年

熊氏　儒童王艮緣妻年二十夫歿零丁孤苦倍歷艱辛守節五十七年卒

汪氏　王艮續妻年二十九夫故姑老子幼艱苦備嘗守節歷四十年

洪氏　高介福妻年二十三夫故孝養翁姑撫孤成立守節歷三十年

朱氏　王鳳鸞妻年三十夫故支持家務孝養翁姑守節歷四十三年

胡氏　管澤元妻年二十二夫故性循謹不苟言笑鄰里貧乏者必周卹之守節歷三十一年

陳氏　何世仁妻年二十七夫故家徒四壁俯仰無資氏孝養翁姑撫孤成立苦節歷五十年

某氏　李紹麒妻年二十七夫故翁姑相繼逝喪葬如

禮撫孤子成立苦節歷四十六年原稿失姓

龔氏　何名揚妻年二十九夫歿家貧撫孤成立平居雖鄰里未有識其面者苦節歷四十七年

李氏　黄顯廷妻年二十八夫故撫子聯榮成立守節四十年卒

萬氏　陳顯友妻年二十六夫故撫孤子佑仁授室尋卒媳周氏年二十一亦守志氏與撫孤孫二不失耕讀業萬卒年七十有二周卒年五十有八

黄氏　許紹鎔妻年二十五夫故遺孤甫數月撫之成立受室後旋卒媳段氏亦能承姑志氏守節歷三十一年

周氏　許融階妻年二十五夫故誓以身殉念孀姑垂老遂延殘喘以紡績佐甘旨晚歲稱小康爲苦節歷三十餘年

郭氏　陳懋椿繼妻年二十六夫故遺一子未數月殤立姪爲嗣延師課讀俾得成立守節歷四十二年

傅氏　陳永振妻年二十一夫故誓以身殉姑泣諭之曰兒死我何依且亡者無後是兒責也乃强起進糜

粥撫姪世芑爲嗣姑卒喪葬如禮守節二十七年卒

閻氏　胡榮鳳妻年二十夫故遺孤纔四月撫之成立守節歷四十年

吳氏　繆大品妻年二十四夫歿姑老子幼撫事艱辛守節歷四十年

駱氏　繆大貴妻年二十七夫故孝事翁姑足不出閨閫以節終

吳氏　儒童駱沛駒妻年二十五夫故撫二子教養兼盡志凛冰霜守節歷三十四年

王氏　李從先妻年二十六夫死於賊氏矢志柏舟立
姪爲嗣守節歷二十四年
陳氏　胡作朋妻年二十四夫故苦節歷三十六年
許氏　萬誠煌妻年二十一夫故撫嗣子成立苦節歷
四十二年
朱氏　萬誠灼妻年二十五夫故遺孤纔八月撫之成
立守節歷三十八年
熊氏　太學生葉必謙妻年二十五夫故家貧紡績度
日守節歷三十七年　以上三十七名俱陳子蓉錄

胡氏　張復渾妻年二十夫歿守節歷三十年
李氏　張其本妻年二十五夫歿守節歷三十年
陳氏　張其瀛妻年二十九夫歿苦節三十九年卒
黃氏　張其巒妻年二十六夫歿苦節四十餘年卒
李氏　張元九妻年二十三夫歿守節三十九年
李氏　張元會妻年二十五夫歿守節歷三十年
方氏　張元位妻年二十九夫歿苦節歷四十三年
章氏　張元連妻年二十八夫歿矢志守貞以節終
章氏　張洪澤妻年二十四夫歿守節歷三十年

郭氏　張洪先妻年十八夫歿子方襁褓矢志苦守以
節終
饒氏　張洪恩妻年二十五夫歿備嘗艱苦以節終
胡氏　諸生張謨繼妻年二十七夫歿堅貞自守尤好
施與隣嫗貸輒應教子奐堂補諸生光緒六年奬
章氏　張元進妻年二十六夫歿守節五十五年卒
劉氏　張克樂妻年二十八夫歿以節終
朱氏　張效璋妻年二十夫歿守節歷三十年
李氏　徐名權妻年二十二夫歿守節五十八年卒

朱氏　伊昌景妻年十九夫歿苦節歷五十八年
李氏　張元鑾妻年二十夫歿孝養翁姑撫子成立守
節歷三十年
汪氏　盛廣學妻年二十八夫歿守節歷五十二年
伍氏　張元利妻年二十八夫歿守節歷五十二年
黃氏　張其駱妻年二十六夫歿守節歷三十年
黃氏　童滙錚妻年二十九夫歿孝事翁姑撫三子成
立守節歷四十六年
黃氏　童家泰妻年二十八夫歿子修忠甫十月多病

氏晝夜爲宗祏懼百計撫之迨後家人折釁艱苦異常安之如素守節歷二十四年

王氏　伊再商妻年二十九夫歿撫孤含華成立守節歷七十餘年五代同堂

江氏　伊德顯妻年二十一夫歿矢志撫孤荆釵素服歷四十餘年不懈以節終

袁氏　王昌榮妻年三十夫歿上孝下慈備嘗艱苦守節歷四十年

宋氏　伍義楷妻年二十六夫故遺藐孤二氏勤紡績

撫之成人守節歷五十七年

田氏　江楚珩妻年二十三夫歿無子守節歷五十七年

吳氏　洪自造妻年二十七夫歿立姪玉翼爲嗣守節歷二十六年

方氏　洪自勉妻年二十六夫歿立姪玉文爲嗣守節歷三十二年

龔氏　太學生甘時霖妻年十五于歸夫病篤刲股以救不起勵志守貞苦節歷五十二年

彭氏　王遠望妻年二十五夫歿孝奉孀姑撫子天錫成名守節歷五十九年

王氏　余泰安妻年三十夫歿遺孤一授室後旋卒與媳撫孫成立守節歷二十一年

王氏　優貢童啟倫妻年二十九夫歿奉兩代翁姑惟謹撫三子成立卒年七十有四長子家鵠歲貢生

鄒氏　高名揚妻年二十九夫歿勵志冰霜自甘茹苦守節十三年卒

王氏　王君義妻年三十夫歿遺孤甫七齡家人欲奪

其志潛投水得救始甦乞食奉姑里中稱孝以節終

丁氏　何顯奇妻年二十三夫歿孝養衰姑立姪全福爲嗣愛如己出守節三十一年

余氏　何延祉妻年二十四夫歿剪髮自誓撫子大廷成立守節五十二年卒

詹氏　何祚昇妻年二十七夫卒撫遺腹子成立守節三十八年

劉氏　董運德妻年二十九夫歿守節五十一年

伊氏　李文祥妻年二十七夫歿日抱遺孤泣於柩前

誓不改適家甚貧紡績度日守節十八年卒
余氏　王君華妻年二十六夫歿立姪克濟爲嗣守節三十七年
張氏　張榮才妻年二十八夫歿家窘甚藉女紅以供饘粥守節五十七年卒
徐氏　王聖璋妻年二十八夫歿無子立姪君勅爲嗣井臼親操不辭勞瘁守節四十年
熊氏　張洪漣妻年三十夫歿家綦貧藉指工以度日笑言不苟族里稱賢苦節五十年卒

章氏　張滏高妻年二十八夫歿撫孤成立艱苦備嘗守節四十七年
汪氏　王洪範妻年二十五夫歿孝奉孀姑撫孤定衡成立守節二十九年
顧氏　王遠福妻年二十九夫歿撫子洪荇洪蔚俱卒復撫孫成立守節四十五年
童氏　龔時元妻年二十六夫歿撫子本詩成立守節五十七年
嚴氏　鄭仕倫妻年二十九夫歿奉舅姑能得歡心撫子學先炳成立守節四十五年
陳氏　諸生楊衢興繼室年二十七夫歿事舅姑克盡婦道教子正鴻成立苦節三十餘年
李氏　王君俊妻年二十二夫歿勤苦操作事舅姑能得歡心守節三十餘年以癆疾卒
孫氏　陳佑椿妻年二十八夫歿守節歷三十六年
詹氏　張士緇繼妻年二十八夫歿誓不再醮撫孤成立苦節歷三十六年
張氏　張元厚妻年二十八夫歿守節歷四十五年

陳氏　陳文舒妻年二十一夫歿守節三十二年
徐氏　儒士鄧文猷妻年十九于歸越三載夫故遺孤道生僅歲餘後教之補衛守備孫枝林立氏以節終
萬氏　職員張紱之妻年廿六夫歿守節三十四年卒
陳氏　丁定位妻年二十六夫歿守節三十九年
葉氏　劉啟友妻年二十四夫歿守節四十一年卒
鄢氏　李大剛妻年二十九夫歿守節四十六年卒
方氏　楊奎興妻年二十八夫歿守節三十九年
張氏　楊仁興妻年二十五夫歿守節六十二年

張氏　楊溥興妻年二十八夫歿守節二十四年卒
雷氏　職銜楊大眉妾年二十七夫歿守節三十六年
蔡氏　劉瞻堂妻年二十四夫歿守節三十九年卒
董氏　劉鄧堂繼妻年三十夫歿守節二十二年卒
鄧氏　葉本蓉妻年二十夫歿守節三十二年
董氏　葉本鈞妻年二十四夫歿守節三十八年
李氏　葉坤厚妻年二十三夫歿守節四十六年
張氏　朱宗棠妻年二十八夫病刲股以救卒不起撫
孤開祜開福成立家聲霍霍鄉里咸謂苦節之報云

游氏　趙卉東妻年二十九夫故守節五十六年
童氏　韓春亭妻年十九夫故守節五十二年
陳氏　黃全禮妻年二十八夫歿守節三十四年
侯氏　鄧昌洋妻年二十二夫故守節三十七年
伍氏　曹復信妻年廿八夫歿水霜自矢鄉里稱賢守
節三十四年
王氏　伍傳富妻年二十二夫故守節四十二年
呂氏　夏序友妻年二十七夫故遺子僅八月撫養成
立苦節四十年

劉氏　夏嘉會妻年二十八夫故遺子二長六齡次遺
腹生教養成立苦節三十六年
鄧氏　高佐朝妻年二十夫故遺子甫七齡教養成立
苦節四十六年
張氏　張玉福妻年二十七夫故事瞽姑撫孤備歷艱
辛苦節三十七年
黎氏　周正義妻年二十九夫故堅貞自矢撫孤成立
苦節三十五年　以上六十一名合下四名俱王祖植錄
熊氏　鄧紹柳妻年二十九夫故苦節五十七年

李氏　鄧雲章妻年二十四夫故苦節五十六年
王氏　太學生鄧翊鵠妻年二十于歸甫年餘夫以攻
苦成疾卒撫七日遺孤一歲殤立姪祖訓爲嗣七齡
復殀氏以刃自刺其項氣幾絶姑葉救始甦諭以更
爲立後氏感姑言遂忍死守志以節孝稱
胡氏　田正發妻年二十七夫歿守節三十九年
何氏　查昌笏妻年二十九夫歿撫嗣子繩其成立守
節二十餘年卒朱鼎元錄
葉氏　陳錦榮妻年十九夫歿撫孤成立守節歷四十

二年許來獻錄

徐氏　查昌瑗妻年二十夫故踰年姑亦卒氏奉翁克孝撫嗣子鴻成諸生苦節三十三年卒　合下趙氏朱鼎元錄

趙氏　柯瑞寬妻年二十二夫故苦節五十六年卒

鄧氏　童惟德妻于歸甫四月夫歿撫嗣子飲食教誨逾於己生苦節歷三十餘年

田氏　童家溥妻年二十二夫故孝事翁姑教孤子嚴慈兼盡守節歷三十年

張氏　童家駒妻年二十一夫歿事翁姑孝謹教孤子

董氏　劉晝艭妻年十八夫故撫嗣子如己出教養成出就外傅束脩之資悉出針黹苦節歷三十餘年立守節歷四十一年

張氏　職員楊大森妻年十九于歸隨侍翁昆山於襄陽學署恪盡婦職翁卒同夫扶櫬歸里艱苦備嘗後夫病劇刲股和藥以進卒不起時氏年二十九歲守節歷五十四年　以上五名無底稿

李氏　葉同春妻年二十夫故無子苦節三十一年

王氏　鄭仁守妻年二十八夫歿撫孤成立苦節三十一年

顧氏　葉期明妻年二十九夫歿撫子一耘成立以節終

李氏　伍興周妻年二十八夫歿苦節三十二年

黄氏　張聯芳妻年二十七夫歿撫孤成立苦節二十餘年

鄭氏　張復戀妻年二十五夫歿撫孤成立守節七十三年

翁氏　葉本智妻年二十一夫故遺孤二撫養成立守

節二十九年

李氏　庠生葉期純妻年二十一夫故哀痛喪明立姪璜爲嗣苦節四十餘年

王氏　庠生葉　豐妻年二十六夫故苦節四十餘年

余氏　何如昇妻年二十三夫歿茹荼食蓼撫孤成立苦節三十九年

王氏　管恒峯妻年二十九夫歿伯叔欲奪而嫁之氏以死自誓守節二十九年

劉氏　陳世祥妻年二十八夫歿無子立姪以義爲嗣

苦節四十九年
李氏　張克勝妻年二十六夫歿撫子成立苦節三十
四年
方氏　張其回妻年二十五夫歿家無儋石抱子媳乞
食毫無怨言後二子俱殀撫孫成立苦節四十八年
朱氏　張萬里妻年二十七夫故家式微矢志撫孤劬
勞萬狀俾各成立由懋遷致小康長本賢從九次上
達三本源國學生氏苦節四十四年卒
李氏　鄧永章妻年二十三夫故苦節三十一年袁秀升錄

陳氏　鄭遐漣妻年三十夫故事翁教子紡績成家苦
節四十二年
王氏　田良騏妻年二十九夫故撫三子成立苦節三
十五年
馮氏　孫世福妻年二十八夫故撫姪爲嗣壽卒苦
節五十八年
黃氏　張意魁妻年二十九夫故教子成立年五十以
節終　以上二十名俱何聰采
王氏　田傳政妻年二十三夫故孝事翁姑翁病刲股

救愈數月撫二子成立苦節三十一年
孫氏　張垂昕妻年二十八夫故撫孤成立年五十九
以節終
韓氏　田傳琨妻年二十夫故立夫弟監生雲龍子必
敬爲嗣苦節五十一年
張氏　何以清妻年二十四夫故家貧撫子成立守節
四十七年卒　以上四名無稿
高氏　儒士郝煥彩妻年二十四夫故撫嗣子炳烈成
立守節三十九年袁秀升錄

孫氏　馬發毅妻年二十二夫故守節五十二年
葉氏　吳正啟妻咸豐三年髮逆竄蘄夫遇害氏時年
二十九矢志靡他苦節三十年
向氏　梅繼和妻年二十九夫故守節三十五年
王氏　張克禮妻年二十四夫故守節二十九年
徐氏　陳均派妻年二十四夫故撫子成立守節五十
九年
張氏　陳時棋妻年二十六夫故守節三十年
甘氏　陳習功妻年二十三夫故守節三十年

鄭氏　孟上彶妻年二十夫故撫嗣子扳萃成立苦節四十餘年　以上八名無稿

李氏　五品軍功熊德潤妻年三十夫歿矢志靡他養姑教子苦節四十年學政王以節孝可風額奬

鄭氏　田生茂妻年二十八夫故撫孤光遠入成均旋卒媳蔡氏年二十七守制鄭年七十卒蔡年五十卒學政王以兩世節孝額奬　以上二名有稿無名

胡氏　張洪愛妻年二十三夫故守節三十三年

吳氏　張其坤妻年二十夫故苦節三十二年卒

武氏　龔本龍妻年二十五夫故撫子成立守節歷四十五年

范氏　王遠昌妻年二十六夫故守節三十三年

方氏　張洪範妻年二十二夫故苦節四十五年卒

馬氏　周啟仁妻年二十八夫故守節三十九年

劉氏　周啟國妻年二十三夫故守節三十五年

張氏　陳與富妻年二十四夫故守節六十一年

張氏　丁定發妻年二十四夫故守節六十一年

胡氏　王厚存妻年二十四夫故苦節五十二年卒

郭氏　陳手濂妻年二十六夫故撫孤成立苦節三十六年卒

賈氏　田義銀妻年二十五夫故撫孤相桂成立守節五十五年

查氏　田傳曾妻年二十八夫故撫孤必高成立守節二十九年

朱氏　陳禮信妻年二十二夫故撫孤南董入成均守節五十三年

吳氏　陳參寶妻年二十夫故守節三十一年　以上十五名俱無稿

馮氏　孫世福妻年廿四夫故無子苦節五十七年　何聰采

董氏　儒士吳煥元妻年二十六煥隨兄增生錫疇遠館鄖陽病故氏聞訃呼天搶地迫欲奔喪家人屢阻乃已苦節四十四年卒

嚴氏　黃勝清妻年二十八夫故撫孤成立守節三十八年

華氏　黃勝登妻年二十六夫故撫孤成立守節三十九年

朱氏　諸生黃紹清妻年二十六夫故撫孤成立守節

三十四年
余氏　何如昇妻年二十夫故家貧撫子成立守節四
十年
蔡氏　裴允濡妻年十九夫故撫孤成立守節三十年
陳氏　宋興和妻年二十九夫故撫三子成立守節四
十年卒
宋氏　詹道章妻年十九夫故事翁姑孝撫一子成立
守節五十三年
何氏　詹義明妻年二十夫故撫二子成立守節三十

八年
陳氏　汪利乾妻年二十六夫故撫孤聯魁成立守節
三十七年
黃氏　陳　妻年十九于歸三日夫卒氏誓不他適
主持家政撫嗣子永美成立苦節六十餘年
陳氏　汪由進妻年二十六夫故守節三十九年
王氏　張宗尹妻年二十歸尹恪循內則事舅姑以孝
聞越一載尹故氏撫嗣子世烈成立苦節五十七年
卒孫瀚諸生

李氏　葉有貴妻年二十八夫故家極窘撫子成立苦
節三十二年
闕氏　裴見衡妻年二十八夫故守節五十三年
胡氏　裴士瑞妻年二十七夫故守節二十五年
張氏　蔡道恩妻年二十六夫故越三月生子世榮授
室後尋卒媳孫氏時年二十八與媳撫孫成立氏守
節四十年孫氏守節三十四年卒
胡氏　蔡世起妻年二十二夫故守節四十四年
楊氏　郭肇舅妻年二十九夫故苦節四十年卒

陳氏　詹義珊妻年二十一夫故以節終
胡氏　陳碧山妻年二十六夫故守節四十一年
范氏　郭步經妻年二十四夫故撫嗣子肇譜成立守
節五十八年
饒氏　郭步榮妻年二十九夫故守節五十二年
陳氏　郭肇河妻年二十九夫故守節三十二年
張氏　儒士駱金方妻年二十六夫故撫孤成立苦節
五十年
管氏　江衍一妻年二十八夫故守節四十二年

王氏　王安鮍妻年二十八夫歿撫孤成立守節四十年卒
駱氏　太學生繆兆奎妻年二十九夫故守節三十二年
吳氏　儒士繆庚元妻年二十二夫故志凛氷霜不苟言笑苦節二十年卒
周氏　陳永綸妻年二十七夫故守節四十年
凌氏　陳佑發妻年二十六夫故守節四十年
李氏　宗乾泰妻年二十三夫故撫孤成立守節四十八年
顏氏　宗翰妻年二十四夫故紡績撫孤守節六十五年

蘄州志卷之二十三

知蘄州事嶺西封蔚礽纂修

人物志

列女新增

未旌節婦

王氏　方照鑾妻年二十八夫故孝事繼姑撫孤成立苦節五十八年子承恩孫麗金俱列諸生
陳氏　方照鑾妻年二十三夫故撫遺腹孤家中落督學不輟苦節五十五年
程氏　陳以實妻年二十二夫故苦節四十七年
孫氏　陳文焰妻年二十九夫故苦節三十六年
操氏　劉繼橤妻年二十三夫故苦節四十八年
何氏　劉隆鏞妻年二十八夫故苦節五十年
王氏　劉繼文妻年二十六夫故苦節三十四年
劉氏　曹維讀妻年二十三夫故苦節三十九年
操氏　王定太妻年二十八夫故苦節三十六年
田氏　陳以郊妻年二十二夫故苦節三十八年
程氏　陳文晄妻年二十三夫故苦節三十七年

孫氏　陳以修妻年二十四夫故苦節四十九年
孫氏　陳明垣妻年二十七夫故苦節三十三年
張氏　陳文充妻年二十九充入都肄業四譯館病故
氏勵志撫孤苦節五十五年孫新乙列諸生
宋氏　陳明鈐妻年二十二夫故苦節三十四年
田氏　陳炯棠妻年二十七夫故苦節二十八年
田氏　衛守府陳大鏞妻年三十夫故苦節四十一年
吳氏　張可權妻年二十九夫故苦節三十七年
陳氏　余繼輿妻年二十四夫故苦節四十六年

田氏　陳守炡妻年二十四夫故苦節三十五年
桂氏　陳景先妻年十八夫故孤子甫五十日撫之成
立苦節三十二年　以上二十一名俱朱鼎元錄
涂氏　儒士黃美澐妻年二十五夫故以夫弟美奐之
子之彥爲嗣矢志堅貞守節歷三十三年
吳氏　諸生周子彥妻年二十七彥以攻苦嬰疾卒家
貧甚氏竭力措持養祖姑與翁教子成立守節五十
年
胡氏　儒士馬清江妻年二十四夫歿撫姪汝楫爲嗣
孝養翁姑教楫讀書成諸生守節三十餘年
姜氏　諸生蔡元燮妻燮嗜學善屬文年三十歿時氏
亦年三十守節十餘年卒
陳氏　張純綬妻綬爲隨州廣文椿之季子氏年二十
三綬歿矢志靡他撫遺腹子育璋成立守節歷五十
四年
張氏　范美淞妻明經張子銘之女淞爲均州廣文位
磐之曾孫勤學得瘵疾卒遺孤甫二歲時氏年二十
二事舅姑甚謹咸豐丁巳夏聞賊至以舅亡子稚奉

姑依母氏渡江迨歸里困窮蕩然家落而志益堅守
節歷三十六年
張氏　諸生姜承健妻年二十七夫歿撫遺腹子宗楫
勉以承志苦節四十一年
詹氏　姜以方妻年二十四夫歿撫猶子壽基爲嗣基
復早世媳王氏年二十九詹復與之撫孫守節四十
二年
詹氏　姜成珠妻年十七于歸八月而夫歿斷髮自誓
撫夫兄之子宗禮爲嗣善事舅姑苦節五十五年

楊氏　儒士張純㻶妻明經楊瑞林之女年二十八夫歿常爲位於房陳其書策事之如生苦節十四年而卒初與叔姒吳共撫其子育琛琛亦能屬文年二十三歿媳朱氏亦守志同治十一年　旌

楊氏　張純璡妻候選訓導楊炳嶽之女年二十三夫歿撫姪育棠爲嗣苦節二十一年卒

徐氏　王繼祖妻年二十四夫歿遺孤甫數月撫之成人教督未嘗姑息守節三十八年

吳氏　王繼治妻年二十四夫歿教其二子成立守節

六十一年

陳氏　張純智妻年二十八夫歿以夫弟之子爲嗣守節四十餘年

梅氏　張純義妻年十八夫歿撫遺孤教督綦嚴守節二十五年

孫氏　張純仁妻年二十四夫歿撫孤成立守節四十餘年

蔡氏　張純傑妻年二十四夫歿教成遺孤守節二十一年卒

蕭氏　張必望妻年二十三夫歿紡績撫孤成立年逾六十子婦卒又撫其孫守節歷三十四年

鄧氏　張必長妻年二十九夫歿撫其二子一農一商守節歷三十二年

裴氏　張純艮妻年二十七夫歿守節歷三十一年

范氏　詹道念妻幼鞠養於夫家年十八夫嬰疾氏侍奉數月而夫卒身仍處子也撫嗣子如己出以禮法自持雖老弗與子姪同席而坐年六十四歲卒

張氏　文成義妻年十九夫歿遺孤甫周家貧事舅姑

無缺守節歷三十餘年

吳氏　陳信仁妻年二十五夫歿事姑孝謹教子若孫以義方守節歷四十餘年

鄧氏　王守財妻年二十八夫歿家貧窘苦節三十四年

姜氏　王先艮妻年二十四夫歿家貧乏撫子若孫備嘗艱苦守節歷三十餘年

孫氏　王守坤妻年二十二夫歿撫子不失舊業守節歷三十一年

陳氏　王華材妻年二十一夫歿撫三月孤定全事姑以孝守節歷四十餘年

陳氏　王才高妻年二十八夫歿撫遺孤華明華茂成立守節四十六年

徐氏　柴茂璧妻年二十八夫歿家貧甚遺孤甫三歲夫弟亦幼氏撫之成立守節四十五年

蔡氏　張育壽妻年二十七夫歿撫孤必寅守節十五年卒

吳氏　張育華妻年二十八夫歿撫孤必錫守節二十

年卒

陳氏　張育耘妻年二十三夫歿撫嗣子必金守節四十八年

賈氏　胡名經妻年二十四夫歿家貧撫子成立守節歷五十一年

宋氏　張盛隆妻年二十九夫歿撫遺孤成立姑老病在牀氏侍湯藥無懈守節三十七年

吳氏　周世寶妻年二十三夫歿父母欲嫁之弗從姑老生計惟氏是恃與孀姒同甘苦撫姪緒望爲嗣

守節歷三十二年

吳氏　周和壽妻年二十六夫歿足不踰閾撫姪衍禮爲嗣守節四十五年

鄧氏　吳涵廣妻年二十九夫歿撫姪正鑾爲嗣守節五十七年

龔氏　姜成前妻年二十一夫歿夫兄弟四僅二子無嗣可立氏謹事翁姑苦節四十餘年

詹氏　鄧貴財妻年十八夫歿撫姪勝祿爲嗣能得翁姑歡後曾元繞膝卒年八十有五

宋氏　鄧貴尙妻年二十五夫歿家貧紡績以撫遺孤守節歷四十一年

詹氏　宋興廉妻年二十七夫歿撫夫兄之子爲嗣現守節三十一年

蔣氏　吳昇有妻年二十四夫歿事翁姑撫孤子孝慈並著守節二十六年卒

王氏　宋興閔妻年二十六夫歿撫養三子成立守節四十餘年

王氏　宋興訓妻年二十三夫歿教二子以正守節四

十餘年
陳氏　汪益金妻年二十四夫歿無子以姪能鎔爲嗣事孀姑以孝聞守節歷三十五年
汪氏　陳賢齊妻年二十夫歿時祖翁年八十餘氏竭力侍奉以憂勞成疾卒苦節十餘年無子以伯氏子錫定爲嗣
姜氏　陳英琪妻年二十五夫歿撫遺孤賢直成立洎抱孫而直卒家素貧辛苦備嘗守節歷四十年
王氏　儒童汪利灎妻年二十五夫歿家貧翁老資女

紅以奉養教育遺孤炳榮得遊於庠炳榮卒與孀媳撫兩孫仍課讀不輟守節歷四十九年
何氏　汪益經妻年二十一夫歿以姪能宣爲嗣愛如己出苦節四十五年卒
田氏　汪益德妻年二十二夫歿撫遺孤能盛成立守節三十七年
左氏　江明啟妻于歸逾年夫歿氏不欲生家人勸之乃止撫伯氏子爲嗣守節五十餘年
朱氏　陳英勳妻年二十五夫歿無子撫猶子賢憲爲嗣守節四十年
裴氏　陳定遠妻年二十五夫歿無子撫猶子側衡爲嗣守節三十餘年
范氏　儒童陳賢倘妻年二十四夫歿無子撫猶子錫忠爲嗣守節二十餘年
胡氏　汪忠鈹妻年二十二夫歿家貧翁姑喪葬鬻嫁衣治之撫孤成立苦節三十五年
范氏　汪益讀妻年二十二夫歿立姪耀爲嗣事姑以孝聞守節二十八年

吳氏　汪忠鎧妻年二十六夫歿家貧事姑孝謹撫孤成立苦節五十九年
李氏　汪佑勳妻年二十六夫歿撫子正均成立猶子有失怙恃者氏視如己子守節六十六年
胡氏　陳賢觀妻年二十六夫歿撫孤成立守節二十餘年
陳氏　汪利勛妻年二十三夫歿撫遺孤企亮成立事姑甚謹年四十一卒
方氏　汪利江妻年二十八夫歿無子以姪益福爲嗣

孝翁姑和娣姒家人敬之守節歷二十七年

張氏　陳如商妻年二十夫歿撫兩孤成立後孫曾繞膝年九十一而康健如常守節歷七十一年

宋氏　陳得釗妻年二十八夫歿撫孤成立守節二十六年

康氏　汪能炳妻年二十八夫歿家貧撫二子成立備嘗辛苦守節歷四十四年

彭氏　黄顯國妻年二十六夫歿撫子繼孀成立安貧無怨守節歷五十五年

劉氏　嚴金琳妻年三十夫歿家貧撫諸孤成立守節四十五年

范氏　張善彬妻年二十四夫歿撫姪純明爲嗣守節三十九年

蔡氏　張純美妻年二十八夫歿撫姪育才讀書守節十四年卒　以上六十八名俱黄奉榮錄

王氏　范復旦妻年二十七夫故苦節五十八年

蔡氏　諸生范世燕妻年二十六夫故苦節三十餘年

吳氏　范美琦妻年二十七夫故苦節三十餘年

張氏　范文彬妻年二十八夫故苦節三十餘年

胡氏　范永埠妻年二十八夫故苦節三十六年

田氏　范永芹妻年二十七夫故苦節四十五年

張氏　范永藻妻年二十四夫故苦節三十餘年

宋氏　范永平妻年二十五夫故苦節十八年卒

湯氏　范美琦妻年二十七夫故苦節二十餘年

王氏　范永明妻年二十八夫故苦節二十五年

湯氏　范永興妻年二十八夫故苦節三十年

姜氏　諸生宋鸞瑞妻年二十五夫故苦節二十六年

孫氏　諸生宋鵬瑞妻年二十八夫故撫嗣子裕瀛授室尋卒媳張氏年二十八撫幼女事孀姑冰霜共凜氏卒年五十有三張守節歷二十餘年

范氏　宋興枝妻年二十八夫故苦節三十年

吳氏　方銓禾妻年二十四夫故舅姑早逝夫弟銓稼銓壽俱幼撫之成立後立姪承恩爲嗣苦節六十年

范氏　方本明妻年十九夫故家貧撫遺腹子耀堃苦節二十八年

詹氏　方七壽妻年二十二夫被賊擄不屈死勵志守

貞苦節二十七年

袁氏　方孝玉妻年二十四夫被賊害氏守節二十七年

張氏　方本綱妻年二十八夫故守節三十九年

鄧氏　方銓戩妻年三十夫故苦節四十三年

范氏　葉珙宗妻年二十七夫遇賊被害守節二十六年

陳氏　徐春暘妻年二十八夫故苦節二十九年

霍氏　徐昌興妻年二十五夫故苦節三十二年

黃氏　徐力勤妻年二十八夫故苦節二十二年

張氏　徐兆進妻年二十三夫故苦節三十年

蔡氏　張樹德妻年二十六夫故苦節二十六年

帥氏　田傳志妻年二十八夫故苦節三十餘年

田氏　朱先育妻年二十八夫故撫三孤成立前代祖塋春秋必躬親祭掃嘉道間荆藩陵墓多被盜掘氏命長男鴻烈奔控防護陵墓得保年八十四以節終

汪氏　田定基妻年二十三夫故苦節六十年

陳氏　田傳俊妻年二十二夫故撫嗣子成立苦節二十二年

胡氏　田必昌妻年二十九夫故撫嗣子成立苦節二十二年

田氏　朱安巵妻年二十九夫故苦節四十餘年

朱氏　方銓經妻年三十夫故孝事翁姑撫二孤成立以勞苦致氣疾年八十四以節終長子鎣承夫弟祧鎣子詠昌光緒己卯舉人謌昌諸生詠昌子宗棨廩生

操氏　田必禘妻年二十六夫故撫嗣子發言成立苦

節三十餘年

操氏　曹之琇妻年二十七夫故撫嗣子禮名家貧常燃薪以照紡績苦節四十九年

周氏　劉繼紳妻年二十八夫故苦節三十六年

李氏　陳文榜妻年二十三夫故立姪明瓆爲嗣苦節五十一年

黃氏　柯世鳳妻年二十三夫故苦節三十七年

蔡氏　柯顯清妻年二十四夫故守節卒年九十有二

湯氏　徐洛才妻年二十四夫故苦節四十九年

田氏　詹隆吉妻年二十一夫故苦節六十六年
田氏　陳道正妻年十七于歸踰月夫故撫嗣子成立
苦節四十三年
嚴氏　方金洛妻年二十一夫故守節七十年壽逾九
十目及元孫
陳氏　朱相周妻年十七于歸甫八月夫故遺腹子克
廣有謀奪其志者氏泣訴於族長萬登爲稟州給憑
得全其志苦節五十二年
殷氏　朱德綸妻年二十六夫故苦節五十一年

陳氏　朱林豐妻年二十七夫故苦節三十七年
朱氏　陳楷先妻年二十九夫故遺孤亦殤家貧依母
家以終其志苦節歷四十一年
田氏　陳道年妻年二十九夫故撫嗣子成立苦節歷
四十九年
陸氏　陳建相妻年二十一夫故守節歷四十年
方氏　田相縉妻年二十三夫故撫子傳珪成立咸豐
丁巳珪夫婦殉難又撫孫成立苦節五十年
查氏　操昌信妻年二十二信殉難遺孤甫六月又殤

撫嗣子可帬成立苦節三十三年
胡氏　田相紹妻年二十四夫故撫二子俱逝復撫一
孫成立年七十有三
黃氏　詹祚金妻年十九夫故撫嗣子成立苦節四十
五年
田氏　張執太妻年三十夫故苦節四十三年
余氏　吳玉之妻年二十二夫故撫嗣子成立苦節三
十年
陳氏　田興元妻年二十六夫故苦節三十一年

田氏　王國豐妻年二十六夫故苦節五十年
胡氏　操廣福妻年二十八夫故苦節四十二年
方氏　田傳墀妻年二十七夫故撫嗣子成立苦節四
十一年
段氏　黃繼有妻年十七夫故撫嗣子成立守節歷四
十八年
詹氏　朱仲橋妻年二十七夫故無子立姪孫靜明爲
嗣撫養成立目見五代年八十三以節終
操氏　朱宗發妻年二十四夫故撫孤成立苦節五十

七年

彭氏　樂金茂妻年二十七夫故撫孤成立守節四十一年

詹氏　朱安福妻年二十九夫故長子義臣六歲幼子海清遺腹生撫養成立守節歷三十七年

田氏　查克鏘妻年二十六夫故撫孤事翁苦節四十六年

李氏　田義源妻年二十七夫故謹事翁姑撫孤成立苦節六十年

柯氏　田義和妻年二十四夫故撫孤成立苦節五十一年

徐氏　王才捷妻年二十八夫故撫孤成立苦節四十六年

陳氏　田傳志妻年二十九夫故撫孤成立苦節三十七年

陳氏　田傳益妻年二十八夫故撫孤成立苦節三十二年

陳氏　田傳柏妻年二十四夫故撫孤成立苦節六十二年

詹氏　田相品妻年二十六夫故撫孤成立守節歷三十七年

何氏　田耀宜妻年二十四夫故撫嗣子成立苦節五十一年

彭氏　王端品妻年二十八夫故家極貧撫孤成立苦節四十二年

李氏　田傳鼎妻年二十八夫歿撫孤成立苦節三十一年

陳氏　諸生詹大定妻年二十二夫故撫孤成立苦節四十二年

查氏　詹有三妻年二十六夫故撫孤成立守節歷三十七年

彭氏　田義佑妻年二十六夫故撫孤成立苦節四十二年

賈氏　何文瑞妻年二十四夫故撫孤成立苦節三十四年

劉氏　王華元妻年二十八夫故撫孤成立苦節三十

九年
陳氏　王發淦妻年二十六夫故撫嗣子成立苦節三
十四年
張氏　何賢譽妻年二十六夫故撫孤成立守節歷三
十八年
查氏　諸生詹芹妻年二十一于歸夫故遺腹子毓琳
撫養成立苦節五十五年
張氏　詹以德妻年二十六夫故家甚窘采茶茹粥撫
孤成立授室後尋卒復與媳姚氏撫孫成立苦節五

十三年
胡氏　吳省成妻年二十二夫故立姪爲嗣苦節三十
年
蔡氏　陳光華妻年二十夫故立姪爲嗣守節歷四十
四年
田氏　陳敦本妻年二十九夫故撫孤成立守節歷四
十四年
陳氏　王定珍妻年二十七夫故苦節三十四年
余氏　田永興妻年二十八夫故撫四子成立守節歷

三十一年
王氏　田必喜妻年二十九夫故撫孤成立守節歷二
十九年
陸氏　王惠芳妻年二十二夫故撫嗣子成立苦節三
十四年
何氏　朱德城妻年二十五夫故立姪爲嗣苦節四十
五年
郭氏　朱敦倫妻年二十九夫故撫孤成立苦節三十
六年

陳氏　陳功茂妻年二十六夫故撫孤成立苦節六十
一年
孫氏　張銓妻年二十六夫故撫孤成立苦節三十八
年
胡氏　張永昌妻年二十七夫故苦節二十四年
吳氏　柴家柱妻年二十五夫故立姪爲嗣苦節三十
餘年
孫氏　陳守懿妻年三十夫故撫孤成立苦節三十年
趙氏　朱安德妻年二十四夫故撫孤早卒立姪爲嗣

苦節四十年　以上九十九名俱朱鼎元錄

蔡氏　陳來蓮妻年二十二夫故撫嗣子中嶽成立苦節二十年卒　以下三名陳台錄

吳氏　詹樂湖妻年二十七夫故矢志撫孤善承姑意苦節三十四年卒

陶氏　陳士蓁妻年二十九夫故矢志冰霜篝燈課子長子輝乙成諸生次輝揚業儒苦節四十餘年

胡氏　張民解妻年二十七夫故家貧撫子朝朱朝秀朝釆成立苦節二十餘年

黃氏　張典誥妻年二十夫故謹事翁姑遺孤上經甫九月撫養成立苦節三十餘年

黃氏　張自芳妻年二十六夫故撫孤成立苦節三十五年卒

熊氏　張民節妻年二十四夫故家貧事姑以孝聞撫孤朝勝朝暑成立苦節二十五年卒

黃氏　周有賜妻年二十一夫故撫遺腹子成立守節歷五十二年　以上五名黃居敬采

張氏　朱大之妻年二十五夫故家貧翁年八十氏剪髮附棺以養親自矢始終不懈　朱鼎元錄

王氏　儒童葉佩玟妻年二十四夫歿立姪為嗣守節歷四十四年

汪氏　王松年妻年二十九夫歿紡績度日撫孤成立苦節四十三年

翁氏　盛大訓妻年二十八夫歿撫孤成立苦節四十三年

潘氏　盛有功妻年二十二夫歿孝事孀姑嚴以教子守節歷五十二年

何氏　王象明妻年二十一夫歿撫子成立倍歷艱辛守節歷三十三年

章氏　舉人張聯璧側室年二十八夫卒誓不改適以節終

萬氏　陳艮遠妻年二十夫歿立姪德貴為嗣守節歷五十六年

江氏　王承進妻年二十一夫歿家無儋石養姑撫子俱賴紡績苦節三十九年

杜氏　武生何彬妻年二十六夫歿立姪仁瑞為嗣苦

節五十八年

高氏　諸生王煥妻年二十六夫歿立姪承繪爲嗣苦節五十一年

張氏　王恩旺妻年二十九夫歿撫子學彰成立苦節三十三年

丁氏　張瑞年妻年二十七夫歿守節歷三十三年

張氏　王遠峻妻年二十七夫歿撫孤洪烜洪炘成立苦節三十二年

何氏　劉鳳階妻年二十九夫歿撫孤鴻俊鴻勳俊不

壽媳杜氏亦誓不他適人稱爲一門雙節云何年六十二歲

潘氏　儒童王啟明妻年二十四夫歿家壁立撫孤蔭蘭授室後夫婦亦早世又撫弱孫成立守節歷三十六年

葉氏　夏啟華妻年二十九夫歿立姪爲嗣苦節三十年

徐氏　朱侶仙妻年二十九夫歿家貧無子苦節三十四年

葉氏　王廷貴妻年二十四夫歿撫孤成立苦節五十四年

王氏　王耆璧妻年二十八夫歿撫孤啟勝勝旋卒與媳明氏撫孫明德德亦早世孫媳王氏亦矢志靡他氏守節歷四十六年

葉氏　王鶴林妻年二十二夫歿撫孤成立苦節四十二年

章氏　葉德廣妻年十九夫歿奉姑教子倍歷艱辛守節三十七年

張氏　吳久修妻年二十五夫歿延師課子子又早世孤苦萬端守節歷四十七年

王氏　祝文友妻年二十八夫歿家貧乞食撫孤或危言脅之終無變志苦節歷三十二年

楊氏　儒童鄭士喜妻年二十四夫歿立姪明倫爲嗣守節歷四十一年

吳氏　儒童鄭士和妻年二十九夫歿子尚幼撫之成立守節歷四十六年

景氏　張登榜妻年二十六夫歿撫孤成立苦節三十

四年
丁氏　葉學眾妻年二十八夫歿守節三十四年
田氏　余泰鴻妻年二十一夫歿事舅姑以孝聞立姪
爲嗣苦節五十六年
田氏　余泰進妻年二十五夫歿撫孤成立苦節五十
四年
胡氏　儒士童高爵妻年二十三夫歿孝事翁姑撫嗣
子如已出苦節五十一年
利氏　余道惠妻年二十八夫歿撫孤成立以節終

田氏　儒士余正恩妻年二十八夫歿撫孤成立以節
終
張氏　儒士余通吉妻年二十六夫歿孝翁姑課孤子
俱有禮法以節終
潘氏　儒士葉本源妻年二十三夫歿立夫弟諸生豐
之子爲嗣守節歷四十八年
胡氏　余靡煥妻年二十五夫歿撫孤成立以節終
洪氏　王咸智妻年二十二夫歿立姪爲嗣守節歷三
十六年

張氏　余泰崇妻年二十三夫歿遺孤僅期月撫養成
立苦節四十四年
熊氏　余應才妻年二十八夫歿秉性貞靜紡績度日
苦節三十七年
翁氏　余獄和妻年二十九夫歿撫孤子教入成均守
節歷三十五年
王氏　庠生王天柱妻年二十五夫故勤紡績操井臼
撫子恩勤事姑孝敬苦節三十三年
葉氏　張邦瑞妻年十九夫歿毀容截髮誓死靡他撫

姪昌順爲嗣以節終
江氏　管春華妻年二十一夫歿時夫弟載宇僅九齡
家甚窘氏紡績以膳翁姑俟宇授室生子始立爲嗣
苦節四十一年
盛氏　諸生管樹金繼妻年二十二夫歿未生子撫前
氏子點奎成諸生夫弟季清早逝清妻張氏年二十
三亦守志撫數月孤成立俱苦節三十餘年
王氏　管傳貴妻年二十五夫故無子撫姪喬松爲嗣
教之成立苦節五十三年

董氏　杜子端妻年二十五夫歿嚴謹自持撫孤成立苦節四十六年

張氏　管孔正妻年二十八夫歿事姑以孝聞撫兩孤成立苦節三十二年

王氏　張效觀妻年二十九夫歿撫孤成立苦節三十八年

李氏　雷紹墀妻年十七夫歿事姑能得歡心撫姪雲亭爲嗣苦節五十一年

王氏　管天錫妻年二十七夫歿事孀姑無違禮撫兩

孤成立苦節三十四年

周氏　傅儒慶妻年二十二夫歿撫姪爲嗣苦節三十二年

胡氏　萬德裔妻年二十一夫歿撫孤成立苦節五十年

蕭氏　高步蒼妻年二十六夫歿遺腹子一飲食教誨倍極劬勞守節五十三年

黄氏　陳之福妻年二十五夫歿持家計撫孤子倍歷艱辛苦節三十五年

顔氏　儒童孟士汾繼妻素諳文墨通曉大義年二十夫卒氏守制撫孤母家有欲奪其志者引刀斷左小指並口占絕句七首以自誓苦節歷三十餘年

江氏　上庠生鄭錦松妻年二十四夫歿子早逝立姪爲嗣又逝復立孫撫之成立守節歷四十四年

王氏　董盛騏妻年二十二夫歿貞靜自守苦節五十八年

周氏　劉仁厚妻年二十五夫歿撫孤紡績自給守節歷三十三年

范氏　周國遠妻年二十五夫歿遺腹子一教養成立苦節四十四年

孫氏　周大棫妻年二十六夫歿撫孤成立守節歷三十二年

孟氏　張道福妻年二十四夫歿撫嗣子成立苦節三十九年

劉氏　周景星妻年二十一夫歿立姪運祚爲嗣教養成立守節歷三十三年

萬氏　王遠謨妻年二十五夫歿撫孤成立苦節三十

年

潘氏　江行九妻年二十八夫歿撫孤祚訓誡綦嚴髮白猶勤紡績守節歷四十年

高氏　徐聲有妻年二十七夫歿撫遺腹子成立苦節四十一年

張氏　翁一貞妻年二十二夫歿紡績撫孤苦節五十年

張氏　翁遐祝妻年二十六夫歿撫孤成立苦節四十二年

張氏　葉顯西妻年二十三夫歿撫孤成立守節歷四十七年

葉氏　張明吉妻年二十六夫歿撫孤成立守節歷三十年

王氏　顧世魁妻年二十七夫歿撫孤成立苦節四十年

王氏　顧世寶妻年二十九夫歿撫孤成立苦節二十九年

劉氏　江祚錫妻年二十三夫歿立姪續宗爲嗣以節

終

王氏　太學生周道南妻年二十六夫歿立姪景昌爲嗣守節歷三十二年

葉氏　張之逌妻年二十七夫歿無子立姪兆鋅爲嗣苦節三十一年

楊氏　胡大榮妻年二十四夫歿無子撫姪其貢爲嗣苦節三十一年

張氏　孟崇賢妻年二十五夫歿矢志靡他撫孤成立守節歷三十一年

董氏　羅天雄妻年二十九夫歿淸操自勵艱苦備嘗守節三十七年

洪氏　翁萬織妻年二十九夫歿紡績撫孤克承先志守節三十七年　以上七十七名俱孟春華錄

李氏　胡詩昆妻年二十八夫歿家貧取資女紅教子以義孫曾林立守節歷五十三年

游氏　李八鏵妻年二十七夫歿撫子成立自甘寒苦守節歷四十八年

田氏　徐有置妻年二十三夫歿斷髮毀容柏舟自誓

撫二子成立守節五十八年

張氏　熊孔言妻年二十四夫歿撫遺腹子成立貞潔自持苦節四十二年

張氏　董兩儀妻年二十三夫歿撫子於温成立家貧紡績志懔冰霜苦節三十七年

鄭氏　董運明妻年二十八夫歿淑慎其身義方教子守節二十八年

鄭氏　董用賓妻年二十八夫歿矢志柏舟撫子授室後旋卒又與媳韓氏撫養孤孫守節歷二十三年

孫氏　董啟原妻年二十三夫故食辛茹苦事翁姑惟孝守節歷二十七年

李氏　熊之萬妻年二十六夫歿矢志撫孤無慚婦道守節歷三十年

龔氏　熊之亨妻年二十九夫歿撫孤成立教養咸宜守節二十九年

袁氏　張昌芝妻年二十六夫歿撫孤成立貞潔自守守節六十年

葉氏　董於基妻年二十夫歿教子成立樂於施予守節歷三十二年

彭氏　董於源妻年二十六夫歿食辛茹苦矢志堅貞撫嗣子成立守節歷三十年

江氏　周道義妻年二十八夫歿奉繼姑孝教子綦嚴次炳堃列諸生守節歷二十七年

童氏　縣丞張紹文繼妻夫歿毀容截髮誓死靡他孝事翁姑義方教子值饑年樂於施濟守節歷三十一年

童氏　徐培璣妻年二十八夫歿撫孤成立事翁姑以

孝聞苦節三十四年

呂氏　徐才威妻年十九夫歿誓矢柏舟克端閫範守節歷五十八年

丁氏　徐才抑妻年二十夫歿家貧誓不他適撫孤成立苦節三十年

方氏　徐才霖妻年二十五夫歿奉姑撫子守節歷四十二年

陳氏　儒士張世瑶妻年二十三夫故痛哭守棺嘔血幾絕既葬縗絰弗除者四十年嘗有孤燕來巢之異

立舉人瑞霖次子緒仁爲嗣教之成立姑江氏年八旬事奉極孝里婦咸矜式焉

伊氏　酈國林妻年二十八夫歿紡績養孤克承先志守節歷二十六年

王氏　張維城妻年二十六夫歿撫孤成立勤儉持家守節歷五十八年

董氏　韓東昇妻年二十二夫歿撫孤成立苦節五十三年

袁氏　韓象德妻年二十五夫歿誓不他適苦節歷二

十八年

田氏　胡賜林妻年二十八夫歿喪祭以禮貞潔自持苦節五十七年

徐氏　監生韓義和妻年二十八夫歿矢志撫孤守節歷二十二年

周氏　李海光妻年二十七夫歿誓不欲生絕食六日家人以撫孤力勸之始不死守節三十三年

張氏　張彤雲妻年二十二夫歿撫三子督課綦嚴俾各成立守節三十二年

甘氏　李廷調妻年二十四夫歿氏矢志守義攜其子隨養母家以節終

艾氏　李人昂妻年二十五夫歿撫四子以母兼師夙夜無暇苦節六十九年

陳氏　李榮奎妻年二十九夫歿二子旋卒孤寡無依事孀姑克全孝道以節終

劉氏　李德培妻年二十九夫歿撫幼孤貧不自給紡織爲生苦節歷三十一年

湯氏　李德全妻年十九歸全越五年全故氏幼人甚

之行不聽貧不自給丐乞以哺其孤每歸道經夫墓則以所乞食奠祭之聞者莫不泣下苦節歷三十餘年

周氏　李德信妻年二十八夫歿撫一孤尋卒操刀思自刎家人勸之乃免後立二子以續夫祀年六十卒

李氏　蔡順慶妻年二十六夫歿毁妝矢志不越閫門苦節五十二年

翁氏　李景信妻年二十二夫歿欲以身殉爲無後故不敢死強起立嗣以續夫祀事孀姑承順無違苦節

歷二十六年

童氏　文汝勵妻年二十夫歿矢志撫孤自甘貧苦守節歷三十二年

周氏　李自明妻年二十九夫歿姑張氏九十三歲舉動皆氏服侍人以孝稱卒年七十有一

王氏　張紹謨妻年二十歸謨生子昌金越六年謨卒撫孤成立事翁姑孝苦節四十餘年

胡氏　廪生張鳳翎繼妻年二十八夫歿矢志撫孤貞潔自守苦節三十二年

徐氏　監生張登岸妻年二十四夫歿事翁姑孝教子以義方卒年八十有六子萬封州庠生

萬氏　張金第妻年二十七夫故撫二子成立守節歷四十三年

郝氏　張秉權妻年二十六夫故撫孤森延師課讀督責綦嚴以數奇入成均家小康尤不吝周恤守節三十八年卒孫九英州諸生

周氏　張子陞妻年十九歸陞生子壽齡甫四月陞卒時翁姑在病藐孤在抱夫弟二俱幼氏慮事畜無資不敢死遂素服終身督壽齡讀書補諸生撫夫弟成人爲畢婚事喪祭翁姑悉以禮卒年四十有五

陳氏　周士順妻年二十三夫歿家貧守志事姑以孝聞撫二子成立苦節四十年

陳氏　張懷清妻年三十夫故事姑以孝教子惟嚴長子炳庠序有聲賴氏荻訓之力苦節四十七年

楊氏　張進義妻年二十二夫故撫遺孤延師課讀以過塞列成均事翁姑悉遵內則守節歷三十八年

汪氏　張應彩妻年三十夫歿家貧難自給撫兩孤尚

幼日採野蔬以療飢苦節歷三十二年

陳氏　張鳳來妻年二十夫歿無子撫姪建業爲嗣孝事翁姑苦節六十五年

李氏　監生張光廷妻年二十六夫歿矢志栢舟撫孤成立守節歷二十五年

蕭氏　李德寬妻年二十六夫歿毀容垢面誓死靡他守節歷三十九年

范氏　劉乾一妻年二十八夫歿貞潔自矢苦節歷六十六年　以上五十二名俱張瑞林錄

張氏　張貞奎妻年二十夫歿矢志撫孤守節五十二
年　以下五名俱洪安瀾錄
張氏　段增全妻年二十夫歿守節五十年
白氏　張元圭妻年二十四夫歿守節四十八年卒
朱氏　張洪續妻年二十六夫歿守節三十六年卒
張氏　朱大志妻年二十三夫歿守節五十年卒
姚氏　熊崇榮妻年二十六夫歿苦節三十四年卒
田氏　高品三妻年二十八夫歿撫孤尙和授室後尋
卒復立嗣孫撫之苦節三十二年

陳氏　駱國遂妻年二十七夫歿矢志守貞撫孤成立
卒年六十有九
吳氏　駱沛池妻年二十八夫歿事姑以孝訓子有方
守節三十二年
田氏　駱沛湘妻年二十七夫歿撫孤利賓成立性純
孝姑年老病篤與孀嫂吳親侍湯藥未嘗廢離越年
歸省侍母疾亦如之以節終
張氏　駱澤澳妻年二十五夫歿無子立姪騰鳳爲嗣
教養成立入州庠以節終

王氏　張棨堂妻年二十九夫歿家貧井臼躬操撫孤
成立守節歷三十年
劉氏　駱孟懷妻年二十四夫歿家壁立行乞撫孤有
欲奪其志者氏剪髮自誓操凜冰霜苦節歷二十八
年
田氏　張行楠妻年二十五夫歿事姑孝撫子忠義成
立守節歷三十一年
駱氏　張信鳳妻年十七夫歿孝事衰姑撫嗣子四奧
成立守節四十六年

黃氏　張信義妻年二十六夫歿孝事翁姑撫三子成
立守節二十九年卒
鄧氏　曹泰麟妻年二十六夫歿事舅姑維謹撫二子
成立守節歷四十九年
孫氏　吳嘉言妻年二十八夫歿撫孤成立備歷艱辛
以節終
胡氏　吳先波妻年二十七夫歿撫嗣子從龍入武庠
守節三十餘年
胡氏　吳立文妻年二十七夫故矢志撫孤順翁姑和

妯娌勤勞不輟守節歷三十一年

張氏　駱能興妻年二十四夫故矢志撫孤倍嘗辛苦事舅姑能得歡心卒年七十有四

許氏　吳國治妻年二十三夫故矢志柏舟撫孤成立守節歷五十餘年

劉氏　何彰元妻年二十八夫故事姑至孝撫孤成立苦節四十餘年卒

胡氏　繆正廷妻年二十九夫歿孝事翁姑撫孤成立苦節三十八年孫雲階州增生

駱氏　繆煥考妻年二十六夫故撫孤成立苦節四十年　以上十九名俱許來獻錄

胡氏　劉宜玉妻年十九夫歿遺孤楙和甫三月家極窘氏食貧撫幼矢志不移苦節歷三十四年

楊氏　劉宜法妻年二十二夫歿撫孤楙魁被賊擄氏號呼魁名數月魁得返人以爲苦節之報云守節三十八年　以上二名洪安瀾錄

丁氏　蔡德攸妻年二十八夫歿守節五十六年卒

李氏　葉同春妻年二十夫故守節歷三十二年

童氏　高克竣妻年二十四夫歿矢志撫孤苦節四十一年

陶氏　生員高森妻年二十八夫歿家貧無子矢志不貳苦節歷三十九年

張氏　高同禮妻年二十九夫歿矢志撫孤苦節二十七年

張氏　高斯榜妻年二十一歸榜僅四月榜卒矢志靡他族人爲之立嗣苦節歷三十一年

李氏　徐學高妻年二十四夫歿守志撫孤苦節六十一年

張氏　程聘知妻年二十九夫故矢志撫孤苦節三十年

高氏　洪昌模妻年二十八夫故矢志撫孤苦節五十年

胡氏　高序瑜妻年二十七夫故矢志撫孤苦節四十年

王氏　高序玨妻年二十九夫故矢志撫孤苦節四十二年

吳氏 高四美妻年二十九夫故矢志撫孤苦節歷二十七年

李氏 鄧開達妻年二十五夫故撫子教孫心力俱瘁苦節歷四十四年

李氏 鄧永壽妻年二十六夫故撫子成立克盡母道苦節歷四十四年

李氏 桂由遜妻孝事翁姑夫病篤時氏刲股救年二十六夫歿以夫堂姪家隆爲嗣撫之成立氏苦節終

劉氏 魏家榮妻年二十八夫故家無儋石孝奉舅姑撫二子成立苦節三十三年

李氏 江賢進妻年二十七夫故家貧子幼撫之成立苦節歷三十八年

葉氏 馬天衢妻咸豐四年髮賊蹂躪天衢督勇被獲罵賊戕命時氏年二十六事翁姑孝撫孤子成立苦節歷二十九年 以上十八名俱袁秀升錄

吳氏 儒童孫興家妻年二十六夫歿守節歷五十六年

胡氏 管守南妻年二十四夫故孝事孀姑嚴教嗣子守節四十三年

易氏 葉長林妻年二十三夫故矢志柏舟安貧茹苦以節終 以上三名無底稿

葉氏 管鵬程妻年二十五夫故矢志撫孤守節歷三十一年

張氏 翁利名妻年二十三夫故秉性激烈教子義方守節五十年

葉氏 余啟慧妻年二十九夫故井水盟心柏舟矢志守節四十三年

葉氏 王洪喜妻年二十八夫故紡績度日養姑教子守節三十一年

田氏 州同銜鄧國舉妻年二十一夫歿家貧子幼辛苦備嘗未幾子復殤以夫房兄子家駒爲嗣苦節六十年

管氏 五品銜鄧文林妻年二十八夫病篤刲股以救不瘳堅貞自矢撫子鍾元鍾愷成立守節歷三十三年

彭氏 鄧翠林妻年二十夫故誓不欲生翁姑力勸止

之撫遺孤成立守節歷三十二年　以上七名洪安瀾錄
劉氏　太學生王君陳妻年二十于歸夫嗜學攻苦成
疾越九年夫故撫遺孤立品立禮成立守節歷三十
餘年　王祖楨錄
裴氏　陳佑臨妻年二十七夫故守節三十餘年
徐氏　陳心傳妻年二十八夫故守節三十二年
余氏　管宜映妻年二十八夫故守節四十六年
陳氏　黃與海妻年二十七夫故苦節六十八年
梅氏　吳修其妻年二十三夫殁撫子楚臣入邑庠守

蘄州志　卷之廿三　列女　四二

節四十八年
陳氏　王顯遂妻年二十五夫故生遺腹子存坦教之
成立苦節十五年卒　以上六名無稿
以上八年新收節孝其有底本者已梭明已未旌
奬無底本者一仍其舊
十年重增
胡氏　洪自行妻年二十五夫故苦節四十年
陳氏　鄧貴梓妻年二十八夫故撫孤成立守節二十
二年

董氏　儒士高立經妻年二十七夫故封髮自誓歷著
堅貞撫孤成立苦節逾三十年
鄧氏　儒士葉期鳳妻年二十九夫故時家道中落氏
撫遺孤三以養以教俾克成立長一盛次一元先卒
三慶元同知銜孫皆見頭角氏苦節三十七年卒
李氏　儒士胡宗復妻年二十八夫故家道趨貧氏志
勵冰霜撫孤大盛成立苦節三十三年
郜氏　王啟秀妻年二十六夫故撫子仁先紹全成立
苦節三十四年卒

蘄州志　卷之二十三　列女　四十三

蔡氏　儒士劉營謨妻年二十九守制撫子嚴慈兼盡
不數年子又卒艱苦百端終無變志時年七十二歲
江氏　儒士劉欽恕妻年二十于歸越二年恕故氏孝
事翁姑誓以節報撫孤子教之成立守節四十三年
曹氏　儒士柴家治妻年二十七夫故無子立姪爲嗣
愛如己出守節四十年卒
姜氏　儒士鄧萬豪妻年二十一夫故飲蘖茹荼撫孤
陽春嚴慈並盡孤業已成立家亦小康守節三十一
年

吳氏　儒士孫興家妻年二十四夫故矢志守節撫子若孫教以耕讀時年七十五歲

田氏　儒士查之潤妻年十七歸潤後二年潤故氏矢死靡他撫遺孤教之成立以節終

田氏　儒士查昌淋妻年二十九夫病氏割股救治卒不起後撫子宗昕宗　成立守節四十二年時年七十一歲

殷氏　儒士查昌訓妻年二十四守制孝事翁姑撫子宗悅嚴慈悉盡時年六十五

吳氏　貢華美妻年二十八夫故家貧矢志撫孤苦節三十八年卒

周氏　貢恒魁妻年三十夫故氏矢志靡他甘茹荼蓼守節三十二年卒

暴氏　貢兆光妻年二十五夫故氏矢志撫孤紡績度日守節歷四十年

張氏　貢元富妻年二十五夫故矢志柏舟孝事翁姑教養二子守節四十年卒

王氏　貢心德妻年二十八夫故撫孤成立守節歷二十四年

吳氏　陳手元妻年二十六夫故氏痛哭累日勺漿不入口後因子幼無依撫之成立以苦節終卒年五十九歲

胡氏　監生劉欽雄妻年二十五夫故矢志堅貞撫子光明成立入國學守節二十七年

姜氏　儒士管肇修妻年二十九夫故守節撫嗣子嚴慈兼盡卒年七十二歲

董氏　監生管鴻妻年二十九夫故守制撫姪爲嗣教之成立苦節十八年卒

周氏　監生劉欽定妻年二十二夫故氏矢志柏舟撫遺孤教養備至以苦節終

章氏　武生劉兆雄繼妻年二十二歸雄甫逾年雄故氏矢志永霜僅遺一女立堂姪淑清爲嗣愛如己出以節終

洪氏　從九劉欽瀛妻年二十七夫故守節教嗣子淑璠成太學生苦節二十七年

錢氏　儒士夏一塤妻年二十六無子夫被髮逆擄掠

旋遇害氏苦節歷三十年卒

鄒氏　儒士丁勝廣妻年二十七守制足不踰戶撫子定國成立俾入成均時年七十六

岳氏　儒士管懋功妻年二十九守制撫孤不苟言笑家貧勤紡績苦節四十六年

孫氏　詹慶壽妻年二十九夫故赤貧如洗夜勤紡績晝事耰鋤撫六歲孤禮陶至於成人事孀姑至八十餘歲撑持家務倍極艱辛守節三十二年卒

張氏　太學生查昌錡妻年二十七夫故氏痛不欲生

翁姑勸慰之乃起撫子宗伊宗彥成立守節三十八年

陳氏　儒士查繼焰妻年二十七守制事翁姑不弛敬愛撫子嗣城嗣臺成立卒年六十三

陳氏　儒士查克己妻年二十七夫故時子尚幼氏撫養成立苦節六十三年卒

陳氏　儒士詹興文妻年二十六夫故遺孤祚蘭甫八月氏誓志守節卒年六十三歲道光六年學憲王額獎

汪氏　詹道昇妻年二十二夫故氏撫孤義芳教以大義髮逆之亂芳以練勇戰歿從祀昭忠祠氏復撫孫禮彩成立卒年七十三歲

張氏　詹義虎妻年二十六夫故上奉衰姑下撫孤子慈孝兼盡孤育純業已成立守節四十四年

吳氏　張意運妻年二十九夫故孝翁姑勤紡績薄飲食撫子成立守節三十三年卒

詹氏　張如煜妻年二十八夫故撫子成立守制五十年以節終媳宋氏年二十六守節飲蘗茹氷與姑一

轍苦節三十八年卒

郭氏　張如瑜妻年二十八夫故矢志栢舟撫子意文成太學生守節四十二年卒

梅氏　何以禮妻年二十九矢志守節時年六十二歲

吳氏　孫祖瑚妻年二十九夫故撫子嚴慈兼盡守節歷三十三年

董氏　李國昌妻生員于芳姪女年二十九守志撫孤成絢成立夫病革翦髮夫前誓以死守時年七十有五

陳氏　儒士李霽軒妻年廿九守志事姑以孝聞撫三子猶目及孫曾十數輩壽七十三

張氏　劉君德妻年十八夫歿無子矢志栢舟撫姪爲嗣教養成立苦節歷三十四年

陳氏　蔡鍾秀妻年二十九夫歿僅遺一女立姪樹雲爲嗣撫如己出俾及成人苦節歷三十五年

何氏　蕭元正妻年二十四夫故家窘甚行乞撫孤教養成立氏苦節歷三十八年

李氏　吳宗復妻年二十八守制事上御下能孝能慈

時年六十一歲

董氏　高二經妻年二十七夫故守節歷三十年

王氏　王承塈妻年二十九夫故立姪恩銘爲嗣計守節三十七年

汪氏　張元聰妻年二十九夫故守節三十四年現年六十三歲事九旬孀姑盡禮人以賢孝稱之

汪氏　張如巖妻年二十八守制先是夫病氏刲股肉以愈後夫故氏以母道兼父道次子意玉克遵荻訓以兄意璽病篤亦刲股以瘳氏苦節三十三年卒

裴氏　胡楷山妻年二十四夫故甘貧撫孤志不可奪苦節四十七年現年七十一歲

張氏　梁鶴繼妻年二十二夫故苦節二十九年卒年五十一歲

吳氏　儒士王先銘妻年二十夫故撫遺腹子念支成立苦節三十二年現年五十二歲

王氏　馬顯祥妻年二十一夫故苦節三十三年現年五十三歲

倪氏　胡含棻妻年十八于歸越二歲夫故時生子甫

二日氏痛不欲生後守節安貧撫孤嚴慈兼盡苦節五十六年

晏氏　王科榜妻年二十八夫故矢志守節撫子成立守節五十四年卒

方氏　蕭德義妻年二十五夫故守節撫姪愛如己出教養成人苦節三十年卒

鄧氏　監生童榮亭妻年二十九夫故勵志氷霜撫子成立卒年六十六歲

朱氏　童明川妻年二十八夫故守節撫孤成立卒年

五十六歲
李氏　封佑富妻年二十六守制撫孤成立苦節三十九年時年六十四歲
張氏　丁尙志妻年二十九夫故遺孤榮壽教養成立甲申氏病危壽割肝和藥以進遂愈鄉里以母節子孝稱之
張氏　黃喬杉妻年二十三歸杉甫期年杉故氏撫遺腹子松柏敎養成立以節終
梅氏　黃喬棟妻年二十四夫故氏矢志守節撫姪松

秦爲嗣苦節四十三年
王氏　伊德湯妻年二十九夫故苦節五十年
胡氏　曹鍾芳妻年二十一夫故守節撫嗣子嚴慈兼盡卒年六十三歲
丁氏　監生文　彬妻年廿八夫故撫姪時雨爲嗣守節四十八年
楊氏　李良土妻年二十五夫故家貧紡績自給撫子慈慶以母道兼父道俾克成立守節三十二年
姜氏　儒士鄧世豪妻年二十夫故矢志栢舟撫子緒

濱成立守節二十七年
王氏　儒士張萬岫妻年二十九夫故志懍冰霜教子成立苦節五十年卒
柯氏　黃宣春妻年二十一夫故矢志守節撫子守忠嚴慈兼盡苦節三十八年
陳氏　操上律妻年二十八夫故撫子紹謙紹勤成立守節五十四年時年八十二
胡氏　儒士李榮先妻年二十七夫故守制撫孤紡績度日苦節三十七年

凌氏　儒士陳壽眉妻年二十五夫故家貧勤紡績撫嗣子世釗成立守節二十九年
何氏　張四輔妻年二十七夫故孝事翁姑治家勤儉撫遺孤三成立守節三十餘年
王氏　儒士汪樂盛妻年二十六守制撫嗣子自躬入國學苦節三十八年
李氏　儒士王靜軒繼妻年二十八守制撫嗣子正春嚴慈兼盡守節四十二年卒道光六年學憲李頴獎
廖氏　儒士張克義妻年二十八守制撫子濟豐姪濟

玉俱成立苦節三十九年卒

劉氏　夏自雲妻年二十八夫故茹苦含辛撫子成立守節歷四十二年

楊氏　生員王涣妻年二十九夫故撫嗣子玉臣成立守節五十一年

操氏　何煥廷妻年二十七守制撫子崇廉成立年五十九以節終

陳氏　宋昌型妻年二十六夫故撫子雨發成立守節五十二年

張氏　何玉章妻年二十二夫故茹苦守節撫子維城以母道兼父道年八十以節終

蔡氏　葉宇德妻年二十六夫故守制撫孤苦節三十八年卒

王氏　張道燦妻年二十歸燦甫數月燦故氏厲志氷霜撫嗣子樹松愛如己出苦節二十七年

陳氏　田菊泉妻年二十五守制撫子相悅相愷成立悅尋卒妻鄧氏亦年廿二守制誓以死殉陳泣諭之立愷子琥爲嗣守節三十八年卒鄧守節四十年卒

蘄州志卷之二十四

知蘄州事嶺西封蔚礽纂修

人物志

列女

貞女

明

鄭麻姑　董某聘妻鄭崇德女未婚而董卒女聞慟甚建幽室留隙以受飲食盥盆爲浣濯具終日績麻其中遂名麻姑其盆名老女盆至今存以績貲置田租九石爲女祀產

國朝

范姑　張士灝聘妻字倩仙父愷吳縣人以明經判興國州遂家焉倩仙幼穎慧父母愛而教之稍長通書史兼善吟咏年及笄未婚而士灝卒倩仙聞訃力求奔喪父母不能奪比至士灝家執喪哀毀如婦禮以書別其父曰兒義不復歸遂留事舅姑立伯子楗爲嗣年五十三卒著有耐寒詩草康熙五十六年　旌詩詳藝文　以上錢志

張姑　顧燕桂聘妻年二十未婚而桂卒訃聞女請奔喪不許遂服縞素凡五閱月父母謀改適媒至女偵知佯爲喜笑沐浴更衣自經於寢所

陳姑　英山彭啓傑聘妻太學生陳兩全女方納幣訂婚期啓傑卒女聞訃將百里奔喪父母以路遠阻之女怏怏遂易服飾衣縞素越數月父母欲令他適女聞之閉戸縫衣自經死

段姑　詹世則聘妻世則染瘋疾其母勸女母家另擇配女聞引繩自盡急救乃免力求至夫家晝夜伴孀

姑以事瘋夫家極窘日不再食輒忍受一日夫狂甚指女曰汝誰也撻之幾斃後夫歿女與姑爲依終身

陳姑　陳宏綬聘妻未婚而綬卒女誓不他適後聞姑病女往侍與同卧起者七年姑歿遂以悲傷感疾卒

吳姑　廣濟方紹臯次子烋聘妻未婚而烋卒女欲以身殉念親老弟幼遂安於室縞素終身不出閫閾不與燕會督兩弟苦讀每徹丙夜燈火茶湯親手奉之年七十八卒

張姑　陳文莘聘妻張希賢女未婚而文莘卒聞訃奔喪柏舟自矢以紡績養翁姑守貞三十六年乾隆五十一年　旌

楊五姑　吳灝聘妻楊照珩女未婚而灝卒聞訃卽欲身殉得救乃免遂截髮自誓持齋十餘年一日忽晨起沐浴更衣絶粒不食越數日而卒時年五十有一

吳姑　李氏子聘妻年甫及笄未婚而李氏子卒聞訃奔喪哀毁骨立欲以身殉因防守甚密不獲死卽留以事翁姑誓不他適嗣翁姑相繼亡母氏迎歸居斗

室終身不出閫閾年六十八卒乾隆五十五年制憲畢額獎 詳通志

方姑　胡鴻逵聘妻未婚而鴻逵卒誓不他適守貞七十餘年嘉慶己卯學政沈以徽揚彤管額獎

孫姑　管吉三聘妻進士孫民則孫女年十九未嫁而吉三卒聞訃奔喪縞素終身足不踰閾守貞六十一年

葉姑　杜耀珠聘妻葉崇興女年十八未嫁而耀珠卒聞訃奔喪誓不他適謹事翁姑立夫姪世執爲嗣守

貞數十年卒咸豐八年撫院胡獎以志貞金石額

王姑　管傳麒聘妻年十九未嫁而傳麒卒聞訃奔喪一執婦禮孝事孀姑立夫姪宜相爲嗣守貞四十九年

王姑　諸生吳萬青聘妻年十八未嫁而萬青卒聞訃奔喪誓以死守家貧勤紡績以奉翁姑道光五年旌

吳姑　陳手玉聘妻監生吳祖詰女未嫁而手玉卒聞訃奔喪誓不他適終身不出閫閾撫嗣子占易成立

年六十卒道光七年學政王額獎

高姑　黄立人聘妻年十九未嫁而立人卒凶問至即欲奔喪父母阻之不獲至夫家泣奠如禮誓以死守撫夫弟孝廉兆魁子美鼎爲嗣敎之成諸生事翁姑孝謹姑嘗患指疔女以口吮之而愈其他克盡婦職悉類是後翁姑相繼歿喪葬盡禮哀毁成疾鄉先生陳愚谷詩作貞女行卒年六十道光二十七年　旌表建坊

李姑　吳彬賀聘妻年十七未嫁而彬賀卒聞訃奔喪誓不他適立姪炳爲嗣親操井臼勤紡績孝養翁姑不懈道光六年學政王額獎

李姑　陳洪陵聘妻年十八未嫁而陵病危力求歸陳甫面而陵卒即留以事翁姑絕跡母家矢志不嫁立姪愛樂爲嗣家窘甚惟勤紡績爲日食計年八十一卒道光七年學政王額獎

周姑　胡一楷聘妻未婚而楷卒聞訃奔喪誓以死守立姪本熿爲嗣守貞數十年同治六年學政洪額獎

程姑　陳均言聘妻年十九未嫁而均言卒聞訃奔喪

哀毁如禮泣請立嗣撫之成人守貞五十五年

何姑　張啟富聘妻年十九未婚夫遠出以病卒於異地氏念姑無依誓不再適立姪承祧守貞五十餘年

王大姑　儒童孟化南聘妻化南身故姑年十九聞訃至誓以身殉父母勸解送至化南家遂矢志守貞家貧甚紡績度日事舅姑以孝聞立兄子廷炬爲嗣敎養有成入州庠生守貞三十三年

吳大姑　桂榮名聘妻幼失怙恃惟伯父錦鸞是依年二十一榮名疾故女得信絕粒死錦鸞以柩歸桂氏

俾成初志咸豐元年學政杜錫以貞烈幽光匾額上以潘志

李姑　吳彬聘妻年十七夫故聞計奔喪柏舟自矢守貞歷五十七年同治九年　旌

曹姑　陳士林聘妻年十九夫故聞計奔喪誓不再適守貞十一年卒同治九年　旌

李潔姑　濟邑劉季聘妻年十八未婚季卒聞計痛極自誓守貞年三十七卒乾隆二十八年　旌建坊葫蘆磄墓側

黃姑　喻立方聘妻年十七未嫁夫卒奔喪代姑撫幼叔倍極劬勞立姪庸禤爲嗣年七十五卒

郭一姑　郭國榜之女許曾氏子未于歸夫卒守貞不字年七十六卒

胡姑　田傳松聘妻年十六未嫁夫卒奔喪立姪必綿爲嗣延師課讀備饌極豐綿亦善承母志勤學不倦姑現年六十

李姑　吳燦文聘妻年十六未嫁夫卒奔喪立姪爲嗣撫之成立學憲王宮保胡均有額奬年八十六卒

操姑　詹如山聘妻年十六未嫁夫卒奔喪誓守貞立姪爲嗣授室後尋卒媳查氏年二十三承姑志亦守節遺孤孫甫三歲殀立姪孫爲嗣姑年五十八卒媳苦節三十八年

陳姑　宋裕芳聘妻年十五未嫁夫卒聞訃奔喪孝舅姑和娣姒勤儉無比守貞四十餘年卒

周姑　陳能致聘妻未婚時致棄家爲僧姑矢志靡他仍歸致家執婦道維謹年逾七十卒

涂姑　龔立忠聘妻未于歸夫歿聞訃奔喪立志守貞

其父母以青年擬將再許涂聞誓死靡他憂思成疾卒

蔡姑　胡代逼聘妻未婚時夫亡聞訃奔喪欲以身殉姑救止之立姪伯蔭爲嗣撫如己出事翁姑惟謹守貞三十餘年卒以上新稿

孝女

明

徐女　年甫十二母病刲股救之愈舊志

國朝

四姑　吳棣韡女年十四識之無明大義父母病女侍湯藥晝夜不寢者四十日　母病篤女割股和藥救愈

烈女

元

張總管二烈女　長女三十一次女二十九俱未適人元至正辛卯寇兵逼蘄二女與父相失聞賊肆擄掠相泣言曰我等宦家子不可爲賊所辱遂至蓮花池投水死今烈女墩尚存 詩詳藝文通志

明

張姑　諸生張文秀女正德中霸州賊劉六等漸逼蘄文秀挈妻女避江南大山磯窖中賊搜獲欲汚之女罵不從並其母邱氏遇害

按一統志並通志載張烈女避難江南遇害今合盧志錢志攷之只載張文秀女同母邱氏遇害一事一統志與通志作兩人誤 舊志

國朝

張姑　張懋文聘妻少失怙恃惟兄嫂是依年甫及笄未婚而懋文卒女聞訃誓以死殉請奔喪兄嫂阻之索夫家猶子承嗣亦未成厥志女屢欲以死報之防守甚嚴不獲一日兀坐忽庖廚煩擾知爲媒妁乃泣曰志既不遂必受汚因跪向夫家稽首遥辭閉戶縊衣自經於寢所

王姑　管元度長子聘妻年十五未嫁而夫卒聞訃至力求奔喪父母不許卽絕鉛華毀容截髮誓以終身一日忽聞媒至知父母有改適之意閉戶焚香自縊於寢所

何姑　田相恕聘妻何杜武女年十九未嫁而夫卒女聞訃泣請奔喪父母不許伏牀不起者數旬旋父母將別議婚女微聞知詭告父母云待三年後方可從命未幾哀毀成肺疾嘔血而卒

田姑　太湖張詩管聘妻名愿嫫幼習儀訓未嫁而夫卒女聞訃隨父奔喪哀毀如禮泣請於孀姑陳爲之立嗣喪葬畢其父諭歸泣答曰兒爲張家婦矣事姑撫子循吾分耳復安歸時有難其說者女望旱冒雨不知所之旋見倒歿於夫墳壙中土掩身過半血流

被面急舁歸湯藥之尋蘇越數日聞廳前數客耳語若將議婚者私告其姑曰是刺刺者必爲兒媒也何如此其過激仍櫛沐作常態家人以爲有回心不伺守是夜竟自經於寢所嘉慶二十二年　旌建坊太湖縣張家河

舒姑　田同春聘妻田酷貧父兄竊女及笄欲改適女見逼遂自經田族聞之迎櫬歸葬立碑爲紀其事以上潘志

無名氏女　同治六年二月初六日遇賊五岳山下投

塘死賊怒裂其尸士人哀之因以烈女名其塘新稿

孝婦

明

翟氏　諸生楊權母年少守志姑病刲股以進孀居三十餘年教權爲名諸生年六十餘卒省志

國朝

胡氏　陳勝祥妻事姑孝家窶貧祥耕不給事畜氏丐以養姑病劇醫藥無措氏禱於家願刲肝以療刲少許將再刲忽聞聲曰足矣炊破籃烹以進姑食訖氏始昏潰姑漸愈氏亦無恙乎初蒞蘄疑此事後聞董前牧曾令內子驗之刀痕猶在云同治八年　旌

陳氏　霍廣照妻黄梅人任州之伍家壩家貧甚姑年九十老且病事之惟謹道光七年閏五月蛟水大至房屋突傾姑没於水氏即赴水抱姑不釋隨流二十餘里姑忽被水衝開氏遇救得起仍欲赴水尋覓忽滙水處姑屍浮出鄉人醵金助殯葬如禮　知州林以孝格穹蒼表其廬事聞上憲旌獎一時知名士多以詩歌紀其事云同治八年　旌潘志

詹氏　陳手揚妻事姑孝姑病篤氏割股救之得愈越五年姑又病氏復割股以進延齡二紀

梅氏　蔡際照妻天性純孝祖姑病篤氏靜夜焚香刲股和藥以進遂痊

龔氏　張宏亮妻曉大義未嫁時事孀嗣母惟謹母病劇默禱神前刲股和藥以進母病始痊及歸張能以紡績佐讀曲盡婦道

倪氏　王君輔妻舅姑早逝事繼祖姑極孝歸甯時或遇父母疾病親侍湯藥未嘗廢離夫歿遂終身不踰

閨閫

張氏　王則鸞妻姑早卒事翁以孝聞家貧鬻嫁奩以佐甘旨翁病萓氏割股和藥以進病立痊

詹氏　諸生陳輝炳妻姑病刲股和藥以進鄉里賢之

詹氏　朱展書妻事翁姑孝姑病刲股者再子鵠諸生

章氏　黄光序妻幼失怙即歸夫家姑吳氏撫養及長事姑惟謹姑病刲股和藥救愈後三載姑歿哀毀逾常聞者稱之子錦華從九銜

潘氏　盛大用妻姑病刲股　張氏　金光曙妻姑病刲股

龔氏　陳世樊妻姑病刲股　陳氏　胡思誠妻姑病刲股

賢媛

國朝

黄氏　諸生楊大昕繼妻夫病篤刲股以救不起翁亦尋逝喪葬一切氏獨任之撫子義與成立入太學生

夏氏　童以立妻無子撫孤姪極盡恩勤明季癸未寇熾立被擄氏力立保姪匿迹深山採蔬充食奄奄之息僅存一綫尋立歸夫妻完聚氏撫姪愛養尤篤厥後熾昌皆氏之力盧參政爲立傳

勞氏　指揮使田文妻文官雲南出師殺賊被傷寢營氏督軍救之有恢復功詔封夫人世襲指揮使隨長子霽承襲於蘄因家焉

吳氏　諸生李具慶妻廣濟太常卿吳亮嗣女明末賊陷蘄氏翁兵備樹初不屈死夫兄延慶父子及氏所生五子俱死具慶亦被創氏方有娠從積屍中乘間掩諸屍負具慶以竄途中產子之璿裹以行賊平收葬諸骸骨復還舊業皆氏內助之力卒葬陽門沖盧參政銘其墓

熊氏　陳贊元妻教諭熊心璋女幼聰慧曉大義于歸孝事舅姑夫卒繡佛茹素鍵扃門戶篝燈課諸兒讀不少寬好施與修路成梁煮茗合藥族黨中不能自贍者輒捐貲相助承夫志於溪南建慈雲閣以收渴口風水子三於棪貢生於梁於榮州同年八十七卒

石氏　陳信謙妻黄梅進士石產瑚孫女年二十歸謙事舅姑孝謹姑病五夜焚香刲股救愈家貧課子朗辰兆辰讀極嚴待師儒有加禮後二子同歲入泮朗辰旋以明經貢成均

五媽　童氏生明季夫歿無子家貧姑亡翁衰老媽勤
女工事厥翁奉養扶持曲盡孝敬值時疫鄰婦病媽
詣探問病者前夕聞鬼私語明日五媽來當避又流
賊夜間縱火比屋灰燼不忍媽死先趨之出其孝行
所感格至今里人津津道之
龔氏　州同銜黄遐綉妻事姑孝好施與見貧乏輒出
所有以濟值荒年全活者甚衆
吳氏　陳法忠妻事姑孝姑病篤割股救之延壽三紀
王氏　陳信佑生母姑有疾親嘗其糞子四皆幼孤教

之成立年九十無疾終
王氏　姜從富妻性慈善家小康俗好溺女勸夫抱乳
其家或屬蓐媼力救出貲撫育道光七年命子呈請
州牧示禁刊刷千本遍送鄉人子監生開庠開序克
承先志歲飢有餘穀減價平糶族有鬻媳者助金贖
之氏年八十二卒
陳氏　舉人范位盤妻進士陳履中姪女性好施與每
歲私存穀百餘石隨時析升斗給貧乏夫赴均州學
正任氏在家孝事翁姑綜理家政內外無間言里中

稱賢母焉子三世和世酭監生世標諸生
周氏　陳顯經妻姑善病氏侍湯藥未嘗稍離曾割股
和藥以進後因積勞成疾年二十九卒道光八年學
政王額獎同治八年　旌
袁氏　諸生駱西園妻幼隨父康于讀書識大義年二
十歸夫家時翁病篤氏割股和湯藥以進卒不能起
事姑盡孝朝夕無少懈見人有急即典衣質釧不少
恡年三十九卒族黨聞之未有不泣下者
王氏　柴厚安妻勤紡績中夜不輟姑未寢不敢入私

室夫足癱潰日夜侍事如是者八年與夫偕老年皆
九十子盛榮華玉賢四人俱列成均孫桂森曾孫紹
溪俱諸生
王氏　從九許其昱之妻割股救姑姑壽得至八十勸
夫納妾生子得承十四代孤傳之祧其餘善狀俱載
本族家乘　以上潘志
黄氏　增貢生王鑾之妻賦性幽閒幼習女誡女則諸
書能明大義相夫子以敬戒無違勉子姪以正閨閫
之中肅如也享壽九十有二五代同堂鄉黨至今稱

厚福焉

張氏　太學生孫文照妻教諭映魁之母有孝行其祖姑寢疾刲股進之性慈惠恤孤苦濟飢寒力所能爲者無不黽勉焉

駱氏　諸生陳驪生妻有至性夫病氣逆嘗刲股以進遂得痊咸同間髮逆肆擾勉其長子烜季子焜從戎敵愾所至有功後以子貴封太夫人

朱氏　明應泰妻年三十二稱未亡人性淑慎教子有義方及孤成立家漸裕有族女子煢無依氏攜歸撫

養及笄奩資悉具尤好施與戚串鄰比苟告急凡力所能爲者輒量給之終其身弗倦也年七十二卒

歐陽氏　李氏　余氏　黄氏　諸生陳鸞副室咸豐丁巳夏避賊徐家巖鸞病劇賊至氏等匿鸞石窟中各奔散越日歸視已氣息奄奄矣難稍定鸞歿氏等殯葬如禮相誓守義於小楊河陳氏祠得遺產百二十租勤紡績增八十租他妾生子玉樹母子別居家中落常就食其所娶媳亦氏等養女也後玉樹母子俱亡媳遂攜子同居光緒五六年氏等相繼歿鄉里

賢之

陳氏　蔡世蘭妻性和順敬戒無違夫病篤氏侍湯藥衣不解帶者月餘陰割左股以救乃愈

葉氏　張沖斗妻奇難後堅貞自矢事節姑孝撫冢子廷舉襲雲騎尉次子朝啟成立孫數人從師課讀族里咸以陶母柳母稱之

董氏　楊大槩妻槩幼得籧篨戚施之疾其父諸生世禧親詣董家以子疾請別字董聞之促父天史送歸楊入門後敬奉尊嫜事夫尤無幾微嫌怨生三子年

六十三卒族里咸敬憚之

王氏　李溱洧妻家貧洧入鄉告貸遇人鬻婦悉以貲贖並橐返氏無怨言小除夕糴斗粟度歲有無炊者分半以與之子宗賓甘肅甯夏知府候補道

梅氏　蔡際熙妻祖母病篤氏刲股和藥以進病始愈族黨賢之

龔氏　洪崑岡妻夫病篤氏刲股者再孝廉何明有傳紀其事

邵氏　甘名登妻登病篤氏刲股救之乃愈族黨稱其

賢
張氏　胡旭初妻性極孝姑病篤割股救愈旭病又割股救愈族黨賢之新稿

烈婦

明

楊氏　諸生盧紱妻崇禎癸未獻逆毀城氏被擄賊擕至趙州關欲負之以行氏紿之曰我自能行擕母朱氏手至火起處投烈焰中焚死一統志　通志　詩傳詳藝文

袁氏　諸生盧震初妻年二十二獻逆陷城氏度不能

免拜辭舅姑抱週歲子投井死時督學堵公有一門節義之褒謂氏與楊也通志

陳氏　諸生王從禮妻諸生陳治策女從禮幼有痼疾氏解奩以佐藥餌凡八年禮卒氏孝事舅姑兼撫三子應龍夢龍御龍垂四十年明末避難至鄂城破氏指庭間井謂二子婦曰未亡人已得死所若輩亦有意乎二婦再拜先下井氏取悅履標之井榦亦隨投井死通志

曹氏　參議李樾妻　蕭氏諸生李本育妻

陳氏　諸生李本純妻　馮氏　諸生李本繹妻
邰氏　諸生李本張妻　管氏　諸生李本泌妻
張氏　增生李本德妻　鄭氏　諸生李本嘉妻
張氏　諸生李本昌妻俱於前明崇正癸未獻逆屠蘄殉難據李氏節義題名碑

馮氏　學正張效方妻明季癸未獻逆屠蘄同妾劉氏赴水死前志未載

李氏　布政張邦翼妻明季癸未之變同夫死節撫院何疏聞

旨下議䘏加贈忠烈一品夫人前志未載

劉氏　諸生張承區妻明季癸未逆獻陷蘄氏同姑死節繼妻侯氏因夫承區歿不食死節前志未載

王氏　張效旗妻遇賊恐辱抱子投水死

周氏　諸生張承巳妻聞賊至恐辱溺武山湖其二女俱從母死

陳氏　岳廷獻妻年二十五守制遺一女無子立姪爲嗣夫弟謀奪其志將氏紿至他處氏稔知遂投繯死

乾隆二十四年　旌

何氏　諸生陳時珏妻明季癸未之變獻賊屠蘄旋入崇鄉時珏罹害氏挈子師儁避密林中得脱歸求夫骸於積屍中認自製頭巾得之具棺以殮厝之河東旋赴北極尖避難而賊又至氏見勢危囑兒左扃曰速逃吾從此訣矣遂投山後懸岩死前志未載

詹氏　駱泝輝妻年二十二夫卒數月之間憂憤不食而死

國朝

謝氏　伍從雲妻未嫁時聞姑病求侍湯藥姑歿從雲病篤顧氏不能語氏許以同穴從雲歿經紀其喪踰三日乃沐浴衣衰麻自經於柩側家故貧不能葬里人哀之醵金合塚立豐碑紀其烈傳詳藝文

蕭氏　梁奇華妻年二十三守志子甫一歲爲流賊所執氏紿之曰待我拜别翁姑乃從汝賊許之氏抱子泣拜翁姑墓畢赴水死家人決塘水盡乃得屍母子相抱如故時盛夏色不變人咸異之

蔡氏　營兵丁元妻康熙戊辰元通夏逆受僞札氏預知泣諫不聽乃先手自縊殺兩女尋自經而死元事

洩被執乃哭曰悔不從妻言詩詳藝文

周氏　田躍雲妻年二十五守志有遺腹因誓曰生男則撫孤承祧生女則從夫九泉及娩生一女乃觸地而死以上潘志

八年新增

駱氏　蔡文翰妻丁巳五月夫糾勇殺賊旋以寡衆不敵潰氏乃先擕二女一子逃至多寶巷後忽聞礮聲遂率子女俱溺有五烈詩

陳氏　王致福妻丁巳五月避賊童子河時有娠率幼女及養媳俱投塘溺斃賊憐之先瘞二女於塘側伺氏屍終不起後數日夫及子尋至悲號繞塘三匝屍遂浮出有五烈詩

蔡氏　陳占豫妻丁巳五月避賊梅家大屋回顧賊旗趣舅姑前行曰無以我爲累至五家垸以女嬰授夫曰我母氏及夫家皆清門義不可辱遂奮身就溺有五烈詩

馮氏　蔡斐庭妻丁巳六月賊至縛其夫加以數刃夫撲地氏伏其身大呼曰但殺我賊殺之而去由是夫

得甦有五烈詩

何氏　孫永餘妻丁巳五月賊至隨翁避難至廣濟因未偕姑及夫夫被賊戕氏不知也亂稍定始知慟哭數日曰夫死我何忍獨生遂投繯有五烈詩

陳氏　湯仁陽妻咸豐七年六月初七日賊竄至氏恐被辱投塘死賊退家人得迹之面如生

錢氏　張意椿妻咸豐七年避難遇賊不屈死

華氏　查佩珩妻咸豐七年遇賊投塘死

宋氏　陳信雄妻咸豐十一年雄被賊執不屈遇害氏

聞之痛哭以頭觸地破腦而死鄰里哀之

胡氏　張得華妻同治初捻賊犯境火其廬氏與娟俱未出燄逼夫弟春汎促與逃氏曰賊圍周匝逃必辱不如死汎出被獲氏與娟俱亡

張氏　高登科妻同治三年捻匪下竄婦女多被虜氏年三十恐不免投袁家湖死

胡氏　張世德妻同治三年夫在菩提壩遇賊戕斃氏痛甚願以身殉親族勸止越二年喪終仍於屋後投井死

易氏　葉恩衆妻年二十四夫故家貧舅姑欲奪其志氏痛哭月餘投繯死

程氏　李宗澍妻年十九夫病劇禱於神祈以身贖卒不起沐浴自經

鄒氏　李榮亨妻年二十餘夫病篤焚香夜禱求以身代遂自經死

蔡氏　諸生吳淦妻年二十三夫歿誓以身殉姑力止之驟得嘔血疾卒

方氏　張效瑜妻年二十八夫故無子氏竭力營葬畢

哭墓前三日潛赴水死族人市棺以殮並立祠祀之

田氏　龔建章妻年二十九夫歿憂鬱泣血飲食不入月餘卒

吳氏　繆大訓妻年二十四夫故家貧無以殮氏奔告族人歸掩其室久之寂然衆至闢戶視之則自縊其夫旁死矣聞者哀之

附錄咸同間殉難婦女姓氏　俱無底稿無從校對

胡氏　太學生張珏母　劉氏　張珏妻

徐氏　太學生吳德霞妻　夏氏　張耀富妻

葉氏 査克環妻　方氏 胡 列妻
陶氏 汪大義妻　陳氏 江元發妻
張氏 范品玉妻　余氏 陳如東妻
黄氏 陳時發妻　余氏 陳東除妻
陳氏 郭樂加妻　柯氏 楊長林媳
蔡氏 范時學妻　田氏 汪甫田妻
陳氏 陳廣來妻　張氏 詹善知妻
孫氏 蔡焜達妻　盧氏 詹昌喜妻
劉氏 詹萬明妻　陳氏 裴太元妻

裴氏 何儒江妻　陳氏 陳萬方妻
陳氏 吴志松母　岳氏 吴利貞妻
吴氏 陳用賓妻　陳氏 吴型燚妻
湯氏 黄寶山妻　劉氏 胡祿全妻
趙氏 陳乾元妻　沈氏 徐傳福妻
紀氏 吴百奎妻　操氏 方品蘭妻
吴氏 繆安福妻　王氏 繆愷明母
裴氏 何 裴妻　馮氏 繆愷明妻
詹氏 詹顯照妻　曾氏 蕭德彰妻

岳氏 陳手廉妻　陳氏 陳謙元妻
詹氏 陳信育妻　吴氏 陳占魁妻
李氏 陳占文妻　程氏 岳起富妻
李氏 岳起茂妻　劉氏 駱子遐妻
陳氏 宋泰交妻　王氏 駱太波妻
姜氏 張春章妻　程氏 郭安庶妻
劉氏 蔡正常妻　郭氏 汪協占妻
余氏 張炳燦妻　馬氏 張安舒妻
蘇氏 詹品山母　范氏 湯陽春妻

張氏 湯雙桂妻　宋氏 湯中和妻
柯氏 張丙有妻　明氏 陳起發妻
石氏 蔡錦章妻　張氏 蔡光照妻
黄氏 程國祥妻　湯氏 范良州妻
王氏 范以法妻　吴氏 范宗後妻
葉氏 范鳳起妻　蔡氏 蔡序昆妻
湯氏 詹利見妻　氏 聞同行母
余氏 貢仲和母　駱氏 吴昭節母
王氏 李木幹母　陳氏 郝廷選母

程氏　華植英母　陳氏　華植英堂叔母
曹氏　石楚珍妻　氏　華攀一叔祖母
向氏　蔡五貴妻　李氏　田耀華母
胡氏　許一生母　胡氏　駱月古妻
王氏　楊直三妻　任氏　高長齡妻
姜氏　石嘉樂妻　許氏　李世福妻
胡氏　龔鼎玉妻　胡氏　龔鼎玉媳
龔氏　駱子荆妻　張氏　胡慧泉妻
李氏　龔立祥妻　劉氏　張來聘妻

劉氏　張氏波妻　胡氏　張氏濟妻
龔氏　張民品妻　涂氏　張民寶妻
徐氏　張民澤妻　梅氏　張如剛妻
蔡氏　張萬秋妻廿年守志　嚴氏　彭九皋妻
周氏　吳教知妻　李氏　胡玉章妻
鄧氏　龔遐珍妻　周氏　張鍾秀妻
張氏　韓先元妻　張氏　蔡五桂妻
王氏　彭起華妻　梅氏　蔡用宜妻
吳氏　陳策勳妻　吳氏　繆安壽妻

陳氏　裴奇珍母　陳氏　余道遵姪媳
吳氏　周咸四妻　胡氏　王從義妻
駱氏　吳祖來伯母　許氏　陳全忠妻
伍氏　童啟才妻　張氏　董國治妻
吳氏　繆爲先妻　高氏　左奇山妻
氏　陳英奇妻　華氏　查　妻
徐氏　葉玉典妻　蔡氏　李楷書妻
劉氏　伊昌楷妻　李氏　周金節妻
龔氏　張意周妻　田塍婦人不知其姓氏被賊戕於塍上遂如此書之

吳氏　陳文炳妻　陳氏　李本先妻
阮氏　李本秀妻　方氏　胡以清妻
以上咸豐七年被戕
劉氏　諸生陳禮賓妻　吳氏　太學生陳位康妻
姜氏　從九銜談九思妻　游氏　江有富妻
舒氏　孫　妻　龔氏　丁　妻
張氏　毛美尊妻　何氏　裴品元母撫院胡額獎
王氏　駱炳煥妻　陳氏　余同感妻
龔氏　張有周妻　程氏　陳世瑞妻

周氏　陳星煥妻　　氏　胡應法妻
倪氏　胡兩灼媳　胡氏　葉玉章妻
許氏　陳自泰妻　龔氏　胡一道妻
胡氏　龔慶芳妻　顧氏　董立成妻
王氏　李　妻　葉氏　胡上吉妻
王氏　龔峇禮妻　劉氏　妻劉馭寰姪孫女
盧氏　太學生董瑞玉妻　李氏　高立武妻
劉氏　武生張芳烈妻　李氏　太學生張鍦椿妻
以上咸豐十一年被戕

王氏　李本九妻　陳氏　龔洪年妻
以上同治二年被戕
姜氏　從九銜陳介凡妻　郭氏　陳有鈿妻
胡氏　從九銜張表安妻　陳氏　李有春妻
陳氏　毛國新妻　胡氏　陳有道妻
李氏　邵定邦妻　駱氏　陳挹風妻
顧氏　陳受圭妻　黃氏　陳顯炬妻
姜氏　陳長久妻　李氏　萬長久妻
陳氏　張元善妻　黃氏　張開甲妻

周氏　張啟勝妻　黃氏　陳勝芳妻
熊氏　陳自明妻　周氏　張　妻
蘇氏　張永年妻　高氏　張永貞妻
馮氏　潘至懷妻　李氏　陳佑順妻
宋氏　周蹇疇妻　章氏　張克炳妻
以上同治三年被戕
葉氏　從九銜王　彰妻　田氏　管尙志妻
以上同治六年被戕
張氏　白瑞成妻

咸豐三年溺水
熊氏　邱富生妻
咸豐四年溺水
陳氏　田學知媳　余氏　陳向臨妻
彭氏　陳善華妻　劉氏　張　妻
張氏　白雙泉妻　陳氏　張世芳妻
陳氏　柯有一妻　石氏　段云得妻
胡氏　余湖世妻　胡氏　余湖亭妻
許氏　汪忠珠妻　余氏　康英玉姪媳

操氏　田對疇妻　陳氏　朱序廷妻
宋氏　王先宜妻　阮氏　王先相妻
吳氏　王先拔妻　柳氏　王先杖妻
任氏　龔以支妻　詹氏　宋兆東妻
衛氏　何行偉妻　儲氏　陳象四妻
朱氏　陳道印母　朱氏　盧博學母
李氏　盧順成母　張氏　尹堯春妻
霍氏　李學才妻　李氏　范艮治妻
范氏　范保元妻　朱氏　王宗蕃妻

王氏　吳直三妻　王氏　宋隆學妻
褚氏　駱京元妻　吳氏　馮利賓妻
吳氏　何章鴻妻　吳氏　梅繼恒妻
李氏　黃先吉妻　李氏　黃久森妻
宋氏　詹天聰妻　戴氏　湯三易妻
何氏　田錫賢妻　張氏　高八喜妻
程氏　陳顯明妻　曹氏　陳顯元妻
張氏　陳六生妻　李氏　孫興耀妻
宋氏　孫祖應妻　梅氏　孫祖官妻

翁氏　汪宜德妻　何氏　張素生妻
吳氏　鄧有功妻　詹氏　王士逼妻
周氏　梅蓮生妻　王氏　蔡會生妻
氏　范才海妻　徐氏　徐傳福妻
陳氏　吳禮松妻　姜氏　鄧新福妻
李氏　王宗藩妻　宋氏　胡斌林妻
張氏　黃向春妻　吳氏　黃占元妻
龔氏　黃占元弟媳　紀氏　鄧向懷妻
詹氏　張中新妻　熊氏　呂兆興妻

王氏　郭遇春妻　張氏　蔡元福母
范氏　張範之妻　范氏　陳秉忠姪媳
楊氏　蔡習之母　黃氏　曾蘭枝妻
郭氏　曾蘭枝弟媳　張氏　陳凱南妻
張氏　陳起勳妻　柳氏　姜向明妻
田氏　張敏先妻　劉氏　夏其祥妻
吳氏　王佐賓媳　蔡氏　吳純厚妻
吳氏　蔡國勳妻　宋氏　蔡禎祥妻
余氏　貢仲和母苦節三十餘年　龔氏　呂紹先母

張氏 馬亮嶠妻　　氏 何勝發妻
劉氏 范懷盛母　周氏 胡得方媳
周氏 李榮華妻　江氏 李東啟妻
董氏 劉仁子妻　劉氏 尹二九妻
陳氏 高應先妻　夏氏 劉明德妻
馬氏 柱志珍孫媳　張氏 白廣元媳
陳氏 蔡世寬妻　張氏 周玖生妻
胡氏 張民濱妻　駱氏 張用中妻
吳氏 張民漢妻　程氏 周善長妻

王氏 張永和妻　黃氏 張自輝妻
劉氏 胡金列妻　胡氏 龔壽安妻
何氏 黃其俊妻　張氏 黃立埇妻
張氏 黃紹從妻　王氏 張汝舟妻
李氏 胡壽朋妻　張氏 吳用宜孀媳
楊氏 張萬綬妻　李氏 陳從華妻
鄭氏 湯世正妻　李氏 居鳳賓妻
陳氏 柯鳴發妻　徐氏 朱富有妻
劉氏 陳調雪妻　程氏 陳　妻

張氏 陳　妻　張氏 陳　妻 三人居崇居蕉藤樹
陳氏 吳理松妻　鄧氏 楊正興妻
江氏 李守正妻　胡氏 王本元妻
田氏 張意進妻　王氏 胡保和妻
馬氏 程爲善妻　陳氏 程庚生妻
張氏 程桂齡妻　黃氏 龔元雅妻
黃氏 何彩章妻　陶氏 汪忠錫繼妻
翁氏 汪利祿妻　張氏 尹春陽妻
田氏 方德潤妻　　氏 華顯揚母

夏氏 張克遊妻　胡氏 吳正點妻
張氏 吳正煦妻　胡氏 張清瑄妻
貢氏 湯爲善妻　蔡氏 陳登春妻
以上咸豐七年溺水
汪氏 貢生陳學詩繼妻　江氏 余子權妻
魏氏 陳信濂副室　周氏 張萬傑妻
郭氏 陳永林妻　汪氏 駱均坦妻
熊氏 貢百善妻　章氏 張　妻
張氏 王立型繼母　張氏 胡惠全妻

胡氏 黃全之妻　羅氏 馬錫純妻
張氏 馬錫純姪媳　張氏 馬錫純姪孫媳
蔡氏 張民保妻　郭氏 陳名二妻
詹氏 陳接元妻　顧氏 張玉彩妻
吳氏 張玉華妻　王氏 龔尙廉妻
余氏 胡含英妻　吳氏 李德施妻
戚氏 張克文妻　范氏 張克寬妻
王氏 蔡未生妻　宋氏 談粹儒妻
李氏 曹泰琨妻　吳氏 李　妻

李氏 曹泰玖妻　黃氏 吳　弟媳
以上咸豐十一年溺水
張氏 陳潤之妻　熊氏 鄧有政妻
吳氏 張　妻　張氏 孫國全妻
吳氏 張貴良妻　周氏 張有才妻
周氏 徐義德妻　曹氏 李濟湞妻
以上同治二年溺水
吳氏 太學生陳疇妻　張氏 陳興福妻
氏 張玉釆妻　顧氏 李品德妻

葉氏 管世民妻　駱氏 張紉佩妻
葉氏 張春發妻　葉氏 張　妻
劉氏 蕭　妻　張氏 李裔齊妻從死者二女
葉氏 王德林妻　黃氏 王丞祿弟媳
田氏 查竟成妻　蔡氏 張體全妻
何氏 張楚勝妻　高氏 張元福妻
方氏 武生張開榜妻　徐氏 張佳興妻
陳氏 張秉圭妻　吳氏 　妻溺斃柏樹冲
田氏 方潤德妻　李氏 張濤皓妻子女同死者四人

汪氏 彭　妻
以上同治三年溺水
胡氏 郡諸生王立阜妻　江氏 高永富妻
江氏 王惟善妻皆同治六年溺水　蔡氏 陳慶豐妻
蔡氏 陳漢彩妻　楊氏 張煥忠母
蔡氏 陳矩春母　宋氏 詹道太妻
宋氏 張鳳彩妻　王氏 蔡有信妻
田氏 齊正蘭妻守節三十餘年　顧氏 徐天元妻
康氏 湯紹康妻　陳氏 王有貴妻

宋氏　陳殿采妻　龔氏　張有周妻
何氏　陳大奎妻
以上咸豐七年投繯
胡氏　吳受之妻　郭氏　蔡崇效妻
葉氏　蔡金望妻　徐氏　周選能妻
李氏　姜掌舟妻　張氏　蔡開理妻
以上咸豐七年墜岩
吳氏　張貴良妻　詹氏　李有富母
張氏　周　妻　胡氏　張得華妻

氏　張得華媳　丁氏　李　妻
程氏　李洪才妻　林氏　高廣發妻
詹氏　李興成妻　程氏　李善祢母
萬氏　李克全妻　鄧氏　李克貞妻
劉氏　李文秀妻　詹氏　李海成妻
陳氏　李克諧妻　康氏　李萬財妻
萬氏　李有財弟媳　高氏　李載陽妻
馮氏　蔡　妻　程氏　陳受鳳妻
以上同治三年焚身

殉難女子
張姑　元躬長女　張姑　洪棟長女
謝姑　陳永昇聘妻
以上咸豐三年溺水
張姑　太學生彩霞女　陳姑　三昧女
陳姑　時發女　吳姑　春藻女
蔡三姑　喜生聘媳　胡姑　慧泉女
龔姑　介爵女　龔姑　序爵女
以上咸豐七年被戕

葉桃姑　全盛女　涂姑　張祐之聘妻
駱姑　何尙貴聘孫媳　葉姑　女
游二姑　亮才女　蔡姑　陳　聘妻
以上咸豐十一年被戕
李四姑　勝三女　蔡姑　太學生天助孫女
朱姑　徐海樹聘媳　王玉姑　本元女
張姑　有宜女　黃姑　占元女
田姑　象雲女　方姑　戴之女
朱姑　富有女　宋姑　振清女

范大姑　芝山女　　王姑　胡五元聘妻

陳姑　有章女　　吳姑　廣和女

詹姑　道楨女　　董姑　盛輝女

陳貴姑　見純女

以上咸豐六年溺水

駱姑　星燦女　　王姑　錫九女

王姑　應瑞女　　詹姑　秉貞女

陳姑　詹秉貞養媳　　吳姑　育青女

李姑　高升女　　范姑　懷盛女

范當姑　寶成女　　高姑　應秋女

汪姑　李守正聘妻　　陳潔姑　坤元女

張姑　呂彭高聘媳　　胡姑　張兆庚聘妻

王躭姑　意廣女　　陳五娭　章友女

以上咸豐七年溺水

余止姑　鄧乾初聘妻　　張姑　　女

余細姑　象賢女　　胡姑　輔周女

蘇巧姑　世典女　　李姑　德施女

魯揀姑　儒士魯頌女　　梅二躭　　女

以上咸豐十一年溺水

田姑　胡六生聘妻　　朱姑　國玉女

方姑　張克信聘妻　　李姑　漆才女

張姑　方乙己聘妻　　張姑　啟富長女

姜姑　張應祥聘妻　　李香姑　　女（溺甕柏樹冲）

無名氏女（遇賊五岳山下投塘死賊怒裂其尸土人哀之並以列女名其塘）

以上同治三年溺水　　袁姑　朱勝高聘妻（與傅家畈一女同溺）

王撿姑　諸生立皋長孫女　細姑　立皋次孫女

以上同治六年溺水

胡姑　商貽女　　梅姑　庠潤女

以上咸豐七年投繯

李姑　興成女　　李愛姑　克諧女

李當姑　萬財女

以上同治三年投繯

駱愛姑　　之女

同治三年被戕

胡愛姑　李秀亭聘妻

陳姑　文才女

同治六年滃水

壽婦

何氏　王億甲妻祖大勳舅時忠俱諸生氏曉大義逮事兩世克盡婦道歷兵燹後享太平八十餘年一百有二歲生於明天啓五年卒於

國朝雍正四年生子五親見孫十五曾孫三十六元孫五同里以壺中人瑞表其廬

詹氏　姜希榮妻一百歲生於順治七年卒於乾隆十四年當

國初定鼎後土賊猶肆刼掠一日氏獨居賊突至氏脫簪珥以塵塗面詭稱賤婢得不辱嘗有虎躍入垣搏犬豕氏以杖擊其首曰我難婦也何敢爾虎遂俯首去州人明經王材爲作百歲傳謂其智足以脫强暴德足以馴猛獸云

方氏　諸生吳容妻壽百有七歲州人工部主政陳詩作百歲傳詳節孝錄

田氏　典史王惠悉妻壽百有一歲詳節孝錄

夏氏　談峙豪妻壽百有一歲生於康熙辛丑年卒於嘉慶庚辰年氏勤儉慈惠克盡婦職至今子孫昌盛皆氏之德行致之也

詹氏　查成瑛妻一百歲生於雍正辛亥年卒於道光庚寅年

江氏　太學生董詮妻一百有六歲生於康熙戊戌年卒於道光癸未年

游氏　李敦厚妻年廿六夫故遺孤三歲越明年翁姑繼逝撫子成立曾元繞膝守節六十八年歿九十四

吳氏　郝延煌妻年二十八夫故撫二子惟杞惟桂一

五歲一三歲家窘甚氏上奉下撫倍極艱辛數十年無間言逮二子克家曾元林立人以爲苦節之徵年九十五卒以上滙志

郝氏　陳顯秀妻百有四歲

明氏　吳蒼玉妻一百歲五代同堂

胡氏　張盛翔妻年九十有九五代同堂

劉氏　黃標禮妻年九十有三五代同堂

楊氏　黃定泰妻年九十有九五代同堂孫美琮歲貢美玠增生保訓導曾孫喬材附生喬增廩生

葉氏　駱見松妻年九十有三五代同堂子彩雲兆鸞俱武生
何氏　田相印妻年九十有二五代同堂
鄧氏　監生吳倘錢妻守節六十餘年年九十有九卒
何氏　裴善類妻百有二歲
王氏　張如杜妻百有三歲五代同堂同治十三年
覃恩旌表建坊賜緞二疋坊在家祠門首子意遠歲貢生
任達安縣鶴峯州訓導孫選青諸生
高氏　太學生郝太妻年九十有五五代同堂
何氏　太學生陳文軒妻年九十有六五代同堂孫瑞

甲諸生
胡氏　陳道古妻年九十有七五代同堂
方氏　劉全鳳妻百有一歲
何氏　汪忠麟妻名淑貞年九十有五五代同堂子六
人泮者二孫十七遊庠者三曾孫三十六喬松能燮
俱諸生
何氏　陳廣桼妻年九十有六五代同堂孫有二人同
歲遊庠者
吳氏　李人岱妻百有二歲孫德禮　勅封承德郎曾

孫有益兵馬司指揮
李氏　謝自勝妻一百歲
曹氏　王家寵妻年九十有七五代同堂
袁氏　方世金妻百有四歲
曹氏　陳　妻百有五歲
廖氏　陳濟寬妻年九十有九五代同堂
吳氏　從九何世講妻年九十五代同堂
韓氏　孫道喜妻年九十有五五代同堂
梅氏　陳朝幹妻年九十有一五代同堂

張氏　太學生方藻妻年九十一生子七五代同堂
陳氏　許宗祿妻年百有三歲五代同堂
黃氏　孫祖穀妻年九十有一五代同堂
呂氏　太學生范國選之母年九十有六五代同堂
張氏　王永城妻年九十有三五代同堂
汪氏　胡鳴誠妻年九十有四五代同堂
王氏　鄧紹模妻年九十有八五代同堂
黃氏　陳遵妻年九十有四五代同堂
駱氏　葉履德妻年九十有一五代同堂

湯氏　何一魁妻年百有三歲

余氏　何賜門妻年八十有六五代同堂子霖廩貢生

孝婦補遺

童氏　貤贈修職郎李德茂妻事舅姑先意承志得其歡姑病危刲股爲糜以進夫旋病又刲之皆愈夫死氏泣血哀毀得癆瘵疾以卒族黨稱之子金陶娶董氏夙諳姑訓亦兩刲股療夫疾有阿姑風焉

十年新增

孝婦

柯氏　陳正剛妻事舅姑得其歡心值姑微恙必多方調治一日姑病篤氏計無復之密禱灶神前刲肝雜湯藥以進竟獲愈氏創亦漸合人咸謂孝感云

石氏　柴聚玉之妻年十九于歸家窘甚氏孝事翁姑以紡績助甘旨中年夫病革氏剖腹割肝煮湯以進病愈不數月病復作卒氏撫遺孤以柏舟自誓逮延賢之

童氏　諸生鄧學庥妻幼嫻姆訓于歸後孝事舅姑道光甲午姑馮氏病劇氏晝夜焚香誓以身代勤侍湯藥數十日姑賴以痊鄉里咸稱其孝

貢氏　景禮孫妻奉姑張氏唯謹姑患瘵疾恆閒月不起氏奉湯藥罔懈咸豐間髮逆竄蘄夫被虜氏與女攜子避密箐中兵搜林得無恙人以爲孝之所致也

胡氏　何太明妻家極貧中年守制氏覓食奉姑喪葬盡禮事叔姑如親姑歷久不變鄰里賢之

方氏　增生童映奎妻性貞靜事翁姑孝姑病氏共夫侍湯藥廢寢食經歲不懈里人稱孝焉

侯氏　李瑞蓮妻家貧苦紡績度日姑病奉藥氏必先

嘗生事死葬悉盡其誠咸以孝稱之

賢婦

朱氏　監生童先準妻會歲饑氏煮粥和鹽以食餓者並囑家人平糶價以糶全活無算年七十五卒

馬氏　太學生鄧繡甲妻性賢淑道光乙未歲大旱戊申己酉間大水氏均屬家人爲粥以食餓者全活頗衆延師家塾敬禮倍至歷數十年如一日故子孫補弟子員者七人

貞姑

熊姑　儒士江衍富聘妻年十三聞夫訃奔赴江門守貞不二家貧勤紡績奉舅姑甘旨撫嗣子祚旺教養成立同治六年學憲孫　奬以白首完貞額現年六十六歲

黄大枝　王得和聘妻和年十七病故姑聞訃奔喪立誓苦守夜必隱泣至次年無疾坐卒

烈婦

葉氏彭恩橋寄居高世任妻恪守婦道年三十二夫暴病卒氏隨投水以身殉之

馮氏　儒士張鳴豫妻年二十一夫以攻苦成疾氏禱神乞身贖卒不起氏俟夜靜赴水死次曉舁之面如生

劉氏　生員追贈雲騎尉陳禮賓妻髮逆亂賓以身殉氏聞知痛哭罵賊遂投池水溺死聞者哀之

壽婦

吳氏　儒士胡一畯妻年九十九歲

余氏　汪紹望妻年九十七歲

田氏　諸生吳從周妻姑病刲股 補孝婦

龍承嗣　千總銜以孝直著

余氏　汪紹望妻年[illegible]歲生於乾隆四十七年歿於光緒五年五代同

田氏　諸生吳從周妻　滿刲股

蘄州志卷之二十五

知蘄州事嶺西封蔚礽纂修

藝文志

古文

南軒張氏有言蘄春人物彬彬前輩遺澤漸濡未泯意當時所謂前輩吳氏林氏足以當之然舊志錄碑版之作多矣兩家所撰著不概見文章之傳不傳固有數存於其間與抑其散佚沈伏在天壤間者莫由遍觀而盡識也獨兩家然乎哉志古文

唐

頌

蘄州新城門頌并序 符載

大唐庚辰歲秋九月鄂岳觀察使御史中丞鄭公前牧於蘄春始佩銅虎符是年冬十一月蔡人不虞天子詔諸侯之師誅破之我有疆埸與人腹背慮禍甚劇爲虞落疑有闕文然民大愁恐若寇暴至是邦也夙昔無寧人傲慢垂百餘祀城隍不張頹墉壞堞僅爲平野公乃度舊址量客土備畚鍤肅丁壯勃然而興於是謹刀布以索力考鼛鼓以蕩氣巖進退以設令立師伍以程課烝徒雷呼萬鎚星飛誅惰聳勞間無留時凡甲子五癸崪然城成矣墉高三雉門容兩轍周迴一千八百四十步門臺睥睨霞飛雲截如崇山斷岸邈不可嚮議金湯者我居首焉目者嗣曹王皋討希烈之叛於此嘗具板幹作爲坯築役徒巨億經費稱是樹而復潰卒無以能名風俗耆老以爲蛟螭靈怪蟠窟固護使人不見其績也公躬自省視循理辨物心禱且計輔之至誠遂用堅緻於戲蘄城楚舊封也疆淮蔡邇申息地當隘束實生攻奪

若向時敵者驅鐵衣出穆陵襲我無備摇脛而至卽江淮之南吾見其波動矣然俾夫大藩倚其固郡屬抱其勢千里士庶高枕而臥寇不敢萌彎弓捻矢之意者新城之謂也由是大君聽民間威聲聞以公有文武上才故拔自倅牧雄居盛府山川幢蓋皆舊物也夫賢爲世重績因時達微新城吾見公之才力事業其湮鬱不揚乎辭曰

庚辰之歲鶉火有彗入用五兵維彼蘄下疆及風馬實啟戎情我昔無虞滅其闉闍埤堞頹傾我公作守恢拓

荒舊乃修其城百堵言言四阿孱顏矗如雲平拖衢據會寇不敢過生人攸寍綱維盛烈遭時而發鴻振芳名我有貞石不追不琢孰聞風聲是用作頌冀玆不朽日月並明 碑久佚文見文苑英華按三句一韻亦變體也

宋 各體文十首

勅誥 二首

贈李誠之正節侯勅

蘄春介在疆埸然所恃以爲險者六關也朕命藎臣往專守禦之責而措置疎畧負我使令爾誠之儒紳之望

屬分符守蘄以孤城而攖敵鋒蓋亦難矣慷慨激烈盡其命義合門死難朕甚痛之廼加論撰仍躐崇階爵之通侯謚曰正節廟食玆土賞延于後夫忠臣之心非慕名祿國家之澤當峻彝章今密印纍纍未足爲爾寵將滅此讐敵始足以慰爾九泉也可贈誠之朝散大夫秘閣修撰加正節侯

崇祀李誠之褒忠廟誥

盡忠者臣子之大分全節者古今之難能河北二十四州眞卿而已睢陽數百餘戰張巡以之卓卓可稱寥寥不數我國家之養士氣獨盛前朝故守臣之守邊疆相望芳史蠢玆殘羯盜我邊州忽聞二士之殲莫起萬夫之贖爾誠之早傳正學夙負雋聲屬分蘄水之符適有邊戎之寇獨能以大義而作三軍之氣以嚴合而安萬室之心州邑官聯咸仰天而更誓閭閻童稚亦擊鼓以揚聲故能以七百餘衆之兵固堅爲二十五日之守奈之何赴援之將顧遲而不進助戍之卒旣入而復逃雖勢盡而力窮猶呼號而巷戰痛矣豫州之赤地百姓何辜哀哉卞壼之一門千載無及興懷至此有涕潸然爰

冊命於列侯俾蒸嘗於玆土誰能免夫一死足以愧彼偷生殆將滅此仇讐庶少恤其啣憤

傳 二首

李誠之傳　宋史

李誠之字茂欽婺州東陽人受學呂祖謙鄉舉第一後入太學舍選亦第一慶元初釋褐爲饒州教授丁父母憂廬墓終喪幹辦福建安撫司公事遷刑工部架閣擢國子學錄以言罷起爲江西轉運司幹辦使稱提會子第其物力高下輸錢以斂之誠之以爲憂使者不悅曰

商君之令猶能必行今乃齟齬如此誠之愀然曰使君儒者而欲效商君之所爲乎遂辭去使者遜謝罷令而後止改通判常州知郢州知金人必敗盟大修邊防戰攻守禦之具移知蘄州蘄自南渡以來未嘗被兵誠之曰備禦無素長驅而來將若之何相視城壁而增益之備樓櫓築軍馬牆教閱廂禁民兵激之以賞積粟四萬先是酒庫月解錢四百五十千以獻守誠之一無所受寄諸公帑以助兵食嘉定十四年二月金人犯淮南時誠之已逾滿代者不至欲先遣其孥歸聞難作而止喟

然謂其僚曰吾以書生任邊壘行年七十抑又何求獨欠一死爾當與同僚戮力以守不濟則以死繼之乃選丁壯分布城守募死士迎擊遇於横槎橋大破之居數日金人擁衆臨沙河欲渡又破之明日金兵大至決湟水焚戰樓又拒退之明日金移兵要衝爲必渡計蘄兵直前奮擊殺其酋帥金人雖屢挫然謀益巧攻益力未幾薄城下圍之數重遂燔木柵誠之出兵禦之又殺其將卒數十人奪所佩印三月朔金人攻西門射御之俄造望樓以窺城誠之爲疑兵以示之又使持書來脅降

誠之戮之而還其書越二日金人以攻具進誠之設械禦之夜出擣其營料敵應變若熟知兵者金人卒不得志會黄州失守併兵爲一凡十餘萬池陽合肥援兵敗走朝命馮榯援二郡榯至竟遷延不進誠之激厲將士勉以忠義城陷率兵巷戰殺傷相當子士允力戰死誠之引劍將自刎呼其孥曰城已破汝等宜速死無辱妻許及婦若孫皆赴水死事聞贈朝散大夫秘閣修撰封正節侯立廟於蘄賜名襃忠賻銀絹二百仍賜爵廸功郎者三特贈其妻令人士允通直郎子婦及孫女之沒於難者皆贈安人從誠之之死者通判州事秦鉅

秦鉅傳 宋史

秦鉅字子野丞相檜曾孫通判蘄州金人犯境與郡守李誠之協力捍禦求援於武昌安慶月餘兵不至策應兵徐揮常用等棄城遁城破鉅與誠之各以自隨之兵巷戰死傷略盡鉅歸署疾呼吏人劉廸令火諸倉庫乃赴一室自焚有老卒見烟焰中着白戰袍者識其鉅也冒火挽出之鉅叱曰我爲國死汝輩可自求生掣衣就焚而死次子浚先往四祖山兵至亟還與弟灂從父偕

死特贈鉅五官秘閣修撰封義烈侯與誠之皆立廟蘄州贈顔褒忠贈浚灉通直郎賻以銀絹各二百州學教授阮希甫贈通直郎防禦判官趙汝標蘄主簿寗時鳳錄事叅軍兼司戶杜諤俱贈承務郎監蘄州都太監轄蘄口鎮倉庫嚴剛中贈承事郎統制官孫中小將江士旺陳與曹全郎卞軍士李斌等皆闘死司理叅軍趙與裕先率民兵百餘人奪關出外求援僅以自免而全家十六人皆没淯祐十二年特封鉅義烈顯節侯黃州之陷守臣何大節亦投江死焉

記二首

州學教授廳記

朱熹

乾道八年秋予友建安李君宗思爲蘄州學官始至入學釋菜召諸生坐堂上而告之曰朝廷立學建官所以養人材而待其用德意甚美宗思不佞得備選焉深惟淺露懼不能稱今將何以告二三子者而相與朝夕乎古人爲己之學庶以無負朝廷教養之意二三子其亦有意於斯乎諸生起而對曰諸生不敏惟先生有以教之則幸甚於是李君退卽其居則距學且十里許李君顧而歎曰學官宜朝夕於學與諸生相切磋者其相距之遠可若是邪翌日相學之東偏有廢壞焉請於州願得爲屋以居而日往來於學以供厥事於是通守北海王侯某實領州符嘉李君之意而悉其力以相之不逾時遂以備告然後李君得以日至於學進諸生而教誨之蓋使之潛思乎論語孟子之書以求義理之要又考編年資治之史以議夫事變之得失焉日月有程不躐不惰操策而問勸督以時凡以使之知所以明善修身之方齊家治國之本而於詞藝之習則後焉而不之急

也既又禮其士之賢有德者李君之翰而與之居凡學之教治悉使聽焉由是蘄之爲士者始知所以爲士之事而用其力李君亦喜其教之行而將有成也礱石於堂考前爲是官者得自某人以下若干人之名氏歲月刻之而以書屬予使因記其所以然者予惟李君之教可能也而其所教則非世儒之所及王侯之垂意於學可及也而其不以李君之説爲迂闊於事者則非俗吏之所能是皆宜書以詔於後蓋非獨使繼李君而居此者有所考法抑亦承流千里而師帥其民者之所宜知

也於是悉書其本末如此俾刻寘題名之首云九年秋七月壬子新安朱熹記

蘄州惠民倉記　　眞德秀 西山

嘉定某年某月金華李公守蘄始至曰城郭完乎有司以圮告則命繕而新之凡若干丈尺又曰城完矣兵械具乎有司以乏告則命爲某器若干某器若干旣又曰吾城堅而械良於守易矣無其人可乎則舉凡兵之在籍若寓於埜者敎之率以法期年士咸就紀律公曰可矣猶未也夫守恃兵兵恃民民恃食故食民之大命也

邊之首政也蘄故號沃壤中興以來流逋未盡復荒茀未盡治歲所出不能當中州一大縣而輸于公家者才萬斛焉以廩吾兵且不給設不幸有旱溢之菑蝨螟之孽其奚以相恤哉余爲二千石於此而奉養齎於斗食吏非矯也重民之脂膏不忍褻而用也覬圭勺之贏還以遺吾甿也時會而月計之泉之在官者屢有餘歲幸比登粟之在民者亦屢有餘以其餘於官者易其餘於民者不幸告儉則以藏之官者復散之民此備豫之善畫也迺簡僚吏之材者莅厥事凡告售者優其直與之未幾得粟爲萬石者二糜錢緡若干萬千百有奇築屋若干楹以謹其出納命之曰惠民倉著公志也夫民食足然後有固心人心固然後可冀以死守昔者孟子談王道於戰國皆是物也彼爭地爭城之將從橫馳說之士未有不哂其迂卒之莫或能易者蓋民弗自安而欲與俱危不䘏其生而欲責之死無是道也公之學湻以深其氣剛以大蓋淵源乎孟氏者故其治邊之政大抵以保民爲本是倉特其一爾始倉之成公旣以告于朝下部使者核其實又書來命某識之其欲以諗後人俾

勿廢乎余謂使繼至者有公之心雖毋識焉可也不然則金版玉書猶弗足紀恃此以存難哉雖然仁人心也人心不可泯則是倉不可廢姑識之庶異時有考云公名誠之字茂欽嘉定十三年夏五月辛卯朝散大夫集英殿修撰權發遣隆興府主管江南西路安撫司公事馬步軍都總管眞德秀記 遵西山集更正

表

代蘄守謝上表　　秦觀 少游

奉法明時方悔推行之謬分符近地俄蒙假貸之私祗

荷寵恩載深感涕伏念臣資材闇昧問學空疎遭逢昌辰叨竊劇任徒冀事功之立靡思罪釁之成昨以出按荆車兼程鹽課猥虞曠廢妄致勤勞屬吏承風不無過當小民競利豈免怨尤雖不待於人言卽行改正儻追論其事迹殆可誅夷敢祈造物之恩猶竊長人之任矧蘄春之偏郡實淮右之名區風氣和平獄訟稀少平時來者倘樂寬閒謫宦居之眞爲僥倖此蓋伏遇太皇太后陛下推天地之賜回日月之光黜陟不失其所宜輕重各當其所適察臣過舉止于四月之間許臣自新付

以一州之寄念捐軀而莫報徒撫己以增慚復路迴車顧迷途其未遠輸肝剖膽庶報効之可圖

蘄州蘄春縣興學頌　　　危　素 太朴

蘄春縣長野仙普化 今譯額森布哈 君既新廟學郡學教授衛炎爲記君上計京師稍爲余言治邑之事君始至官修農桑水利之政平獄訟卹災傷無所不用其情其興學之績爲最大蓋蘄春之學在郡城東北之鱗原素無恒産儒之在籍者二十有八家多貧不能自振於是學舍傾圮絃誦寂寥君始至伏謁廟下大懼無以塞國家崇學右文之意乃出廩給爲之倡尹邊守誠丞孫克昭主簿蘇世榮教諭魯志暨胥吏富民咸相其役因其舊而修之者大成之殿明新之堂撤而新之者門廡齋舍創成之者靈星大成二門若夫祀所龕室帳帟祭器無有不備學之閒田悉以種桑歲集之以補贍學之費民知令之所向相勸從事於詩書而敦行孝弟君之於政知所先後如是乃爲之頌使刻之石其詞曰

我行江濱爰宋其蘄田多汙萊戶有嚬呻天監下土哀此罷民畀我賢令惟皇之仁學校之行先王善政追我

世皇著在甲令蘄春有學以祀先賢棟撓宇傾曷以虞傳賢令聿至顧瞻徘徊乃鳩羣工罔敢弗來祇奉明命僉言允諧有嚴俎豆民德孔懷雍雍童冠濟濟弦誦修行明經聯翩充貢槩此長才小試其用伐石刻辭輿人之頌 碑久佚文見說學齋稿

書一首

與施蘄州少路書　　　張　栻 敬夫

久聞蘄春文物彬彬有前輩遺澤漸濡未泯也計士人中氣質多美者鐵錢事如何計循其理而爲之不若他

人做工作事也大抵今日人才之病其號爲安靜者則一切不爲而其欲爲者則又先懷利心往往貽害要是儒者之政一一務實爲所當爲以護養邦本爲先耳此則可貴也某冒居要藩日夜悚仄蓋日勉焉而未之能益也臭味一家偶及之耳

墓誌 一首

自撰墓誌 元祐六年　蒲遠猶 閬清令

遠猶蒲氏家成都字仲俞生於大中祥符辛亥歷五朝八十有一年遠祖本河中寶鼎人仕於唐隨僖宗幸蜀

及乘輿反正中原亂遂爲成都人會祖父諱勲祖父諱裕先君諱亮皆不仕遠猶幼而好學學賦於代淵受易於任維翰學詩於周式受太元於徐庸慶歷六年進士及第授綿竹尉移集州司理參軍梓州司理參軍皆以親憂不赴服除了無仕宦意閒居益讀書學文婆娑鄉里者數年親友激勸乃調河南尉用薦章移臨晉令以蜀人例移閬清令到官踰年病脚氣尋醫歸至舒州長風沙而舟壞全家幾葬魚腹是歲熙寧庚戌也會任師中攸在齊安館我於臨臯亭不能期月孫叔康昌齡在蘄州以舟來迎至則寓浮屠舍且謀歸蜀而蘄州亦江淮之會有稻魚布帛養生之具足年又漸老遂卜居焉買宅一區有田數十畝可供伏臘其歸蜀與否則在子孫矣娶晉陵張盃之女卒於元祐戊辰葬州南石鼓院南二里二男二女長女嫁眉山陳綱長子穆舉進士再試禮部次女嫁河南王蒙亨幼子稷自有母孫晏始十歲女五歲有歌詩雜文十帖未次嗚呼古之誌其墓者雜誌其前後左右山澤而已後世遂銘其文行功業然四物者必躬有道德仁義遭時遇主有崇爵大位有功

於社稷有澤於生民或不遇無位則必有卓然獨立之行可以名世苟無此不可以黃壤朽骨厚誣來世予生太平時無可銘之具衣帛食稻大耋而不衰但乾坤中一幸民耳恐後世有銘予墓者加釀空文死而有知予豈不自愧乃作誌付穆與稷慎無廢於理命元祐辛未九月十三日誌

明各體文四十二首

誥勅 三首

追封康茂才蘄國公誥命　太祖

朕惟帝王之待功臣生則顯官厚秩以榮之歿則加封錫爵以報之此國家之常典也榮祿大夫同知大都督府事兼太子右率府使康茂才初自京口率衆來歸爾即以水軍勝張氏獲其海舟繼取樅陽攻安慶守龍灣及陳氏犯境爾能擊退其兵及復從朕以舟師攻舒城江蘄興國漢陽郡繼克廬州大戰彭蠡遂平武昌以至隨大將軍援江陵湖南四川取泰州援宜興戰崑山之巫子門擣淮安之馬邏港破吳興下姑蘇北征汴洛守陝蒲二州招徠絳解之衆其功可謂偉矣豈期隨征興元

旋軍中道罔疾以殁朕聞訃音不勝感悼念今天下混一方欲論功行賞以報汝功爾乃遽然長逝其於朕心何可忘哉兹特勅爾官勳賁爾靈爽尚其不昧承兹新命於冥冥之中也可贈推忠翊運宣力懷遠功臣光祿大夫湖廣等處行中書省平章政事柱國追封蘄國公謚武義王者施行

整飭兵備蘄州下江防道勅書

勅湖廣按察司僉事魏旻輔先該湖廣巡撫官題稱湖廣江道漢陽一帶波濤浩渺村落荒疎其本土及流寓軍民率多嘯聚為盜必須專官督理事可責成今特命爾整飭彼處兵備在於蘄州駐劄照依該部題准事例往來巡歷專一提督漢陽而下至黃州蘄州並德安等一帶江防湖禁巡司修理城堡操練軍兵民快清查錢糧軍衛有司悉聽調度其江西河南直隸隣界地方遇有盜賊生發會同各該兵備相機勦捕九江南昌汝甯安慶等各府衛等衙門事干盜賊及會勘詞訟不分軍民職官俱聽調用爾仍聽巡撫官節制爾為憲臣受兹委任尤須持廉秉公正己率下務在盜賊寧息地方安

妥斯為爾能毋得自違憲度及縱容管軍人員科需尅害臨賊退縮誤事如違一體治罪不宥爾其勉之慎之

故勅

諭

御蘄州進簟諭

古者方物之貢惟服食器用故無耳目之娛玩好之失今所進竹簟固爲用物但無命來獻恐下聞風争進奇巧勞民傷財自兹始矣御之仍命四方非朝廷所需者毋妄獻

疏一首

進本草綱目疏　　李建元 州人

湖廣黃州府儒學增廣生員李建元謹奏爲遵奉明例訪書進獻本草以備采擇事臣伏讀禮部儀制司勘合一欵恭請聖明勑儒臣開書局纂修正史移文中外凡名家著述有關國家典章及紀君臣事跡他如天文樂律醫術方技諸書但成一家名言可以垂於方來者卽訪求解送以備採入藝文志如已刻行者卽刷印一部送部或其家自欲進獻者聽奉此臣故父李時珍原任

楚府奉祠奉勑進封文林郎四川蓬溪知縣生平篤學刻意纂修曾著本草一部甫及刻成忽値數盡撰有遺表令臣代獻臣切思之父有遺命而子不遵何以承先志父有遺書而子不獻何以應朝命矧今修史之時又値取書之會臣不揣譾陋不避斧鉞謹述故父遺表臣父時珍幼多羸疾長成鈍椎躭嗜典籍若啖蔗飴攷古證今奮發編摩苦志辨疑訂誤留心纂述諸書伏念本草一書關係頗重註解羣氏謬誤亦多行年三十力肆校讐歷歲七旬功始成就野人炙背食芹尙欲獻之天子微臣採珠聚玉敢不上之明君昔炎皇辨百穀嘗百草而分別氣味之良毒軒轅師岐伯尊伯高而剖析經絡之本標遂有神農本草三卷藝文錄爲醫家一經及漢末而李當之始加校修至梁末而陶宏景益以註釋古藥三百六十五種以應重卦唐高宗命司空李勣重修長史蘇恭表請伏定增藥一百一十四種宋太祖命醫官劉翰詳校宋仁宗再詔補註增藥一百種召醫唐愼微合爲証類修補衆本草五百種自是人皆指爲全書醫則目爲奥典夷考其閒玭瑕不少有當析而混者

如葳蕤女萎二物而併入一條有當併而析者如南星虎掌一物而分爲二種生薑薯蕷菜也而列草品檳榔龍眼菓也而列木部九穀生民之天也不能明辨其種類三菘日用之蔬也罔克的別其名稱黑荳赤菽大小同條硝石芒硝水火混注以蘭花爲蘭草卷丹爲百合此寇氏衍義之舛謬謂黃精卽鉤吻旋花卽山薑乃陶氏別錄之差譌歐漿若膽草菜重出掌氏之不審天花栝樓兩處圖形蘇氏之欠明五倍子構虫窠也而認爲木實大蘋草田字草也而指爲浮萍似茲之類不可枚

陳畧摘一二以見錯誤若不類分品列何以印定羣疑臣不揣猥愚僭肆删逃重復者芟之遺缺者補之如磨刀水潦水桑柴火艾火鎖陽山奈土茯苓番木鱉金枯樟腦蝎虎狗蠅白蠟水蛇狗寶秋虫之類並今方所用而古本則無三七地羅九仙子蜘蛛香猪腰子勾金皮之類皆方物土苴而稗官不載今增新藥凡三百七十四種類析舊本分爲一十六部雖非集成實亦粗備有數名或散見各部總標正名爲綱餘各附釋爲目正始也次以集解辨疑正誤詳其出産形狀也次以氣味主

治附方著其體用也上自墳典下至傳奇凡有相關靡不收采雖命醫書實該物理我太祖高皇帝首設醫院重設醫學沛仁心仁術於九有之中世宗肅皇帝既刻醫方選要又刻衛生易簡藹仁政仁聲於率土之遠伏願皇帝陛下體道守成遵祖繼志當離明之正位司考文之大權留情民瘼再修司命之書特詔良臣著成昭代之典治身以治天下書當與日月争光壽國以壽萬民臣不與草木同朽臣不勝冀望屏營之至臣建元爲此一得之愚上干九重之覽或准行禮部轉發史館采

擇或行醫院重修父子啣恩存歿均戴臣無任瞻天仰聖之至

傳六首

康茂才傳 子鐸　　明史

康茂才字壽卿蘄州人通經史大義事母孝元末寇亂陷蘄結義兵保鄉里立功自長官累遷淮西宣慰司都元帥太祖既渡江將士家屬留和州時茂才移戍采石扼江渡太祖遣兵數攻之茂才力守常遇春設伏殲其精鋭茂才復立寨天寗洲又破之奔集慶太祖克集慶

乃帥所部兵降太祖釋之命統所部從征明年授秦淮翼水軍元帥守龍灣取江陰馬馱沙敗張士誠兵獲其樓船從廖永安攻池州取樅陽太祖以軍興民失農業命茂才爲都水營田使仍兼帳前總制親兵左副指揮使陳友諒既陷太平謀約張士誠合攻應天太祖欲其速來破之知茂才與友諒有舊命遺僕持書紿爲内應友諒大喜問康公安在曰守江東木橋使歸太祖易橋以石友諒至見橋愕然連呼老康莫應退至龍灣伏兵四起茂才合諸將奮擊大破之太祖喜茂才功賜賚甚

厚明年太祖親征友諒茂才以舟師從克安慶破江州友諒西遁遂下蘄州興國漢陽沿流克黄梅寨取瑞昌敗友諒八指揮降士卒二萬人遷帳前親兵副都指揮使攻左君弼廬州未下從援南昌戰彭蠡友諒敗死從征武昌皆有功進金吾侍衛親軍都護從大將軍徐達再攻廬州克之取江陵及湖南諸路改神武衛指揮使進大都督府副使士誠攻江陰太祖自將擊之比至鎮江士誠已焚瓜洲遁茂才追北至浮子門吳軍遮海口乘潮來薄茂才力戰大敗之擒淮安馬騾港拔其水寨

淮安平尋拔湖州進逼平江士誠遣銳卒迎鬭大戰尹山橋茂才持大戟督戰盡覆敵衆與諸將合圍其城軍齊門平江下還取無錫遷同知大都督府事兼太子右率府使洪武元年從大將軍經略中原取汴洛留守陝州規運饋餉造浮橋渡師招徠絳解諸州扼潼關秦兵不敢東向茂才善撫綏民立石頌德焉是年復從大將軍征定西取興元還軍道卒追封蘄國公謚武義子鐸年十歲入侍皇太子讀書大本堂以父功封蘄春侯食祿一千五百石尋世劵督民墾田鳳陽帥兵征辰州蠻平施疊諸州從大將軍達北征又從征南將軍傅友德征雲南克普定破華楚山諸砦卒於軍年二十三追封蘄國公謚忠愍子淵幼未襲授散騎舍人已坐事革冠服勒居山西遂不得嗣宏治末錄茂才後爲世襲千户

李時珍傳　明史

李時珍字東璧蘄州人好讀書精於醫醫家本草自神農所傳止三百六十五種梁陶宏景所增亦如之唐蘇恭增一百一十四種宋劉翰又增一百二十種至掌禹錫唐慎微輩先後增補合一千五百五十八種時稱大

備然品類既煩名稱多雜或一物而析爲二三或二物而混爲一品時珍病之乃窮搜博採芟煩補闕歷三十年閱書八百餘家藁三易而成書曰本草綱目增藥三百七十四種釐爲一十六部合成五十二卷首標正名爲綱餘各附釋爲目次以集解詳其出產形色又次以氣味主治附方書成將上之朝時珍遽卒未幾神宗詔修國史購四方書籍其子建元以父遺表及是書來獻天子嘉之命刊行天下自是士大夫家有其書時珍官楚王府奉祠正子建中四川蓬溪知縣

許文岐傳李新　　明史

許文岐字我西仁和人祖子艮巡撫貴州右僉都御史父聯樞廣西左參政文岐崇正七年進士歷南京職方郎中賊大擾江北佐尚書范景文治戎備景文甚倚之遷黃州知府射殺賊前鋒一隻虎奪大纛而還獄有重囚七人縱歸省尅期就獄皆如約至乃請於上官貸之十三年遷下江防道副使駐蘄州賊魁賀一龍藺養成等萃蘄黃間文岐設備嚴賊黨張雄飛將南渡命遊擊楊富焚其舟賊乃却巡撫宋一鶴上其功副將張一龍

善馭兵文岐重之嘗共宿帳中軍中夜呼噪文岐曰此奸人乘夜思遁耳堅臥不出質明叛兵百餘人奪門遁一龍追獲盡斬之一軍肅然楊富既久鎮蘄一鶴復遣叅將毛顯文至不相得兵民洶洶文岐會二將以杯酒釋之始無患十五年左艮玉潰兵南下大掠文岐立馬江口迎之兵莫敢犯時警報日急人無固志會擢督糧叅政當行文岐嘆曰吾為天子守孤城三載矣分當死封疆雖危急奈何棄之遣妻奉母歸檄富顯文出屯近郊為固守計無何荆王府將校郝承忠潛通張獻逆明年大舉兵來攻文岐發礮斃賊甚衆夜將半雪盈尺賊破西門入文岐巷戰雪愈甚礮不得發遂被執獻逆聞其名不殺繫之後營時舉人奚鼎鉉等數十人同繫文岐密謂曰觀賊老營多烏合凡此數萬卒皆彼掠良民若告以大義同心協力賊可殲也於是陰相結期四月起事以柳圈為信謀洩獻逆索之果得柳圈縛文岐斬之將死語人曰吾所以不死者志滅賊耳今事不成天也含笑而死時文岐陷賊中已七十餘日矣事聞贈太僕卿賊既陷蘄州遂居其民鄉官陝西僉事李新舉家

被執賊欲屈之新叱曰我昔官秦中爾輩方為廝養今口肯屈膝廝養耶賊怒新抱父屍就刃其時屬吏死節者惟麻城教諭定遠蕭頌聖蘄水訓導施州童天申

比部李公傳　　桂有根西平

公諱孟春字愛池中隆慶丁卯鄉試授西平縣令萬歷壬辰甫視政集耆老部民訊之曰爾邑民其適乎其亦有不獲者乎吾以往吾無若及吾以還吾其與若聚耆老部民咸唯唯退相謂曰吾輩今有父母矣會歲大祲饑饉摧挫流離奔竄斧舍邱墟公為憮然乃詳請發帑

金老弱給饘粥壯丁給錢穀追流亡散結聚息者起之骨無收者瘞之又貸窮民耕種有蝗至公乃齋沐往蝗所祭且禳俄而蝗盡出境不爲民害歲額逋負當道數下令催科公輒緩其期探囊金於靳以應急勑例罰俸公嘆曰吾民免於離散卽以此報國家矣吾何以俸爲也民感泣負擔輸納不數月而額辦戊戌以考最陞重慶府丞會疾辭歸疏聞天子下詔曰同知某令西平六年淸勤供職實心爲民救荒足方略不伐有勞寵辱不驚精誠孚及異類是大有功於朕朕甚嘉之今遽以官

乞休朕不忍奪其加陞南京刑部主事致仕以優榮焉公父都御史東池伯兄總戎同春弟少司馬盛春副使際春皆名世大儒與公咸祀於鄉其政績大者在作興士類修學宮立義學申飭鄉保以提省愚頑買義田鑄大將軍火器均編附馬淸保甲袪除積弊諸所厝注可勒金石蓋公之心本乎仁其行仁有術故能爲天子愛民而民皆受其實惠如此苟虞利害矜得喪營營逐逐日墮汝闇其胡以鏡治心哉心不鏡治而欲民之無失所也無由矣若公者可以爲法矣

二顧先生傳　三楚文獻錄

自嘉隆距萬歷中天下咸重二顧夫子云二顧夫子蓋所稱日巖桂巖先生者也日巖先生成進士官止叅知桂巖先生進士官止憲副然天下誦慕乃在公卿碩輔之上人固不因祿位重也作二顧先生傳

日巖先生者諱問字子承蘄州人也太母娠娩時夢巖端日升大如車輪驚寤而目中猶睹光耀流燭上下以故自號日巖云幼與羣兒嬉羣兒皆如尋常馳逐獨先生積瓦礫陳盤盂雍容揖拜作籲帝禜祈之語此人小

學先以請於父母而泣父母曰兒飢耶對曰兒不飢欲讀書耳使就師師每爲句讀竟十行十行告覆無舛年十七有疾父母以爲憂先生曰病易與耳政恐以此廢學不至聖賢爲大懼大罪也遂閉戶危坐時以性理遣養未幾補郡諸生第一登嘉靖戊戌進士已亥除浙西壽昌令昌俗生女多溺死先生至爲之厲禁凡生女彌月旌其父壽昌各以顧名女壬寅徵爲侍御史雖居官而講業不輟有陰忌之者中以他事出爲來安令甫下車邑以祲告多方區畫民忘其凶乙巳遷邠州守又明

年陞浙中按察僉事蔬食凊謹越人呼爲茹菜硯公庚戌陞叅議晋越是歲弟桂巖登春官榜先生滿三年考階朝議大夫恩逮所生久之以內艱歸與弟桂巖同廬墓側三載服闋先生稱疾同弟侍封公於山水木石之間曰寘摻眞遇生理所在安能長逐塵囂不爲色養計耶暇與王龍溪錢緒山弟桂巖講學於崇正書院已未封公謝世哀毁如內艱兄弟復廬墓於鈷鉧水上家食者十年隆慶己巳起徐州兵備組練咨論皆合機宜庚午擢入閩叅政天下向學之士赴閩者項背相望時弟

桂巖亦以南銓郎出爲閩海鹽軍副憲同地同官同時海內嘖嘖而桂巖公竟拂衣焚檄以隱先生曰吾弟年三十九未强乃勇退如此吾奈何以顛頓之身共瘴烟海氛乎弟固招吾隱也於是九疏乞骸得報歸歸則講學養道於時若念菴荆川剛峯耳泉見羅近溪東郊二耿諸先生以及本州李瀕湖先後竿牘相應晤言相證針芥所投會心政遠先生一言一行必本於道衣冠與妻子語如對外賓日長晝靜無一雜念自編日程以疏功過羅洪先曰子承眞聖人之徒也耿定向曰豈惟忠

信可行蠻貊論行誼鬼神無疑矣唐順之曰不賞民勸不怒民威子承其近之卒於萬歷辛卯年八十有一自拂衣以與海內尊宿暨弟子艮切劘于山野林露之間者垂二十年屬纊時迎武昌故人劉應元爲別先生曰他事俱非在我惟去來明白不負此生爾乃瞑學者私謚爲中和夫子手編語錄詩文三十卷又詩文外集十卷萬歷癸丑桂巖先生亦卽世

桂巖先生者日巖之弟也諱闕字子艮少日巖十七年生有異徵六歲頖焚祝天願爲道德性命之學以報劬

勞恩十七補郡諸生志希聖賢甚厭薄舉子業封公强之始瞿然屈首帖括試輒高等年二十二舉孝廉先生欲侍親無意計偕封公隱爲之治裝趣行先生泣不勝及至都尙孺泣如別狀試事竣卽歸省道中聞朝報已成進士矣比歸儆碣寂如封公意且落第詢之曰兒已登禮官榜矣癸丑當廷對先生不欲往封公不聽業緱劍待之先生涕泗交頤而別廷試二甲除爽鳩得與海內聞人相倡和歷下弇州嘗招之入社乙卯聞太恭人訃匍匐歸與日巖先生同廬墓所服闋與兄証悟道德

性命宗旨不忍離誓不復仕己未封公卽世復廬墓於鈷鉧之濱蘄某村舊俗獷悍格捕逋賦數扞有司文網中丞亟指公建議按法治之先生哀其愚力言於兵備使者與其州大夫願以禮化自請往偕門下數輩申以孝弟一鄉聽之不踰時而咸若於訓服除隨牒補儀部郎旋移南銓部司勳郎於時有蔡百貫者倡教白蓮實繁有徒所司捕得餘黨數百人一切置諸理先生徐為之辨曰若輩豈盡左道誣民哉或苦饑寒抑迫脅而從之驅無罪之民驟從白刃忍乎因得及於寬宥當是時

公年僅三十有九决策不仕稍遷至閩中憲副尋告歸里前後推轂者凡二十餘疏竟不為意召陛銀臺不起朝夕從日巖兄抵掌討論思修身體道布袍革舄者四十五年前後宦遊四載而笥橐蕭然萬歷辛卯日巖先生捐館舍先生悲不自勝至有隱几曲肱成一夢弟兄相見語淒其之句先生自少壯而老非宦遊則時時左右日巖公日則促席夜則同被每出必揖必告所往歸則告歸日巖公出入亦如之其孝友雍吉蓋如此萬歷癸丑先生年八十有六春暮忽召子大儀孫天錫語曰昨夜夢聯云津吏報增三尺水山人歸臥幾重雲是歲當大水吾將去矣已而果然危坐垂目私謚為宣靖先生先生治六經尤精詩易所著有諸議諸說而其要以社學社倉為王道首務云

李鑑池傳　三楚文獻錄

公諱際春字和元別號鑑池蘄州人也先世河南息縣人洪武間始祖慶以軍功授蘄州衛百戶傳信至斌改滁州已又改蘄州俱世其官斌生俊從景皇帝征香爐山擒偽王葺同烈累功世副千戶俊兩傳至儒為東池

公始矢文德以季子贈都御史東池公生男五公其第五子也生而岐慧九齡贈公歿撫公曰不及覯爾成愛日以學及時以行務立身慎擇交敬受教乃與伯兄叅戎仰池仲兄諸生思池叔兄比部愛池季兄少司馬夢池相誓立石世世無析箸迄今六十年男女千指怡然同爨飲食以齒執觴觚杯豆秩秩也事受成於家督橐無私財衣無常主身無私力母太恭人黃憐愛少子不輕令就外傅十三始授章句自講詁迨行文僅百餘日比部公方孝廉家居公執經焉終身不敢序雁行隆慶

庚午以第一補郡諸生萬歷癸酉中鄉試第三名時御史爲舒公念廷方伯爲王公鳳洲皆國士遇之丁丑成進士館試時江陵欲以才望見收公不稍動遂不果試出宰浙之歸安有富監者淫人妻而焚其夫姻連要津殆不可問公卒窮治之抵於理時神廟詔量郡邑田豪右隱占獨累貧民公按籍履畝未嘗少狥分試浙闈當路以愛子越籍見託許酬美官公峻拒其請癸未量移戶曹丁亥督餉蘭州一幕官解數千緡中爲盜劫公廉其實以他羡補之幕得不死戊子丁內艱服闋復督餉

於蘭壬辰遷涼州叅議地方苦傜馬公力陳不便忤大中丞勿恤甲午遷督學廣西得人爲盛前所忤大中丞銜之以去任風影事見中部覆改調公竟拂袖歸絶跡郡邑別營郊墅以詩文自娛無何比部公亦致政歸而中丞公又復扼礦璫解節鉞三兄弟嬉咏林泉塤篪應和又亡何中丞公捐館舍比部公春秋高漸謝賓客公獨操家政十九年婚嫁子姪一出公手復增置義居義田以贍族姓重宗法車馬不入里門節嗇寡約潔於其官里中呼爲東門李家嘗募數千金築堤長二十餘里

障郡之赤東湖水患人又方之爲雒橋蘇堤也癸丑以兩臺薦擢四川叅議回賊亂公壯方畧殲厥渠魁蜀以定乙卯陞河南汝南道副使過里門値比部公喪戚易備至徒跣號送汝南礦盜名没心秤者聚黨千餘拒殺捕兵公計縛之數歲不登拮据荒政全活數十萬竟用是瘁而公病不起矣易簀時猶訣云吾登高科歷方面未嘗寃一民持一錢死復何憾獨垂老出山建樹止此報國恩未盡耳公偉身長髯英異天植內嚴外寛辨而不察坦而不阿非禮樂而有所紛華則稱不習太恭人

病篤天乞代衣不弛帶者兩月自皇祖朝筮仕至卒官歷中外所至恪共不畏强禦不侮鰥寡不懾兵荒歿之日僅以四竹簏歸嘗訓其子曰吾居鄉居官惟以鬼神二字時時在念汝輩宜知之公不傒文藻而口所攄詞皆成珠玉內行醕備愽依而端於師友多信而寡貌嗚呼眞古之篤行君子哉

記十三首

蘄州儒學重修記　　萬　安眉州人

天順五年辛巳春正月蘄州知州趙侯重建廟學新成

初侯來涖職因過安言將建廟學功成願有記也時安許之至是學正涪州朱成具狀介生員陳玘詣安請曰功成而記之執事嘗墜言於趙侯矣願無辭辭既弗獲乃攎狀紀其成績按蘄春本漢蘄春國後爲郡爲縣不一後周始改爲州後又更置不一國朝洪武初爲府尋復爲州其州之有學則自宋景定癸亥始蓋自漢以來孔子有廟不出闕里唐制州縣始立廟通祀孔子然蘄之學雖起於宋而其學之有廟則固始於唐矣國朝混一天下首詔京師及海隅郡縣咸建廟學而蘄之廟學

實知府左安善重建也然規制卑隘且歲久頹敝戊寅春趙侯來爲牧欲更大之顧勢有未能迄再期民懷其惠士服其教遂謀及僚屬曰廟學不飭惡足以妥靈明崇教化吾輩奉朝命來官於州茲事尚怠何以塞職盍撤而新之僉曰職分事也敢不祇承於是相與合謀市材鳩工首建大成殿東西兩廡戟門靈星門雕塑聖賢像次建明倫堂進德修業時習三齋及賓客之位會饌之舍至於庖廩咸以次備完輪奐具美規度適加始成祀聖育賢之所而湖南北廟學莫有踰者矣是役也以庚辰夏四月庀事僅十越月而成迺二月丁丑侯率僚屬及諸生行釋菜禮退即丁寍諸生砥礪行業期其有成又爲之豐廩餼蠲徭役凡可以崇教道而敦俗化者侯罔不究心也蓋蘄介舒黃間其形勝阻山帶河其民務稼穡士習詩書有鄒魯之風比來掇科第躋要津以及持麾外郡者咼咼繼出今又得侯剛明仁恕勤於撫字汲汲惟學是興者政教其間則當坐收治化成效也可期矣所可書者詎止工役之勤而已哉故併書之使刻諸珉石用以志蘄之學大典則自趙侯始侯名應隆

字文盛早以明經領鄉薦拜知郴州事尋以憂去任服闋再調於蘄於時佐其事者同知淮安王倫判官覃懷武信也若耆老助貲匠氏效力者其名氏悉列碑陰云

修廣廟學記　　臧珊浮梁人

蘄之儒學在州治之東背麒麟山面江漢而趾通衢肇於宋燬於元復於我國朝與孔子廟規制咸備餘百二十年於茲守左安善錢敏王坦趙應隆莊轍其創以修者久之入於傲廟爲甚且左逼於官民家參以非其鬼之祠不可以尺寸展諸弟子升堂齋服師訓退而會講

或獨息無所於居在宋守李誠之王彥明通判秦鉅後先捍金元兵力不支死之王玠有事蘄黃鎮撫司會孔彥舟謀逆以罵遇害四侯之忠節學政有關欲祠之以表以式而未能者州當藩府末流監臨大吏曠歲無足跡雖有之亦不能以累日加之才不裕見與力不定惡乎賴哉宏治五年夏秋之交司禮監太監蕭公敬錦衣衛指揮同知孫公瓚偕珊奉使蘄州既事待報謁眎廟學胥曰是誠修廣之不可緩者而鎮守太監劉公雅巡按監察御史汪君宗器右布政使王君範知府劉君蕭

具在以爲然巡撫右副都御史樂安謝公綬進分巡按察僉事蕭山富君玹及知州山陽楊君淮而言曰修學有明詔矧得之爲有財縵當主之君輩其相以成玹曰敢知命時祠已據法撤去聯屬數家商議他徙址悉來售酬其直以丈計橫盈十而加二縱倍橫之數而加三併之以秩隆殺繚之以堵高堅中搆講堂五間南向匾曰麗澤前翼棲息房四十八間東西相向門三間西向匾曰道義房絕處仍限以堵外搆祠三間另門道出入用妥四侯之神匾曰四節其廟學之殿堂之齋廡之門庖倉庫凡棟梁榱桷板檻之腐折者蓋瓦級甎灰堊之破損者以至繪事之解駁不鮮者一切易以堅良仍舊增新規制益備且宏矣其費白金五百五十餘兩米二百餘石酌官民之當取者而非正供非橫斂力亦擇其班役於官者用之始事於秋七月至冬十一月訖工淮率同知鄭昕學正袁珽訓導楊浩衛永昌諸弟子劉廸吳山游仲璠輩請爲記珊嘗爲御史爲按察副使董學西南每見誦法孔孟而忘筌蹄者切恨之所請能已於樂道耶洪惟我朝聖聖相承稽古右文置學立師徧郡

縣簡俊秀充弟子員聚而教之所瞻仰聖賢申申夭夭誾誾侃侃巖巖之氣象所講讀易書詩禮春秋文字所明所率仁義禮智之性君臣父子夫婦長幼朋友之倫驗諸心身而有得形諸詞說而不悖推諸家國天下而可行從而厚廩餼以養之公貢舉以登之班爵祿以用之是則居之無異處教之無異術取之無異途矣於戲孟子三遷其業隨之程子見獵猶動俗好人非大賢異處顧可以居之乎廟學之所以修廣要非美觀聽而已幸相與深鑒而勉進之師知所以教弟子知所以學毋壞

心於異術毋失身於異途處爲正士以善其俗出爲名
臣以善其治雖遇變臨危成仁取義亦非所難夫然斯
有以光衍我聖朝人文之化而於教養之恩作新之圖
均不負矣雖然春秋以民力爲重築臺囿作門觀新廷
廐法無善書今兹之役時且義者其諸異乎彼之書歟
若謝與玹非裕於才而有定力定見果動罔不獲能若
是哉敍成績揚休風以爲來勸固不可少也庸書以復

文昌閣記　吳國仕 新安

蘄陽吞吐吳楚志所稱淮壖之上腴而帝轂之衝會也
其脈自潛霍溯流蜿蜒數百里至蘄之東南隅伏行水
中突而爲磯泛泛焉與波光上下文其名曰浮玉其石
如牛如犀如象如馬隱隱現現風爲檣帆患然砥柱江
流最爲奇勝非若零陵之燕徒作怪石供者先是江防
侯公築基搆亭創無前之蹟而韓公復增益之尋以大
浸就圮蓋無人不蹙修舉之思焉不佞承乏兹土歷歷
江波見此磯映帶山川前賓圓峯後枕馬口右擁麒麟
鳳凰之王氣左挹唐帽玉屏之晴嵐躍然鼓抶曰洋洋
乎大觀也哉此固蘄之地軸也而夷爲孤嶼耶因聚族

而謀鳩工採石基增丈許建飛閣以峙祀文昌帝君於
其上按天官書文昌星在北斗魁前與三公同此閣正
位於巽巽又爲太乙文章之府搢紳斯郡則星之所臨
氣之所鍾上感下應化機周流誠有如元禦經之語云
尋睹黃潤之氣歷紫薇經陰德爛然文昌之次必郡文
學應之矣閣成之日進諸文學而校藝其中語之曰李
青蓮登落鴈峯謂呼吸通於帝座恨不攜謝眺驚人詩
來今登此閣非惟心情開滌亦覺日月清朗諸生能作
是觀乎試與子摹境會心縱目遐睇彼夫層巒絶岫插
漢排霄長江巨濤一瀉千里非卽文之雄傑而浩蕩者
乎花洲獻妍雲樹騰蔚朝霞夕暉水天掩映非卽文之
菁華而濃郁者乎風靜月輪霜空雪巘澄江如練絶無
纖凝非卽文之清虛而瑩潔者乎梵磬雨聲漁歌江韻
沙鷗與皐鶴爭鳴簫鼓共松濤競響非卽文之縱金戛
玉鏗然鏘然而餘音者乎乃若空嵌谺谽嶙峋硉矹迴
狂瀾於旣倒障百川而東之則文之挺幹標貞其屹立
有如此矣又若飈喧鯨舞雷响電激川岳倏然色改育
賁愕而魂搖豈非文家之神奇變幻驚風雨而泣鬼神

者哉况憑欄拄笏望大醫之蘭若撫興霸之雄圖思禹功之平成拜壯侯之義烈揖柴桑之故里問白甫之遺踪弔古長吟俱可收爲毫端揮灑之用諸生際此佳景賦雄風歌白雪揚葩振藻能無解筌於境物之中而探珠於文字之外者乎江山助人艮非虛語異日驤首龍津翱翔皇路沛然若羣流之赴海而翕然若一極之支天長發其祥則地之靈以人傑重斯閣且載以不朽豈獨與黄鶴岳陽諸名勝徒聳澤國之觀已哉閣高三丈許地直六丈餘横半之甃以累石繚以周垣翼以長廊

繪以丹青閣下三楹中爲游燕兩隅一爲僧舍一爲庖湢所是役也經始於孟夏落成於仲秋約費金錢四百餘緡捐助者有判王劉憲伯劉少叅及郡守佐紳衿商庶若而人其餘金置田若干畝以供祭祀香火僧饍并賑貧生之費另悉别紀董是役者州守倫應祥州幕吳繼宗河泊張桂省祭盧楷諸生孔庭訓盧如鼎例得並書是爲記

重修城隍廟碑記　馮天馭

歲二月辛卯吳都竹里馬侯承學修蘄州城隍神廟成節判文君炯率僚士耆旄過寢疴别業謁予爲記予寡於文承命惟谷然誼不得謝乃諗於衆曰侯自尚書司馬郎來貳蘄務甫四越月姦彊帖柔隱詘發舒政稱孔肅民翕嚮治予方慶惟邦土之依冀專於理爰速丕乂顧遑若役爾耶且廟久而圮圮而復緝常也常則不書而惟文之需之亟也然哉僉曰侯適視篆有盜公所吏牘者詰無自侯爲禱於神且再矢新頹宇用答靈貺嗣果夢授之獲盜者某抵法收散牘還於官凡聽決率類是是固侯精誠之極之感而神之翊相於兹爲烈焉願

紀一言以貢鑱石予惟國家受命奄有方夏咸秩祀事郡邑城郭溝池山川阻固有神主之而統其祭者謂之城隍神與天子之命吏寄同恤庇巳也揄方明而災福之其理蓋相消長盛衰焉爾吏而司平集和於治則民不干紀壞鮮祟孽神第享成式歆禋祀不者如疾疢薦與旱溢時作神之不吊有餘譴焉吏罔攸職矣然神道顯人道晦又有識者所憂吏固不得一聽於神而未鑒以省也昔有唐乾元二年秋七月不雨縉雲令李陽冰躬祈於神約五日罔應有峻議焉及期果雨乃爲遷廟

報之使令而非陽氷也而且不克剋期以約以峻乎顯幽相需影响若提侯與陽氷均必有得此於神者然神吾心也其氣吾氣也中和之致位育因之圖度者僞貪功者僭皆非所以語於斯也本體皜皜精明密察靈源不牿物無遺照是固吾人之所以自修而存神其道二乎哉予與侯乙未同薦於朝稔侯夙學遠業萬不僅是漫述事略并就定之慮則絕歛計庸戒亟又侯灼今芳後之餘也廟修退殿一坊一門一肇建齋寢一時日出納與諸從役名氏具列碑陰云

建復四節祠記

翁學淵 括蒼人

蘄州舊無四節祠宏治五年壬子知州楊淮始建時刑部侍郎浮梁戴公珊奉使來蘄修廣廟學考宋守李誠之王彥明通判秦鉅後先拒金元兵力不支死之王玠有事蘄黃鎮撫司會孔彥舟謀逆以罵遇害四侯忠節學政有關故於學東隙地構祠三間另門道出入用以安神額曰四節祠後十七年知州陳壽移置泮宮坊隨令廢撤王入敬一箴亭後春秋舉祭如儀此四節祠之顛末大畧也按宋史李誠之傳公婺州東陽人知蘄州宋寧宗嘉定十四年辛巳金人犯境極力捍禦城破子士允鏖戰死引劍將自刎呼其孥曰城已破汝等宜速死毋辱妻及婦孫皆赴水死事聞贈朝散大夫秘閣修撰封正節侯廟祀於蘄賜額褒忠仍贈其子通直郎妻令人婦孫皆安人秦鉅江寧人通判蘄州與誠之協力捍禦不支乃赴一室自焚有老卒冒火挽出叱曰我爲國死汝輩可自求生擊衣赴火而死子浚與瀈皆從父死鉅贈五官秘閣修撰封義烈侯浚瀈贈通直郎淳祐十二年仍封鉅義烈顯節侯合祀李誠之廟若同時死

節之士防禦判官趙汝標蘄春縣主簿甯時鳳州學教授阮希甫都大監鎮嚴剛中錄事叅軍杜鄂蘄春縣令林㮚統領孫中江士旺皆蒙褒贈有可考者志載王彥明守蘄州元兵壓境力戰糧乏忠義不屈挈其妻乘大艦於城西龍眼磯鑿艦沉水而死州人以爲烈士立廟於磯之北岸祀之景泰間知州金銑展地重建王玠蘄黃鎮撫司聘幹辦公事會孔彥舟謀叛玠開陳百端不聽入罵曰逆賊萬段彥舟并玠家屬沉之龍眼磯而死此四侯之忠節行實也夫誠之與鉅之死同事同時褒

忠之廟同祀已久定矣二王之死雖時不同而地同事同烈士之祠同祀亦無愧焉客歲予以事過龍磯見塑像露坐江干詢之曰此烈士祠也心愀然不樂適致政郡守賓雲王公以語居民僉議建復尙艱於財力予卽毅然成之於以慰邦人專祀之思若褒忠廟廢合爲四節祠固宜昭揭於人與日月爭光使百世之下咸知感慕興起庶幾天理民彝之心可以不泯廼今重以廢弛而附諸學宮之後地不容旋官僚諸生時祀展拜無所庶民子弟至有罔知其典故者褻神簡禮甚矣不亦大

可憾耶予生忝與李誠之公同鄉每誦眞西山爲公傳記輒歔欷不已州人少參顧公日岩憲巡東浙爰念桑梓被公餘澤旣訪其家親奠之復刻褒忠集徧遺鄉人且諄諄語及欲予復建玆祠乃檄知州崔君一濂亦忻然從之遂命州判官徐光衛指揮王天相董其事其費則取諸鍰贖與民之好義者相率搆之度地得學東故址延袤約三十丈有奇繚以周垣樹以門扁中祠三間置木主四座而以同時死節者配食於左右後寢室二間塑公與妻孥同死難者肖像使侑食一堂儼如其生

或者忠義之魂炳炳有靈未必其不敘家人嘻嘻之樂也噫物之在天壤間久則必敝惟忠義之在人心終古不磨方公之初守蘄也完城備械選兵足食敵氛方熾凡以保障斯民者靡不汲汲圖之以爲死守之計卒至援兵旣絕智力俱困躬自蹈之獨其忠義矢心形諸言曰吾以書生再任邊壘行年七十抑又何求所欠一死慷慨殺身其視巡遠眞卿武穆數君子相伯仲焉推李侯可以知三侯之心矣三四百年來凡蘄人士緬懷四侯往事未有不潸焉出涕瞻侯遺像亦莫不肅然起敬

非由衷情之所發有如是耶信乎忠義之有關於世教大矣抑予重有感焉四節有祠創而始之者前壬子也病於隘陋修而復之者今壬子也六十年而興廢之迹若合符節豈非默然之數耶祠成咸謂不可無記而以屬草於予第愧荒陋不文勉强執筆識其歲月終始得以附諸戴公廟記之末竊有光焉異時采入載志當有博雅君子其藻潤之是爲記

重修二王烈士廟記

王儼 州人

忠義之在人心古今一而已人同此心則同此理同此

理則同此忠義也惟其同雖於世之有盛衰時之有成敗而吾身之生死殆有所不暇計者亦惟成就其一是已爾嗚呼孰有如二王烈士之舍生就死以全此忠義者乎考之實錄云王玠吳郡長洲人南宋爲蘄黃鎮撫使王彥明未詳何許人宋季爲蘄春守當王玠逢總管孔彥舟有異志謀叛問計於玠開陳百端不聽入罵曰逆賊萬段誠欲反幸先殺我彥舟遂囚之併家屬沉於龍眼磯下乃宋高宗紹興二年也王彥明守蘄春惠德在民當元兵壓境力戰日久糧乏不屈民不忍叛未幾

城陷遂挈妻子乘大艦於城西中流慷慨鑿舟沉之乃宋理宗景定三年也夫二公仕於蘄時雖不同其生而姓偶同死而地偶同況亦忠義之在於心自有不能不同者乎蓋嘗觀高宗旣南渡而天下盛衰之勢可知元主取江南而彼此成敗之迹已著世變輪轉渙萃不常大端已不可收拾而况蕞爾一州一郡乎使二公中無所主而從盛以趨成亦隨時以就功名尚可圖者乃能奮不顧身不畏死而罵賊但舍生以自靖其忠義之氣上薄雲霄下臨江漢此心有如此水而龍磯爲藏壑乾

坤主蓋棺其得死所之地也信哉二公相隔踰百年而各相安於忠義者乎先是褒忠弔古者哀其志而立廟於龍磯之涯屢經兵燹隨修隨廢維茲辛亥秋楚兵憲丹山翁公臨江按迹慨發金貲亟圖修復而蘄守崔君遂鳩工掄材暨僚寀儒紳集議相視越三月而創成之於是二公生像凛然上無風震雨凌之患下俯洪濤激浪之區但見其澥騰灝漭間旋若昔年之憤聲怒氣未終息也何其壯哉何其壯哉廟成不可無紀予林下閒官也承丹山公命據楚通志古蘄黃志及二公傳記而

旁搜無疑若蘄續志誤以王彥明爲土著因仕晉不受劉詔而遽沉於水則不審軒輊而死傷於勇矣其何以信後哉雖然二公忠義言之芬齒頰書之輝簡篇地下有靈亦自得其心事之眞而俎豆於斯廟宜矣又奚所容予喙耶是故可不辯

按紹興初蘄黃鎮撫使孔彥舟聘玠入幕幹辦公事旋被害記以玠爲蘄黃鎮撫使誤矣又以王彥明爲蘄州守景定三年元兵犯境力戰糧盡不屈挈妻子自沉江中亦誤矣彥明蘄春縣令非守也 節錄白茅堂集

按景定三年元兵犯境之說緣張晉亨傳誤以蘄縣爲蘄州耳蘄州自移治以來元兵未嘗歷境考之宋史理宗紀及元史世祖紀對勘自明彥明之祀存疑可也陳氏志存稿

吳公生祠記

李維楨京山人

新安方伯吳公以憲使部武漢黃三郡治蘄樹風聲著詁言引表儀制事典正法罪辟刑獄教防利委常秩期年吏恪於位兵輯於伍農狎於野商旅出於途時無逆數物害無生尤以建國長民教學爲先羣所部博士弟

子員而董振擇之游有鄉處有所使愷悳者教之使文敏者道之使果敢者諗之使鎮靜者修之體貌以左右之明法以宣翼之恭敬以監臨之勤勉以勸之德音以揚之爲新學宮使羣萃而州處其心安焉不見異物而遷又爲置田廩於籍東南鍾而藏之而匪頒之貧士無失職者又以山士之聚藪物之歸川氣之導澤水之鍾也當江下流中壘石爲山建文昌閣其上聚不弛崩而物有所歸氣不沈滯亦不散越於形法家言最勝州人士爭自濯磨求無愧爲公弟子春秋獻賢能書升司徒

曰選士升司馬曰進士辨論官材布在中外偕於疇曩州以文獻大國名國人與四方縉紳學士歸功於公而公已晉秩行其門人歲時伏臘有事於文昌閣者相與歎曰吾黨小子仰公若黍苗之仰陰雨公實芘蔭膏澤之使成嘉穀焉在宗廟夫文昌血食於茲非公何有吾黨擇柔嘉選馨香奉犧象陳鼎俎靜巾幕考鐘鼓駿奔走於文昌而曾不以簞食壺漿如鄉者迎送公惡乎可庚桑楚匹夫耳居畏壘大穰畏壘之民尸而祝之祀而稷之不腆蘄稱方州公之爲德也深矣植本也固矣生

而尸祝公不亦可乎夫公盛德大業學校則祀瞽宗廟廟則從大享他日誠未可量然而俟河之清人壽幾何及今日而祠公觴酒豆肉庶幾公不吐夫亦感恩知已至情不容已也諸與余善者走使質余於禮可否余報之曰禮非由天降非由地出人情而已諸生情之所至禮亦至焉是爲禮以義起夫誰曰不然余按舊史生祠自漢欒布石慶于公鄭重張奐任延以來代不乏人人無異議秉彝好德民所歌舞天必從之禮從宜因時惟至當之爲貴復何所疑諸生曰宗伯典稽諸古而不謬

紀言以敘之述意以導之明耀以照之其在斯乎祠成錄其說勒諸麗牲之石

崇賢祠記　邵寶無錫人

蘄州儒學有祠祀其故學正莆田敬齋林先生先生去蘄州若干年矣其生也故祠之其歿也春秋饗焉至於今不衰仕蘄之君子謂是舉也義不可弗繼乃葺其祠之敝益加崇奉而使來請記其事也寶作而歎曰於戲盛矣此古之遺教也夫古之教者蓋斆之以學率之以行格之以規浹之以恩裁之以義而分不與焉非惡夫分也徒分不足以爲教教之本立矣則是分也乃吾教之所以行也而益以遠故有林先生之教則有蘄諸生之思觀其所思而教於是乎可知矣非古之遺而今乃有是哉今學校之師例出銓注其於弟子蓋分相與也始先生至蘄諸生事之亦以分而已矣久而資其學焉懷其恩焉畏其義焉曰先生吾師也是雖不吾涖固將輕千里而從況以朝命而來哉於是凡蘄諸生無長幼後先翕然以歸論者謂蘇湖之風復見於蘄而先生擢揚州教授去矣此祠之所以作也寶不及見先生見其

孫中丞公出故太常少卿贈禮部侍郎公文所爲先生墓碑謂先生始爲諸生學成未出提學高公强而後舉及會試得乙榜例授學職或勸之辭不聽卒以教顯其校文格以義理無少遷就時稱得人至以養歸自揚倘未老也郡守岳公蒙泉客之訪之則答餽之財辭之蓋其少也敏而重其壯也順而莊其老也靜而廉迹其學行有古之遺焉以是爲蘄之師其規也非抗其恩也非狥其義也非激吾所謂古之遺教固在是矣蘄之諸生曰先生吾師豈過也夫鄉先生歿則祭於社古之道也今蘄之爲祠實取諸此而義起焉者視尋常名宦之舉相去遠矣且學校達天下而祠其師如蘄者乃不多見蘄之師在先生後先無慮百人而惟先生是祠蓋功深思遠自有不能已者而豈徒分所能致哉記禮者爲學莫先於嚴師而極其効至於民之敬學其於師去而祠歿而饗其爲嚴至矣推是心焉爲子必嚴其父爲臣必嚴其君固與起於斯豈直知學之敬而已哉然則是舉也其亦古之遺也先生諱宗字存敬敬齋所自號莆出唐九牧若干傳而至先生中丞公文章德行望在海內

蓋古遺才君子推其所自亦必歸諸先生云

新建廣儲倉記

馮天馭午山州人

蘄舊有藩封戎衛官僚胥卒歲額俸餉取諸近邑而僉總於州登儲糈給亦舊有倉所法俾諸合食於公者月具券以請爰便稽覈無黠怙寡弱胥均焉蓋肇造惟昔多歷年所迄於今日就傾圮而奸囮弊匯法意寖失可慨也愚往家食嘗習聞之毋會計自上州時走牒於邑輸不若期率稱遺負卑官貧卒間閻自贍始舉而鬻諸里之諸豪取值濟乏其所獲固不逮按給之三之一矣積習蔫久僞冒盎叢豪者乘以基富乃謀牒郎邑賂吏計將專之緩所部赴以需而官卒之鬻嗟嗟未愬於上求請於州未速於邑而復靡所恃以生活欲不盡鬻得乎鬻且盡豪者故善通謁狀態種種而坐守鍵閉倉人之職虛矣又其甚以嘗覈給之劵更市以歸遲之歲時漫詐乞補有識者閔之而未由以易也歲壬寅五月巡察沱村史公褒善肅憲貞度以風羣屬檄郡推近川查侯秉彛臨視州邑捜滌垢弊迫於蘄首及倉務纖悉無遺見焉獲犯者百餘人各寘之法收贖金三十餘斤以

付公帑一時政禁孔嚴人矢弗貳侯曰淸額而時給之弊源剗矣吾其新若廩舍以廣儲徜遂聞於兩臺諸司可之而巡撫石涇陸公杰先是據請議賓並亟嘉予曰沿襲殆深釐正非易允惟子之賢之須侯旣底定舊址移屬州守張君洗同知李君智判官文君燗董其事胥飭奮庸冀荅委遇以所藏贖金鳩工購木建倉凡四每倉凡五楹左右對峙藩衛州司各扁識以辨中設廳宇是蒞出納其前爲憲史行臺堂一室一旁房二門二蓋舊臺僻在城隅之下區數議遷未果今並創之週遭百四十五丈限以高垣井井煥煥惟十月戊子興事十二月乙酉工告成民多未知若役者聚而來觀皆相顧嘖愕謂是奚從有邪奚不藉吾力也侯再戾蘄過予問記曰此惟兩臺諸司威德之致吾懼莫贊其美於今而或泯其績於後也將礱石以傳馭曰唯唯愚無以遠喻也侯其觀於廩之未穴棟之未蠹乎而何有於敝也久也隙焉蟲鼠乘之矣乘之則廩棟且敗補塞罅漏勞鮮於益固不若易之而絕其穴蠹之所由生斯善治已不然安能使不昕夕齧食而大壞因之故泥常守迹未有不

為蟲鼠樂趨之地也今茲之舉察弊惟悉而變以救之急務之智也將命惟慎而勇以成之敷德之忠也取足於贖以存戒而民用無擾操術之仁也俾邇于憲以廣威而人用有儆秉法之正也維官若卒歲得藉以均食永永有餘惠也維豪若吏時得賴以遠咎永永有餘畏也一事而數善備焉是可以無紀也哉愚何謝於不文不執楮墨之役

重修石鼓寺記　荆藩維庭名慈煙

梵宮古剎稱名境者多借靈江山形勝而其完缺修舉

實資人力成之蘄郡濱江麟巒鳳嶼環峙東西城北則石踞中流名曰龍磯透折城南石又粼粼蹲出名曰浮玉磯泊岸數武厥有遺址曰石鼓寺志稱建自宋咸寍間至所名石鼓殊未悉何解俗傳寺有石形如岐陽石鼓宣王獵碣之類說亦杳無所據考諸紀載雖白鶴鼓槌零陵鳴石河鼓星搖蜀桐扣響種種奇蹟多有之亦何取義而名厥寺嘗搜覽名山凡創闢精舍恒視一方風景所聚昔惠藏道通二禪師緝茅紫玉竺道生竪石為徒禪乘宗風聞性空寂無聲有聲棒喝癡聾以臆釋之或亦靜峙兀巖神鉦遠覺將寓有微指非僅如里俗傳云者予藩先世自建昌遷國於蘄覽茲形勝爰議修舉乃不斳重貲命承奉阮古督其役鼎新殿廡莊嚴佛像一切鐘磬爐瓶之屬咸為鑄造寺側園圃給僧蔬供以司香火爾時緇宇巍然頗多幽致悉稱境內名剎數百年來江山臻勝浮玉磯壘成高閣遊覽名勝者駢集江濱而茲寺日漸頹朽郡中賢士大夫慨然有修葺之議予遂嘉與維新捐貲助役共襄盛舉殿循舊宇規制稍更繚以周垣可禦風雨而後殿居奉接引大士則向

來有僧載赴海上阻留茲地者機緣相湊良自不偶昔之缺而未完者今固犂然備之矣憑眺江山來憩斯宇叩寂聞聲寶花香散將無枹舉響應種性菩提鼓甲而出者乎殿宇落成命鐫諸石俾後之覽茲剎者與江山形勝共垂不朽云

顧氏祠堂記　王世貞弇洲太倉人

昔者三川之民被髮而祭於野夫子蓋憂之云先王之世亡論貴賤人人得緣飾盡其歡而秦好尊大制黔首毋特祠卽卿大夫過抑殺嫌其偪於上家不復廟矣而

熟於禁者以爲固然而忘其設甚或執政大臣坐祠寢
見糾有司至勞人主斥縣官毀爲廟者噫何其陋也楚
俗號稱樸嗇其民淫於外鬼□□署於祀先蘄顧公業諸
生時則已中非之歎曰蘄之卿大夫之宮鱗然其後者
山節而藻棁所以自居亦足矣即藉先人遺饒什一之
息亡所施施之叢林之社而奈何蘄一椽先人也此何
以教民孝且合族哉於是謀置祠祠其高大父以下而
屬爲諸生力未遂久之公二子按察問比部闕先後成
進士各以祿之餘至公乃合耕之餘庀材鳩工爲屋若

干楹卜宅之陰厥枕維岡堰陂爲塘割燥臨濕檜栢耆
蔚深靚洞幽神所憑依春秋牲牢相協厥資益置腴脂
凡數十租族之貧者遴使奉祠取其秋以醴茁彼羊豕
左右飧粥以給事育祠既告成乃合昆季乃率子姓卜
日之吉奉高大父以下入祠左右昭穆咸秩於禮肅若
肹蠁儼若有體雍容祼將始卒不愆尸譽位嚴靈風肅
然既畢事公乃餕神之賜揚觶而戒曰嗚呼凡我後人
毋墜忘先德歲以其日必躬必慤子思日孜孜砥節勵
心毋辱其遺眾穆如也又翼如也以聽君子曰楚自是
饒祭寢矣不忘其親孝也合族而以惠遺貧仁也詩曰
孝子不匱永錫爾類楚之大夫家有廟也顧公風之矣
其二令子宜哉

四見亭記

劉廷聞（安城人）

蘄陽郡治負麒麟山自山之麓壘石十級委折以升至
於山之巔有亭曰四見今郡守雲中李榮祖所重建也
亭之高仰瞰城郭廛居鱗次若在淵谷岷山嶓冢之流
洞庭雲夢之滙合集奔於滔滔洶洶千數百里而來縈
帶洲渚橫流於亭之前而後紆徐以東去吳蜀荊揚之

山高者插霄漢遠者隱烟霧昂者龍驤伏者虎踞莫不
出奇獻秀畢赴乎軒楹之側至於林麓之隱見溝塍之
分畫原隰之袤衍衢里之衡從凭几而觀近在目睫於
是一郡之勝概畢萃於斯亭矣按圖志郡有舊址在廣
教山（一名白雲山）去州西北五十里蘄水界其陰水北白雲
山有四見亭則故范忠宣公純仁所名也宋治平中忠
宣以御史言事出守是邦暇日升白雲高處徬徨顧瞻
而樂之山僧爲之作亭忠宣喜而名之屬士林敍功爲
之記其後郡治薦罹兵燹轉徙不常再易所而至於今

治凡城之廨宇里閭臺榭之觀釋老氏之居悉遷於治而不易其故名故麒麟山之亭非復白雲山之北而四見有扁猶仍其舊焉然其爲室卑陋弗稱歲久且圯李侯承天子命來爲郡牧思所以稱朝廷遴選任賢之意廉以持身仁以率人恤民隱祛吏蠹期年之間弊無不除廢無不舉令行禁止闔郡大治迺乘其餘力撤故亭而新之重簷穹櫺燚舉霞映雄峙盛麗倍蓰於前而未嘗有一毫賦於民父老聚觀而美之曰偉哉斯亭前所未有也仁哉太守其使吾民安於田里以同其樂也於

時僕自江右校藝還沔李侯邀余舟宿江之滸設觴豆於亭上曰亭成子適至宜文以記之辭不獲則敘其因革始末之故以示來者舉酒而復於侯曰吾聞樂民之樂者民亦樂其樂侯之爲政其庶幾古人乎侯爵觴而謝曰吾不足以知之然吾聞之百年之先長淮大江南北烟塵桴鼓之警交乎遠邇蘄於斯時號爲邊郡其人狼顧倉皇莫之攸底方是時士君子之遊於斯欲頃刻遊觀若今日暇豫其可得乎吾今升高以望四境桑麻連陰禾稷蔽野黃童白叟熙熙然遊於雞豚之社商馳官舸東西上下於江波烟靄之中者翩[illegible]不係太平之盛世久矣吾黨之於斯也得以燕[illegible][illegible]食率其風清俗簡時和歲豐而與斯民相安於無事委蛇自公時從僚寀賓友嘯咏斯亭無瘝官之譏有登眺之[illegible]天子之深仁厚德所以光被寰區涵照庶類蓋無一民一物之不得其所又不特一郡之幸一時之美而已余曰盛哉侯之言其將致吾君于唐虞之治而與天下同其樂歟遂書其言以爲記

江山清趣亭記　戴珊 浮梁人

宏治五年壬子五月戊寅珊偕司禮監太監劍潭蕭公錦衣衛指揮同知鄒平孫公奉使黃之蘄州命下甫七日即就道衝冒暑雨跋涉山川如是者月餘比會鎮守太監劉公巡撫右副都御史謝公巡按監察御史汪君暨都指揮同知高君布政使王君按察司僉事甯君往理乃事月又二日事始竣以聞孫公北產也南壤伏暑殊不堪假館鳳凰山之四祖寺殿堂門廡簷礎聯屬又無從而風之爰率官奴剗峻坂小徑蚓曲魚貫而上之得隙地孔艮凹凸者平之欹斜者正之蕪亢者芟之構

亭一間雕飾不施門戶不設後抱平岡而左右翼猶就刹前駕殿廡城堞而出之無所障蔽長江大湖一碧千頃遠近山岫起如劍截伏如波濤柳陰荷香鳶飛魚躍相率爭獻奇秀天風時來肌髮颯爽恍若身並之在廣寒九成也蕭公爲書江山清趣匾之作詩若干首孫公方適趣於拄笏凭欄之頃而有感於候鴈南歸之音江漢朝宗之勢憣然思以憂曰瓚職在侍衛出入禁闥天顔不違咫尺外處及今夏向秋矣而我聖躬大祐歟帝德日新歟文教興行而武衛不弛歟求賢從諫若渴若

流歟一切無復瓚所與聞者能恝然不介之懷徒戀清趣於一山一水之曲邪常舉以語珊竊惟人所以參三才而靈萬物謹諸天人之際而已故月令有曰仲夏可以居高明遠眺望升山陵處臺榭范文正公曰處江湖之遠則憂其君孫公出積善餘慶之裔好讀書明理道通古今謂父兄門第不足恃膏粱紈綺不可溺不避艱險左右大將軍克捷貴陽之不庭者以奇勳授顯秩屢御使命之汴之陝之南京綽著聲績今茲一憂樂張弛間而順天時修人道符合古先聖賢之語良可書也雖然地因人而勝人以賢而名韓昌黎之詠谿堂蘇東坡之賦赤壁歐六一之記醉翁亭後之人誦其詩文猶想其盛美蕭公名重海內而詞翰得之者不啻若隋珠荆玉然重孫公之賢大書長匾無所吝而謝公輩紀之皆傑作千古江山一時光重亭之名未必不與谿堂赤壁醉翁同其傳也而珊得以託名於諸公之次其亦榮且幸歟知府前監察御史劉君肅偕知州楊淮請爲記遂書以歸之

會龍池記

陳吾愊 明華州人

選三角山之勝曰伏虎巖會龍池巖桓祖修證處至今存池不知所在余家世茲土王父孟角寬於品評亦未之及偶隨形家步自老龍折而南指得一區其中有池可畝許水之清冽與洞泉無以別池上龍宮遺址歲旱就禱輒應環而列之左東龍右西龍開合俯仰奥衍深宏奇哉果雄視伏虎者也稽諸景概詰諸傳聞驗諸靈異古會龍池意在斯乎歷朝以來夷爲民居至明爲李姓所有幾二百六十年餘今始得售於余急爲標識地之顯晦固自有時若夫長潤澤而大豐美其所願於會

龍者後矣

序 八首

蘄州舊志序

翁學淵 丹山

郡邑有志非制也其昉於作史之遺乎周禮分六官以掌九州山澤人物財賦風俗之故冢宰統領其事亦總爲史官之職下至列國亦各有史以記言書事若職方氏所典之圖志即今州郡所載之實錄以俟史氏之採擇二者事實相因而權則稍異故曰志者備史之遺史者稽志之成也然史以通紀天下之故每稱汗牛充棟

輒厭其繁志以專紀一方之書脫或因陋就簡人得以訾其失矣故作史宜畧修志宜詳而公是非核事實慎去取嚴筆削俾之信今傳後以昭勸懲以示法戒以維人心以助風教其致一也第古今作者志向異趨紬繹殊製蓋有鈎元索隱語涉荒唐其失也誕高談濶論好爲侈大其失也夸膠於故常捕風捉影其失也泥溺於凡陋庸猥瑣細其失也鄙語誕則弗經語夸則弗實語泥則弗達語鄙則弗雅夫經以植常實以敦本達以通變雅以崇正病是四者而古昔渾渾灝灝噩噩之風衰矣緬維楚服蘄古名郡漢以前莫之可稽唐宋以還名賢忠烈樹勳揚休煇映簡册入聖朝文蒸武濬海内從乂又幸密邇龍飛郢都沐化殊勝荆藩宗室綏惠尤切士習民風之厚胥飭胥守確然未之有改人文宣朗視昔加隆適然倘已愚不佞謬以憲臣握兵茲土夙紀攸司昕夕惴惴焉以瘝曠厥職是懼而於崇學校育人材重彝倫端風化抑强扶弱釐奸剔弊修廢舉墜竊有志焉而力未之逮也間取州志一繙閱之廼嘉靖己丑州人甘君眞菴纂輯其用心誠亦勤矣第出於一人之手

聞見失眞蒐獵未廣不免有掛漏魚豕之患乎未愜焉舠可垂之永久乎重越二紀缺畧殆甚板刻冢藏迺遭煨燼宰物者若啟以重修之機而縣畀乎有主張之責焉也鄉士夫揣知其意亟請事事乎惟天下之事行之匪艱而主之惟艱謀之於衆宜决之於獨築室潰成盈庭執咎匪主則渙然靡統匪决則悠然罔斷雖有智才弗能就緒爰乃毅然任之檄州守崔君次泉經理惟謹諏日闢館禮延鄉先生賓雲王公淵東郝公總裁纂輯會闔儁士顧君桂巖以在告未與鄉貢士陳君龍坪高

君紹岊楊君蘄南郡庠生田子于藍鍾子沂同任校編
據通志楚紀合黃志蘄志凡有關該載羣書採錄無遺
揮汗竟日不謝勞匱予公事多暇適館授餐躬親校閱
諸公筆削去取罔狥私情視舊志之缺者補之訛者正
之繁者删之簡者增之疵且穢者剗去之於是文獻足
徵義例允協頗爲一州之完書矣甫閱月而脫藁雖曰
廣衆思集衆益工不慾於素亦幸甘子先有載錄而折
衷隱括有所憑藉也否則今志視昔事詳而核文增而
粹顧其功成之易且速有如此哉是志也分門别類釐

爲十有二卷一曰沿革則禪代職官之故詳矣二曰選
舉則古今人材之類辨矣三曰疆域則山川風俗之大
可攷也四曰建置則公署坊郭之類可推也五曰版籍
則戶口財賦防衛之纖悉具矣六曰藩封則宗室官僚
兵屯之規制存矣七曰名宦則吏兹土者賢否别也八
曰人物則士之賢者行義彰也九曰祀典則明禋之誠
敬有徵也十曰藝文首之以御製尊王之義也次之以
十一十二曰詩文名賢之墨蹟不泯也有凡例以揭其
槩有目錄以著其詳有圖以布方位之嚴有名氏以列

修志之士凡此數者斟酌損益稽之有衆而一決之於
心而所謂誇誕鄙泥之失冒可以少免矣是舉也不踰
期以妨公不糜費以病民不私好惡以違衆故人咸樂
成之既乃次其卷帙繕寫成編僉曰鋟梓之以永傳可
也遂命鏤工各執若役再閱月而葺竣管窺蠡測方深
愿愓未卜將來以予爲功也夫以予爲罪也夫

蘄州舊志後序　　崔一濂　州牧

昔夫子善夏商之制而悼其無傳卒歸之文獻之不足
夫文獻何爲也乘載之宗也天地之紀也匪獻弗作匪

作弗述匪述弗志匪志弗傳志之不可已矣然必紀載
備而後彰往之跡昭苟以膚淺者失之俚其究不過剽
掠公羊模竊左氏而已矣取予公而後憲今之義備苟
以毀譽者失之誣其究不過組織班范妄肆譏評而已
矣聞見博而後參訂之見眞苟以疑似者失之謬其究
不過摭蕪朁朦紛彔譜乘而已矣傳之不遠焉用文之
蘄州之有志舊矣越年二十殘缺頗多憲史丹翁懼其
久而或湮也移檄於州爰集諸鄉獻以攷成之凡十有
二卷曰沿革曰選舉曰疆域曰建置曰版籍曰藩封曰

名宦曰人物曰祀典曰御製曰藝文曰詩類此其大致也蓋以國於天地有與立焉故首之以歷代之沿革才之華國代不乏焉故次之以歷年之選舉應選舉者必有所鍾之地故次之以疆域而分野山川災異風俗物產之殊皆疆域之疊見也宰疆域者必有出治之所故次之以建置而公署坊郭之修城池防衛之固皆建置之所先也司建置者必先民物之數故次之以版籍而戶口之盈虛賦錯之多寡皆版籍之所出也然版籍之出宗室之賦貢與焉故次之以藩封有藩封者必有吏

治故次之以名宦有名宦者必有鄉賢故次之以人物功敘既勒明信可昭故次之以祀典歌樂既成文華斯沛故次之以御製次之以文藝次之以詩類凡此皆鄉士大夫稽其詳而丹翁析其衷也一瀌得而讀之再拜稽首颺言曰噫嘻休哉渢渢乎斯典也文不在茲乎勿懼其不傳也已質而不俚公而不誣確而不謬其跡昭其義備其見眞可以志矣其尚有不足徵也夫

本草綱目序　王世貞 弇洲

紀稱望龍光知古劍覘寶氣辨明珠故萍實商羊非天明莫洞厥後博物稱華辨字稱康析寶玉稱倚頓亦僅僅晨星耳楚蘄陽李君東璧一日過予弇山園謁予留飲數日予窺其人睟然貌也癯然身也津津然譚議也眞北斗以南一人解其裝無長物有本草綱目數十卷謂予曰時珍荊楚鄙人也幼多羸疾質成鈍椎長耽典籍若啖蔗飴遂漁獵羣書搜羅百氏凡子史經傳聲韻農圃醫卜星相樂府諸家稍有得處輒著數言古有本草一書自炎皇及漢梁唐宋下迨國朝註解羣氏舊矣第其中舛謬差譌遺漏不可枚數乃敢奮編摩之志僭

纂述之權歲歷三十稔書考八百餘家稿凡三易複者芟之闕者緝之譌者繩之舊本一千五百一十八種今增藥三百七十四種分為一十六部著成五十二卷雖非集成亦粗大備僭名曰本草綱目願乞一言以託不朽予開卷細玩每藥標正名為綱附釋名為目正始也次以集解辯疑正誤詳其土產形狀也次以氣味主治附方著其體用也上自墳典下及傳奇凡有相關靡不備采如入金谷之園種色奪目如登龍君之宮寶藏悉陳如對冰壺玉鑑毛髮可指數也博而不繁詳而有要

綜核究竟直窺淵海茲豈僅以醫書覯哉實性理之精微格物之通典帝王之秘籙臣民之重寶也李君用心加惠何勤哉噫碔玉莫剖朱紫相傾弊也久矣故辯專車之骨必俟魯儒博支機之石必訪賣卜予方著弇州卮言恚博古如丹鉛卮言後乏人也何幸覯茲集哉茲集也藏之深山石室無當讀鍥之以共天下後世味太元如子雲者

袁抑之疏理成編序　李騰芳

予嘗怪王介甫不善學管氏而好以其言肆也曰富其家者資之國富其國者資之天下欲富天下則資之天

地使爲國者但闔門而與其子市而門之外不入焉雖盡得子之財猶不富也嗟乎古今之言財計者至衆矣苟未能執通施御司命而漫試其身於殭釜以所收弊人之券郎闔門而與其子市豈易易哉我國家邊計莫大鹽筴而兩淮尤鹽筴之歲劇者其言自宋元以來猥雜無專家而今如耿清惠周文襄及近世龐都御史皆以清理鹽法聞及讀其所條列設施實反覆茫然不得其解是鹽法在二百五十年間匪惟觀成乏人求所謂抒軸予懷若發類覽述成言以啟丹册者無有也惟無成跡又無成書故終今以來或仰瓠而鑽徇或懷絃而膠鼓相率茫然視鹽官爲不得其解之官愈益視鹽法爲不得其解之法論買無以廢其本而威福吏日以豪其奪致使撲地沸天之業無兼辰濟歲之資傷哉兩淮如此景象其奚以問國計之工楷爲予友袁抑之氏貞明强固國家之才力臣也其爲學有經術明於大義尤穿貫百氏原本六經冀一吐其奇於玉衡泰階之上宏輔時政而先以土苴小試於郡邑間令聞令望響若坻隤顧其泰宇空明恥爲俯仰用是二十年來不獲以其

材與彝常之盛而分邊面之憂維抑之以介以和胸中寬靜如一日也迨任計曹綜理鹺政於軍需於商困有隱憂焉於是密圖大方悄率常憲條爲十議以上之盡琅乎圖府之舊章經國之讜論上遽報可而下其奏於廷抑之始奉特遣之旨以兩淮疏理往予是時甚爲兩淮喜甚爲疏理危之矣管氏以仲父之尊惕大慮而容小白經營三十年僅得有海之國焉劉士安任職久勢軋宰相要官華使半出其門奔走名利使不得有所背

短而僅乃得上六百萬緡於縣官我朝自成宏以來奉
命疏理者率皆地卿使相之重且竊威柄任械數以行
乎其間其有成績與否人無得而訕謫之者乃梟憲勢
出御使下而又以其身處於謗嫉高張之秋以料理大
壞極敝之事甚矣疏理之難爲也即饒爲之慮其或矯
枉而過直也居無何側有所聞於兩淮則綱法立矣奎
塔解矣超掣行矣借庫補未兩期而入太倉者二百二
十萬矣給塞下者一百二十萬矣嗟嗟古稱善舉事者
國人莫知其解灑乎天下滿而不見其聖哲之作用是

固然耶然不有日不行其野不違其馬乎是何盡折羣
情獨行智匠而且也於旬日之間爲之舉長裁大出死
斷亡皆取定於俄頃而神無滯用辨調和之至而莫知
其所以然篿汜畫塗豈若是耶雖然吾嘗聞其言矣其
言首明王伯之辨深明法令之本而至云所用之人全
是當年作弊之人所用之法全是當年作弊之法舉明
王之所謹擇仁人之所務白者一旦用如流水溝乎方
而鞟乎圓論至此則未嘗不廢卷三嘆息恍然悟夫昇
之爲道非射也奚仲之爲巧非斲削也有極深研幾者

存焉又豈一二才力心計之士所得測其津涯而窺其
牆仞也乎我朝鹽政凡三四變矣或一漑之功不足以
周邊腹或眉睫之守不可以權久遠而茲已大惠溥於
商大利歸於國大功敻絶於今古乃天下之人聞其事
者則却而走讀其書者若惟恐臥是何嘗取其法而一
一昭晰之何嘗取其書而字字紬繹之未得其法中之
一事與其書中之一字而徒竊據流聞莫窺神用以斥
錢穀爲國華以病商賈爲卓識無怪乎其於鹽筴邊計
終茫然而莫得其解也頃抑之於報功之後彙其所著

部議所立綱法所處置食鹽諸事宜並其疏理始末若
干卷合爲一編垂之永久法爲成法書爲成書上有果
有成績之玉音下有核實有成之疏覆其篇中指掌利
害量計本委蓄盛藻發昌言蓋富强之軌事於是爲備
矣抑予嘗觀莊生之書於疏理者竊有悟焉從古英雄
救世用其識會以入麄入細有餘也而必有可爲之術
有可爲之時以無厚入有間而後恢恢乎其有餘地鹽
法一壞於正德浮課再壞於嘉靖邇者丙丁之際奎至
一百八單物極則返是鹽法之一間也是時朝士爭談

鹽法乃所見無非鹽法者而抑之以超掣批大部以疏積導大窾提十綱之肯綮而因赤簿之固然拂鐘無聲應機立斷既不若墨官之剸折又不犯奸囮之大軱多寡多取轉輸絡繹而抑之若新發於硎當楚鹽有加價之譏食鹽有病綱之懟其怵然爲戒者備嘗之矣迫物論氷消輿情理解在朝在野翕然誦休而其提刀而立躊躇而滿志者是蓋輪扁所不得言非無厚而能若是乎而使抑之以覌嘔繩墨疏也以拷掠枘楊疏也以利於邊滯於腹利於腹滯於地方利於今日滯於持久疏

也而又或鼎食規行糜大官之歲月秋荼夏日遺乎口之煩寃可謂無厚乎噫爲善無近名安知後之人不有讀是書而諱爲異論者善刀而藏此抑之所爲摧撞而息機也特謂聖明在上國家多難大音之解澈何獨鹽筴一事而使疏理者徒抱是書以終天下事日非矣乎忍言哉

疏理成編序

胡文學

論鹽筴之書於兩淮昔人必首推劉晏矣謂其知所取知所予也予獨惜劉晏用强力之才任專且久積既驗矣而未及舉其所以取所以與者與所以卽取爲與卽與爲取者勒著一編俾後世言鹽筴者考得失辨久暫通彼此當不至弊與利勝常十得九焉自明以來抑又甚矣大抵利之所在卽弊之所倚競緣失調舊法漸從邊商與內商交病新引與積引互窮於是鹽筴之利不歸國不歸民而盡歸於奸駔之槖奸駔既擅其利則覗賄賂也易吏胥又匿其弊而陰持之以爲市甚或窺伺主者之喜怒與爲用焉主者又傳舍其官曰吾歲月易需耳姑聽之否則矜任智械曰吾目前足恃耳姑行之

且也津要竿牘鹽等束脯然交遊車馬鹽等芻秣然枘楊鞭撻又鹽等丹汞然安得不呼吸相應爲地中瘻痺患哉若爾則雖使劉晏當日舉其成績勒著爲一編亦不能盡後世之人而滴滌之啟牖之禁格之使必出於此一編而後可雖然亦存乎人耳予承乏兩淮於鹽政極倣之日業業兢兢恐無以報塞上命因取鹽法諸書反覆求其要領得袁抑之先生疏理成編所載除套搭以復舊制定十綱以行超掣置册禁囮平價絕私諸事確可行之實蹟而非託空言因念劉晏當日位十於袁

權百於袁紓歲月十五於袁使亦如袁舉成績勤著一編其詞旨揮霍應亦什伯於袁與然而惠商裕國之心則袁未嘗視劉減也予更朝夕旅進衆商於庭博采旁證遂洗心滌慮奉成編以周旋不數月而商樂輸課不後予庶得藉手告無罪則成編之爲利又驗也特予於其條議之餘閱雜說問答諸說並往反尺牘憂讒畏譏心更苦矣而猶幸外有龍侍御相爲臂使內有李司農商黃門相爲桴鼓遂能使此編有成不徒託之空言耳予忝厠侍從凡鹽筴利弊得自陳請似乎較先生易然

意有欲爲事或中怵力所可及倒或上持苦心苦口恒不獲半蓋以任事者之難而劉晏之得以就其功名蓋有幸也嗟呼成編具在行之唯人使後之人以成編之心爲心不爲包苴移不爲聲勢奪不爲旦夕計取成編而細察其變庶幾鹽筴泉布永有賴焉不然敗稽陳言於國計奚補哉

大隱山人藁序

李維楨京山人

樊山王昇甫輯其所著賦頌樂府五七言詩體諸志論表狀序記尺牘凡十有七卷名之曰大隱山人藁而使使者以書詆不佞請爲之序其言曰軒冕塵跡耳操觚之客多推貴鄙人不以學士見稱鄙人中心竊恥之惟足下高明可以此相告不佞讀其書已讀其藁而憮然有感於古今人事之變也古聖賢帝王盛德大功必百世祀由黃帝至舜禹同姓而異國號以章明德其法天子賜姓諸侯命族姓相生而族相屬蓋周千八百國諸侯與公子公孫爲卿大夫世濟其美第以樊論樊出顓項高陽而苗裔曰鬻熊爲文王師諸子實自此始至繹而封至達而强其子孫以邑以官以字以氏爲氏若鬬

若薳若屈若昭若景若詹若伍若蔿若申若莊若左史工尹連尹沈尹箴尹芋尹之屬皆聖賢帝王之後其人建邦能命龜田能施命作器能銘使能造命升高能賦師旅能誓山川能說喪紀能誄祭祀能語搖筆泉湧動詠彝紛故道德政事文學言語四科未有出於聖賢帝王之後之爲公卿大夫者錫姓法廢譜牒散亡而聖賢帝王之後與庶人無別士以四科名自號崛起邁種而不知其世系所自來封建法廢而分茅胙土者類使吏代其治食租衣稅豢養而無所事事人視之若芻龍土

梗貌尊而心輕之周之宗盟同姓爲長司馬遷表漢興以來諸侯同姓異姓相錯而不以劉氏先表建元以來王子侯而次於高祖功臣及惠景建元以來諸侯也若曰親不敵功也楚趙荆燕齊五世家而次於外戚若曰是猶外戚之恩澤侯也梁王五宗三王世家而次於絳侯若曰是不若絳侯之有條侯也其事與文寂寥不甚稱其手筆所最慷慨頌說賢豪乃在列傳而諸王侯不與焉班固表因史記而夷世家爲傳自是以後寒畯單微儒林文苑輒踞乎傳圭襲組之上而南面稱孤者如

淮南菟苑依倚賓客以就其聲價如陳思表求自試甚者如隋越願不復生帝王家古今人事之變其多寡輕重相反一至此哉昇甫列爵爲王高皇帝之雲孫今天子之叔父而荆王之某孫也於天下不賤矣恥夫以國屬推貴而欲與學士同類而共稱則世祿之末勢極而不返俗漸摩之使然也晉范宣子述其祖保姓受氏世不絕祀以爲不朽而叔孫豹辨之此謂世祿何國蔑有魯臧文仲旣没其言立其是之謂乎言之不可以已也如是昇甫鋏挸闈旄自成體勢不共他人生活可方何遜排沙簡金往往見寶可方陸機在有意無意之間可方庾猷其可以立於後而不朽矣不佞將舉龍門蘭臺例特爲三閭大夫作傳而不附於楚世家傳楚元王而所重實在中壘校尉使後人稱明德茂盛維楚有才與古公卿大夫比肩不以世祿借資而以立言取重其無乃自矜奮乎雖然昇甫弁髦王爵而竊比於東方曼倩避世金馬之義此未易言也大隱隱朝市豈惟諸王侯夫子亦有之仲尼言堯舜有天下而不與深於隱者也昇甫所爲隱抑有出於是槖之外者乎介之推身旣隱

矣焉用文之楊子雲薄雕蟲小技壯夫不爲梁武帝謂曹景宗技能甚多人才英拔何必止在一詩其說各有當不佞不善隱而又不嫻於文無可爲昇甫元晏是序也聊比於他山之石可也

玉光齋詩草序

李維楨

荆樊山王自署大隱山人人稱之山人則應稱之王則否閱覽載籍修辭甚富元子孟嘗嗣王仲仲良叔叔衛兩鎮國于將軍秩最尊皆壓視軒冕志在立言以垂不朽玉光齋詩草者叔衛作也不遠千里使使視余余誦

之貴之猶賵茗華獻龍輴然請以玉喻夫玉爲圭爲璧爲冒爲祼爲璋爲琮爲瑑爲肉爲好爲羨爲射爲邸爲椎爲杼爲大爲中爲邊長短廣狹有法存焉詩之法具在方策而信心者往往離之叔衛詩於法無不合矣玉府所藏典瑞職之以禮天地以肆先王以禮上帝四望以祀日月星辰山川以享天子以勞諸侯以頫聘以起軍旅以治兵守以致稍餼以卹凶荒有體存焉詩用於朝廟閨門邦國塞鄙燕饗登覽慶賀傷弔因地因時因人因事體裁各異而昧者一之情景恒不相副叔衛詩

於體無不宜矣治玉謂之琢謂之雕他山之石泥沙礛礛礱錯之用所資非一物所習非一日詩學必專攻也亦如是而苟就者曾不研精冗濫苦惡不中覆瓿叔衛詩句雕字琢思深而力勤矣玉之琢有鎮有命有桓有信有躬有穀有蒲璧有蒼琮有黃珪有青琥有白璜有元其薦之也有璪五采有黃金勺青金外朱中其佩之也有組綬必致文焉詩三百篇由市井草野蚩氓婦孺之口而采者修飾潤色之以成文章猥云自然便於聽解俚俗之語令人嘔噦叔衛則緣情綺靡矣惟按法而

後體正惟積學而後文著故其詩神明融朗氣象高華若魯璠璵遠而望之煥若近而視之瑟若理勝乎勝也若崑山丹水之膏五色是清若鍾山之玉炊爐炭三日三夜而色澤不變也若魏田文徑尺置之廡下夜照一室也若白頭公之柱杖光輝屬天也若璑之三采若符之雞冠豬肪純漆蒸栗也若瑳之鮮若璪之藻若昌城之蓝長洲之英也名曰玉光信聲中其實者哉余又稽楚故卞和荊玉之璞玉人不識雙足受刖而作怨歌三閭大夫懷瑾握瑜窮不得所示而作離騷叔衛養尊處

優賦詩言志藝林所珍國不以白珩爲寶而寶叔衛詩可方觀射父之訓辭左史倚相之訓典楚父子兄弟間有以先王命圭剡爲鍼秘者埋璧太室之庭遠者跨者肘加省歷紐者夷爲冠彝叔衛誦法先王貽以藍田生玉之令名兄弟相師友塤吹篪和親辛摯三龍一門金友玉昆過之天所以奉叔衛抑何豐也詩含神霧述孔子之言曰詩者天地之心刻之玉版國家積功累德垂三百年泰和在宇宙間地不愛寶所謂不藏金玉則紫玉見服飾不逾飲食有節則玉英玉甕出者奚必他求

是玉光草也非協氣嘉生圖籙上瑞而何彼謂珠玉非寶談者爲價第目論耳

清溪進酌之什序　陳仁近 孟角州人

進酌者何贈陳氏也曷爲贈曰褒何褒爾褒陳氏之能公善也夫善何爲公之蘄陽之東有溪清瑩澈洌瀫滌濁穢鑒照羣物至悉也陳氏屋其涯觀象於溪取準於水亦時有得焉嘗嘆曰吾與酌之誰也歲戊戌有倒輸粟若干者類得爲藩府官陳氏曰吾其假此以進吾善乎於是爲榮府引禮孟角子曰是可與歌而風焉者也

夫儀以威下儀不淑則殿侮侮啟而易心生焉民之攜也誰能維之黃崖之伯有穆叔卜之矣是固相王者之所宜慎也故其首章曰清清者溪以洗汝穢既見君子願言酌之暢厥文德逸豫無期陳氏乃起而賦鳲鳩之一章夫禮以與政禮不植則階亂亂階而仳心生焉民之去也誰能留之商任之齊衛敬叔卜之矣是固相王者之所宜慎也故其次章曰清清者水濯汝之疵既見君子且以酌醴願言隆之胡不自禮陳氏乃起而賦相鼠之末章夫敬者儀禮之經也不敬則儀不淑禮不植無之焉而可也鍾離之高原士莊子卜之矣是固相王者之所宜慎也故其卒章曰溪水清清有逝斯沄下觀其讓渙言其文既見君子酌之湆湆葛藟纍只庇其本根陳氏乃起而賦抑之七章君子謂斯役也一舉而三善集焉夫儀以爲章善之敷也禮以爲幹善之固也敬以爲基善之聚也敷以文之固以守之聚以畜之相天下者不是多矣而況一國乎於是乎以進酌贈

書 小簡附四首

上馮少宰書　王世貞

伏惟相公秉鐸三吳豪俊蝟起咸喜自門下而獨世貞以間出無所比數如牛溲馬勃欲一附於藥籠之物而不果然世貞初從選入隸棘寺相公固儼然辱臨之且歡而相公則益日顯重握風紀世貞待罪西曹之屬間復以家大人游從之故數惠顏色至接卮酒奉溫言之餘公事一再見外不敢蹐進其履於相公門庭唯數從一二友人如吳給事宗考功得相公一言相與擊節推伏大雅宏度不幸而不得奉几席稱受經諸生幸得爲私淑足矣是一二友人皆少年銳情瑣屑末藝又不善

掩避相次譎補而獨世貞既前自疎外無纖末可覬於相公衆口譊譊至視爲大澤之麋求以飽嗜者乃聞相公力明其無他而湔祓之得無齒罪籍是世貞後先自棄於相公而相公終始收之也古人云感恩則有之知已則未夫恩之大者及於出萬死揮千金而古人不肯輕加於知已乃相公知世貞矣所以援骨嘘枯之恩深矣何以爲報也不佞素有膏肓之疾自今而往竊自誓不欲療即一日不罷而以污民社者不敢毫髮有所負於幽明即罷不死而願以生平之力下上千古著述一家之言更不譊而遇封疆干矛之變必不委瑣苟免以負門下知人之明如其僕僕亟叩昵昵縷謝爲兒女之戀相公將遂弁髦而厭之哉不佞期相公旦日坐廟堂進退百官於不肖姓名如素不識人足矣他非所敢望也

答樊山王書　王世貞

今寰宇豐洽文軌大同即朱邸諸賢王不獲辭遠遊戴鶡弁以樹干城之績而獲以清閒之燕寄悰毫翰流譽竹素抑何盛也廼者豫章王子侯大梁灌甫南陽子厚桂林雲仙皆與不佞雅相聞固自琅琅一時然皆爵僅公乘祿等銅墨未有擁南面之尊佩綠盭之華而修三不朽之業如大王者也伏讀訓辭謙光藹然循覽諸什賁文以止令人斂衽嘉服世貞老矣少不如人今精已銷亡矣大王過聽而奬飾之不知其心之與髮俱短也魚鳥之蹤轉入深僻方塞兑杜機收聽反視爲嬰兒之不暇安能復作長卿敬禮游白雪之苑坐綠苔之閣乎哉以此負大王大王勿怪也不腆大士經咒一筴是貞所刻者山園記一帙是貞所撰者大王試一寓目焉庶幾若不肖之獲奉清塵也冬巢爲宗社爲道珍愛

奉樊山王　吳國倫 明卿 興國

偶爾涉江載塵賓序遂辱觴之名園視以宏藻幸厚矣一醉以往渺焉川陵欲附南皮之遊而續西園之詠可更易乎歸未數日徐可源攜翰札來細玩諸篇益近風雅王公之好學不倦甘士如飴者求之古人亦不多見至欲品題新社之作而綴言其中則非僕能也敬謝敬謝可源行造次布復

復李夢池巡撫　王錫爵 太倉人

追從館下已識門下文章之美旣而舉止連捷覺玉氷金矢餘輝照人自五尺應門之外庭除若無跡竄突若無烟乃知世眞有晏平仲也盛撰領教會史事促成急如星火過此月卽當效顰附呈納謹復

跋　三首

賜蘄春侯御書跋

宋濂 金華人

洪武三年蘄國武義公子康鐸襲蘄春侯時年十歲欽蒙入侍靑宮大本堂讀書洪武六年六月十三日太祖高皇帝幸大本堂召康鐸於階下慰勉再三御筆親書

八字併康二子三字賜之又賜以金牌鐫蘄國武義公五字置帽上別其幼小便趨朝叅洪武六年夏六月十三日皇帝幸大本堂堂乃儲君講道之所而諸親王肄業於左右當是時勛業之子亦聽執經來侍上旣至召開平忠武王之子鄭國公常茂蘄國武義公之子蘄春侯康鐸列於階下慰勉再三復勑奉御具觚翰親書二帖一賜茂一賜鐸帖皆八字其賜鐸者云謹承祖業愛爾勤功鐸稽首再拜而受乃命良工用黃綾玉軸裝潢成卷珍襲以示子孫鐸嘗受經於臣濂來請識之臣伏覩國家之遇勳舊義雖君臣情踰父子上下相孚脗合無間蘄國公値四海羣爭之初多樹奇功不幸蚤逝不得見今隆平之盛宸衷惻悼朝夕弗忘旣勑近臣經紀家事復令其子習學禁中且以承祖業爲勗其恩數至優渥也夫祖業未易承必勤功之人乃克能之聖謨所及正合書中業廣惟勤之意鐸宜拳拳服膺而弗失庶幾上不負君師之訓下可以保前人之功業矣鐸尙勗之哉鐸尙勗之哉帖傍書康二子者以別與茂也二子鐸與其兄鑑鑑今僉廣西護衛指揮使司事云九年秋

月二十二日臣宋濂恭跋

蘄州舊志跋

陳吉言 夏卿 州人

蘄志成矣攟摭博矣稽覈精矣澄汰嚴矣此皆我丹山公兼人之知之材之力之底於績者也是故無夷齊之漏無桃棗之譌無闕止之溷粹乎無以議爲也於是睩前志若宦迹若人物增入者什三其他以蕪穢陋劣損於前者亦且什一矣公之言曰匪眞庵吾孰憑吁厚矣哉或亟欲毁故志謂可作燈炷者其相越何如也人之言曰志其堪輿哉三才函矣或曰志其櫝哉萬寶閟矣

陳子曰志其鑑乎哉其用廣矣遠矣夫政有秕民人有淫善辟則隴廉孟陬同臺並照則朱粉謝妍媸昭矣夫惟形生辨辨生憤憤生勇勇以遂憤憤以終辨是故太上懋成其次淑身以無秕政無淫人志之用也即鉅重秦糸純光范譜邁亦繩武感慨繫之故曰其用遠矣不然寘然悍然尤而效之如我生何此我公於人材之辨尤屢致意焉嘉惠之甚盛心也不此之求第曰仰鑿星紀俯及昆蟲草木之么麼細碎而曰志云者抑末矣用告觀者

題荆王贈張太史文後　王世貞

右荆王贈左相素齋先生致仕敘及諸名士大夫之作附焉今百年矣宛然熙朝盛事可見也昔漢東平王蒼好善其驃騎司馬中郎感之宦於國至老不忍去爲它吏天子兩賢其道加旌賞流贍史册蔚爲美談先生始以方直侍王後相之七十而始歸王之所以賢先生與一時艷羨故不多讓也至於出處大節超洒寡累又非申公枚叟所敢望者先生誠賢哉余故書其後以遺張氏子孫使寶之知其久於疏傳之金也

碑銘五首

明勅賜榮祿大夫同知大都督府事兼太子右率府事贈推忠翊運宣力懷遠功臣光祿大夫湖廣等處行中書省平章政事柱國追封蘄國公謚武義康公神道碑銘有序　宋濂金華人

皇帝即位之三年混一華裔聲教所被罔間遐邇梯山航海奉贄獻琛上念熊羆之士不貳心之臣東征西伐宣勞有年方將胙土分茅以定功賞而都督康公薨於陜州上聞之嗟悼不已既勅有司穿土作宅以宏體魄

復欲昭其功勲於悠久詔翰林學士臣宋濂稽諸簡牘所書文於堅石以垂示於億萬載臣濂謹按公諱茂才字壽卿康其姓也世爲蘄州人曾祖文廣皇贈中奉大夫中書參知政事護國追封京兆郡公祖德懋皇贈資善大夫中書右丞上護軍追封京兆郡公父壽皇贈榮祿大夫同知大都督府事柱國追封蘄國公母蕭氏追封蘄國夫人公當元之季四方雲擾未幾蘄州陷公結義旅以捍禦爲務授以長官俄遷爲鎮撫同諸將復九江蘄水黃連寨轉蘄州路同知總管府事屯戍和之

裕溪太平之采石使者考其功狀陞淮西宣慰副使同知元帥事又陞宣慰使都元帥乙未六月上帥師渡江將士家屬尙留於臨濠陣人多效死於是數戰不克後數月常忠武王遇春遣遊兵虛撓之公連日發軍以應王度其力疲夜設伏兵質明殲其精鋭殆盡然猶收合潰散壁寨於天寧洲明年二月上命諸將以襄陽大砲破其寨公奔行臺便宜陞淮南行省參知政事甫踰月上亦克金陵又奔京口舟師追及之公度天命有歸乃率所部餘兵三千解甲來附免冠頓首言前日之戰各爲其主今日屢敗天數也事至於此死生唯命苟得生全尙竭犬馬之力以圖報效上笑而釋之仍許統所部兵從征又明年授秦淮翼水軍元帥守禦龍灣取江陰之馬馱沙八月僞吳張士誠犯我疆境公驅兵逐之獲其樓船上賜名馬一匹黃金一錠歲戊戌從廖楚公永安攻池州取趙雙刀之樅陽遷都水營田使兼帳前總制親兵左副指揮使明年八月攻皖城僞將率樓船出戰公復獲之又明年六月僞漢陳友諒傾國入寇攻陷我姑熟殺戮我吏民意將窺我南京上召公謂曰爾不

疑我乎公復頓首謝上曰汝旣不相疑宜作書遣使僞降友諒爲內應招之速來仍紿告以虛實使分兵三道以弱其勢友諒果如所言旣至諸將同公奮擊大破之縛其士卒二萬有幣帛金之賜歲辛丑八月上怒友諒來寇率將士親征公領舟師行擊安慶破江州僞都友諒西遁遂下蘄州興國漢陽公沿流而下克黃梅某家寨十一月取江之瑞昌敗友諒八陣指揮友諒之勢遂衰遷帳前親兵副都指揮使明年九月復龍興又明年攻左君弼於廬州六月友諒圍龍興上親往援公與諸將皆從友諒聞上至亟解圍還七月大戰於彭蠡湖軍聲嘯呼湖水爲之起立浮屍蠢蠢動至數十里友諒遂至敗又有幣帛之賜十月上親征武昌公從之歲甲辰二月下之友諒之子理御壁出降三月進金吾侍衛親軍都護府副都護四月從大將軍徐公達進攻廬州七月下之八月拔安豐繼取江陵及湖南諸州加賜幣帛明年二月改神武衛指揮使五月進大都督府副使閏十月士誠兵犯江陰京口上帥大軍水陸並進公在行中及至鎮江士誠兵已遁又明年正月追至巫子門擊

敗其衆獲士卒二千公功爲多四月擣淮安之馬邏港拔其水寨復獲士卒與艨艟無算淮安平七月遂攻湖州十一月破之進逼姑蘇姑蘇士誠僞都即遣銳卒來逆鬬大戰尹山橋公持戟督戰益力銳卒盡殪乃進圍齊門刀劍林立飛鳥不敢下大將軍命諸將合攻之吳元年九月姑蘇平公取無錫州十月陞同知大都督府事兼太子右率府事進階榮祿大夫洪武元年上以江南之地既入版圖乃遣大將軍經畧中原公從齊魯之地復由黃河取汴梁下洛陽駐師陝州規運饋餉造浮

橋以渡大軍鎮河中善撫綏遺民爲之立石頌德絳解二州則公所招徠蔽遮潼關秦人不敢東向三年復從大將軍征漢中奉詔還軍中道因疾而薨實八月之三日也年五十有七上下羣臣議贈公推忠翼運宣力懷遠功臣光祿大夫湖廣等處行中書省平章政事柱國追封蘄國公謚曰武義卜以九月二十一日葬於應天府上元縣鍾山鄉之幕府山上親臨奠而百司繼之祭幄相望聯絡原野時人以爲榮公娶方氏追封蘄國夫人繼室田氏封蘄國夫人側室朱氏余氏子男三人鐸

田氏出鑑朱氏出鎮余氏出公通經史大義事太夫人以孝聞輕財仗義意氣磊落而尤有志於事功値元祚將終其才弗克盡施然而眞主龍飛於羣雄之中公即能識之卷甲韜戈率衆臣附坦然而不惑可謂上知天命下察人心者矣由是昭被寵眷倚之以心膂用之爲爪牙十餘年間屢從征討茂績奇勳著稱當世存則安富尊榮加以爵位薨則疏封賜謚賁及九泉令名垂於竹帛重祿延於子孫公其可以不朽矣臣濂謹拜手稽首述辭於碑系之以銘深懼不足以稱上報功之意銘

曰

於赫大明受命於天如日之升煦於八埏於時康公江險之峙大軍西來視如平地巨礮轟雷物莫敢攖何戰弗潰何守弗傾天人攸歸勢何敢抗知幾先來率衆內嚮皇帝曰嘻有疏附兮寻開誠心遇爾不疑爾礪寻鋋爾部士卒助寻四征以寍萬國公拜稽首賜死爲生誓殫報效如無餘齡孰爲不庭率師往討矯如翼如風馳電掃東吳西楚蹴陳鷙張身經百戰兇豎始亡大將北伐同取汴洛出鎮於蒲恤其孤弱蔽遮河潼以鐵爲關

誰敢操戈脾睨其間元龜負碑以須遺愛民亦何心恩義斯在從伐漢中迢迢西征有命班師中道而薨帝念將臣血戰之苦將酬其恩錫以茅土孰不壽考以樂承平公胡嬰疾隕魄泉扃帝情惻悼恩命絡繹穿山爲堂畢葢窀窆名垂於史祿延於家翩然而逝公復何嗟史臣造文大書深刻以昭公勳有永無極

華編修伯瞻墓誌銘　李東陽 茶陵人

嗚呼伯瞻乃止是耶伯瞻質偉氣充才勃勃不可遏其志所期甚遠且大舉進士才三年官一命年二十有四

而止悲夫初伯瞻從其父廷佐君居京師時未冠學於楊邃菴應宿與太原喬宇希大並價予見伯瞻書勢已遒入私喜吾湖南後來之傑蓋其在此及伯瞻舉鄉試第一連得進士入翰林爲庶吉士汪寅軒傅體齋二公奉詔授業大見甄賞每閣試與藁城石瑤邦彥相甲乙授官爲編修予又喜曰此天所以玉其成也予與廷佐君同鄉又邃菴知己友故伯瞻視我厚至是又同署日益密每有作未始不出見見輒加進一二載間遂脫舉子習得古人蹊徑詞簡意遠粲然成章予嘗以聞諸劉文安公者告之謂爲文必先博而後約收斂太早則其地無所容伯瞻以爲然然孰不變意者天將速其成故使至是哉使天果有意焉則斯人者胡不姑涵育長養俾大有所就之爲愈也予益以慨人之才不易得且不易成也悲夫今年春廷佐君以常州知府入覲歸伯瞻已病秋益劇臥不見客予數往乃彊見之怪其神薾然比得告猶函一卷具書致予曰戀且别願得手書數通以歸書未成而訃及予旣往哭之念無以慰其志者乃據邦彥所著狀爲銘屬希大書而刻之又自書於卷中

以昇其家俾藏焉償舊諾也伯瞻姓華氏諱其名世居蘄州以州學生舉生成化丁亥十月八日卒於宏治庚戌七月二十八日某月某日葬於州之某原少喪母安人陳氏繼母安人潘氏娶王氏子女各一人皆幼銘曰吾黨得之吾曹得之而遽失之吁天誰詰之

贈監察御史南濱馮先生墓誌銘　徐　階 華亭人

馮先生諱某字某學者稱爲獨齋先生後又稱南濱先生黃之蘄州人也蘄故多巨族而馮氏尤以文學世相傳有名聲先生曾祖銘父翱皆嘗貢於有司然其仕不

幸不至通顯銘為京衛經歷歿終兖州推官推官父洪以經歷之不遇過自懲不仕以卒然馮氏雖不仕乃蘄之人言高衡德門必以馮為首稱意其後必大先生少而能文章督學使者前後十數輩至輒取所為文置首選而先生行又甚修數曰君子之學要無媿乎其獨其施於人事依於厚至其自守凜如也其赴人之急若已與有至其平居未嘗有疾言遽色也於是時先生雖在庠序其賢聞四方人則謂馮氏當遂振矣而先生十試於鄉竟不遇復繼其父以貢入太學祭酒甘泉湛公司

業琴溪陳公得其文奇之已又廉知其人益奇之陳公館先生於家使教子若壻而先生賢亦益聞六館之士踵先生門思得聞緒論接容色幸有所警發者屨相接也未幾汪選歸踰年喪其父方父病時先生終夕侍湯藥而天甚暑其室又迫隘父力遣之先生即戶外露處閱月由是得濕疾比父歿先生哭又甚哀疾增劇嘉靖辛卯六月十六日父喪甫小祥而卒遺言以素服斂距生成化丁酉九月二十三日得壽五十五蘄之人相與訝曰天之道固不可信乎後五年乙未子天馭舉進士

授大理評事改御史贈先生如其官再奉命董南畿學政遷大理丞諸所與友皆海內名士而士之出其門者亦咸知重行檢薄利祿自別為午山弟子午山者大理號也於是人爭言曰馮氏之厚積而遲發如此予故與大理遊聞而歎焉今年大理以中丞賈公狀請予銘墓予既得論次其事則又歎曰嗟乎人之與善豈非其性然哉有不善人於此其於彼非有損也然而聞其用則以為憂聞其敗則以為喜有善人於此其於彼未必有益也然而咨嗟於其不遇而幸其後之昌者至於久而

猶然蓋予所見聞若是者多也而先生尤著自修者其殆可以勸夫為再拜而銘之先生子二人長即大理次國子生天駿女三其二蚤喪存者適生員張儒葬以卒之歲十二月一日墓在安陽山之隅銘曰

茲維先生之遇耶其詘於躬者既賴子以顯融其垂於後者又待予以無窮耶嗚呼先生塞耶通耶彼暫焉者果足以介於中耶

廣西思恩叅將李公墓誌銘

李維楨京山人

余偕李淑元舉於鄉講兄弟之好在史館時淑元晉讀

中秘書而伯兄千夫長一元公部賦入京師得見之膚革充盈才可急使也公名同春一元其字父爲東池公兄弟悉以池爲號公則仰池云先世息縣人隸鳳陽府後以崇王就國隸汝寍府始祖慶公從高皇帝起義累功授正百戶隸山西朔州衛再傳至斌公征香爐山有功晉副千戶改隸蘄州衛左所數傳至震公無子東池公當以弟繼掾吏持之若爹與我金不則削一等貧無以應因降授百戶歸而司屯政有郡理奉檄覈蘄州衛所事而身坐岳陽徵諸案牘東池公亟奔命遺其籍郡

理疑父乾沒幽圄之公時從行匍匐入愬請以六日爲期取還報無令父受誣涕泗雨下司理憐而許之冬大雪舟楫不通跣而行足爲重繭如期至事遂解而語諸弟吾乃今而知文吏之貴也自今以始諸弟任學予任費學無媠嫚督學使試蘄士與國涉江踰嶺覓健驢以乘幼弱弟而身杖策隨之不違淖體鴻大股以下爲裂矣父病泥首呼天乞以身代醫藥百端不效而父執少弟手付公若代我爲父公泣受命與諸弟謀親喪所自盡今不能成禮諸弟他日即富貴何益某可貸某可貸

也父聞而呼之曰孝哉天鑑斯言必有佳兒報若吾復何憂第憂兒過飲耳哭而伏牀下頓首曰敢不服膺而父遂瞑終其身不內勺飲服闋詣京師言祖爵爲舞文者所奪詞辨如雲司馬奇其貌仍以千戶嗣奉職恪勤而淑元與仲弟少弟先後舉進士公笑曰猶記策驢時事耶獨恨吾以介冑踞諸弟上雖然吾亦有以自見以武功爵進指揮僉事有巡江之役建營房使士不露處而增刈戍數百區所捕盜數十百人桴鼓不聞部賦半道假寐若有語者河且麼淤怪之起勅舟人速進迴視

他舟滯者累千漕帥罪公亂次督府不可是宜論功何罪之有後一歲復領運遭石尤風覆舟稱貸以償粟責漕卒不問已覩篆布其德而兆其謀理僚屬貧廢嗣者十餘曹同列因汗皺以他事當道悉公賢讒不行稍遷楚運糧都護都護無公署所領諸衛各以四十金僦舍公歎曰是誨貪也捐橐中六百金建署至今不得口實箕斂矣怨家夫婦反目婦執夫所誣公移文來訴公取焚之勝敗若化吾不介之胸中久矣而長舌何爲公初與叔弟俱艱於子禱款泰山出資爲仲署側室而公有

二子仲有四子已晉分闈於浙爲副於粤爲長單騎之官刻厲如昔而戒其婦奉母無違過全州大佛寺佛燬於火取沉水香造之爲母祈年已晉思恩叅將居無何念母心動遽解組歸次武昌承母卤耗嘔血數斗自投於牀病加矣入門號咷擗踊食不溢米毀甚不及葬母而卒公宦三十年一錢不入私室視兄弟子姓如一身慕張公藝同居立家訓兄弟致美無分異無蘊利生孽又爲義屋義田贍宗之貧者所全濟鰥寡孤獨顛連無告戚疏遠邇不可勝計病日自爲祭文理卤事卜塋域

遺令葬無過七日無惑形家言無受奠吾飲水數日即祭當以水語畢舉手别諸弟而逝年五十有九仲子棟與季弟子太學生樸屬余志銘銘曰

急父難兮胼胝痛母亡兮身隨友諸弟兮咸宜廪有粟兮同炊訾纏綿兮葛藟死寍忍兮離披祖溢我兮繹思復世官兮靡虧屬櫜鞬兮四馳既能廉兮能慈部曲驩兮誦之不二心兮能羆古之人兮兼資今之人兮誰其赳武夫兮恢奇爲邦家兮羽儀五葉傳兮歲甃如一日兮怡怡江有沱兮名蘄卜兆吉兮在斯瞑則藏兮何遲考終命兮宴嬉格上下兮神祇顯百世兮本支美不虛兮銘辭

文昌閣銘 并序

李維楨

蘄春南郭里許江有石磯突起唅呀桃花水盛暴集没頂舟行遇之輒敗或室礙不得轉移旅客凜凜不免是懼徐州守倣摯巒合舍之意搆亭其上劣容數人耳方伯吳公治兵於蘄廣盱營表謀夷夔而築宮乘水勢殺時周遭揵菑爲隄激層累成基平正如砥建傑閣鎮之長年三老識其處晝眠而過無復患苦矽辨方正位厥

位當巽巽風上坎水下於卦爲渙睢渙之水五衆成文號之曰續在天成象在地成形非文昌孰能當此者乎閣祀文昌禮以義起也形家又謂控扼下流山聚土澤鍾水水土演而民生蕃殖更裨益學宫之勝自是入省試上春官得售盛倍疇昔登閣四望左有南山右有麟鳳二山後則匡廬秀色遥可攬結前則龍津蘭若洲渚連亘縈帶大江而下城郭壓市人烟氤氲林薄蓊薆魚鳥飛躍比屋絃歌樓船簫鼓榜謳漁唱鐘梵之音輻輳並至耳目不暇應接居者行者得未曾有俊談其事而

州人陳茂才孺子索余爲之銘竊比張孟陽之劔閣云

其辭曰

兩戒四瀆江河爲尊自北而南湍悍長奔江有灩澦河有龍門以遏狂瀾以奠厚坤峩峩橫石蘄江中央乃召匠氏削成四方象彼北斗戴魁六匡聿攷新宫用祀文昌如辟雍環如霞標揭上下往來巨艦細筏足不虞觸趾不虞蹶氣無沈滯亦無散越載占諸易惟渙則然柔順從剛在中罔偏血去惕出機得願焉爰假有廟利涉大川鱗介游泳恬風澄波天時地利協於人和登高能

賦於茲婆娑仰覩俯察釃酒賡歌四民樂業旣富方穀思皇多士菁莪棫樸貴相理文司命司祿江神佐之咸崇禋福作者伊誰新都與公尸祝俎豆輿誦融融離堆砥柱奇蹟攸同史記合名河渠書中

蘄州志卷之二十六

知蘄州事嶺西封蔚礽纂修

藝文志

古文

國朝各體文十首

傳九首

孔聞卿傳

盧紘 元度州人

公諱庭訓字聞卿蘄諸生族單寒終鮮兄弟之嗣撫姊子爲己子於紘爲中表戚故視紘先人若同胞視紘亦

猶子也公兒時忽若有所憑發狂語類謠云萬丈深潭栽葡桃水底無根栽不牢有人栽得葡桃住千年結子萬年牢呶呶不絕口如是者數日父母驚錯不知所自後數日漸甦問公公亦不復記憶及爲諸生有文譽少司寇李公夢池副憲李公鑑池皆器重之諸子姪松藩副戎郅隆太學生質甫諸生清侯皆能文士一時稱賢者敬公爲執友遵化副憲亦存淮安郡丞本夫皆從游在弟子列生平論文甚刻不輕許與人其爲文亦甚刻終日搆思不輕就草亦不輕示人一字求合繩墨而後

止屨試棘闈不售性方執居恒或靜坐一室或獨步於庭若有思者終不發一語疾惡若讐雖一時聞人與公居同里而非意所許終絕之弗與交獨於李氏世締交卒冈間李之前輩既從事宦游其繼起諸子弟咸惟公是託公悉與成就蕩逸則規正之禍患則周旋之以故其後隆隆多振拔罕墜厥聲緊公力也萬歷之丙辰時公年四十四矣忽憶童時謠語與紘先大父曁先人謀曰江中石磯於吾里最近雖建有亭而基甚卑臨水盛時輒汎沒矣舟往來多犯患形家言若增築而建傑

閣鎮之祀文昌其上不特舟行獲利濟辨方厥位當巽巽居坎上於卦爲渙渙而成文於學宮之盛最裨益吾與若其請諸當事圖肇茲盛舉也時新安吳公治兵於蘄多善政躬詣相度慨然捐貲築磯建閣董是役悉委公曁紘先人不數月而底成巋然巨觀矣於閣之外仍翼以亭存吳明卿先生浮玉故蹟又置田以膳士之貧者吳公既遷秩行而豪者肆侵壽公以力爭至今守勿替公雖從貴介游生平取予無所苟其貲產固不豐而於閣之建及紘先人不惜爲傾儲助公又獨倡建報功祠以專祠吳公而請大宗伯李公本寗爲記蘄之得雋者至今猶盛悉歸德公曁紘先人兼信公兒時謠語爲不偶也公卒於崇禎之乙亥八月時年六十有三喪具悉紘先人及紘爲之理葬諸雨湖之濱其先墓旁越數年而其配王氏亦卒其撫子亦不能守產蕩盡逮癸未之春蘄城隳且斬然並絕矣紘既悉公生平而懼其久而遂湮也爲之傳俾後人知文昌閣之建所自始（四照堂集）

貞譽顧先生傳

盧紘

先生諱天錫字重光遠祖士徵元平江路崑山州人元

統間進士官蘄州路總管遂家於蘄高祖濂曾祖敦累世有聲至祖闕號桂巖伯祖問號日巖俱於明世廟時成進士宦游早歸以文行重於鄉世所稱二顧先生者也先生爲桂巖冢孫年十四父別駕少桂公見背其姊貞節嬪劉而早孀乃歸撫之先生日侍大父桂巖公朝夕薰磨純於理義周規折矩尺度罔愆弱冠治尚書戴記春秋涉獵文史歲丙午應童子試受知於督學華亭董文敏公名譟一時若艾公南英張公公亮等俱托聲氣交不遠千里以古學相倡和文壇選政必得先生片

語以爲折束癸亥改國子生與數十名家結社燕臺學者傳誦所爲文輒見售其門人涉舘局臺省者不乏人而先生終以數奇不第及熹廟時奄黨方熾先生負重名都人士走如鶩乃爲杜戶謝者歲餘甲子北闈對策涉論奄寺主司恐落其名先生坦然勿悔也甲戌丙子講學於天津張氏及河間保定兩郡弟子從遊者數百人以積分部選中牟令不就詔行徵辟復固辭丁丑决意歸里時長君景星甫髫齡負異姿因築室松園榜曰中心願取易中孚九二辭也悉陳先世遺書相與蒐探

辨究癸未正月寇屠蘄先生姊劉貞節以正義感賊闖門得不死四月避亂九江荆世子迎爲師代世子遺左良玉書辭甚剴摯左帥得書感泣遂還駐武昌八月辭赴崑山依族氏居焉甲申後益謝人間事惟力修文辭多燬於兵火有津門三書分别丹黄又私著蘄州志故至今名顧氏蘄州志云辛卯後歸蘄歲大卤茹柏飲水居草廬支石爲几嚴寒褁氈足不移榻手不輟書怡然自樂素善病乃精攜熨鍼石著鍼灸至道素問靈樞直解並焦氏筮說倣袁了凡功過格平居一言一行以至舉念每夕皆筆之於書叩蒼焚告其潛修篤學克已勵行皆此類先生旣不逮事父母事貞節姊甚勤恪每過知契談及撫孤事輒流涕崇正二年請旨旌表癸未九月貞節卒於江盆先生時客丹陽得報自床投地以爪破面流血沾襟生平不輕受一錢族有無嗣者分遺百緡力却以賙族之貧乏族有貧而自鬻者質衣代贖更給以田避奄禍時踉蹌出都或寄以金封識密囑主人是我所著書幸護藏勿失寄者且疑攜歸至邸驗封識如故始大媿服癸卯二月乙丑晝晦有白烏千百數飛

止松園盤旋三日乃去先生愀然謂長君曰余生平歲逢癸輒不利且大父卒年大水今如之殆不久人世矣十一月二十七將旦諭喪葬禮宜從古棺用甎勿受吊奠勿刑牲旣窆勿封勿樹午後忽索衣冠正襟危坐而逝先生生明萬歷之戊子卒於

大清康熙癸卯鄉人素致誠服者私謚曰貞譽先生子一卽景星甲辰奉遺命來崑謀移姑貞節之殯以歸爰持先生狀來告曰不孝孤知識晚先人隱德多不言畧舉大端孝友誠恪其性也澹泊廉讓其操也淹雅博綜其

學也智慮通敏其識也一命不拜其遇也吾子素偕先人遊諳其素履編紀之任亦安得辭余既逡巡不獲避爰括其狀而為之傳贊曰

聞之家服爵者世以榮家立德者世以學前代若程朱胡陸兄弟父子淵源世業著號儒宗休乎盛矣其在吾蘄以理學名家厥推二顧有孫繼起修名砥行不墜祖風方之昔賢無多讓矣至其貧居視履易簀全歸祖孫一揆非其學焉有獲胡克臻斯歟昔楊宏農以清白貽後人及葬有大鳥飛集墓頂哀鳴不去然則松園白烏之感當不徒然綴諸簡端可為學士風勵也

顧黃公傳

李炳然東皐州人

公諱景星字亦方一字黃公先世吳醴陵侯丞相雍之裔元末崑山諱瑛字仲瑛公十二世孫也仲瑛文采風流照耀江左遭世變祝髮儒衣號金粟道人以故公嘗自稱後玉山金粟居士云自仲瑛公第七子元進士季徵公功授蘄州路總管國變後隱於蘄遂家焉子孫世篤孝行至曾祖通政桂巖公與兄侍御日巖公以理學名家海內比之二程父貞譽公尚氣節勵志不仕公生毋明太君懷十三月而生公生之夕巨蛇亙屋上光色熒異貞譽公夢星降於庭形如半月占曰是謂景星因以名焉姑劉貞節稱為奇兒提攜笑語必教以方年三歲尚不語一日語忽述彌月及前生事甚悉五歲值葬大父哭踊如成人歲饑荊王命有司元夕張燈家人衣以彩襦從往觀公蹙然曰何不以此賑饑吾不願往六歲能賦詩八九歲遍讀經史目數行下時稱聖童束髮就郡試合肥芝麓龔公令蘄水過郡舍一見薦之太守錢塘我西許公公試風簷下立草十數藝日倘未昃也

許公輿論古今事歎曰此王佐才拔冠黃郡九屬第一督學崑山澄川王公亦試置第一歲辛巳丁嫡母李太君憂時饑疫相仍寇氛四熾賊張獻逆等蟠結旁邑日伺蘄城郭總督熊文燦挈獻逆等十餘營降賊過蘄荊王止賊首飲令走馬後宮與寵姬觀之為戲公年十六聞之急謁州守唐公曰熊公不得死所矣獻逆於諸賊最黠不早除之必貽後患奈何既不為備反令此輩得窺王宮虛實耶唐公色變勒技勇入衛周旋竟日而罷明年獻逆果焚穀城叛癸未正月屠蘄戮王棺虜其寵

姬公暨貞譽公被執於賊前爭代貞節姑死搶首觸石
血流衊面賊校喈喈稱善遂縱出閭門得免展轉避亂
之崑依族氏居焉崇正十七年九月南畿試七省流寓
生貢御史陳公艮弼舉公第一十月武英殿廷試特授
推官隨上敬陳四事疏詞旨愷切通政抑不敢上公遂
去遊黃山白嶽歸過錢塘浮家澱湖爲長隱計
大清兵既下崑山多羅貝勒土賴固山額貞命以原職隨
征浙閩公力辭養親還里是時公年既壯學復豐肆筆
爲文才與情赴東南名宿如張公公亮周公簡臣錢公

某皆敬憚之嘗遇艾公千子於金陵艾公數攝具就語
謂貞譽公曰吾數就郎君語爲後來斯文託耳歲庚寅
母明卒明年公奉柩歸楚侍貞譽公結茅舊第著述自
娛順治十六年
詔徵天下山林隱佚之士撫藩強之不起癸卯冬貞譽公卒
明年奉遺命迎姑劉貞節柩於崑山合葬蘄州癸丑以
後究心六書之學康熙戊午
詔求鴻儒六科薦公專心誦讀雅擅詩文品行端方兼精字
學公以病辭巡撫疏請不允再奉
溫旨云督撫作速咨送來京以副朕求賢至意檄文敦迫乃
扶病就道明年給檢討俸米三月朔入覲　保和殿賜
坐賜茶賜饌再以病懇既放還杜門息影顏其堂曰白
茅取易無咎之義自訂詩文若干卷曰白茅堂集又撰
說字以正正字通之誤摘發義例批謬引繩凡二百餘
卷詁釋磅礴雖一家言實綜百氏之奧歲甲子後嘗往
來鄂渚與郎山徐公相唱和丙寅冬徐公留公度歲四
月自東山辭歸六月疾作七月致書交好偏爲訣別康
熙丁卯十月初七日年六十七卒元配蕭淑人先十三

年卒驃騎將軍副總兵官諱世忠公女男八長普郡庠
生次暢次昌康熙癸酉科舉人次晨郡庠生次歷次樞
邑庠生次旹次昱　江麓堂集

盧澹巖先生傳

錢鋆　檢亭　州牧

澹巖盧先生諱紘字元度其先本吳人督糧蘇松時與
余族某詩文相友善書問往復歷敘生平其遺蹟猶有
存者故余悉先生家世與其爲人云先生幼穎異好讀
書崇正丙子領鄉薦癸未冦陷蘄先生方在京師其父
贈大中大夫呂侯公暨一家盡死惟母羅淑人匿頹垣

得免先生歸哭控上憲以闔門節義旌先生痛父勤學
因諸生且遇難益刻苦讀書順治已丑成進士爲吳梅
邨龔芝麓洪閣部所引重庚寅授山東濟南府新泰縣
知縣先是海逆爲亂自膠東經莒沂間千里震動先生
躬宿譙樓兩閱月一夜南城邏卒見所執鎗頭火起如
列炬一軍讙然以爲不祥先生在覘之曰虜破有日矣
衆問故曰昔車師後王姑句家矛端出火其妻股紫陬
曰此兵氣也利用殺敵又晉惠帝永興元年成都王伐
長沙每夜戈戟鋒有光如懸燭以此卜之勝氣在我無

疑矣即夜撤守就內寢未幾海逆果授首居新五年擢
廣西桂林府同知攝梧州李春華洞庭巨盜也以招安
補梧州守備分防賀縣持令短傴之至死械繫梧州獄
蒼梧道某利其有榜掠備至四不能堪越獄走某乃選
健卒二十人具短夾棍以示司獄楊茂千曰此何與女
事梧州受賄縱之耳茂千曰小人寍桎梏死實不能以
微軀誣盧公某怒甚命二十人前力斃之忽大風雨雷
震靂角繩索寸斷如剉大中丞于公廉其冤疏請爲先
生申辯又五年遷得移東昌守先生好古所至古蹟多

修復在新建文廟求孫明復後爲立祠於鄉表師曠高
堂生羊太傅墓立官塚在桂林建尊經閣購藏書在梧
修伏波將軍祠封尉陀劍塚至東昌建文場修文廟葺
光岳樓築護城隄守東昌二年遷長蘆鹽運使新包孝
肅祠又一年遷江南蘇松督糧道蘇松多積逋庶務如
亂繩先生以一身兼數郡事心力俱瘁者幾年乃退居
林下以老元配張淑人生子二長旦初從其考死賊難
次昭初太學生讀書太學有聲先生博極羣書尤究心
於海內山川形勢風俗瞭如指掌生平著述甚富有四

照堂文集詩稿及蘄州續志等書行世

朱母貞節傳

龍　塤（夢先　黃岡）

朱母黃孺人者蘄州庠生朱垓之母也姓黃十六歸朱
益所公用謙益所公本楊姓是爲楊小池公季子出繼
於姑之夫曰朱信菴遂姓朱母遂呼朱家婦益所游於
黌序厥志未酬而竟蚤夭母哭輒絶爲遺孤垓而忍死
時年但二十有二耳摊兩孤女一孤男左提右襁霜冷
冰寒譬彼慈烏獨峙羣雛啞啞環而聲不歇口血枯心
血亦與之俱枯信菴立繼後復生二子頗不利於嫂之

孀母曰異姓而嗣故宜退處不爭之地安有憾之天吾何求哉獨畫荻課兒是吾事也後有興者吾其爲朱之冢婦楊之支裔乎於是一切節嗇而奉尊章則必腆嗟乎兩姓骨肉之間差池萬狀卽善調者誰與合異爲同而母能使之和協賢哉夫爲朱也子者而薄予之產外之也義可歸矣而母弗忍曰姑徐之卽復姓不宜在吾兒身其俟之後人乎及舉孫道衡然後乃壽楊之派道衡年十五卽補諸生有聲夫母一身耳佐夫長子孫詩書之效畧見端矣乃母以四十餘年茹荼餐蓼神瘁血

枯疾乃大劇垓醫禱百方候息寢側者六十晝夜而母卒時爲壬戌七月也乃母卒僅七日而諸文學縉紳咸以節舉州郡上其事于學憲公允以題旌未卽俞垓乃走京師上疏得所請夫世之孀者卒奉金仙禮僧尼以爲盛節而母弗是也若以塵案屢眉有影子然寒機曳肘厥緒棼如日以筋力酬前志而衍貽謀之不暇而暇作二六功課未之前聞也斯其爲儒門之女儒門之婦儒門之母也哉　三楚總志

旌表劉貞節傳

顧天錫　重光　州人

旌表劉貞節字永貞天錫同母姊也至孝剛正聰明邑稱女聖讀書旁覽百氏善爲詩法漢魏不肯作近體府君難其適聞同里孝廉劉廷桂子鉞者有至性許之吾母先後十六娠予最後娠五六月胎動母撫腹語姊曰此胎疑是男自來生男殤哭成疾得毋復累我耶誓不飲藥姊潛與婢柳愛計捩蕁媪至母覺額曰是汝勾當媪取鼠穴土入無根井泉順匙擾飲母胎定姊提錦褶贈媪故姊嘗教天錫偶不聽輒詈曰惜我紅錦褶換汝命來錫卽泣以此錫生萬歷戊子季冬二十九日日照

聰睜覸不畏體有黃毛寸許母抱而憎之姊笑曰昔周彥祖生而醜狀駭人其母欲棄之其父不可曰吾聞賢智多異貌興我宗者必此兒今弟安知不興吾宗者不肖老矣痛無以報矣姊于歸之翼日既贄見舅姑公鉞曰鄰有賢人可拜見賢人者貞節馬氏也公鉞重禮畧俗如此歸始十八日公鉞試童子舟次黃陂團頭河墮水物故屍歸盛夏姊伏屍哭糜爛沾面求死殉外祖母馮夫人年九十臥病以手捏婢數輩曰嘆疾去女死汝死於是羅而守之竟不得死不飲水漿五日不櫛沐者

數月髮脫皆瘠家人久不相見者見幾不識時年十九耳無何舅姑卒先妣迎歸居斗室溽暑嚴寒不出戶每哭輒嘔血盈盌先王父聞之曰歡過矣禮踊有節哭有時如曰弗忍行道之人皆弗忍也姊括其髮而拜遂節哭後數年予長兄嫂逝次兄逝吾母又逝姊水漿不入口又五日府君病革令婢扶而跪曰我祖宗九世名儒汝弟九世大宗一綫耳汝守劉氏節撫顧氏孤兩盡孝今托汝勿復辭姊叩頭哭天錫以首觸地涕塗滿面左右皆哭於是姊始飲食明年府君卒又水漿不入口五

六日州守宋公圻聞之拜於堂榜之曰禮宗祀必致膰冬必致帛炭後州守以爲常崇禎二年巡按御史宋公景雲上其事上命禮部覈實以聞尋命有司建坊旌表已故童生劉鉞妻顧氏貞節十六年春張獻逆陷蘄州予與景星掖姊行雪中憩一空廟賊至叱曰何物老媪討早死姊曰吾未亡人荷上恩旌表恐混死辱朝廷來討一明白死以首觸石血衊面天錫及妾明氏兒景星幼女阿二爭代死賊斂刃曰噫汝一門慈孝吾不害汝姊又曰少年汝勇力如此不報君親立功位反爲賊賊熟視曰坐吾當來須臾果來持糒與棗曰孰爲節婦家者善飼之汝屬幾塊賊稱人爲肉塊也曰十三曰夜見火起可東馳去予南陽人姓王爲賊脅非賊也夜北城樓火起如其言得免避亂九江八月抵南京寓上清河疾作以堊畫壁曰崑山產艮璧瑤池集瓊璣鄙德比貞玉形神同所歸姊自孀居不復作文字臨終始書此嗚呼痛哉壽七十四生平不衣帛不晝寢不夜哭不聽音樂不處暗室所居香燈奉佛書史縱橫父母舅姑忌日未嘗食遇禽蟲有溺死者輒悲惋不自勝歲有孤鶯巢

於楣上垂二十年畜一白牝雞不雄不伏亦十餘年其感物如此甲申十二月載櫬如崑山寄葬栢家瀼遺命合葬與公鉞合墓天錫服斬衰三年景星比不杖期禮以義起也

伍烈婦傳　　錢塈

烈婦謝氏蘄州漁家女年二十適伍從雲從雲少時伍家鬻間架爲從雲結束紿氏父母然嗣是數閱歲不一至氏家一日氏兒遇從雲衣敝衣招羣丐走村落間遽歸白其母母疑語鄰嫗嫗曰信且有渴疾當速死死可

改圖也氏聞截髮誓以死歸伍明年歸伍以紡績養姑從雲不乞丐姑病累月不解帶姑卒從雲宿疾大作從雲死羣丐爲乞棺氏叩頭謝血流被面已而沐浴衣齊麻自經於柩側里人醵金合葬立石紀其事至今呼烈女墳云余牧蘄道過此問其里人聞其事余曰表彰幽魂司土者事也昔張總管二女逼於寇同日死蓮池中蘄人名其地爲烈女墩謝氏何甚相類也然謝氏以漁家女爲乞人婦非夫家世識大義者窮苦窘辱以爭一死烏虖抑又難矣

陳貞女傳

張易源（望渠　梅川）

貞女陳大姑蘄州人父於梁由太學生授州貳母廣濟拔貢生壽光令張元爵女也大姑幼嫻姆訓曉大義賦性閒靜不妄言笑年十三許字恩施教諭同里陳欲珍長子宏綬越五年而欲珍家以期請歸有日矣忽宏綬得暴疾卒凶聞父母深爲大姑憂秘勿言無何大姑亦稍稍覺乃大慟遂悶絕父母更相慰曰兒苦矣愈滋我感諸凡唯兒言不相強也即日除簪珥屏鉛華平時所針紉繡刺者盡取焚之樓頭闢一小室日夕寢處其中自省覲外家人罕見其面如是者數年其舅欲珍宦畱恩施獨姑胡在室善病長年不離枕席大姑告父母請歸侍姑疾介期往與姑共臥起飲膳藥餌悉手自調理歷七年如一日姑病篤目不交睫者十有數旬乃夜焚香告天求以身代旋厲匕首割左股和藥以進卒弗起帷堂號慟投繯者再家人救得免後以悲傷感疾卒

旌節吳氏傳

黃册元（保康人）

吳氏州諸生從恭女少敏慧曉大義年十九適太學生陳正芳甫六年正芳卒子廷古信古俱在襁褓初正芳

饒於財盜乘其病持炬夜入將縛之氏破頭流血厲聲曰寍殺我毋傷我病夫盜感其激烈正芳免於難然自是病不起正芳卒時家幾中落氏節衣縮食綜理家政內外肅如復故業餘貲悉贍鄉人康熙己丑氏賑族鄰饑八百屏乾隆間奉文備賑氏輸穀三百餘石嫁其族之女二人婚其姪孫三人他如烏龜港劉公河建橋置渡費累千金其勇於行義如此氏請
旌在雍正九年信古又早世媳張氏以乾隆九年
旌稱雙節云

記陳熊氏事　　錢鋆

余居州三年矣講
聖諭課農桑編里甲以公事接見士民畢事必問人之賢否以為彰癉合州士民皆云陳熊氏賢余徐廉其實如修八里湖石路設栢樹園段家渡義渡渴為煮茶夜則懸燈病則買藥沒則買棺皆仁事也又渴口水駛東下形家言宜於東起高臺以收水口水口收則科第興氏曰渴口山川渟潆吾陳氏世習詩書有積德少科第緣此故積數十年出數千金為慈雲閣余曰貽謀莫如推仁

推仁則不得不散財氏散財如此陳氏其大興乎因書其事以彰大之使州士民皆以氏為法亦守土者之責也氏姓熊氏康熙戊午舉人彝陵州學正必璋公女年二十適州貢生陳君贊元陳君卒氏撫三子暨諸孫今其子皤然各六七十歲氏指畫家事唯唯起立不敢發聲如嚴父云

碑記二十五首

重修蘄州儒學碑記　　太守宛平王繹會

蘄之儒學肇於宋毀於元復於明天順五年記於修撰萬公諱安修廣於宏治五年記於少司寇戴公諱珊明季又燬於兵
國朝重建於順治四年記於巡按曹公諱叶卜自重建以來時近百年楹桷腐壞垣瓦缺漏雍正十一年
詔修天下　文廟時州牧會同學官集鄉城紳士議修建並舉分任專責蘄士服其議合志勸捐市材鳩工閱二年學宮成余適搴帷臨蘄兩學率諸生贊余釋奠畢事乞言以記我
朝聖聖繼興崇聖道以培士氣士亦固根本以報國恩此今

日學宮所由新也余惟書其經始有日功成有時趨事赴功之有人而已南面鳳麓北倚麟岡巍然中處者為大成殿由殿而前東西相向者為兩廡又前而南面者為大成門門三洞具六扉則大同鄉紳士捐修又前為內泮中跨以橋石欄週繳橋前為櫺星門由櫺星而前有東西對闕之二門前列石欄若干丈石欄左右分闢二門額曰義路禮門門前為外泮縱橫若干丈下封石砌上週石欄則青山鄉紳士捐修由大成殿而進為明倫堂則崇居鄉紳士捐修由明倫堂而進為五王宮則

永福鄉紳士捐修由五王宮而左為麗澤堂堂五間為學正課士之所由堂而進又列五間為齋居則安平鄉紳士捐修由五王宮而右為樂育堂堂以後有司訓退食之所堂以前有門有射圃有觀德軒與堂相向而遙映焉則本城紳士捐建又有儒學頭門面南背北高廣若干丈則庠生陳于座王鑾張栻李時可國學生王鎮黃載安等捐修自今以往有入廟而縱觀碑記者由萬公戴公曹公而次及余言當亦躍然於蘄士之學古有獲忠義奮發合千有餘人而為一心有如是焉者是為

記

蘄州先師廟重修記　陳詩愚谷州人

我

國家重道崇儒以

聖繼

聖雍正五年封先師五代王爵改稱崇聖祠而大成殿自四配外康熙五十一年升朱子於西序之次乾隆三年升有子於東序之次道光二年增劉子宗周於東廡增湯子斌於西廡其所以崇奉之者可謂至矣直府州縣處

奉

德音莫不踴躍爭先惟廟務是急顧其修也類皆有司倡議於上鄉人士和謀於下始乃有成要未有專任其事如吾蘄張石潭者蘄故有廟元末明季皆燬於兵火順治康熙間建而修之者相續至雍正十二年城鄉紳士界畫而籌之崇聖祠則永福大成殿兩廡至大成門則大同義路禮門外泮池則青山而明倫堂則崇居也學正訓導之署則厢坊及安平也分舉而易為功而記事者詞繁而不殺亦勢使然與閱八十二年至嘉慶二

十一年木且蠹矣石且傾矣赤白亦漫漶而不鮮矣石潭毅然以為己任攻木之工攻石之工摶埴之工設色之工日日至集自崇聖祠以至外泮垂三年而後成共費白金一萬有奇石潭曰予豈以是為名哉亦內自盡其心耳越十年又重鐫朱文公教授廳記危太樸與學頌於明倫堂之壁且礱石而屬予記之將使闔州之人見之而有省焉多聞見以為富不專利以自封而化其人自為師家自為學之陋是則石潭之志也已石潭名廷贊字均萬州大夫夙推重之舉鄉飲大賓云

麟山書院記　錢鋆

乾隆八年三韓蔣公既來州與紳士議建書院書院址在麒麟山下始爲城守營署紳士請他闢地作城守署而以其舊署址新爲書院聘師置弟子十五年今郡守靈武李公代蔣公後一仍其舊蓋蔣公在州復城北舊河作城守署百務俱興李公時山民愚頑奸徒賂羅邑馬逆潛伏公盡心鋤奸奸徒他境卒用訪察力奸徒以次伏誅未遑謀書院善後策十七年余承公後山民思向化紳士欣然廣學舍益置弟子余捐養廉百金爲倡紳士助之共得田四百餘租銀二千兩生息膏火既足自今以後書院能不廢三代時田皆官田故既予農復予士以養士於庠序學校三代後田盡歸民天子不能制產貧農無田何有士然士雖無田而歷代國學鄉學養與教皆詳而有制蓋國家經費之餘上不自私而恩及於士故士不廢學

世宗憲皇帝以太學例詔行省建書院發帑金生息以經久遠諸上憲復體

朝廷意令郡州縣捐養廉各隨時先後建書院於治所而

吾州紳士又復體諸上憲意樂捐以爲諸縣先是誠可嘉夫以國家經費之餘不惜頒發以爲行省書院計襯三代予田以養士其愛倍至而紳士節儉衣食以餘助化皆

朝廷實意潛孚涵濡禮教故能不自私而樂捐如是歟推厥所由以告多士並遺後人亦守令之事也

蘄州新修麟山書院碑記　陳浩　提學

聖天子稽古右文振興學校書院之設徧於直省自大都以至山陬海澨良有司以次修舉者靡弗羣萃州處陶冶而成之作人造士之盛自古所未有也湖北東南文物所聚在省會者有江漢書院其在列郡州縣者若晴川峒山蘭臺龍山鹿門龍泉彬彬郁郁不可勝紀而蘄州之麟山爲尤著時惟刺史檢亭錢君因舊址而新之創率士民謀及經久羣力畢集合新舊田之以穀種數計者四十石有奇歲收其入擇紳士之賢者籍掌之師儒廩祿惟厚生徒膳膏之給視常有加復以其羨周寒士及州人之與賓興而艱於資斧者先是太學生何樞捐石鼓河田以備寒士應試之費今亦併附於此凡數年而規制始備課試有程出納有經

咸可爲後來者法而於政事之暇時至講堂與諸生考經義陳古訓第其高等而加禮貌焉愛士之誠且勤若此刺史其賢矣哉夫刺史之所以拳拳而爲是者豈惟是衣冠典册之盛修爲觀美已乎將以助流教化樂育人才埀嘉惠於無窮也學者幸生

聖明之世艮師友敬業樂羣相觀而善不可不厚自期許以無負賢刺史之望而後之繼錢君而來者倘其無廢前人之法因已然者而益大其緒則美成在久所謂濟濟多士生此王國者將爲蘄之人歌詠之矣

蘄州新生磯重修文昌閣碑記　黄利通 曉夫 黄梅

齊昌爲楚北雄州距南郭五里許大石崛起江心峻削廉利長年病涉明萬歷戊子州牧徐公築基建亭榜川吳太常明仲名亭曰浮玉嗣是觀察使姚公韓公增築未竟丙辰新安吳公國仕以治兵之節駐防江上辨方正位厥位當巽巽爲太乙文章之府外巽内坎於封爲渙風行水上波文若繪天成象而地成形處非文昌莫克當此建閣崇祀宗伯李大泌先生所謂禮以義起也閣高三丈餘縱六十尺横半之登斯閣也匡山西塞之奇前後拱抱鳳岡麟阜唐帽玉屏之勝左右環帶歸然吳楚大觀矣繼以王公築外磯李公石亭重構州人崇德報功祠祀諸大夫而吳公之功爲最著其捐置田產若干畝條敎詳明祀神養士飯僧置渡州人遵行至今獨閣久不修寖就傾圮劉刺史首捐贖鍰數十緡謀及衆庶罔不率從明經張子馨遠用力尤勤庀木石課徒庸自經始以逮落成由春歷秋凡若干甲子規制一準乎前而費幾倍焉閣成屬予立言於石予亟謂張子故人久不見無亦溺於青烏家言乎相傳吳公建閣後此

地人文大振科甲蟬聯又傳吳公技精堪輿嫌閣勢稍低謂再高二尺蘄當發元今但發魁耳不幸而言中遂爲形家所藉口張子其亦聞之熟矣嘗試仰窺天道俯察地利以準諸人事人事有得失而天運之消長地氣之騰降應之山川雖無語諒不願與力學者爭功又豈甘爲不學者分謗耶蒙將軍三世將秦兵枯殘萬骨何乃罪地脉哉謹按文昌六星司祿司命與人世間勳名相應世儒謂混沌既剖以來懸象難紀世年不應以後世士大夫當之然而星辰風雨雲雷山澤林麓莫不有

神焉爲之司人道邇神道遠揆諸事人事鬼之義神道卽人道未可臆斷爲不經也卽如世所稱化書金蟒復仇渴龍受記奇幻無可致詰第玫其立身本末言行壹歸於忠孝可知子臣大義無所逃於天地之間學者惛倫務本本立而道生處則修明正學拯人心之陷溺迴狂瀾於旣倒出則忠勤刻厲建樹非常用以拔生民淪胥之厄維宗社磐石之安庶於文昌之靈爲不愧於建閣之意爲無負且以見立言之不徒然也若僅是徼靈片嶼工帖括以倖溫飽誇車馬印綬爲稽古之榮此里

巷婦孺之所嘆羨而予爲賢者願之乎後之覽者八牕洞啟讀閣中詩歌銘序次及余言必將俯仰低徊曉然於天文人文實關
國運之光昌豈但登高作賦觸景成詩寫湖山洲渚之縹緲狀煙月樓臺之鮮麗與漁歌樵唱梵唄榜謳爭此地靈也哉張子唯唯謹授剞氏以詔來許

重修蘄州城隍廟碑記

李泌　若采　州牧

城隍守土之神城隍有廟猶官有衙署也民間枉抑訟獄官則曲直之水旱癘疫災祲與夫奸宄陸梁爲民害者神乃默禳陰殛之是神焦心民瘼居幽輔治其職與官吏等蘄州城隍廟向在麒麟山右後復移置今址志載建自成化迄今幾三百年敧傾腐裂葺修不可緩今
皇上御極之十五年冬余來牧是邦治民祀神夙夜惕厲不敢縱逸以貽神羞政理就緒集州之耆老士庶謀新是廟翕然響應興工於乾隆十六年四月越次年十月大工落成殿廡軒宇於舊加廣余旣擢守黃郡蘄爲屬邑都人士來請記余惟蘄爲古弦子國壤接光蔡皖灊捍蔽江淮爲全楚門戶環江爲城有城卽有司

有明末造蹦於獻賊左兵今且章縫彬雅之士類能挾三寸管奮起功名力田者服先疇而歌樂利固浹洽於
聖朝之深仁渥澤百有餘年而默相扶佑者在昭昭冥冥之間不可誣也奸民馬朝柱弟兄挾其幺麽小智鼓誘市井無賴巢穴於羅田之天堂寨幾欲張其潢池弄兵之勢余以王法所不容神明所必殛不敢兢沮毅然擒治聞之大憲請兵彈壓而蘄尚義慷慨之士皆一呼百應並有縛致從逆以獻者不數日而羽黨解散巨魁伏辜余雖因此得蒙超擢然豈敢貪天功爲已力哉夫神道

設教張皇其不可稽之說似於誣民惑世然門霤井竈胥在祀典況乎高城深池王者所以設險億兆託以安居國有封爵之施蜡載坊庸之祭此尤彰明較著者夫小民多收十斛麥即詠芧索綯以謀厥安而官吏衙署歲施丹雘廟爲神所憑依可任其頹落而莫顧乎蘄士庶能亟其務爲可取也或曰廟在巽隅膠庠而般闤闠者出於形家事後之論反以没其新是廟者之初心余故論其神之石響於廟而陰庇吾蘄者爲之記以塞士人之請並以諗來者之時加葺治也至於土木丹漆幾

何工金錢薪穀幾何費與夫董事之賢勞捐施之姓名則詳列於碑之陰茲不具載

李公去思碑記　陳履中 蒿湖州人

乾隆十七年七月我公以平馬逆有大功制府𠃔公奏公陞本郡大府公旣赴郡任州人士詳公治州事於石非誦公也不敢忘公功耳蘄自我

朝愛養斯民百有餘年雖深山窮谷庸夫愚婦祖父子孫無不世受

國恩感激歌舞而民樂則驕生驕則惰生一二奸民乘其驕且惰遂以生事獄訟繁多公至州愛行法中勾攝人犯計遠近定期無違期聽訟發讞日定數十案不一年搜前未結三百餘案民釋重累狡者走他境州無訟擾羅田縣天堂寨奸民馬朝柱倡布訛言計取金錢鼠狗輩轉相勾結歃血吃符上名造軍器製火藥漸謀不軌天堂寨界連英霍祟山聯絡四十八寨害將大公密偵州有從逆人親往楊河執鐵工王廷賜訊其事稟請大憲飛咨江南制府尹公合勦公又自分督兵役四路搜拿鄉紳士稟公方畧陸續擒解共獲犯二百餘人起軍

器火藥三百餘事晝夜勞瘁胥合機宜各犯伏辜吳楚以安公侍太夫人慈教持躬質實治事明决寬嚴並至故無留獄無冤民公諱珌字君采號靜軒陝西甯夏府靈州人中雍正己酉鄉試乾隆丙辰成進士由奉天鐵嶺令擢甯遠牧庚午年冬月起補蘄州牧州隸郡治郡即治州然慈母置赤子於懷中一日離百里外慈母亦子其能勿思闔州紳士商民奉公祿位於名宦祠每朔望拜且祝祝公祿壽且祝太夫人祿壽以昭不忘公功耳

李公德政碑

陳紹瑞 蘄人州人

皇上道光紀元之九年秋九月州刺史李侯以疾辭職州之士民蒙其教澤休養以安居樂業於今六年矣聞之皇皇然如赤子之失慈父母驚相告語咨嗟太息各以其情之不能自已者議立德政之碑屬邑人陳紹瑞記其事瑞性迂不解作諛詞不文無能爲飾語惟即州人士所身被而心感者質言以明其大概侯以道光四年冬由孝感令升任蘄州其明年以買銅出差蘇州乙酉戊子兩充鄉試同考官今春三月復派京差疾不能往旋

引疾告歸實計在職之日固無幾耳是侯之治蘄其時猶淺也侯性剛方不輕與搢紳接見遇事明斷無庇徇是侯於蘄之士其交疎也治淺則疑其心之難以相信交疎則疑其情之無以相浹而侯之居心如青天白日奴隸亦知其清明侯之行政如鳳凰芝草愚賤皆以爲美瑞蓋其所設施一出乎人心之至公故相推相戴初無待於家喻而戶說也今夫古之所稱循良者其豐功偉績顯耀於當時光照於史册至今猶嘖嘖稱道者時與事不必同前與後不相師而其要總歸於紓民之力息民之爭去民之患皆出於恤民之心耳錢漕重務也而催科太急胥吏或假以肥私刁民遂因而漁利正賦無增而苛及良善積習非一日矣侯深悉其利弊每征收之際大概從寬無利已之心而食其利者已衆故四征漕而踴躍輸將無以漕事上控者詞訟要端也明察之吏能使其情之悉得不能使其案之速結一案而延至數年一事而株連甚衆瓜蔓藤延無辜之受累豈淺鮮哉侯無宿獄每一案出摘其緊要者一二人署之勾牒其餘之牽連者概行釋免數年以來善良賴以保全

其身家刁狡亦慴服其心志非徒無寃民而民自無寃所謂無情者不得盡其辭侯其庶幾乎夫嚴酷或隱濟其貪優柔遂至於養奸此非必其有意以殃民也恃才而罔念民生沽名而不識大體威非不立而畏威者生隱痛矣恩非不施而受恩者狡思逞矣侯不恃才不沽名準乎理之是而權豪不避行乎分所宜而猛寬相濟惟使蘄之士農工商各安其業秀頑良莠一歸於正而獄訟不繁風俗丕變是則侯之志歟以恤民之心行保民之政除病民之患民受其福而不能知其故區區一

邑猶未足盡其所長也然而侯且去矣蘄之士民以爲侯抱匡時之志存利物之思未竟所欲爲遽奉身而退以是爲侯惜瑞獨曰不然古今來身都顯貴據高位而擁厚糈視國計民瘼茫然莫佐一籌若罔聞知者何可勝道侯一官一邑能使其治績銘心鏤骨常留去後之思侯之德立矣侯之功成矣蘄之人方共祝侯之壽考且卜侯之克昌厥後則侯自問其心可以無憾蘄之人亦皆足以信侯之心也嗚呼聞侯之風可以起矣侯名鍔字蓮峰號蘭亭山西安邑縣人嘉慶己卯進士

學正程拳時先生德教碑記　李易生蓮山州人

從來學師與塾師異塾師之於弟子朝夕切劘無虛日學師自視篆時一課後與諸生以文接見者罕矣應城程是菴先生甲戌秉蘄鐸未到署多士已私相慶曰聞師之於文章固視若性命者也吾黨何幸而沐其教澤乎既晉謁勗士以立品外即以文會爲兢兢初課州屬遠近士凡二百有七人皆面加勉諭爲酒食以侑之其拔置前茅者若干人又出賞賚以勵之以故人人皆思自奮先是學齋湫隘每課必於明倫堂風雪之夕秉燭維艱因建望林書屋凡會課其中者儼若棘闈鏖戰狀往往至夜分不能寐師亦不寐以待之或以疲倦請少休師曰吾自樂此不爲疲也而又一切飲食供給大半割清俸以助蓋視塾師之於弟子則更加勤而惠矣若是者歷八載如一日師嘗自述其作文甘苦之情大抵多從天閼海枯後得之乃其衡文也則又不持一律如大匠之於木長短厚薄各隨其質而引繩削墨焉故人皆樂以文相就正甚有閱其文經年累月積數十百篇而猶未謀一面者又或有雅不愛其人一得其文而愛

之慕之遂心爲之融者非師以文章爲性命而能若是耶夫能出己之性命以爲文章而又視人之文章以爲性命則其精神之所感召宜惟是吾黨之士而已也今年春師以保舉當赴

京每與易等追憶數年來相依之誼師輒淚淫淫下不禁其襟之濕而喉之咽也則師之於吾黨視自來學師之於吾黨其教澤果何如也因勒諸石以誌不忘云

宗遠禪院碑記　顧景星黃公州人

萬歷中海內晏然風俗醇粹學者喜譚性命顏山農何

心隱之徒間竊佛氏參吾儒李宏甫逃儒而釋智辨皆足移人於是佛儒其辨如綫先大夫中歲謁部得郡判病足不仕侍曾大夫處林下所從遊多顏何弟子故間取佛氏以廣情而遠俗焉而同里故江油令張公日新指揮岳公某田公某文學易公約菴高公某陳公某爲齋會買蘄城東堧揩屋數楹號八關社亦名八公社八公卒而鹽法副使袁公世振新其故楹與耆老曾黄吳僧太空大定歸宗更名宗遠社宗遠者取陶謝諸賢於惠遠云爾兵興以來人亡社火自建而廢凡五十年黎

藿所拄毘𨊀遯焉僧慈舟者蘄人亂後棄家爲沙門走海上十夏臘歸闢址爲堂殿廊庖十餘楹時大旱饑民有賴傭佔以活者地東西南北若干丈陶用若干戶牖外達望南湖諸山明秀如鏡中小舟雜鳧雁草樹虧蔽畧衿斷續春秋異觀晴雨變態鐘鼓悲壯旛幡颭颺院成仍名宗遠乞文勒石余惟佛法自黄初至義熙中國之民始披緇剪髮意當是時不啻與辛有之歎而諸賢樂而與之游何哉蓋有感於中而託以自廣云爾予嘉兹善舉而名又善焉亦重有感於前人故爲記

火星祠碑記　　顧景星

歲在壬辰楚大旱春蘄災秋又災大吏以狀聞
詔免今年田租之半按察僉事曲周王公禱於神洪雨滂澍焦禾復青乃謀祀火問顧子顧子曰聞之古之占火或主數或主象或主神春秋昭公九年陳災裨竈曰五年陳將復封夫陳水屬也火水妃也妃以五成故曰五年此主數者也十七年冬有星孛於大辰申須曰諸侯其有火災乎梓愼曰若火作則宋魏陳鄭當之於時爲五月以丙子若壬午之日此主象者也明年夏五月壬

午四國災鄭子產大爲社祓禳於四方祈於元冥回祿襄公九年宋災士弱曰古之火正或食於心或食於咮以出內火於是有祝融閼伯相土之神名爲火祖以祀之而祀時焉此主神者也象數不可爲而神則若可禜雩而禱之者無已其主神乎公爰度祠南門之內四旬祠成屬顧子爲記顧子曰詩不云乎靡神不舉靡愛斯牲今以旱祀火古之遺意與火祖官於天宗記曰季冬祈來年於天宗天宗尊不可遽祀因其官而祀之如堂簾遠不得遽闖因在位而聞之不亦善乎遂復於公爲

之記

貞慧寺碑記

顧景星

蘄州東山大伽藍唐貞觀中僧宏忍建宏忍隋末黃梅人廣德中賜號大滿禪師嗣四祖大醫禪師法所謂五祖是寺初名貞慧咸亨中别建於馮茂之東遂改名東山自達磨卭孤傳至是而五宗皆出其後五宗惟臨濟最盛宋哲宗時南嶽下十三世演禪師嘗禪師十四世自禪師青原下八世戒禪師九世秀禪師嘗往來兩山居之佛幢華禪師者臨濟下三十二世嗣聖恩壁禪師

止匡廬之歸宗歲丁酉郡紳士迎居東山繼演老五公而起則師也此其源委大畧云當貞觀時蘄治去今西北五十里宋景定三年築今城先是荒山大江無廛井城郭而寺之在廛井城郭近在五百年内耳崇正兵火寺巋然在僧海蓮募修之工稍集年饑予引范仲淹皇祐初治浙事諷當事當事以爲然明年棟柱榱構甍甃無摧撓欹漏者則蓮爲之也又明年建方丈庖湢則總戎賀公因華禪師爲之也於是海内更知東山爲諸方冠嗟乎佛法衰王繫時隆汙末流㳽濫不足殫究然而桑門梵宇莫盛於今各奉宗師離立宇内皆有刱建簉述而東山實先价偃輩出繇唐歷宋凡一再興於今復振可弗識與寺自洪武十五年僧祖鑑修正統十五年法治又修舊碑渺無攷見於志今華禪師與演老五公當爲此庭列祖蓮曰不碑恐後愈沒前事僉曰然礲石乞文爲記俾來禩獲聞如是共出貨力自職官至庶姓書於碑陰

二郎廟始末記

陳詩

二郎神者秦蜀郡太守李冰之第二子也冰鑿離堆開

二江有功於蜀載在史傳而其子自宋以來尤著靈異人稱灌口二郎累代皆有封號雍正五年冰封敷澤興濟通祐王二郎封承績廣惠顯英王廟祀成都灌縣大清會典可考也蘄地濱江故有二郎廟以神能禦災捍患其崇奉禮亦宜之而其稱謂有赤城王則惑於僞撰之龍城錄〔錄言趙昱封赤城王〕像設有犬及行者則惑於鑿空之西遊記〔記言灌口二郎擒伏行者行者爲犬所傷事〕愚僧奸胥謬爲禍福以怵人射利乾隆甲戌常熟錢檢亭來知蘄州事取行者焚之而應城程夆時並爲之記但知行者之爲寓言而

謂二郎神不載正祀且謂州中士大夫不能以禮正俗
化其鄉人余謂其言似是而未核其情實也本邑士大
夫其漫無學識者無論已雖有彈見洽聞者亦豈能以
一人之口强無知之衆而使之信從哉錢檢亭去任未
幾時而行者設像如故艮有司所爲若此而況本邑之
士大夫哉予既詳爲考之以明二郎神之爲正祀而沿
訛踵謬者之爲習非以勝是也

獅子口文殊庵重修記　　陳詩

鄉鎮繁而郡邑之鉅可知也廟祀盛而鄉鎮之興可知

也故曰觀郡邑者觀其鄉鎮而已矣觀鄉鎮者觀其廟
祀而已矣蘄治北一百一十里曰獅子口市亦州之一
鎮也其上街舊有文殊庵相傳前明州學正余君與其
孺人塑而奉焉覆以茅茨僅蔽風雨而已其後易茅以
瓦所祀自文殊外益以普賢慈航又益之以釋迦眞武
地藏設像夥碩幾不足以容是爲上殿其下殿則專祀
關忠義以世所傳五月十三日迎神演劇不懈益虔而
向所稱文殊庵者義不足以相攝於是改武聖宮萃生
有言物之作始也簡其將畢也必鉅不信然與嘉慶之
二年鎮人相與議曰廟久且就圮其規制弗善也於是
取上下二殿塼埴木材之朽且脫者易之設色之漫漶
不鮮者新之又於殿之左右翼爲僧寮爲庖湢而當其
前爲客堂過其地者爲之改觀焉經始於二年十月以
三年五月落成而請予爲文以記之予嘗習於鎮之故
矣每歲始則燃燈鼓樂雜扮人物故事爲魚龍曼延之
戲至於夏五賽神觀劇諸親故輒相延至家酒食徵逐
至十數日未已而其費則排戶以出之若是者謂之年
例亦謂之門差蓋野處之民所無有也若茲廟之修所

費殆不下千有餘緡而成之曾不遺餘力雖欲不謂之
盛其可得乎以予觀鎮之人廛居櫛比逐什一之利而
不憚其物力以致盛美若此所謂爲可繼者爲可傳者
其可忽也耶故爲文以遺之俾勤諸廟中使後之覽者
有所感焉

北門李氏龍磯挂纜碑記　　李炳然

凡形氣所憑依曰神靈象教之普濟曰佛力二者丱捉
影響於風聲探元珠於赤水幽冥而莫知其原而羣愚
時遇急難危殆之際莫不相與奔走號呼假助萬一然

而終無有驗盍厭怪迂不若一手一足之反爲烈也吾郡水西門外爲龍江立石槎枒嶙峋亙仞岸爲烈士廟則爲昔之守宰王公時遭北冦城陷赴水死之歷代有司蒸嘗載在祀典江心爲龍磯寺洪濤洶湧賁砥東南之門戸鼃鼉出沒征帆下上佛則尸之每歲冬寒百川歸壑廟寺對峙石逕坦途不煩舟渡魚貫而梁緣焉猿奔則樹息州人士箕踞盤桓其上相賞殊有泉石間意致足樂而忘歸惟是夏秋之交嶙峋參差黏天汗漫舟由北岸而泝流者必於廟前取道焉百篙枝拄進以尺

寸計顙額奮叫推輓卽隆陰皴裂亦白汗交流縱非黃牛蘆工開導之奇蹤彷彿呂梁懸流噴沫之險絕估商臨汎未嘗不動色股戰惟神明佛祖之是賴也夫古之禦大災捍大患者皆其功德及身以及民者也後人因而追崇禋祀之苟功德未洽於衆蚩蚩決策仰望其陰行功德之及人倏爾大災大患之狎至不幾於以其身徼倖者哉故凡事之坐而言之起可施行者不咎鬼神之忽焉喪之而恃吾災患之所不能入諸人力天時迭相主客爲勝負者也郡庠李君化龍家傳經術世載穆

清其先祖諱正芳者睹斷岸之巉巉憫舟人之岌岌當此硤口施以巨緪鎖以鐵柱舟行至此攀緣曳鍊夭矯亂上視昔日之猿啼箭急篙摧櫓折望若休息乎龍門者如羊腸掌頓之迴不侔矣其古之一手一足有功德於民者非耶於斯時也霖潦始盛澎湃有聲乃亟撤舊纜之蠹壞者更綴以新筏淇園漢竹竊斧斤截斬數千竿焉放在水次乃偕二三耆宿而進之咸曰年來舟行安流相賀燕喜李氏巨纜之功也郡人何有焉李君化龍逡巡而退曰昔者逆流其難也如彼今日迴瀾其順

也如此悉神明佛祖之力也丈尺之組鍊余家何有焉僉曰善是不可泯滅無記予生旣晚素慚蕪陋爲文鄙拙謀勒貞珉垂之永久先告江神其辭曰

惟蜀都之黃牛兮三朝三暮不可上蘄郡衿帶夫龍江兮烈士磯頭時一望龍蛇蛟蟺以潛躍兮鱣鮪鰌鰍皆用壯嗟天吳之不仁以愁人兮瞥眼空游下天狀銜尾一跌而失利兮捆載黃金輸海莊賈客過而隕淚兮安得百丈長緪引飛浪喜陽氷之裔子若孫永施功德於汨沒之鰥寡於不替兮譬彼水底三犀牛陵傾海竭將

安放

重修大名港橋碑記　張士淑耳聖州人

蘄城北十里許爲大名港舊有橋崇正之季郡國所在兵起守土者以橋當東北孔道用是毀去防冦警也蘄封地固瘠隘西盡大江東南距濠城外半隸鄰壤惟北道跨湖走安永青山暨崇居大同之盡境遥控幾三百里公私以之旦晚來蘄者日無慮千百數他行旅倍之橋既毀冬月水落湖水不可舟率陸行取道於港港不可涉卒呼號岸側以待渡而舟子緩急唯意覘岸人

溢舟方移艇未渡時先橫篙索錢滿其索始理檝或雨雪日暮乘渡者急索額益增額或稍不滿索即艤舟向岸枕篙坐舟尾瞑目不顧視一衣帶水如江永漢廣蘄人病之

清興十三載負險號澤之奸次第剗平關梁既稍解嚴蘄人於是始相率請於有司跡舊址而橋之廣長制視舊爲壯始工甲午秋九月至丙申春二月工竣糜金以兩計者約千七百有奇橋既具無忘所自因爲文以記之既書首事以及始終於茲役者之姓名於石而復詳橋之所自毀與橋所再成之由使知蘄地雖瘠隘則俗固多急公慕義輕財好施之士而又以見昔之背水以爲險者今皆有所不事而蘄人行旅之出於其途者亦相與幸見天下之再平後之覽斯記者當亦喟然而有感也

陽春橋記　李珌

蘄邑黄城河士商通衢每當春夏水勢泛漲不啻江湖瀰漫冬寒氣凝結厲揭尤難先是州人王勝美暨元臣元弼元錫等設渡架橋後先相繼誠爲可嘉歲久渡既壅

塞橋亦就圮戾止於斯者未嘗不嘆褰裳也竊欲舉而新之使民不病涉將與合邑紳士共襄厥謀適尙義之士王乾胡便等慨然以濟涉是任請會各鄉善士共捐多金水溢則船艤迭用水平則架橋通行猶恐難以貽遠更置渡田五石七斗載冊立柱爲經久計爰問記於余殆將誌義事於不朽也夫國以利民爲急以濟人爲務其大者發帑金擇官守若河渠海防利在當世其次通舟楫便行旅往往皆成於好義之鄉人而守土者亦樂得而稱道之借其緩急之功以左右民故余於斯橋

之建既介鐫首善之姓名於石而復爲之記以勸夫後之爲善於鄉者

善慶橋記　錢　塈

余守是州之二年州貢生袁士昌以重修西河橋垂成請名是橋者於余且道其意曰是役也今郡守李公之志也州紳士之助也而昌實爲之倡昌老未生子將藉茲以祈福焉幸我公憐此意以名之余惟夫善之可爲也古云爲善無近名修德不望報生爲此舉而顧私之乎抑獨慨於三代後世不古處而風俗頹敝蓋非獨無

所爲而爲善者不可得即有所爲而爲善者亦尠覯焉且自邪說溺人求爲福田利益而捐金佈粟出於創造佛宇莊嚴塑像者往往而然若其知所擇而急公倡義顯然功施在民生者尤尠覯焉則如生者不可以風乎且爲善獲福之說在爲之者不有其心而固未嘗不有其理也因遂推本易傳積善餘慶之意而名之曰善慶橋蓋惟西河之源派與是橋之所由來已具李公序中役大費廣凡估工若干度費若干其成之之不易者又皆李公事公宜自爲序其本末此橋功成合州之人與四方公私往來者歌頌流播固不待余言而顯李公之才明達果決襄事無所不宜其先守是州而見於鋤奸弭盜者已達

上聞用是擢爲本郡守善亦多端非獨此爲可書也今姑記其所以請名而命是名之意以告後之君子使知夫善之可爲也如此抑又以告諸州之紳士苟利於人在所必勉即有爲而爲善者亦聖人之所許也又以勗夫袁生者使由是橋而推之和於衆勇於義廣積善行舉州中諸大役之宜興宜補者樂爲倡首且由是而進於實

心不倦庶幾千古之無近名無望報焉則天道無常常與善人其積慶又自不可量也夫

陳惟聰戶修置沙徑渡碑記　陳　讜（友夏　州人）

州治南瀕大江三面皆湖水環之秋夏水漲道由沙徑車馬輻輳臨難失期莫可棲宿或舟小載重遇風覆溺余族人憫之造舟爲渡更爲永久計買田地山屋一契以其所出爲舟人工食資每冬祭日舟人至余族惟聰祖廟具領又以銀十兩入祭費內每年取其息以充國稅操舟者不得取錢呼渡者應時舉棹諸出銀者亦不

得藉口至佃家投宿索食又復搆郵亭邸舍於湖上以
便往來休息特鐫諸石以垂不朽

蘄州盧氏祠堂記　　胡周龐 婁東人

祠堂之設所以表忠彰烈也其采自輶軒請自禮官載
在祀典者夐矣若乃闔門蹈節投袂爭死疾風險塗忠
勁挺出艮亦澡身勵行贍族敦倫而教之家者素也雖
廟食有待而就塋爲祠俎豆莘莘優存芳烈嗟乎此仁
孝之心所憑焉耳大叅澹巖盧公轉運江南公餘枉駕
做盧手執家傳泣而示龐曰曩昔癸未冦薄蘄城先人

以書生登陴九拒城陷及難子姪從孫暨諸婦死者八
九人所司狀請烏頭雙闕之旌會圜方改革不果行歸
骨窮泉拱木將積綋幸成進士歷藩牧三被
貤恩封祖父如已官榮賁黃壚叩心逼感今碣於陰碑於陽
者皆有文矣惟茲三楹之堂仰奉靈衣悲纏祠樹將借
吾族人於時思敬於時思哀也子其記之龐稽盧氏其
先自吳徙楚累葉風素公大父南槐公父呂侯公礱磨
文行益布家聲南槐公置館解榻結交羣英傳經誡家
備有程矱呂侯公才峰迅驅龍拏鳳跱舟試輒空流輩
潦倒場屋四十年負才屹屹不少衰談經操觚辨若決
涵所摘剔詮解精穿溟涬學者受讀比名金海當是時
生徒侁侁袪衣僦屋附近朱藍經師人師不減西河南
學盧氏子弟肄黌序知名者二十餘人大叅丙子雋楚
闈公喜硯耕有人遂謝鉛槧然益爲德肓寘施恩不報
薰風飴露惠濅萌生而規言矩步盡日不斷簡鏡平端
專以誠長者待物里人有纖介郄輒愧曰吾懼不可以
見盧公方巨冦哭陷蘄春殺人如麻神奔鬼遁盧諸生
曰紱曰紳曰震初曰晨初罵賊求死紱妻楊氏震初妻

袁氏投軀烈燄浪井中時呂侯公亦被執賊中有呼善
人者竟舍去昔盧植不殺歸隱名山公一白髮儒生手
不能搏乳犬既得不死宜蹐地自全顧乃嬰城覆没終
膏鋒刃若義有不得不死者一門爲烈蓋天性然也始
大叅以公車留滯幸脫氛祲收拾靈骸重加棺櫝青楸
元冢碑銘儼然頌之敭歷高華洊膺
綸誥賁及夜臺榮哀之道亦畧盡矣而示言孝思猶欲寄之
乎盤盂杯棬也卜爽塏地搆祠樓主俾登斯堂者拜而
感曰某也忠某也孝某也貞某也烈魂魄常依焄蒿如

在且使過其祠者憑而弔曰此盧氏一門節義之祠堂也豈不足風示嚮往哉或曰盧之先有盧敖盧生者其人皆仙去嵩山鴻一莫測協昭之徒千古稱大隱君子焉呂侯先生緜禓蕭疎寬然長德而名動閭羅自其生平靈福及鬼又何奇異也聰明正直者神其初或感自雷氣生精或名在斗中日下宿稟旣殊而又有淸修隱行爲天神欽重者故能取義成仁血碧杲霜而氣還質尾然其精意所屬期於利人而已詩曰神之聽之好是正直班固乃謂楚風重祀謬矣

吳氏義田碑記

程大中 拳時 應城

蘄吳氏自宋以來有之今可攷者直學士遵路暨其子瑛遵路軼事不傳志稱瑛臨溪築室釀酒種花家事一付子弟又稱其妹丈某取家財數十萬貸人不能償瑛召而焚其劵當是時朝廷重任子瑛以貴胄早歲請休絕意不復出富人逐什一之利有司托名泉府算及錙銖瑛視棄鉅萬莀如也可謂賢已明大司農吳公宦斯土築閣祀文昌分祀田之餘以贍貧士交酒讌集榮利澹然司農與瑛故同姓其行事頗復相類意亦其氣類相感召若是然吾竊嘆負義氣慷慨樂爲人緩急者幸而爲司農登高一呼遺愛可以至於後世不幸若瑛之放廢鄉里雖散鉅萬苟以利一時而已是固其勢使然也近吳君叔璠置贍族田貯納有所散給有時經理有法子孫賢世主之不賢雖貧窶不得質易擇賢者使主其事吾聞叔璠善病山水自娛不近城市甚似瑛所爲其所置田族人食其利數十年雖復不爲司農者而其力皆可以至後世勢又足云哉叔璠名璘國學據其家譜爲瑛某世孫故比類其事而推本言之以見仁人之

有後如此又以告夫人之好張大其家世者不惟其名位著而已惟其賢不惟其家世之賢而已惟其肖似乎家世之賢而後足稱也叔璠家故饒計置田若干石歲得其租若干詳載所自爲記先是名贍族田吾欲以義廣叔璠故更名義田云

看蓮亭記

張士淑

由萬松齋出寒玉軒西度花棚行數十武卽得碧香池池可半畝許種錦邊蓮數十本中有亭榜曰看蓮周遭護以曲檻置方几一可列坐四五人由岸度亭設竹橋

登卽撤去用絶俗客每歲夏菡萏盛開伸手可摘紅翠雜水面如積錦芳風吹扇痕浪爲香池岸襍種桃柳芙蓉梅竹荷殘香落用綴不及亭背山多古松虬龍百尺蔭亭上寒蒼襲人每夜坐待月月痕初上爲松所掩微露隙際稍上則穿梧柳下映亭上如簾痕篩影轉子夜則氷輪入座水月相涵眞一片空明境界矣友人陳子常有看蓮亭詩蓮裩風吹遠松高月上遲蓋實錄也余嘗謂子常今天下曲沼方塘幽臺古砌奇花佳木助人淸嘯者何地不有但没没勞勞目不暇給正昔人所謂

如吾兩人閒者少耳子常笑而不答

石蓮峰題壁記　張士淑

王子碩叟以文事徵同社於大同之荷槎山寺山不甚高而僻迥深翳樹木蓊茂隆冬積蔭如春夏亦幽境也寺僧蓮輝喜藏古法書名畫兼好客因共山行凡古松卷石曲澗幽巖輒置茗淸賞移時方去山故有石蓮峰視衆山特矗起怪石巉峭望之如虎豹蹲踞欲搏人沙彌爲余言石壁中有古洞相傳有道人丹鼎其中後仙去時有雲氣護之不可至至則往往有雷聲余笑焉因命沙彌導之行石壁着山腰折山西行不得路復过道陟巔巔多石無雜樹惟松及橡栗數種樹窘於石盤屈轉伸不可得如壯夫受抑殊不耐𨓜夾樹多猿猱見人來殊不驚稍逼之輒拾橡栗擲人羣逐之方逸去峰頂少憩覓山路微有樵徑殊逼仄不可行因相尾捫藤蘿下峰迴壁出果得石洞初入穴石陰噤悄目色映之稍耐寒慄再入數武頗平塏薪竈烟墨如可認識或羽客丹鼎及先世避地者居此俱不可攷時蓮輝復攜茗菓至同衆席石上作茗飲飲未竟山氣縷縷從峰腰奔上

衆谷助之遂作濃雲捲拂古松石罅閒不卽去衣爲濕少頃雲稍薄日色從雲氣中映出青碧紅紫不一色如蝃蝀影眞奇觀也余笑謂沙彌雲則有矣雷聲安在穴西有懸石廣方丈面平如拭可書字而路絶不通峭壁斷岸下臨無地望之意惴慄如欲墮墜友人陳謙子善大書喜探奇因以繩貫腰自山頂下懸題留雲處三大字擲筆而上余嘗讀名山記岱巔有無字碑其石不知經幾千百年從有字至無字此石不知經幾千百年從無字至有字皆石中一段佳話也因記其事並題年月

及同遊緇白十一人姓名於壁

筞山記　張相 公卜州人

筞山白馬將軍故址山勢峭壁插天上有浮蓋方圓可數尺許能容十餘人下闢小徑止容一武山北怪石崢嶸不能上山西南頗夷坦山曲羊腸行者躡躓戊子秋七月土寇煽亂余禱於將軍廟吉携婦子聚鄉勇結砦於上韓叅軍駐節蘄陽連營黃城河與山勢相為犄角己丑正月賊乘嚴寒大舉入寇綿亘十餘里余抱鼓峰頭鄉勇登埤莫不一以當百自辰至未衆賊死者不可

勝計我兵開門追約十里而還韓兵亦追及焉賊遂退三月既望賊復舉來戰立三十大營於山下余分門巡守相距三晝夜賊漸逼以火箭焚砦中草屋余尅以水火不害余復以大砲擊其營發皆中韓叅軍復繞山北來絕其歸路賊死者過半後不敢出秋七月余率衆下堡各事本業士人思茲山德不敢忘重新廟宇於山麓以垂來禩

蘄州署中小山深處記　顧澍 伴槳州牧

小山即麟山在州署後靈秀之所鍾毓為一州弁冕中有連蜷雙桂昔人因以名焉由是門拾級而上仰見古樟樹三巍然高聳殆數千年神物其他秀而繁陰者亦無不材木衆綠中一亭高峙為古四見亭余易名試鑑者折而東老屋三楹左為水雲軒右為舫齋規制樸質無時下華靡氣余任蘄閱三載矣歲屢豐公餘登眺於此以領江風山月之勝屋之朽者扶之缺者補之有更名無改作舫齋倚叢桂顏以金粟影菴舊額即此意也而樹老花稀草肥艾瘦余初到時見此景象心竊憂之夫治之理也先理其勢絲政之平也先平其缺陷爰補

植牡丹玉蘭碧桃文杏之屬凡數十種且蓺蘭蒔艾名與實副花時嚴戒攀摘懸小牌俾莳花人守之若護花旛焉並製小山深處四宜詞四宜者宜詩宜畫宜度曲宜焚香默坐是也屬同鄉金君葵菴為之圖勝槩畧備每當金粟花時天香在林月華滿地疑非人間世也余攷修葺此間者虞山錢長白德會稽胡三公外指不多屈三公後來遭際雖殊而皆自蘄陽遷擢以去不可謂非此山呵護之靈矣余因重書小山深處額記顛末於額之陰以自勉且以詒來者然而山其小焉者也

傳補遺

李僉事傳　　劉醇驥千里儆川

夫氣烈之於人豈不甚重哉吾鄉蓋盛傳蘄人李僉事死賊事方崇正末年海內蜂屯張獻逆猾渠也自秦中起專殺人泄其怒爲戲癸未春襲蘄城大風雪中破遂屠之時峻令索捕貴介士大夫俾無種事急士大夫逃遁不得已俛躬鞠厥角纍街巷呼籲哀痛作可憐狀涕泣滂沱冀幸免而僉事獨以不屈先死僉事名新號卽巖萬歷戊午鄉舉始仕直隸潛山知縣輕徭賦省刑興

除邑利害甚著政聲遷南京南城兵馬司歷北京戶部主事奉差臨清關鈔臨淸京師咽喉也四方商民絡繹舊有舟稅車稅僉事曰一人也舟車更迭可再浚乎舟稅如舊車稅免之時國家軍興用浩煩上聞驟有裁省以爲作紛更匪恤國降俸三月僉事據實抗疏辨竟車稅免轉員外郎中崇正十三年出授陝西按察司僉事分巡隴右部秦州秦州古天水郡用武要地時正值流寇猖獗當事者度僉事才智堪辦遂授以監軍僉事感上恩從役行間布籌策馳介馬晨夕健兒劍客輩起居器械城守備具秦州部內以安當事方亟深重之而僉事素性孝見世亂念二親甚以侍養告歸蘄迨癸未之歲獻逆破蘄僉事爲賊所執則挺襟而立厲責之而賊也往監軍鼠輩揮厮養獮諸莽而何敢遽無禮賊見其盛氣亦懾之至賊帥獻逆所獻逆踞坐責以屈膝見如衆人禮僉事乃氣怫憤面赤火咤咤嚼舌指賊大罵曰賊非秦人乎我朝廷憲臣列營門植戟臨金鼓秦中汝縱無上我靦顏何以答天子北面汝所難我一死耳余家具在指其父曰我父指其母曰我母指其妻若子曰

我妻我子俎上肉狼籍惟所毒之賊帥大怒竟刃其父僉事抱父尸而受死母妻子從之靡遺脫者賊甫退乃盛傳之曰李僉事云李僉事云芝在堂集從陳愚谷刪本

劉菊潭先生傳　　車鼎晉邵陽人

公諱遐祚字青子號菊潭亦號菊水父臣贍祖顯儒多隱德公七歲避寇山谷間卽能抱六經性理書大父喜之甚年十七補諸生登癸卯科鄉薦初授鄖西縣學教諭以外艱歸服闋補興國州學正州庠有盧姓父子者仇家誣陷俱繫獄公憐其冤力白刑官得脫後持三百

金來謁公拒之曰我非乘而危而邀而利也速持去丙
辰陞常德府學教授時太孺人春秋高不能遠涉洞庭
公上書有司乞終養不可辛酉科公以麟經應貴州省
聘闈中有禮經房考官患目疾以其卷屬公閱共得十
一人皆知名士黔撫大喜宴鹿鳴時手書楚黔文伯額
旌之大主考稱爲理學鴻儒更以濂溪接武額持贈已
巳丁內艱服除補銅鼓衛學教授公歷四學所至惟以
文章品行相砥礪分俸以佐寒士膏火凡經其拂拭成
偉器入清華者指不勝屈前後兩居喪皆哀毀骨立廬

墓三年外人罕得覯其面告歸十有一年州廉僅一見
後進有以經義心性相質者輒津津樂育不少倦八十
一歲卒卒之前預知逝期爲文自祭自銘自招詩文著
有自然天扇和堂集且蘭賦鄘渠萶藁武陵遊騷經句
解楚俗方言義類若干卷四方學者咸以誠正夫子稱
公云

龔氏義莊捐欵序　胡敏邀甫

庚子秋敏以秩滿至省與本邑鄉試諸同人晤旅邸話
舊無虛日道邑中賓興費咸推龔何二家不衰座客某

云龔巖山之孫又有志復捐以助不足舉座歡然屬敏
敘其事敏少從鄉先生遊聞巖山之行甚悉今承諸同
人屬其何可辭先生名達字明夏巖山其號也世爲蘄
崇居鄉人代敦儒行多陰德至先生少習舉子業不售
入上舍赴鄉試又不售遂絕意進取居家以忠厚濟人
爲念州北八里湖鉅津也爲本邑往來必由之路夏秋
水漲瀰漫數十里臨流皆病之先生捐巨舟四置田租
二百担爲久遠計並勸諸石其他賑孤貧施棺木建橋
渡一切益人事靡不爲之先是邑有何君捐賓興租百

石先生聞而義之復慨然曰予欲步何君後塵將花園
壩田租百石捐助賓興已入通志先生生丈夫子二長
如鈞肄業成均先先生卒次玉就理問銜侍膝下先生
恒以存心爲訓捐館時執其手曰讀不盡者詩書行不
盡者好事女其勉之此可以知先生傳家之得道矣先
生卒吾邑讀書士咸爲文以祭之其傾動如此逮次君
理家政仍不改先生之行今二孫又能繼志長蘭亭工
吟咏手不釋卷不異經生家次中亭英明慷慨二君友
愛怡怡以毋墜前緒相戒勉祖若父所已爲者恪守之

未爲者推廣之其於相見灣建浮橋於聖廟長供香火費又於白頭嶺峯口山界嶺諸崎嶇道開劈而修理之工經兩載費逾千金庚子辛丑連年饑歉道殣相望爲之平谷價穀不繼復在遠地重價貫米歸售如所平價以故鄉人遇凶年亦如樂歲至於施棺木者五百贖鬻妻者數人諸如此類可謂善繼先人之志矣此皆敏見聞所悉而蘄人士樂道者今復有賓興之舉其崇重士類不更有加耶夫尚義難累世倘義尤難先生後先繼起是殆可傳也嗚呼觀龔氏子孫有志者其可奮然興矣

李氏兩世雙節傳

楊　庚星山

蘄州李生元度余乙未郡試所取士也丁酉夏持其祖母氏郝暨母氏龔行述屬余爲之傳余俱覽本末慨然歎曰家之有節婦猶國之有忠臣也以忠繼忠者國之祥以節嗣節者家之福昔孔明鞠躬盡瘁瞻尚復爲肯構之賢望之舍身成仁昣盱亦有死綏之勇一門盛事千載美談今李氏代有懿行世所罕覯余可以不敏於文辭哉盎生之高祖母氏陳冰霜作操鐵石爲心軼事播於鄉評芳名登於州乘余不贅焉祖母氏郝州貢生輝國君之女也幼奉女箴夙遵姆教職嫺組紃幽貞而自比紉蘭德懋珩璜静一而無心咏絮年二十歸復椿君母家素封盛飾入君不樂母乃綾無裁鶴著少君挽鹿之衣鬟不描鴉理德曜偕鴻之髻勤瘁於虀鹽之側焦勞於洮櫛之餘固已習苦朝朝食貧歲歲然而林中貞木每遘悲風曇裏勞薪恒遭烈焰海鳥生而已啣寃血湘篘苗而卽染㲱斑復椿君血氣方剛膏肓遽疾夢雞年促弔鵬日斜病亟時以事舅姑撫孤兒爲囑母含淚諾焉斯時也典衣質釧徧凂檽井之靈丹獻果供花冀灑楊枝之法水無如返魂香渺連理枝枯渺渺離鸞凄凄别鵠撫膺長痛抱黃腸而聲欲頹城鍥臂悲號凝碧血而形將化石既而鄉鄰相勸伯叔相規追念故夫易簣之言勉循健婦持門之職是年母方二十七而長子效貢纔五齡次子卜臣纔二齡也於是紙帳朝寒竹扉夜寂蠶眠小箔蛩答殘機雪凝玉而謝鑪日爍金而捐篷家貧力淺婦巧炊難魚似姜甘供自將荼之手熊如柳苦嘗於集蓼之時每當濁膏欲昏殘月將落髮飛

蓬而未寢形稿木而忘罷心之悲也身之瘁也猶且家非丹穴反逼財於扑棗之鄰嶺是淸峯尙分潤於翳桑之客嘑鴿淚冷還憐澤畔之嗷鴻寡鵠身單更念山頭之凍雀里中汪氏因歲飢不舉火者數日母時亦取給郝家十分其一與之汪氏數口得無恙其苦節也如彼其隱德也如此是卽鄭蘭早秀分薜草之餘香竇桂長榮酬柏舟之素志福非妄得理固宜然奈何嚴霜屢隕滄海橫流鬼謀杞婦之廬天奪黔妻之魄藥非獨活根何故而重傷桐只半生枝無端而忽折風凋玉樹塵瘞

金環掌上珠空手中線絕練衣甫脫更消魂於思子之臺紅淚纔乾轉觸恨於傷心之賦蓋母之次子卜臣卽生之尊翁也素承斷杼之箴久勵絕編之業少時應童子試屢拔前矛乃鐵硯空磨玉棺早下年二十四以疾終斯時生之母龔二十有九矣嗟乎天門蕩蕩難逼訴枉之辭泉路迢迢莫覓乞哀之地吾也遐稽往軌遡覽前編靜觀榮悴之途默會報施之說薦當剡後鍾排閶冲闔之奇姿荻既書殘成奠國安民之令器信種德之門宜大知積善之家必昌亦有節效磨笄志期封髮或

爽降祥之理偶艱餘慶之緣然而香字皮金未許家人之再覯粉書紙扇不聞子婦之重持陶歌無相和之聲娥琵豈長賡之曲何則寸心屢拔則卷葹未免傷情一歲頻寒郎松柏於焉短氣也況復庸庸福厚燕燕居安賢非冀缺之妻百年聚首智遜山濤之婦終日齊眉烏慣雙飛不識孤栖之燕子魚常比目詎知私泣之鰥人祈男則共卜釵完偕老而欣看鏡合彼也何遭逢之獨幸此也豈辰運之偏乖而乃兩世懷淸淒涼縞素一家慕義寂寞靑春雪虐風饕椒辛蘗苦斷腸寸寸截髮絲

絲素帷已舊而還縫黃土方乾而復築望夫山下更罹逆命之禽貞婦花前又種相思之樹時也命也天乎人乎此則錬媧皇之石未能補此愁鷹彈衛女之絃不足鳴斯恨聽也已卜臣之沒也龔母痛不欲生累日勺米不下咽郝母諭之曰吾與汝命一也吾生矣汝不可以死於時目似鰥醒黽勉而常操井臼骨嗟龍出拮据而强理絲麻經營於旱澇之間商酌於有無之際髮而主饋紝以閑家練指生皴刳心貯苦零鍼斷縷信手摒擋破甑殘杯隨時檢點蘿屋常穿而待補著簪已墜而忘

尋其居室之儉且勤也與郝母蓋無異至於怡色奉姑
婉容侍母鳴雞有禮叱狗無聲親編貯粟之筐自溉蒸
梨之釜弱緶汲而時供孝水温衣裁而恐損慈暉當其
問疾萱幃闕心藥椀漿難入口帶不離身日短情長信
屬女中令伯天寒席煖淘推壺內黃香其事親之孝且
恭也與郝母亦無異方母守志之始生之年甫一週辛
壬泣苦誰憐弱息之呱呱庚癸呼難莫惜遺雛之虩虩
獸乳詎療飢之術鳥毛非取煖之方保抱身劬提攜手
瘁迨乎漆丁總角阿兖勝衣竹馬遊歸便持范硯地彪

跳罷更授韋經擇師於孟母之鄰髫未翦而恒供酒饌
寄子在渭陽之館膝雖離而不倚門閭燈因課讀而長
青髮以致皃而愈白喜頻賜果怒必折蔓殷勤開楹裏
之書涕泣指帳中之墨是則學鯉庭之詩禮盡出慈箴
厠饋序之衣冠多叨母誨生之稍出一頭使先人慰藉
於地下者可忘所自來乎噫母之訓子與郝同而俾子
有成又郝母所未能得者也雖然釵笄潛德每憑大力
以揄揚巾幗幽光尙賴名流之闡發古今來心同止水
行比貞金木拱聲銷蕙枯香歇尋碑記則蠹文半蝕稽

史書則狐筆無傳姑恨九泉含悲萬古者可勝道哉迨
道光六年督學王賜兩世節孝匾額以奬其門知音忽
遘振清徽於九寡之琴隱曜偏彰媿偉烈於雙忠之廟
珂未鳴而里貴戟不樹而門高白屋增輝清閨吐氣幸
之甚也榮何如之嗟乎蟻伏地中屈伸靡定馬忘塞上
得失何常人生之哀樂無窮事後之升沈始判以彼門
庭闃若井竈淒然度城而無怨堪循啣闕而有寃難吐
追述者爲之變色旁觀者亦覺酸心豈知璧氣如虹每
以磨礱而益貴劍鋒似雪恒因淬礪而愈奇坂歷羊腸

路險則驅車愈熟灘逢猿臂流驚而鼓檝彌工不經苦
雨淒風孤孽終無操心之地必值盤根錯節英雄始有
得志之時憂患生人古今同揆向使李氏庭幃聚順少
長團圞暖日弄雛明星弋雁家無嗃嗃室不翹翹姑婦
睹勝秕之棋童稚報平安之竹則亦聲名泯滅姓字尋
常一領青衿難爲翼子詒孫之計千年彤管豈有揚芬
撰德之辭又如節只獨彰貞惟一見芝焚蕙爐便逢柏
悅之期荼苦方消即遇薺甘之候驟瓦之鴦非再別毀
巢之鵲不頻來亦不能氷雪雙清圭璋並潔增香奩之

美事播汗簡之奇芬天所以使之徧歷艱辛多遭舛午
者正欲其先否而後泰往蹇而來譽詎得歎命之不猶
嗟辰之安在也乎嗚乎青松鬱鬱待營巴婦之臺白草
茫茫永識桓嫠之墓贊曰金煅則剛錦湔斯潔絃絕音
生香燔氣烈奇矣一門爍哉雙節萬禩千秋徽名不滅

按蘄志不收駢體因斯序潘作太略故易之

陳先生墓志銘　　　　黄彭年 貴筑人

今上御極八年湖北舉行壬午鄉試彭年時權督糧道襄
事外闈場故事揭曉次日設鹿鳴宴宴考官及中式
諸生於巡撫署中式已屆周甲之年者巡撫先聞於

朝棠
恩晉秩重赴鹿鳴用彰人文之瑞甚盛典也蘄州陳先生
與焉先生與吾先子同歲舉於鄉又同舉進士彭年
以年家子謁於旅館退而歎曰仁人也逾年先生卒
子桂蓁來請銘按狀先生筮仕四川屢權新甯青神
樂至諸縣除鹽源縣罷歸其爲治凡勸農教士詰奸
聽訟不求赫赫之名而廢者舉獘者革民稱其慈其
在樂至大吏幕賓戚屬有獄語侵祖之先生曰吾不
忍欺貧民民稱其剛其在鹽源盜千餘人焚掠梅邑
堡先生調土練剿捕勞冒礮石追至雲南大姚縣人
和場盡殲擒之民稱其勇是役也先生追賊未逞治
文書知府先報以爲己功先生反緣是罣吏議民咸
冤之凡先生宦蹟所至民皆樂爲稱道及其去也則
餞送塞途有哭泣罷市者鹽源民至醵金贈行越時
既久猶有謀爲入貲復官者乃益歎仁德入人之深
而先生斗室著書里居教授不履城市胡文忠公將
以鄉兵擊賊叙先生功授官不可欲官其子弟亦不

可其天懷淡定又如此吾嘗謂仁者無欲故其動也
能行其慈行其剛勇其靜也能守其天眞而世故利
祿不足以撓而惑之論語曰仁者靜又曰仁者壽然
則靜固壽之徵與吾謁先生年九十有七矣猶殷勤
詢問家世手書楹聯見遺
國朝重赴鹿鳴若山舟覃谿甌北諸老皆近百歲而嗜
學不倦神明不衰先生殆其儔也先生諱廷揚字小
坡所著有周易本義集注十二卷四流山人集八卷
蜀遊草一卷學吟隨錄二卷銘曰九十六年計閏逾

百　劍旌人瑞况文章伯壽考作人髦士承澤典型
式里用賓光　國千秋萬世視此貞石

龍磯寺碑記

曾紹霖雨生溈甯

上古之世以龍紀官三代而下見諸史册者不一致類多好爲詭奇後陳符讖於義固無當焉祀典山林川谷皆曰神能禦菑捍患者則祀之亘古然矣蘄城瀕江爲江流迤曲處當風濤作時彭沙礐石摧檝傾檣行者錯愕皇皇然無穩泊所土人曰此兀峙中流者爲龍磯宋時龍見於此著護國功詔封順濟王鄉之民就磯畔祠

之明嘉靖季年增立爲寺正德崇禎時避寇避水先後活人無算寺無龍神像鑿磯頭石狀之鱗角刻露若欲吞洪流而迴狂瀾然咸豐三年寺火於賊九年余督水師駐蘄迄今閱十餘載驚濤不作萑藪廓清漁叟釣童謳吟而上下旅客過此者艤舟登陂陀攬勝江干俯仰興感蓋三楚之綏靖久矣余駐軍既歷有年所慶江程之安謐也感靈神之呵護也率所部偏裨集土木貲仍舊址建樓二重屬州人鄧參戎功甫張上舍忠亭董其役規模稍更而仍名其寺曰龍磯既不欲與古蹟歧亦使覽古者得追溯求之耳夕陽半山梵宇入畫麟阜鳳麓輝光日新此蘄之佳景而余因重建古寺爲識崖略荷戟之士豈不幸歟

蘄州志卷之二十七

知蘄州事嶺西封蔚礽纂修

藝文志

古文

國朝各體文十首

序二十二首

修蘄州儒學廟序　顧景星黃公

順治十一年詔天下郡縣學廟兵火廢者有司能修
修建皆得疏聞命吏部紀錄十六年巳亥刑部丹陽楊

公以按察司副使駐蘄右文轄武爲
天子使越明年軍府城郭繇役刑病罔弗耆臬德道禮率
先有司計所部郡縣之有學廟凡四十有四而蘄則所
駐邑故首修之州守遼陽王公仔厥任官茲土者咸出
廩祿鄉大夫士游於是庠者醵貲力勸事而楊公以文
屬景星按學與廟本二古有學無廟釋菜奠幣即於學
漢太學闕里始立廟六朝仍之北齊令郡學立孔顏廟
此郡有學廟之始唐武德初郡皆有廟未及縣貞觀中
許敬宗奏天下州縣置三獻官他如立社開元二十七
年詔諸州廟立十哲七十二賢位爵公侯伯有差其後
州縣莫不有學學皆有廟然邊徼下邑多無之晚代衰
亂庠序頹圮或學廢而廟存以故唐宋文士之碑記多
言廟不言學洪武二年冬十月辛巳詔天下郡縣學廟
並建嘉靖九年改大成殿曰孔子廟有殿有廡有堂有
齋有庫有閣有亭殿廡以祀聖賢閣以尊經庫以藏籩
豆琴瑟亭習升降麗牲醴堂以講論齋以居教官及生
徒之來學者歷代禮儀至是釐正猗與盛哉久之郡縣
學仍空名士鮮游習禮教不行而士風大壞吁足悲矣

兵火以來鞠爲茂草所謂空名者又十不存五蘄之學
舊有朱元晦教授廳記洪武初知府左安善摹朱書體
刻於壁錢敏王坦趙應隆莊轍數公先後修之崇正十
六年正月庚辰賊燬順治五年按察副使山東范公鳴
珂始建殿九年出周王公顯築垣芟薙草萊材甓不固
隨就摧斁無廊廡堂齋物力之難不可歎哉雖然使邦
邑無賢蠻髦之鄉非廢廟而鴻都之門亦有學如其多
賢則杏壇泗水不必宮牆素木瓠葉可當俎豆繇是以
言德教盛衰豈系於是

天子右文楊公用答
天子卿大夫士宜用答公景星敬書册端以復

蘄州儒學合社序

張士淑 耳聖

古者民間俊秀羣萃學宮每月吉師儒一道考藝及三年大比鄉里復上其德行以興賢能不先六德六行也自西漢以文學舉者十七八而士始思以文章進策於天子者曰賢良方正察於州郡者曰孝廉茂才上人未始無崇節正誼之意然行之既久上文以實下應以名故賢良一科應詔者每對輒百人詣公車上書者歲復千數而孝廉則萬家之縣無應令或闔郡不薦一人豈非賢良策對文字或可緣飾而孝廉非實節著炳莫可冒稱與方今天下以制藝取士士苟非工於文辭卽有曾史之行由夷之節將無以致身通顯然春華秋實家丞誠其探志平淡聰明人物誌其先後柳宗元劉禹錫一代才子以行節虧損卒被擯落呂頤浩謂淩夏詞勝高宗卒右九成安見工華藻者必得而敦善行不怠者文采不表見於當代也夫方區俗習醨涼固由風土然泮宮藻泮之間黨比相漸其功正復不少昔本初之際

太學生徒至三萬餘人其時士習浮詭至賄蘭臺漆書以合其私文儒術益衰淩不進郭有道身勸翦拂所至輒勸遣就學如茅容孟敏諸子卒成名儒王彥方陳太邱束修潔身化行里閭鄉黨恥為所短東京多獨行自好之士諸賢羽翼匠成其功曷可誣也蘄郡山川秀衍雨湖鳳岑之內水清而土疏其俗可進於為善我念尼王夫子振鐸三楚進蘄士而教育之命集一郡弟子共褒文事考藝之餘益勉行自厲以求進於古賢之列且令郡有司廉其淑慝月一上聞不以淑不肖俾長社事其嘉惠後學懃懃懇懇意念何無已時諸同人誠共登大雅則有夫子社約士鑑諸書在勒之學宮等如蔡中郎太學五經石碑永作條範則書升論秀者將必及焉又匪獨歌嘯皋澤踽踽獨行君子已也　雲溪雜著

蘄父母金公德政錄序

盧紘 元度

嘗讀漢天子褒美循良詔曰安靜之吏悃愊無華日計不足歲計有餘吏民同聲謂之不煩竊意吏既安靜矣且無華矣其於一切飾治之具必多所簡略而希合上旨以博能聲矜市驩虞以邀浮譽尤其所不屑者然而

至誠所孚實蹟莫掩至於天子亦諒其悃愊吏民亦信其不煩詎可謂安靜之治歟無赫赫動人之聲果終不得與文飾治具者同以良吏見稱與蘄守金公小泉始由晉洪洞令擢移茲土治幾二年矣甫下車他務俱未暇舉惟推本至誠求民所疾苦利則興之弊則釐之然公始終樸畧少文民士相安爲固然而謂猶是平平無奇者紘初令新泰距蘄二千餘里聞風而悅之曰公之爲治殆漢之所謂安靜者歟遲之又久當必有異未可以尋常測也甲午冬仲方適粵西因便過里而謁公一

見若故且爲披赤道衷言言皆切治要因語及免荒一事於奸蠹積弊洞如燃犀其初有小民所便爲奸蠹所大不便者以是肆爲譸張說俾公德意不得遽宣猶令窮谷深山疑信居半惟紘親聆誨命曉暢厥旨知公若是斷斷而言之必若是斷斷而行之將使始之疑者終歸於必信始之信者益得所不疑所謂日計不足歲計有餘者其效固如此也居無何彭毛兩庠博率諸弟子謀之紘曰金公之治吾蘄不異治洪洞洪洞人至今歌而頌之而祝之胡吾蘄詎洪洞之不若矧甘棠雅化南國遺風吾楚人於歌詠盛德之事原自未殄茲於金公之爲治而可無一言以繼厥美歟吾子儼然薦紳之列宜爲一辭之弁以爲士民倡抑揚扢休風誼適當也紘應之曰唯唯微若言懿德之好已有同心矣因讀洪洞頌德錄題首乃太保覺斯王公所制其所以德公愛公者與紘所見尤不謬以是既不能已於敘述而並繫之詩歌以附康衢之末但計三年報政之期公當不久受褒美之詔且願致辭仰爲當宁告曰吾蘄之得金公不啻襁褓而安之矣無以廟堂須人故亟奪公而去俾蘄民猝

失所天則幸矣

修龍磯寺序

顧景星

江漢合流至大別山有禹功磯南爲黃鵠至赤壁洪流稍北汪涀淡漫二百里至蘄春勢欲衝薄有磯焉曰龍眼水大輒砥柱江中如金山小孤江過是漸南引而東形如半環中流有洲是爲鴻宿洲盡則又有磯曰浮玉與龍磯東西峙所以留馳波而駐淑氣而麟阜鳳麓巋然若冠冕出城內者得此捍衛焉龍磯勢尤壯春水方高秋濤未落西面而望滙滙沖沖顧讓不前近在十步

狀熊欻作淵奰澎𤀣（从日音兒）涌坌擲瀉㳚淋碕靁輥颮颵始若有忌旋若有畏疾趨爭驅然後按轡水之情狀然也上有寺始熙寧中王師南征載軍仗數十艘風急浪惡龍伏舟中所謂江湖小龍是旣克濟詔封順濟王立祠致祭土人亦遂祠於磯嘉靖末增高爲寺雲甍雨椽風鈴露板矗矗波際正德時霸州賊順流下商賈倉卒捨舟匿其中賊畏其險竟不上崇正癸未寇至水暴長賴以活者又千人磯有功德於民不獨風水捍衛而已且夫南宋時王玠爲孔彥舟幕客不從彥舟叛彥舟

怒沈玠並妻子於磯王彥明不降元自沈磯前今岸北烈士廟是明滆水之彭咸想胥江之白馬短歌長歔泣下沾襟烈士廟前年風雹毀鄉人修之寺未有修者水勢旣迅百斛之舟壼挽難上而老僧漁父輕刀（俗作𠚣）槳晨暮致少薪米或閑放無事之人喜煙波濤瀨逃囂避暑間一至焉總戎賀公時時來葛衣羽扇與緇袍竟日以此知公之賢而又倡議修寺謂不肖曰先生曷爲我序夫公以武功捍衛一邦而有叔子峴山之興可無述乎於是敘之他日落成刻以爲記

胡蘭亭先生鄉黨義考序

陳　詩（愚谷）

考證四子書有全經有摘錄全經之盛傳者前明虛齋蔡氏圖史合考一書寻類考所由昉也摘錄之盛傳者近愼修江氏鄉黨圖考一書蘭亭先生義考所由昉也鄉黨論語二十篇之一而朝聘之大起居之細飲食衣服宮室車馬之繁且賾罔不畢具而言人人殊紛如聚訟其失有二端焉禮惟燕朝爲有堂而或以爲治朝黃衣狐裘爲息民之服而或以爲蜡祭此則蔑古之失也註禮者以天子外朝在庫門之外例之於諸侯而不知

庫門卽天子皋門註爾雅者以天子之屏在雉門之外例之於諸侯而不知內屏不同於外屏至於孔註以纁訓緅乃於絳色爲合而必拘考工五入之文魯論讀瓜爲必始與蔡虞不觸而必執玉藻上環之訓此又泥古之失也二者之失蓋雖江氏亦未能免蘭亭先生去短集長折中求是視江本爲優而先之以本義次之以考證章解句釋按部就班使承學之士見而了然蓋又有江氏所未及者則是編雖摘錄卽以是通諸全經亦何不可之與有先生舊有四書輯說禮記篹錄諸書皆以

簡帙浩繁未及板行而先出是編以嘉惠學者故爲之
述其梗概如此

陳愚谷四書類考序　　張方理

元儒朱允升氏著四書通旨一書於四子所載人物及古今制度經書名義一一分門别類說者病其太繁而全書纔得六卷則又太畧嗣是而薛方山氏有四書人物考四十卷明卿陳氏有四書考計二十八卷而坊間盛行之圖史合考則又嫁名於虛齋蔡氏其紀事也或闕而不全無以見其終始其纂言也又雜而不貫無以

觀其會通予嘗心焉病之嘉慶元年丙知荆州延蘄州陳工部愚谷主講書院又爲購十三經註疏與二十一史以資士子之考訂予亦時以公餘詣院與諸生相切劘而患夫書籍浩繁或未得其要領也一日愚谷出其手輯四書類考示予予取而閱之於經書名義及古今制度有綱有目有子目條分縷析原始要終於註疏之菁華先儒之語錄鉤元提要采擷無遺又别爲人名考二十卷有紀傳有編年有前賢之論斷向之所病於諸書者今皆豁然有當於予心乃喟然歎曰觀於類考可以窮經矣觀於人名考可以讀史矣然則是二書者豈非學者之津梁與人名考嘗以活字板行世流傳未廣茲類考三十卷學者恒鈔以錄爲難予乃出清俸以佽之俾付剞劂氏以廣其傳他日書成將并人名考梓之以成全璧云

黃公說字序　　趙嶷 國子

嶷讀中庸繹同文之義明乎王者御宇以書爲膺圖受籙相符車書混一倫物合軌如此其重也書以理言契以信事官漸緐而治漸紛事漸衆而察漸廣更姓改物

時義爲大五帝有雲穗龍鳥之書表於紀官唐虞二代各有制字星歷久遠遂就晦昒周禮六藝隸保氏與師氏董教並重又史有專官故郁郁之盛尼父歎焉迫王迹熄於春秋六國紛紜文史各異下迨嬴秦斯邈古文變爲小篆八分隸楷迄乎東京雖學童有教受官有差石經有勒仍多所謬妄劉歆蔡邕駁正未就是以終漢之世不能追古魏以後崇尚隸草書法盛而字學愈晦六朝南北懽於車書之判而唐宋祕閣亦止筆法相高有明洪武道統混一命宋濂等定爲正韻亦可謂整齊

簡雅炳烺昭著者矣然而取裁未廣明於俗書背小篆之譌而不知以小篆正俗書之義後有訂正正韻洪武通韻廣收古文雖經頒分未甚流傳世不得而論之矣永樂中命解學士姚少師等編緝永樂大典其書浩繇至二萬二千九百卷目錄六十卷藏於御府文樓大約以分韻爲建首每一字輙數百紙惟在廣徵事文六書義闕嶷舊承家學字學有編迄三十年未敢卒業已丑秋晤桐城方密之以智於桂林辛卯冬又晤於蒼梧於時倉皇戎馬逮密之托跡黃冠寄命圓頂始爲嶷言所

撰通雅大旨後二十年乃見其書雜論音義釋詁小學諺原頗稱詳至通古今方語之參差精字母音文之轉變亦罕有之書也丁酉秋晤張爾公自烈於金陵之道濟堂出其字彙辨嶷謂爾公君著述每用辨字既犯物議亦數見不鮮爾公遂易名正字通謂其旁通事理以附於通典通攷之別例云因嶷談字有所取證下索存編謹以所閱字彙數百字報爾公起例中參輯諸家有方密之趙國子姓字後廖氏得之攺序更例姓字泯矣歲月荏苒炯炯在懷方從青原而示寂張托廬阜以終化壬寅歲覯蘄州顧黃公先生於愚山施使君清江署中見其詩文盈笥累卷聲響則鼉鼓龍鏞瑤簧寶瑟色象則岳雲海樹鑛金淵珠蓋其倜儻非常故其學力智辨相符也嶷三歷江漢茲得重覯於武昌有黃公說字一書嶷驚喜踴躍受而讀之一端紬繹不勝引繩探其蘊奧未易更僕僕嘗竊論字彙盛行七十餘年緇流雲水亦必束同梵策正字通出有功於前賢黃公說字出有功於萬世黃公於梅張二氏人未謀面鬼可通神使說字大行爲前人掩慭彰功剔微闡義此顧氏之心而

亦梅氏張氏之心也自十三經注疏而外則字學之引繩切墨厥惟難哉非若他書之有可逃於恕也夫文以顯道字以顯文學以證字字學之家必融會羣書始求至當先生經神學海淹貫百家署曰黃公說字蓋自命之矣於戲車書混一今此其時先生甞赴徵車即懇辭還山力疾著書以傳後世視諸作者較何如哉

蘄州志序

盧紘

國有史盛衰之迹寓焉柱下是掌而彰信闕疑其職非賢人君子莫任也家有乘高曾之矩存焉譜帙雖傳而

辨統正分其事非孝子慈孫莫主也至郡邑之有志義亦與國史家乘同而任之主之爲較難者則其職既無專官之設其事又無世守之傳其葺而修也遠者或百年近者或數十年見聞既多曠缺而力憚於旁搜欲任此而勞且歸之取舍易涉偏私而議撓於衆奪欲主此而怨並隨之夫欲任之主之矣仍有意乎勞是辭而怨是避求志之能修不可得也若吾蘄當荆楚之末服控江漢之南流阨塞要害於是乎憑攷在周時號爲方國其易而爲郡爲府爲路爲縣爲州則後代事也既名國

矣則君此者亦當在千八百執玉之列而何竟荒忽不可稽也以此推之則其間名號事蹟所爲沿革變遷不知凡幾遠者誠莫救其荒忽而近者顧可任其闕畧耶剏地乘燬戮代值鼎新於此而不亟爲興廢舉墜之圖則荒忽者蓋見其荒忽而闕畧者終成其闕畧矣凡生茲土者孰能無心紘雖不敏間嘗與蘄之士大夫咸有意乎任之主之而求遺志於舊家所藏已不可復得乃歷官齊魯燕粤之鄉於凡宦遊於蘄者徧求其所藏而亦不可得然則紘之用心亦已苦矣壬寅冬紘宦於吳偶謀於錢農部三峰因其先亦曾宦楚者三峰告紘曰吾將爲子求之一日以全楚志黃郡志蘄州志見示云是邑之毛氏子所藏夫以十餘年求之不得諸宦族乃一朝於毛氏子而並得之固知志之見也不偶而獲重修也有緣能無幸慶按舊志凡三册卷十二爲例凡二十有二修於明嘉靖三十一年兵憲括蒼公爲之序序載志之修州守崔君爲之經理鄉先生王公賓雲郝公湘東董其政鄉貢士陳君龍坪高君紹崖楊君蘄南庠生田于藍鍾子沂佐其成舊志之因則嘉靖己丑州人甘

君貢菴所募輯夫自己丑迄壬子甫歷二十餘年而修之必合衆賢之長時當治平尚不甚煩搜輯其於斟酌損益猶戛戛其難之剏自嘉靖壬子及今計已歷有百十二年舊志之外典故所存長老所記又無可深攷蘄人士凡有同志於斯者又散處各方而不獲聚紘且以一人寡聞窺見毅然欲獨取而任之主之其爲難也更倍紘固無所誘而於其闕畧近而聞見所及者則直錄之遠而莫之或詳者則以一統志三楚全志楚紀黃郡志參補之或見聞所漏又爲諸志所未備者則致書於

蘄之士大夫博稽而互訂之反覆校正期必成可信之完書良以失此不修終遺廢缺然則絃之用心又甚勞矣舊志分紀事類悉無所改惟建置有時事已更昔宜詳而今宜畧者稍芟之此絃之不得避其怨者也民生所關莫如丁畝今淆混特甚咎有所歸而直書之此絃之不得避其怨者也凡仕於土者治績可稱則公道之存雖爲泯沒餘則付之不議此絃之不得避其怨者也鄉賢節義亟宜表彰以光編錄然所聞未確未敢妄書寧闕其文以俟來者此絃之不得避其怨者也蘄城之

燬實由內釁萬家慘戮禍首漏誅書無所諱此絃之不得避其怨者也夫於勞既無所辭而於怨又無所避可以質之州人士而共信其無他者惟是存心之公焉耳然則此志之修方諸國史未敢自居爲賢人君子方之家乘尚欲自託於孝子慈孫也歟

重修蘄州志序

錢牧齋

蘄州黃之支郡東漢爲蘄春國明爲荊藩重地居荊服下流山川形勢素稱阨塞州志修於嘉靖壬子迄今一百十二年載籍蕪廢州人盧使君濬巖有志補續搜訪於兵燹殘破之餘久之獲舊志於吾邑故家手自排纂發凡起例拾遺補闕於是蘄之掌故爕然臚列蘄志始得爲完書矣余惟郡國之有志名曰地志實則史也有唐元和以後地志始盛宋人撰地志者吾所及見則宋敏求之長安東京二志程大昌之雍錄范成大之吳郡志陸務觀之會稽志詳畧得中具有體要有明地志盛稱康德涵之武功王敬夫之鄠縣都元敬之練川顏惟喬之隨州武功鄠縣練川近古而太畧隨志畧於隨而雜舉時政非體也使君有良史之才留心蘄志輶軒所

至廣咨博訪如揚子雲所云把三寸弱翰齎油素四尺以問異語歸卽以鉛摘之於槧歷載搆綴以有斯文文直事核有倫有要其事則蘄其文則史當與宋程諸公抗行後世豈不偉哉余嘗習乎楚之故矣黎爲高辛氏火正以湻燿惇大光昭四海故命之曰祝融其子孫實光啟土春秋詩禮樂故志訓典之教則申叔時志之三墳五典八索九邱之書則左史讀之韓起見易象春秋曰周禮在魯楚兼之矣自公羊子斥楚爲南夷而宋儒解一匡天下證明其說余詳攷之詩所謂蠢爾蠻荊者

毛萇曰蠻荆荆州之蠻范曄以爲長沙九溪蠻也孔子稱齊桓一匡天下爲其伐山戎斬孤竹非爲包茅征楚之役也宋儒承公羊之誤合蠻荆而一之使祝融明德之後與盤瓠犬戎之種共襲南夷之號春秋以來翼軫鶉尾之區蒙氣未雪此亦楚人之責也使君今之申叔左史也其亦以蘄爲職志徵文奮筆爲三楚一洗之他日將爲楚語爲楚書而假余言以發其端余請執簡以竢焉

蘄州志序　錢盩

副使盧公濬巖官蘇時於余家得湖廣通志黃州府志蘄州郡志遂以書詞往復於蘄在署修成盧志前輩勇於任事如此余先世秀峰仍峰公兩官於楚視楚直如一家楚中所得諸文籍如守家珍子孫不敢壞故諸志悉存余家是盧志成亦余先世意也盧志後九十年間文獻漸就湮没而余又適官於蘄責有所屬余不敢辭聘請名儒開館纂修復得成今志蘄故多世家顧黃公博極羣書所著白茅堂考據精詳於蘄事尤密黃公不仕號召生徒人材輩出各有著述故事文倍於盧志又

此文乃程春

盧志人物自甘志郝志歷數百年今志纔九十年人物亦倍蓋我
朝愛養教誨薰陶涵濡人爭自淬磨義士孝子節婦十室必有則我
朝功德及人邁於往古者卽今志人物可見矣余宦蘄承今郡守李公後事治人安不費經理得以其暇興書院徵文獻是志成又皆李公功也

重修蘄志序　李珌

往余守蘄州得盧副使紘所爲州志愛其文博而事贍

公餘未嘗不往復觀之及聞其書成於江南官署又未嘗不嘆其任事之勇雖簿書錢穀應接龐雜之會而粹然能自立言如此其才固不可及也方今距副使時近百年
聖治涵濡人文日盛士夫卓犖可傳之事日益多郡縣舊有志者重修無者創輯次第並舉蘄志自副使後無復踵其事者余守蘄幾二載愧無副使之才遂亦不能竭蹶以從事其視修志固有志焉而未之逮也乙亥春州守虞山錢君迺始招集文學之士因盧書增而新之審體

例愼去取親爲釐定非苟作者余聞君先世與副使以文章交好州志舊本散失得自君家秀峰公副使乃得據其梗本成書而錢某公爲之序是蘄志之至今存固君先世力也及君至蘄蘄志又成前牧是州者或公冗不暇及或議定而終止數十年因仍闕畧以待夫君之爲之淵源相繼豈亦有數存焉於其間耶然蘄以繁劇之地中智以下類不克勝任君旣治之裕如而兼能以其餘力著書覗副使在江南時何如哉書成問序於余余旣嘉其任事之勇又喜其卒有以成君先世之志以

爲守蘄者文其陋故絛其顚末歸之蘇子云物莫不始於粗而終於精副使舊本善矣今復監而加精焉而事文皆增於舊是又其勢使然也

風水本義自序　袁培松 康于州人

利欲之溺人心也久矣學者昧於義利之辨營營逐逐謀所以利其身者無所不至至於送死爲事親之大事亦復不揣其本而術士風水之說從而乘之於是因以爲利者駸駸乎日新月盛沈迷而不自知其與佛老之徒以福田利益簧鼓天下者何以異哉夫天理人欲同行異情葬親而求其體魄之安者義也無所爲而爲之者也葬親而冀其子孫之福者利也有所爲而爲之者也義利之辨其端甚微而所係於人心風俗者至大吾夫子喻利喻義之說所爲深切而著明也培松屈首受書粗知義利之別欲一一辨而正之顧千緒萬端難更僕數端居多暇且卽送死之一節稽之於經諏之於律而一證以儒先之說輯爲風水本義一書以明葬親之本原以正術士之妖妄閭里間有索觀者所不惜焉誠得其說而深長思之則義利之辨當有曉然於人心者

嗚呼豈獨此一事爲然哉　竹隱園存稿

湖北金石存佚考自序　陳詩

自歐陽氏集古有錄而繼是而作者體例益加詳焉有全錄其文者洪景伯之隸釋隸續都元敬之金薤琳琅是也又以地分以類從者若王象之輿地碑目及寶刻類編是也踵事者增華代出者後勝亦理勢之必然者與

本朝鎭洋畢秋帆先生撫關中調河南皆有金石記已而節制湖廣甫下車檄委德安馬通判偏求湖北十一府

州已乃以漢碑無一存者遂爾中止而于意則有進焉漢碑之佚當歐趙著錄時斯固未嘗佚也歐陽兩家既已跋而錄之矣洪氏又全而載之矣今以後此之佚而并曩時之存者置而不錄是碑之佚非獨時為之而又自我而為之也其所佚不既多乎歐陽公謂集錄古文可以考証史傳異同于以為不唯是而已一代之典章一鄉之文獻往往有史傳所未及而藉遺文以傳者輒推此意凡碑之現存與碑之雖不存而文見於他書及本集者咸輯而錄之嘉慶甲子業據所錄載之通志中

矣十餘年來所見所聞又有進於是者爰與同學諸子裒集成編以地分紀以類相從得卷二十有二所有跋語亦復重加改定夫嫺於遺訓咨於故實此正學者事也敢曰嗜奇愛古繼跡洪歐也哉

李東皋詩序　顧景星

東皋既解組歸里老耽吟咏毎手書成帙輒用示余反覆咀茹有味乎其言也夫詩貴有品三百篇作者未嘗主名而本事成篇因心造語非有緣聲襲體刋短挈長而七情著焉百度存焉變而為五七言為樂府歌行近體始各有主名鍾嶸立論始言品禮少儀問食品曰子亟食於某乎說者曰人情於品味有偏嗜云爾文苞屈茇武鮑齊縱不與衆同好故足口實焉高廷禮選唐詩名曰品彙品而曰彙通人之言也然而其品各列亦鍾氏之旨焉余讀東皋之詩嘆其有品其為詩也若奇山遠島窮窕杳冥魌歗猩啼魚跳蛟舞使人畏而不敢入入而莫能窮其藴蓋其嗜古獨深故能本事成篇因心造語以成其品今夫衆人之所嗜也習而莫易則南稻北麥也羣然大嚼則屠爨宰烹也久矣夫詩之鮮品矣

余故讀東皋之詩而曰此東皋之詩之品也

龔百子詩草序　顧景星

錢某序吳梅村詩云詩有不學而能有學而不能有愈學愈不能余嘗不直其說夫滄浪之歌聞諸孺子競病之韻出於武夫偶動於天別無撰著可謂能乎陳伯玉弱冠未知書高達夫五十始工韻可謂不能乎原伯魯不學閔子曰學殖也不殖將落今謂學而不能愈學而愈不能是沮天下之學人而獎其自畫也夫人質秉鈍斂則有之相如腐毫枚皋立就二者誠不可强同而於

學則一也故夫詩有才力品格之殊而未有學而不能者其終不能必也不學乎龔百子少以徇藝鳴於有司頓挫塲屋老得貢大廷飛動侘傺無所爲厗乃始爲詩初未嘗學學焉而輙工視伯玉則遲視達夫不爲後百子之先草堂先生有重名于古百子其嫡裔也所居羅州故城之東白雲山下有西河東南流匯爲大湖出石穴山入於江去今城四十里百子野服扁舟徜徉遠俗歲不一二入市當年富時裘馬擊劍任俠解紛閲歷亂離撫境異致有韋左司王右丞之風故其詩亦時時似

之至於薑桂之性頭白益堅若加纓芾不爲榮終邱林不爲悶者疑王韋所未能焉予第四子晨百子館甥故予知百子居家好學狀而其詩未始問世世亦未之知焉因書詩册之右方以告世之志於學詩者

秦餘草自序　張士淑

秋氣入林木葉就脫張子放開山居感時觸事情往會悲自念生平性躭閒寂懶親應務家有别業二區一臨清流一在萬松深處各聚古文數百卷每清流沉碧長松發濤輒隨意展讀數篇然畧覩大意不求甚解此自是一生讀書不得力處非故欲效武侯元亮也亂喪以來書籍殘逸張子復不善治生家日落並無相如四壁何從覓古文奇字而當世無蔡中郎即擁書三十乘誰復傾囊持贈者昔昌黎謫潮州尙能從人借得史記一部今生居中原文物之地遂不及荒徼嶺表處念之浩嘆少時知慕古文詞而賦性疎放所作詩歌序記之文脫稿時旋即失去近則亂離播越懷抱鬱鬱筆墨之緣如明妃出塞遠絶漢宮嘗思杜少陵值天寶之亂遠客四川其所爲詩文强半出流離轉徙中因嘆古今人非

獨才不相及即胸次浩落亦正相去甚遠也一日簡敝篋中故紙退筆瘞而塚之忽於敗卷中得往作一帙半爲試牘半爲同社會課把玩一過如逢故人如見所夢因憶曩往與諸同人會業蕭寺振筆摛詞立綴數義酣適之餘或臨流賦詩或登峰遠眺或剪韭夜話今其人半登鬼錄如曹子桓追念南皮之遊何可復得至若臨臯古渡黄鶴離宫昔時錄士較藝故處頹垣廢址蓬蒿没人連昌之竹滿宫洛陽之荆載道雖鮑明遠賦蕪城恐未盡其凉索也余文向有六六章罰酒篇萬松齋稿

宛在草堂近藝及雲社家社凡數種屢經兵火篇什散逸莫可搜輯始知漢魏來藝文志中載著述家無下百千種今其文或不存或存矣而文無全本非盡書不可傳或亦代經喪亂名山石室之藏半埃滅於兵火灰燼之刦耶文凡廿七首不論工拙錄而藏之詳同社姓氏名號之譜紀臨文歲月地所之變如太原嫠婦情深遺簪若謂五百年必復遇子雲則非余意也

雨湖唫社序

黃利通

詩有以地傳者若宋邕之賦天臺故事劉阮仝仙子懷

答是也地有以詩傳者若王摩詰之與裴廸咏輞川諸蹟是也吾郡蘄陽佳境雨湖爲絶勝而千百年來未聞有以詩傳其地者己亥秋余在蘄陽乃得雨湖唫社詩而卒讀之或曰詩風雅不同體聯唫八人釋鳴菴外七子皆蘄人也是猶列國風各稱其國之謂也或曰若人者皆不得志於時楚之湖孰與洞庭而范文正之記岳陽樓也晴光皓月霪雨陰風墨客騷人望之者悲喜頓易今湖而曰雨取以名社詩人之意亦傷矣而余曰不然由前言之夏蟲不可語氷小之乎視諸子也由後言之必懽愉之詞難工而愁苦之音易好脫使諸子早爲朝廷達官大人雍容諷咏其遂不得以詩名乎哉蓋寰宇之湖莫艷於西湖而吳越南宋以後懷古卽事之作亦莫艷於題咏西湖迺蘄春李嵩岑先生撫浙時嘗有雨湖不下西湖之語而余爲之廣其說曰贇錢塘彼諸君子者偕方內外合心同道之友際太平之歲月攄胸中之藻采日見夫環城東南一湖瀲灧委紆而漁舟夜月蕩漾於兩岸人煙鐘聲斷續之間境之所至意必至之意之所至詩必至之又何必斷橋春旱靈隱秋深始

足供人歌咏流連也哉而至於桃花美人之句楊柳竹枝之詞傳與不傳固不足道也家咸砥南晉軍兄弟余既已閱其詩而爲之序矣其爲余言聯唫諸友一皆有古君子風敦行誼尚意氣若秦君承畿著有愚圃諸集張君子駿著有易齋詩集郭君眉岩熊君漢南一著有蒼屏詩文一著有玉山詩稿而兩峰集則李君谷友之所著也李君爲瀕湖先生曾孫讀書芝麓山房卽先生著本草綱目舊處上人鳴菴從廬山來駐錫蘄之東山寺悟禪爲詩會詩於禪又不減辨材愚勤一輩人然則

諸君子之以雨湖名社者意蓋不在雨湖也烟消水綠西崖如對數峰山青曲終人遠他日詩之以雨湖傳雨湖之以詩傳是非吾之所得而知矣

兩峰詩集序

侯執信

雍正七年

天子命各省大吏選詞臣及其地之老宿耆儒文行重於鄉者纂修通志吾楚齊安郡舉三人以應其一則兩峰李先生也余襄其役朝夕得晤欽其人領其論讀其文心甚偉之通志成兩峰之所輯已呈

闕廷傳之無窮後見雨湖七子集稱兩峰擅場顧以不獲覩其全爲憾乾隆六年令長君用枚肄業江漢書院兩峰已謝世矣余時復監院事用枚出其笈中兩峰詩集請余序余撫卷太息悼兩峰之不復聚首而喜得其詩盡發而讀之瀟洒灝蕩咳唾風生若蘄陽竹樹雨湖煙波中有兩峰在焉夫詩與史相爲表裏兩峰之志列於良史而其詩亦自不可泯滅且其先人瀕湖先生著本草綱目以壽萬世其曾祖兵憲公以靖難祀忠孝祠禮教之遺淵源有自蓋又非徒事風雅之所可同日而語者流風未遠趨庭如昨是有望於用枚兄弟也夫

黃丹崖北遊草序

熊楚荊 漢南州人

大凡論詩者謂文生於情情生於理予則更下一轉語曰若止此常情常理則文亦平常爾反不若無文也每見才子爲文如驚雷怒濤有一段浩然奇偉之氣學者若以常情常理求之末由得其旨趣之所在故善文者必欲醉盡花柳賞窮江山大塊之內遇有可驚可愕之處發爲妙論則如有神助矣余友丹崖之詩亦然丹崖少負氣節足跡幾遍天下今年春偶出北遊草一帙示

予予覩其渡黃河過淇水濁浪排空陰風怒號而菉竹漪漪衛武之遺風猶有存者故其詩汪洋浩瀚而不可涯際過廣武之墟望楚漢之戰場想見其黑雲蔽野白骨撐天故其詩悲狀慘凄令人神傷而膽慄謁端木於宜溝弔平原於確縣八龍擅美高陽三字沈冤武穆韓陵石老依然北魏山河銅雀臺荒空對曹瞞疑塚磁州道望賀蘭山蘇子銘鑴雪浪石一切弔古傷今激昂慷慨無不意遠情深故其詩如寡婦之夜泣哀猿之晚叫凄凄楚楚令人感憤而悲傷向使丹崖杜門不出鄙所

蛤琢不過一邱一壑之間耳若夫天地之奇觀山川之壯麗與夫烈士忠臣之故居舊里殘碑斷碣於何而見之於何而琢之哉予旣樂丹崖之詩復多丹崖之遊因序以志之云

陳菖湖時藝序 與在山堂集文少異　程大中

蘄爲州當吳楚之交其土地沃衍其山川蜿蜒盤曲其人重義氣能文章顧頗不好名自宋以來吳龍圖林徵君以後作者代興而文章傳誦當世者絕少其風氣近古可知也

國初顧徵君白茅堂集上下千古獨當一代徵君歿數年西軒曹公始序而行之他如李人虎之江麓堂李子疇之澄源錄皆蘄地之可傳者今其書之傳雖有後世之名何益若夫其力可以至行世而卒不傳此豈不好名之故哉將毋目覩其散軼而不復收而存之者之使人私恨無窮也陳菖湖先生少以文章名一時其時藝風力健舉往往直似古人尤爲世所推重弱冠食廪餼著聞江漢間已而貢成均久困

京師無不知菖湖其人者顧益退抑自下所作皆私之篋笥不以示人及夫成進士出宰貴池歸老菖湖每一濡毫輒歷時輩或勸之授之梓者第曰徐徐俟之蓋其不好名如此先生歿七年其姪艮報始裒輯其稿屬余點次且爲之序余以爲物之有光氣者雖復散軼不出終當見於後世然及其旣出而其物或不完或其物完人莫能名其器或能名其器而不知誰實爲之者皆可恨然則不使其散軼而收而存之者此非後死者之責歟菖湖先生之名久在人口其文亦不待余之稱述然後傳爲之後者之汲汲於是有足多者故樂爲之序嗟呼使夫蘄之不好名者而皆能愛其先世之名其書之傳於世不愈多而其風氣不愈進於古耶

駱商亭務敏齋制藝序　陳詩

道光五年乙酉八月旣望駱生翕秋試竣謁予於歸隱草堂出其父商亭遺稾囑予論定而付之剞劂氏蓋商亭以乾隆乙酉舉於鄉相距六十年矣當是時商亭文名噪甚與同里胡蘭亭吳巳山相伯仲而又得學師應城程拳時塾師黃岡周吉夫兩先生相與切劘而唱和之宜其獨出冠時而有以異於恆人也商亭四上公車

已丑辛卯會試兩膺房薦已而授武昌學官寻以壬子歲相見於齋舍時猶未老也商亭所爲文無慮數百篇而不自愛惜隨手輙散去身歿數十年翥思表前人之美掇拾於朋友間積日累月得前所持百四十許通而委寻去取之寻旣夙仰商亭文何容復汰顧嘗讀朱文公學校貢舉之議矣以謂命題必依章句而主司命題於所當連而反斷之於所當斷而反連之附會離合不特家法之不立而已翥所收多攷訂生徒課試之作以此別裁使商亭可作當亦以斯言爲至論也故約之又約凡得五十餘首學商亭者於此取則焉旣以序其文

而并識其說於此云

王敬之先生序畧　陳謨

王族與吾族居址相接故世相婚媾而王公敬之先生則謨之外大父也謨三四歲時見一翁龎眉皓首方面長鬚聲如宏鐘謨見之卽怖畏退走而外大母吳孺人執余手曰汝勿畏此汝外家翁也謨初識之無見翁於庭畔手閱一編進而問曰家翁所讀何書我可讀否公笑曰此司馬資治通鑑也備載古今治蹟汝作文時我與汝讀庶爲有用文章至今公之手澤存焉謨方八歲公與吳孺人間一月而卒謨亦不知公之生平爲何許人及長侍先祖華重公側間詢及公之行誼先祖爲余言汝外祖敬之公少負不羈才任俠揮金如糞土廣交結座客常滿遇知名士必投轄盡歡不屑舉子業博覽史鑑傳記凡六家七畧輙過目不忘毎談論古今成敗較若列眉其後際亂離田園荒蕪家道中落及

大清定鼎乃招募開墾數年遂致盈富是時族人因喪亂各逃散遠邑所有田畝俱荒棄不治而官家糧餉公以一身承納斯時若任糧募種可益田數十頃而公不取

招致族人復其故業給以牛種還定安集之其有功於族衆甚大後又捐所應得之貲買產若干爲祀費至今烝嘗世守焉謨所聞於先大父者如此公生子四其女一卽先妣王孺人也生謨弟兄四人忝令外大父之行誼湮沒不傳乎因述其行俾公之曾孫某鐫諸板

引三首

募修鳳山寺引　陳詩

蘄州有古刹在鳳山之麓曰正覺亦曰四祖寺四祖開

禪於黃梅之破額山賜號大醫禪師黃梅故屬蘄州故州人建寺亦沿稱之即今鳳山寺是也寺建於前明洪武初有轉輪藏閣鐘鼓樓爲殿左右翼有僧寮榜曰七葉

本朝順治間一再修之而規制以備迄於今百有八十年矣風雨之摧殘蟲蠹之剝蝕亦白之漫漶而不鮮積漸使然頹爾如委於是住持明修奮然思復其舊觀而與吾鄉之耆宿文君紹箕商之文君語之曰衆擎易舉盡心力而廣募之勿懈勿耗何患不迄用有成哉乃以序引見咨於余余嘗愛趙松雪之記九宮山也以謂士食舊德農服先疇而坐賈行商皆不墜其先人之業而各盡其心各善其事則斯文日以新庠序日以盛家日以益富室日以益隆安有壞家毀室者哉吾人之心與佛祖之心其致一也體佛祖之心以爲吾人則吾人可以安居而粒食推吾人之心以爲佛祖則佛祖亦將安享而效靈余故本松雪之意以爲斯說庶幾見者欣然鬨者躍然而寺之成也行有日矣於是乎書

西河橋引　李珌

西河在州治東北六十里衆流之所匯也河干即西河驛驛絡孔道冬春水淺褰裳病涉夏秋水漲加以大風望洋思阻往往公私羈程余涖蘄因公頻渡矚有石橋半亘而圮問瀕河居民云康熙中牧官率紳士所建未竣厥功後爲木梁修而屢壞今用編桴編桴水小大皆難行適貢生袁士昌等以繼修請余曰石橋難成木橋易壞覓砌石以釃水密架木以成梁可以永久夫修治橋梁王政也守土者所當急舉急公好義者所樂襄也因捐微俸爲紳士者老勸擬觀成有日焉

附　原募西河橋引　張士駰 州牧

謂夫山靈柢道河伯稽天泣歧望洋嘻同一轍然而陰平氈裹猶險縋士載而來華陘梯飈仍計取昌黎而下是則乞天一線還應分猿鳥之路以惠人若夫隔水盈溝豈易向魚龍之宮而借逕毋際蒙泉橫出之候未免乘旺氣於荻苗即起伊人宛在之思止可咏間情於匏葉至若衝當郵遞扼要輪蹏辟水無犀架梁少鵲未容暴虎何所恃以馮河即若爲狐寍不妨其濡尾最是烏知返樹墟煙欲斷之時騎不飛空谿雨驟來之會狂歌

擊楫難追士雅之蹤決策唧刀慮挫阿童之銳始聰懷於周道行矣無辭旋大息乎阮途窮而有悔斯時也田單之裘暫煖曷盡被乎臨淄子產之乘徒勞將不繼乎溱洧所以君子詳稽王政知病涉足以妨民而艮士廣佈福田即利濟無非善果也維此西河之驛是鈐孔道之吭然而扶策而來動低徊於問渡望烟而集輿嘅息於迷津豈其阻衣帶之盈盈劃分大度聽其扼蝸蠅之攘攘不講成梁斯里民劉楚相所以矢願鳩工抗懷逼道不惜千金盡廢結大願於愚公黐慮一簣鮮終銜幽

恨於精衛欲終慧業丐我微言念其苦行不比枯禪在君子當愛人以德若更着脚皆爲實地宜我輩不玉彼於成吾豈徒饒膜期立破行見柳遮春岸紛離緒於麴塵曙起秋原爽旅人之砥矢豈爲百世之利固已在茲即如萬里之行任從此始

按志例不載駢體以西河之有橋自前州牧張公募修始故附錄之

文一首

瘞枯骨文

蔣尚德 德興州牧

明季流寇充斥張獻逆蹂躪楚蜀虐始於蘄夜半襲城恣行刼掠盡驅其男婦老幼於濠邊坑殺之濠遂就湮迄今百有餘載余司牧茲土耆老縉紳以濬城濠請迺詳請興工白骨暴露莫以酒脯告諸靈曰爾生不辰適於陽九獻賊鴟張荊藩失守維爾諸靈或儕旿伍或列簪纓或士以烈著或婦以貞名骸積成山血流爲谷天地晝昏風雨夜哭嗚呼哀哉

聖朝受命治逾百年民不識兵革室共樂粥饘追維往事涕泗泫然余涖茲州恭宣天澤利與衆興弊與衆革復理

城濠逼商集益爰動畚鍤發爾幽墟爾墟泥淤壓以屋廬爾骨旣暴余用欷歔捐貲以收更諸爽塏鑱石勒銘千秋不改嗚呼自古有死兮白骨成塵爾獨罹殃兮曠世酸辛移藏高壤兮庶返其眞貞魂毅魄兮窀穸與親維此生民兮爾戚爾鄰無爲厲於茲土兮將終古而不泯

論一首

陳卦峰保臺論

檀萃 默齋 望江

余讀三生瑣談而爲之論也曰此役也吾卦峯同年陳

君之功幾出張睢陽上其曰三生者卦峯三瀕於死而究得生天之生卦峯者所以保臺灣也臺地雖隔海漳泉諸郡之民咸往居之如古青州之嵎夷暘谷今江南之崇明沙廣東之瓊州雖越海實爲內地故諸羅以捍蔽臺灣臺灣以捍蔽閩浙粵東諸海疆爲東南大保障無諸羅則臺灣不守失臺灣則海疆諸郡不能安釁起於械鬬禍兆於天地會隙開於嚴煙楊文麟勢大於林爽文卦峯已陞去不肯見事機而委卸因復諸羅而守之臺得不失郎至賊就擒內郡以安東南之保障復固

其功大矣而曰出睢陽上何也昔張巡以雍邱令與許遠共守睢陽睢陽不能守韓文公論之以爲遮蔽江淮阻遏其勢終歸以功况卦峯之能守乎其請救不至血書不省則其時之爲賀蘭進明者舉相望也食絕糧盡至於刮地煎硝掘草根煮油粃何異於羅雀掘鼠之危急也猶且旦夕出戰意氣不衰豈非天人卒成大功故曰功出睢陽上也且後人有事兵過前人者當時不之覺也後來宜知之當不以吾言爲不然嗟乎臺灣之禍始於風俗之頹敗政令之廢弛營弁之包庇幕胥之猖獗相習成風牢不可破使唐令早從卦峯查辦之言毋使滋蔓則禍可以不作禍之既作諸大吏若聽其乘虛直擣大里杙期會勦大捕林之謀首惡亦易於就擒而選輭不前不顧生靈之塗炭卦峯自分必死又以大兵之救而生吏議復欲死之

天恩總爲生之感憤積於胸中著爲此書瑣屑而談以作官臺者之龜鑒也其書質而不俚年月日時紀載之分明地里姓名詳書之具悉其中言曾於鹽水港記湧出大砲二十移巡廳衙門或千斤或三千斤洗出之大得其

用是知善爲政者平日無處不留心也昨者南籠之變亦然賊正急時無砲以禦金君某守城謂曾見總兵署庫有大砲五座總兵不知也查之果得移以禦賊賊退而城全武官專司其事有遺砲而不知文官知之天下事大抵皆如此也至於用砲之法鉛子如碗山崩地裂賊成齏粉女裂以壓牲血塗而發之他如進步連環長鎗長刀皆械鬬之用瑣叙不遺俾知所考也於漳州有秦光屏者工械鬬其徒甚衆與林爽文不相能林逆最憚之

大兵至有言光昇者即招請閩軍裝見盔甲與器仗曰此官兵打仗耳非械鬬所用也另爲造之隨過海林逆聞光昇以衆至即披靡於是光昇得武官卦峯竟陷於重罪自來軍營之功過原不足憑言之能無慨然卦峯於吾爲鄉榜大同年辛巳之春相遇於山東道上因同行時張丈念祖梁君景陽張君宗政及其州一路懽集以至於京後來予果至其家拜其尊老交其兄弟所居往望天坂祖墓爲雪菴和尚所卜世爲富族好行善事以至於今馬朝柱發覺由於陳氏所保全者至衆終不言

功今卦峯之守諸羅平逆匪沿海諸郡數十俱受其福功德至大子孫之受福更無窮憶臺匪熾時孫補山爲粤督急往駐潮以控制則其搖動內地之勢亦岌岌矣得補山往駐而靖予曾爲頌以寄之吾輩豈盡碌碌無能爲由得地與不得地耳補山得地矣且勇往矣聞之壹似有所牽制不能盡其心意所爲卒鬱鬱以行陣終陳勤齋晚乃發攄旋即殂逝徐雨松亦然官望雖顯而以迍邅至於道殂言之令人酸楚豈盡得地哉予與卦峯別來久先後俱出予至以竄人羈於滇聞其來牧嵩明庶得合并而卒不果今春予自滇回夏抵鄂渚遇其四弟韞山出此著以相示閱其後海內諸鉅公之所爲詩篇序傳無不備故爲立論以著其功其書指叙無不盡然其中亦多意不盡言之隱是在讀者善會焉時以卦峯容貌動作粹然儒生一値事變刼之以衆臨之以兵見死不更其守雖危起居竟伸其志不忘百姓之憂百姓戴其仁賊人懾其勇此固儒行也何足訝即予以爲功出睢陽上亦何足訝也杜陵許身稷契人或笑之使得効用安知不建稷契之事功夫稷契尚可許則出

睢陽上亦不以爲驚吾輩諸人補山勤齋畧見之矣吾雖不得所爲而比似卦峯之所爲亦聊以共喜信吾學之不虛云

惜字圖說　陳詩

惜字本讀書人事也幸而垂之竹帛則華裝整軸恭敬而奉持之其或醉墨投稿片楮零章取之朽蠹之餘而投之紅鑪轉之清波歸之無何有之鄉亦非有甚高難行之事也而習焉不察者視若噓唾棄若泥滓有以爲固然者矣王母楊太君心竊憾焉教其子以讀書教其

子以惜字而以身先之其拾而取之也如積金其舉而投之也如觀化於是其子蘭渚心奉之且手圖之而屬諸君子題之詠之披是圖者其有不油然心動者與

贊一首

盧氏二烈贊并序　吳偉業　梅村

蘄州盧大夫以其先公殉難始末來告命余文其隧道之石而及弟姪諸婦之從死者因得牽聯書之亦旣閒見於余文矣顧惟楊袁二婦死狀尤烈不可以莫之討也今按大夫之言楊氏爲諸生盧紱妻袁氏則諸生盧

震初室紱卽大夫之母弟震初其從昆弟之子也楊氏父曰諸生楊榜母朱都梁宗室女癸未正月廿六日蘄城陷賊執紱暨其子晨初令負擔紱度不得脫涕泣拜辭母羅淑人去竟絕莫知所終楊與母并老婢許氏偕陷賊畧至北門趙州關楊方在娠賊欲負之走楊紿曰願少舒比我不能行而後負我賊緣道爇火驅脅行値焰熾處楊牽母腕躍入火中自燒死賊嘆息去老婢守之移日楊頭目猶未盡已隳殰矣審視男也後數日語家人往跡之不復得頭目所在矣袁氏諸生袁嶼第三女城陷震初父紳與子俱被執袁虞不免拜辭祖舅姑及姑夏氏抱周歲兒曰天喜赴井死明日賊退家人具棺木瘞之甲申秋棺爲貍貉所搰和門見袁母子面如生儌襦飾身訖不甚毀改窆於迎山先塋而震初卒未知死所世稱貞柔而易奪者莫婦女若也一旦遇變倉猝犯白刃蹈爐炭斷死於前而不反顧有烈丈夫之所不克爲者何歟古者男有教女亦有教功事則閑姆傅之訓行步則協珮環之節所以豫遠燕私而養成其貞一盧氏二婦內外宗雖皆名家見聞薰習通知禮義然

生於閭閻非夙有師氏詔之女史書之也非其芳潔得之天性能引決自奮如此歟昔人題淸風嶺詩褒譏至召禍譴五代時王凝妻李氏逆旅斷臂歐陽史表而出之以厲世愧俗矧如楊袁駢首捐糜一門爭烈嗚呼可書也已業也不文舊塵詞館以記注爲職敢因大夫之傳信而僭爲載筆若此俾司彤管者尙有攷焉且爲贊詞六章以旌之其文曰

厥初生人取則二儀坤貞應健作配無虧曰惟婦德直信是基壹繄婉嫕廻果實宜孰云纚笄不敵須眉　一章

有美暘袁並出華宗來嬪盧室盥饋克從芳徽蘭秘鳳
鳴和雝宗周低隕遘此鞠凶滔天作孽張燕獎崇二章
蕙帳珠簾一朝委地齊姜宋子化爲鶬額皷哉季芊不
汙賊臂投軀鬱攸燎原罔悖祝融回祿扶輪擁彎隱殯
得雄爐餘猶覩三章觱沸寒泉氂氂圜圜褰裳距躍子
母同歸清泠濯身彭咸爰依泥而不滓珠沈澤輝喜遅
英皇恥從宓妃四章宋有共姬待火灼爛今也則楊神
耀司爟楚有貞姜漸臺流渙袁蹱其武畢命并幹豈無
邦媛偷生衎衎曷不顧懷爾顏泚汗五章凡此義烈壯

夫弗如人綱人紀永賴儲胥彤管朱煒近登載書外史
作頌徵信匪譽綽楔榮旌停光素闇六章

題跋五首

跋蘄州志　顧景星

歷代史成於一人者爲善而躋諸衆手者爲劣史遷而
下莫不皆然唐以後不足觀矣唐蓋出多手歐陽氏起
而一之於是論定始有義例惟郡國之志亦然志即史
也宋子臧史騈稱引前志狠曋厨人濮引軍志范無宇
亦云申胥曰此志也志通於史自春秋已然故史莫不
有志史之志亦以各出一家爲長唐修晉書以天文付
李淳風地理付于志寧誠如江淹所云修史之難無出
於志非老於典故莫克操觚豈不信哉常璩之志華陽
崔鴻之志十六國宋敏求之志河南劉宗謨之志襄陽
褚孝錫之志長沙博采舊聞歸諸一致近代郭青螺豫
章志李千鱗青州志陳應元灤州志康對山武功志郭
造卿永平志稱善衆葺辦局抽憑臆肭若築室道謀汲
深綆短聱不歎頭白可期汗青無日矣蘄之有志自嘉
靖初渠縣令甘公澤始又二十餘年鄉大夫王郝五公

合修之僅十二卷是後未經撰補先君子毅然已任起
春秋傳襄公二十四年止崇禎十七年計二千一百六
十年爲類二十有五爲卷百甫就稿而澹巖盧先生之
書出先生之書綜覈史乘罔羅遺軼啟緗縹於蟫蠲揚
忠孝於汶没義例旣嚴勸懲都婉斷出一手折衷衆言
百世鑑衡卓犖不朽矣先生家學源遠年少通籍盍肆
力古文楚自長沙下雉大泌而後惟先生稱傑其登仕
自大尹叅軍太守今叅政南儲所至必有功德雖簿書
旁午操槧懷鉛未嘗少輟宜其著述精當如此先君子

書本失之繁先生亦時一二取嗚呼來禩方長前芳必繼後之君子其茲法諸

蘄州志跋　方舟（人虎州人）

澹巖盧先生督南儲三年而奏最
天子將以鼓吹迎東渭橋乃先生不自滿假謂邦本民天於是乎在凡有利於民者不惜爲東南請命可謂勞勩獨賢矣而又以其暇博綜典故遊神翰墨於水利則有志於松江則有志三吳之利害在水水之匯而入於海三江居要故志之最後著蘄志蘄先生之鄉也大江上游南北之衝不可無志於是咨諏考證表章揚扢較舊志增十之七鹽政榷茶天文屯田之數條鞭之額舊志所無而今有餘例皆舊志所畧而今詳班然粲然可興可勸自漢以來二千年事蹟具補自嘉靖修志後百十有二年事蹟具舉猗與盛哉余友顧黃公嘗爲余言先生見一事切於義勇於爲政夜不待旦得一義切於理勇於爲文筆不加點其至性然也鄖在新秦則志新秦矣叅西粤則紀西粤矣守山東則序岱史矣榷長蘆鹽則議鹽法矣而又表師曠之墓攷羊祜三世祖之塋復蠲先賢高堂生之隴其他闡幽舉廢不可勝書生平窮四庫五車之富著數百萬言蘄志特其一斑焉耳舟受而卒業曰嗟乎先生積學博用意勤是非論斷光明俊偉本於理學出於忠孝所謂至性者非與語云莫爲之前雖軌弗臧莫爲之後雖範不章先生生諸賢之後起而語如同堂後先生者奉先生之臧軌章範可不勗哉可不勗哉

郭去山篆集題辭　李炳然

往家藏絲天精舍石圖章一按製者何氏旁勒數行悉巧妙細書蓋前代物歷經刼燼獨存之頹垣碎瓦中斯已奇矣吾友郭子去山一見驚嘆曰此吾所祖述雪漁何先生鐫也何從得之爲摩挲難釋手髣髴索幼安之坐臥道邊碑矣他如陽元之於射武子之於馬遙集之於屐叔夜之於鍛宜僚之於丸兒說弟子之於閉是豈有法而可傳者哉凡此都屬懸解解者以不解之法解之乃爲眞解人矣郭子好古多聞士也想其容與墳邱翺翔翰墨克吐棄一切而唯奇是躭至周秦史籀李斯筆意尤所神符冥契蝶書龍體旁分匾刻似不從人間

來其中鋒運腕殫厥身之全力而縱送之一畫一點如
轉圓石於萬仞之山下墜不測之谿焉故酸棗之珠蒸
栗之帙溢滿篋笥觀者莫不形神俱肅也郭子之言曰
余課業之餘搜獵鐫法聊可作書畫觀耳郭子儻有堂
下輪扁之思乎若然將形上形下揚鑣分轡道之與器
終齟齬而不合矣古之所爲不可更則推車至今無蟬
匱故曰百工之作皆聖人也况六藝之文列在學宮美
並日月有不原本道德而能千禩常新者哉寒陵片石
子山以爲可與共語積五十餘年泰焰不能磨礲之彈

子而一旦砌發於今日神物顯晦不可不謂之不相值
也夫有古人之風者始贈以古人之物余何吝蒼璣綠
天不以貽郭子墨妙堂中其相慶有遭矣乎噫精誠所
至金石爲開固亦郭子之志也

書四照堂文集後　錢鋆

副使盧公以文章經濟名於時其治吾蘇政事卓卓可
稱述是有功於吾蘇也蘄州兵亂後文獻無存公獨任
其事廣搜博採彙成一書使前代不至湮沒後世得所
稽攷是又有功於蘄也余至蘄問其子孫流離奔竄並
無室家其所刻四照集亦僅有存者嗚乎其可哀也已

百花吟跋　張德源 慕渠 梅川

砥南黃子百花吟成余向過棲鳳堂讀而心飫之嘗謂
昔人繪月繪影繪水繪聲如百花吟者匪直肖其形容
并其情而肖之矣宋廣平鐵石心腸不能不爲梅花作
賦砥南此吟羣花別開生面增重聲價而陰陽變化四
時之景俱收入筆床硯匣中不獨爲東皇主人勸駕催
裝而已花而有情得有情人寫之吾烏知其不爭解語
耶今砥南墓且宿草而讀其百花吟猶想見當年抱膝

微吟一番淋漓佳興也所著有梧岡詩集數十卷令冢
孫承堅先梓此編爲大集板行之嚆矢因附此語於卷
末

墓誌十首

高母石太恭人墓誌銘　施閏章 愚山

湖西領三郡而蘄人高君尙孚爲臨江廉平不擾郡賴
以寧居三載以母太君憂將去孚愕然若奪左右臂已
而請代不得命彊以墨衰視事視其賦嘗涔涔有淚痕
久之徒跣再拜泣曰培不獲奉母喪以歸死不塞責今

行有日矣願得公一言以誌母幽宮死且無恨予請徵其狀嗚咽不能語有間乃起曰母姓石氏年七十有二逮事先府君僅六載稱未亡人時母年二十三生不孝孤一周閱七月耳當是時狼狽零丁內外無所倚高氏不絕如縷母誓以身殉孤從旁睥睨者僉謂不可終日而母卒之死靡他其拮据荼蓼以鞠以教雖百其口弗能狀也培既官豫章母就養布衣蔬食僾中蕭然予婦或以爲言母嘆曰視昔糟糠不厭時何如吾所耗多矣培是以無敢漁民也培旦出聽事母倚杖側耳聞脫人

械則悅或箠楚聲盈庭則愀然不食培是以刑不敢濫也襁褓而哺之不有其聲及長大有過庭跪而責之督諸婦若孫也亦然培是以無敢傲且惰也夫母之蚤年苦節艱瘁百端培幼不及知而粥粥晨昏以庶幾無隕越則母實使然而今已矣雖待罪考績例當受
封蘄之士大夫合請之學使者將上其事於
朝用旌其閭而母已不待言及此不覺大慟於戲有是母厥有是子信哉會顧子亦方至自蘄於母爲通家子具言石太君爲苦節事藉藉州里間蓋實而可徵也乃次而爲之誌太君爲處士玉華公女年十七歲歸高贈君諱自現爲諸生才而不永母嘗籲以身代事繼姑鄧氏生死盡力有子培即倘孚官江西臨江府知府孫二長曰克紹州庠生考授州同知次曰克楨州庠生考授縣丞曾孫凡七人歲康熙壬寅十月母終於臨江府之官舍今葬於崇居鄉大林山之陽銘曰

陵谷可移石亦可泐惟母心之匪石更終古其不磨滅

明中順大夫山西按察司副使李公墓誌銘

顧景星

公諱樹初字客天蘄州人曾祖諱言聞祖諱時珍大醫院院判封文林郎生考諱建中文林郎四川蓬溪知縣贈中憲大夫妣某氏封安人本生考建木贈中憲大夫妣某氏封安人初太醫夢朱衣人曰來報汝陰德覺而生孫蓬溪弟建木未有子乞爲子蓬溪卒舉家產付兄弟而自以蔌水事嗣母舉萬歷四十六年鄉試明年成進士授戶部主事天啓二年権河西務寶源局銅乏派権關備解若干斤公不以擾民自捐貲購銅又先期入大司農能之薦於朝召對上但稱聲音洪亮薦者大失

望明年以郎中司宣府餉臨商輸粟不實按名責補商賚金乞寢其事叱遣之因中貴人爲之請又不聽無何出知陽和府魏忠賢遣其黨巡宣大自巡撫下望塵拜謁公稱足疾不出烈皇帝誅忠賢臺臣以方正薦陞山西按察副使巡赤城口外立市怨中國不信公至勒石示不欺順義王遣使厚謝公公亦厚報聞於朝降諭慰勞覃恩授中憲大夫請移封本生父而自以中順大夫落職築舘湖上扁舟野服號雨湖釣叟耽酒工詩有頴餘慵稭數卷崇正八年寇犯境公捐郭外大池決堤通

湖以衛城十六年寇陷蘄遇害年五十七配朱氏宜人先卒繼封氏宜人偕死生於萬歷丁亥四月七日卒於崇禎癸未正月二十八日子三延慶貢生同遇害具慶文學朱氏出全慶文學封氏出具慶子三之瑨之玖之瑶全慶子一繩祖以某年月日葬公東湖猴耳洞之原公在陽和赤城皆有祠蘄則自其祖考皆崇祀景星旣受其子所爲狀爲李氏四賢傳而又爲公誌銘銘曰

仁術壽世職公先宜樹贈言報靡嘗俎豆三世侯邦賢處豐而約厥德剛毅魂雄魄歌國殤目窮千里歸心傷鍥石維幽旌日新匪昭羨門授後人爾臧爾熾宜子孫

勑贈中大夫盧公神道碑銘　吳偉業

丙子歲偉業被命偕給諫耒陽宋公九青典校湖廣鄉試時中原已憂寇盛彌漫豫楚之交流氛四出羽檄交道謬以一介虔奉簡書揚旍馳驛巖疆轉徙金革幸得畢使以鉛黃甲乙多士鎖院三試所弋獲皆爲俊民而蘄州盧大夫綋在選徹棘捧雉來謁翩翩然君子人也旣而詢知其家世以儒業發聞尊人吕侯公經行犖犖爲儒林長德余嘉其學有淵源稱歎者久之迄今兩閱

星終而大夫來爲叅藩董儲倚於茲土一再過存具吕侯公素履及奉諱始末以視泣而請曰先君生平好古篤行阨於時數潛德弗耀重以寇禍滔天毒流方嶽闔門抗節竟殞非命孤每念此日夜悼心今幸蒙恩

聖朝榮施泉壤告第納書秩登三品於令得樹碣隧道以紀休昭烈而徵辭摩勒尚俟載筆惟夫子辱知最深又前職記注若不鄙而賜之光闡孤實假寵以報所天微直成我而已敢固以請余衰薾不事脂澤之言何足爲公增重顧念公積學純行法宜備書其死事一節尤奇且

處大夫父子間契分特厚釆録懿媺傳信脩史固其所
也庸敢以不文辭謹掇大夫自狀與虞山錢先生所爲
傳而繫之左方公姓盧氏諱如鼎吕侯其字其先吳人
遷楚之梅川勝國永樂間始占籍於蘄四世而爲南槐
公諱楷即公之考也因孫貴
贈中大夫妣宋氏繼李氏皆贈淑人公生而奇頴承傳家
學卝歲屬文有聲南槐公義方甚嚴營丙舍於濠上引
泉植竹疎窗閒靚以爲公肄業之所延里中少俊讀書
談藝其中公挾册唫諷鞠曣究明不問家人生產淵涵

停滀霈爲文辭弱冠游博士宫頻受知督學使者試輒
雄其儕伍數踏省門不售中閒佹得之而更抑置人皆
爲搤腕公一意修學著書以造進後昆爲已任抗顏家
塾說經鏗鏗疏疑釋難教施如雨至者虛往實歸充然
意得去由是負笈雲集江黃間推爲大師嘗手箋尚書
四子書科别同異丹粉狠藉成就子若從子多列鴻生
畯儒比大夫以丙子名薦書英譽鵲起公遂撞弦息機
不復事榮進爲人厚重質直不苟訾笑服勤孝弟内行
修飭南槐公治家嚴公應唯伺顏色惟謹少有不懌或

形譙讓彌益蹶踖起敬執内外喪毀瘠踰常分財產能
適長兄田廬取湫蔡者僮奴取羸拙者撫兄子如已子
同仁均愛有鳲鳩之心辛巳凶札橫道多殣公倒囷賑
贍視致醫藥宗黨卒倚以全閭閻有爭相率就公平決
片言折衷愧屈過於要質其爲時所信嚮如此異時鄉
里子弟不悅學公用形家言請於當事增壘江中石磯
閣祠梓潼神其上俾助文風自此雋兩闈者蟬聯不絶
蘄人士至今頌德焉公之卒也劇寇自廣濟乘夜襲蘄
公被執賊中有識者目彼善士縱諸寇退舍公勒習里

中人分布關隘爲死守計自守南城寇盡鋭來攻公督
厲守陴殊死鬭賊垂却而他樓堞驟從公後肉薄而入
刃及於背公拒不及遂遇害時癸未春也子姪從孫及
諸婦楊氏袁氏同時死者八九人嗟乎自盜起中原生
靈塗地大城名藩相繼陷沒其間義夫淑媛就爆塵而
不稱者何限而堂堂身都將相擁强兵牧伯正長覆師
失守委而去之色甚安者多矣公進趨退怯耿然儒者
又老困呫嗶未登仕版無頊封畧人民之任而能臨難
賈勇援兵登陴力屈則鈹交胸腹橫屍原野而不惜可

不謂識取舍烈丈夫乎况於雞斯弱質聲不出梱趄蹈如歸者成羣乎公生萬歷戊寅四月下距癸未壽六十有六娶淑人羅氏生男子二長即大夫紘次紱公卒後三日羅淑人屍於江滸焚而瘞之五閱月大夫歸白公事以殉節狀鳴於所司將拜章請旌未及上會改物而止丙戌冬大夫卜新阡葬公土門株樹林已丑第進士由邑令累官參藩廉辦肅給善政流聞凡三報最推恩得贈公自文林郎三命至中大夫壬寅歲今

皇上紀元之載奉

命督糧蘇松而俾余書其隧道之石公可謂有子矣雖不獲光顯其身而洊受哀榮於後天之報忠義不爲無意也在禮死冠之士旌之曰兵戰於郎童汪踦死魯人欲勿殤子曰能執干戈以衛社稷雖欲勿殤也不亦可乎如公精忠大節有光册書無疑也昔魯共姬待火而殞春秋賢之書曰宋災伯姬卒盧氏貞姬競烈玉碎不污曾何愧焉余不揣固陋採摭遺芳牽聯書之比於春秋禮傳之義以詔來者狀又稱公邑子暴卒攝至冥途冥王命屬盧某保任而後釋歸正直之人鬼神所欽有是哉事涉恍惚故從附見然世所喜傳者在此則亦莫得而畧也銘曰

卓哉盧公儒宗文師幼閑庭訓恍禮憒詩法律繩已名敎夙資嚅嚌道眞克昌厥嗣進思經世有物嗑之退淑諸徒南面皐比敷陳聖謨牛毛繭絲疏理滯礙如結得觿蹮蹮媚學陶鑄靡遺方領矩步好仁樂施閭里質成彥方愧知運鍾百六天狼失維巨寇狂猘帕首朱眉羣飛海水濆隄莫稽若火燎原撲滅詎期祝融郊甸魚爛則悲我公孱者武奮熊羆部勒壯士卒用鉅鋌丁寧振

鐸擐甲登陴戈衝賊喉日舍欲移環城百礟三板突隳戰鼓不揚渠門火旗身膏草野刳腹折頤志均馬革義逐死綏婉婉彼姝頫爾自持淸泉虐焰視甘如飴號無茅絰哀動出譆一門忠烈前行後隨似川叩浦啓佑本支巍科洊陟

熙朝羽儀位崇岳牧絳節金龜禮備哀榮鸞書紫綬旌幢棨戟邦委來尸停驂訪舊南史是咨徵文篆刻嶻嶭昭垂佳城鬱葱巽贔豐碑松楸馬鬣傳信在斯於千萬世式瞻慕思

勅贈盧母羅淑人墓誌銘　吳偉業

淑人姓羅氏楚之蘄州人

贈中大夫鹽運使盧公首山諱如鼎之妻進士管江南漕務左參政紘之母也首山於癸未二月賊張獻逆攻蘄誓死設守得正而斃參政時計偕在都次子紱又先期遇害淑人號哭行求收公屍於骸骨撐拒之中以待參政之還憂勞成瘁不半載而卒得年六十有七蓋公之死則殉城也淑人之死則殉夫也可謂酷矣人猶爲淑人厚幸曰未死於兵又六年參政成進士

聖朝推恩其母初以新泰令贈孺人再以桂林府同知贈宜人三以長蘆鹽運使贈淑人

國家十數年間凡有覃慶大典參政母子未嘗不在褒寵中可謂榮矣人猶爲淑人惋惜曰不及於祿偉業讀其家傳而歎曰天地慘黷生民糜爛閨門婦孺以一身措狂於室家骨肉九鼎一絲之際豈不難哉當蘄之初被兵也首山之次子紱紱子晨初從子紳紳子震初皆死而紱妻楊氏震初妻袁氏死尤烈又一月而首山及參政之長子旦初同罹於難蘄黃既全楚之望盧氏尤稱忠孝義門推厥本源咸出公與淑人之教至於今曹江之水空流宋廟之火久熄有過中郎之間而弔其禮宗者幾與共姬孝娥同其節槪淑人生嘗荼苦歿被寵榮烏頭雙闕且與豐碑冢木照耀天壤此史氏所必載而私紀可以弗之詳乎按狀淑人之父繡軒公官藩府書記從荆邸自建昌遷於蘄因家焉盧氏參政之大父曰贈大中大夫南槐公兩家共里閈爲世好繡軒任俠能文南槐之弟曰南林好碁潛尤相善南槐嘗遠遊而不在兩人共奕從者劍首山立於側南林撫之曰兒子也

請君女以爲婚羅公笑而應曰諾南槐至而弗改也南槐娶於宋有二子而母見背公生已五年矣繼室以李氏無子視之如所生羅氏則爲愛壻畜失恃其周恤甚有恩紀參政言之輒出涕曰吾外王父之德猶吾王父也淑人年十九歸于公生長高門裝送爲盛淑人綦縞自甘執縠弗御筬管盤奩紉治必工爲人儉而莊柔而正通詩書能識其大義事高堂具有禮法南槐天性剛嚴寢門之內懾氣屏息李淑人雖賢乎後姑也舅氏之佐遣者又擬於女君勃稽語言易生嫌閒伯兄長姒爲

之析産異居淑人則下氣怡色就養無方二十餘年能奉之以終始斯其孝可知已羅氏之饔人膳羞脯醢倣王家食官之制南槐食而甘之舍是卽投箸命徹淑人知之中厨躬自割烹約水火之齊醬物珍物必致其美命媵者奉以饋曰此羅氏羹也淑人性不飲自奉麤飯無兼味有潔癖簠簋匕箸必手滌而几席振拂無纖塵身親井臼生殖漸充僮指百餘計口賦食嘗御之以寬終歲不聞疾言遽色而內外奉其規程莫敢陝輸嬉笑者其家法如此首山屢躓於鎖院淑人婉語相勞逮參

政兄弟就外傅所以教督之有方嘗篝燈聽其夜讀至東漢宋宏傳舉宏糟糠貧賤之語以爲訓又至冠準傳曰天下好用冠老兒爲人當如此矣得參政丙子賢書信曰若他日所就詎止此旁人聣之殊無驚喜容退而皆服冠禍之作也首山自郊徙於城淑人方盥洗聞鬼哭愴然知不保城陷公被縛矣已而釋手執參政之子旦初昭初扶其母張淑人以免弟紱則與妻子偕歿淑人倉皇散有外戚熊姓者導之使歸踰月冠復至公與於難二孫別而纍昭初乘間逸旦初遂不知存亡淑人

僵立壞牆之旁同里顧氏妾者左右之環之以其衣遂與張淑人偕脫嗚呼此二者孰非天爲之哉首山以二月二十二日殪又十日於江滸而得淑人哭而收之焚以殮亂故不成喪也參政間道西還遇其孥於湖涘之舟相扶歸辰山鄉莊而淑人亦已病八月之二十二日遂卒其訣也猶以歿身於手爲幸飯含之夕非淑人避兵時所攜帛中金則不能爲槨參政言之輒嗷然哭墓在蝦蟆湖之秀山原以祖土門株樹林首山藏骨處爲別葬孔子曰衛人之祔也離之魯人之祔也合之季武

子曰合葬非古也周公蓋祔君子之重其親有其禮無其時不能行也同穴之詩平世之所爲作詎所論於流離板蕩哉夫升陘之復以矢狐駘之弔以髽若首山公者所謂埋而置碣得土而已此窮於禮者之禮也淑人則猶得斂以時服懸棺而封故其於公也有杞梁同絕之心而援蒼梧不從之義別誌者蓋變文以起例所以著其孝而申其哀焉余嘗汎覽史傳每歎天下大亂女子之死節者其姓名最易爲抑沒傳者蓋千不獲一惟子奉其母婦奉其姑幸而得免者其後門第光顯後人

爲之稱述或側見於孝義獨行世家列傳之中而貞姬節母遂以累禩不朽今觀淑人得全而楊氏袁氏因之並著於後蓋造物若留之俾生者絕而復續死者隱而得章必如此始可報首山於九原而啓參政於身後豈偶然耶余史官也又嘗使楚於楚事宜詳參政今宦於吳爲廉吏爲孝子傳曰非此母不生此子然則淑人之必傳於百世無疑也是何可不銘銘曰

鈷鉧原泉兮其流發發爰采香草兮我心則悅石穴州高兮銅雩江小翠篠霜筠兮停雲縹緲若堂若斧兮出

於湖壖二湘之哲兮八采之門釋奴龍子兮一日千里伊誰貽之兮毋之懷矣蘄春大澤兮狐鳴篝火黃巾城下兮白骨道左爻求死子兮婦求死夫無使併沒兮天乎何辜崩城隕霜兮匍匐喪亂歛魄山邱兮夫復奚憾我刻斯銘兮用昭

懿綸誰曰不見兮後千百世其長存

明誥封明威將軍王公墓誌　金德嘉會公梅川

公諱敔姓王氏世爲鳳陽五河人高祖忠元末起義徐州歸命明太祖爲總戎充先鋒官首克采石拔南臺一時戰功無與比太祖錄其績授錦衣衛指揮使至父勝永樂中復屢征有功調淮安金吾衛指揮使進征江西義安府陣亡是時公生方六歲母夫人丁負公御營告功得給原品俸比年十五宣德朝襲父職卽統兵充先鋒征雲南開通道路應接大軍首擒苗王韋同烈都君俯寄戈等餘黨悉平敘功陞授世襲蘄州衛指揮使公五河人以世官蘄州遂家焉歿葬州之諸家湖敔公長子瓊並扞忠公葬此山嶺左而前後左右諸塋皆子若孫所扞葬者故至今稱王氏祖墓云公以將家子生而英武絕倫

長多謀畧宿將重帥自顧無能出公右以故未弱冠驟以功自拔於儕偶其生平茂伐懿行可紀而傳者不勝書而鼎革兵燹家乘遂刼燬無復存可慨也今公之八世孫綏猷等念歷世旣久將愈湮而無聞王氏之後恐不復知墓之爲公而公之所以墓於蘄也方卜勒石墓側表其畧以垂遠將事有日矣而綏猷之長公開泰適以曲臺舉賢書子姓昌熾益於茲始雖公之行事不復盡見於世然得其梗槪生平皆可想矧觀發祥尤可以卜世德也則我公之武功文德所以承先裕後者夫豈

其微哉

王文學爾錫先生墓誌銘　　盧　紘

王氏於蘄爲望族數百年間甲第隆起蟬聯不絶也其在明隆萬時水部郎正齋公特以治績聞晉滇南廣南郡守是生陪京虎賁衛幕秉吾公秉吾公生文學文學諱亂隆字爾錫生癸巳年甫成童補蘄庠博士弟子以能文有聲屢試輒高等鄉闈凡七試幾售復擲者再自食餼廩一時曹偶多見推終以落落不遇爲憾天啓末以例貢應得補郡邑丞佐員不屑就仍赴省試者三至

庚辰冬以疾卒時年四十有八大志未竟惜也方秉吾公之生文學也得頗艱然性嚴峻不事姑息居恒訓導自進退威儀以至應對賓客秩秩有紀朝夕習於庭不中度譴訶輒隨以故文學雖生長貴介恂恂若處子選言而出擇地而蹈自師淑外無妄交中年始聯郡知名士爲社相砥礪學大進王氏之先世以尚書名家自侍御長石公以麟經售文學亦治麟經著有鷦枝館歴試草蓼堂詠及淡社初編制舉書外又著有金剛經解及梓感應篇以行生平凛凛惟先訓是程無愆尺寸居爾

喪尤有禮母馮孺人大司寇午山公從女元配李孺人憲副鑑池公次女生子四長志溥次卜年又次宗亢又次士濟皆諸生生女三許聘皆名族孫三晉凱咸亨乃志溥生履泰乃士濟生蘄郡之罹冦難也文學先四年而卒殯於堂遂及燬李孺人暨志溥士濟獲免卜年宗亢歿於冦時家僮某暨僧克凡者於殘礫中收遺骸殮而藏之李孺人暨二子脱難後易以棺移殯鄉莊閲九年歲在辛卯始葬於西鄉圓峯山之麓蔡家橋先人墓左之數武又十七年志溥以紘於文學爲世交悉其素

履命弟士濟持書來告云先府君葬雖有年而藏地片石尚鮮一字之識無以示來兹乞爲之銘垂諸永久二子方不憚千里數言是徵可謂不替孝思矣爰爲作誌並系以銘曰

有峯圓兮鬱其崔嵬有流長兮如帶瀠洄藏貞宅兮㠯起崇陔本太原兮世德之培惟文學兮生挺楨材旣全歸兮令譽無隤安斯寢兮蕭然墓臺華表高兮靈鶴翔來松與楸兮孝子顧哀累千禩兮榮葉斯胚

王雲峯先生墓碑銘　　顧　昌培山州人

謹按王氏誌曰吾高祖雲峯公初居珠峯山下有田數百畝桑麻掩映世守耕讀公生而穎異剛果有識斷詩書寓目成誦應童子試刺史蕭公拔爲冠軍後棄制舉潛心詩史以山水自娛嘗遊圓峯吠鷹嶺見山勢迴曲曰此可卜居距山二里許有窩曰吾家瀰瀰者四面山環形若仰盂中有腴田數千畝春水時漲則隴畔成河故以瀰名世傳此宅背巳向亥前列虎峯居者多不獲吉吾祖曰吾何畏乎遂與妣陳孺人遷居焉未十年而生吾曾祖父輩兄季五人曾祖父輩生吾王父輩兄弟

十四人入黌宮者五人至先父輩兄弟三十人貢監入泮一十四人至鳳輩兄弟七十人或補博士員或登成均或食廩餼而習制藝者三十餘人至余子姪輩入膠庠者亦五人此莫非祖澤之遺也妣陳孺人治家嚴肅有法年逾期頤孫男百餘人莫不稟稟遵爲矩範居側有小山另出自峯頭蜿蜒而下狀若虺蛇吾祖自卜生基囑吾曾祖西溪公等曰吾歿後葬此必獲吉厥後陳孺人歿吾高祖繼歿遂遵遺命合葬於茲兵燹之餘未丏一言誌其墓明末立短碑歲久剝落今始議修短垣

圍護重豎碑以表其墓云顧生曰嗟乎孝德之於人大矣哉匪特其親必及其祖匪特其祖又推其祖之所自出以言孝也況近在五世之內云乎哉王氏蘄之望族人以地稱皆曰王瀰吾不察其所自來及覽所來家乘乃知雲峯遺澤匪惟未墜迨將十世滋大焉僉謀修墓爰爲之銘銘曰

太原巨姓復有瑯琊遙遙華胄未及其他乃有吾蘄鷹嶺之下厥字雲峯厥居以化負性剛果秉姿穎奇日者所卜曰必在茲生則胥宇沒而合墓子孫繩繩永瞻永

顧

陳太宜人墓誌銘　張方理

余始來楚中聞蘄州陳虞部以方壯之年棄官歸養而家本寒素不能不藉館穀奉節母旨甘心竊韙之其後遂延虞部主荊南講席虞部雖勉來然不時輒歸省嘉慶辛酉虞部來會食聞有家報至五色無主倉皇登輿買輕舟即日東下余不及知也已而虞部來以母病全愈告余爲之躍然以喜而節母竟以是冬即世哀哉越明年夏節母將卜葬虞部以余數年來相知爲最深

持所爲行狀再拜稽顙以銘幽之文屬余自惟服官三十年遇孝義節烈所以表章而揚扢之者惟恐不至矧余於虞部尤相識於風塵之外者其敢以不文辭按狀節母爲女者二十有一年事贈公者一年事姑龔宜人者十有六年爲母者五十有四年封太宜人者二十有二年姓袁歲貢生孔士君女孫舉鄉飲介賓歲貢生開宙君女爲蘄州望族祖母龔李兩太孺人皆賢淑夏日冬夜嘗舉古烈女及戚里淑媛逸事相告語節母耳熟而心儀之婉娩聽從不更煩母訓也其歸我贈公也娠

虞部方五月而贈公遽以疾夭當是時節母痛不欲生姑龔宜人拭淚曉譬之曰陳門世忠厚此區區遺腹者幸而得男即陳氏不絕若綫若之何出此節母乃稍稍進飲食已而生虞部闔族人皆贊賀然歲時伏臘輒淚下如梗縻不自知其眼枯見骨也事孀姑以孝龔宜人中年失子意悶悶不自得家又中落凡百無可代匱者往往小不如意輒急繕其怒節母委曲順承多方開解之俟色霽乃即安夕膳晨羞均出十指餘喪葬一如禮不以貧故少闕虞部少羸多疾病節母與孀姑形影相

弔上下共抱持依之以爲命及稍長有知識必以正教之既就外傅不懈益嚴每夜歸篝燈課讀紡績與書聲相間每以小故塾師予夏楚歸必痛責之曰吾所恃賴者亶有二人耶已而虞部年三十一成進士授官主事

捧

覃恩封誥以歸湖北大吏又上其行義請

旌表如例建坊於祖祠之左偏里中人榮之曰贈公有子實乃母之教澤也節母性方執聞外戶有爭詈聲輒愬愬然發悸中外諸子姪不衣冠不敢見語偶近戲恒義形

於色虞部族居倚兩山間中分小溪舊宅在溪東頗狹隘虞部既假歸請移於溪西節母勉從之然意中殊戀戀曰是先人之敝廬也虞部因是仰窺意旨終其身不敢萌仕進意節母自少壯時悲憂酸辛大恐小恐中坐時驚蓋所謂精已銷亡者晚得心悸疾其始十餘歲一發既數歲發其後頻歲發虞部百方調之病良已卒之前四日飲食安健如故常至其日午席後就寢如熟寐竟不省舉體皆溫軟一如平時十一月十八日也距生於雍正四年十月初四日年七十有六矣子一人即虞

部孫一人守仕州庠生孫女一人適士族曾孫一人道生尚幼以嘉慶七年月日葬於大同鄉長峪里某山之原銘曰

惟婦於夫義在代終區區身殉其道乃窮春暉未報代夫以孝遺育未成代夫以教慈孝旣全大節彌堅幽光所賁乃徹於天齊告之甘荼告之苦甘苦備嘗

帝則錫汝彖翟在躬服之以肅棹楔在道樹之以風舊宅雖忘肯從祿養愛日之誠顲天莫相蘄水潺湲墓門是存埋辭幽壤用安貞魂

胡蘭亭先生墓誌銘　陳詩

嘉慶四年六月十七日蘭亭先生以疾終於里門余時在荊州聞之哭失聲曰先生歿吾邑中治經之士無所問業矣又數月歸造其廬撫棺一慟於是其孤子愿稽顙以請曰卜葬有時請所以誌其墓者予泣而應之念鄉黨姻好中知余者莫若先生知先生者亦莫若余然則銘幽之文非余其孰能爲之先生姓胡氏諱薰字輿載蘭亭其號也世爲蘄州人先世皆有陰德自先生考東山府君出後其從父孝友如故時本生諸子姪雍雍穆穆不肅而自嚴余嘗誌其從子鳳池墓具載於篇其家教然也先生性坦易不言而飲人以和雖悍且詐者每就見輒獻其誠而勃窣窮經自少至老未嘗一日廢於先儒經說一一味其義根手自抄纂彙成卷軸執經問難之侶無不各得其意以去弱冠補諸生又數年以副榜貢太學又數年登賢書旋以臨場改經見黜於

功令而攻苦下帷不以挫折故少懈如是者垂三十年先生之學可謂安且篤者矣先生生於雍正十年十二月二十二日得年六十有六配繆氏子一卽愿邑優廩生與

余爲姻家孫二人榮本邑庠生榮紳曾孫七人以卒之明年十一月二十日葬於中林書屋之左偏從治命也著有四書輯說三十九卷鄉黨義考七卷周易晰言十卷尚書集義五十九卷詩經詳詁二十九卷特牲饋食禮集訓一卷禮記纂錄四十九卷春秋通解二十卷藏於家余旣述先生學行大畧而具以兩人情好系之於銘其詞曰

余見先生始由號舍瀟洒風儋笑言啞啞越十四年爰始造門印證經義猶針芥然自時厥後以心相友一出

一要動則必偶每歲發春往輒踰旬冬暮還里來止逸巡粵戊申歲授經同地月數過從語合符契晰義賞文排難解紛以通以介經緯則均人亦有言奚其爲政先生道行與物無競自我遠遊君亦歸休胡甯忍予乃赴九幽往與君語貧以待老今失先生七十猶夭人生奇樂莫如相知我雖有懷今當訢誰吁嗟已矣歲行在巳遺書具存以貽孫子胡敬之衝馬鬣是封九原不作吾將焉從 以上灊志

新增

明

諭祭保定巡撫南京兵部侍郎李盛春謚恭質文 天啟元年

夙夜不遑臣子勵匪躬之節初終罔替朝廷宏恤下之仁特賁絲綸式光俎豆爾李盛春秉性剛方服官敬慎方冀遐齡忽焉長逝朕用悼焉俾嘉謚以易名沛殊恩而賜賻賁顯親之榮紓予蔭子之華資嗚呼藎臣節於生前無慚職業獎賢能於身後用勸臣僚靈其有知尚能歆格 通志

諭祭前直隸遵化兵備道李梴文 崇正十四年

烈士成仁齎志而終忠臣報國捐軀以從爾李梴矢志忠貞秉心精白值獻逆之煽亂勵臣節以彌堅臨難不屈甘心隕命朕用悼焉特頒祭葬以慰幽魂爾如有知尚克歆享 通志

國朝

諭祭原任巡撫浙江等處地方提督軍務都察院右副都御史降四級李本晟文 康熙二十二年二月初四日遣官黃州知府蘇良嗣

鞠躬盡瘁臣子之芳蹤卹死報勤國家之盛典爾李本晟性行純良才能稱職服官年久厥有勤勞方冀遐齡忽焉長逝朕用悼焉特頒祭葬以慰幽魂嗚呼聿求不朽之榮庶享匪躬之報爾如有知尚克歆享 錢志

送佛空上人序

青礬道士蕭震題於雨湖之西子堂

蕭子服儒者也儒之道設誠以善動忠信以致行蕭子曰吾未見焉行僞而奸言非而辯有之矣故嘗怪聖賢之學或明飾於儒而陰存於墨蓋功名路擅故儒嘗無所不爲而生死途畏故墨嘗有所不爲佛空上人修持猛毅戒律謹刻真若柳子厚所謂奉商鞅之法而弗敢

過者初持浮屠之業於蘄其首垢其服蔞其貌古衆跡棄之師樂就也師願力甚苦視四大如讐賊屎溺忽走深山古洞洞透一罅如鼻蝎虺羅門蝙蝠粘壁師疾驅而入端目凝坐漏深山泠蛇虎疊眈眈視欲嚙師麈尾擊俱伏拜床下奉棒喝衆始異之禮謁如市至頂食以供葢幾乎設誠以善動忠信以致行焉而師復厭之疾走也去海上燃指斷臂且望余官衙避嫌不一謁余益異重今誅茅結團瓢一楹具千月糧欲老而師益厭之謂食非其力不安挈瓢笠走欲募而後就焉蕭子曰進

退不苟禮也取予知慚義也儒者之道葢於師見焉故於其行也送以序 藏稿

四照堂文集序　錢

古今論文者取則於陸平原之文賦其所謂體有萬殊物無一量辭程才以效技意司契而爲匠者已苞舉文章之能事而後區分其體自詩賦以迄於銘說列爲十科其意曰文以萬變爲極意以寸心爲匠用以爲詩則爲緣情綺靡用以爲賦則爲體物瀏亮云耳故申言之曰其爲物也多姿其爲情也屢遷譬音聲之遞代若五色之相宣此文章之準的所謂造車合轍者也今之爲文者鉤章棘句儷花鬬葉雖其辭條文律劌目鉥心選義按部考辭就班而其於扶質立幹沿波討源之指要固已邈然河漢矣傳曰氣以足志文以足言志不足而求之氣氣不足而求之言理不足以立幹情不足以扶質於是乎聲帨滋工榛楛勿翦文體日備而萎敗剽賊之風相挻而作勢使然也吾讀元度使君四照堂集攬其體則文賦所列十門無所不備又加以表策議序等二十餘科若遊羣玉之府天球琬琰可卻車而載也如

入五兵之庫刀斤削劍四出而愈不窮也已而息心撫氣循覽而有得焉如登天門睎咸池罡風灝氣濛濛焉在足下也如泛大海窮扶木珠宮貝闕噓吸涌現而窮髮之北猶吾盤盂也當其爲賦也不知有詩當其爲詩也不知有文當其爲記論諸文也不知有詩賦出乎太微歸諸元造若天吳罔象蜮淚沛於筆端也若帝車威弧抜刺硄礚於紙上也徐而按之辭有條理有幹州次部居披文相質或赴節以投袂或應弦而遣聲肅肅乎長離拂羽而箕伯逐風也整整乎青琱揵芝而素威司

鉦也士銜之賦所謂程才效技司契爲匠者千秋而下實獲我心豈不快哉昔者帝顓頊命火正黎爲司地命曰祝融湻耀光明以啟南邦而楚人能讀墳典邱索者有左史倚相申明春秋詩禮以傅太子者有申叔時推本重黎受氏之初式昭火德有觀射父益祝融之以光明起南方者實以文章爲王而諸君子首光被焉元度楚人也實鍾祝融之餘光以殿我南服而其爲學則左史叔時射父之遺書與吾東魯之易象春秋照耀於孔壁汲冢之餘者也傳有之先河而後海元度之文皆歸

本於墳典詩書知楚學之所自始無忘先王所以昭明南服之意斯世之學將奉以爲斗杓而趣歸於東魯也其將自楚人始余竊有厚望焉然吾聞諸班氏楚自屈原師弟子以騷賦顯名而漢初吳有嚴助朱買臣貴顯中朝文辭並發故世傳楚辭則楚人之辭至漢而以吳人傳也今元度以風節莅吳三吳清嘉鮮淑之氣元度以其胸中雲夢吞而有之吳有輕心無有能當其前行者而余以黃髮遺叟歸老空門負苓採薪重辱下問猥以樸學枯毫誦述盛美吳人之不能有裨於楚視漢人有厚顏焉並書之於末簡以志余愧　通志

瘞骼記

盧紘

胔骼之禁載在周官自王政不行而在下者恫乎有餘傷矣癸未春吾蘄遭寇焰死者遍郊原白骨幾同陵積風雨之夜噭噭聞哭聲即有家而莫辨爲誰氏之兄弟妻子而收之而瘞之蓋黃郡之被寇尤慘莫如蘄時吾友李彥字美仲父子幸脫於難其兄鞏昌僉事既罵賊不絕口蹈鋒及如飴聞者莫不高其節美仲拾殘業勉自支持烽火之餘奄奄非能大振者竄諸遠鄉偶歸故

里頻頻過道旁見白骨相撐如麻而愴然泣下慨然捐資傭工以收之計石而償以值於賓暘門外東山之麓合爲大塚而掩葬焉初自數里外繼自數十百里者俱不憚收集時貧民無以爲生亦樂爲之役不旬日間擔負而至者纍纍不絕也美仲既爲收之值中元集緇流爲乞大士威力以施解脫意甚周矣夫王政弛於上也而學士大夫黽勉以助其不及以此徵國家培養士類之功或殉節義於其前或留德惠於其後美仲伯仲皆能爲宇宙間辦一大事是皆可謂無愧於生人矣昔人

有言曰澤及枯骨厥後宜昌此則宜付之不可知之天道在美仲行仁之時心未必及此乃其長君揚先不遠數千里馳簡索記惟恐後人不察侵陵而暴露夫人修而葺之力不遺餘乃湮而沒者豈復有人心者歟余爲是記又將以成揚先之孝思使後人過此亦愴乎心美仲之心惻乎心揚先之心而不忍終廢其蹟則億萬人之骨無家而有家無主而有主矣　四照堂

芝在堂集序　盧紘

千里起家廣濟甲族與余爲世交余先亦廣濟人廬墓倘有在以故於邑知名士多訂誼譜云千里尊祖翁思郊先生爲積學者儒讀書蘄史氏鳳山之別業曁余先嚴相友善昇托忘年朝夕過還無間尊翁孔賓先生復繼之其一家著述多經先嚴手繕珍襲藏之間出以示余曰此廣濟先輩作子善視之余時方髫齡雖不深省至今念之猶覺先嚴諄誨鏗鏗在耳也及千里與余年則肩隨庚申辛酉間均以童子受知閩周公聚九時余之心慕千里亦猶先嚴之慕思郊孔賓兩先生焉嗣是余兩家先人相繼寢沒而千里及余又時地多違疊丁

喪亂相慕雖殷而邂逅之緣無由數數矣己丑春余倖得第且卑卑就一官時千里亦適應明經選當對
天子之廷意其久困不遇或不難貶志以從固夷然棄弗就少司空李公五鹿時以少叅節駐江黃間聞而高其義爲禮致之置館延生徒受業千里自是益肆心古學即其先世所未竟爲闡究發明凡執經問難其門者莫不虛往實歸從遊之盛無異考亭之在白鹿時也余適過下雉李公舉以告余余謂李公曰千里之學得之紹聞淵源有自矣久晦不顯非公孰與振揚乎李公不謂余言謬既辭去南北分軌又數年千里始遊京師雖落落不求人知然一時聲名藉甚長安諸貴公咸折節下之栢鄉元老至嘆服以爲理學一宗繼齊鶴涇陽而起者端在茲矣爰有雅說集詩文溯洄集之選自是海内人士益爭嚮慕千里而願從之遊者其延譽固有所由盛也後余在津門致一函爲千里候備述世交爲悲鳴悼嘆甚惜艮晤之難千里時雖有答而靚面終阻丙午夏余方駐虞山千里扁舟來過握手懽然道故甚快生平出其芝在堂集以示其文多因問答辨論推究性命

微言脫盡俗儒詮諦旁及傳記吟詠其意咸有指歸非徒侈詞華聲律而已也余讀數過甚快平時所以嚮慕千里者或憾千里以宏通淵雅之學內之當使校書石渠天祿中郎外亦宜補郡邑郎官俾稍殫其蘊柰何累世不遇竟以韋素老惜也嗟乎此不惟不知千里並不知千里之先世者千里之祖若考兩先生皆負才不羈拓落世事及千里則深沉廉退嗣續微傳其超然塵外芥視軒冕乃其自不爲世用非世不用其人也且其族多顯貴令少屈志委蛇烜赫名宦爲多讓其累世以來

寄托高遠固不之屑屑也乃其著作自在足以孤傳其傳也尙不以文章刻科名乎余蓋深知千里者故序其所集之書而並及先世之交有若此也

李時珍傳　顧景星

李時珍字東璧蘄州人父言聞孝友以醫爲業王侯重之時珍生白鹿入室紫芝產庭幼以神仙自命年十四補諸生有聲三舉於鄉不售發憤讀書十年不出戶閾經傳子史聲律農圃星卜佛老稗說莫不備究待詔瞿九思以師事之尤善醫遂以醫自名嘗投單方愈病多不取値遠或千里就藥於門富順王孌庶孽適子疾王因寄諷時珍時珍以良藥進題曰附子和氣湯王感悟適子幸得襲位楚王聞其賢聘爲奉祠掌良醫所事世子暴厥時珍立活之王妃自負金帛以謝不受薦於朝授太醫院院判數歲告歸著本草綱目以太倉王世貞海內博學攜書就正世貞序其書稱爲北斗以南一人生平多陰行善不令人知年七十餘預定死期爲遺表授其子建元令上之萬歷中敕中外獻書建元以遺表進命禮部謄寫兩京各省布政刊行海內珍之時珍晚

年學尤篤晝夜不輟自號瀕湖山人著醫案遺所館詩集唐律脈訣五臟圖論三焦客難命門考白花蛇傳天文地理奇門遁甲諸書以子建中貴封文林郎祀鄉賢

贊曰李公份份樂道遺榮下學上達以師古人既智且仁道藝以成遐以媲之景純通明

顧赤方詩序　施閏章（愚山宣城）

詩之工者作者或不自知有非學所能至而非空疏不學者所能倖也夫詩之爲道大矣惟雄才大力博物閎覽之人然後能振奮自拔於儕俗中韓愈氏稱氣猶水

也言浮物也水之積者厚則爲江爲河蛟龍鱗介之屬出沒其中莫窺其涯涘氣之積者厚則大言小言瓌異變化激爲雷霆風雨之狀駭聽惑視不可方物故苟其未至雖賁育之勇無所施力及其已至則安坐拱手舉泰山如鴻毛覆滄海如杯水其所積者然也余始聞顧赤方而未識其人一日自楚蘄抱其詩直詣門曰非公誰序者余特異之與之見伉爽駘蕩其書累寸未易卒業簿書稍閒則又時取讀之蓋信乎其可以豪矣夫詩之有出於人必其不盡於詩者也其人之不盡於詩者

其詩又無乎不盡者也顧子樂府五七言古體排律恢博雄悍上之原本李杜下之長吉樂天義山以及子瞻放翁旁見側出無所不有往往於時人逅事一言一笑刻畫如生嘗飲酣四顧振衣昂首自謂不讓古人客或訾以爲狂及其遣興授簡馳騁筆墨食頃累數百言頓挫激昂不假琢磨雖號稱工詩者見其便給又暗啞叱咤未嘗不驚其言若河漢也赤方機警性成今總憲龔公嘗識之總角中既長亦博覽强記諸子百家仙釋諸書無不流覽勤蒐以贍其才力故其詩如此有駭其太雄而未純者赤方則掉頭不顧郡翔言哉予姑爲楚歌以言洸洋以適吾志焉學餘文集　按此序自芋堂未載今從原集采錄

答顧赤方　李漁笠翁金華

弟客楚江半載得金甚少得句頗多但苦和者寥寥自鳴孤掌爲恨耳茲得高軒至此纔逅陽春郎聆白雪快何如之正吟閏七月詩使者適至先以呈政新劇較之他刻雖曰竿頭稍進然豈遂如台翰所云乎敬謝不敏

國朝重修蘄州廟學碑記　黄式度

大江自岷巫來亘數千里而經鄂會又東向迤北入蘄

州境若瀦而蓄焉若激而旋焉旁搤岡巒袤匝城市山川人物之秀靈實一鍾於是州設儒學在治東肇於宋廢於元明天順宏治間復舊制而益加廣越百年以兵燹燬

國朝定鼎戢干戈興禮樂文治彪炳遐邇同風雍雍乎四海聞雅頌聲也順治四年既建學至雍正十一年

詔修天下

文廟蘄之人士畫界分修一再閱寒暑規制大備嘉慶二十一年紳士張廷贊出白金一萬有奇鳩工庀材獨竟

其事士林咸義之於是上丁大祀俎豆莘莘秋實春華輝映庠序州人故能文至是更噪於時矣咸豐三年寇自粵湘下蘄城陷所在皆焦土同治初元前牧崔芬堂觀察令闔州按賦均輸謀所以興其替舉其廢者嘗試館甫成卒以亂後資弗集乃止式度權州事纔七閱月移任江夏去而賊氛內侵防禦無虛日故王君子泉福君心齋先後相繼司州牧均未及議此夫三楚居天下中黃州一郡又三楚關隘蘄於黃爲屬正江流北折而南之衝築城以據勝建廟以興學背麒麟拱鳳皇溪流

縈繞襟之帶之固宜文教日昌睥睨儕伍爲楚東一大都會莫能或之先奈何使瓦礫荆榛荒湮歲月不復度宏規而大起耶丁卯秋式度擢是州捧檄重來士庶忻然有還我使君之頌式度艮不敏顧敢不以荒而不治者兢兢焉自惕下車後摘前此所輸之未納者悉如數令補斯時也鄰烽既靖豐年屢書下令不數月得萬九千緡亟循舊址建棟宇垣池如制學分東西廡稍南徙並移明倫堂於東廡前以堂之故處立尊經閣當大成殿後堅莢丹艧務戒華靡經始於戊辰之冬歷六月計錢萬五千緡可尅期蕆事先是奉文罷餉捐民願以其餘葺書院資未充也又派修郡城河東書院費未籌也又州試卷價以發典之資置產數未敷也胥取給於所餘四千緡中而事罔弗集則又因重建

文廟而波及者已異日者經術文章儲爲時瑞琴瑟鐘鼓奏乎承平所以光聖賢之業蔚邦國之華者夫豈僅黝堊一新焜煌膠葤也哉式度以保薦將北上都人士謂是役也權輿式度苟不爲之記雖慚謭陋未能以不文辭謹識顛末以示來茲於時同官學正劉進昌訓導王

詔鸞州判徐樹樑代理州判李希曾吏目楊榮堃駐工督修紳士則舉人王師訓導梁鵬附生劉儁黃美玠監生張元順李峻極龔琴陳灼衛千總駱毅斌貢生陳錦林也

重修奎星樓記

呂憲瑞

易曰觀乎天文以察時變觀乎人文以化成天下自古文教之設固所以轉移風化磨礪人材之具也州城東南隅舊有奎星樓建自江防道徐其後一再改修迄今百有餘年矣辛未夏余奉檄權篆蘄陽下車之始州人

士方修

聖二廟學宮重斯文也逾月工竣其時董事者復請於余曰形家言奎星樓關繫州屬文峯宜重建復舊觀且利科名余素不信堪輿說而獨異諸君子殷殷以斯文爲念與吾生平振興文教之心默有契合也豈偶然哉夫自粵匪倡亂以後海內競尚武功其一二有材技之士幸皆効力疆場爭首功取富貴以焜燿一時即下至鄉曲子弟亦皆持梃握拳日相尋於强悍而家塾黨庠之遺制澤宮頖璧之流風蕩焉無復存者而況於此樓與方今

天子在上削平大亂偃武修文凡有關於文教者皆次第舉行而斯樓即因之而成數十年頹垣破礫忽易爲壯麗瑰奇以是爲樓之幸不第樓之幸也他日者民風丕變文學昌明凡我士庶莫不爭自濯磨以仰副

作人之雅化其秀而文者蔚爲華國之選其樸而野者亦識觴豆之義郁郁乎彬彬乎將舉一州稱爲文人之藪斯樓亦與之不朽焉是則余之所厚望也夫

關聖帝君廟堂碑記　封蔚礽

關聖帝君祠宇徧天下自昔爲隆遠我

聖朝封號懋加自京畿以訖封疆州郡之吏歲以春秋致祭著爲令甲咸豐間軍事方興蔚礽侍直中秘見督師大臣飛章報捷屢以神靈顯應入告其後遂奉

宸翰曰萬世人極秩以中祀之典於戲至矣蘄爲州介吳楚之交兵燹後壇廟衙舍蕩焉無存前刺史善化黃君集州人而謀之創爲隨漕樂輸之議次第規復工未及半黃君解任去繼署州事爲山左呂君思竟其功於時復奉大府檄行文武衙署幷令營造如制州人請仿前章分次捐納於民情尤便呂君從之始建奎樓並吏目署

旋議復州治聽事之堂前門鼓樓科房監獄方庀材未集而余捧檄涖蘄時同治十一年壬申夏五月也越明年州署告成或語余工費繁興重煩民力盍已諸余曰唯唯否否吾州人敦尚名義比有成效今兹時和年豐憲檄疊下若郡城工郡衙署若會垣書院經費概未可緩圖也棄成議而弗庸隳前勞而中輟猥以避事敗謀尤不可之大者於是出示勸捐悉仍其舊董事諸君請余遂營斯廟余躬詣相度基址宏大厥制攸宜乃爲殿庭飛甍四周巨棟崇墀繚以丹垣翼以廊廡前爲坊表

爲重門爲省牲卽事之所且以備歲時使客之館殿後舊屋一區葺而新之以祀其先代左右湫隘擴而大之僧房庖湢咸備內外煥然華而弗侈允稱祀典是役也經始於癸酉秋八月十六日畢工於是歲之杪凡費緡錢六千數百貫有奇諸君丐余爲文以紀其事余維昔者南豐曾氏嘗有言矣禮有必隆不得而殺政有必舉不得而廢夫以

帝君祠宇所在凡有血氣之倫罔弗欽崇而嚴事之矧吾蘄人士慕義趨公出於風尙者哉當黃呂二君集議之初

固將引之以歲月徐俟方來而余適承乏其間教令弗更輸將恐後乃至新廟奕奕不日成之於以壯觀瞻崇體制祀事有恪而靈貺畢甄時無旱潦之災歲有屢豐之慶神之惠也民之福也詎非守斯土者之厚幸歟繼此而有事與作者曰龍神祠曰城隍廟且卽其旁别建一宇以棲羣祀之神之未及立廟者卜其地適當斯廟之右今又將落成矣其前後在事董勸者黃君美玠李君嵩年龔君棽陳君錦林悉能廉潔自矢不憚勞瘁庶乎有始終者是役督工夏君爲恒亦與焉余旣美諸君之勤而五鄉人士亦復安余之拙故能相與以有成也乃爲之記以詒來者

重建城隍廟碑記　封蔚礽

聖人在上百神效靈自頃歲直省肅清中外褆福民生是時耕鑿安矣然而旱乾水溢或値天時人事之適然牧民者實受其咎惟神有責焉

城隍尊神一州甿庶之司命也治幽治明職守斯在吾民受治於刺史卽罔弗託命於神刺史有弗治神得而治之是以民之事之也尤嚴而望之也奢蘄州治城俯長

江之滸環州之鄉五瀕江者二常苦水患其三鄉依山以居而耕植其麓又輒以旱爲憂余以壬申仲夏來牧於蘄始至泊舟西城之下水及其垣旣而水落且速乃亦有秋其後二年州人益竭力以禦水東毗廣濟西與蘄水錯民自爲堤或十數里或數十里而比歲江水安流循岸而止未之溢也癸酉夏五月不雨余偕僚友爲壇於

城隍之神座前並奉　龍神之位而禱之卽日得雨歲則大熟明年夏四月又不雨望後八日爲壇祈禱如前儀

自朝至於日中昃太空無雲赤日有赫余心惴惴懼弗獲命乃爇香素衣冠步壇中請於時道旁觀者或太息或且匿笑未巳俄而震霆訇然風聲颯颯驟至大雨滂沱午夜乃休明日又雨達於四境州之人莫不歡喜踴躍謂神之澤我民如是其速也如是其旁皇周浹也先是廟居麟山東首偪仄殊甚兵燹後棲神於城北之入官民舍至是謀重建焉遷地於麟山之腹卜之大吉乃屬士紳之有事於工程者鳩工庀材營造如式並建龍神祠於其右別建一宇俾奉羣祀以是年七月十二日

經始迄乙亥十月落成眡之熙熙瞻仰頂禮咸曰美哉是足以達我崇報之情矣志載廟有馮司寇碑文嘗徵引李陽冰事明感應之不爽以余攷之陽冰嘗爲縉雲令禱雨於城隍之神與之約五日不雨且焚其廟及期果雨合境告足夫爲民請命乃至危詞若此然且疑其近於過激之爲非禱祀之禮今余治行無似曷敢妄希古人惟神仁愛斯民旱輒賜之以雨有禱斯應捷於影響藉非靈佑丕顯其孰能與於斯乎廟以享之馨香以薦之宜矣蔚祁受任茲土三見有年近者臘雪應時復兆屢豐之慶而余適調任唐年將俟得代而後去念無以慰吾民之思也乃敘述其山川高下形勢及州人耕作之勤劬且溯靈貺之所自來使知獲此豐年和樂者遭際中興共享承平之福也夫治民事神刺史職也宣上恩而達下情政之大者也遂爲文以勒貞石是役凡費緡錢如干數及前後工程之費令董事者別爲簿籍俾後有考焉

重修龍神祠記　黃雲鵠

龍以能爲雨澤功及生民所在祀之載在令典吾蘄封

少霞刺史重修龍神祠從堂兄我山實董其役祠成郵書建南命爲記且屬來者曰必得文乃還來者鄔三年七十餘矣在署中累月見予日皇皇民事無刻暇不忍言濱行乃述我山兄意且曰邑龍神最靈向旱邑侯率耆老禱雨輒應聞君在成都祈雨事蜀人至今津津樂道君一言宜予笑曰神罔弗靈視誠不誠耳禱雨輒應神之靈侯之誠也雲鵠向者出守雅州逾年調成都值大旱自維德薄累民痛自刻責聞灌口伏龍觀及白龍池神最靈即日匹馬科頭馳烈日中百三十里未夕抵

灌江水暴漲數尺質明負水行雨霏微隨七十里抵郭大雨如注四體沾濡五内清潤芒然若行雲霧中但見道旁老婦有泣者卒以誠不至郭合强予輿予遂輿强予宿予遂宿雨亦遂止越數日旱如故予計窮乃昇神烈日中以身禱二日得甘霖歲大有蜀人以功予不知乃予所自愳之事蓋德薄政疵誠素不積泊事亟徒以勞要天瀆神可醜也傳曰喜雨者閔雨也閔雨者志乎民者也有司牧之責者平時果念念在民可對君父質鬼神爲民請命罔不昭格不然雖用周官太祝春秋繁

露之法禱雨祈晴亦有驗有不驗其他左道又何稱焉吾故曰吾蘄禱雨輒應神之靈侯之誠也予去蘄幾三十年祠所在不甚記憶來者述又不詳修祠始末無由悉恩恩郎訟案書付東行但遥祝神與侯長福吾蘄而已

重修鳳山禪林碑記　封蔚礽

江漢合流而下經黄州赤壁浩浩蕩蕩抵西塞山勢如轉環奔濤渟蓄又折而東數十里紆徐容與遥望有山狀若飛翔横障江滸喬木森森雉蝶隱見於空濛煙靄間則蘄州城西之鳳凰山也勝國荆藩分封是邦其時琳宫梵宇所在多有而禪燈綿續歷久弗墜者曰四祖寺實在兹山之麓窈然而深過客弗及知也余至蘄之二年歲晏務間偕賓友流覽城垣薄遊及此山僧果成隱林方於兵燹後竭蹶告募營寺一區畢工未久友因言此地别開生面饒城市山林勝概且古刹未可久湮也甲戌春迺招集士紳及貿遷近郭者謀恢廓之余捐廉以倡士民踴躍樂助得緡錢如干數乃屬士紳等就寺旁重建祈嗣宫三楹右爲客座爲僧寮翼然一新座

前繚以短垣勿礙遐矚又其旁隙地留爲蒔花種竹之所循仄徑而上山半得地數弓頗寬拓僧云此前代江山清趣亭遺趾也復建亭其間經始於四月五日再逾月而工成州人遊覽者晨夕紛集余乃置酒邀賓僚落之是時江月初上晚風徐來樹林陰翳中禽聲上下不出庭户而湖光嵐影襲人襟袂之間登亭而望隔江興國諸山嶔崎歷落如拱衛然俯視雨湖荷葉田田荇藻綺錯寺鐘一聲鷗鷺驚起江流抱其下帆檣出没左麟岡而右鴻渚勝概畢露於是飲酒陶然歡讌未已客有

避席而言者曰此地當吳頭楚尾號爲要區十餘年前辛苦凋殘不堪回首矣迺者四郊無事暘雨應時歲慶屢豐百廢漸舉吾輩與使君得以從容觴詠於此親睹夫都人士女熙來攘往莫不有歡忻和樂之情豈非幸際中興之盛耶余曰然江漢之詩當爲今日頌矣嘗考兹寺舊有大殿五丈室禪房又數十區余以重煩民力未能頓還舊觀也後之君子有能政通人和鼓舞吾民而與之同樂者亟起而踵成之是余所厚望已客既退遂援筆而爲之記

重建乾明寺碑記　封蔚礽

出聚奎門循城而南約里許曰乾明磯舊傳羅真人飛昇處石上履跡猶存顧黄公常載酒賦詩其間蓋負郭一異境也初有寺供奉觀音大士莫詳所自勝國荆藩修之仍名曰乾明寺厥後迭廢迭興至咸豐間蕩爲墟矣前刺史王君始搆一椽僅容瓶缽覽勝者不足以游息輒致憾焉余既葺鳳山禪林暇登兹山之巔倚城俯眺喬木參天崖石壁立吐納江濤屹焉雄峙乃携賓從往遊而歸慨然有興復志間以語州人士僉曰修舉惟宜余亟捐廉以倡久之輸泉布者得數人仍屬紳士董其役就地規畫兩越月告成梵宇三楹視前廓豁外爲湧月樓牕櫺洞闢瞻矚逾遠州人視聳於兹皆大歡喜繼自今瓣香頂禮大士之福我士女滋益夥矣寺臨大江之濱帆檣上下相屬雨雪之晨風月之夕意必有騷人墨客登臨憑眺於斯樓者對景興懷撫今思古憂歟樂歟覽者宜自得之而余獨憮然感念於江湖之遠也

雨亭記　封蔚礽

州治後枕麟山上有茅屋或曰古四見亭也攷諸志乘

范忠宣出守是邦築亭於舊治之白雲山名曰四見厥後時地遷移兹山之亭名仍其舊旋易之曰試鑑今則此稱久廢矣予涖蘄春之三年甲戌夏四月不雨望後八日與同僚爲壇以禱之亭午步壇所請時家大夫閔雨殊甚偕友數輩登斯亭以望雲氣小子視唐侍焉楊君葆卿因言去歲夏五禱雨立應仍大有年今兹太空無雲炎威彌赫殆不可冀相與瞻眺者久之俄而雷聲訇然西北風大作黑雲如蓋幾壓簷際倉皇下山大雨如注僚友咸舉酒相慶不圖神應之速之至於斯也明

日昧爽又雨四境霑足適有事於修葺遂拈雨亭二字顏之用志靈貺不敢仍忠宣之名而不嫌與坡老同意昭其實也若夫山川林壑之美登臨覽觀之樂前人嘗有述矣予故弗之及云

蘄州元妙觀修復記　陳詩

余少時就學外家嘗偕諸童冠出朝陽門至元妙觀憩焉簷傾瓦墮金碧皆漫漶不鮮意謂不葺且終壞已而自京師歸里閒一過之則寥陽通明兩殿皆以次修其後十五年余爲湖北金石考與友人楊君昆山來觀中

訪古碑刻顧見殿宇輪奐像設莊嚴巍然稱闔州鉅觀崑山告余曰始觀之將壞也觀主王復樸憂形于色乃罄其力僅得復寥陽殿竟齎志以終其徒熊教易繼之漸復通明而亦未有以大葺之也乾隆甲寅始煥然一還舊觀木石塼埴設色之工糜金錢數千緡蓋今觀主朱子虛與其友某之力爲多顧不謀於衆不募一錢壹似有神助然者盍爲文以記之余考前明州人宋叙州彥賓所撰碑記以謂觀之始建在宋大中祥符然其時州治在西河俗所謂羅州城者是也今州治之有觀斷自明洪武間始其後天順成化一再興修率皆出藩府重貲以內臣董其事其不勞而舉也固宜今世之相後又三百餘年雨驟潦毀不復如曩時之易爲力而子虛以區區一全眞曾不聞有達官富子爲之資藉乃能出其獨力以恢大前修鑿之內之俾有基而勿壞可不謂難與予頃於所居里中與同志創置鄉塾顧遲之又久垂成而幾毀者至於再三聞子虛之事竊有恧然而內愧者因將記之以風示來世況重之以昆山之請也耶

乾隆六十年歲在乙卯仲夏月端午日記

重修黃蘖山緣蘿菴記　陳詩

桐山之陽有黃蘖其山多藏葉似酸漿草土人以是名或稱曰皇居音近之譌也舊有緣蘿菴歲久且就圯然山勢拱揖泉甘而土肥形家輒過而目之或以是慫石壕邵君襟三及同里陳子煥照謂是吉壤也遷廟而改建之則此其爲牛眠矣久之約既成予正告之曰禮無損人以自成也而況神乎且神之窟宅於是久矣驟遷之又因以爲利拂經且惑衆會其友亦有以是爲言者邵君遂中止已又自念曰始余之議遷也固將新之耳

余旣還神以舊棲而輒聽其頹敗人其謂我何於是益與陳子謀鳩工庀材瓦甓磚埴宲桷侏儒之屬取其舊者什之三而更新者什之七爲廟二重奉安神像丹雘金漆視昔有加計費金錢數百千有奇以乾隆五十七年某月日興役以次年某月日訖功而屬予爲文以記之予惟風水之說汨溺於人心而背理傷道以取所求至有毀人之宫夷人之墓而無恤爲之者若夫浮屠老子之宫固儒者所不齒然以其與人無爭也而猶不免爲有力者所驅使又況夫芸芸者耶若邵君者其可謂

聞義則徙而不損人以自成者矣邵君名本江國學生池州之石埭人也以懋遷往來蘄之檀林鎮煥昭名某國學生蘄州大同里人兄某弟某皆庠生邵君勇爲義又將有進於是者是役也特其一端云

思樂記　張如照

九月九日予與黄子承池登高四望不數里許見有崖谷委會川流交絡中建一廟指而問之曰此吾父秀峯大人墓所觀音崖也吾父生於此乎樂沒因葬於此廟於此也予因與往觀心舒目行四山面內平遠流水收之襟帶間益無不合形輔勢效伎茲山之下其上有大石屹然人立承池曰此觀音崖之所由名也其餘或立或臥或側或面跪數偃仰爭爲奇狀山形若窮復陟其巔忽又無際峘扆襲嶧大者宫小者别若方屋若列屏若馳若驟若人之旅行奔走侁侁而偕衆欣然接之目應不暇又其上有山長狹橫絕高聳蔽北距東西十餘里力莫能上恨不得見此山之所自承池曰此山北自大樗山蜿蜒東折數十里復西走而轉南順逆往來橫邪曲直攢蹙累積尺寸千里固非一日之目可得窮也

然則予之見爲可樂者所得爲已僅而子先子之見爲可樂者固有以大其觀而博其趣也殆所謂合山水之樂以成君子之心者乎因記之以見秀峯先生之能樂乎此又以見其子承池之於此乎葬於此乎廟者誠能思其所樂也

遊仙臺記　田達材

仙人臺蘄州第一名山也地據大同里之西北隅危峰峻峭壁立數千仞望之空濛蒼翠半隱天際登其上下視諸山皆部婁矣其遠觀也若浠水之蘭溪江吾蘄之

入里湖相距皆二百餘里當天日清和歷歷焉皆在指顧盖所處者高故能見遠若斯也而登斯山者已不知有人閒事矣其山之得以仙名也自五代晋時劉五劉六學仙于此始至今尚有仙洞焉其後明萬歷時郝中夫守正讀書其上手植杉樹二株至今周圍合抱皆二百餘年物中夫成進士官太守樹以人傳故今尚不可磨滅也吾族世居此地距山僅二十餘里常畏其險不可踰歲庚午授經于大樗山閒于山差近始造其域竟日然後至至則深林密樹交蔭寺前石壁連天崎嶇萬

狀居然別有洞天矣因與寺僧至山嶺入祖師殿卽二劉所置祖師也劉像亦在其左右其殿之後行百餘步石壁中有龍洞不可人行因使有胆力者仄身而入俯卧其中見石上有龍形首尾鱗甲皆具相傳前數十年僅數寸許今將尺許歲旱土人禱雨多應此則仙臺中近來之勝概也其殿之前行數十步巨石嵌丁石壁中有仙洞卽二劉學仙處中夫詩云苔蘚匼前留幻迹是也余聞其中有石刻陳愚谷師嘗入取其字心甚貪之雖危於不可行張胆直入得虛無真經師實夫成至聖文官師一十三字又載有戊申年不詳時代有石工李錦鏞石匠南子印名目其餘隱沒不可識盖事歷數朝理固不可復識也吾思仙人臺吾桑梓之地也地以人記地以文記二劉記之以仙者也中夫記之以詩與樹者也余之爲此遊也原其始末訪其遺蹤記之以文令此事不沒于後云爾

序

空空齋囈語隨錄自序　黄兆魁

空空無知之稱非美名也奚以名齋曰居是齋者隱其

姓名號曰空空子復以名其齋志恨也何恨乎爾空空子不安於無知讀書求有知不得因恨焉故隱其姓名號空空子復名其齋以志恨其居是齋也課其子若孫與一二內戚讀書者暇時庀其家事畧皆就緒外人疑其有知可以幹事遭時事之變强之出襄辦公事多所齟齬悻悻者幾不能相容久之無知愚賢不肖皆帖耳服相與語曰空空者鄙夫也是夫也殊不鄙由是名動公卿聘之往與語粥粥若無能試以事輒有功當途欲予以重權而未之决也空空子聞之以老病告退退居

是齋每晨起枯坐如木偶逾時下榻飯訖徐步齋中自適其適不甚讀書客至談人間可喜事有問及詩文者掉首搖手謝以無知性嗜酒量亦甚褊午後必飲飲數甌輒醉醉則鼾聲如雷及覺呼童煮茗啜之急就席指目疾書侍童問所作不應再三問乃笑曰夢囈耳因署其稿曰空空齋囈語隨錄

掊瓠集自序　陳準　多生

物之以全而見收殘而見棄者凡物皆然而文章類此物之以美而殘人情恒惜之陋而殘人情恒不足惜凡

物皆然而文章尤類此余束髮以來託業毫素於茲有年矣每有屬思不論妍醜橐而藏之於應　制之文尤多以困於場屋者久咿唔牕下之日長也然奔馳南北故紙飄零行篋所存十不一二羈旅感懷往來贈答五七字之唫哦亦復不少丁酉歲臘自荆旅鄂遺失舟中以供榜人漏𥂕之用零紙賸墨無復成章腹存而筆憶之者數十百言而已自茲以後所遇多虞詩腸愁塞催租風雨斷句碎思祇任零落間有存者憂思抑鬱之音寓意寫心之作蟋蟀秋吟自鳴悽惻花間睍睆時過不復聞矣歐陽子云詩以窮而後工余之詩何久不工乎唯是戔戔者留以待質焉古文之作慶祝之祠多華而鮮實略識一斑可也經史字韻亦間留辨論井蠡之譏知所不免將撿此數者合而存之留諸家塾要皆缺而不全是即物之殘而棄之不必收者乎且即物之陋且殘而棄之無不謂宜者乎因悟惠施子之言曰五石之瓠落而無所容因而掊之掊之爲者以其無用而無用之矣天下物之陋而殘者宜知所鑒矣迺余將吾詩文之缺者彙而存之是猶瓠之以無用而掊之拾其無用

之掊者而深藏之不亦惑乎然而天下之大無物不有有用無用又誰一於鑑別而定其去取耶豈於一瓠之掊而歎匪所以置之乃以名吾集而爲之序

書蘄州志後　陳詩

漢書地里志江夏郡縣十四蘄春第十晉灼曰蘄音祈沛郡縣三十七蘄縣第十二本注曰垂鄉高祖破黥布傳布與上兵遇蘄西會甀正義曰蘄音機沛郡蘄城也與蘄春之蘄字同音異蘄縣亦有蘄水水經注所謂首受睢水東逕建城縣故城北又東南逕蘄縣又東入夏

邱縣東絕潼水又東流入徐縣東絕歷澗又東逕入徐縣故城南又東注於淮是也後漢書袁術傳術率兵擊陳國曹操乃自征之術走渡淮留張勳橋蕤於蘄陽乃注淮之蘄也章懷太子注指爲注江之蘄誤矣詳見胡三省通鑑釋文辨誤元史世祖紀中統三年二月李壇反詔東平萬戶嚴忠範留兵戍宿州及蘄縣三月宋夏貴攻蘄縣五月蘄縣陷權萬戶李義千戶張好古死之宋史理宗紀景定三年五月夏貴上蘄縣戰功而嚴實傳乃云中統三年宋兵攻蘄州勢張甚張晉亨子好古傳亦云移戍蘄州宋人攻蘄好古率

兵迎擊力不敵死之此又以縣混州之誤也音讀一失而翻車水太平寰宇記引蘄春郡記云九江王英布于翻車水北築翻車城明統志亦云馬下山府志州西四十里曰馬下山漢高祖征九江王英布下馬於此因名焉九江城明統志在黃梅縣西南七十里九江王黥布所築樊噲城府志在廣濟縣武山湖世傳高祖命樊噲征九江王黥布築此屯兵列于乘志矣州縣字謠而張好古列于名宦矣其沿謠而入于詩文者又可勝道哉蘄縣自至元二年併入宿州人益不知蘄之有兩地字之有兩音矣故詳錄之以備采擇云

屯田議　盧紘

屯田之制卽倣井田遺意而通變行之卽寓兵於農之意然當時民但知有農不知有兵器械自具糧糗自備無調發訓練之煩無輸輓追呼之苦易曰改邑不改井井者聚也亦相聚爲守之義也至阡陌既興古法不可復行　朝廷專立兵制或驅農以爲兵經數十年之役而不得罷或歛農以養兵竭千萬衆之力而不能供於是漢唐以來善爲持久之計者始有屯田之議趙充國行之塞下棗祗行之許下諸葛武侯行之渭南此皆爲軍興而設縱不勞民以養兵然耕於茲土者朝而負耒

暮而荷戈彼莫不曰我兵也而非農也我暫耕此而代兵者也非久駐此而爲農者也以此觀之則兵農之勢形合而情不得不分暫合而終不得不分也明制分立衛所而兼分屯田其寔衛所之軍未必卽屯田之民然民自爲民軍自爲軍是又不獨民之與軍分而爲二乃民田與屯田又分而爲二且并食屯之人與養軍之屯又分爲二此所以雖具軍與屯之名而終不獲其用者弊正坐此也　本朝繼變亂之餘戶口虛耗地畝荒蕪憂國者因正供日缺而倡興屯之議招集流移貸之牛

種獨其額糧督以專曹理以屯長且又告以與屯之意原以開荒非以備餉原以聚民非以供兵始初雖有屯名其後承爲民業此在立法者不啻三五申令爲民家諭而戶曉焉然民卒多惶懼不安有司方驅迫就始有强而應命者民非有畏其土之荒而力不能開也正慮其兵之擾而害不可支也上則曰屯以聚民非聚兵名與古同而實不與古同也民則曰屯原養兵非養民實旣不爲兵而設則名何不并屯而亦去也矧立法之初乘傳而過者騷然煩費至於牛種之支還籽粒之銷算

田畝之稽查册籍之呈核乘除於胥吏之手卽不必其養兵而害亦有所必至豈盡出於浮言之搖惑哉愚謂招流民以開荒地可也立監司以理荒田可也其事但當責成於有司一歲之中流民之歸復者幾何人荒蕪之開墾者幾何畝勸民牛種相貸相周者幾何家蠲其雜稅量輸畝穀一歲儲而積者幾何石春作秋成每一造報一切胥吏禁勿騷擾專責有司歲終定爲考成其民之歸地之墾而粟之積分數多者定上考而優異之否則列下考而懲罰之如此則有司知其關係之重而務盡心小民無復煩苦之憂而務盡力當事者并省其經營督責之煩而坐收其成則不數年之閒流移漸復荒蕪漸墾　國課漸裕益上益下莫便於斯也且患尤有最甚而當事未慮及者郡縣人丁之逃亡土地之荒蕪雖申報已久而蠲免卒未徼　恩則逃亡之人已無而名未去籍也荒蕪之地全虛而課仍入則也彼死者無論矣如逃者欲歸而數年之逋并責族黨之負并累如荒者欲開而前此之荒糧未除後此之屯租重納彼小民其能支此數困哉此愚議必除荒而後荒可開必

免逃而後逃可復此尤招撫開墾之一大機權至於察其眞逃亡無以現在而當招撫察其眞荒蕪無以欺隱而當開墾則有司不得辭其責矣

儲餉議

盧紘

今夫師行而餉隨焉未有師行於前而餉不繼於後能必戰勝而攻取者也聞之戰其野卽食其野之粟蓋因糧於敵我無轉運之勞而敵假齎糧之便如楚失敖倉之守而漢乘之隋失洛口之守而唐藉之此天之所假故令敵人自蹈其瑕而我陰收其利實不可恃以爲常

萬一熒不失敖倉之守隋不失洛口之守漢亦何所乘而唐亦何所藉此裕餉之計甯取必其在我者而無妄意其在人者蕭何輓關中之粟以助沛公百戰之功所謂根本之圖也然而道里險遠日月曠遲夫役疲頓一鍾之粟所費十鍾甚矣輓輸之爲害亦未可更僕數萬一敵出奇兵阻吾餉道則三軍之士嗷嗷而待者何以爲濟乎此古人用兵又謂遠之不可恃而不如近之爲可圖屯田之議所由起也西羌之不服塞下虛耳於是趙充國上金城屯田之略祈山之無功蜀運艱耳於是

孔明定渭南屯田之計效必見於持久而議易奪於阻撓以宣帝之英明充國之議十餘上而後定其功亦倖成於垂老之年若孔明者議雖同而功不能竟此屯田之可恃而不可恃又若有天意存乎其間也然則屯田之議則疑於迂且遲矣轉輸之議又疑於遠且阻矣至於因糧於敵乃若貧國恐其人逃而土荒富國又慮其堅壁而清野等之乎不可爲恃欲用兵而餉莫之給將若之何則莫如議積儲於將用兵之地一二年之前或百里二三百里內審擇便利險要可以陸運車而水通舟者置廒倉於其地責附近郡邑陸續運積其中計可以支數年之用可以餉百萬之兵然後師動於前而次第輓隨其後隨地支給庶不憂其匱缺而又不慮其煩遠誠可恃爲戰勝攻取之要策也此有事用兵惟以預計積儲爲先若無事而謀經久則屯田之議爲終不可易矣

鹽法議　盧紘

考山左之域乃青齊故墟昔桓公用夷吾鑄山煮海之議富强甲於天下今其遺書具在曰筴者籌畫多寡曰

衡者較量輕重未有不隨時變通而拘於一成之法者其筴與衡一操諸上而密寄於司計者之心必不可使其柄有所旁落而陰竊如使利權之大而使人得以窺伺假借乘隙而舞弄於其間則利之所歸上不在國下不在民而專歸於奸商與積蠹此由於司計者原不從國計與民生起見故奸商積蠹得中以所私夫是以籌畫之筴不難移多以爲寡移寡以爲多較量之衡亦不難變重以爲輕變輕以爲重日陵夷而不可救也山左產鹽之地惟濱海州縣有東有北權其產鹽與行鹽之

地而遠近可知矣山左食鹽之數視州縣戶口有衰有益權其贏耗與通塞之宜而增減可知矣此不過一披籍按圖而俱已瞭然在目了然在心且今之人情非真有鬼蜮之不可窮古之治法亦非真有謬巧之不可及即今讀管子守國之篇不過曰十口之家十人舐鹽百口之家百人舐鹽凡食之數一月丈夫五升少半婦人三升少半嬰兒二升少半鹽之重升加分耗而釜百升加十耗而釜千伐菹薪煮泲水爲鹽正而積之三萬鍾當是時梁趙宋衛濮陽諸國無鹽之地皆仰食於東齊

東齊之國亦藉是以富甲天下如國語所記桓公之時成鹽三萬六千鍾令使糴之成金萬一千餘觔其富强之效章章可考也今時則不然商納鹽課而以票分之州縣州縣按票之數償價於商繳票於官然往往私鹽盛行而官鹽致塞票價不足而國課以虧於是奸商辟其害而告以引歸民發票於州縣而責以輸票課於運司票課輸於運司而行鹽之地仍聽商爲主持而撥給是商既辟其害而仍專其利民既無其利而兼受其害大抵濱海富饒之州縣鹽商與官役皆其土人表裏爲奸那移閃變皆出其手地境本近也戶口本繁也而行鹽與納課之數反得其輕而寡既得其輕而寡是以彼邑往往樂從之而最遠最瘠之州縣無力賄賂於要津其行鹽與納課之數反贏數十倍於彼如是而欲責其鹽之行而課之裕胡可得哉至不得已有司代民呼號控之於上則諉之曰原額已定而數不可改易矣嗟乎財力之貧富存乎地戶口之贏耗因乎時彼儼然持筴操衡之人而不以國計民生爲念但知循一成不變之法以責成於有司亦何貴乎居能變通之地而行轇轕

之事耶且彼之責於有司者曰鹽課胡以虧也夫使量治地之大小戶口之多寡以定鹽票適中之數則在民不憂虧在商亦不憂虧矣又曰私鹽胡以行也夫使量地境之遠近行鹽之多寡以酌鹽價適中之數則民不苦官鹽之貴自無取私鹽之賤矣此愚之所以重望於司計之人欲其秉至公之念審獨斷之權隨時變通參酌良法自不憂官課之不敷私鹽之不禁也大都課歸於國利食於民而居中往來令其疏通而不滯者商也三者偏重俱有所不可然國利民利而商未有不利者

也商専害而國與民固未有能利者也察今之勢又不然司計者之心殆欲顯居利國之名而兼收利己之實遂陰假利商之便而罔深恤害民之由即其害之在民亦有差等又視其經營之巧拙以爲受害之重輕此偏枯之中又有偏枯焉愚所令之新泰殆所謂極遠而極疲數年之間乃身嘗其害者故言之有如是其深切也

墓誌

工部主事陳愚谷先生墓誌銘　萬之傑

嘉慶甲子傑補弟子員晤友人獲讀知不足齋四書文

竊以不得從遊爲恨適督撫有省志之役茹古香學使者力請延至會垣主講江漢書院以志相屬乙丑傑因執贄受學癸酉先生以其孫道喻屬傑爲句讀師聚處二載每縱談古今輒至夜分道光壬午八月先生去鄂丙戌傑試春官報罷病中訃音至嗚呼天奪先生將使後來者不得與於斯文耶先生蘄州人姓陳諱詩字愚谷知不足齋其齋號也系出義門見於先生自訂族譜序曾祖諱立元國學生祖諱先棨考諱飲漢俱以先生故貤贈奉直大夫考卒後閱五月先生始生妣袁封太宜人先生質性穎異數歲解屬文當時常摘其尤者以傳乾隆甲午舉鄉試第一戊戌成進士觀政工部庚子以工部主事終養歸不復仕進歷主鹿門荊南書院講席最久者莫如江漢書院先生無他嗜惟嗜書始識畢秋帆制軍以國士許之制軍藏書數十萬卷每部皆有羸餘欲以其半與先生會襄陽教匪滋事制軍卒於軍事遂寢先生富於精神高春而起漏三四下始就寢博綜羣書貫穿精義手纂日萬餘言不屬草間有未見者必婉轉借觀之撮其精華累數十年不能忘有購古書

於市者舉以問先生先生爲略舉大意卒皆毫髮不爽爲人寡言笑不偶俗以邀時譽亦不輕譽人人有非語相訴病者往往不之校與人交匡困資無苟相知不易生死學者有所質每辨一難析一疑令人驚怖其言恍然如有所失史傳中斷簡脱字掛眼輒訂其譌詩古文辭下筆立就古文愛歐陽公論詩不爲風雲月露之詞每語傑爲文當如朱子所云無一語無關係故所學務以明道爲要一時知名士多出其門前後獲大魁擢巍科者蓋往往而有海豐張翁圃制軍常以楚北大儒目

之知言哉所著有四書類考三十卷人名考二十卷六律正五音考四卷續修湖北通志若干卷湖北金石存佚考三十二卷江漢書院志畧四卷重修廣濟縣志十二卷竹書紀年集注二卷知不足齋四書文十一卷俱已板行陶靖節集輯註十一卷韓詩外傳疏証若干卷借刻他氏春秋比事六卷春秋世族譜二卷春秋官制畧一卷春秋謚法考一卷春秋後表四卷古今韻類求三十二卷新唐書世係表補正十三卷元史帝系宗室表各一卷元史列傳蒙古色目氏族表各一卷漢人南

人氏族表各一卷清爾雅十八卷諸史地理志彙鈔四十六卷序目一卷附論二卷湖北舊聞錄四十六卷湖北詩文載二十卷尙齒會彙編二卷道聽錄二卷宋登科記三卷質疑錄十一卷唐宋十一家文鈔集說五十二卷倘友山房詩文雜錄十卷金石史若干卷未刻正稿付蘄水陳殿撰沆底稿藏於家先生四世單傳配詹封宜人先先生十一年卒子一守仕州庠生先先生卒女一適邑庠生胡榮本署荆州府學訓導胡愿之長子孫一道喻業儒曾孫一行成尙幼先生生於乾隆戊辰

十一月初三日辰時壽七十有九卒於道光丙戌六月十八日酉時將以丁亥月日卜葬於祖山之原喻走書五百里以銘幽之事來告嗟乎先生賦性古樸人有過輒面斥尤嚴於論文非根據經傳言之有物者卒塗抹加之不少貸夫人情多訕先生犯所最犯者以與世周旋其從焉者寡矣獨與傑朝夕講授娓娓不知倦猶憶歸蘄時舟中寄以詩云萬生雖我友至德實吾師先生此語傑固負之無可言然竊自維知先生者莫如傑而愛傑者亦莫如先生銘幽之事傑敢以不文辭哉因揮

淚銘曰嗚呼先生古訓是式先民是程曰夷曰白履潔懷清髫髮勵志皓首不更歙歙時趨闔捭縱横狂瀾獨挽大廈獨撑隨風咳唾翼傳羽經朝苞晚獻莫之與爭噫彼無識腐鼠是驚非得其人道奚以明吁嗟乎何以況之前有安溪後有先生

蘄州志卷之二十八

知蘄州事嶺西封蔚礽纂修

藝文志

詩賦

舒黃之間蘄爲勝區詞客之所流覽縉紳先生之所敷陳而詠歌載在前志不勝錄也今頗審酌體例別白眞贋期有當於不朽之義諸不足以攷故實備書聞者辭雖工無取焉志詩賦

賦

明賦二首

浮玉磯賦　　李若訥 季重 濟北

浮玉磯者蓋蘄江之勝觀黃郡之秀出截然中流欻而嵂崒斯亦不列於岳志絶紀於山經物有遺美人或探靈覵鋭玉之如削沓奇石之若零巔趾與楚源流潛霍縈波哭獻佳名爰託砥柱崢嶸標以磊硌洪濤遶乎四周遠脉亘乎叢薄似月之洲玉塵紛錯若木之華朱曦磅礴諦登厥勢擅彼一方圓峰前睨峩嶪球瑯馬口後扼瀵谿洸洋左挹諸岫唐帽玉屏右拍近麓麒麟鳳凰收名區之醞釀擷上遊之徜徉其爲狀也逶百丈於蛟窟駃一尖於練影彷彿巉巖憑陵菝井巋然天成屹以日永磴長川其似柔插孤空其欲猛雲根跬武而層層鬋骨凸凹而冷冷紆曲作枕於股肱綽約爲延於項領於是地形既据人巧載施綠紛糾而戢晉削路道而躨跜瑩夷如砥化彼離奇雕石成檻卽峻爲基宛欺㹧之不闊羗窋窕以相宜撫瀠瀇盈於顙仰因哭兀撐於崎巇層累道上宕帶參差鴻飛朝棟洒瀰渚兮星簇夜疏洩濆瀑兮藻棁雲楶重欄複充櫱閣修梯文昌題下控

巽地之明昌符升華之福蝦引三楚於目中劃九江於袪把八牕熒熒宇宙咸閑疑開四戶儵儵山川交轢儼列宿其環枒擁紫薇其庇厦太乙巍祟如薦之舉鈞陳森列似排之榎聳羲文於獨尊散殷質於猶野混沌千秋一旦而寫乃有翹秀之品穎俊之人登高寄思眺遠無隣扶搖九萬攬結三春呼佳儕而領略商衆業而談論飛鴻目送流水神親意匠則寥廓悉入手削則澒洞爲新陟爾帝座呼吸可因降而龍藏出沒有眞掬綃珠於泣淚起繡虎於文菌福綜法像瑞叶鴻鈞發江靈之鬱

勃宣文曜之幻神此其符采大義吐納彬彬者也若其寒食梨雲重九桐雨芳草王孫臨淵漁父溯洄輕舠擕賓侶王當萬頃之既凌望片石而來撫斥絲竹其勿喧愛江天其欲譜徙倚登臨月光遙吐薄烟渲之上下川浦笑起僧簪茗汁半茹咀彼清疏揮玆麈麈採鱉帆而未能引螺卮而願舞踏綠苔之鬖鬖忘紫蘑之腥臊亦以點綴玉痕潤色天宇無取於粉黛之綷縩崑瑱之綺組鸞破天門之夢汰消佛德之祜至於僧田百畝蒲饌一盂仰庀俎豆俯結精廬隔水鄉而不遠栖山閣而爲

徒指秔稻以檀越守餐饘以惡務升斗之水不減衣珠方寸之名可代神符推其餘粒餐及寒儒篝燈之夜可熄蛟人之欷歔屑玉之子皆揚帝宿之居諸抑又功德與磯並洌福利將江並濤嘶嘶不朽何潤何枯

白雲深處亭賦　　高　鵬 南厓 州人

有一布衣性躭山埜東走吳西走越老子長之脚跟飽堯天之風月曉來放嘯於鳳肩展望於麟脊第見非烟非霧郁郁紛紛瑞幛崇開素屏森列峰迴路轉有亭翼然榜其上曰白雲深處也少焉天挺一人立於遊亭南面問其童子曰此白雲洞主也布衣心悸進而言曰主人物以奇與亭以寄身翠軟紅柔孰非可樂顧乃淡素白雲而獨爲之怡情耶童子曰樂涉於僅同者夢蕉襲石之見事出於特異者馮虛遺世之心吾主以白雲者陰陽奇氣山岳精英玉質金輝堆崖拂袖脫洗塵俗氣象萬千疊閣層樓不煩模寫之圖畫舞風弄月不費招呼之可人如囷如輪掃春鯨也如蓋如擘點夏峰也巧飛銀漢白雲秋霽也梅雪交魂白雲冬曉也白雲朝兮穿友猿之蕙帳白雲暮兮挂引鶴之疎楞舒卷隨時鼓

登壇之詩將往來適意縱旋凱之棋兵四遠無塵一榻千金顧彼臨春結綺曾不滿乎一哂紙屏石枕嘗夢破乎三生飄瓦浮名虛舟宦情龍潛必於淵海鳳隱必於深林閱典謨而尙友呼喬松以定盟契天人於獨坐付理亂於不聞院落沈沈碒砑百尋雖懸河貝錦者特宮墻之外望雖濫竽鼓瑟者徒鞅掌於浮生是蓋淡而不厭簡而益文雖青雲之騰踏不足以爲貴紫雲之輝耀不足以爲珍浩浩乎與造物相忘堂堂乎與日月爭明不知天壤之大何樂可以加此也布衣飄然而笑曰噫

吁嘻美哉景乎古有所謂壺中海上者今物色之矣遂擊節而歌曰雲淡淡兮縹緲無涯亭隱隱兮惘惘無華通一徑兮委蛇篙一人兮清嘉彼柏梁建章兮烏足爲家歌竟長揖請辭童子指之曰此荆藩賡王寄樂處也布衣駭汗掉臂而走回翔再拜嘆嘖以歸恍然心曠而神怡不覺天淵之勢隔按此多用通韻轉韻不可學

國朝賦三首

獲神龜賦原序覲異龜於金沙之濱厖大若錢云云疑即蘄龜　顧景星

夫何一神龜兮秉玉衡之微芒腹圓穹以象天兮體正

色于北方忞輕茫以容與兮廼般辟虖罷梁覆白雲之輪菌兮銜紫跗之蓍莖極五銖之匼匝兮實千歲之靈長運轉運而發四時兮目左右而媲陰陽背平隆以熒熒兮甲屈折而翕張濶北斗與南辰兮羅五星及八風維王人之上瑞兮胡見崽于痻鄉僕夫行而獲此兮猥辱處夫搭囊繄靈物之炫幻兮毚儵存而欻亡遻吉人之宵兆兮感至誠于神明覿元袞之莘止兮鬫恢台以旁唐招偓佺與洪厓兮棄鮮雯而上翔拂蜺嬰以蝼蜿兮曾不可虖相羊屈祟鼂而示異兮神與我虖何祥爰啟匱而箏之兮布筵篿而從橫繇告我以好辭兮曰君子之餘慶肇斯文之權輿兮象刻畫于倉允丞詩書之兆煋兮奏周道于繇庚苟菁華之既竭兮蹇八百而褰裳與綺繡而鈷鑽兮盍曳尾于塗中彼宋君之入夢兮曾不免乎刳傷元緒困于諸葛兮暨懼尼乎妖桑孏于齡而受藝兮終見蛻于陳王曷若茲之神異兮遯諸無何有之鄉重曰神式至穀降茲祥兮离精烝曜文道昌兮負乾抱坤理中黃兮高山下澤瀍歸藏兮明晦變化終汞臧兮葆合太和壽無疆兮白茅堂集

山居賦　陳之京蘄州北人

罹亂離之瘼瘼傷北郭之居煢旣所如之不合乃决志乎山雲仳傷十載倏忽三春索莫雙影伶仃孤身洵遺俗而寡倡兮匪道高之無隣維時羲馭廻轡斗杓東指和風紛兮以披靑陽豔兮以傻玫瑰抽玉兮薔薇露蘂見天桃之零落兮對垂楊之旖旎雖山花野卉之無窮兮其維生于茅舍疎籬者僅若斯而已矣爾乃新燕相宅舊燕葺巢擬笙簧之並奏恍姑婦之相嘲若乃驚心暴客兀坐假寐裏冑着山頹情白水霏霏晨露聒聒茂

鷄當夢覺之初兮憎百舌之利喙先生日晏强起啜麄茹蔬凭席而隱几誦風雅之篇什探羲周之奥旨兼以漁獵衆芳汎覽百氏懼目力之將疲乃閉關而節制旣而掩帙抽韻援毫賦詩緒若春蠶色如死灰慘淡經營位置敲推或終朝而一字不成或須臾而千言立揮誰測其工力之所底而興會之所之已而罷杼軸歸渾淪墮肢體斂精魂旣何思而何慮兮復無搆而無營徜徉堦除徙倚簷楹曳杖阡陌緩步陂岑付陰晴於蒼穹忘理亂於寸心淸歌放濁酒斟俯仰堪輿往來古今庶

立言期不朽兮歷浩刧而永貞天衢遺集

二水亭賦亭爲渴口陳家別業刋水張生授經於此　金德嘉會公

天一生水地中涌亭吐吞沆瀣呼吸滄溟卓爾張幔歸然挂鈴祖衡彌綦而纖塵絕沐日浴月而百寶生象曰習坎居之元亨工垂成也喜雨客乍至焉占星礪礎川花琢嵓谷刻桷丹楹凌霄寘晞嶺澥之洞酌仿君山于洞庭方春巢燕徂夏葰螢雁影秋羃虹藏冬撑非魚而知魚之樂好鶴而使鶴若丁暇可洗耳淸斯濯纓充庖祇用垂釣果腹無勞挈瓶揖謝稚黴坐留娉婷遲披簑之逸叟邀鼓瑟虙湘靈爾乃拭素几斟中泠鬚眉競爽襟帶餘馨傳徧玉川諸椀注完桑苧一經琴彈雅操劍試新硎似得漳河之兎疑浮泗上之磬叶濤浩浩而无息木忻忻以向榮松檀檜柏楠桂萼蒞杏榆杜蘅辛夷在隖芙蓉稱城桃葉梅根並價姚黃魏紫齊名迭苗迭秀或從或橫鷺嶼鷗嶼蒲汀柳汀沱無馬人蛋戸汜有鹿柴騂耕鬪鴨叠檻飲牛坳泓賓朋灑翰童冠揚舲鼓枻青林才三舍牽纜赤壁可二程榻瞰仲舉北牖詞指茂先西京若上巳流觴晻靄似江心古寺砯砰虎臥龍

跳聯卷軸宮袍畫舫及郊坰斯蘄春之壯觀而藝圃之鴻聲也亂曰長壽遠眺何濛濛叶兮來何迅邁去何終叶兮張融郭璞一海一江兮混茫大手疇匹雙兮電戰雷奔滙此亭叶兮鯨魂龍魄將毋升叶兮踏瑤階酌桂漿兮若有人奉予觴兮含宮吐角激徵淸叶兮碧鷄黃鵠俱翺翔兮居業齋集

詩

唐古今體詩十三首

五言古一首

州刺史座右詩 諸州同　　元　宗

眷言思共理鑑古想維良猗與此推擇聲績著周行賢能既俟進黎庶實並康視人當如子愛人亦如傷講學試誦論阡陌勸耕桑慮譽不可飾清知不可忘求民迹易見安貞德自彰訟獄必以情教民貴有常恤惸且存老撫弱復綏强勉哉各祇命體予眷萬方

七言古一首

謝鄭公惠簟　　韓　愈退之

蘄州笛竹天下知鄭君所寶尤瓌奇攜來當晝不得臥一府爭看黃琉璃體堅色淨又藏節滿眼凝滑無瑕疵法曹貧賤衆所易腰腹空大何能爲自從五月困暑濕如坐深甑遭蒸炊手摩袖拂心語口漫膚多汗眞相宜日暮歸來獨惆悵有買直欲傾家資誰謂故人知我意卷送八尺含風漪呼奴掃地展未了光彩照耀驚童兒青蠅側翅蚤虱避肅肅疑有清飇吹倒身酣寢百疾愈却願天日常炎曦明珠青玉不足報贈子相好無休時 昌黎集

七言律五首

寄蘄春李使君播　　白居易樂天

下車書奏龔黃績動筆詩傳鮑謝風江郡謳吟誇杜母洛城歡飲會車公笛愁春盡梅花裏簟冷秋生薤葉中不道蘄州歌酒少使君雅興與誰同 白氏長慶集

送蘄春李使君赴郡　　白居易

可憐官職好文詞五十專城未是遲曉日鏡前無白髮春風門外有紅旗郡中無處堪攜酒席上誰人解和詩惟共交情開口笑知君不及洛陽時

送蘄州李郎中赴任　　劉禹錫

楚關蘄水路非賒東望雲山日夕嘉薤葉照人呈夏簟松花滿椀試新茶樓中飲興因明月江上詩情爲晚霞此地交情長引領早將元鬢到京華 夢得集

送蘄州裴員外　　李山甫

正作南宮第一人暫隨霓旆愴離羣曉從闕下辭天子春向江頭待使君五馬尚迷青瑣路雙魚猶惹翠蘭芬明朝無路尋歸處禁樹參差隔紫雲

前題　　羅　隱

一枝仙桂最先春瀟灑高辭九陌塵兩晉家聲須有主

六朝文雅別無人榮驅豹尾抛同輦貴上螭頭見近臣

蘄水蒼生莫相羨早看歸去掌絲綸　致光集

五言排律　三首

九江口南濟北接蘄春南與潯陽岸　蘇味道

江路一悠哉滔滔九派來遠潭渾似霧前浦沸成雷鱗

介多潛有漁商幾泝洄風搖蜀柿下日照楚萍開近漱

湓城曲斜吹蠡澤隈錫龜猶入貢浮獸罷爲災津吏揮

橈疾郵童整傳催歸心詎可問爲是落潮廻

寄簟與元九　白居易

笛竹出蘄春霜刀劈翠筠織成雙文簟寄與獨眠人捲

作筒中信舒爲席上珍滑如鋪薤葉冷似臥龍鱗清潤

宜成露鮮華不受塵通州炎熱地此物最關身[白氏長慶集]

酬白樂天寄蘄州簟　元微之

蘄簟未經春君先拭翠筠知爲熱時物預與瘴中人碾

玉連心潤編牙小片珍霜凝青汗簡冰透碧遊鱗水魄

輕涵黛琉璃薄帶塵夢成傷冷滑驚臥老龍身[元氏長慶集]

七言絕句　三首

洛中春末送杜錄事赴蘄州　劉禹錫

樽前花下長相見明日忽爲千里人君過午橋回首望

洛陽猶自有殘春

丫頭山　施逵

何不梳粧嫁去休常教人喚作丫頭只因不信良媒說

躭閣千秋與萬秋

蘄州行營作　戴叔倫

蘄水城西向北看桃花落盡柳花殘朱旗半捲山川小

白馬連嘶草樹寒[幼公集]

宋[古今體詩二十二首]

五言古

咏張牧之竹溪　林敏修[子來州人]

幽閒古城陰結屋清溪曲溪流堪回映上有青青竹漫

郎欣得之綠髮詠空谷高風及前修勝趣隨遠矚惡客

徒擾人立談非我欲麾去盍汝瞋眞意聊自足或言不

當耳往往相謗讟荅云豈吾私恐作林泉辱源流別涇

渭臭味同草木肯當百事勝容此一物俗獨餘嵇阮輩

蕩樂戒臣僕濁醪澆古胸日沒還秉燭僕忝瓜葛後意

氣頗相屬平生幾兩屐共老三徑菊行年事無定此計

諸已宿徑須買牛衣間亦荷書麓從子竹間遊溪魚剢寒玉 無思集

龍眼磯　陳造 唐卿

誰謂石一拳不作江流礙朝來揚帆西曾若驥歷塊龍眼風水磯培塿視華岱似聞黃潦時亦復鼓滿匯鑿去本不難奇巧禹所愛其上嘉樹密其側魚網曬居惟羨漁鄉復欲老犢背西歸倘得此庸敵七里瀨 江湖長翁集

泊蘄州城下晚思　董嗣杲

日落鳥雀下笛聲起譙樓舟泊倦欹枕枕此秋江頭寸

心積萬慮浪寄非久留蘄新雉堞壯環塹柳影稠城中酒旗飛窈窕吳姬謳風濤何淒然抑揚遡難儔徃時聞黃芽今此委青油香凝燕寢晚喜見鴻集秋磯月照客衣苦觸聽砧愁夜深不敢語我吟月解不月落不旋踵雲過江聲浮逗晚入城步將詩叩郡侯 廬山集

七言古

寄蘄簟與蒲傳正　蘇軾 子瞻

蘭溪美箭不成笛離離玉筋排霜脊千絲萬縷自生風入手未開先慘慄公家列屋閒蛾眉珠簾不動花陰移霧帳銀牀初破睡牙籤玉局坐談棋東坡病叟長羇旅凍臥饑吟似饑鼠倚賴春風洗破衾一夜雪寒披故絮火冷燈青誰復知孤舟兒女自嘎咿黃天何時反炎燠媿此八尺黃琉璃願公淨掃清香閣臥聽風漪聲滿榻習習還從兩腋生請公乘此朝閶闔 東坡集

寄吳德仁兼簡陳季常　蘇軾

東坡先生無一錢十年家火燒丹鉛黃金可成河可塞只有霜鬢無由元龍邱居士亦可憐談空說有夜不眠忽聞河東獅子吼拄杖落手心茫然誰似濮陽公子賢

飲酒食肉自得仙平生寓物不留物在家學得忘家禪門前罷亞十頃田清溪繞屋花連天溪堂醉臥呼不醒落花如雪春風顛我遊蘭溪訪清泉已辦布韈行青躔稽山不是無賀老我自興盡回酒船恨我不識元魯山恨君不識顏平原銅駝陌上會相見握手一笑三千年

牧牛謠　謝童子

童子謝姓蘄州人少憒憒十歲不能言父母怪之令牧牛一日忽歌云

可若何遠遠騎牛下淺坡長笛一聲鳴也清歌一曲無多 楚風補

五言律

送俞尙寺丞知蘄春縣　梅聖俞

應見言風物於今有貢虵潛踪遠鼋𪓰飲露上蒹葭清潔一如此傷殘都莫嗟君惟修職業男耒女繅車

蘄州厲使君七夕祈雨　戴　麓石屏

樽酒忘佳節衣冠肅廣庭爲民祈一雨何暇賞雙星五馬無懸德三龍合儆靈前山好雲氣早已動雷霆

泊蘄口泛月湖中　陸　游放翁

炎天倦長路月夕泛平湖晃漾披銀闕淸寒伍玉壺釣

絲縈藻荇蓬艇入菰蒲自別蜻蜓浦斯遊十載無劍南集

舟泊蘄城下　董嗣杲

秋蕪埋戍雨暮荻捲濠風禦侮弓刀利揚威鼓角雄雲連淮樹暗月透漢宮空振柁貲遐眺興衰自古同廬山集

過鴻宿洲作　劉子澄

洲名號鴻宿流徙合來居淮郡侵江密人煙罩水疎無山供笛竹有港便罾魚壯士休營業擒胡返故廬玉淵吟稿

和秦壽之蘄春驛浸月軒詩　王之道

千山初過雨萬籟不鳴風寶鑑沈寒水氷壺上太空竹梢低蘸碧楓葉冷浮紅終欲金沙去經營一畝宫相山集

七言律

謝劉本玉先生惠簟　王　學

南朝笛竹蘄爲良織成文簟琉璃黃舊時正爾冷如鐵此君無奈寒如霜山齋溽暑正六月野人淸夢迷三湘卷舒隨分且藏節作詩爲報劉中央

和秀野蘄簟之句　朱　熹元晦

使君雨鬢尙青青學道仍拋後院笙溽暑快眠知簟好晚涼徐覺喜詩成人從蘄水當年寄句比韓公此日清

坐對更深誰是伴惟應闕月共長庚晦菴集

蘄州早起　楊　時一作魏了翁

城頭雷動角聲哀似共行人怨落梅欲報晨炊粱未熟喚回殘夢眼慵開霜淸暗覺貂裘冷月淡空令犬吠催倚杖起看風正烈不堪嘶馬重徘徊

送彌仲性赴蘄州　李　洪

中興岳牧任詞人分虎初班楚澤春四紀才名文價重一麾江海璽書新眷深丹扆虛前席祖憶黃梅試問津政事盍須外庸訖遄歸淸禁掌絲綸芸菴類編

聞何立可大節李茂欽誠之計　劉克莊 潛夫

初聞邊報暗吞聲，想見登譙與敵爭。世俗今猶疑許遠，君王原未識眞卿。傷心百口同臨穴，擊目孤城絕救兵。多少虎臣提將印，誰知戰死是書生。後村集

和吳仲庶寄吳瑛比部道安之子壯年致仕歸隱蘄春　司馬光 君實

負母承親顧已賖，遭母憂服除遂致仕 恥隨雞鶩啄泥沙。一朝投紱眞高士，萬卷藏書舊世家。齒髮未衰非藥物，山林不返爲雲霞。龐眉尚有郎潛者，猶祿憂生直可嗟。傳家集

七言絕句 四首

寄夏倪　林敏功 子仁州人

嘗憶他年接緒餘，先生落拓我迂疎。溪橋幾換風前柳，僧壁猶留醉後書。見呂紫微詩話

贈蘄簟與潞公　范純仁 堯夫

雙文封卷如筒小，六月鋪張滿榻寒。曾是吐茵狂醉客，敢塵齋閣助淸歡。范忠宣集

涵輝閣　郭祥正 當塗人

天垂星斗數尋近，地捲雲山千里來。冰壺倒影露華淨，玉寶潞雪蟾光類。

白巖寺石刻　無名氏

金殿重重鈴動風，六龍飛入碧雲中。晚來落盡山前雨，人借僧房鶴借松。

五言古 古今體元五首

望蘄州　楊基 孟載蜀人

未見蘄州城，已見蘄州山。諸山初不高，蒼石礪且頑。想當至正時，民物庶以蕃。大江從西來，萬里不閉關。茲山獨儲英，羣雄出其間。遂爲禍亂階，滋蔓莫可芟。憶我聞亂初，我方總兩鬟。侍立父祖傍，聽說國步艱。焉知三十年，見此董與菅。骨肉亦已零，安得髮不斑。披榛欲弔古，豺虎愴我顔。蒼茫望茅宇，日落孤舟還。

五言律

宿蘄陽驛　幹克莊

夜宿蘄陽驛，湍聲已慣聽。擁衾裁短句，屈指數殘更。世慮如山重，身謀似葉輕。不堪天外雁，急作兩三聲。

蘄州城下晚泊與土人語及四方事平有喜而作

范梈

野濶秋無際天空夕始凉漁舟下浦急畬火入雲長洲
遠懷鸚鵡山危指鳳凰戍人新斂甲垂手幸時康德機集

七言律

四見亭　幹克莊

前朝亭廢野蕪侵暇日躋攀試眺吟楚地寒煙青障遠
漢江秋水碧流深連城阡陌桑麻藹負郭人家竹葉森
千載麒麟山下路不知遊客幾登臨

前題　觀音奴

臥麟山前江水平臥麟山下草如茵山雲山樹幾時好
江水江花顏色新長江西來流不盡東到滄海無回津
我欲登臨問興廢今時不見古時人

明古今體詩五十二首

五言古

樊山王東園宴集　吳國倫明卿興國

涉江采秋蘭江路阻且遥豈惜行路苦恐雜艾與蕭美
人眷同臭解佩行相招歡言展高宴綺閣開層霄奇卉
粲以繁修篁夾飛橋潛魚躍華池翔禽厲神飈琱盤進
嘉膳瓊巵瀉甘醪吳歈變礿節楚舞何妖嬈衆賓起爲
壽賤子申八要終以大雅音結以青霞標庶幾永終譽
千齡無松喬甔甀洞稿

題人壁柬友夏譚元春　袁素亮

騎馬擁歡眠遂有專儂意粗知好浮名向儂求姓字姓
字却不言但與譚郎好遣人問譚郎悟儂非草草

七言古

環翠亭　高啟季迪長洲

環翠亭開紫霞裏更挾麟峰拜雉水千崖秀色傍窗浮
萬壑濤聲從座起煙消日出天溶溶玉壺倒插金芙蓉
鉤簾相對坐長夏灑然冰雪生心胸

蘄州竹簟歌　郭鳳儀舜符祥符

齊安土瘠百不宜蘄春竹箭生獨奇疎節洞幹臭煙霧
色參碧玉叅華滋尤物自合神理惜良工競采含苞枝
欲矜意匠誇能手苦濯江漢曝朝曦幾經折縷等薤葉
一加織組同繅絲就中巧思誰更識藏倪續斷渾不知
綢繆但見雙文密摩挲驚嘆眼還迷鮫人夜杼翦綃綺
游魚吹浪摇文漪已聞滑澀能仆雉更笑苔濡啼痴兒

稀有價重錦繡段般舒光映黃琉璃三疊九折柔耐卷
八尺半握行堪隨五月毒熱氣如炊嗚呼舍爾吾何支
匡牀石枕夢亦爽翛然似過清秋時覺來涼意侵人肌
只疑流汗翻成澌簟乎簟乎願爾化爲太平之衽席使
吾民寍一安寢常如斯

瀕湖李先生見訪之夕即仙師上昇時也尋出所校定本草求叙戲贈之　王世貞弇洲太倉

李叟維稍直塘樹便覩仙眞跨龍去却出青囊肘後書
似求元晏先生序華陽眞逸臨欲仙誤註本草遲十年

何如但付賢郎爲羊角横摶上九天君有子爲蜀中名令故名　弇洲稿

悲高山詩　楊晉

高山鄆舍也距廣濟三十里崇正丙子冬設險高山廣濟尉魏時光以鄉兵守之賊初不敢度相持旬日尉夜襲賊有功詰朝賊大至尉馬蹶斷被執不屈死

殺氣障天天不雨中原白晝驅豺虎無賴少年好英武
擁尉登壇建旗鼓尉也膽氣本粗豪百金市馬如人高
馬上結束青絲絛左右馳擊雙寶刀搴旗斬將不足數
眇視秦冦同鴻毛軍中昨夜傳飛箭鐵騎西來亂如霰
不聞犄角有何營獨引鄉兵當一面健兒身手等閒强
矢石未交先怯戰衆寡相持大不如支吾日久情形見
尉也膽氣眞絶人夜叩壘門惟一身歸來笑擲人頭臥
不知禍福如轉輪亂流馬嘶侵曉渡高山遥望寍知數
竹筒一吹已會圍塞斷孤軍歸去路此時拔劍怒衝冠
翻身上馬突圍看黃巾赤眉有羽翼有將無兵勢難測
兜牟脫處戰猶酣韌帶斷時死不得可憐壯士在垓心
援兵望絶無消息高牙大纛坐城中薄祿微官死山側
朝廷有事須將才豈復下僚多屈抑高山燐火繞忠魂

爲爾悲歌淚沾臆

蘄民謡四首　王廷相儀封人

有芃者艾生我土七年之病得者愈五内失調邪作主
富貴耽慾乃自取艾縱有靈將奚補我欲言之上官怒

右蘄艾

龜背生毛綠的的大如錢貴如璧養來盆中水凝碧細
人之玩有何益

右蘄龜

白花蛇誰教爾能辟風邪上司索爾急如火州中大夫
只逼我一時不得皮肉破積谷如巴陵殺爾種類絶白

花不生禍胎滅　右蘄蛇

龍鬚作席光電電暑眠不及蘄陽簟凉如冰滑如藤一簟幾工能織成官府取之只一聲有價無價誰敢爭王氏家藏集　右蘄簟

五言律

曉發蘄州　李東陽 茶陵人

城曉遲吹角高雲濕未開驚波風不定危石岸將頹青入無窮草黃低欲墮梅江湖苦留滯遊宦恥凡材懷麓堂集

坐蘄州西河驛　顧璘 上元人

衰年重作宦入楚問民風豈謂山川異還嗟杼軸空宦常存國典惠澤自皇躬千里旬宣寄安危仗數公

白雲深處　蔡潮 霞山

瑞靄浮仙苑悠悠別一寰春陰琴柱潤風靜鶴聲閒舒卷心應似登臨興未慳玉窗清夜夢元不到巫山

答富順王 朱厚焜 二首選一　王廷陳 稚欽 黃岡

帝室分封重王孫別館開禮於南嶽敵客比小山才爲善心知樂通親表自裁雄風雖可把何日侍蘭臺夢澤集

寄上富順王　王廷陳

南國諸王館池亭獨有名楚風蘋末動淮月桂叢明中物醒先析當天暈已生無令爲善樂專美漢東平

題浮玉亭　吳國倫

石扼中流險亭當一柱支河山懸震盪日月莽推移岸樹微茫出風帆上下馳望中吳楚盡秋色最堪持甔甀洞稿

舟次蘄春避暑法勝寺顧大參子承按察子良董司理友仲易州牧子田攜具見訪　吳國倫

梵宇千門邃僧房一鑑幽艇分蓮葉出軒抱水雲流疑結逃禪會何當載酒遊却疑陶令醉三笑虎谿頭

龍眼磯　吳國倫

片石亂流中巍然抗佛宮諸天龍樹表萬象蜃樓空花雨都成雪濤驚不爲風孤僧容膝處應與海門通

蘄春江上謁禹廟　吳國倫

山遶鴻沙曲城憑鳳嶺孤古祠銜絕磴飛浪灑平蕪萬里來江漢千門過舳艫可知神禹蹟浩蕩古來無

宿玉泉寺寄顧日巖　陳仁近 孟角 州人

元宴一生病幽棲百丈陵無錢金井客有髮玉泉僧鳥篆教皇字螢分照佛燈湖山千里外寥落幾良朋應卯鳴集

過湖上舊館　盧如鼎 呂候州人

偶然趁春晴閒攜湖上行山樵隨意問茅舍幾番更鳥
似曾相識花如舊有情壯懷空潦倒祇自怪浮生

結屋山中　盧如鼎

身閒成野癖地遠絶囂氛池靜生寒月山空臥白雲栽
花聊作伴近鹿喜爲羣幸少浮名累荷衣可不焚

七言律

東山寺　朱厚焜 富順王

平湖漠漠接平沙芳草青青没燒涯着雨小桃紅錦濕

受風新柳翠絲斜牆頭遞酒情偏愜馬上啣杯興轉賖
更把東城比東郭每逢春日欲移家 東蘄集

前題　張　袞 江陰人

鷲嶺逶迤俯碧沙鶴林風色浩無涯門荒老樹昏鴉集
歲晚寒江落雁斜地盡三吳蒼雨濕山傳五祖白雲賖
城中奕奕王孫地誰問湖田百姓家

前題　戚　昂 金華人

湖光晃漾臨蕭寺十里荷花散綺霞遠浦笙簫仙客舫
小山松竹野人家堆盤氷果清堪掬入饌江魚味總嘉

戀闕有懷雙眼濶五雲縹緲隔天涯

蘄州江中怪石　李東陽

崒兀山城抱此州江間怪石擁戈矛隨波草樹愁生隙
駭浪蛟龍却避流豈有岧嶤能砥柱祇多衝突向行舟
憑誰一試君山手月落江平萬里秋 懷麓堂集

法勝寺　盧　濬 天台人

坐我官舟正午陰豁然乘興此禪林可憐靈谷眞驚眼
聊對天花一賞心沙鳥樹邊煙淼淼玉梅開處月深深
莫緣芳草頻羈思萬古青山只古音

四節祠　王　儼 賓雲州人

百年正氣激飛湍磯眼難消血淚乾一艦煙埋骸骨冷
八濱風灑鬢毛寒心存社稷應難死夢擾魚龍苦未安
酹酒臨江頻觸目征雲猶鎖樹光團

前題　高　鵬 南崖州人

鑿舟應不愧江湍罵賊同心口未乾磯面水聲猶帶恨
城頭山色尚凝寒不緣平日識先定爭得臨時死亦安
羞殺奸諛在何處四侯祠上月團團

仙人臺　郝守正 湘東州人

每到山中訪二仙仙童仙洞尙依然巖隈靈藥應千種
石鑄喬松已萬年苔蘚壓前留幻跡藤蘿雲外隱諸天
兩丸日月移朝暮陵谷由來幾變遷

奉答樊山王 朱載埒　吳國倫

老病龍鍾卧北園思君何日奉清言眞風好與神仙近
雅道誰如帝子尊石上彩雲流錦席松間白鶴引華軒
平臺授簡多賓從不必狂生更在門 甑甀洞稿

奉寄顧子良副憲子良期過訪予三年不至但時時勉予學道因寄此詩　吳國倫

一水盈盈河漢遙空中鸞鶴似堪招循溪易返山陰棹
鞭石難成海上橋學道豈應妨老大藏眞只合混漁樵
乾坤萬事捐都盡白日看君羽翼驕

寓蘄州示諸生　沈鍾 金陵人

蘄州雄踞楚江頭隔岸羣峯紫翠浮文事因仍延信宿
春光追逐縱遨遊懷鄉魚雁常違約弔古風雲亦解愁
擬就滄浪歌一曲媿將軒冕對沙鷗

過蘄州冬至　毛伯溫 吉水人

年年冬至未能歸悵望孤雲天際飛上國衣冠朝會遠
故鄉戎馬信音稀蒼生到處關休戚青史他年有是非
獨坐窮愁隨日長栢臺清晝掩重扉

菩提寺　毛伯溫

三過野寺兩停驂王事馳驅苦不堪石磴清風驅落葉
竹林斜日靜寒潭似曾識面鳩頻喚如有羞容花半含
試問寺僧今幾許何人能唱望江南

蘄城値雨　陳溱 濟寬州人

天意含愁不放晴鴻洲煙雨暗蘄城江邊叢苡忠臣憤
湖上松楸孝子情鼂鶴何年開壽域鳳麟千古應文明
傷心龍眼磯頭水也爲英雄帶恨聲 獨醉稿

江山清趣亭　富玹 會稽人

鳳凰山下水流東亭下青山四望同春樹鳥啼屛幛裏
夕陽人在畫圖中松風清爽生孤榻花雨繽紛落半空
待得公餘無俗事南薰一曲奏絲桐

遊白巖寺　楊清 州牧

共說廬山天下高誰知此嶺直摩霄三十六澗水連渡
一百八聲鐘細敲山果熟時猿在樹佛燈明處唄冲霄
也知老衲通三昧舍利光騰萬丈豪

夜月池　朱紳 懋孚州人
清池半畝浸寒蟾消長盈虧景亦兼玉鏡影搖雲母幌
金鉤光映水晶簾漁翁舉釣情偏逸謫客傳觴興轉添
天道信知元有數升沈端的不須占

鴻洲煙雨　朱紳
一片平沙二水邅幾翻煙雨亂長空樹籠野色千林暗
山隱嵐光兩岸同沙鳥飛翔濃淡裏風帆搖颺有無中
待看海上金烏出一掃層陰萬境融

煙霏樓　顧闕 桂巖州人
濃濃淡淡起天涯縹緲眼前原作親來橫復斜雲母屛風低

映戶青絲步帳漫籠花絪縕造化憑誰判早晚陰晴恐
認差分付豐隆收拾起好教日月吐光華

竹塘　陳仁近
不將長策對楓宸閒向池邊種綠筠風捲銀花營百蠭
日篩金屑走羣鱗蒲攢紫筍雲橫塔鍏閣青萍錦壓茵
共約明朝叅玉版何須煮簀怪吳人　應叩鳴集

春日元舉君鉉見訪留宴雨湖館　李樸 質甫州人
齋居無伴憶停雲忽漫相過笑語闌花事半殘春欲暮

壺漿頻促酒初醺樓頭徙倚蟾蜍滿檻外空濛煙霧紛
一水盈盈愁對晤留連深夜惜離羣 存笥稿

登浮玉磯　鄒志隆 蘭陵人
石闕凌虛勢欲飛江沙積玉動浮磯平分堞雉當軒出
遙帶舳艫入檻依白社未招心亦醉青山有分願非違
使君好述風流事赤壁移來在水沂

過齊昌登浮玉磯　官應震 暘谷黃岡
萬頃茫茫片石浮孤亭獨障大江流月明有影鯨鯢懼
風吼無心波浪休吳楚兩分天塹在衡廬一望水鄉收

斜陽不盡登臨興遲我重來作賦秋

登文昌閣　吳亮嗣 明仲梅川
文昌高閣倚層巔閣外江流小百川千頃澄波搖素練
一方寒玉鎖晴煙根盤鼇極疑無地勢接龍門別有天
天爲斯文培命脈祟陰南國自年年

贈錢受之　袁素亮
招我皮冠意已疎須君牀上廣何如自存天素非忘物
聊爲中原苦讀書世界蓮花共履屐工夫楮葉著樵漁
智雖不用何能腐留待浮雲竟有餘

癸未挈家避地鴻宿洲旋上西塞作　顧天錫 重光 州人
鬒斑乏鏡自羞鬖摸破青衫已上藍人竄萬山誰告語
燕巢春樹枉呢喃孤城師旅烽加劇盛饌將軍酒正酣
河上逍遙渾故事先機媿我未通南 詩文雜卷

文昌閣　石崑玉 楚陽 黃梅
綺閣中流踞石岡巍然上接斗魁芒臨階學字池紋遠
倚檻加冠鏡影長賦月波心人授簡吟風渡口客收航
只疑天祿煞藜處少此蒹葭水一方

七言絕句

送蕭使君熙擢守蘄州　王世懋 太倉人
十載誰憐國士心一官吳楚任浮沈積薪莫自疑懷璧
剖竹猶堪問賜金

山中吟　顧問 日嚴 州人
山中名器一蓑衣帶月和雲著得歸借問先生何品秩
上農夫也是耶非

送三弟稚隆入吳省兄　李樸
青山兩岸墜丹時風冷江門送別離肯借尊前同此醉
帆開咫尺是天涯 存笥稿

蘄州志卷之二十九

知蘄州事嶺西封蔚礽纂修

藝文志

詩

國朝古今體詩二百四十三首

五言古二十八首

詠高士吳瑛　顧景星
伯仁起齋郎發書黃州守入爲虞部員挂冠方罷首臨
流獨長嘯種竹還漉酒歡笑迎嘉賓絕口不臧否青氈

就盜乞力田門生耦不顧尚書期鵰冠狎鄉叟世遠言
亦湮著述曾不有高躅留史篇芳名僅身後 白茅堂集

詠高士林敏功敏修　顧景星
松坡節氣士少小負學術一舉偶見遺塞門即弗出經
通郭子橫名比皇甫謐隱處非盜聲率性不就辟子來
實愛弟豹席共牀筆湮沒無思篇零落棠山集立言期
不朽傳後豈難必所望賢達人名山拾遺佚

酬蕭霽　顧景星
之子志我同端居媚幽獨樂從大賢遊久謝時人目微

雨山中來竹梢低入屋鳴蹬寂不聞閉向東齋讀濁酒
時復斟高筒頻折牘一日凡幾回蛩音滿空谷

棲來店有序　顧景星

石城徐公子星昔在山左招徠廛集漸成市廛土人德
之呼徐公店茲守楚駐蘄於四郭隙地各建舍十間名
曰棲來行旅乃得休止詩以紀之

伏莽既以平大江亦以清舊時荆榛地更有行人行山
川故覘突寇攘仍縱橫落日怖商賈淒風悲遠征懸柝
市門閉城上哀笳鳴一擔立四顧但有鵶烏聲官檞久

不設負戴何悸悸一物不得所惻惻仁者情褚裒寄牛
屋土龍眠古壁安知歧路泣不有狂阮生公昔駐山左
二載德教明荒涂聚市肆廬宿無流氓楚俗最蕪陋茅
竹支椽桁虎狼一斷道伐屋登空城杜陵思廣厦盧願
終何成如君事實政永宜良牧程

答康伯問字說　顧景星

斯文羲軒後微義竟誰紹智哲識其情遺象存理要流
傳有淫體臆說恣攻剽瑣碎雖百家無能救沈溺鼎彝
各異狀鼓篆亦難校沿襲誤後學徒然痛先覺六書非
細事宣洩扶道妙囊括二儀間津梁五經奧我勞夫如
何十載心力耗變通固無方苦辯非執拗學官會有時
覆瓿君豈料庶幾桓譚知不惜劉歆笑兒童干祿樣腐
塾兔園鈔規矩表高曾笆幡轉相告老眼困昏花研精
矢期耄莫怪和者稀陽春本孤調

鈷鉧潭今名洗馬潭　顧景星

長河自西北曲注仍東馳發源司空山萬壑爭奔嘶雨
崖忽開展水行得歸依到此若無力十里平風漪深沈
百尺潭色勝青玻璃巨魚不受網窟穴安能知甘霖應

祈禱雲氣初如絲委蛇金龍子色變十二時土人爲余
說漢祖行軍奇出征九江王洗馬會於斯神龍遂來合
遺種留今茲訛傳信鄙謬此實藏蛟屭洪流轉木石瀦
沱無改移深潛不害物意若全幽姿雲中望天柱泚水
尤逶隨圖經莫能悉靈境與追思

山僧說靈虬茶　顧景星

四野寂無人明月照高樹僧來貢茶約且向蕭齋住長
瓶貯春雨熇盞傳陸羽身上木蘭衣猶帶山中霧靈芽
清士福盤曲來鳥路千歲寶掌翁門徒始焙作鳳棲山

下水久付蠹鷺汚煩師一卓錫濮涌須復故虎跑特地
興龍井伽藍護神異倘再開還能覲仙遇

上巳步湖村　李炳然

久不到南湖彎環僻若此豔豔花匝樹磔磔石淬齒透
迤凡幾曲屋隱茅茨裏莫是武陵人依舊桃花水石林
高復下坐客箕或倚稚耄少扳援貴賤一我爾問我來
何所大笑稱上巳雞犬與爲鄰邱壑趣猶美得魚卬易
酒臨淵寍洗耳直待菡萏香還來劈蓮子　江麓堂集

秋日石璠生爲璘攜餕遨遊如是菴　李炳然

西灝崢嶸光今日固如是明日復何如恐虛林壑美生
涯看黃葉損益隨秋水靜款幽人扉高凭北郭几嵐氣
奔不歇湖心澹若此天颸躡般雷蓮心散堦戺掃開花
竹影妙發醍醐理香稻飯青菰筐蔬點蒼耳奧義衍三
車清詞辯四始交臂揉芙蓉何必貝多子

從家人訊知里中故居近狀　盧紘

故里臨江滸人當冦殘餘休息十年來疾苦尚未紓非
無仁明長蠹痼堅莫除水則勞舟楫陸尤困稅糈奔走
服徒役終歲少安廬官錢不可問兼斂奉狼胥形枯骨

僅存索盡囊無儲欲脫此鄉去茫茫何所如呼籲不得
聞蟠固難間疎吁嗟此孑遺仰首空躊躕余久宦遠方
聞之生長噓不顧所忌諱憤貽長官書幸邀聽轉環夙
弊一朝袪役仍出官雇夫額復其初從此獲寍止咸遂
樂土居遠聞忽與躍願頌循良譽倣瑟寍盡張改絃姑
與徐屈指二三年生聚盈郊墟余亦當倦遊欣然返昔
廬　四照堂集按盧韻復疑作故墟

蘄州盧氏殉難始末　周茂源　雲間人

伊昔蘄黃間冦禍最慘烈官兵爲先驅貪冒同饕餮賊
從上游來萬竈化魚鼈盧公偉丈夫嬰城誓死節賊衆
如蟻附交衢徧流血骨肉相因依一朝半屠滅公當灝
死餘拒賊氣勇決登陴𧴩健兒瞋目眥爲裂巖關倏焉
摧鏃矢亦告竭逢掠長賤貧與城共存沒長公間道歸
遺骸裹衰絰負土瘞舊阡殉難敘始末或死或竄亡歷
數多嗚咽烈婦楊與袁大義明霜雪楊爲紱也妻紱去
成永别自投燎火中珠胎並燔爇袁也歸震初堅貞儼
積鐵從容拜姑嫜溺井求蠲潔漆簡與丹旌采風宜首
列夫何金鏡淪幽光殊未徹純孝揚令名孤忠欽曩哲

兇乃黃鵠操挺然不可折庶幾楚倚相紀美無遺鈌援筆愧如椽奚庸表碑碣

頌楊袁兩孺人節烈　張錫懌 雲間人

蹈火既不易赴井良獨難先後何從容雙烈稱二難至今趙州側火燼血猶丹化爲祝融峰攜母俯千盤貞魂干氣象白虹貫井榦化爲三峽水抱子激危湍慘死未及旌慨焉摧心肝國史幸有紀能令白日寒

簝山行　張士淑

危巒矗空起壁古長箐篠里中數士姓相依共昏曉家舍平林西雲樹可數眺豈不懷田廬四野飛旌旆鄰伴約夜歸路黑山月小谷靜發空響膽怯驚鳴鸞到家夜過半月落荒村窅生業各蕩廢頹垣翳蘿蔦破屋疎星入照我天漢表時聞虎豹嗥更見蛛蝸繞雖是舊所居不敢久停遶嘆息出門去覓徑登林杪安得天下盜賊盡歸農令我笑數青峰臥亭沼 雲溪雜著

雨中訪顧赤方 二首選一　張仁熙 長人 梅川

日夕大江流江聲莽回互蘄陽萬古心旅客愁無數高士亦城居茆屋幽難遇著書二十年草長門前路相見亦何深抵掌生煙霧論詩數百篇一一兼秋雨豈惜酒杯長展轉彌清素 藕灣集

過蘄春懷顧黃公　陳大章 黃岡人

徵君瀟灑姿搖筆富文藻弱冠充王賓時論推國寶激昂世務書匍訇兩京道志大徒次且時危久枯槁高揖辭風塵閉戶狎魚鳥經傳毛鄭宗學比崔蔡老一尺白茅堂樸質謝雕巧晚就蒲輪徵束縛難爲好王式本不來臺佟節彌皎依然奪牛翁歸作采芝皓六書大義微研精肆幽討上窮皇頡初下逮篆隸稾箴縷辨形聲錯綜出要眇善誘物之師博洽時所少伊昔奉微言今來悲宿草歲月忽已遒風流竟誰紹抆淚下寒江白雲空浩浩 玉照亭詩鈔

寄欽人田士佃　萬燦 季方 黃岡

洌彼清谿水素鱗託蘋藻風日豈不殊縈情惟夙好河鼓已宵移織機傷顏老天漢望容舠所恨秋霜早攜手上河梁金玉傾懷抱兩翼忽驚飛抗志凌雲表興酣搖五岳榮名以爲寶隻影誰與同止水空潦倒落葉滿階庭寒蟬泣秋旲新芳及殘芷臭味分菀槁楚山接燕雲

行行寄長道衣帶日以遠珍重思紆縞

嘯月軒　陳鼎元瀼溪州人

昏鴉棲已定幽人忘夜永仰見千尋竹搖動疎星影少焉東山上金盤光如炯頓令塵土中燦若玻璃鏡緬懷步兵狂思與蘇門等雖非鸞鳳音或不類鼃黽劃然草木震直上此君頂空翠靄林間悠然快獨領半畝園集

半畝園即景　陳鼎元

四時各有序草木測其端季秋與冬孟辨在微茫間赤日照高樹霜風薦朱顏昏旦變節候淒然難久安坐我草堂中綠橋已可攀雙柑下斗酒耳熱有餘歡裒裒芙蓉露秀色眞可餐採菊籬邊去悠然亦見山蒹葭正蒼蒼伊人艮獨難

曹荔軒寅梓白茅堂集將竟感賦　顧　昌培山州人

和璧不世出剖璞須其人珊瑚結海底網取非柔紉力大用必壯鑒别識乃眞明公賦至性挺特空羣倫束髮事高步老大能親仁生鍾燕吳秀氣壓京華春時維先君子旅臥越鳥呻公也獨慨慕意洽如飲醇走馬出殿直攬轡來城闉晏語或達暮夜懷難及晨豈惟骨肉愛竟以膠漆論身今致通顯揚抗據要津金閨總羣彥雅志獲見申古人不可沒後哲盍隱淪尨工市棗梨鍥鏤崑穎新驪珠粲煤墨玉版開琊璘陳恩慟敬禮護惜猶苦辛剞劂同珙璧視忍終榛莽湮中丞宋公許刻不果栗蔭軒集

宮井荊府雜咏之一　張　畸子駿州人

禾黍悲故宮荊棘生宮井不照綺羅人空拽寒泉綆秋來梧已落冬至桃還冷過此獨潸然興亡艮可省另齋集

喜麥莊至　李生桀谷友州人

春風倚竹窗脫帽就暄暖徘徊念故人狂喜臨淸館君言别日多我間來何緩與君向階前花看梅梢滿兩峯集

自潟口歸陳芳蘅伯仲送至舟中　張溥源梅川人

天水共淒淸積雪覆洲渚湖遊雙溪曲遥向大江澥儆盧待我歸安能長羈旅野濶雁聲疎别離艮太苦長揖謝故人脈脈兩無語

陳母行陳虞部詩之母　喻文鏊石農黄梅

鬱鬱千尋松上有太古雪松比人心貞雪比人心潔一解

嗟哉陳母賢八月爲新婦姑言諳食性夫言善箕帚二解

天風吹海枯海風吹不住吹起離鸞聲痛泣九泉

路三解死夫固有婦新婦固有夫長謝堂上姑甘殉冢中夫四解阿姑前致詞淚落大小珠有娠纔五月珍重千金軀五解强起語阿姑焉敢惜一死慰夫宗祏心旦夕吾瞑矣六解珠顆好男兒羅薦蘭湯沐嚴風吹寒幃抱向靈前哭七解慈烏生一子哺㲉漸成雛典我嫁時衣購我架上書八解讀我架上書還我嫁時衣死夫亦有婦賢母亦有兒九解

彤廷下

紫誥表為人母式豈惟人母儀允稱士林師十解 紅蕉山館詩鈔

高貞女行字黄立人　陳詩

青青女貞木皎皎心不移斵為太古琴絃以寡女絲一解琴亦不在御絃亦不在指哀鳴聲烏烏女心井中水二解井水有時枯女心無時渝再拜辭父母願言養舅姑三解舅姑前致詞淚落連珠子有婦如此賢吾子良不死四解死者肉已寒生者志益堅卓哉高貞女清風激愚頑五解 大桴山人存稿

出唐家山　宋德煇玉山州人

在山聞泉響出山聞人聲人聲與泉響孰濁孰輕清此道非天闢五丁開榛荆諸峯屹相對一路傍巖行緩步無側足路險心自平條經奧折處往往清風生下有溪源水流出萬古情雖無蒸蔚氣頗得謝煩營吁嗟山中人回首白雲横

倣古體箴讀書亦以自勉　陳紹瑞蘄州人

斯世獨無我權憑造化操聖人不著書終古任寂寥有書更有我長日肯坐消柳儵無多藏曹倉亦未足入夜焚蘭膏常將晷影續行其分所宜何須夫子劬佛書與仙方咿唔徒艱澀所不憚形勞六經子史集不把此心

死如澆鴨背水不養此心活拘牽守故紙我愛鄭康成馬帳目不睞我惜王荆公青苗誤周禮

我身處平地仰面見天高更上一層山仍不低分毫瀟灑武夷頂超然勢岧嶢崑崙泰華巔羣峯接九霄試一登其峯依然首可翹自下而覩上層層境若招自上而覩下無限路迢迢可知自足人終身井中囂歐公畏後生劉郎怯題餻想見古人心不吝尤不驕

天地祇一理生出古今人仁義禮智信一一付性真斯人祇一身肩挑古今事忠孝廉節烈致命以遂志胡為

能如斯惟特此心定松寒色轉新竹瘦節彌勁誰敢擬
聖賢求與聖賢近設身立門牆必不遭斥擯世人喜讀
書意重求名令富貴等浮雲窮達聽天命大本能無虧
焉往非傑俊願常守此心賢關當漸進

五言律八十五首

山居　顧咸 思菴本州人

別自爲清晝晝開意轉清香煙紫古篆竹韻走溪聲村
斷煙光接湖遥雲氣生農歌隨岸曲雅俗各怡情 石倉詩補

答王純伯 顯次來韻　顧景星

白日空環堵窮愁未著書野田看躍雁春岸指叉魚萍
跡還爲客荷衣亦號儒雖歸故鄉陌終與俗情疎 白茅堂集

鮎鮰潭　顧景星

遮雲催萬壑起伏更嶙峋百里櫨梨水千山巖壑春林
陰著魍魎潭定落星辰瀑漲循河下蛟龍亦有神

豁口　顧景星

野岸泥難枝江船纜繫斜迎風放桃葉宜雨是梨花流
水東西堰新村八九家兵餘得純樸漸欲見桑麻

王子雲一翕隱居廬山忽過訪　顧景星

只愁歸不易歸後轉饑寒知已十年別貧家一飯難白
頭仍避地遠害肯投竿孰是鄧文子能令王意寬 屢辭徵辟

送方濬還靜明山二首　顧景星

石徑入窈窕回巒知幾重雪高松際兎鳥下午時鐘斷
碣無人讀空廊有鹿蹤題詩向崖壁長倩白雲封

刼火不能燒空山長泬寥寺名遺舊志鐘款認前朝踏
雪迷歸路隨緣懶挂瓢獨餘雙草履留向杖頭挑

廣教寺　顧景星

空山春雨足亂放杜鵑花瀑響猿羣喜天青鸛鵲斜客

來爭舊竹僧去焙新茶作者今何在風流憶永嘉

秋日登拱奎樓 防憲徐公建　李炳然

鴻文懸石閣白露滿城隅直爲藏書計非關寓目須寒
藤纏古木亂葦擁澄湖卓立羣峰外疎林半欲無 江麓堂集

蘄陽營兵丁元遍逆受僞札其妻某氏預知泣諫不
聽乃絞殺其二女爭自經而死後丁元事洩被執
乃捫膺大哭云悔不從妻氏之言　李炳然

不謂丹青烈芳蘅出婦人嫁從厮養卒愁見陌頭春薄
命緣非搆三生義滅親早知嬰母廢那到槀街陳

萬壽寺訪天山老人夏玹伯不過　李炳然

詞場久寥廓大雅得狂生鵰鶚淩風急驊騮驀澗橫山車憑逸軌釣艇或知名不見黃公叟松風滿院聲

重過水月山寺　李炳然

十月林葉赤晴空愜舊遊山川天氣好橘柚露珠留野火連斜郭寒溪戀去舟幽人不我棄落日過橋愁

粵歸展墓　盧紘

六載兒歸日悽然拜母墳青非初植樹白是舊蹭雲支感吾宗弱哀祈地下聞將辭東郡去心與褚俱焚四照堂集

將適東郡值雨過株樹林望先塋不得上

盧紘

每憶煙荒地時從夢裏遊到家旬日雨偏隔一山邱北道催行急長空併涕流愴魂從此去夜夜遶松楸

楚蘄首山盧公一門節孝詩四首存三癸未寇薄蘄州首山盧公率眾登陴誓相死守城陷不屈死前後從公死者次子諸生紱紱子晨初從子紳從孫震初紱妻楊氏震初妻袁氏　楊枝起扶曦雲間

昔賢盧子幹身隱道彌尊抗節伸炎漢流徽到遠孫譚經時握壘殉敵不呼胥異代縹緗素應憐風義存

早播黃香譽終成王蠋忠時危貧賤喬義重死生同碧血流霜草鴻聲感玉穹元成方繼起人憶范陽風

嗟爾四君子翩然華國才不期霜鍔染能使陣雲開忠孝傳家業精靈越夜臺當時仗節者騰告忍徘徊

殉難詩四首存三　張一鵠丹齋雲間

楚國先賢傳千秋事可師家留子幹學人畏彥方知槃澗鴻飛日孤城鳳鍛時年年江漢水常與薦芳蘺

彤管垂遺詠芝蘭此共傾無心猶恤緯有淚已崩城朱火芳仍烈寒泉骨愈清自緣誠感切執義及衿纓

褒典殊前代推恩自
聖朝天書輝草木泉戶仰雲霄華表遲歸語青春託大招尚餘榮養慽灑淚滿征軺

初夏山中送李嵩岑赴粵西僉憲兼憶盧澹巖先生

陳之京覲伯州人

西湖老病休出處各為謀遠宦蒼梧去幽棲叢桂留楚山紛漠漠湘水淡悠悠佳句頻酬和人逢柳柳州天衢遺集

七葉寮　談允謙

朝氣尚未散鬚眉都已侵若雲流水上非雨濕松陰客

漸移鳩杖僧猶阻鳳岑城中有空翠何必萬峰深樹蘐草堂集

氿雨湖　談允謙

氿入雲深處驚鳧出水涯引人湖最曲令我興彌賒客靜親鷗鳥舟行讓藕花幾時兵火靖遂志得還家

蘄州官署題壁　吕　暘全五無錫

梧桐纔葉下絺綌已驚凉健翮青承露紛英晚帶香魚開菰子白鶯喚柳條黄虹見愁無雨花陰聽早蛩

蘄州三角山寺　王　顥純伯曲周

三峯稱勝地登眺有餘情鳥語堪留偈花香可作盟俗緣開裏斷禪法靜中明林密山藏寺鐘聲雜雨聲

三角山龍門寺二首　僧天章徽州人

嗒焉虛隱几規月恰投牕喝石山羊醒揮麈野馬降巖空天借半橋臥影如雙此意憑誰指遙峰插翠幢

臨榻不能寐山空月一樓草蟲虛沸夜梧雨壯迎秋刦坐凉如瀉相看意自酬寂寥生曠眼扶策好優游

送黄公還　施閏章尚白宣城

强起非君志京華豈復春懶充虎觀客閒許鹿門身冠蓋看今日湖山讓此人狂歌自適隱未老豈長貧愚山集

悼袁先生公宴素亮二首　張仁熙

頗識東阿乂還疑李賀同幽思華屋裏鬼語玉樓中地志文偏古浮亭賦獨工孤墳不得意搖落耐秋風

風俗爾先憐繁華亦自牽眞才人欲殺駿骨恨難捐老眼荒天地雄文半鬼仙廣陵無限調淒斷付哀弦藕灣集

喜盧參政紘自姑蘇歸里　張仁熙

憶昔繁華地春風玳瑁觴錦帆留極浦花信到横塘對月聞歌倦看雲笑吏忙歸來無一事重上讀書堂

蘄州蓮花菴道上　舒峻極梅川人

青草留行路黄花徧野田數家成市井疎樹點炊煙估客遠來羅溪橋春集船同遊歸興動未到已凄然華園集

同集生公卜過楓塘故居　張士淑

昔時遊冶處池館徧荆榛白髮悲前事青山憶故人鳥呼如識面樹老不知春爲問荒堤柳長條幾暮晨雲溪雜著

宿福勝菴　龔　栢百子州人

不待安身久虛空靜裏生各言心所受共識理無爭一榻禪初定千秋月正明鐘音隨谷起桐葉落三更半畝集

雨宿王郎石山房　欽士佃（人門州人）

信宿十年地重來路不歧山川高士傳風雨故人詩酒

熟秋前秫交盟鬢上絲蕭蕭窗外竹況味此君知（瀛洲集）

舟泊蘄州追憶顧黃公　張瓚基（梅川人）

問孰張吾捲伊人絕可嘆龍旂刑白馬牛耳誓朱槃聲

勁松風肅韻流竹露寒白茅猶似昔寂歷夢魂殘

烈士廟　黃天福（錫五州人）

江水朝昏逝丹心日月懸兩朝悲合璧一死感重淵凛

烈龍磯石蒼凉鳳麓煙偷生苟富貴到此覺徒然（棲鳳堂集）

烈女墩　黃天福

雙娥凛大義一奮葬澄淵死骨清如水貞心苦在蓮衆

中誰勁節波底感遙天隱向塵埃外池墩護月圓

山居秋懷　駱思白（緇守州人）

東皋凉葉下遠岫亂雲生嫋嫋秋風夜凄凄楚客情空

庭流月色虛壁響蟲聲展轉難爲寐晨鐘不肯鳴

遊靜明山　張仕渾（近愚州人）

驟入初疑誤沿源興不窮穿林人漸小攬葛道微通潮

出千松杪鐘生萬壑中晚來山吐月遙指斷巖東

和方伯徐公（慥）雨湖秋月原韻　僧普紹（雪嵩）

不知秋樹裏任有幾人家吹笛響山翠敲砧弄月華閒

情歸野趣清賞在煙霞行到水窮際芙蓉處處花

涵輝閣舊址　鄭裔雋（部胄州人）

霜白蘄州路淩虛見女牆夕陽會水郭高閣自江鄉處

處芙蓉岸山山薜荔房城隅一回首極浦是瀟湘

聞友人讀書大泉寺却寄　鄭裔雋

北郭芳齋晏南湖梵宇清芰荷千頃處風雨廿年情殘

白升雞犬枯槎達海瀛徘徊清磬寂念此意怦怦

太平山（寺鐘銘古名靖明蘄志失考）　顧昌

拔地起崔嵬崇巒萬仞開障褰青靄合崖護紫峯回草

色常煙雨山光到醱醅須知負絕處步屧接三台（栗蔭軒集）

題張巾祖師洞門　顧昌

一片寒山石中藏不壞身放光頭上髻說法手中巾（溪中）

（有石巾紋宛然傳是祖師遺跡）定自六朝入慈堪浩刼親至今施惠雨

枯旱及黎民（禱雨輒應）

挂口晚歸　李永昇（志南州人）

十里西郊路行行日已冥浪花飛驟雨江火散晨星戍

暗箈初動天寒戶早扃蕭條場圃淨鄉國近多虞若覓村集

遊東山寺二首　李永昇

數里招提路崎嶇不易尋山隨黃葉亂寺共白雲深世界煙霞外諸天鐘磬沈何因登寶地信宿戀珠林

暝色入長松禪關露氣濃一燈空萬象孤月印千峯眞性聞時見塵心覺後慵再來尋舊路只恐亂雲封

拜康國公祠　秦京州人永識

下馬入祠內英雄足敬恭驅元獲入刺敵漢走羣兇采石磯頭虎鐵橋水下龍明廷推武義嘉謚入銘鐘愚圃集

夏夜渡金沙湖　郭從

一葉東湖徑夕陽光有餘烏飛昏擇木鷺宿晚窺魚明月投雲暗殘星映水疎遙看燈火亂相信是村居蒼屏集

七懷詩有序　張畸

郡中師友一時名宿日月如流零落殆盡撰詩懷人感往增愴云爾

東皋李夫子炳然字人虎順治辛丑會試副車官吏部司務出宰江西萬安早賦歸來杜門著書文宗選體詩學少陵有江麓堂集傳世

大雅存吾道高懷詣古期宿精文選理老敵杜陵詩五

柳歸來日千秋著述時暮年陶後進不倦講帷披另齋集

盧公澹崖紘字元度順治己丑科進士歷官蘇松糧儲叅議罷居虎邱講學海內知名士無不景從四照堂文集盛行歸蘄宦槖蕭然古書器玩俱散佚四方惟結容膝軒於鳳山之麓年八十餘猶手不釋卷

風波辭宦海著作老山阿文體分西漢詩情帶示和虎邱會講學鳳麓久安窩獨掩柴扉靜藏書付薜蘿

汪公仉懷蘅字蘭友順治己丑科進士知福建南平縣以不媚權貴罷歸詩酒自豪與東皋澹崖諸先生各建旗鼓一時擅場

高提南宮日風流雅絕倫才餘隨酒展興溢惹花瞋秀

句浸寒月駢詞麗曉春囊空免羞澁瀟灑露天眞

王約菴先生協字恭南雋才博學由明經出宰華亭疎狂自放不能爲五斗折腰遂拂衣歸蘄居城之南山以詩文自娛

鶴唳華亭後南山種豆翁揮鋤輕皁蓋迴首嘆飛鴻書卷消閒日行藏類轉蓬西湖曾有約花柳六橋中

李千英先生士俊字蘊文少博青衿卽精古學從遊於澹崖舅氏東皋伯兄時加磨礪駸駸有得扁其居曰鶴原石室茂林修竹客至剪韭烹葵雅有幽人深致

巾衫端素履石室老鶴原酒結同心侶詩追嘔血魂呼兒春剪韭問字曉開門世態浮雲外先生古道存

鄭郜胄裔周一字賜吾州名諸生屢躓場屋遂放懷詩酒於吾輩中稱豪士焉後余結雨湖
唫社而闕吾先賦玉樓十餘年悲夫
昔年詩酒社我愛鄭當時擬古霞成綺飛觴月醉巵不
嫌羨是茶更喜墨臨池制舉科名事流傳豈在斯
郭層崖從一字去山州諸生負性倜儻慷慨有大志喜讀秦漢書書遣獨出匠心更精古篆其
生平所歷人情物態悲歌感慨無一不發於詩付梓時病篤夜三鼓招余永訣以不見刻成爲恨云
磊落襟期遠居然八尺身文章高格調器度起嶙峋感
遇禽言盡從有禽言十首最工摩鐫古篆神煙雲爭繞紙一嘯出
風塵

經江麓廢址　張畸
江麓堂何在空悲梁木摧重階開野徑片瓦落蒼苔封
禪書無草長門賦有才只今餘弟子過此獨徘徊
歲丁未大水偕丹九道人往泛　李生榘
薄暮來湖上飄搖坐小船岸隨千頃沒波逐一帆懸望
遠低晴嶂光寒倒碧天扣舷歌未穩四顧已茫然雨峯集
陳濖溪鼎元先生二水亭題柱　李生榘
春入尋芳好名園數太邱水知隨岸轉亭不讓河流遙
憶青蓮句如臨白鷺洲從容還一坐消息到源頭

東山寺　黃載華
蕭然東郭外寂歷古禪關綠隱一湖水青圍四面山鐘
聲空際出客氣靜中刪消受蓮花凈方知身世閒梧岡集
雲麼庵在安陽山　黃載華
凈土藏雲窟雲深山與深朝宗門外水插漢檻前岑松
竹淸遊興烟雲澹衲心我來思祖澤一笠盡雙林雲覆雲麼
兩菴先祖避兵處
昭化寺前荆藩建棟佛皆石　黃載嶠丹崖州人
野殿寒光動蒼凉一徑通石闌兵燹後輦路夕陽中江

水荒荒白山花故故紅誰將當日事回首問春風
宿古泉菴夜雨　熊楚荆漢南州人
深澗飛流疾荒菴夜雨長鼓聲寒帶濕燈焰冷無光咄
咄頻書暗歔歔强作狂欲眠仍不寐夢亦怯凄凉玉山稿
秋日鉢蓮菴即事　涂萬綬州人
一徑空林古迷天薜荔盤寒山森露骨落葉響彈冠碧
鑑淸湖水秋風冷釣竿蕭疎無限意應不數嚴灘
過永興寺　熊楚湄師道州人
一徑通山寺泉聲到處聞蒼松能引客老衲喜論文洞

僻留殘雪巖高落片雲尋幽方未已啼鳥莫紛紛繼揖軒稿

莖草亭分賦　釋重珂鳴菴

詩人能味道作意窮清幽日月棲莖草乾坤到兩眸平簷湖水凈接岸嶺雲流對此塵氛息相將物外遊莖草亭稿

過修靜菴　熊　淇竹園

密竹編幽刹深松鎖梵宮纖塵收拾盡一逕曲迂通茶熟花香外經談鳥語中草亭人坐久紅雨落濛濛竹園稿

留別天隱禪師　范　正偉儒州人

路險穿雲上徐行挽薜蘿層巒烟景出飛閣翠霞多有

意歸蓮社無緣斷酒魔何時淸磬裏相對發高歌午夢堂稿

江景　張作楫州人

孤舟憑斷岸落日抱廻流遠樹連山郭遥嵐擁驛樓氣蒸天雨白浪激水風颺今古傷心事烟波天際浮

過白茅堂顧漁溪出黃公先生遺像展視之餘感賦四律　選二　張禮源念渠梅川

大雅彫零後園留仲蔚蒿百城書擁榻三峽水迎亳海宇驚詩伯蓬門哭楚騷榛苓思彼美憑弔氣猶豪

白茅堂自古三字額猶鮮畫筆鬚眉見鴻文日月懸未

登牀下拜安得枕中傳末學瞻山斗空懷願執鞭

鵲雞山四照堂舊址　程大守

參政歸休日鵲原好著書文猶傳四照蹟已付孤墟知已東南盡山堂日月除可憐煙樹裏別自有幽居甲乙存稿

過白甫冲在鳳凰山下相傳李杜過此　程大守

鳳凰臺下路一徑入孤城白甫曾經此青山爲絶名野田春草變高躅古苔生過客殊惆悵空村鳥亂鳴

過大泉寺　劉之棠憩亭州人

丈室住維摩層巒路逶迤山空麋盗菜林靜犬眠苔石

有千年古田云再易多道書編福地遺此獨如何崇貫文館詩集

登浮玉磯文昌閣　潘紹經碧舟浠水

高閣插江流諸天水上浮乾坤此巨石風月古蘄州浪檝看如馬河涯不辨牛曠懷塵世事灘外一漁舟碧舟集

秀雲山寺即紫金寺在長峪里檀林河七戸公所有鐵碑　陳　詩

里社傳初地何年布紫金兩朝崇構古七姓結緣深月淡清溪水風喧翠栢林世家遺舊譜好向鐵碑尋大桴山人稿

五言排律

燕臺東劉克猷于壯　顧咸泰

巍名隆海內彩羽煥天中雷殿初傳遶龍標首建雄文
星高射斗正氣獨凌嵩內相聲聞重鴻儒德業崇郗城
蓉鏡曉康里紙箋紅久列紗籠秘先題玉宇隆乃知瀛
苑異方識木天蓬漏永修篁禁懷淸廡島風青藜燃太
乙皓鶴翛仙宮文發蒼鏤異書成黃聿同牙籤咸甲乙
籌畫各西東上下數千紀縱橫今古衷一時宏駿望百
代蔚宗工昔共名山榻多君表素功石倉詩補

送李嵩岑巡鬱林　顧景星

萬里蒼梧路繩橋百粵懸水通七澤勝山與九嶷聯擴

境新編戶論兵近備邊檄書紛桂郢旌旆繞灘川風俗
圖經異城池壤勢偏赤巖晴自瘴蠻樹綠多烟野果全
如面耕蛇美似鬈獻歌蘆管鬧叱馭跣郎先孔雀呼都
護靈槩識使耕長齋鈴閣靜散帙錦題鮮君長齋奉道家多藏書
蕙苡休來謗桄榔可駐年火山明劍氣冰井著廉泉炎
景憐分秩危途慎著鞭艱難吾道固心力爾才賢白日
高歌送青春取醉眠風雲看勁翮險阻信雄褰多難仁
人泰盤根利器全策勲寧用武訪道況知元元結碑猶
勒丁郎祀不遷丁郎山在梧州岑溪縣孝子丁密故有祀訛傳丁蘭君行忠孝地

駐節儻流連

贈王大紳臣縉　顧景星

死別驚重合寒灰肯再溫淒涼窮海淚痛哭舊朝恩徐
庶初驚放陳宮竟不寬物情龕悼惜天意獨周存聲出
黃泉隧來過黑浪翻遙知嘉慶畢苦語別離迍隱忍誰
能識傷心祇自捫他時相見後重疊拭啼痕

夏日傷前宗正朱仲艮翊㦤先生湖上舊居二十四韻　李炳然

廣讌開樊郎扁舟涉甬湖避喧營小築蕩臨滁洪鑪中

蟲經傳久南皮冠蓋殊應徐才總萃山桂色長腴生長
朱門盛傾懷白屋孤河間存禮樂東海表神樞銀榜懸
琛藥蘭言吐碧梧陳思三父子王李七倡于先生與弇州滄溟七
子唱酬寄贈有詩篇最樂貪爲善懷愁泚獨歈蒼天憐水旱赤子
弄萑蒲鴣鵲冲霄去鴛鴦碎地呼渡河舟掬指奪絹血
淋膜龍鼎髯存沒王孫飯有無甘泉驚火徹爰止畢烏
逋栢葉饑猶餅先生逃賊難饑餐栢葉而卒余皇棄在蘆草堂留響
像松菊日蓁蕪泥摧蛇騰窟臺傾燕語雛斷橋通厲揭
浸板畫虩喻珠賣茅誰補坏融枳倚扶琴亡人載筆舟

縈壑藏隅麥秀蘄稜合雍門涕逝徂雉壇餘竹稍沙嘴
滿鵜鶘感舊聽憐笛傷心擊唾壺縹緗無隻字流恨向
山嵎江麓堂集

過圓峯山避兵寇處追憶有感癸未　盧紘
圓峯幽淨地二苑舊禪林磵接重巒峻巖藏古木深郊
原初竄跡烽火尚驚心方厭塵勞劇希從世外尋如何
逢擾攘猶苦避凌侵病婦趨徒步癡兒挈做衾壑棲虎
不長風動骨疑森晝永愁難度嬰啼禁勿喑舉家同羿
縈累月坐沉陰伺晚潛歸爨乘昏促向岑艱虞幾歷萬

喘息始存今事後重來過欷歔涕濕襟四照堂集

喜黃公還里　徐惺崑山人
已作經年別誰期今再遊到門湖水白放眼野雲秋孤
鶴遙相喚冥鴻肯不留荷香生遠岸花影上汀洲醉訪
陶彭澤書尋李鄴侯寒烟仍泛艇明月又登樓方遂懷
山樂安能對影愁家園叢桂老風雨話無休子星集

次答黃公先生　朱載震惕人
白衣還漢水最愛竹林遊放艇當深夏看山恰早秋顛
仍張長史傲寄漢陳留江樹繁高嶺蒼葭徧遠洲肯將
司馬賦不換醉鄉侯泉石宜千卷烟霞護一樓狂吟忘
籍在長歗破離愁商洛眞難老還須訪伯休

題陳封峯守城圖　吳省欽
保障資羣牧彈丸海一涯潰池兵忽弄巖邑木難支遺
愛流遐裔孤忠動健兒丹心攖虎口赤子竪牙旗管攝
符交下艱辛力自持餓腸搜鼠雀倦骨倚屏帷信義雖
長在存亡未敢知帛書濡血赭介士戴星馳遂使瀕危
日眞逢急救時雄師紛迭進小醜笑空爲漠漠塵煙掃
濃濃雨露滋家完城亦保名著節常垂妙筆分明寫開

窗慷慨披英姿眞颯爽懋績想敷施巡遠輸君遇龔黃
頌爾慈泰平邊郡靖好藉撫綏宜白華集

五言絕句十一首

蘄州志有八景其龜鶴梅花東池夜月今亡矣盧氏
補其二余增損如左凡十　顧景星

麟苑江山
白晝江山靜空城似馬屯蕭蕭梁苑竹今日幾竿存

鳳寺晨鐘　顧景星
鼓角住清曉杌棱出烟樹山僧百八聲隨風過江去

龍磯夕照 大江一石甚奇嶮水涸乃接北岸宋大觀四年立廟祀順濟龍王故名

義士死長江人來弔夕陽磯聲流不盡遺恨與江長

雨湖漁艇　顧景星

且喜城郭近又無車馬喧打魚呼酒伴風雨過前村

金沙月泛 一名赤東湖　顧景星

明月亦何皎偏多雲水鄉當時兵火地到此即清涼

石𥕛積雪 治東十里大江中水涸乃見亂流一里水淺爲患　顧景星

積雪覆蒼磧橫江走白龍幾時沉鐵鎖水底作奇峰

三角雲封 治東北一百二十里三角矗立　顧景星

北望司空原南下檀梨水中有鼎足山高人合居此

溫泉春浴　顧景星

脫帽林下露振衣山澗風不知春氣好常在此山中

城南柳嶼 在雨湖亦名鏡口　顧景星

湖光本自寬罨礿已多設試問築堤人胸中何太窄

浮玉新磯 大江中爲舟檝患萬歷十七年州守徐希明甃石增高使知所避建亭曰浮玉

埠垷連雲出濤聲繞樹長無情江上石獨立閱興亡

蘄簟　金德嘉 會公梅川居業

高枕得桃笙炎天遊化城中宵醒蝶夢皎皎見參橫

齋詩鈔

七言古二十首

沈生行 士望蘄州諸生崇正末上書召見授兵部叅謀輔臣移送江督袁繼咸幕　顧景星

先皇避殿居齋宮宴食不聞司樂鐘黃門晨放罪已詔皁囊夜啟登聞封是時韋布紛然至沈生棄家走燕市上書直動萬乘尊宋代陳東毋乃是韎衣給諫名最高陳啓新呼吸帝座無汝曹沈生上殿一指顧往往廷論歸儒髦潼關東西薊門北沙蟲擁道邊城塞皇心但警紫

荆圍司馬誰防白波賊銳頭參軍最後來相隨幕府臨江開短衣出入通侯第岸幘還登歇馬臺倉皇昂首驚傾覆烏號無弓小臣哭義旗壯士且鷹揚溷跡王孫盡魚腹渡江忍報安東軍生也收涕趨轅門化龍有讖雖會應餓馬騰謠忽遽聞凶奸構禍何倉卒誰夢湖城遶營日漢安爵命豈非恩廷尉山頭况難必丈夫死即鴻毛輕石頭取節非純臣帳中濺血黃將軍頭下奏事有沈生將軍敗後無堅壘凝笳疊鼓軍容改潛身幸託江海翁靑衫已卸麻鞋在尫盆半菽妻兒瞋憔悴尋常行

南望洞庭是青草西眺匡阜之香爐今年山墜十八丈
共頭塌破古鶉觚最愛湖平流淡淡小舺勝杖短筇扶
青女霜繁水潦降恒河沙聚一邱區忽慕泻湖洸舟夜
郎官新題千祀俱 江麓堂集

甲子冬杪與諸公同涉雨湖會祭嵩岑李中丞作　李炳然

雨湖冬涸潦水平北風橫厲多哭聲蘋蓼泥汨岸角出
禿樹杈枒葉戰鳴一碧泫深清見底鴨頭衣綠朱綸紫
鯈魚羣戲乘空遊素心元淡乃如是兩三人航渡口開
葦間延綠魚鳥來老僧可憐餉茶茗野客驚寒就煬炱
更有王孫游衍處落日古甿竄蒼鼠板橋倒臥踏冰霜
牛羊下隴傷禾黍請君回船夜水滙聚少離多看浪痕
今日羊曇猿墮淚檥船愼勿到西門

奉和汪仍懷 蘅 正月十三大雪偕同社諸公赴石璠生 爲璘 招飲即席賦七言古風一首　李炳然

雪滿五枝水倒舉蛸毛蹙縮傷馬圉豪士飲酒競華筵
日中洒掃還未許醪過牆頭枉用存雪裏款扉春雲溫

路人誰知乞食陶彭澤莫辨埋名梅子眞春風貰酒茅
欄下念是當年請纓者却憶先皇御極初執手相看淚
盈把 白茅堂集

王居士歌 有序　顧景星

居士四十不娶若狂易鄉人共笑罵蘄陷自危堞踊身下無所損結茅廬山清凉臺巉巗懸空下臨百仞常月餘不食客至戰慄不敢上居士遙望大笑而已無名字自曰我仲尼之徒因號尼徒居士僕慕其人爲之歌

尼徒居士本無家帶髮已自披袈裟鄉人共笑死邱壑
獨脫禍亂棲煙霞清凉臺上人蹤少隨意晨昏坐來好
經時石罅生白雲盡日林間絕飛鳥

東湖 名金沙亦名赤沙　李炳然 東皋

蘄陽城闕東南隅金沙赤沙鬩東湖勾漏丹丸光的皪
或云其下饒藏珠春水方生百川漲濤崖錯認牛馬驅
罛師榔族頻撥棹鴂鸛鵜鶘雜音呼晏安憶昔全盛日
月夜盪槳雙飛鳧好奇常奪渼陂席江妃來往羣龍趨
水月白露天無滓直汰塵斛于冰壺奈此狂瀾江海覆
斜風細雨誰盧胡長鯨貪餌饜作腊龜口不見血淋顱

折簡招我走稚子榭葉燒爐熏芳蓀鵲巢歲據雙槐上
井口籬邊舊竈煬石氏堂列二槐樹上有鵲巢下有甃井可憐七葉落辛
盤笑指銀瓶罄家釀殘杯冷炙莫驚猜槐堂豈爲老春
開觴詠不貴大官讌四座風生見辯才汪子承袞文崛
起廓清蕪穢詮奇理蔚豹倜儻槪凌雲唾壺擊缺不吾
以石子朗朗玉山行照見清襟雪月明芝英筆底書無
算武庫縱橫人莫名八十老翁久疲病谷汲山樵息心
競土膏肓撅省三農梅隴衝寒識七政索居徃徃惜離
羣袞顏酺會倚觴醺況值金吾弛夜禁灞陵可識故將

軍門外鼓闐燈火節士女攜臂誇白雪宮月簑衣鋤帶
寒春水方生罇酒別

蘄城弔昔　盧紘

江城怪石環蛟宮鬱覌佳氣凌菁葱朱邸晝開傳鼎食
樓船夜汎喧絲桐飛馳上下帆檣會翹首流連大國風
南山迴迴森列幛沙渚綿亘曲遶弓地居雄服當荆末
萬里奔濤難控遏出峽曾聞一線天朝宗滙此偏驚瀾
東來美聚勢疑蟠突起人文多秀達虎變龍驤命世奇
登壇赤幟紛能奪運適終乘百六年焦毛薄肉須多賢

修蚺噴毒螯其後狂鯨鼓翅噬其前炎烽四起百堞墮
廬舍成墟灰蕩然荒原處處飛燐火木叫寒鴟草宿煙
俗承醇厚猶稱淑天怒胡攖罹慘戮我歸骨肉並傷殘
衰經期功一時服萬戶千門僅有存眼中那見英耆夙
獨坐江頭憶舊遊凄風漫助離人哭四照堂集

麟山歌　談允謙

客來荷笠登北峯宮殿彷彿生悲風狼籍明月空城裏
埋沒白雲山谷中指顧山河存勝概風華雖改山巖在
山逆江行橫百里湘漢交流到城汜隔岸諸峯張翠屏

鴻宿一洲草青青勢聚軒翥氣葱鬱列岫皆成龍鳳形
桐圭分命册諸王荆藩土茅臨楚江臺殿平陵半天起
碧玉堂高剪秋水紫晶簾軸鸚鵡啄沈香火爇鴛鴦睡
夜讌未已鳴朝鐘日午君王夢正濃一承顧盼殊恩寵
蕭艾亦與椒蘭同竹生禁地能高潔疎疎爲節密爲葉
截成長笛聲裂雲織作冰紋簟如雪幾多花鳥册妃嬪
累朝老樹封將軍簫鼓喧闐應鐘鎛滿城日夕流天樂
靜如琴瑟人不聞賜妃素手彈珠閣中開七府列煙霄
出入賓從車馬高吹竹彈碁吳越客鬬雞走狗燕秦豪

一水荷花三十里畫舫煙波動銜尾曉夜笙歌何處來
王孫泛舟雨湖裏食祿歲支萬與千王侯誰復惜金錢
闤闠相延習華靡蘄陽佳麗非他比六院背倚熊嶺頭
美人粧閣上簾鉤行客不知狹邪處聞香才覺廻青樓
追歡多是少年者每日出門閒倚馬游人歌舞不知歸
夜半城中鑰未下朝朝長捧千年杯誰知樂極有哀來
秦中鐵騎蹂荆楚江上多年震鼙鼓帝子崇封在此間
臣奉藩兮守疆土龜亦不在澤蛇亦不在山不識眞龍
種何年去此間龍折角兮鳳墮翅湯湯龍磯日東逝元

妃祝髮寶月菴中使披緇鐵佛寺　樹䕺草堂集

評鶴原子詩兼贈李士俊　汪衡

里中佳士鶴原子冰雪爲懷絶纖滓幽居築向鳳城偏
花竹蕭疎映圖史身豐暇豫抒深情成詩雅得風人旨
几篋般般金石聲不屑示人長自喜偶然小策披汝逕
緒論微言洞名理緘將新製我持歸剪燈吟繹香盈齒
建安端合肖長篇近體還應天寶擬時人此道競輕爲
苦心何處存詩壘願言大雅共扶輪風格堅凝砥波詭
當前好景足唱酬麟鳳之山雨湖水

乾明書院　六菴張公牧蘄十有八載士民旣建書院於城南鳳山坊矣茲復建書院於大士閣之左亦曰張公書院予因其地題曰乾明所以別鳳山云爾　汪衡

乾明磯石靈芝石乾明磯左羅仙跡大江東下抱磯流
昔時磯址今沙堵磯上平原接鳳城古廟參差臨絶壁
南山排翠自年年州岸蘆花初吐白菱唱漁歌落照時
風帆沙鳥煙雲夕依稀髣髴畫圖中王維欲寫十難百
由來牧伯幾登臨那許蝸檽容片席只今杜父得張公
才出緒餘涖煩劇初疑化理鬱多難隨遘方城剽夏逆
征師弈弈困壺漿況復督郵腰瘨厄田園典盡勵官箴

飲馬錢空空自惜荏苒心勞十八秋鳳山之原欻開闢
經營不日煥宮牆肖像情過惓亦爲滇州外史筆如椽
因檄詩歌光史册芳煙搦管散鶴原野老迂疎近笨伯
雕龍麗藻付英才兀把斑枝聊疏聚新詩裁罷晗江濆
無盡恩波磯前濤

寄懷顧黃公江居　金德嘉

掃地北風搖馬尾送我春明酒半醺我馬且行爲君立
城頭殘月照離羣是時巷南歌偪側君苦欲歸歸不得
五月逢人北寄書潭州博士報雙魚舒郎伏劍客秦隴

君亦掉頭返舊廬蘄春草樹佳可賞草屬紅藤兒蕭爽
江水盈盈浮玉磯西塞山下鱖魚肥人生安能牛馬走
細爭雞口與牛後元瑜記室事徒然鄭虔官令更誰憐
何如爛熳花前酩酊醉醉眼看雲雨湖邊 居業齋詩鈔

虎入城 康熙辛丑十月十四日　郭從

虎入城城民驚有衆逐虎虎負鳳麓之嵎莫敢攖專城
都護州牧神明以正止邪虎無生吁嗟乎勢大者小不
能與之敵力强者弱不能與之爭青天白日公然橫行
虎乎虎乎今入城城民驚以正止邪虎無生 蒼屏集

題郭蒼屏畫　李生槃

蕭奐老後王宰死千年突出蒼屏子一邱一壑清且奇
萬里遠勢藏尺紙霜林闇淡秋氣深遥天暮靄羣雁起
中多村落住幽人三三五五自行止舉網者誰釣者誰
結伴更在煙波裏板橋扁舟自相通山水蒼漭青濛濛
牧童牛背何處去令我想見羲皇之高風吁嗟郭君把
筆凝神久沈雄寫付後生須珍重而今米顛風流空遺
踪 兩峯集

重建文昌閣　劉之棠 憩亭 州人

浮玉磯頭石蹲虎釣魚臺下老蛟舞象罔魂驚逍且逃
横截江心晴噴雨新安使君眞好事百年亭閣存遺矩
風霜剝蝕星物換詹前欲墮竄蒼鼠攜酒登樓謀重構
高擄無慮三尺許物有可觀皆可樂矧玆大乙文章府
上流駭浪撼龍磯隔岸鐘聲敲石鼓 石鼓寺名 山麓幷帶鳳
凰冲指點遊人弔白甫夜深長嘯落星寒北斗闌干照
江渚 崇賓又館詩集

題陳封峯 艮翼 守城圖　戴珊 蘢塘

武彎山畔妖氛惡蟻聚蜂屯城下薄官吏胥戕獨釋君

旅館寒檠倚綽綽大府嘉之能得民捧檄重臨七里郭
狐鳴嘷起復攻城蔦松溪外恣剽掠椎牛誓衆招流亡
義民畚社爭踴躍琴鶴拋來也荷戈六月烽煙爭息柝
開濠貸粟計將窮目擊瘡痍轉溝壑瀝血淋漓書萬言
夜縋間道防賊覺城存與存亡與亡籲衆矢言僉曰諾
以粃爲糧古未聞分甘亦復存醴酪守陴皆哭感神天
旌旗飛揚臨衛霍電掃星馳城復完時雨滂沱歡聲作
兩度瀕危寸死全歸與決計攜芒屬舊語無端又及君
聖主如天鑒誠恪感激臣歸愛日長餘生已遂循陔樂春明

重入畫圖懸指點前塵動心魄尚憶軍行鳌鸛鵝須知
信義行蠻貊新詞海外歲傳芭君亦何慚侍褒鄂

讀泣蘄錄作　喻文鏊

有客示我書一束云是辛巳泣蘄錄作者曾是當年攝
甲人二十五日歷歷身所親十萬金騎薄城下往來硬
探馳快馬指揮將士號令明萬人鼓噪聲震兀去年築
惠民倉今年泣安民堂蠟丸一出無消息千古同痛張
睢陽城上烏尾畢逋深林月黑羣鬼呼我讀此篇重徘
徊從來濟變非無才他時文相囚陸相死煌煌兩傳勞

龔開君不見蘄州樓堞暮江曲至今生氣凛在目憑弔
蒼茫有幾人題詩好寄陳愚谷　紅蕉山館詩鈔

前題　葉繼雯 漢陽人

謀人軍師敗則死史傳剛存數言耳覼縷誰述危城危
血淚淋漓補青史憶昔嘉定十四年淨居山寺生烽煙
蘄陽三月初聞警諸公力障江淮境五關一破何披猖
雲車直逼羊馬牆朝禱三清殿夜禮孝弟王驕兵誤我
非天亡龍舒援兵望不至武定援兵亦奔潰王辛哀海
遠隔松陽橋可憐一炬城堞焦積衣林裏綵衣人骨肉

灰燼餘一身忍死偶脫人鮓甕傷心重對鴻雁民同官
遺骸莽煙霧搶地招魂趙與裕出城追罷罰已苛奪關
求援史尤誤怯將如龜不加誅一腔熱血灑何處　雲素稿

前題　陳詩

黃土關下鼓聲死神光觀前燧煙起渡河直逼羅州城
一日夜行三百里白鬚太守稱能軍白袍通判同苦辛
金汁鍋飛萬牛火鷔單洞燒雲日昏焚香告天天不顧
蠟丸望斷龍舒路三角空屯朱虎兵萬金坐索圍城賂
可憐蘄陽城竟為李秦死不作徐常生萬死一生趙司

理血淚淋漓書滿紙殘燈無焰風刮天捲卷傷心舊桑
梓君不見八字橋應援將士斬關逃又不見十字街趙
家坏土收遺骸至今麟麓龍磯上褒忠廟貌高崔巍　大梓山人存稿

題葉雲素繼雯蘄春訪舊圖　陳詩

青青蘭溪箭泱泱蘭溪水若有人兮修且美朝臨右軍
書暮趿東郭履豪貴到門呼不起君家大別陰我住大
梓趾為訪素心人那惜山川道逶邐高軒既東來儆車
亦西指蓬蓬天上雲歘然聚於此愧我山澤臞不堪添

入圖畫裏古來交道亦有神不待相見知相親披圖彷彿得君意况是蘄春村裏人

王孝子歌　周　凱 富陽人

霪雨十日不肯止山水陡然十丈起衝田蕩屋人化魚中有玔玔一孝子孝子家無升斗儲舌耕養父悲母死母棺攷積三年塵亦效董永欲賣身賣身誰復奉厥父夜讀寒燈寸心苦忽驚風雨排山來水聲挾之喧如雷三間茅屋詎足庇母棺欲漂肝腸摧時也厥父客鄂渚仰天大慟天亦哀父生倘可親串依計惟隨母歸泉臺

以身隨母棺出入翻波瀾波瀾倒影影接天天鑒孝子將終焉黙遣河伯驅江水風雨逆行三十里孝子生還棺亦存共慶重生護桑梓吁嗟乎孝能格天理不枉得士如斯重吾黨作歌用勸讀書人君不見蘄州孝子王元長

古樟歌 麟山古樟三株舊傳明末張獻逆陷蘄州城夜見三人擐甲持戈護城疑即三樟樹神也　王乃斌 錢塘人

孝陵樹枯明社屋烈帝諸臣如朽木傳聞流冦陷蘄陽麒麟山頭鬼夜哭山中老樹鬱奇氣連理三株伯仲季不誇衣錦遇錢鏐曾見論功坐馮異託根刼歷明山河高寒不改凌霜柯羅平妖鳥忽飛到虬枝怒奮如瑚戈此際風雲助叱咤羣驚天上將軍下葉戰蕭蕭賊膽寒貞心凜凜達官怕吁嗟乎一木難支大廈傾空山雨露沐時清行人尚識古樟樹宰木飄零康壽卿

七言律 六十首

赤東湖夜漁　顧景星

子規亂啼山木疎西嶂已沒殘詹諸橈聲暗問識同伴星影不知誰得魚全生肯狎蛟鼉窟遠害且非豺虎居

自笑爲農閒袖手漁租歲歲當畱畬 白茅堂集

尋飛昇石　顧景星

乾明磯上飛仙石苔蘚蒼黄棘刺中華表幾時堪下鶴荒洲依舊只鳴鴻憑高晴見遠山雨得路香聞幽谷風雲窟江聲重載酒廿年回首欲成翁

旌表劉貞節先姑墓　顧景星

名香繡佛日周旋膝下承歡二十年韋母周官曾立詁斑姑漢志亦成編誰家匹婦蒙天語我祖流傳有地仙鵲駕瑶池歸去杳孤墳四載痛荒阡

寄答高台州培　　顧景星

君侯昔自臨江至曾代愚山寄俸錢酒徒甕滿竟累月窮官囊空幾半年祇愁海縣無供億偏念山居闕豆籩晚節漸於詩律放開緘應笑落梅邊

庚申秋楚有譁兵徐方伯攝延撫相幾救戢亂庶遄已步韻寄朱大　　顧景星

公卿垂問滿長安近日誰堪大篥壇樂毅有才仍未薦曹蜍無用不遭彈饑鷹啄胃恒思聖野父憂時每罷餐有信南州徐孺子得官將相救凋殘

皃昌讀書太平寺 寺舊名靖明　　顧景星

汝攜書劍入名山萬仞峯頭不閉關欲策龍蛇青嶂側試聽雞犬白雲間佛龕太乙來挑火僧坐靈猿許獻環此地星辰如可摘自無塵想落人寰

思雨湖　　顧景星

出門便覺家山好回首園林幾度看浩蕩宫亭一日過攀援閣皂兩旬難黃鸝帶雨猶調舌紫蟹經秋未入柈縮項四鰓誰較美歸心何必只張翰

答談長益 允謙 二首 并序　　顧景星

蘄州城南雨湖曲折二十里峯嶺映帶園亭墓田夾岸高下亂後全見蕭索京口談長益曰前此恨不著是待吾黨名將以為君剡曲可乎二詩見投依韻奉答

隔江山色南屏似晴雨眞同西子湖亂後墓田無宰木長年漁艇伴樵夫君來瀹茗泉稱慧我自逃名谷已愚地僻喜回車馬跡藕花蘋葉隱鷺鳧

何年指水號即官慫恿羣公載酒看但使春波宜白墮不須剡曲屬黃冠近城禾黍先秋熟接岸風煙入夜寬肯約結廬相伴住預裁斑竹贈漁竿

重過李中丞故居　　李炳然

五丈旗開雨水濱藕花香罷沒蹄輪泣珠時藉沈淵客許劍誰當繫樹人杜若草香三閭宅孤山梅放五湖春分攜北榷關梁上白馬黃泉恨不申 江麓堂集

秋日獨步水月山寺喜友郭素如適至郭近遁跡沙門　　李炳然

樹聲滿壑影蕭蕭一院凉陰閑寂寥藉草坐深塵事少結跏話舊客情饒白雲舒卷藏烟岫黃葉飛沈散海潮何亂茹葷猿鶴怨南華悔讀問逍遙

憶被難亡弟茂才樸俟　李炳然

西堂夢助句須成欲賦窮愁獨慰兄輿到苦吟驚漏徹
家逢絕粒折葵烹沙原浴白同飛啄鋒刃燐青別死生
羣從孑遺今獨立玉樓梁上可鐫名

過湧蓮菴有傷亡友陳仲啓　李炳然

東林約誓揭朝曦夜雨連牀經對翻陶謝詞場今頓盡
鍾王妙蹟與誰論山陽舊館惟殘草天上新文早及門
梟壞不聞滄海事車過腹痛已聲吞

蘄陽十景并序　盧紘

蘄陽八景今有不可考如太清夜月相傳以爲城東有
池中沈古鏡夜常吐光久淹沒無存矣今另叙定以雨
湖浮玉二景補之茲實不朽勝概貿之同人當共以爲
然耳

麟阜江山　盧紘

浩淼江光一望收分明圖向坐中留屛開翠障迴青靄
波湧晴沙引白洲賈舶千檣鷗影現村炊幾處縷烟浮
蹟傳白甫無題句應怪才人也漫遊四照堂集

鳳麓晨鐘　盧紘

江下蘄陽逵鳳限蘆分四葉古林開耳根久信塵俱寂
水面猶疑響似雷大覺原從空際徹羣迷早向夢中回
邈邈晨起徬徨立方識鐘聲送悟來

太清夜月　盧紘

城東曾訪太淸池長老依稀述舊遺謾道塵沙湮寶鏡
已無陂沼漾淪漪天邊有月孤懸照石上留苔暑見詩
方信山川多變幻空傳好景繫人思

龍磯夕照　盧紘

硊砑磊石踞江門浪皷蛟宮晝夜吞高閣窗中搖素練

遠帆天際帶餘昏晴沙芳杜香浮岸漁浦微燈影隔村
勝地隨時堪寄眺尤宜落照看濤翻

城北荷池　盧紘

長夏閒登城北樓輕風時送遠香悠新葉幾曲沿芳岸
高柳千門繫小舟採罷歌傳歸正晚坐深潭競去仍留
頻來靜對消清晝豈羨羲皇世上遊

金沙夜泛　盧紘

一派湖光疊碎金水烟相淡夜俱深小航獨泛中流靜
圓鏡虛涵片影沉鷗過不驚隨浪穩鴈來早渡怯霜侵

楓林兩岸留燈火村落朝炊且待尋

鴻洲烟雨　盧紘

西風翻浪漲平沙四覆陰雲濕荻花隱隱渡頭依小艇
濛濛村外有人家疑聞驚起呼相亂遥帶衝飛影若斜
萬狀江光收未盡不妨暫作一籠遮

龜鶴梅花　盧紘

雪漫龜鶴似孤山萬片冬來石上斑風送暗香隨隴出
月涵清影待人還驢頭索句寒生韻夢裏通魂玉破顏
夙昔王孫耽勝事探尋正自許乘閒

浮玉晴沙　盧紘

流引晴江一練澄瑩沙波湧石峻嶒孤亭柱藐搖空出
傑閣窓虛入漢憑春到連汀吹杜若夜深依岸起魚燈
擬將七曲陪三島呼吸瑤京且任昇

雨湖漁舫　盧紘

幾曲烟波入畫中兼收風月夜融融千株高柳圍村綠
十里新蕖覆水紅網罟晚天歸棹集菱蒲深處有歌通
由來蓑笠相傳業沽酒烹魚樂事同

烟光樓懷吳明卿國倫先生舊遊處　盧紘

寥落梁家江上樓飄飖騷客舊登遊烟波晚眺曾留句
沙渚秋平幾泛舟漫對翠屏千嶂合徒存片玉一亭浮
同來覽勝今何處常使經過弔暮流

送李嵩岑繕部入都　陳之京

花韡鶯嬌萬錦攢垂揚千尺拂征鞍名香不事芬喉舌
粉署初栖試羽翰壯麗蕭曹崇漢殿夔龍禮樂映冬官
還湆爲將工倕指驤首升恒正石磐天衢遺集

答新泰盧澹巖社翁　陳之京

避地移家遠索居長竿湖畔釣雙魚故人分俸還沽酒

野老援毫正著書嘗雨岱宗雲合後文瀾滄海日生初
琴堂清暇如相憶爲報秋風短鬢疎

浮玉磯　劉醇驥千里　栁川

怡亭舊落水中央奔突東磯更混茫直劈江心帆路穩
遠垂虹背釣臺荒天圍鶴浪千峯隔風住神燈六月涼
楚客自蘋蕭瑟裏何須聽雪上瞿塘芝在堂集

龍磯寺　談允謙

鐘鼓波深島嶼晴呼人隔水挐舟迎蛟龍定有窟在此
風雨未來潮自鳴磯險乘流船駛渡江斜衝郭石孤撐

疑僧終世不曾霖每聽夜靜驚濤聲樹薉草堂集

談長益揚訂遊雨湖次答　張仁熙

州城南郭望霏微郭外澄湖帶夕暉棹入千峯花徑好
溪深五月釣魚肥佳人白羽停宮扇遊子春衫換薜衣
近得盧敖清興滿題詩多傍彩雲飛藕灣集

春雨懷臥雲煉師　舒峻極

入春十日多風雨山路時深一尺泥江郭每思飛鳥外
故人遙隔暮雲西草窓擁衲應臨帖野寺尋僧或杖藜
洞口桃花晴欲放肯來覓句竹間題葦園集

舟中值顧赤方是夜復別去紀贈　龔鼎孳孝升合淝

吳船楚語隔中流招手相看續舊遊多難感君期我死
著書空老益人愁香薰袖草三更月酒滴離雲百里舟
落日金閶遲客屐座中詞賦倚應劉

次韻酬徐芳瑤琮　張惟金貢方梅川

忘年交淺意還賒樂事相關豈有涯掃徑欲懸徐孺榻
含毫頻寫趙昌花芳瑤善畫牡丹高懷落落常拔刺一水盈盈
屢泛槎最是江天春色好與君攜手倚晴霞黃孏堂集

送陳湛我歸澴川　熊心璋公朗州人

夕陽山外野烟橫疋馬蕭條趁晚晴未必通宵行百里
何妨越宿話三更搖鞭却聽鐘初動據鞍應知月倍明
好去澴川村酒熟東西湖畔有餘清芝麓山房集

遊羅州城次陳子嚴韻　陳鼎元

賸水殘山偶一遊荒城指點是羅州東周國號傳青史
南宋衣冠成古邱過客幾人悲麥黍居民不自解春秋
芙蕖滿目多蕭瑟清沼猶通廢圃流半畝園集

春霽偕諸人偶步桃花村因渡蓮市湖過碧雲精舍

歸鵷山齋得詩四首選三　李永昇

閒吟野望雨餘天何處春光不可憐夾岸柳絲青似染
隔湖草色綠生烟啣泥燕子隨風下倦釣漁郎就日眠
雞犬數聲村落近武陵原只在人間

春漲初澄一鑑開小舟雙槳劃波來趁人野蝶如相識
遶徑幽花不用栽山髻僧頭新帶雨笋根龍角已驚雷
空堦坐久苔紋淨看竹吟成未擬回

山脚落日晚蒼蒼曲巷泥深歸路長箕踞繩牀容我懶
掃除花徑爲春忙盤中碁局重翻譜鼎內茶煙自沸香
客散閒亭初月上美人天末永相望若凫村集

登鳳凰山　李永昇

孤城憑眺遠蒼蒼山色江光接混茫木葉半空驚鳥雀
草根斜日下牛羊放衙吏散松庭靜負郭人稀菜圃荒
一徑晚烟生杖底佛鐘聲出故宮牆

泊散花洲二首　李永昇

輕舟一葉傍煙棲春意纔教柳色齊遠近晴沙眠水鴨
高低麥隴鬭山雞提壺客集疎籬外問渡人喧斷岸西
徙倚夕陽詩思好戍樓鼓角轉凄凄

暮雲含雨作春寒一片蒼茫入望殘隔浦漁燈浮水面

遠村人語出江干無材自信逢時拙對酒還歌行路難
西塞山前煙浪濶生涯何計託綸竿

偕友人遊大泉山　張　枏亭雲州人

亭開懸磴白雲低木架如巢竟可栖兩壁青峯春霧隱
千章綠樹淡烟迷山僧供筍情無限林鳥穿花語不齊
醉後放歌天欲暮馬蹄輕踏夕陽西

雨湖春漲　李生棨

盈盈春水欲沉天村落人家鏡裏懸青草岸平三月雨
綠楊隄鎖一湖煙覓橋忽沒灘頭路問渡新尋谷口船

獨怪閒情屬鷗鷺終朝游泳不知還　雨峯集

通志館作　李生棨

江漢分雟歲月深星霜幾度鬢毛侵數行墨訂丁秋蹟
萬卷書成一寸心太史自堪商筆削楚材倘復憶升沉
由來觀左風流在慚附青雲意不禁

送范仲兼還維揚　黃載峒

蘆白江空正穩流開帆送爾下揚州霜飛古渡黍生枕
夢散殘更月滿舟過眼雲山添絕調關情兒女破新愁
閒中試問隋隄柳風雨蕭條幾度秋　雙筆齋集

九日登鳳凰山　張選桂丹一

十里江光十里山水鷗飄泊自飛還久嘗世味知喧苦
暫涉林風許寂閒遠壑似隨人俱靜古松覺與石同頑
眼空方會登臨勝不在茱萸强解顏

雨後泛赤東湖　熊楚荆

暮靄初收掉小船溪流奔瀉更潺潺山根曲折蟠新水
雨脚朦朧障遠天白鷺妨人歸别浦金波浴日落前川
林禽也解晴光麗巧弄歌聲似管絃　雨湖吟社合集

遊紫雲山訪天隱禪師　范　正

幾年夢遶紫雲顚得傍支公意洒然笑起雙峯袖玉簫
飛來疊嶂擁金蓮心空色界疑無地目極虛明別有天
此日塵襟都滌盡不須參學老僧禪 午夢堂詩草

一半畝園納凉 蔣尚德 州牧
當暑偏勞長吏行羡君執麈笑相迎藕花香盡池塘碧
篁竹風生几簟清獨處不聞家計話耽吟應用錦囊盛
倉皇愧我多煩熱只有冰心對月明

蘄州 喻文鏊
鴻宿洲前水瀰茫龍磯突立雲氣蒼天連吳楚孤城閉

地坼江淮百戰荒鴛瓦堆殘埋仄徑虬枝盤屈挂斜陽
粱王兎苑滄桑刼一曲漁謳上釣航 紅蕉山館詩鈔

登大泉山 黃俊 宇良 州人
不到名山數十年攀來一望景依然幽泉香藹吸朝露
怪石峯巔起暮煙放眼江湖分左右凭欄鳥雀任循還
浮生久被微名誤願聽三車學羽仙 小癡存稿

題蘄州方柱廷 粱材 鶴樓吟眺集 裕謙 魯珊
雨餘江氣走冥冥過客登臨此暫停勛業曹劉俱有憾
文章屈宋已無靈濤聲拍岸連天白山色穿雲入檻青
莫便高吟卷裏句愁他樓下老龍聽

七言絶句 四十首

白雲山訪龔百子柏三首 顧景星
綠烟高處白雲遮二月山僧入采茶野火樵斤都不到
層層開上杜鵑花
嘉定兵戈記不真白雲山下起黃塵叢條長養君休伐
留與他年避世人
古寺煙深大道旁午時鐘板出雲堂種松道者歸何處
已見新梢百尺長 白茅堂集

哀蕭霽二首 顧景星
一抔無自寄空城春草何曾面上生白骨已隨寒雨盡
遺詩猶作斷腸聲
同遭喪亂君爲鹵存歿殊途淚轉滋幾度傷心無可道
一年時有哭君詩

蘄竹二首 顧景星
蘄竹能吹綵鳳鳴彌簩織簟勝桃笙祗因兵火摧殘盡
尋遍空山無一莖
斬伐頻傷嶰谷春教坊擫捻一時新只今蘆荻蕭蕭地

哭殺當年拯竹人

鏡湖口二首　顧景星

短蘆高柳酒旗翻蠏舍魚莊水到門撤却石橋漁子渡
望中煙樹即桃源

射鴨山頭打槳頻鮮鱗出水白如銀鑑湖一曲無多勝
只少風流賀季眞

懷菊水 劉遐祚　任常德　顧景星

水迴嶂合鷓鴣啼秀句聞君處處題我對青山但西望
一場清夢武陵溪

桃花村 蓮市湖舊有石刻桃花村裏有人家　顧景星

桃花村裏有人家貰酒當壚更賣茶兵後絕無遊舫到
更誰開地種桃花

桂花亭 治東一里佳泉奇石老桂叢陰　顧景星

六月寒泉好浸瓜但除冰雪有芹芽一從桂樹爲薪後
泉隙芹芽浴水蛇

宏慧寺二首 一名清溪寺大同巡檢司署前面山有石如人立　徐惺

茅菴結在萬山巔只見雲遮不見山寄語山雲遮護好
莫教雞犬識人間

呼爾爲人若未休風霜剝落不知愁不如祇作峯頭石
萬古青着在上頭 子星集

浮玉亭　劉養微 梅川人

孤亭穩着石如拳兩岸波光秋可憐回首庾公樓上月
茫茫占斷玉壺天 康谷子集

迎山 俗名銀山　金德嘉

牛肝馬口水潺湲稼圃人家竹樹灣最喜時淸無鑛使
大書此地是銀山 存業齋詩鈔

過顧赤方徵君草亭　李永升

主人不見亭猶在亭上依稀似舊時杜宇數聲聽不得
落花滿地草離離 若皐村集

自大泉寺看桂花歸憩匡願方丈　李永昇

醉裏逃禪客又來看花帶得暗香回須知香在無花處
傳語山僧着意猜

渦口觀漲　陳道兼 庶行州人

竭來野水輒平河此日緣溪失釣坡欲駕扁舟尋舊侶
重重對酒聽漁歌

浮玉亭 亭外王父吳公亮嗣題時官兵科給事中　李生槃

何年鞭石過東海萬里飛來江際浮不道題亭吳給事錯疑玉影滙中流 兩峯集

文明橋 姚紹祁 心傳 州人

風静橋平浪不驚一湖清水漾文明夕陽斜挂橋頭柳兩岸漁竿盡入城

訪臥雲山道人不遇 張樞 州人

閒行動是水雲家水競雲遲意自賒前日共君松樹底道書一卷把秋霞 矩軒集

麟山晚眺 張錫爵 暘侯 州人

江南水曲萬山横一片斜陽照眼明最好尋春楊柳岸雙柑斗酒聽流鶯

元妙觀夜坐 丹九 道人

學道年來强自持蒲團兀坐夜深時爐香欲燼問童子月上花梢第幾枝 崑巖集

遊長流寺 于思孟 近聖 州人

野雲深護法王關溪水長流雪一灣笑問老僧尋勝蹟幾株枯樹老荒山

蓮花池弔二烈女 高鴻 賓南 川人

女郎甘與水爲家野碧沈沈玉未瑕湖裏一墩今宛在香魂只合傍蓮花

讀書鎮國寺 張學墱 巽高 州人

光分佛火手殘篇戸白鷩看達曉天茶竈未炊僧起早一聲清磬破林煙

示嗣媳董氏 范倩仙 貞女

蘭閨獨坐轉淒凉一縷紅絲恨未忘今日氷心仍是昔到頭終入女兒行 耐寒詩草

遊雨湖 四首 程大中

短橈輕漾七箱船楓葉寒江遠接連九十九盤山盡好幽棲枉自付王宣 王宣湖間村名

次第漁船不肯歸輕橈故傍水禽飛可憐一派煙光落曾照將軍醉打圍 相傳明韓將軍習水圍於此

十月寒林尚着花塵飛不到野人家停舟借問南溪水剔好分烹五祖茶

寒煙被水日初低尊酒相將過別溪怪底山僧知客姓故人家在壽林西 甲乙存稿 壽林寺名

蘄州曉起 程大中

曉起江城獨酌時麒麟山下雨絲絲春風一夜苔初綠
已有遊人折柳枝

三十六水弔林徵君　程大中

松坡居士老還山大隱終年不出關三十六灣秋水碧
飄零詩句落人間

頌旌節吳孺人 陳正英妻　鄒一桂

一片氷心百鍊鋼秋風夜雨鎖幽光艱辛立就當年志
麟鳳山高江水長

題陳封峯漁樵圖　施朝幹 鐵如

拔劍曾歌行路難海天吹角望長安從今莫話孤城事
只作漁樵一例看

題陳封峯歸隱圖示其哲嗣弁山　胡齊崙 學山 州牧

蘄春四載憩棠陰尙憶宣和處士林三十六灣秋水碧
詩情好共白崖深

雨湖口號　喻文鏊

蘄州城南有雨湖欲雨未雨烟模糊從來不與晴湖比
杭諺晴湖不如雨湖雨湖不如月湖 半日勾留値得無 紅蕉山館詩鈔

梳粧樓 蘄陽雜咏二首　顧澍 伴棨 州牧

左鐫忠孝右賢良白石粼粼尙有坊野鳥不知花落盡
畫眉聲裏勸梳粧 金粟影菴詩鈔

硃砂井　顧澍

轆轤金井晩啼鴉燕麥春來尙作花帘子當年抛仙骨
臙脂不採採丹砂

登鳳凰山　陳詵

鳳凰山半一茅亭對面鵝雛作畫屏左有南湖右江水
不須更覓舊圖經 大脊山人存稿

登石牛山　陳璲

我遊茲山山已秋秋風吹上遊人頭手把芙蓉一長嘯
驚起松際猿啾啾 念念山房詩草

新增

放歌答蘄州顧黃公　施閏章 愚山

大風發地猛獸恐巴陵欲裂衡山動洞庭七澤橫天來
魚龍百怪相喧豗黃公黃公太奇肆使我目眩失位置
繁絃雜調相錯鳴語笑無端還涕泗一代風流澹蕩人
廿年烽火悲酸事君雖郢客生在吳顧曲追歡無事無
頻過幕府爲揖客時傍傾城眠酒壚流離滯迹秦公子

詞賦傷心楚大夫偶强甯拋三尺組魁梧自愛千金軀
扁舟忽繫蕭江岸兩月新詩不可算脱冠半醉作佯狂
舉杯欲擲翻河漢眼中之人紛如蟻灑落如君復有幾
開心剖意君不欺吾亦分明看爾詩兩雄相値漫相許
浮名身後誰當知我昔過黄州飛騎登赤壁題詩破苔
蘚長嘯響霹靂荒榛敗瓦山鬼啼玉局仙人不可覓早
知君臥北山阿悔不招尋吹鐵笛蹉跎晩相遇歲月行
將暮摧殘困傳書愁疾闕章句叠韻重篇懶唱酬紫螯
黄菊少歡聚顧黄公顧黄公紛紛馬上皆英雄金鞍玉
勒橫珠弓吾曹腐唇誇繡虎諸侯磨盾嗤雕蟲君言老
去知音急此語能令雙袖濕騶虞垂首貘貐驕枳棘爭
榮蘭蕙泣空手無錢送爾歸秋燈夜雨百憂集及今相
見且盡歡君過三十我四十

臨江太守行 美高使君也名培蘄州人

臨江江水見江底太守酌之甘如醴臨江野田半荆棘
太守見之淚沾臆露冕東郊騎瘦馬牛背牧兒不肯下
官齋種藥兼種蔬廚中但有武昌魚

蘄州元夕傷亂後無燈火

終年在家鬱不樂昨日出門客愁作襯燈擊鼓楚江頭
白骨青燐雙淚流長天漠漠山峩峩人生淚淚爲誰多
自恨有心髮易白振衣再拜江邊石

五言律

壬戌歲除前二日登石牛山　陳　詩

不因人境窄誰上石牛山路覺危中穩心從急處閒浮
雲隨眼盡客氣一時刪試話無生語飄然任往還
覓盡嫌年偪登高怯體肥扶持勞衆力寂歷見禪機寺
入松林古山盤鳥道微石牛留勝蹟徙倚欲忘歸

遊仙人臺　田達材

縱步走仙臺仙雲拂面來泉簾隨地捲石壁向天開遠
水橫螺黛危峯隱綠苔今朝吟興濶此地有仙才

豁口道中　何　明

十里垂楊道鶯聲破寂寥日中花影直泥薄馬蹄驕淺
草迷深塢殘扉續斷橋酒家春釀熟檐外一帘飄

甕門道中　何　明

徑狹車聲緩潭澄人影空水環山左右雲點嶺西東堤
柳馬頭綠夕陽牆角紅行沽問村店帘影竹林中

題王蘭渚省墓圖　葉爲珪 桐卿

三尺松間墓崇葺曲徑深野花薰夕照墳樹冷秋陰一幅羈人淚千年孝子心石門殊未改林外暮烟沈

七言律

登浮玉亭　楊世璐 見山

磯如浮玉小亭孤倚檻人疑入畫圖蜀水西來歸九派楚山東盡見三吳綠楊城郭春將晚翠竹江村酒任沽興至微吟成獨醉寺鐘揺盪出榛蕪

遊仙人臺　何 明 雪園

香火三生憶舊緣二劉踪蹟已成煙江湖遥望聊開眼碑碣前朝不計年人吒峯巒如虎豹我躭詩酒亦神仙兹行特與山靈約故把晴天換雨天

仙人臺　龔秉良

仙人自昔有高臺彈指滄桑感刼灰九曲靈泉穿澗落一輪明月破山來寒杉幹老經霜雪怪石春深蘊蘚苔千載玉華銷蝕盡蕭蕭古殿莽塵埃

題玉山堂集　童敔倫

皎皎風華迥不羣論交先識鮑參軍新詞南浦春初草舊夢西湖水上雲金粟影中看艷摘玉山堂裡倩香薰更兼墨妙空前喆妬煞山陰白練裙

蘄州十景十首 錄五

鳳麓晨鐘　吳之驥 展其

鯨鐘縹緲知何處鳳麓迴環最上層萬籟喧從煙外寺一聲驚破定中僧塔鈴無語月初落霜杵齊鳴山欲曙借問下方高臥者幾人覺悟勵淵冰

太清夜月　吳之驥

方塘一鑑水淪漣半枕青山半繞泉滄海百年塵刼換

乾坤終古月輪圓句吟春草難尋夢鏡沒菱花欲化煙何似春風池上石堅牢長伴漢樓船

龍磯夕照　吳之驥

嵢岈墨石峙波心吞吐煙霞起夕陰斜照駛催飛鷁渡大江怒激水龍吟黃昏古寺燈初上紅燒西山日未沈最是英雄餘恨在暮潮淒咽不成音

竈鶴梅花　吳之驥

東風昨夜嶺頭還竈鶴爭春未肯閒萬樹梅花千樹雪三分明月二分山峯前峯後香留韻枝北枝南玉破顔

策杖騎驢多少客天然圖畫憶鄉關

浮玉晴沙　　吴之騤

新磯浮玉擁孤岑小雨初晴客舫輕淺渚沙痕淪浪白
短橋山色渡江青平連遠水玻璃鏡倒印遥天翡翠屏
隔岸何人彈落雁西風一曲憶湘靈

爲少霞刺史賦馴鵲詩即以贈别　　吴之騤

訟庭開遍紫桐花飛鳥依依伴放衙佳語曾聞爲集翠
奇徵不減鹿隨車冲霄有日豐毛羽賦物何人惜齒牙
惆悵桑榆春正暖一枝流滯在天涯

使君此去雪山輕内翰當年負盛名幾載風塵甘外吏
臨行涕淚爲蒼生隼旟再領湖山勝鳩杖重看父老迎
他日政聲還鶴起鴻洲烟水有餘清

午睡　　王士正　阮亭

蘄州笛材好八尺含風漪恰稱龜茲枕閒抛玉局棋涼
蟬陰卓午花陰水平池富貴浮雲耳宜須熱客知　精華錄

七言絶

傷舊詞二十三首錄三　　陳準　芻生

業師雲程叔鵬枝司訓

一室談經二十年霓裳同詠大羅天故園風雨今相憶
拱木蕭蕭日暮烟

菊裳弟秀才炳垄

親承詩禮在衡陽隨侍先春圃伯父衡陽教授任春夢空教到草塘帷
憶三泉風月夜余仝弟讀書處至今落葉冷秋霜

愚谷族伯工部詩　　陳準

白首歸來忽夢楹極星南隕嶽雲傾天將塚壁留蝌蚪
無復傳經老伏生

訪頎徵君白茅堂故址二首錄一　　吴之騤

鴻詞諸老半沈淪惆悵當年汐社人斷瓦頹垣歸隱處
梅花一樹爲誰春

龍崖道中　　何明

路轉橋横水滿溪溪邊古樹拂雲低野藤纒到葉多處
一个山禽自在啼

楚水渺無極燕雲思若何君才艱遇合吾意惜蹉跎驥
日征塵急秋風客淚多相期重聚首切莫滯巖阿

秋夜　蔡景星艸如州人

秋興發無端幽人夜倚闌風颸梧葉老月浸蓼花殘鶴
夢驚霜冷蟬聲咽露寒明朝一壺酒蹋足上層巒

春晴同張又村明經吳展其優遥郊行

春雨絲絲歇長天放曉晴日熏芳草醉風輭落花輕排
闥看山色臨溪聽水聲東臯泥潤澤驅犢幾人耕

在任思歸感作

久客夔陵地今登城上樓猿啼三峽晚雁叫一湖秋衡
嶽東南峙湘江晝夜流相期邈無際歸思繞滄洲

門義烈古來寡此事竟未聞朝野我今攝管摭遺芳以
告采風人史者

題悲秋圖

無端撩卷曲廊東碎恨零愁落眼中鸚鵡能言言不盡
滿腔心緒付秋風

踏雪行

莫踏雪莫踏雪泥滑滑行不得江南風景江北殊長途
深淖脚皮裂我行十步八九椅道旁女子爭笑客征軺
無弗署縣官竭民脂膏至此極行路難不施力道途之

人深相疾余日咍爾勿急縣官行且沛恩澤沛恩澤食
舊德莫踏雪行不得

蘄州志卷三十

知蘄州事嶺西封蔚礽纂修

雜志

祥異

君子道其常祥異不常有也顧天變動於上人事修於下惟所以應之者何如耳國朝仁聖相承屢召休嘉祥固不勝紀災眚偶乘有德政以彌縫之雖失常而不爲變其耑見於蘄者例得直書志祥異

唐

文宗太和八年蘄州湖水溢 通志

宋

太祖建隆三年七月蘄州大雨水壞民廬舍 宋史五行志

淳化元年庚寅八月蘄州水 宋史太宗紀

太宗至道元年丙申四月蘄州甘露降 宋史五行志

仁宗天聖三年巳丑六月丁卯蘄州權貨務火 宋史五行志

徽宗政和五年乙未八月甲子蘄州獻芝草一萬一千六百枝內一枝紫色九幹 文獻通考

高宗紹興元年蘄州旱 宋史五行志

孝宗乾道三年丁亥六月蘄州水壞田稼漂人畜 宋史五行志

淳熙七年蘄州大旱 舊志

光宗紹熙元年庚戌蘄州旱 通志

二年蘄州饑 通志

理宗寶慶二年丙戌三月蘄州火 宋史五行志

端平三年丙申三月蘄州大雨水漂民居 宋史五行志

順帝元統二年三月蘄州黃州旱 舊志

元

世祖至元二年蘄黃旱 舊志

成宗大德五年辛丑冬蘄州之蘄春廣濟蘄水旱 通志

延祐七年庚申蘄黃二郡旱 府志

英宗至治元年辛酉正月蘄州蘄水饑 元史英宗紀

泰定帝泰定四年丁卯二月蘄州屬縣饑 元史五行志

文宗至順元年庚午蘄黃等路饑 通志

順帝至元元年乙亥十二月蘄黃地震 通志

二年蘄黃二州旱 通志

九年夏秋蘄州大水傷稼府志

至正十二年壬辰秋九月蘄黄大旱人相食通志

十三年癸巳三月月食太白是時徐眞一倪蠻子陳友諒等始倡亂漢沔蘄黄間舊志

是年蘄黄大旱疫府志

明

太祖吳二年秋七月癸亥太白歲星合於翼舊志

孝宗八年乙卯十一月蘄州大雪甚寒樹木凍死鳥飛墮地舊志

武宗正德三年戊辰蘄州大旱六七月湖水盡涸可馳驅舊志

世宗嘉靖六年丁亥蘄州大水漂流人畜舊志

十八年己亥蘄州大水低田盡没市巷行船通志

神宗萬歷二十八年庚子七月蘄州大風壞屋舍通志

三十二年甲辰春蘄州大泉山東南裂百餘丈潤二丈崇正初始漸合府志

三十四年丙午蘄州荆王府火宫室盡燬通志

三十六年戊申五月大水蘄州城堞可登舟城内巷道水有深丈餘者舊志

四十一年癸丑蘄州火燬荆府宫室通志

四十七年己未冬蘄州大雪深五六尺通志

熹宗天啟元年辛酉正月蘄州大雪大冰屋瓦地上冰厚尺許舊志

六年丙寅蘄州旱通志

七年丁卯蘄州田鼠害稼通志

崇禎二年己巳春三月蘄州地一日五震有聲如雷自東北來屋瓦搖墜通志

九年丙子春流賊犯蘄州四鄉殺戮無算穢饑冬賊又犯境自是歲多災寇民無宁宇舊志

夏蘄州晝暝大風提大樹數百株根皆向天小者無算舊志

九年冬十年春蘄州常風霾沙飛揚如北地舊志

十年丁丑七月一日夜蘄州大風雨自西北來瓦雀飛投南城壕死　蘄州竹遍生花舊志

十二年己卯蘄州夜有五色虹下屬地數刻許天變暗如蒙霧累日不解舊志

十三年庚辰三月丙申蘄州城隍廟古鐘自鳴明史五行志
蘄州州署所藏火炮未置藥一日自發棟宇轟塌通志
五月蘄州武昌漢陽九江皆雨土於時黃霧四塞百步
内不見物氣溫臭焦撲人口鼻着物皆黃塵旬日始
霽舊志
六月蘄州虎入城傷人通志
冬十月蘄州晝瞑路人失措雞犬驚措五刻始復通志
十四年辛巳天下大旱疫蘄黃等處飛蝗蔽天米斗銀
四錢民死過半舊志

十四年十五年夏秋蘄州多蠅飛集孔道團結行轉是
年大疫殍屍載道舊志
十六年癸未正月二十五日夜蘄蒙霧黑氣四塞漏一
鼓大雪明日張獻逆陷蘄舊志
五月蘄黃九江武昌漢陽每日將酉即見青氣二撐日
脚廣各二丈長至地七月始散舊志
夏秋間蘄州嘗有黃氣非雲非霧高數丈遠望則有即
之則無舊志
十六年十七年蘄州城内多虎穴白晝出攫人時蘄陷
後荆棘滿衢巷官民惟取一二道行
崇正末蘄黃雞翼生距訛傳食之殺人舊志
崇正中末蘄州桃李梅杏之屬常秋冬華衆不爲怪舊志
國朝
順治九年壬辰蘄州旱舊志
康熙二年癸卯正月二十九日天黑如夜至晚復明舊志
七月永福鄉有虎一日傷四十餘人至渴口與牛鬭爲
鄉民所殺舊志
秋大水舊志

康熙二十九年庚午蘄州旱饑通志
三十二年癸酉蘄州旱通志
三十三年甲戌蘄州旱通志
六十年辛丑蘄州虎入城耆舊集
雍正年間崇居鄉楊家寨土忽裂一口深入無際觀者
引繩數十丈綴石投之無際但覺清泉隱隱越數年
後復合至今裂痕尚存舊志
雍正三年乙巳蘄州大熟舊志
四年丙午蘄州大水江水泛濫田畝浸没通志

乾隆十二年丁卯又三月大風東關城樓毀石器俱移置他所屋瓦紛飛如燕古木拔折無算 舊志

十八年癸酉蘄州水漂民居 通志

十九年甲戌蘄州大熟 舊志

二十年乙亥蘄州大風壞民居三百餘間壓死十餘人 通志

乾隆二十九年甲申蘄州衛水 據册檔

三十二年丁亥水溢屯田

三十四年巳丑大水城内可泊舟

四十七年壬寅四月望後暮夜大風屋瓦紛飛無算

五十年乙巳大旱秋冬道殣相望

五十一年丙午麥有秋

五十三年戊申大水市巷行船廬舍田屯俱被漂没

嘉慶七年壬戌旱

十三年戊辰旱穀米騰貴

十七年辛未四月蘄州地震

十九年癸酉蘄州大水

二十五年庚辰大旱自四月不雨至明年首夏始通田可耕插人心稍安

道光元年辛巳歲大稔

蘄州永福二圖民張氏田内麥秀兩歧呈獻 州王顧准詳 府道憲以紀休徵

二年壬午六月大風拔木壞民居無數七月間夜有五色虹見西北角

四年甲申六月間大旱荒斗米錢五百流民四起九月間雨雪

五年乙酉麥大稔

七年丁亥五月霖雨山水大發漂没田廬人畜無算

十一年辛卯大水城内市巷水深數尺漂没田廬無算

十二年壬辰饑大疫

十三年癸巳大水

十五年乙未大旱蝗

十六年丙申大有年

二十一年辛丑大水饑十一月大雪平地深數尺四十餘日未消人畜樹木多凍死

二十二年壬寅春大饑民取草根樹皮以食夏秋大疫

二十三年癸卯春二月天上有白氣一道斜指西方經
月始散
二十四年甲辰有年秋水
二十五年乙巳有年
二十七年丁未大水
二十八年戊申大水十二月布穀鳴
二十九年己酉大水雉堞通舟僅存麟鳳二山及熊化
嶺一帶青紫大三鄉蛟起蛟漂流人畜無算
三十年庚戌大水民取野菜以食麥有收

咸豐元年辛亥大水青山陳氏家下紅雨
二年壬子歲稔秋多疫以上舊志
四年甲寅十月初五日晡池塘水鬬高數尺俄頃復平
五年乙卯夏六月水溢
六年丙辰六月初十日安平鄉塘水高湧數丈其上水
珠四溢俄倒聲如雷
七年丁巳夏蝗
八年戊午夏蝗
十一年辛酉冬大雪平地深四五尺堅冰彌月不解

同治元年壬戌正月十三日大雪三日深數尺
二年癸亥夏有蝗自宿松太湖至不傷稼
三年甲子夏旱蝗不爲災
六年丁卯旱
八年己巳八月初一昧爽風雨大作策山鎮國寺蛟起
廟宇如故惟神座下石裂一竅深不可測起時見有
金甲神仗劍逐其後一青衣人持葢隨之士人咸謂
白馬將軍顯靈云
九年庚午大水

十一年壬申五月下旬有鵲飛集州署馴擾依人匝月
始去州人士各賦詩紀之知州封蔚礽爲題來鵲軒
額是歲至乙亥皆大有年
光緒二年丙子六月童子河一帶蛟水突起冲壓田地
數百頃
三年丁丑臘月大雪凍結二十六日不解堆積樹枝晶
瑩如樹架
五年己卯崇居大同鄉疫
六年庚辰夏山水驟發自崇居青山至挂口濱河田地

悉沒房屋被淹

七年辛巳二月大雨雪氷結彌旬殺傷菜麥摧折樹木無算 新增

補遺

崇禎十二年二月初一日蘄州署有石銃十一門自震堂瓦崩頹署州事李包鮮將火藥領出移出堂前空地下後於三月初一日自震烟火冲天堂柱亦自起火

又蘄州各街道每夜鬼哭咆哮聞之有聲逐之有影

十五年蘄州樹杪火發焚其木殆盡

冬月團風鴨蛋洲有飛鳥萬餘投蘄州南城濠後張獻忠破武昌從鴨蛋洲渡此比之鵂鶹來巢爲羽虫之孽

又蘄州有鬼白日成羣牆上及屋脊行走揶揄居人城遂陷 以上俱見甯都三魏集

兵事

兵革之事無代無之蘄自漢迄元明代有蹂躪我

朝承平日久民不知兵髮逆倡亂以來蘄境屢遭荼毒幸

天威震疊盡掃欃槍彙而書之亦安不忘危意也志兵事

東漢

建安二年袁術僭號曹操征之術走渡淮留其將張勳橋蕤於蘄陽以拒之 舊通志

建安十三年曹操破荆州下江陵先主窘甚乃使諸葛

孔明求援於吳孫權遣周瑜黃蓋迎戰大破曹兵於赤壁旋師賞軍於蘄之江中名其地曰散花營卽今散花洲也

季漢

建興元年 魏黃初四年 吳黃武二年 六月吳賀齊襲蘄春虜太守晉宗以歸 通鑑

初晉宗爲戲口 志作蘄口誤 將以衆叛如魏還爲蘄春太守圖襲安樂取其保質孫權以爲耻六月盛夏出其不意詔賀齊督麋芳鮮於丹等襲蘄春遂生虜宗 三國

志賀齊傳

陳

大建五年五月南齊昌太守黃詠克齊昌外城陳書宣帝紀
七月齊遣尚書左丞騫將兵二萬援齊昌遇西陽太守
汝南周炅炅留羸弱設疑兵以當之身帥精銳由間
道邀其後大破之通鑑

隋

開皇九年正月蘄州總管王世積以舟師出九江破陳
將紀瑱於蘄口通鑑

王世積闡熙新固古國字人世積於是移書告諭遣千
金公權始璋畧取新蔡據其城世積繼至陳齊昌太
守黃正始等詣世積降隋書王世積傳

唐

建中四年三月曹王皋敗李希烈兵抜黃蘄州通鑑綱目
時希烈兵栅蔡山險不可攻皋聲言攻取蘄州引舟
師泝江而上希烈將引兵循江隨戰皋乃復放舟順
流而下急攻蔡山抜之希烈兵還救之不及而敗皋
遂抜蘄州表伊慎爲蘄州刺史通鑑

興元元年正月希烈以其將杜少誠使將步騎萬餘人
南寇蘄黃欲斷江路通鑑
包佶轉東南財糧次蘄州賊兵萬人遏江道不得西
伊慎選士七千擊戰賊亂斬别將許少華漕無留艱
唐書伊慎傳

乾符三年十二月王仙芝攻蘄州通鑑
蘄州刺史裴渥王鐸知舉時所擢進士王鐐在賊中
爲仙芝以書說渥渥與仙芝約斂兵不戰許爲之奏
官鐐亦說仙芝許以如約渥乃開城延仙芝及黃巢
輩三十餘人入城置酒大陳貨賄以贈之表陳其狀

諸宰相多言先帝不赦龐勛朞年卒誅之今仙芝小
非龐勛之比赦罪除官益長姦宄王鐸固請許之乃
以仙芝爲左神策軍押牙兼監察御史遣中使以告
卽蘄州授之仙芝得之甚喜鐐渥皆賀未退黃巢以
官不及已大怒曰始者共立大誓横行天下今獨取
官赴左軍使此五千餘衆安所歸乎因毆仙芝傷其
首其衆喧譟不已仙芝畏衆怒遂不受命大掠蘄州
城中之人半驅半殺焚其廬舍渥奔鄂州勑使奔襄

州鐐爲縣所拘賊分其軍三千餘人從仙芝及尙長君二千餘人從巢各分道而去 通鑑

四年十月黃巢寇掠蘄春招討使曾元裕擊破之斬首四千級巢遁去

光啟三年十二月上蔡賊帥馮敬章陷蘄州 唐書僖宗紀

文德三年夏五月蘄州刺史馮敬章叛附於楊行密 唐書昭宗紀

淮南將朱延壽奄至蘄州圍其城大將賈公鐸方獵不得還伏兵林中命勇士二八衣羊皮夜入延壽所掠羊羣潛入城約夜半開門舉火爲應復衣羊皮反命公鐸如期引兵至城南門中火舉力戰突圍而入延壽驚曰吾常恐其潰圍而出反潰圍而入如此城安可猝拔乃白楊行密求軍中與公鐸有舊者持誓書金帛往說之許以昏壽州團練副使柴再用請行臨城與語爲陳利害數日公鐸及刺史馮敬章請降以敬章爲左都押牙公鐸爲右監門衛將軍 通鑑

周

顯德三年三月唐蘄州將李福殺其知州王承㒉舉州來降 通鑑

七月唐將李平取蘄州唐主以平爲蘄州刺史 同上

五年三月時淮南惟廬舒蘄黃未下唐主奉表請獻江北四州於是江北悉平

宋

建炎三年十一月淮賊劉忠犯蘄州韓世清逆戰破之 宋史高宗紀

初劉忠集兵於東京至是犯黃州蘄黃都巡檢使韓世清與戰破之 陳邦瞻宋史紀事本末

蘄州蘄春縣建炎初爲盜所據紹興五年收復 宋史地理志

紹興十一年二月趣岳飛會兵蘄黃 宋史高宗紀

嘉定十四年三月金人陷蘄州知州李誠之及其家人官屬皆死之 宋史寧宗紀

金人圍蘄州前後二十有五日守倅眾官晝夜親自擐甲登城督勵竭盡心力緣是日午後忽得大雨火牛被雨燒燎不著至二更風色不順彼以火礮石礮攻打民兵無容足之地金人遂以雲梯登城殺戮知

州李誠之等至新寨調西門統制縣中小將江士旺等努力巷戰須臾寨內火起彼兵追殺至南門其江士旺縣中卽爲彼殺時誠之通判秦鉅等遇賊於子城之十字街各以自隨之兵冒死鬬敵死傷略盡誠之度不能走奔回署內呼骨肉令速赴水自盡遂引劍自刎 節摘輿裕泣蘄錄其時同誠之死者詳藝文秦鉅傳

端平三年元兵攻蘄州孟珙遣兵解其圍 宋史孟珙傳

太宗九年冬 當理宗嘉熙元年 口溫不花 改譯布哈 別攻蘄州 元史太宗紀

蘄守張可大委郡去 宋史孟珙傳

德祐元年正月丁丑元兵入黃州 宋史瀛國公紀

陳　下蘄州併招其子巖於安東州

知蘄州管景模遣人請降於黃州

元巳延先令陳弈以書招之於是景模遂請降 宋史紀事本末

壬午元兵入蘄州 宋史瀛國公紀

江州提舉呂師夔知州孫奐孫遣人請降於蘄州

元

太宗九年冬命萬戶張柔等攻蘄州 元史太宗紀

至元二年八月都元帥阿珠畧地蘄黃俘獲以萬計 元史世祖紀

至正十一年八月羅田縣人徐壽輝與麻城鄒普勝等以妖術聚衆興亂 元史順帝紀

徐壽輝又名一眞蘄州羅田人業販布往來蘄黃間燒香聚衆遂與黃州麻城人鄒普勝以妖術陰謀聚衆舉兵作亂以紅巾爲號因壽輝貌異於衆遂推以爲主 明史陳友諒傳

九月徐壽輝陷蘄水縣及黃州路 元史順帝紀

按蘄水元時爲蘄州屬縣

十三年七月卜顏鐵木兒 改譯布延鐵穆爾 進兵攻蘄州擒其僞帥鄒普泰遂克其城 元史本傳

明

萬歷十六年歲大饑黃梅賊起劉少溪聚衆蘄之青山鄉老龍洞余孟新聚衆燕子巖與黃梅劉汝國衆合州判陳策死之 白茅堂集

崇禎八年蘄黃大盜爬天王擁衆八百餘人村民擒之

明史紀事本末

十年二月經畧熊文燦總兵左良玉於蘄招安張獻逆一丈青等賊荆藩爲之置晏邸中時良玉不主撫議未二年賊果自穀城叛去

十四年草里眼左金王五營張獻逆東來走麻城以勾之湖廣宋一鶴聞之渡江進兵屯蘄州擒賊諜焚舟斷渡　明史紀事本末

是年招安草里眼賊安插蘄之青山上鄉大爲民害後仍叛去

十六年正月左帥兵全營南下時各營兵不遵約束鹽船糧艘及沿江居民多被焚擄非左帥志也　盧志

正月毛顯文楊文富以爭駐防相率叛去從左營後南下楊文富親至城下脅取城內家眷口出不日獻賊破城之語

張獻逆陷蘄州　明史莊烈帝紀

正月二十六獻逆以二百人夜襲蘄州明日令薦紳孝廉文學各冠帶自東門入西門出盡斬之遂屠蘄州留婦女毀城稍不力即被殺執守道許文岐献逆曾敗杭州識文岐頗禮之文岐陰謀圖賊乃被殺　明史紀事本末

二月二十二日城外房屋尙未焚盡者居民收集防守賊復攻破三隘大肆焚掠蘄民殆無噍類矣　舊志

五月三十日賊破武昌至六月初二日沿江一帶浮尸而下水爲不流

六月方毛於徐四營兵奉左良玉令撥防蘄黃一帶駐蘄新洲不久掣調

國朝順治元年四月

大清兵誅李自成蘄奉

旨置官安撫　舊志

五年三月九江寇水陸並進至蘄之城南參將韓友領兵擊敗之

六年二月蘄州上鄉土賊焚掠鄉邨參將韓友領兵擊敗之盡平餘黨鄉民獲安

乾隆十七年春江南霍山縣白雲菴奸僧正修及湖廣奸民胡濟修等黨首逆馬朝柱前在羅田縣內天堂寨假立神異煽誘動衆作逆書逆示傳單札符旂令

圖書軍器等項流言四起知蘄州李珌偵知其實親
赴楊河等處蒐其黨羽飛報合憲陸續緝獲逆匪二
百餘人起兵器火藥三百餘件楚督永公江督尹公
先後奏
聞欽奉
諭旨分別輕重按律治罪其首逆馬朝柱從逆熊得勝等
尙未就擒奉部覆嚴飭各省懸立賞格多方查詰期
於必獲遵照節次通緝如初 舊志
咸豐二年十二月髮逆由湖南竄湖北陷武昌分寇黃

州蘄州戒嚴
三年
正月初七日賊由武昌下竄所擄男婦約數十萬人船
萬餘艘蔽江下據城三日廝舍寺觀質庫焚掠一空
九月賊由安慶上破田鎭營陷黃州知府金雲門殉節
僞聖糧陳玉成踞州之漕河遣衆賊於五鄉勒索錢
米名曰打貢踞城年餘
四年春賊設僞職曰監軍
九月楊提督載福彭道玉麟率水師自武漢直抵州境
酣戰逾時燬賊船九十餘艘
十月知府許賡藻督兵進駐漕河遇賊於獅子口大破
之由是闔州起團練
時楊提督昌泗陸軍已入州境曾侍郎國藩慮爲賊
所乘派彭楊水師與陸軍會勦平蘄州賊壘賊首陳
玉成棄城走
十一月十四日賊仍回踞州城州判魏作霖帶勇隨大
兵與賊戰於野塘嘴兵敗死之六品軍功孫占魁同
歿於陣

十二月羅道澤南塔提督齊布督湘軍至賊始遁官軍
追至菩提壩大敗之賊竄黃梅
五年
正月初一日賊由黃梅上竄廣濟雙城驛大營潰楊制
軍霈退保德安府遂陷蘄州據城年餘
六年
十一月二十五日楊提督載福克黃州四更率師駛下
次日抵蘄州分途兜擊賊不能支二十七日黎明遁
走遂復蘄州

時賊退紮廣濟縣號十餘萬十二月十二日悉衆上犯將軍多隆阿領馬步軍七百餘適駐漕河與賊遇大敗之賊東遁

七年

四月初四日賊由六安霍山分股上竄踞英山署知州彭應鯉調各團分扼要隘親督團勇赴英山羅田交界欒利河駐紮

十一日賊隊大至官軍三路迎敵斬殺無算彭率團勇乘勝克復英山縣城

十三日賊由英山竄蘄州張家塝十八日統帶福營同知李景福寶營都司金殿安武營守備余雲龍由興國州渡江駐紮崇居鄉青石嶺知州彭應鯉率團勇由汪家壋小路進與官軍合

十九日賊大股分七路來犯寶武二營皆隔截李景福率守備張鵬高楊高桂把總胡開禮朱大倫衝突鏖戰衆寡不敵同時陣亡營兵團勇死者各二百餘人

二十日參將葉永泰率虎營至二十一日都司徐統恩率鳳營至二十二日賊又分股萬餘由芭茅街撲攻子嶺青石嶺等處官軍糧缺退保州城

五月胡撫軍飛調知府邢高魁統興國防兵三營合九江調援之三營駐紮劉公河知州彭應鯉率團勇駐分路街初四日李道孟羣派知府朱啟仁率師來會

初五日由分路街韓婆石圓襟衝三路進兵馬隊由劉公河夾擊之賊退踞望天畈青石嶺

初十日賊犯分路街參將趙鴻舉都司盧又熊暨超平二營會知州彭應鯉率團勇四路堵擊敗之

十五日賊復至官軍分兩路迎擊大敗之賊仍回望天

畈

二十日知府邢高魁會同舒都統保馬隊何參將紹彩步軍移紮胡家涼亭蓮花菴等處

時賊盤踞張家塝望天畈與廣濟縣大股聲勢聯絡都統巴楊阿率馬步隊數百駐蘄廣交界之居家岡蘄水練首彭心友帶勇二百餘駐清水河練勇悉館民居凡數月

二十五日官軍會同蘄紳練勇抵青石嶺是日賊分五路來撲鏖戰五時之久賊始退州勇受傷百餘名死

者數十人
時官軍與賊相持彌月每日接戰團勇助之雖屢
敗賊蔓延如故
閏五月十一日賊分入股來撲官軍分兵迎敵千總余
開泰外委周如鳳死之賊之燒燬擊斃者亦千餘名
二十一日官軍各營潰叅將何紹彩率所部軍堵截劉
公河凡三日俟居民避盡始退全活無算
七月二十五日記名布政司李續賓自九江率軍上援
至黃岡孫家嘴大破賊追至漕河長塘角洗馬畈等
處賊望風披靡彭應鯉督勇隨官軍進攻張家塝復

州城
胡撫軍派唐道訓方統帶訓營駐紮張家塝范家灣
等處設卡碉以扼宿松入楚之吭
十一月十五日唐道訓方駐陳德園以固蘄州門戶是
日宿松股匪三四千人由彌陀鎮直撲蘄界唐道會
合馬隊團勇奮力擊之殺賊數百
十二月三十日太湖逆衆數千乘我兵度歲竄近州界
唐道合各營及團勇擊退

八年
正月二十一二等日賊衆數千進踞彌陀鎮訓營奮擊
團勇助之斃賊二百餘名賊退
二月初六日賊踞安仁河分股上撲旬日之內軍勇凡
三戰殺賊千餘名
五月初八日太湖踞賊分三路來撲一由彌陀鎮一由
桐山衝一由黃泥畈咸聚界牌石勢甚披猖官軍分
路迎敵團勇爭出擊之斃賊數千官軍傷者數十人
州勇亦二十餘人
十三日賊至界牌石沿路放火擄掠軍勇迎擊殺賊數

百
十五日賊進逼彌陀鎮軍勇迎敵殺賊數百人官軍陣
亡僅二人州勇死者二十餘人賊退真君寺
十七日賊傾巢出軍勇禦之大戰於彌陀鎮賊大敗死
者無算賊壘全行踏毀次日賊遁退走石牌
十一年
三月十三日僞英王陳玉成即四眼狗由德安下竄賊
首唐翡子分衆數千踞蘄州需索甚暴五月奉僞檄

調去復以賊首劉爲眞代之踞城共百四十有九日

是年賊由英山竄州者兩次居民遷避不及被戕溺水者甚衆

同治二年

豫捻由蘄水竄州之漕河所過焚掠甚酷

三年

五月髮逆馬融和糾豫捻竄德安蘄州戒嚴

九月二十四日捻匪竄蘄州焚掠甚酷僧邸率大兵由蘄水追賊至州之上鄉團勇助之賊大敗竄安徽

五年鄭撫憲札諭各州縣堅壁淸野州人立砦堡

七年

九月十六日蘄水教匪馮和蟻起事焚掠洗馬畈據天垣砦花翎都司萬賦元率團擒獲數十人賊平

團練附

蘄州自咸豐四年知府許督兵來蘄諭五鄉二十八圖紳士協辦團勇按鄉各設總團一人總之四五人佐之又按圖各設分團仍各設總佐有一圖一團者有二三圖合一團者每圖大旗手鎗炮手各募壯勇充之散卒則按民之有力者家出一夫擇其略知兵者爲十夫長無事則各務本業有急則由各鄉總團通知分團分團總佐各率部伍歸總團處酌量調用或分守要隘或合力防堵或隨官軍以助聲威或扼賊吭以截歸路所需各費俱按家貲均派大略視田糧之多寡爲差等惟藥火則由各團總稟州詳請給發至七年秋唐中丞義渠隨胡文忠攻復皖省駐兵於大同鄉之范家灣以鱖魚頭地方爲蘄北門戶於是相度地勢建將軍第一關距太湖宿松英山黄梅界

各數十里不等又擇險隘處設八卡相與犄角其當衝者則惟距太湖之陳德園英山之打虎廠楊樹坳宿松之宋家嶺黄梅之唐家山爲最其餘牛頭冲小隘嶺棠梨嶺三卡爲援八卡一關連亘五六十里皆督鄉團守之一卡有急衆卡分勇援之五鄉二十八圖一圖有急各圖分勇助之前州彭屢隨大軍督勇克敵募兵民壯皆與有功蓋蘄州南濱江高山在北東去城數里即廣濟界西與蘄水毗連俱係通衢有官軍上下無庸設卡故關卡皆偏北境也至按鄉團

勇按糧派費藥火請給示爲定章嗣後寇亂削平民

安耕鑿

國家以州屬蕞爾地團費捐至數十萬金

特恩加廣學額與兵難者並叨世襲團練一事殆可備而

不用焉

外志

仙釋

二氏之學涉於虛無儒者每難言之然釋老並立代衍其傳抑天地間所不能廢也善乎朱子有言曰因彼稊稗之有秋悟我黍稷之未熟故彙而書之非希心於元妙也志仙釋

隋唐

二梵西竺僧隋唐間三僧入中國一住興國東方山一住州之三角山二梵住圓峯山屢著靈異山半有泉

土人祈雨輒驗

白崖高谿寺僧有人願從其教師曰汝凡胎也引入山刳滌五臟途人驚往覓之弗獲惟一石在若白崖形

按舊志載於唐之末今以時代考之當移置於前

費郎君者名光輝世畊大明山母劉氏餉夫元昇遇雷雨晝晦欣欣若有感遂娠三年乃生郎君四歲就塾學好從澗中浴師跡諸澗則龍也遂失所在一日歸立簷下約父母俱往如期風雷拔屋以父母去

王仝 飛昇於天長觀中

司馬氏道信佛家宗派所稱四祖也初卓錫於州之鳳皇山繼徙破額山即山以其法傳宏忍稱五祖後俱徙黃梅蘄有神秀者禮五祖於黃梅遂開南北之宗

佘珪涿州人母夢一星墜懷而生卓錫於三角山山多虎珪至虎悉遁去因號伏虎禪師後逢旱年祈雨應宋仁宗高宗俱有賜號　祖師俗姓韓

張祖師卓錫龍泉岩旁有巨石先爲妖神魯原所據祖師至欲奪之約與俱浴原起祖師覆手巾於上原揭之再三不能起祖師即石上坐原怒登山發三大石

擊之其二左右楯一幾及頂祖師掌承之遂結爲龕手巾跡猶存遂取以名菴　陳氏志稿

五代晉

羅翼不知何處人相傳飛昇於乾明磯石上蹕蹕若履跡然後人遂建閣於上名曰飛仙今廢又有劉六者同時人居大桴山亦飛昇去

按舊志載在第一欵以時代考之不合今移錄於此

宋

麻衣道者姓李名和生而紺髮美姿異常入終南山遇異人授一牒曰南陽之間湍水之陽神開汝鄉汝則往之可以翕神蒼茫後得樵者導其處居之十九年義熙中旱居民張爽率衆請雨麻衣苦無術是夕有丈夫十二人來謁狀貌猙獰謂第許之翌日果大雨與唐無藥禪師遺蛻俱存石鼓院中

戒和尚居五祖山東坡同山谷見清老清語坡前身爲五祖戒和尚即此　考東坡事見春渚錄

明

郝悟通者麥麩李之徒先是荆永定王迎麥麩李於太

和山破衲入王宮王問長生訣曰修身齊家長生訣也送歸至漢上未及岸自舟中逸去後王幾以罪廢國始悟李語因敬悟通萬歷中大旱王命求雨自暴烈日中雨至坐化王以禮葬之

雪菴和尚者託堪輿往來於蘄之崇居鄉長年不爲人卜一地謂陳氏夫婦賢爲搆一門一葬其先世後不知所終著有字字金葬書行世

考廣輿記雪菴姓葉名希賢太祖時進士因建文之難遂隱而爲僧後入蜀

僧源潭與里中鄧茂七善一日茂七從石窟中獲一劒以示潭偶撝之飛禽望空首落潭曰此禍本也宜捐之不聽挾之以走閩正統中爲亂於沙尤古田閒有司命潭招撫潭仗一劒與之飲乘茂醉起易其劒擲江中亂遂定事聞詔建宏慧寺於蘄以居之

歸宗語不虚發雖尋常談論必透宗旨萬歷閒鄉官袁世振迎住宗遠菴結十齋社

靈鑑江右人兄弟凡七人俱爲劉大將軍偏裨從征六人皆卒於軍鑑獨存遂棄家爲僧天啟閒募修石鼓寺

張后山不知何許人髯鬑上僂魁一衲常睍一妓不答乃引手向空取新衣舉止猝縩衆大笑忽問汝等可少嚌乎復向空取美酒肥炙餉之後坐盜荆府物下長吏后山涕泣叩頭額盡瘇曰死矣願少與我酒酒至后山目注之叫霹靂應聲自酒中起后山并桎梏俱失所在

不知姓名翁年可八九十好緣麟山高處臥或捽之墜笑自緣起如是三捽三緣起疑其瘖也一日言天地圖耳或驚問先生言矣何謂道曰耳其目目其耳鼻其口口其鼻之謂道後失所在

德心爲僧三角山白雲菴不識字惟日拜觀音一日傾净水處生蓮花因閉關三年遂頓悟解諸經并博通文字言晴雨輒驗後之蜀所居寺后有磐石坼裂有聲欲墜僧坐裂處誦心經石即合

雲外歙縣汪氏子明末以諸生披剃爲僧先居匡山八九年人罕有知者後來州之南嶽寺示寂時預定時日手書法語數千言又著有宗鏡等書

四宏安慶人白龍潭寺僧工書法風骨稜稜得顏魯公體荆府雅重之墨跡至今有存者

國朝

臥雲道人明宗室易姓李住元𦙫觀工詩不存稾惟雁字百首州人士誦之

丹九道人姓易名來成陝西人由麻姑洞來住元𦙫觀工詩常運腕臨帖預知化期著有崑崖集

佛幢居東山寺元初居三閣菴二僧先後大倡宗旨時蘄當寇難之後士大夫頗言因果多從之

界定鎮國寺僧田氏子州人臨濟門下麟瑞九世法嗣性沉靜工書法託堪輿以自晦著有語錄

宗一居氏子廣濟人明末讀書白鹿洞遇異僧披剃了悟禪宗

國初住朝西庵著有語錄傳法容海再傳悟源掌僧正教最偉福與寺僧與陳友夏叅究宗旨多所了悟寂後三年啟龕如生僅一小指朽焉

山月三角寺僧性沉靜通古籍除游謁外終日焚香默坐嘗曰吾山以鎮身月以居心故名州人士咸重之

鳴庵東山寺僧結茎草亭吟咏其中州有雨湖七子吟社鳴菴與焉

慧澤三角寺僧師登寶座大衆側聆師卓拄杖一下僧曰答即便答又卓箇甚麼師曰百雜碎

迷指三角寺僧有夙慧其胸空洞無物著有語錄法嗣多宗之

天竺住大泉寺又住菩提寺凡九坐道場說法十二會後寂於澗南著有語錄

雷門震和尚江西萬載縣方氏子年十八不就婚入廬山披剃悟宗旨後住蘄之大泉寺有語錄及雜著

紹嵩居三角寺著有語錄

碩庵龍門寺僧著有語錄

靜惟慈慶二僧俱工詩有稾以上俱舊志

按舊志所載釋氏以山紀者若烏牙山之行朗清梵彥賓三角山之眞鑑法遇志謙四祖山之清皎法演端師悟通志謹仲宣曇華五祖山之山秀道初大演表自凡十七人以寺紀者四人若龍華寺之曉愚開元寺之子琦瞿金寺之馬祖龍潭寺之理公皆外地人以地紀者一若壽聖本州人此皆無可紀述姑附見

於此以俟詳攷　謹按錢志所錄盧志以上諸人皆有紀述錢志未詳錄今仍之不復補入但三角山尙有志操龍華寺尙有高禪師又外有廣濟禪師其名亦遺漏并錄以附見之而馬祖則盧志所未見者未深考

蘿庵和尚蘇州嘉定陳氏子母娠夢天竺僧入室而生十五即好茹齋十八祝髮爲僧自悟宗旨順治甲午自黃梅五祖寺來居蘄之存金寺著有語錄

錫祖師蘿庵四世孫少不婚祝髮於州之紫金寺修煉有悟後居存金寺將示寂預定日時手書詩一首坐化數年啟龕如生

霜松石牛山朝東庵僧宣城童氏子年將四十祝髮苦行工詩著有語錄

雨梵西河廣教寺僧能詩與邑侯顧伴檠州孝廉吳已山往來相唱和

巨岳城西清源殿俗呼小廟僧孝感黃氏子工於詩出家後常憶母詩多見母憶母之作著有夢幻吟陳愚谷爲之序以上潘志

寺觀

南北之宗皆寓於蘄其勝蹟猶有存者緇流冒冠之所溺而處也故祠祀之外寺觀亦在所不畧抑古聖王以神道設教之意歟志寺觀

正覺寺在州治南唐四祖道信卓錫於此通志明洪武年僧正司明鐸重建俗稱鳳山寺亦曰四祖寺有轉輪藏閣鐘鼓樓爲殿左右翼有僧寮榜曰七葉白茅堂集

國初李廷楷等募修方丈道光己丑僧明修募重修咸豐三年燬於賊僧隱林果成竭蹶告募營寺一區同治甲戌春知州封蔚礽倡捐重建新殿官弁右側客座禪房夏四月復修江山清趣亭記詳藝文

東山寺即五祖寺在雨湖岸唐五祖宏忍卓錫於此見舊志自明洪武嘉靖

國朝順治雍正乾隆凡五次修葺道光年間監生李蔭福重修觀音堂地藏殿并於雨湖之畔建亭榭以爲游客憩息之所

二郎廟祀秦李冰第二子蘄州衛官軍戍平溪代清浿征諸蠻數過灌口甚獲神佑故特祀之州境廟有四

州城二漕河二
今按東京夢華錄六月二十四日二郎生日漕河每年六月二十六日賽神出會煊耀異常鼓樂喧闐又爲嬰兒高臺故事遠近皆來觀劇所費不可貲計乾隆年間知州錢檢亭禁其事今仍復如故志畧
雲臺仙院在州治內三眼井前
鐵佛寺在北門內佛像皆鐵三鐵鎮蘄陽此其一也明洪武元年比邱永明刱嘉靖十九年判府重修
元妙觀祀老子舊在麒麟山宋祥符間道士李可道刱

明洪武間道士王德榮遷建於東門外天順四年荆靖王重修正德嘉靖判府復修宋誠王儼爲之記詳藝文
國朝雍正李元序妻陳氏捐田爲香火費
東嶽廟有七一在州城東門外明洪武間黃均建永樂間陳士冠重建鄉官孫天衢及老會捐置各田
國朝道光二十五年稅書葉期榮重建一在閻家沖洪武初閻岳建一在永福鄉雲臺山壽官熊維賢維岳建嘉慶四年熊有坔等捐修道光二十二年監生熊啟第等重建一在大同鄉高砂里十三戸約所一在青山鄉與隆山吳鳳鬬鳳樓重建道光年間僧彖化重修舊志一在永福鄉螺螄港一在安平鄉摠渠畈宏治中高鵬建萬歷間鵬裔孫楚學捐募增修
寶月庵在東門外教場口
宗遠菴在東門外明萬歷間鄉官袁世振爲僧歸宗建
奎星樓在泮池左 國朝江防道徐惺建知州錢鋆重修道光初知州顧澍重新同治辛未知州呂憲瑞重修
如是庵在東門外明天啟間僧海瑞建
三官廟在東門外一名三官殿

缽蓮菴在雨湖中明天啟間鄉官楊芬建詩詳藝文
道光二十九年水圮同治年重修
石鼓寺在西門外濱江羊子墩宋咸平舊志作宏中建明天順初判府承奉阮古修天啟三年鄉官李瓆岳鎮華等重修兵燹後復就圮僧寂惠募修陳氏志稿記詳藝文
禹王閣在城西南隅乾明磯右
乾明寺卽觀音閣明永樂中比邱知安遷建正統間福慶重修嘉靖五年判府新之年久圮頹光緒乙亥知州封蔚礽倡捐重修仝有湧月樓足供游覽記詳藝文

龍磯寺在江心即入蜀記所紀龍眼磯江中巻耳石磯旁山上有龍祠者是也咸豐三年燬於賊同治八年總兵曾紹霖捐建詩序詳藝文龍王號詳鬼神

四官殿在北門外　烈士廟在龍磯門左

法勝寺在蓮花池北岸明洪武僧法崇剏建天順二年荆靖王表請爲祝聖道場得賜今額嘉靖十七年重修咸豐間賊毀其佛像年久壁立同治丁卯務本堂改修祀文武普化三帝君木主詩詳藝文

五顯廟在第一關詳鬼神內

八蜡廟在第一關舊志遺詳鬼神內

昭化寺在城北明荆府建成化八年僧智明重修記詳藝文

萬壽宫在羊子塝江之涯順治十五年豫章客建生員盧灝施基道光二十九年水圮

百神廟在小西門外乾隆十二年僧廣照重修道光二十九年水圮

白馬將軍廟在西門城內因舊宇太狹道光二十八年監生李蔭禰捐基拓建白馬將軍姓胡名成宋進士爲崇居胡海始祖

國初土寇爲亂將軍保護之功甚多策山亦有廟祀志畧

魯王廟在小西門內

高山廟在北門外

三閭庵在南門外今廢

祇園庵在泮池左今廢

慈雲庵在迎山鄉官饒京建盧紘修

大同青山俱有此庵

武當行宫在州治右荆府建今廢

三閭祠其址舊有五一在遞運所一在鴻宿洲一在羊子塝一在挂口一在王廠今俱廢

祈嗣宫在四祖寺左荆府建咸豐間賊燬同治甲戌知州封蔣廉倡衆重修

三聖宫在州治前向專祀武聖道光十一年因武當宫火星廟祇園庵俱毀移三廟神像供奉於此遂改武聖宫爲三聖宫

極樂庵在迎山

三元宫在都司署前

慧照庵在鳳凰山下

七聖廟在城守署右

外行宫在全勝坊對面有歸善堂內即三鶴樓

霞蔚庵在南門內 本詳潘志

天王廟在熊化嶺附近有準提卽第一祉

火星廟在南門內今廢附見前三聖宮內

芭茅山廟祀總管星吉 詳鬼神內 在鳳山門

龍峯寺在州北挂口

大泉寺在州東大泉山鄉官李本衍建

華頂庵在州東大泉山陳士稍建

馬王廟今改名護國廟在都司署左道光二十八年營兵重建

仙塔寺在渦口

威靈都廟在渦口下市

慈雲閣在渦口下

靖明寺在靖明山 今呼太平砦 唐建明宏治中重建見鐘文 白茅堂集詩詳藝文

按靖明寺一名積善寺鐘皆銅鑄成聲音洪亮可遠聞數十里寺內重器也

廣教寺在白雲山下明洪武間僧守住修正統間僧明鐸重建順治初天章禪師重建同治間 白茅堂集

菩提寺在州東三十里菩提壩正統六年僧智英重修

四宮太子廟在菩提壩湖畔

開通寺在州治東北六十里高山鋪左紫玉山光緒八年僧妙仙重修 詩詳藝文

萬善禪林在州治東三十里黃土埠黃氏香火

前定庵在州治東三十里曹英戸香火

下河廟在州治東二十五里明庠生張文巘及弟貢生文同建捐有香火田

南泉寺在州東十里

麻背廟在安二隅沙河

新林寺在治東四十五里

萬應庵在展旗砦

古泉庵在治東七十五里嘉靖間僧先枝重修

顯靈廟在治東七十里康熙癸巳間建廟前古柏二株甚蒼秀

城隍廟在羅州城內

楊泗廟在漕河下市乾隆間沔陽人募建 楊泗水神舟人所祀出處未詳

三官殿卽翠雲庵在渴口中市陳國棟捐建衆姓共置
香火田
萬壽庵在治北四十里
朝陽庵在治北四十里
楊公潭廟在治北二十里
代明宫在治北五十里
萬善庵在大旺山麓
地藏寺在治東十里黄氏香火
沙徑寺在治北十五里明景泰間僧明珍修

靈泉寺在治東八十里明景泰僧智實修
福勝庵在治東四十里盧時俊施基并香火田
國初僧圓理圓明募建詩詳藝文
甯泉寺在三渡橋王氏香火
廣福寺在安平鄉
雲蔭雲覆二庵在治東二十里黄氏香火
華嚴庵在治東大徑橋一名顧家庵顧氏香火
圓峯寺在圓峯山西蜀僧二梵卓錫於此旁有亭土人
王氏所建卽祖師眞身所藏處志畧

長流寺在治西四十五里
漁田寺在永福西湖尾有賈島詩刻今佚管氏香火
金山寺在馬驛山久廢
龍窩寺在高家衝有龍窩井
靈虯寺在治北七十里明正統間僧福興重修
顧黄公有山僧說靈茶詩自註云産寶掌道場相傳
仙媼指出
鎮國寺在策山生員張錫爵建
城山寺在城山嶺

永福寺在治西雲峯山明洪武間建
茶庵在彭思橋
歷化寺在歷化坳
策山寺在西瓜尖
衍慶庵在玉屏山生員張錫爵妻楊氏建
三祈庵朝陽觀龍井庵俱在永福
福勝寺在五藥山之側有井歲旱不涸
斗姥宫在彭思橋下
青龍庵在永福二圖去廟里許卽留月井

靈官廟上晏公廟濟渡庵下晏公廟在散花洲

宏化寺在治西北五十里宋建張氏香火

茅山大王廟在治西北六十里唐時建

國朝道光間募修

太子廟在張雷沖頂

科亭寺在青山何萬章口相傳唐時建里因以寺得名

里中二十戸公所也寺側有首烏成人形數百年物

也陳虞部有句云古木寒泉聯夜雨寺名鐘欵紀前

朝 編戸錄

松山寺在治北一百一十里松山衝頂碧雲峯明永樂

間龍虎禪師卓錫於此旁有古松一株蒼古如畫

三洞龍王廟在三角山宋慶歷間祈雨有應封侯紹興

間進封王

龍門資教寺在三角山後梁僧慈應刱宋仁宗賜額龍

門高宗加贈資教元至正間比邱德明有碑記明洪

武元年僧正果重修

按唐伏虎禪師卓錫於此見仙釋志因祈雨輙應宋

仁宗高宗俱有賜號

古佛寺在州北百二十里僧智誠建涂元施有祀田

福興寺在陳家壩明荆王建

達城廟在達城河祀二令相公相傳爲洞庭神

白塔寺在治北八十里

桃園庵在治北九十里李勝高勝祖建并施田課一百

擔

萬壽庵在分路街蔡家沖駱恭先妻陳氏施並捐香火

田

大慈庵陳華重建施有香火田

蘇木堂僧漢月建今更名威濟庵陳氏香火

大琳宫在黃城河口

高店廟在廠脚樓

仁壽庵胡以蔡建

東山庵胡學晟建

廣福庵在陳家壩上

龍崖寺僧止水建今廢

龍會寺在青山

遠塵庵僧自成建後傾圮道光間職員陳國治捐建

闕溪寺在闕溪河李氏香火有齋田
天臺寺在治北八十五里
慧蓮庵在治北九十里
洞下庵在治北百二十里康熙間何元賜捐建
龍泉庵在治北八十五里
智慧庵在火燄沖駱氏香火
文昌宮在分路街監生駱炳生員武繩其募建爲里中
士子結文社處旁有字藏
太平庵在治北八十里

菊蘭庵在治北八十里
陳家庵在治北八十里
契如庵在治北九十里生員駱仁止建并捐田課七十
七石六斗孫抒慧募燈田課二十七石
隨靜庵俗呼駱家庵駱仁止建
錫麟庵俗呼李家庵在火燄沖口
國初李氏建有香火田道光六年駱兩階捐募重修增置
田課
廣惠寺在分路街何榮入建

靈鷲寺在郝家塆胡心鑑兄弟建
文殊庵在獅子口市明時建嘉慶丁巳市人重修今改
爲　武聖宮陳愚谷有記詳藝文
大王廟一在野雞窠一在分路街祀牛馬大王取靈顯
明聖廟　朝陽菴　白雲觀俱在東北百里黃姓香火
白衣庵在治北九十里生員駱洪建
紫雲庵在黃茅尖下王氏香火
三泉庵在三角山北左有石屹立明州人陳仲彿鐫清
風高舉四大字　又有龍洞寺在三角大巔之下祀

三洞龍王詳鬼神內因傾圮道光間職員陳　國治
募化重修
一空庵僧一空建
黃金廟在胡敬沖祀三司總管
南陽寺在青山坳土地坪廟在董家沖頂祀梓潼
天長觀在劉公河上晉永熙間王全眞人剏明洪武間
道士蔡會祥正德間道士盛從改建
金鷲寺在治東北百二十里通志謂嘗有金鷲出石間
其上有籠鷲石

手巾庵在張德斌沖張氏香火
旁有石洞張巾祖師眞身在焉 志畧
高溪寺在高溪畈宋紹興間僧白崖建 詩詳藝文
大竺寺在治北百三十里明洪武十三年僧印信修
士子庵原名賜子庵生員胡宜典等改建今名爲士子
肄業處
羅漢廟在羅漢尖下曹姓香火宇外有古松二株蓋數
百年物附近有白雲庵談姓香火
六度庵在州北百四十里監生吳璘改建所捐賑族義

倉在內 今廢
石觀音寺在崇居
寶林寺在治北百五十里唐貞觀時建明洪武二年僧
無塵重建
明善寺在治北百三十五里明吳管財管珍建
風嶺寺在治北百四十里太平山吳友朋建
蓮花庵在治東北百里下有市集
樂如庵在青 石嶺後陳時疏建捐有香火田
白雲觀在北極尖下陳仲建施有齋田

雲蓋寺在橫岡山上有祖翁殿蘄廣二處共祀
隱靜庵在治東北百四十里明萬歷中王氏建
雲峯庵在治東北百五十里
國初張氏建
白石庵在治東北百五十里明宣德中陳氏建附近有
瑞龍庵
總管廟在聶家壩
河東悟眞庵黃泥堂俱陳氏建
雲林宮在胡家涼亭祀張七相公即麻城所稱蓋天帝
主是也

太尉廟在治東北百六十里王裕沖
田太尉相傳即唐雷萬春也以雷爲田正與程史所
載成都優伶謬稱田萬春至於祖裼奮拳遽曰有兩
頭也得以諷主司者相似然彼以爲戲言而此以爲
實事何也辨論雷田事見程史第十卷 編戶錄
康仙寶殿在康宗堡 圖一作師 今改爲康國公祠 編戶錄
康茂才從明太祖有大功封爲蘄國公今居康家沖
者皆其苗裔也 志畧

槎眞寺在康宗堡上沖士人呼槎爲遮呼眞爲禁以鐘驗之知爲音近之訛而實則名雜正也一名秀峯寺（編戸錄）

宏慧寺舊名清溪在太同巡檢司署側宋僧紹慶剏建明初僧道眞修宏治間奉勅改建（詳仙釋志內源潭傳寺內有明中丞石崑玉碑）

元善寺在治北百八十里燕子崖下明末邑人胡士鼎避賊於此及賊至縱火焚之鼎夢有人掣置深潭中乃抱木而浮遂卽其地建寺

紫金寺在治北百八十五里四祖寺僧如霽修

紫金寺長峪里七戸約所有鐵碑（編戸錄）

成眞寺一名瞿金唐貞觀間章金馬祖師建後改爲存金在治北百六十里嘉慶間僧博也重修

按舊志瞿金存金作二寺一如青山寺內龍門資教三角資教分爲二寺同一重載

溪山寺在治北百四十里宋元豐間道士桂道籙剏明洪武間道士江秋修萬歷己亥張清才分承買重建山有樸樹五株今合爲一蓋前代物也

天眞觀在州北百九十里元至正間道士詹道元剏明洪武間道士王嗣斌重建

觀左有太源山東嶽廟高砂里十三戸公所也（編戸錄）

迴龍寺在葛場山田祿戸建施有香火田

普照庵在葉家山

盤石寺在治東北百八十里唐貞觀間僧合一建

三峯庵在治北二百里僧智誠建

朝西庵在大同僧宗一開禪於此雲隱寺亦在此

烈士庵在大同司祀田金浦

仙人臺仙人劉五劉六修眞處山塢有寺正德間州人郝守正讀書於此

天池庵在治北百四十里前明宋氏建乾隆年間張文清祖承買重建永爲香火

桃園庵在治北百四十里

西崖寺在治北百三十里

萬壽庵有二一爲韓甲元建一爲張必相建

鎭定庵鹿苑庵南屏廟衍慶庵明時建孫氏香火

觀音庵明時建文氏香火

龍興寺康熙間建
鐵佛庵吳氏建土人得鐵佛二尊明萬歷時建故名
城隍廟在大同司署程碩卿建
普陀庵在仙人臺下
紫荆寺在治北百四十五里舒祖師修煉處
白蓮寺在將軍山下（以上舊志）
大王廟在大同鄉長安卡外丁家畈
神姓蔡名萬春唐宋俱有勅封相傳明季流賊攻長城寨神以神兵暗堵賊見裝束類廟中神像刖一足

次日見護寨者有跛相遂毀其廟至今修整金身所刖之足續則必斷咸豐戊午年官軍守長安卡每出兵隱見旗矛自廟出輒獲全勝離廟三四里有石馬槽二爲大王所遺土人謂不可動動則雷雨交至亦奇蹟也
同緣菴在魏家河後僧能元募建湯魏二姓捐齋田石壁鐫有阿彌陀佛四字
太平宫在大同司署前面山宋管爵建捐田稞二十四擔

桃源菴在白水坂上衛宋許士建捐田稞百二十擔
雲天菴近桃源菴宋氏建
廻龍菴在田祿灣田祿戸建施有香火田同治間倒塌貢生田瓊林倡首重修廩生田樹芳撰有祠廟合（記碑）
懷林菴在田祿壪田萬金建捐田稞三十擔
普濟寺田枏楸募建
普陀菴在仙人臺下仙人衝
永慶菴在仙人臺下仙人衝
丁公祠在檀林河祀鹽運使銜丁銳義咸豐九年勦賊

至江南三河殉節後提督軍門粱鴻勝捐建置有田租十九擔孫振全亦助貲以爲修祠之費
崇國寺在州治北百五十里范氏建
香鑪石廟范氏建
西竺菴在青山上鄉張家坪吳廷昌建捐有山場田課
世順菴在獅子口下街內祀　關聖像於氏夫婦年老無嗣捐有田課亦設木主祀之
碧雲菴在青山上鄉檀　岡吳登元兄弟同建置有山場田課

萬福菴在治東北百二十里明萬歷年間蔡承耀建今
爲八股香火
武聖宮在治東北百二十里芭茅街中光緒六年從九
張彩章募建爲本處衆姓公所
永安寺在治東北百一十里永安寨內同治九年衆姓
公建
靈鷲菴一名碧雲菴在大同鄉將軍山太學生陳紹瀛
捐置田課三十三石
接引菴在州北百一十里

紫雲宫在治北東一百里蓮花菴下街中同治年間太
學生龔漢亭募建龔本理本建捐基
龍泉菴太學生吳善鏞建捐齋田七斗五升
廣緣寺在治東北一百里同治九年太學生龔棽兄弟
七人於寺中設育嬰堂捐置洪祖二等處田課二百
一十餘石計價足錢一千四百餘串以爲收養費用
前知州黃 獎以情殷保赤匾額
添壽菴鄒姓香火
萬福菴郝金蘭創建郝姓香火

何家菴何姓香火
悉新閣 聚星館 俱在崇居鄉黃信甫先塋水口螭
堆山下後崖石有眠牛形宛然如刻左距河數弓前
臨小港港入河有石梁名浴佛橋黃樂道樸軒品菴
祖支下同建
永興寺在大同鄉楊家山黃樸軒品菴祖支下香火
郝家洞吳邦文香火
柏鑪菴在治東崇居鄉離城九十里有明萬歷間石鼎
重千觔光可鑑人張受戸柏梁祖香火

寶月菴在治東北一百里龔姓香火
復興寺原名皇經菴在治東北一百里陳龔二姓香火
東嶽廟在黃婆坳安平鄉二圖三圖公建
天竺寺在龍頂寨內朱榮香火
新林寺在州東四十五里同治癸酉例貢陳春貴捐貲
重修永爲香火
關帝廟在竹瓦店安二公所
永豐菴即翠雲街
太尉菴在永福寺西

西竺菴即三教堂
太子廟在龍頂寨西麓
岐山廟在仰山廟北
圓通寺在高陽山
永福寺在下陳隆
長壽菴在棠梨坳
仰山廟在上陳興
迴復寺在蘇家圩
清化寺在蘇家圩

迴聖廟在竹瓦店西
田墩廟在竹瓦店西
孫家菴在竹瓦店西
蔡家菴在竹瓦店
月塘寺在老鸛嘴
天元寺在老鸛嘴
三元宮在老鸛嘴
東福村在下河廟北
西福寺在下河廟北

諸祖廟在下河廟北
眞如菴在治東三十里
若與菴在治東三十里
雨台山在治東三十里
元眞觀在治北九十里許景常祖建並捐田課三十五
石咸豐初燬於賊光緒六年監生許恭發重修
龍王菴在安平鄉四圖九甲離城七十里
靈長菴在東關外二里張家油坊
龍隱寺在永福西湖嘴明中憲大夫周祈捐建有碑

雲龍菴在大旺山北麓治東五十里
禹王閣在米家山麓治北五十里江姓香火
金龍寺在米家山治北五十里曹姓香火
青林寺在米家山治北五十里
顯靈廟在州治東七十里
雨松菴在州治北六十里
武聖宮在崇居鄉望天畈
重慶菴張其仁香火捐課三十擔
慶雲菴許子美香火捐課三十二擔

普渡寺張道祖香火捐課二十六擔

興福菴俗名麞麅坪明貢其志施建後燬於兵 國初

貢瓊祖支下復重修之

貢家菴貢立菴施建

同春寺在鼓角砦

安樂壇在張家塝河西明天啟年間建湯范蔡文江徐

六姓香火

錦善菴在汪家瓢鋪汪建唐祖捐建

天姥宮在董家山下汪胡二姓同建

棲賢寺在荷槎山汪大榛祖捐建

朝天宮在葛埸山左汪志華祖捐建

武聖宮在汪家壩汪大榛祖捐建

寒林禪寺在六溪沖上文家山汪大榛大洛二祖捐建

勝峯菴在馬鞍山汪則漢祖捐建

白崖寺在治北百四十五里唐時僧白崖飛昇處今爲

梅氏香火

明善禪林在治北百四十五里前明吳氏建同治八年

僧佛引開禪處山有虎患佛引與其徒棒殺之居民

獲安此即前明善寺僧人重載生員吳鴻漸等稟刪

萬善寺在治北百三十里前明周易建

大王廟在鎮山砦下內祀白馬將軍張氏香火

芙蓉寺在州北七十五里劉伏三建

大慈閣在州北七十三里李玉重建

福興菴在州北七十八里李應其等建

天然菴在州北七十里張瓣建

如如菴在州北六十里李成軒建

雲霧菴在矛摩砦山

雙泉菴在州北七十里李高九建

龍井菴在靈虬山熊金璧捐建

金山寺在馬驊山徐演捐建

大王廟在馬驊山獅子頭徐演捐建

廣慈菴在王家山熊鍵妻林氏捐

龍華菴在火鑪鋪東

普濟菴在靈虬山菴後有極樂宮

片雲菴在州東北百二十里何其重祖建

法慧菴在州西六十里蘆花井孫繼麟捐建置有田地

普會寺在州東北百二十里

芙蓉廟在州東北百里胡姓香火

靖明寺在州東四十里大旺畈西門內童氏香火

石鼓寺在州北四十里走馬嶺

登西廟在州東北三十五里甘氏香火

西祖寺在州北三十里

代明宫在州北四十五里

太平菴在西角湖

迴清寺在州東三十五里

東瑞菴在州北九十里

竹隱寺在州北九十里張文勝戶公建

南嶽寺在州北九十里

螺螄廟在石鼓沖口胡姓香火

田家菴在州北百三十里原名香山源泉菴田疇戶有玉祖香火

延壽菴在州東北鼓角山宋末王月東祖建

宛中庵一名城隍墩在一關外

三義宫在天王廟隔壁祀桃園附近有濟嬰堂

鬼神

古聖王以神道設教論語中庸每每言之則是鬼神者造化之功用也楚俗尚鬼而蘄尤甚盧志謂爲蘄一方專祀錢志因之今亦仍其目志鬼神

城隍自清泰以來歷代皆有封號志畧

明初封京都城隍爲承天鑒國司民統神昇福大帝各府爲鑒察司民威靈公各州爲鑒察司民靈祐侯各縣爲鑒察司民靈祐伯明集禮

謹按春明夢餘錄洪武二年始正稱號各府州縣城

隍之神據此則州當稱靈祐侯舊志稱威靈公不免沿誤蘄俗先每歲六月六日謂城隍誕辰祭賽必備今改爲八月中旬

文昌宫有六星第一曰上將第二曰次將第三曰貴相第四曰司命第五曰司中第六曰司祿

陷河神者蘄縣有張翁夫婦老而無子翁日往溪谷採薪以自給一日於岩竇間刃傷其指血旁注滴石穴中以木葉室之而歸他日復至其所抽木葉視之乃化爲一小蛇翁取於掌中戲玩移時此物似有所

戀囙截竹貯而懷之至家則啖以雞肉如是甚馴擾經時漸長一年後夜盜雞犬而食二年後盜羊豕鄰家頗怪失其所畜翁嫗不言後縣令失一蜀馬尋其跡入翁之居迫而訪之已吞在蛇腹矣令驚異因責翁毒物翁伏罪欲殺之一夕雷電大震一縣幷陷爲巨湫渺瀰無際惟張翁夫婦獨存其後人蛇俱失因改爲陷河縣曰蛇爲惡子爾後姚萇游蜀至梓潼嶺上憩路旁有布衣來謂萇曰君宜早還秦秦人將無主康濟者其在君乎請其氏曰吾張惡子也他日勿

相忘萇還後果稱帝於長安因命使至蜀求之弗獲遂立廟於所見之處今張相公廟是也唐僖宗幸蜀其神自廟出十餘里側伏迎道左白霧之中髣髴見其形像解佩劍賜之祝令效順期賊平駕迴廣贈珍玩人莫敢窺 王氏見聞錄

梓潼帝君者記云神姓張名亞子居梓潼七曲山仕晉戰沒人爲立廟唐元宗僖宗宋咸平中屢封至英顯王道家謂帝命梓潼掌文昌府事及人間祿籍故元世加爲帝君而天下學校多有祠祀之者明景泰中因京師舊廟闢而新之歲以二月三日生辰遣官致祭夫梓潼顯靈於蜀廟食其地彼文昌六星與之無涉宜勅罷免其在天下學校者俱令折毀 明史

蜀山七曲神所宅之國元命實始吳會是以江湖以南神跡多著近世貴進士科士子以得失爲病自此始有司桂籍之說化書所謂九十四化變遷推移涉於不可測知 文文山集

魁星今人所奉魁星不知始自何年以奎爲文章之府故立廟祀之乃不能像奎而改奎爲魁又不能像魁

而取之字形爲鬼舉足而起其斗不知奎爲北方元武七宿之一魁爲北斗第一星所主不同而二字之音亦異今以文而祀乃不於奎而於魁宜乎今之應試而獲中者皆不識字之人歟 日知錄

二郎神有方士言蜀道永康軍城外崇德祠乃祠李太守父子也太守名冰秦時人嘗守其地有龍爲孽太守捕之且鑿崖中斷分江水一派入永康鎮孽龍於離堆之下有功於蜀人至今德之祠祭甚盛江鄉人亦祠之號曰灌口二郎 獨醒雜志

蜀中灌口二郎廟是李冰因開離堆立廟今來現許多靈恠乃是他第二兒子出宋初間封爲王後宋徽宗好道遂改封爲眞君張魏公用兵禱於其廟夜夢神語曰我向來封爲王有血食之奉故威福得行今號爲眞君雖尊人以素食祭我無血食之奉故無威福之靈今須封我爲王當有威靈魏公遂乞復其封 朱子語類

元至順元年加封秦蜀郡李冰爲聖德廣裕英惠王其子二郎爲英烈昭惠靈顯仁祐王 元史文宗紀

國朝雍正五年封蜀郡太守李冰爲敷澤興濟通祐王其子二郎爲承績廣惠顯英王廟祀灌縣 大清會典

謹按舊志云舊稱導江縣高濟王次子秦李兆而今之所祀者又以爲赤城王考柳宗元龍城錄趙昱隋煬帝時爲蜀郡嘉州太守犍爲潭中有老蛟爲害昱入水斬之害遂息州人德之沒後祀爲神明唐太宗時封爲大將軍廟食灌口上皇幸蜀加封赤城王據此則二郎與赤城王爲兩人故辨正之廟祀詳城廂寺觀內

五顯五顯者水火木金土之精周於四郊祠五帝漢祠五時李唐五神降稱爲五聖始剏廟立像又稱爲五顯然廟號止名五通宋大觀中賜廟額曰靈順宣和間封侯淳熙初封公嘉泰二年封王至理宗又改封一曰顯聰昭應孚仁廣濟王二曰顯明昭烈孚義廣祐王三曰顯正昭順孚智廣惠王四曰顯直昭佑孚信廣澤王五曰顯德昭利孚禮廣成王自宋以後祠宇徧天下或稱爲五聖或稱爲五顯或稱爲五通廟貌服色則有青黃赤白黑之分隨五方之色也 周詔修拓五顯靈順廟碑

八蜡禮經郊特牲伊耆氏始爲八蜡蜡也者索也歲十二月索萬物而合饗之也曰索饗者因先嗇而及司嗇因農而及郵表畷以致坊與水庸之爲田利猫虎之能除害者皆報焉則有關於嗇事者求索殆盡矣 禮記析疑

周將軍關聖祠中皆塑周將軍其名則不見於史傳考元魯貞漢壽亭侯廟碑已有乘赤兔兮從周倉語其來已久其靈亦最著 灤陽消夏錄

總管芭茅山總管星吉元人也今國語解譯作桑嘉依爲江西行省平章政事詔令守江州時江州已陷星吉克江州留兵守之而自據鄱陽口日久乏糧士卒咸困賊發矢射星吉昏仆凡七日遂絶元史星吉傳

黑神唐南霽雲以保障江淮死祀爲水神舊志以爲三閭大夫子非也

按陳虞部附說云競渡之事起於弔屈原此一說也黑神則唐之南霽雲以保障江淮死祀爲水神此又一說也總管之官元世亦有之以爲星吉亦無不可

但星吉之死在李黼殉節之後舊志云李黼葬之鳳凰山非也且附總管於黑神之下其爲牽合附會不足爲據可知志畧

舊志又載蕭公晏公黑神皆謂之江神按明統志蕭公名伯軒江西新淦人死爲神宋咸淳間邑人立廟祀之晏公清江人廟在臨江府東北三十里亦邑人所祀皆江西禦災捍患之神與蘄地無涉仝上

順濟龍王宋熙寧中王師南征有龍伏江中有司以聞詔封王大觀中封靈順英昭安濟王蘄廟祀在龍磯詳城廂寺觀內

三洞龍王在三角山相傳有龍潛洞中宋慶歷間祈雨有應詔封上洞靈祐侯東洞靈應侯一洞無攷紹興中祈雨又應俱進封王

按三角山水口有東龍巖西龍巖二洞意在此

高山郡王靖明大王莫詳緣起廟祀在城北詳城廂寺觀內

三公土主者一提刑按察使何公一安撫使吳公一安撫使張公皆有惠澤於蘄廟祀在城內

白馬神廟祀在州城大街中石碑現存相傳有大賈乘

白馬過蘄爲人刦殺遂爲神故蘄有白馬渡云

張王唐張睢陽像旁塑許遠雷萬春以從祀揚州志謂爲張士誠父非也蘄俗於五月中旬迎其神導衛甚盛鄉村各爲社或相值爭道以毆謂之撞張王又作紙船揚旛於其上送之江謂之送瘟豈沿公死爲厲鬼一語而誤歟

張七相公名瑞四川壁山人幼學道由川入楚毀沿江淫祠至麻城遂下獄時麻城有火災釋而捍之跨烏騅執朱梃指火火滅歸至西門外五腦山人馬俱化

土人建祠祀焉宋封榮威侯明封助國順天王
國朝加封靈感二字爲川楚禦災捍患之神廟祀在崇居
通志
三司總管不知何處人祈禱輒應廟祀在青山
二令相公相傳爲洞庭神亦楊四張七之類廟祀在青
山
儺神古稱高陽氏第三子沒而爲儺蘄所祀非此其神
有四中一黃衣冠如帝者曰唐明皇三少年花衣帽
從曰太尉按搜神記天寶時田氏兄弟三人倘游俠

醉臥天津橋明皇微行見之戲命墨粉塗其面相視
大笑遂死見夢於帝曰臣兄弟蒙賜粉墨魂不知所
歸乞臣何職帝曰命汝爲儺神每春陽巡行花柳可
乎因令郡邑塑三人像賜號太尉自是帝屢夢挾三
人游蘄事儺七十有二家每孟春舁神遍歷其家至
則男女羅拜鉦鼓喧闐旌旆雜沓神降送以歌歌聲
烏烏畢則內神於廟廟祀向在郞家畈今廢以上舊志
田太尉亦儺神之類緣起詳崇居寺觀內
四宮太子相傳爲禹王子佐治水有功後封烈靈侯新稿

摭聞

狂夫之言聖人擇焉其傳聞於父老者不必盡非也
玆於舊志軼事外畧復綴拾一二以與其地掌故相
發明虞初九百雖多無取焉志摭聞
郎中李播典蘄州日有李生者稱舉子來謁會播有疾
病子弟見之覽所投詩卷咸播之詩也既退呈於播
驚曰此皆應舉時所行卷也唯易其名矣明日遣其
子邀李坐從容詰之曰奉大人咨問此卷莫非秀才
自製乎李生聞語色變曰是某平生苦心所著非謬

也子又曰此是大人文戰時卷也兼牋翰未更請秀
才勿妄言遽曰某向來誠爲誑耳二十年前實於京
輦書肆中以百錢贖得者不知是賢尊郎中佳製下
情不勝恐悚子復聞於播笑曰是無能之輩耳亦何
怪乎饑窮若是實可哀也遂沽以生餼令子延食於
書齋數日後辭他適遺之縑緡是日播方引見李生
拜謝前事畢又云某執郎中盛卷游於江淮間已二
十載矣今欲希見惠可乎所貴光揚旅寓曰此乃某
昔歲未成時所懷之者今日老爲郡牧無用處便奉

獻可矣亦無愧色旋摺袖中播又曰秀才今擬何之
生曰將往江陵謁表丈盧尙書耳播曰賢表丈任何
官曰現爲荆南節度使播曰名何也對曰名宏宣播
拍手大笑曰秀才又錯也荆門盧尙書是某親表丈
生慚悸失次乃復進曰誠若郎中之言則並荆南表
丈一時曲取於是再拜而出播嘆曰世上有如此人
哉蘄州遂話爲笑柄 太平廣記

愼氏毗陵慶亭之女也三史嚴灌夫因游彼結姻好載
歸蘄春經十餘秋無允嗣灌夫乃拾其過而出之令

歸二浙愼氏慨然登舟親戚臨流相送乃爲詩以語
灌夫覽詩畢悽感遂爲夫婦如初其詩曰當時心事
已相關雨散雲飛一餉間便是孤帆從此去不堪重
過望夫山 雲溪友議

江淮有何亞秦彎弓三百斛常解鬬牛脫其一角又過
蘄州遇一人長六尺髯甚口呼亞秦負我過橋亞秦
知其非人因爲背覺腦冷如冰卽投至交牛柱乃擊
之化爲杉人瀝血升餘 酉陽雜俎

諸祐蘄州獨木人自言不茹葷者數世能使貧者富富
者貧里民稍稍效之其徒十數男女猱雜互易匹耦
謂之忍辱生子不知其父行之數年積數百衆夜行
晝息取資於盜競相推唱云祐術能昇虛空入水火
妄意民瘋潜使致之而民弗覺也先陳起僑蘄春惡
其妖昇元中起第進士授黄梅令到官之日里酋畢
賀祐獨不至數日起命籍祐爲里長不服祐嫚言曰
吾取令頭殺豎子爾起聞大怒會周鄴爲廵撫使帥
次黄梅起藉其兵以執祐等並其婦人幼稚皆縛沃
以豕血祐迄不能神因索其家得輿服器用皆埒至

貴郡將斬祐等曰婦人何能爲幼稚宜無預意且貫
之起曰此皆瀆亂人倫去無遺類遂並斬之起由是
知名遷監察御史卒 馬氏南唐書

陳曙蜀人舉進士唐末避地淮南多遯於蘄州山中鄉
人有會集或祭神曙不待召而至醉飽乃辭去由是
人多設虛坐陳酒殽以俟之同日或至數家舍中惟
一榻素書數卷與虵虎雜居不設牕戸雨雪滿室亦
自若人有乘其出往窺之者曙必自外來凡數十年
顏鬢不少異元宗命中書舍人高越召之不肯起後

徙居鄂渚及洪之西山不知所終陸氏南唐書

蘄州有鬼鳥宋王禹偁自黃徙蘄聞此鳥詢其名或答曰此名蘄州鬼禹偁大惡之未幾果卒蘇子瞻作禽言詩曰使君向蘄州更唱蘄州鬼我不識使君甯知使君死人生作鬼會不免使君已老知何晚今按蘄原無此鳥或謂卽梟鳥俗名扛喪聞其聲卽惡爲不祥然此鳥處處有之春夏間夘哺時多夜鳴何指爲蘄有也一統志

傳七郞者蘄春人其第二子傳九年二十九好狎游常

爲娼家營辦生業遂與散樂林小姐綢繆約竊負逃林母防其女嚴緊志不能遂湻熙十六年九月因夜宿用幔帶兩條接連共縊於室內明日母告官驗實收葬紹熙三年春吉州蘇客逢兩人於泰州酒肆爲主家當鑪供役蘇嘗識傳問其去鄉之因笑而不答蘇買酒飲散明日往尋之主人言傳九郞夫婦在此相伴兩載昨晚一客來似說其宿過羞愧不食至夜同竄去今不可復詢所在也夷堅志

宋理宗景定二年安撫使王益避亂率民保鴻宿洲築城於今治麟山之陽掘地得墓碣云本是千年地暫借五百年感謝王刺史移我過西川按王益爲知州稱安撫誤舊傳爲郭景純所留自晉迄宋末不止五百年又傳荊藩建邸時所獲皆誤一統志

蘄春縣大同鄉人黃元功富室也佃僕張甲受田七十里外查梨山下紹熙初無疾而死體未全冷妻已治棺三日不忍斂但泣守其側忽起坐言曰我承得文引差遣黃解元可速具食命置草鞋一雙妻不敢問卽辦之張不下席而飲自空鞋失所在復瞑目明日

又甦一切如前及甦雙屨皆破云方始追得今次與汝相別從此長往不復甦黃解元者卽元功也夷堅志

禮部林郞中言兵部許侍郞昔爲翰林學士忽夢著綠心甚惡之未幾奪職以起居舍人知蘄州然未見著綠之應官制既行改朝散郞本階正合衣綠方悟前夢之可信也文昌新錄

蘄州境有三洞一曰龍洞在三角山下神龍居之禱雨皆應而光景變化未嘗表露二曰龜洞在廣教山下龜生其中品類不一而綠毛者尤多三曰蛇洞在蘄

口鎮側（即今龍峯山）蓋白花所聚今不復有矣土人捕採乃出羅田山谷中施小路温舒自信陽解印造朝舟抵蘄口詣近處龍峯寺游觀距蛇洞不遠詢於寺僧皆言徒有其名耳因信步到方丈後躡石級自層得一堂方疊足坐憩旁人驚曰一巨蛇蟠屈於卜相與持梃擊逐施下榻蛇逕入山見者無不汗駭此蛇之毒甚於蝮或爲所傷卽急剜其肉少緩則徧體盡生白紋方花如其形不踰時卽死到闕除蘄春守蓋且將爲地主故山川之靈陰相之特令此物出異以示衆吁其危哉言之令人毛竪　洪邁夷堅志

白承節樂平人淳熙初監蘄口鎮市客金生抱販米帛每出入鎮宅甚熟一日量籌畢束縛物貨頓几上閒譚市井商事問答頗久出酒炙飲食之所坐靜僻白竊取其邵陽隔織兩匹藏篋中胡妹壻自外至適見之謂與爲戲耳客酒罷徑肩所齎行次日點閱不見亦但疑宅人故相惱不深介意至暮乃以爲請乞爲詢究白怒曰我固卑正是本鎮官如何擅誣作賊客翻遜謝投淚去後子夭逝其母石氏痛之極空篋中以爲斂兩匹在焉胡妹壻來弔見之極嘆惜　通志

蘄州民費翁家素頗裕生二子長曰小二次曰小三長者事親極孝逐日辛苦經營纖微收拾悉以供父母季殊不然方七歲見父如仇未嘗見面話語至慶元元年十有九歲矣其年三月盜錢用數十千賭博又詣市買刀宣言悖逆或報其父父遂避於接子山寺中相去五里有趙氏菴老僧宗顯忽遣侍史邀相見逆子踵至使闖入別室然後謂翁曰是皆宿世因緣當爲汝解之翁拜謝宗顯旋呼季使來座下卽懽然

作禮願充弟子之列顯命翁還家頃售所蓄得錢四百千顯爲辦餘值置祠部牒至九月度季爲僧立名法淨才踰月顯坐化去　通志

康茂才以元進士授南康太守歸命明太祖康郎山之戰厥爲首庸太祖既定天下論功錫爵爰封蘄國公子鐸錫爵蘄春侯靖建文之難時鐸守後宰門勒兵拒命死遂失封世宗起藩邸入纘大統念康公爲楚人功大殄祀甚憫悼勅湖撫下郡邑求康氏子孫時康姓居青山鄉聞命驚錯以爲靖難禍復作恐昭族

訴有司求急康氏議一椎魯之人稱爲嫡派赴京陛見上不樂止襲留京錦衣千戶又別支有流寓燕者號明元光宗爲太子時明元以黄冠奉祀太淸宮香火太子素習勤苦常諮訪民間事明元乘間陳先世失封狀太子允復其封尋一月崩遂未議及蘄庠生康再奇字鳴來蘄國嫡裔其始封券及宋濂所撰制誥萬歷間州守徐徵驗其券復其丁徭二十戶以示優恤 四照堂集

刑部尚書馮天馭張夫人無子鍾愛其女十歲時尚烏

帽錦袍揖見縉紳大老於邸第大學士嚴嵩見之欲爲姻婭奉酒上壽公佯醉嚴大慙嗾給事中俟某劾尚書致仕 顧氏家傳

隆慶辛未夏秋大水蘄黄濱江之地鼢鼠徧野皆鯽魚所化蘆稼諸根齧食殆盡 正字通

萬歷己未間土人於江中之散花洲得小鐘一口擊之無聲以獻之兵憲王公迴溪亦不能識時大宗伯李公本甯過蘄王公質之李公曰此三國時周公瑾破曹兵軍中會食之鐘也共十有二以重物擊之無聲以蘆莩輕擊之其聲始發驗之果然 盧志

御史王珙字大美號荆石蘄州人官蘇松直指初苦無子以祈嗣請於先師三昧老人老人適開創黄梅四祖寺因令創醫祖殿於正位必保得子公篤信頭發肯心乃獨力創建備極壯麗甲於楚中殿成公旋得子又闖賊將破蘄忽一老僧趺坐公門七日公出見問何所募僧曰不募別事止化居士一門剃髮出家公曰吾忝在宦家如何一門能剃削乎老僧曰稍遲大禍立至矣言訖忽不見公憬然大悟曰此必四祖

現身說法也乃聚青黑衣帳幃幔盡製爲僧帽將百頂一家老幼皆剃髮忽報城陷遁入城北隅四祖寺全家獲免 說鈴

沈士望州諸生崇禎末上書召見授兵部參議輔臣厭之移送江督袁繼咸幕 白茅堂集

州人王居士年四十不娶若狂易鄉人共笑焉蘄陷自危堞踊下身無所損結茅廬山清涼臺巇巉縣空下臨百仞常月餘不食客至戰慄不敢上居士遥望大笑而已無名字自言曰我仲尼之徒因號尼徒居士

白茅堂集

故判定王樂工周諒其先元樞密使名信初洪武初編入教坊孫某正統初賜荆憲王至定王時諒以技冠教坊嗣王尤愛之國亡爲道士白茅堂集諒爲人勇力善幻以轡馬株連繫刑部獄崇禎乙巳應募爲兵敗歸鄉里麻城土寇白幺兒據虎頭關諒擊散王遽召還白茅堂詩注

蘄俗近文雅善歌者多習吳中雅調雖布衣之士咸能以絕技擅名如黃綺雲之善謎馮道衡之善奕雖曰

小技王公大人亦樂與游至今猶述爲里中美譚也

蘄山水秀麗人文故多應之遠不可考近代王公折節樂與士大夫游往往結爲詩社宗藩中以繪事擅名者如竹侶之草蟲定王之菊竹鑑盧之松梅季御伯誠之水墨花卉維宗之松書則如震岳仲艮龍淯諸昆季皆得飄然蕭灑之意縉紳之工書者若王之栩號天目王之鼎字定仲李新字庚伯王可象字孝儀王縉號意菴而諸生中有袁素亮字公寥鍾士艮字伯駿陳之京字覲光王瑄字大玉周至德字文仲張效鍾字期伯陳宰字屠長盧紳字元薦周宏德字叔毅袁道長字天倖其楷書行草皆擅絕一時藝林翹楚

浦心韋蘄州人爲荆藩艮醫所精太素脉是時諸生中名噪人耳者唯予與蕭東曙浦一夕延予至其家曰勿飲酒夜半吾當爲子候脉既候而嘆曰吾意子少年科第將有所託今科第雖不可得而心脉起一峯將來必以文章名世吉祥壽考固不待言矣惟蕭脉七斷八截恐非令終之客及城破蕭死獨憭然後知

浦術之精耳提錄

明季州人文頗盛應試常數千人額亦無定并宗學約五六十名試場於雨湖西岸爲棚或以繩區之諸童入庠後各持香楮至其處云辭季家觜又諸童入庠歸次日晨早各穿巾服詣藩邸朝王王御殿諸瑠如數捧茶至階下飲之各分賜紙筆謝恩而出舊志

蕭霽字東曙長予一歲每與予卽席賦詩皆頃刻就贈予有云欲擬逸才何所似裁雲鏤月作詩篇嘗賦巾幗行見嘲畧云頡生意氣何揚揚鼻頭吐火眼出光

自言有詩二百章踵門長跪求雌黃豈知小巫神氣澀幾欲出手還沮藏鍾會隔墻擲四本不敢對面投嵇康予戲賦龍嶠行荅之有云豈知仙經荆可假手執靈文故瀟灑願爲橋上授書人不識爐頭畫灰者東曙跣足至大叫傖何目我做不得癸未張獻逆屠蘄予家以貞節感賊免害東曙被執詈賊賊鬱之痛哉後予說向張公亮先生先生曰蕭詩輕露君僻重渾吉凶所以異也東曙有集十卷編類書名道器括囊一千六百卷並失又嘗謂予曰一穴不兩蛟我當殺汝予笑曰君當爲員俶我爲李泌何至相殺耶黃公詩話

崇禎十年冬寇犯黃州總兵張一龍駐蘄州馭下急傖夫刺一龍不中軍譟十四年大饑先是地震釜底皆有篆文有鄉民四歲兒一夜變爲番傖狀又楓樹生花如蓮江上雷震一物魚身牛首青山鄉周某家水𧮫汲滿立洄漩渦作聲城東李姓家地下有聲如牛至是大旱疫民死十之六七十五年秋兎雀數萬自投湖冬鐘鼓自鳴十六年正月城陷賊令男婦折城入石俱下城與屍齊乃止顧氏家傳

樊山王次子常㳄封鎮國將軍崇禎十二年獻逆破襄陽刼藩府將軍挈家入一夕遁長史追不及失所往十六年獻逆陷蘄屠之僇荆王屍郡王皆被害刼諸妃夫人將軍免順治三年歸蘄與英山男子王六姐起兵斗方砦死之仝上

按斗方砦在蘄水縣

嗣樊山王朱某亂離後漂泊蘄東百里外隱於醫更姓樊字曰孝山荆府名妓某工畫蘭楚楚有致酒問曼

聲度曲能說開元天寶故事孝山寵之遂娶焉已而孝山病廢歸蘄結草廬以居今蕪沒矣詩云白頭宮女嫁王孫陋巷頹垣煙雨昏梳著爐香曾此地琵琶一曲客銷魂居業齋集

蘄州楊嫗某氏少寡鞠一孤年三十不能娶嫗懼斬夫祀百計營聘所少僅數金嫗私許富家爲賃舂負乞其直得娶婦時嫗已往役婦入門索其姑不見不肯成禮夫語之故婦泣曰妾橐中金足相當立趣贖姑夫夜馳往猝未持金已而來索婦曰金適已付汝矣

夫大詫蓋貧家壁皆編葦鄰人竊聞其語輒詐爲夫取金去也婦羞見紿又無餘金痛姑不得贖遂縊死質明雷擊盜金者死戶外金故在手而孝婦復甦（施愚山集）

蘄南城外三里許關帝祠神像甚有生氣城中人事之甚謹癸未賊後祠爲土人所壞神遂露處韓悉戎爲建祠於荆邸沉香樓之廢址擬移神卜之不許強移之神初像面淺赤豐頰有拙工爲之改削其人立死神前威靈顯著如此乃順治己丑夏事也

康熙七年安平鄉蔡某家鴨卵有十七篆文欸起其西村又一方卵或煮雞卵破之中復得一卵六月十七日甲申地震雨穀釜底皆篆文不可識亦有作花卉狀（白茅堂集）

州西永福鄉寒婆嶺寒婆墓在焉嶺以是得名不詳爲何代人墓前有道往來行人每採薪一束置於墓側積多則爇之以示却寒之意歷來相傳至今未改有詩云嶺頭荒草沒孤墳每過寒天怕夕曛此後且教休怯冷道旁薪火足供君（西園雜記）

道光癸未三月北關外清江門（俗呼大漢口）外洲灘水內出火（志畧）

按黃公說字晉穆帝升平四年涼州澤中火起此水然也然者陰之極也凡大水中皆有火小水則無今小水中出火殆雨雪綿連過久陰極陽生然問之高年人從未之見（西園詩注）

咸豐二年州崇居鄉張氏家雄雞生卵有六枚又有黑豕忽變爲白豕又有豕三尾

按紀曉嵐姑妄聽之載新齊諧所記雄雞卵一事非

怪異也陽氣團結積久而成其形長不能圓以之治目疾甚效每枚可值十餘金人多以蛇卵混取之日中照之內有紅光則真又有可以人力爲之者將雄雞置之籠中使羣雌旋繞不能相接則陽氣團結遂成卵然與豕變事皆罕見也故錄以附摭聞（以上潛志）

一籤丞繩年果唱蘄州縣丞定命錄

鵂出蘄州黃梅山中狀類訓狐聲如擊腰鼓巢於大木之巔巢下數十步草皆不生也楊廉夫鐵厓集